东南法学学术文库

WTO争端解决中的中国现象与中国问题研究

肖冰　等/著

法律出版社
LAW PRESS · CHINA

本书其他撰写人员

南京大学法学院

彭岳教授、博士生张内

东南大学法学院

于文婕副教授、博士生杲沈洁

江苏经贸职业技术学院

陈瑶副教授

江苏师范大学法学院

闫端波博士

南京师范大学外国语学院

许多副教授

常州大学史良法学院

周艳云博士

西北大学法学院

田海副教授

总　　序

“大学之道，在明德，在亲民，在止于至善”——“止于至善”四字，正是百年名校东南大学的校训。在历史上，东南大学曾经赢得“北大以文史哲著称、东大以科学名世”之美誉。而今，她正秉承校训精神，不断追求，锐意进取，力图突破以往在理工科方面取得的卓越形象，朝着以工为特色、多学科协调发展的综合性大学方向奋力前行。1995 年，东南大学恢复法学专业、成立法律系；2006 年 9 月，东南大学在原法律系的基础上重建法学院。通过创办法学院并大力发展其他人文学科，东南大学正不断体现着集中华人文精神与希腊科学精神为一体的“止于至善”的校训之理念，不达“至善”境界，永不止步。

东南大学法学院虽然恢复重建时日尚短，然而，东大法学却已历经百年淳厚学术传统之浸润。东大法学肇始于民国时期 1928 年 7 月成立的中央大学法学院，首任院长为民国时期著名法学家谢冠生教授。中大法学院人文荟萃，名流云集，为东南法学一时之冠。学界、政界著名人物韩忠谟、钱端升、杨兆龙、梅仲协、史尚宽、刘克儁、曾劭勋、黄正铭、金国鼎、范馨香、韩德培等，或曾任职于中央大学法学院，或就学于中央大学法学院，缔造了东南大学法学曾经的辉煌。

感念先贤中大法学精神，激励当下东大法学学人。当今中国，政治昌明，民生安定；经济腾飞，法治发达。东大法学如何在此盛世之下为中国的法治建设添薪加火，对当下中国法治与经济建设中的重大法律课题作出创造性回应,是今日东大法学学人所面临的历史使命。“东南大学法学学术文库”作为肩负这一历史使命而推出的一套法律丛书,以为社会贡献一批有分量的法学作品为己任,以促进法学的繁荣发展为目的,勉力为我国法制现代化建设尽绵薄之力。

通过出版“东南大学法学学术文库”,亦使社会各界加深对东大法学的了解。当今中国法学出版物急剧增多,各法学院专业院校纷纷推出了体现自身学术风格的法学丛书。然而,这只表明今日社会文明之昌明和法律文化发展之鼎盛,而不代表法学理论著作的社会需求已经饱和。事实上,与飞速发展的我国政治经济生活相比,我国法学理论研究成果的质量与数量都有待提升。金陵古城位于当今中国经济最为发达、市场最为广阔、活力最为强盛的长江三角洲中心之腹地,也要求生于斯长于斯的东大法学在法治经济强劲发展的当下时代发出自己的声音。“东大法学文库”可谓应时而生! 众多法学著述的存在不但使“东大法学文库”的出版平添了百舸争流的竞争意味,也象征着中国法学事业的锦绣篇章又添繁花。通过出版法学文库,使东大法学的学术风貌能够以一种整体的、持续的方式呈现给大家,使社会各界加深对东南大学法学的了解,使以科学名世的东南大学在法科领域再现奇葩! 通过出版文库的方式,也答谢所有曾经关心和支持过东大法学发展的前辈和朋友! 毕竟,无论是东大法学学人还是东大法学院本身,都需要社会和学界各方面的关爱和帮助!

本套丛书的选题涉及法哲学与法理学、宪法与行政法、民法与商法、经济法、刑法、诉讼法、国际法等法学各个领域。选题范围面向东南大学法学院全体教师征集稿源,重点出版优秀的法学博士学位论文、省部级以上的课题结项成果以及具有创见性的专题论著。本文库坚持以质取文,拒绝平庸之作,确保文库的高品位、高质量。凡纳入文库出版的著作必须由作者本人提出书面申请,经由编委会就专著内容、学术规范等各方面意见综合确定。我们希望,本套丛书能够成为东大法学高层次理论成果得以稳定持续成长的一方园地,成为集中展现东大法学学术传统与今日法学原创力学术作品的窗口！

“百年难得百家评，郁郁文哉动石城。虎踞龙盘今胜昔，千秋学术在金陵。”期望“东大法学学术文库”的出版能够成为东大法学事业恢复重建的标志，并能延续东大法学的人文传统，超越过往，引领新时代的法治精神！

《东南大学法学学术文库》编委会

2007 年 6 月 26 日

序

自2011年开始以“WTO争端解决中的中国现象与中国问题研究”为题申报国家社科基金项目到本书面世,历经十个年头。前三年申报均无功而返。2014年意外获中后,本应按常规在三年内完成任务,却因国际局势波谲云诡,WTO争端解决机制由盛转衰、变故连连;中国作为WTO“另类”成员的特色与问题也在多边贸易体制运行及其争端解决中越来越突出地显现出来,以致本课题研究重点不断调整,内容成稿后又数次推倒重来。如此,虽然课题组用尽项目许可的五年最长时限,撰文50余万字,但结题付梓仍不免惶恐:观察—思考—论证的研究速度总是难以企及百年变局下的时势变幻;结项—审批—出版的实然周期使得WTO争端解决机制与中国之间的关系动态无法实时呈现;而专业—学识—语词的固有局限之于“WTO与中国”这一宏大历史叙事,更是无疑蜉蝣寄于天地。

本书是凝聚集体智慧的劳动成果,感谢团队成员的辛勤付出。他们是:南京大学法学院彭岳教授、博士生张内;东南大学法学院于文婕副教授、博士生杲沈洁;江苏经贸职业技术学院陈瑶副教授;江苏师范大学法学院闫端波博士;南京师范大学外国语学院许多副教授;常州大学史良法学院周艳云博士;西北大学法学院田海副教授。

感谢我的导师曾华群教授和厦门大学法学院徐崇利教授、蔡从燕教授对课题申报的指导和支持。

感谢法律出版社，特别是感谢兼具敬业和专业精神的黄琳佳编辑在书稿审校过程提供的诸多宝贵意见。

感谢东南法学学术文库的出版资助。

感谢这个伟大的时代，作为中国国际法学人，有幸在见证一系列重大国际法治历史时刻的同时，也书写着中国融入世界进程中的国际法历史。

是为序。

肖　冰

2020 年 9 月 29 日于南京

目录 Contents

第一章　WTO 争端解决机制与中国的参与

第一节　WTO 法律体制中的争端解决机制

“规则导向”是世界贸易组织(World Trade Organization, WTO)多边贸易体制最突出的特质之一,也是国际经济秩序法治化发展的重要表征。由于“二战”后商品流通出现新问题,国际社会成员间的相互依存关系、经济结构都发生了显著变化,多元化和通货膨胀、衰退交织,[①]主要贸易国家已不再满足于 GATT 所确定的协调成果,从 1947 年到 1994 年,从日内瓦谈判到乌拉圭回合,不断提出新动议,最终缔结了《马拉喀什建立世界贸易组织协定》(Marrakesh Agreement Establishing the World Trade Organization,以下简称《建立 WTO 协定》)。代表“一个完整的、更可行的和持久的多边贸易体制”[②]的 WTO 应运而生;“为进行国际贸易而通过的更有力和更明确的法律体制,包括更有效和更可靠的争端解决机制”[③]亦宣告设立并于 1995 年 1 月 1 日正式运行。

---

① 参见[美] J. E. 斯贝茹:《国际经济关系学》,储祥银、李同忠、谢岷译,对外贸易教育出版社 1989 年版,第 100 页。

② 《建立 WTO 协定》序言第 4 段。

③ See Marrakesh Declaration of 15 April 1994, Aritcle 1. 1.

一、WTO 法律体制架构

（一）法律框架

表 1－1　乌拉圭回合形成的法律体制框架

<table>
<tr><td rowspan="7">建立世界贸易组织协定</td><td rowspan="6">多边贸易协定</td><td rowspan="4">附件一</td><td rowspan="2">A. 货物贸易多边协定</td><td>1994 年关税与贸易总协定</td></tr>
<tr><td>农业协定
实施动植物卫生检疫措施协定
纺织品与服装协定（2005 年 1 月 1 日终止适用）
技术性贸易壁垒协定
与贸易有关的投资措施协定
反倾销措施协定
海关估价协定
装船前检验协定
原产地规则协定
进口许可程序协定
补贴与反补贴措施协定
保障措施协定</td></tr>
<tr><td colspan="2">B. 服务贸易总协定（含五项协定书）</td></tr>
<tr><td colspan="2">C. 与贸易有关的知识产权协定</td></tr>
<tr><td>附件二</td><td colspan="2">关于争端解决规则与程序的谅解</td></tr>
<tr><td>附件三</td><td colspan="2">贸易政策审议机制</td></tr>
<tr><td>诸边贸易协定</td><td>附件四</td><td colspan="2">民用航空器协定
政府采购协定
国际奶制品协定（1997 年失效）
国际牛肉协定（1997 年失效）</td></tr>
</table>

如表 1－1 所示，WTO 多边法律体制以具有宪章性质的《建立 WTO 协定》为核心，基本的制度内容和架构由四个附件组成，包含了乌拉圭回合谈判中达成的全部内容和原《关税与贸易总协定》（General Agreement on Tariffs and Trade，GATT）条款及有关谅解所组成。其中，附件一、附件二、附件三为多边贸易协定，这些协定及其相关法律文件是《建立 WTO 协定》的组成部分，所有成员需“一揽子”接受并受其约束。附件四为诸边贸易协定，仅适用于接受相关协定的成员，对于未接受的成员既不产生权利也不产生义务。

各协定之间，根据《建立 WTO 协定》第 16.3 条的规定，在该协定条款与其他协定条款产生抵触时，以《建立 WTO 协定》的条款为准。

（二）组织结构

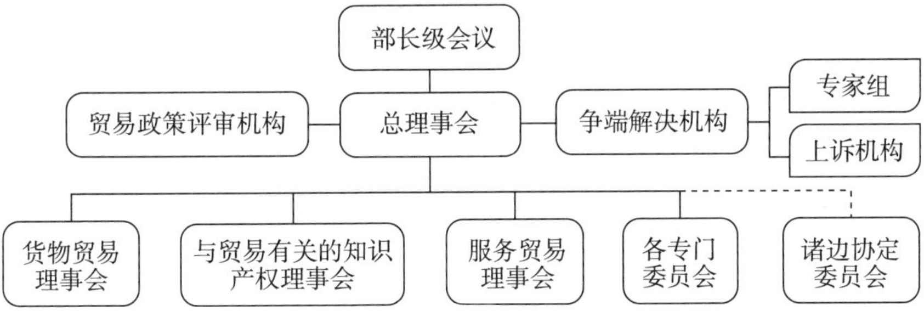

图 1－1　WTO 的组织结构

为了保证各项协定的实施，WTO 建立了分工清晰、各司其职的组织结构：最高层是部长级会议（Ministerial Conference），由 WTO 所有成员组成，至少每两年举行一次；全权"履行 WTO 的职能，为此采取必要的行动"并"有权对多边贸易协定下的所有事项作出决定"。决定经成员协商一致（consensus）做出，每一成员享有一票。

部长级会议休会期间，其职能由总理事会（General Council）行使。总理事会也由全体成员组成，其会议负责分别履行争端解决机构（Dispute Settlement Body，DSB）和贸易政策审议机构的职责，同时设立并指导货物贸易、服务贸易和与贸易有关的知识产权三个独立的理事会的运行。

（三）WTO 的体制内涵

WTO 法律体制几乎涵盖了国际贸易的各个领域及相关问题。就贸易领域而言，与 GATT 相比，WTO 及其涵盖协定第一次将服务贸易和 TRIPs 问题的协定作为主要协定包含进来；就所涉内容及问题而言，协定的其他 50 个部分包括了从反倾销、农产品贸易、补贴、技术标准、纺织品到海关估价等多种议题；就实施机制而言，既包括一套全新的争端解决程序，①还建

① 参见［美］约翰・H. 杰克逊：《GATT/WTO 法理与实践》，张玉卿、李成刚、杨国华等译，新华出版社 2002 年版，第 451 页。

立了贸易政策审议机制(Trade Policy Review Mechanism,TPRM),因而凸显了对贸易政策几乎是全方位的监管。

二、"规则导向"的体制功能与价值

根据《建立 WTO 协定》第 3 条,WTO 的职能体现在 5 个方面:(1)便利《建立 WTO 协定》及其涵盖协定(covered agreements)的实施、管理和运用,促进其目标的实现;(2)在协定涵盖事项方面,为成员间就多边贸易关系进行的谈判提供场所和提供实施谈判结果的体制;(3)根据附件二解决成员间的争端;(4)管理附件三规定的 TPRM;(5)为实现全球经济决策的更大一致性,酌情与国际货币基金组织(International Monetary Fund,IMF)、国际复兴开发银行(International Bank for Reconstruction and Development,IBRD)及其附属机构进行合作。

就上述职能而言,促进相关协定的实施及其目标的实现属于总体目标,体现在《建立 WTO 协定》以及其他具体涵盖协定的序言部分或是目标条款中有关贸易自由化的内容。这也是对 WTO 体系在整个国际经济法律体制中的功能的总括性表述。其余四项则是实现总目标的具体方式,分别从不同的角度展现了 WTO 体制在国际贸易领域能够发挥的功能和价值。

(一)谈判场所

WTO 作为一个具有开创意义的多边贸易组织,最为常规的功能是为成员创造、提供谈判空间,既包括物理意义上的,也包括抽象的制度层面。首先,根据《建立 WTO 协定》第 4 条,成员部长级会议是整个组织中的最高权力机构,应成员的请求,可以按照相关协定中的决策要求,对多边贸易协定项下的任何事项谈判并作出决定。其次,各个理事会可以分别就各自细分领域内的议题进行谈判。议题细分,有助于分散矛盾,提高谈判成功率。再次,不仅规定了允许启动谈判的条件和程序,还有关于谈判结果的表决程序、退出程序等,因而能够使部分谈判成果迅速法律化,并及时生效。最后,《建立 WTO 协定》本身还包含了许多灵活性设置,具有较强的适应性,从而为复杂多变的贸易谈判提供了较多的回旋空间。比如,根据该协定第4条的规定,除了列出的委员会之外,部长级会议还可设立具有其认为适当职能的其他委员会,总理事会可以给委员会指定附加职能。为了进一步扩大协定条款的可适用性,该协定第13条还规定,如特定成员在自己成为成员时或在另一成员成为成员时,不同意在彼此之间适用《建立WTO协定》和附件一、附件二所列多边贸易协定,则这些协定在该两成员之间不适用。

（二）争端解决

争端解决是WTO国际贸易法律体制最为突出的一项功能,争端解决机制(Dispute Settlement Mechanism,DSM)亦被誉为"WTO皇冠上的明珠"。在GATT时代,有关争端解决的条款非常少,仅有的也非常薄弱(第22、23条),至20世纪50年代,才引入"专家小组"的做法。[①] WTO《关于争端解决规则与程序的谅解》(Understanding on Rules and Procedures Governing the Settlement of Disputes,DSU)是对多边贸易体制40多年来在GATT框架内形成的争端解决安排的全面修改和更新。DSU规定了适用于WTO各项协定下可能产生的争端的一套统一规则,涉及GATT、《建立WTO协定》本身及其后所附全部货物贸易协定、《服务贸易总协定》(General Agreement on Trade in Services,GATS)和《与贸易有关的知识产权协定》(Agreement on Trade-Related Aspects of Intellectual Property Rights,以下简称《TRIPs协定》)。与原GATT的争端解决安排相比,新规则详细得多,并且规定了原则和批准程序,这将加快整个争端解决的过程,防止其受到阻止。新规则还采用了上诉程序,规定可以通过对一领域采取措施以补偿在另一领域受到的损害,还禁止采取单边行动解决《建立WTO协定》所涉及的贸易关系中任何领域的争端,这就加强了这一体制的作用。[②]

---

① 参见[美]约翰·H.杰克逊:《GATT/WTO法理与实践》,张玉卿、李成刚、杨国华等译,新华出版社2002年版,第460页。

② 参见世界贸易组织秘书处编:《乌拉圭回合协议导读》,索必成、胡盈之译,法律出版社2000年版,第28页。

“DSM 在为多边贸易体制提供可靠性和可预测性方面是一个重要因素”,[①]其运转亦成效卓著。首先,从案件数量上看,自 1995 年 1 月 1 日起,共受理 595 起案件,[②]从而充分体现了 WTO 成员方对于争端解决的信任与依赖。其次,从案件类别看,尽管各协定的援引与适用频率、案件分布存在明显落差,如涉及反倾销和反补贴的案件远多于涉知识产权类案件,[③]但无可否认,DSM 涉足的范围已拓展至所有涵盖协定。最后,涵盖协定及其相关法律文件的条款、概念在争端解决程序中得以反复适用,从而使 WTO 法律规则的含义、体系关联不断得以澄清。虽然其中仍不乏争议,但大量成案和 DSB 裁决事实上的判例效应,为国际贸易法律体制的“一致性”作出了重大贡献。譬如有关 GATT 1994 第 20 条一般例外的理解。[④]此外,DSM 提供的报复性机制,使得 DSB 裁决具有了一定的强制执行效力,为 WTO 体制的权威性,以及弱小成员正当权益之维护,提供了一定的制度保障。

(三)政策审议

TPRM 是 WTO 的又一鲜明特色。早在 GATT 时期的东京回合,成员达成的《有关通知、磋商、争端解决和监督机制的备忘录》中就提议,多边体系理事会应通过特别会议审查贸易体系的总体发展状况。[⑤] 此后,经著名的“路特威勒报告”(Leutwiler Report)以及后续乌拉圭回合若干谈判文件的发展,建立起附件三这一永久性的、常规性的贸易政策审议机制。[⑥]

根据 TPRM 第 A 节“目标”条款,一方面,这一机制的设立目的在于提

---

① DSU 第 3.2 条。

② See the website of WTO, https://www.wto.org/english/tratop_e/dispu_e/dispu_e.htm, last visited 6 April 2020.

③ 根据 www.wto.org 的数据,截至 2019 年 12 月 31 日,DSB 受理的反补贴案件 129 起,反倾销案件 133 起,TRIPs 案件只有 42 起。

④ See DS58: *US—Shrimp*, DS149: *India—Import Restrictions*, DS297: *Croatia—Measures Affecting Imports of Live Animals and Meat Products*, DS343: *US—Shrimp (Thailand)*, DS406: *US—Clove Cigarettes*.

⑤ BISD 26S/214.

⑥ See Rudiger Wolfrum, Peter-Tobias Stoll and Karen Kaiser, *WTO-Institutions and Dispute Settlement*, Martinus Nijhoff Publishers, 2006, pp. 622 - 623.

高成员贸易政策和做法的透明度,促进成员措施的合规性以及多边体系的平稳运行。但是,另一方面,对于 TPRM 的目标同时规定有两方面限制:(1)不作为多边协定下具体义务或争端解决程序的基础;(2)不对成员强加新的政策承诺。

从 WTO 的制度结构来看,TPRM 既与附件二设立的 DSM 作了显著区分,又强调了自身的审议职能,从正反两个方面确定了其功能范围。

从其规则本身及实施效果来看,TPRM 事实上发挥了"预警系统"的功能。① 成员可以利用这一机制公开讨论各自的贸易及有关政策,交换有关信息,表达关切,可以在违规行为实际发生前与对方沟通。② 当然,虽然政策审议程序本身不具备争端解决功能,但是在审议过程中各方披露的信息,却可以被用于解决具体案件中 WTO 法有关条款的解释问题。比如,在美国博彩案(*US—Gambling*,DS285)中,专家组就以菲律宾和以色列在 1999 年贸易审查中披露的法律文件条款说明成员会基于公共道德或公共秩序的理由采取限制措施。③

此外,根据 TPRM 第 C 节的规定,各成员接受贸易政策审议的频率是有差异的。最有实力者对多边贸易体系的影响最大,因而需接受更高频的政策审议。美国、欧共体、日本和加拿大 4 个最大经济体每 2 年审议一次;位列其后的 16 位成员每 4 年审议一次;其他成员每 6 年审议一次;对于最不发达国家,可以设定更长的时间。在 2016 年 12 月的 WTO 贸易政策审议机构会议上,成员们作出了调整贸易政策审议频率的决定:将原先审议周期由每 2、4、6 年进行一次审议更改为每 3、5、7 年进行一次审议。新安排从 2019 年开始分阶段进行。这样的安排显然有助于使国际贸易秩序在较长时间内保持基本稳定的态势。

(四)规制合作

WTO 的另一突出功能是作为贸易规制合作机构而存在,配合、协同其

---

① WT/MIN (99)/2, para. 4.

② WT/TPR/27, para. 7.

③ See Panel Report, *US—Gambling*, WT/DS285/R, para. 6. 471.

他国际组织共同为解决某些特别问题,实现某种国际经济秩序而发挥作用。《建立 WTO 协定》第 3.5 条有关与 IMF、IBRD 及其附属机构合作的规定为之提供了制度平台。为进一步说明双方合作的可能性以及对实现全球经济决策更大一致性的作用,WTO 总理事会在 1996 年、1997 年即通过了有关协议和报告,同意搭建一些渠道,尤其是加强组织之间常规性的合作,进一步提升全球经济政策的一致性。① 例如,组织合作的协议指出,在处理涉及货币和汇率问题的贸易争端时,以及召开其他关涉共同利益事项的会议时,IMF 和 IBRD 可以作为观察员,发挥促进争端解决和谈判达成的重要功能;对于最不发达国家和发展中国家的部分问题,合作机制也应发挥重要作用。② 在后续 2003 年有关的讨论方案中,还进一步提出若干建议,如 WTO 应重视 IMF 和 IBRD 的减贫计划与国别资助中的贸易问题等。③

就实践层面而言,各方的合作正在加强之中。截至目前,WTO 文件数据库显示标题包含 IMF 的记录有 196 项,绝大多数都是 IMF 就货币和汇率问题给予的咨询答复或就某些特殊事项单独或共同所作的说明。④ 如 2016 年 4 月,经合理事会、IMF、世界银行、国际劳工组织、WTO 针对世界经济下行风险加大、秩序不稳定的现状发表联合声明。声明指出,贸易是世界经济增长最主要的驱动器,WTO 要在加强贸易合作方面更加有所作为,IMF 和世界银行则将在货币政策协调和绿色贷款方面倾力作为,各机构正在并将继续在这些方面进行合作,以应对全球经济面临的挑战。⑤ 在具体案件的争端解决中,DSB 也十分慎重地处理了在规制合作中贸易法和金融法体系下的成员义务问题,为各方的配合、协同进一步扫清了障碍。在阿根廷纺织品和服装案(*Argentina—Textiles and Apparel*,DS56)中,上诉机构即指出:WTO 与 IMF 间的协定并不改变成员在各自体系下的义务,也没有提供解决冲突的实体性规则,只是提到可以就争议事项进行咨

① WT/L/194,18 November 1996,WT/GC/W/68,13 November 1997.

② WT/L/194,18 November 1996,pp. 2 – 3.

③ WT/TF/COH/S/7,29 April 2003,para. 9.

④ See search results with "IMF" in https://docs. wto. org,last visited 6 April 2020.

⑤ See https://docs. wto. org, PRESS/769 (16 – 1905), 6 April 2016, last visited January 18 2018.

询磋商;因而,不能用 IMF 中的承诺来主张 WTO 体系下义务的豁免。①

总体来看,作为当代国际经济秩序的支柱之一,WTO 法律体制及其功能发挥对促进国际经济政策的一致性贡献卓著,在推动国际贸易自由化、法治化方面更是具有不可替代的独特价值;而其体制及其功能最鲜明的特质就是"规则导向"。首先,无论是谈判、争端解决,还是政策审议与规制合作,均遵从于 WTO 体制所确定的规则,通过适用规则和司法程序来厘清成员的权利和义务问题,进而对贸易政策、措施及争端作出合规与否的判断。其次,伴随 DSM 的正常运转,特别是专家组和上诉机构报告的作出及执行,成员的国内措施受到有效规制,WTO 法律体系事实上具有了世界贸易宪法的效力。伴随其成员的不断增加,累积的案例不断增多,这种宪法效力的范围还在不断扩大。基于其体系规则设计的包容性,许多案例反映出协调成员自我管制权和一致性要求之间矛盾与冲突的高超的司法智慧和技术方案。譬如,如何处理环境、公共道德、公共健康保护等各种公共政策问题与贸易政策的关系,有关 GATT 1994 第 20 条、《技术性贸易壁垒协定》(Agreement on Technical Barriers to Trade,以下简称《TBT 协定》)第 2.2 条等条款的案例就能够为国际社会解决类似问题提供较好的范例。而且,在自身争端解决机制不断完善的过程中,有关司法技术也得到了相当程度的发展,诸如程序正义、透明度等司法理念也在世界范围内得到了传播,极大地增强了国际经济活动的可预见性和稳定性,对世界经济发挥了稳固器的作用。最后,虽然经由 GATT 发展而成的 WTO,大国的推动和影响一路相随,但是仍然可以看到,发展中国家,尤其是新兴经济体,在其中也有了更多参与国际经济制度决策和运行的机会。相较于以权力导向的体制,小国从以规则导向的体制中获益反而更多。② 可以说,WTO 法律体制的建立与发展,对于整个国际经济法律体系的发展,乃至国际法治整

① See Appellate Body Report, *Argentina—Textilesand Apparel*, WT/DS56/AB/R, paras. 72 - 74.

② 参见[美]约翰·H. 巴顿、朱迪思·L. 戈尔斯坦、蒂莫西·E. 乔思林、理查德·R. 斯坦伯格:《贸易体制的演进——GATT 与 WTO 体制中的政治学、法学和经济学》,廖诗评译,北京大学出版社 2013 年版,第 188 页。

体的与时俱进,均功不可没。

三、WTO 争端解决机制的独特性质

(一)基础:原 GATT 体制的经验与教训

WTO 现行 DSM 建立于 GATT 1947 争端解决机制之上,DSU 第 3.1 条规定:"各成员方重申遵守迄今为止根据 GATT 1947 第 22 条和第 23 条实施的管理争端的原则,以及在此进一步详述和修改的规则和程序。"由此,该两个条款已纳入 GATT 1994 成为 WTO 体制争端解决的一部分。

GATT 1994 第 22 条"磋商"和第 23 条"抵销或损伤"是 GATT 体制争端解决的核心规则。据其规定,如果一缔约方与另一缔约方就某项措施发生争议,则大致依循以下程序解决:(1)任一缔约方对于另一缔约方就影响 GATT 运用的任何事项可能提出的交涉,应予积极考虑并提供充分的磋商机会;(2)如经前述磋商争端未能满意解决,可将争端提交缔约方全体;[①](3)在缔约方全体作出有利于某缔约方的情况下,另一缔约方将被要求调整其措施以履行其 GATT 下的义务;(4)如果另一缔约方不作出调整,缔约方全体可授权提出申诉的缔约方中止履行其减让或其他义务。[②]

GATT 时期争端解决的成功之处主要表现为两个方面:一是从结果来看,1948 ~ 1994 年,专家组共作出 127 份报告,96 份经理事会通过,通过率达 75.6%;而且,90% 的案件中败诉方最终接受了于己不利的专家组报告。[③] 由此表明,争端解决机制的成效和权威得到了应有的体现。二是从过程来看,初期的运行更为良好,缔约方愿意将争端提交 GATT 并获得满

---

① 在 GATT 不同的发展阶段,缔约方全体或者每半年举行一次会议处理争端,或者通过非会议期间委员会处理,或者通过各成员方指派代表组成的工作组处理,但更多的是通过 3 人或 5 人组成的专家组处理。但无论采取哪种方式,处理的最后决定权都属于缔约方全体。

② 纵观整个 GATT 历程,授权中止减让的案例只发生过一起。因美国对荷兰奶制品实施进口限制,荷兰被授权可以对美国实施报复,即可以对从美国进口的 6 万公斤小麦面粉中止减让。但荷兰最终未实施这一授权。See Working Party Report, *Netherlands Action under Article XXIII:2 to Suspend Obligations to the United States*, L/61, adopted 8 November 1952, pp. 1 – 3.

③ See https://www.wto.org/english/tratop_e/dispu_e/gt47ds_e.htm, last visited 26 May 2018.

意的解决结果。究其原因,除多数缔约方尊重 GATT 机制外,与初期成功有较大利害关系的因素主要在于:作为新的协定,在条款的含义和解释上各方共识明确,争议较少;缔约方数量相对较少,背景和利益也相对相似;而且,这一时期处理 GATT 事务的许多官员都亲自参与了它的创建。①

GATT 进入 60 ~ 80 年代,由于新成员数量的增加以及经济社会的发展所导致的利益需求的变化,其利用率呈明显下降之势。在这一阶段,每年大约发生一起诉请,其中绝大多数是由美国提起。究其原因,其一,随着欧共体的形成和扩张,之前在 GATT 争端解决机制中比较活跃的欧洲国家,更愿意将它们之间的争端交由欧共体的争端解决机制处理;其二,由于 GATT 1947 的一些条款不能得到严格实施,一些缔约方认为不应严格执行 GATT 1947 的规定,贸易争端应通过谈判来解决。因此,对争端解决机制的依赖被认为是不适当的;其三,随着日本和欧共体的经济崛起,使原本只有美国一家独大的 GATT 成为一个三股强大力量的机构。新的力量认为正式的争端解决机制不符合其利益,更愿意通过谈判方式解决争端。②

1979 年之后,GATT 争端解决的"先天不足"问题越来越明显地暴露出来,首先是条款语言十分空泛,对于目标或程序几乎没有详细的规定。③由此在争端实践中引发了诸多纠缠不清的问题。以 GATT 1947 第 23 条为例,对于其中利益的"抵消或损伤",专家组在不同的案件中作了不同的解释。早期案件中,专案组要求受损的缔约方必须证明相对方的措施对其造成了某种损害。由于证明损害与被诉方行为之间的因果关系实际上是一件较难的事情,初步证据(prima facie)概念后来被引入。1962 年,乌拉圭将奥地利等 15 个发达国家诉至 GATT。专家组认为必须明确抵消或损伤概念的构成。在该案专家组看来,"第 23 条意义上的抵消或损伤并不仅仅因为任何措施的存在就予以适用。抵消或损伤必须与缔约方根据总协

---

① See William J. Davey, "Dispute Settlement" in GATT, 11 *Fordham Int'l L. J.* 51, 61 – 61 (1987).

② See William J. Davey, "Dispute Settlement" in GATT, 11 *Fordham Int'l L. J.* 51, 62 – 64 (1987).

③ 参见[美]约翰·H. 杰克逊:《国家主权与 WTO:变化中的国际法基础》,赵龙跃、左海聪、盛建明译,社会科学文献出版社 2009 年版,第 171 页。

定应获得的利益相关”。[①] 因此,申诉方需要知道其什么利益受到抵消或损伤。专家组认为:“如果缔约方所采取的措施与 GATT 1947 条款相冲突,并且 GATT 的相关议定书也不允许实施,该措施将初步构成抵消或损伤。”[②]换言之,一项措施只要违反了 GATT 1947 的相关规定,即视为满足申诉方利益受到抵消或损伤的初步证据要求。这种认定的结果是,被诉方将承担其措施未对申诉方的利益造成抵消或损伤的举证责任。如果被诉方不能证明,第 23 条中的抵消或损伤即可成立。美国石油税案专家组进一步认为:“对于非法措施所导致的抵消或损伤的推定,尽管缔约方全体没有明确其是否可以推翻,但该推定在实践中实际上是一个无可辩驳的推定。”[③]也就是说,初步证据成立的案件不可辩驳。由此,缔约方证明相对方违反了 GATT 的相关规定,即可成功援引第 23 条中的“抵消或损伤”,而不论事实上其利益是否受到“抵消或损伤”。此外,对“抵消或损伤”概念的分析还引入了“不利影响”和“合理预期受挫”等要素,并且“抵消”和“损伤”这两个概念不一定以累积的方式应用,而是分别应用。[④]

更为关键的问题是,专家组报告最终由缔约方全体采用“协商一致”的决策原则决定是否通过,因而专家组并不算一个正式的争端解决机构,只是 GATT 缔约方全体的辅助机构。在实践中,协商一致原则使缔约方可以在任何阶段阻止案件的进行,争端中的败诉方通过其不同意的意思表示,不仅可以拒绝同意并“阻止”不利专家组报告的通过,甚至可以拒绝同意设立专家组,从而避免不利裁决的后果。换言之,只要败诉方单方不同意即可阻止专家组设立及其报告通过,这一规定构成了 GATT 争端解决机制的根本缺陷。[⑤] 事实上,随着缔约方数量的增加,利益冲突的加大,争端

---

① See GATT Panel Report, *Uruguayan Recourse to Article XXIII*, L/1923—11S/95, adopted 16 November 1962, p. 4, para. 14.

② See GATT Panel Report, *Uruguayan Recourse to Article XXIII*, L/1923—11S/95, adopted 16 November 1962, p. 4, para. 15.

③ See GATT Panel Report, *United States—Taxes on Petroleum and Certain Imported Substances*, L/6175—34S/136, adopted on 17 June 1987, para. 5.1.7.

④ See Armin Von Bogdamdy, “The Non-Violation Procedure of Article XXIII:2, GATT: Its Operation and Rationale”, 29 *Journal of World Trade*, 95 – 111 (1995).

⑤ 参见赵维田:《世贸组织(WTO)的法律制度》,吉林人民出版社 2000 年版,第 458 页。

当事方阻止专家组报告的情事频繁发生。数据显示,1980～1994 年,专家组报告未获通过的达 23 件,占 GATT 不通过总数的近 3/4。

(二)核心内容:DSU 构建的新体制

WTO 争端解决的内容集中体现于 DSU。DSU 针对原 GATT 体制的问题,作出了一系列有针对的纠偏,构建出一套新的体制内容,突出表现在以下几个方面。

1. 统一适用。DSM 一体性地适用于 WTO 所有涵盖协定,包括新纳入的 GATS 与《TRIPs 协定》,从而结束了 GATT 体制下的选择适用问题。①

2. 双向决策。DSB 引入"反向协商一致"(negative/reverse consensus,以下简称反向一致)的决策程序——除非各方一致反对,否则即予通过。根据 DSU,设立专家组、通过专家组和上诉机构报告以及中止减让或其他义务的批准等事项适用反向一致加以决策,从而解决了 GATT 体制下缔约方阻止争端解决进程或专家组报告通过这一主要顽疾。与此同时,除 DSU 的明确事项外,DSB 其余决定仍应以正向协商一致方式作出,即"如在作出决定的 DSB 会议上,没有成员正式反对拟议的决定,则 DSB 即被视为经协商一致就提请其审议的事项作出决定"。②

3. 上诉机制。建立一个独特的新的上诉审议程序,由常设上诉机构审理专家组案件的上诉,审议专家组报告涉及的法律问题和专家组所作的法律解释。DSB 经反向一致通过的上诉机构报告,争端各方应无条件接受。

4. 目的与手段的相互呼应。就目的而言,DSU 明确争端解决的目的在于保证使争端得到积极解决。为此,DSU 确立了两项重要原则,一是争端解决办法,首选共同接受且与 WTO 规则相符的方法;如无法达成一致,则:以保证撤销被认为与 WTO 规则不符的相关措施为首要目标;提供补偿只能在立即撤销不符措施不可行时,作为撤销前所采取的临时措施;授权报复是最后手段。③ 二是"多边体制的加强",要求成员方在争端

---

① See John H. Jackson, "the Role and Effectiveness of the WTO Dispute Settlement Mechanism", *Broking Trade Forum*, 2000, p. 185.

② 详见 DSU 第 2.4 条注释。

③ DSU 第 3.7 条。

发生或争端可能发生时，均通过援用并遵守 DSM 解决，而禁止成员方采取单边行动。[①]

一言以蔽之，DSU 一系列具有司法性的内容和措施的引入，极大地增强了 DSM 的强制性和权威性，WTO 也因此被形象地称作“有牙齿的老虎”。

（三）程序：组织机构与主要流程

1. 组织机构

DSM 的管理及辅助机构由 DSB、总干事及秘书处构成。DSB 是 DSM 的管理和监督机构，有权设立专家组、通过专家组和上诉机构报告、监督裁决和建议的执行以及授权报复。[②] 除了争端案件的流程管理外，DSB 另外一个重要职能是提供一个平台，使 WTO 成员能够表达他们的意见，并就专家组和上诉机构的法律解释和理由进行评论。各成员也可以自由提出与 DSU 运作有关的任何程序问题，以保持其对程序的影响，并对专家组和上诉机构正在做的工作行使一定的控制权。由于反向一致在争端解决程序中的适用，使 DSB 对争端案件最终的结果影响有限，因而其在争端解决中的参与在本质上更具有外交和政治性而非司法性色彩。总干事主要在斡旋、调解和调停程序中发挥作用。[③] 秘书处作为辅助机构，主要履行协助专家组工作、提供法律帮助或法律咨询和培训等职责。

DSM 的司法性机构是专家组和上诉机构。专家组是非常设机构，由资深专业人士 3 人或 5 人组成，根据争端方援引的 WTO 规则，对争议事项作出客观评估并作出可协助 DSB 提出建议或作出裁决的其他认定。[④] 上诉机构是 DSB 的常设机构，由 7 名在法律、国际贸易和 WTO 各协定方面公认的权威专家组成。每一案件由其中的 3 人组成裁判庭任职审理，范围“应限于专家组报告涉及的法律问题和专家组所作的法律解释”，“上诉机构可维持、修改或撤销专家组的法律调查结果和结论”。[⑤]

---

① DSU 第 23 条。

② DSU 第 2 条。

③ DSU 第 5 条。

④ 参见 DSU 第 7、8、11 条的相关规定。

⑤ 参见 DSU 第 17 条。

2. 争端解决流程

WTO 争端解决程序根据案件流程大致分为 4 个步骤：磋商、专家组设立及审理、上诉审议和执行。斡旋、调解和调停程序适用于各阶段；争端各方也可在任何阶段通过磋商达成庭外和解。

(1)磋商

任何 WTO 成员方认为其涵盖协定下的利益因其他成员方所实施的措施受损，都可以向该成员方提出磋商请求。相对方应在 10 天内作出答复，并在 30 天内开始磋商。[①] 磋商应通知 DSB；但需要保密，即"是争端双方保留的问题；DSB 不参与；专家组不参与；磋商是在秘书处缺席的情况下进行的"。[②]

提出磋商是设立专家组的前置程序，如果未经提起，专家组则无权审查该案。"专家组的职能只是确定，如有需要，实际上已举行或至少已要求进行磋商。"[③]但磋商在提起之后，相对方可以拒绝。专家组不可因该拒绝而终止审理该案。但对于 DSU 第 4.2 条所规定的"充分磋商"标准，专家组认为不在其审查范围之内。由于在磋商过程中专家组并不在场，因此，专家组认为磋商中发生了什么并不在其关注的范围之内。

如前所述，磋商是 DSM 倡导的争端解决首选方法。在墨西哥玉米糖浆案(*Mexico—Corn Syrup*, DS132)中，上诉机构强调了磋商的重要性。"通过协商，争端各方可交换信息、评估各自在案件中的优缺点、缩小彼此之间的差异范围，并且在许多情况下，根据 DSU 第 3.7 条中明确表示的偏好，达成双方同意的解决办法。此外，即使没有达成此类解决办法，协商也为双方提供了一个定义和界定争议范围的机会。显然，磋商为申诉方、被诉方以及第三方和整个争端解决系统提供了许多好处。"[④]

(2)专家组设立及审理

如磋商不成，申诉方可提请 DSB 成立专家组。专家组审理的工作程

---

① DSU 第 4 条。

② See Panel Report, *EC—Banana* Ⅲ, WT/DS27/R/ECU, para. 7.19.

③ See Panel Report, *EC—Banana* Ⅲ, WT/DS27/R/ECU, WT/DS75/R, WT/DS84/R, adopted 17 September 1998, para. 7.19.

④ See Appellate Body Report, *Mexico—Corn Syrup*, WT/DS132/AB/RW, para. 54.

序主要依据 DSU 第 12 条的规定。专家组审议应秘密进行,其报告草案供各争端方评议并拟定后,先提交一份包括事实与争点的描述(factual and argument sections)和裁决认定与结论(findings and conclusions)的中期报告(interim report)。争端各方可在一周内提出进行审议请求。[①] 专家组的最终报告(final report)先向争端各方发布,三个星期后分发至 WTO 全体成员。DSB 在报告提交 60 日内通过报告,除非争端一方上诉或者 DSB 共识决定不通过报告。[②]

就专家组程序而言,WTO 与 GATT 体制的主要差异可见表 1 –2。

表 1 –2 WTO 与 GATT 专家组程序的主要差异

	GATT	WTO
总体特征	GATT 成立的最初几年中,尽管它正缓慢地向法制化体系演变,但其争议解决机制的特点是外交式的。在东京回合之后,GATT 争端处理方式支离破碎	WTO 对争端解决各个阶段的程序作了具体细化,其中包括了具体时限。其争端处理机制是一个适用于所有被涵盖协定的综合性框架
磋商	磋商的根据是 GATT 1947 第 22 条或第 23 条	磋商是根据 DSU 以及其涵盖的其中一个或多个协定进行的。这些磋商更加正式,并且有着特殊时限规定
专家组的设立	专家组的设立在蒙特利尔部长会议之前需要得到 GATT 理事会的一致同意,之后则适用正向共识原则	专家组的设立事实上不能被阻止(DSB 中的反向一致)
专家组的组成	在 GATT 成立之初,当各方不同意专家组的组成时,没有任何规则可以避免陷入僵局	当争议方之间没有就专家组的组成达成协议时,DSU 中有具体的规则予以解决
专家组的职权范围	争议方在职权范围上达成合意后,GATT 理事会必须对其进行核验批准	如果在专家组设立的 20 天之内,争议方无法就职权范围达成一致,那么就可以适用 DSU 所规定的标准职权范围

① 专家组报告的中期评审程序在司法或准司法争端解决程序中非常少见,因而是否需要这一程序也成为争论的对象。

② 参见 DSU 第 6 ~16 条。

续表

	GATT	WTO
第一份书面材料的递交	第一份书面材料通常由双方根据 GATT 1947 的规定同时传送	在 WTO 的规定下,申诉方需先于被诉方两周到三周提交其书面意见材料
第一次实质性的会议	根据 GATT 1947,各方经常向专家组提交他们商定的一系列事实(所谓的“无可争议的事实集群”)	在 WTO 中,当事人可利用一切机会反对另一方提出的事实和论点,因此有许多程序上的异议发生
第三方的参与	在专家组程序中没有第三方的参与	第三方的参与度明显增加(包括非当事人意见陈述,参照专家组或者个别专家的意见)。这是因为案件所涉法律问题越发复杂,也因为几乎所有的申诉都是根据两个或两个以上的涵盖协定提出的
专家组报告描述部分的提交	从 20 世纪 70 年代起,专家组开始将报告中的描述部分传达给各方。GATT 中并没有中期审议阶段	专家组报告描述部分将提供给各方,而意见以及评论将在两周之内散发。有一份提交给各方的中期报告(其中包括描述部分和专家组的裁决结果与结论)。对该报告的评论以及意见可以提交给专家组。各方可以在一周之内要求召开额外的专家组会议以讨论报告的具体方面。此会议将在一周到两周内举行。中期审议阶段的讨论应当包括在最终的报告中
最终专家组报告	没有特定的时间限制。大多数情况下,报告应当在专家组设立后的 3 ~9 个月内完成	专家组报告应当在中期审议阶段所要求的额外会议后两周内发布给各方。报告将在专家组组成确定后的 6 个月内向各方散发,紧急情况下为 3 个月
专家组报告的通过	专家组报告不能自动通过。GATT 理事会需要对其达成一致通过的共识	专家组报告的通过事实上不能被阻止。DSB 在 60 日之内适用反向一致,使得报告可以在 WTO 自动通过。专家组报告将会更详细并具有法律上的合理性。对专家组报告法律适用不满意的部分,可上诉至上诉机构

续表

	GATT	WTO
专家组报告的执行	缔约方全体“应当”密切关注已作出的裁决	有一个更强硬的机制来监督 DSB 裁决的执行。在报告通过的 30 天内举行的 DSB 会议上,有关成员应通知 DSB 关于其执行 DSB 裁决的意向。在确定合理期限起 6 个月后,执行建议应列入 DSB 会议的议程,并保留在 DSB 的议程上,直到该问题解决。在每一次 DSB 会议上,有关成员应当提交一份关于裁决执行进展的书面情况报告

(3)上诉审

上诉程序开始于争端方通知 DSB 并同时向秘书处提交上诉通知。上诉审议程序设置的目的是纠正专家组裁决可能产生的法律错误,因而其审查范围限于专家组报告涉及的法律问题和法律解释,而不包括事实问题。至于法律问题与事实问题的界分,欧共体荷尔蒙案(*EC—Hormones*, DS26、DS48)的上诉机构认为,“根据 DSU 第 17.6 条,上诉审查的范围限于专家组报告中的法律问题以及专家组所发展的法律解释。事实认定,与法律解释和法律结论不同,原则上,不是上诉机构审查的对象。……但是,特定事实或一组事实与特定条约条款相符或不符,是一个法律定性问题,是一个法律问题”,[①]属于上诉机构的审查范围。

上诉程序自一争端方正式通知其上诉决定之日起至上诉机构分发其报告之日止通常不得超过 60 天;如迟延,则应书面通知 DSB 且最长不得超过 90 天。

上诉机构报告应在发出后 30 日内经 DSB 通过。DSB 通过的上诉机构报告各争端方应无条件接受。

(4)执行

DSU 规定,在专家组或上诉机构报告通过后 30 日内的 DSB 会议上,相

---

① See Appellate Body Report, *EC—Hormones*, WT/DS26/AB/R, WT/DS48/AB/R, adopted 16 January 1998, para. 132.

关争端方应对其执行 DSB 建议做出说明;如果立即执行不可行,则应确定执行的合理期限。合理期限内仍不执行的,另一方可要求磋商确定双方可接受的补偿;如 20 日内不能议定补偿方案,另一方可要求 DSB 授权报复。

如果被授权报复方对于授权的中止减让或其他义务水平不满,可以根据 DSU 第 22.6 条提请仲裁。然而,如前所述,授权报复的发生是建立在败诉方没有实施 DSB 建议的情况下,但还存在这样一种情况,即胜诉方和败诉方就败诉方是否的确没有实施建议存在争议。对此,DSU 第 21.5 条提供了处理程序:"对为遵守建议或裁决而采取的措施是否存在或符合涵盖协定出现争议时,该争议应经由本争端解决程序做出裁决,包括于可能时诉诸原专家组。"

关于 DSB 授权报复,美国特定欧共体产品案(*US—Certain EC Products*,DS165)的专家组认为,"DSB 授权中止减让或其他义务的主要目的和宗旨不是获得相当于贸易损失金额的货币赔偿(由与 WTO 不符措施造成的),而是将贸易限制在相当于受不符措施所影响的程度。即使在 WTO 授权中止减让的情况下,那些遭受不符措施后果的企业也不能从中止减让中获得任何形式的补偿。DSB 授权报复措施的目的不是征收关税并再分配给因另一成员国与 WTO 不符措施而失去了贸易机会的出口商的。与 WTO 相符的中止减让的主要目的是让有过错的成员的其他利益集团参与进来,以促使该成员遵守有关规则。WTO 授权中止减让或其他义务的最终目的是消除过错成员根据 WTO 所获得的利益,并因此可能会阻止一些贸易。很难理解一个成员如何获得追溯授权来阻止贸易:要么贸易已经被阻止,要么没有。想象一个成员方在等待可能永远不会到来的 DSB 授权的同时会有效地阻止贸易的情况,这是荒谬的。与第 23 条相反,在等待'追溯性'DSB 授权的同时,最初作为阻止贸易措施的措施将变成单方面行动。DSU 第 23 条是明确的:任何时候都禁止单方面行动。如果在 DSB 授权之前阻止贸易,则违反第 23 条;如果未阻止贸易,则 DSB 无法追溯性地阻止贸易,追溯实际上是不可能的"。①

---

① See Panel Report, *US—Certain EC Products*, WT/DS165/R, adopted 17 July 2000, para. 6.82.

第二节 WTO 争端解决机制的运行动态

一、争端及其解决的基本状况

截至 2019 年 12 月 31 日，诉至 WTO 的争端共 593 件。

（一）年度及阶段分布

将五年作为一时间段，WTO 争端案件的时间分布如表 1 – 3 所示。

表 1 – 3 1995 ~ 2019 历年/阶段受理案件数量①

单位：件

年份	数量	年份	数量	年份	数量	年份	数量	年份	数量
1995	25	2000	34	2005	12	2010	17	2015	13
1996	39	2001	23	2006	20	2011	8	2016	17
1997	50	2002	37	2007	13	2012	27	2017	17
1998	41	2003	26	2008	19	2013	20	2018	39
1999	30	2004	19	2009	14	2014	14	2019	19
合计	185	合计	139	合计	78	合计	86	合计	105

DSM 自 1995 年 1 月 1 日运行至今超过 26 个年头，到 2019 年年底总案量已接近 600 件，充分体现出成员的需求与信赖，其成效及权威亦有目共睹，为全球经济发展提供了强有力的支持，是全球经济治理体系的重要支柱之一，而且是非常有效的支柱，各成员通过这一机制投诉违规行为，维护自身利益，防止贸易摩擦升级为严重的对抗；许多贸易争端在还未升级到诉讼阶段之前就已经解决，即使真的经过了诉讼阶段，DSB 裁决的执行率高达 90% 左右，因而即使 WTO 争端解决机制存在缺失，甚至是目前面临极大的危机，仍为绝大多数成员所需要。②

---

① 除特别说明外，本书表格中的数据均截至 2019 年 12 月 31 日，数据均来自 WTO 官方网站的统计，available at：http://wto.org/english/tratop_e/dispu_e/find_dispu_cases_e.htm#results。

② 参见中国日报网：《世贸组织总干事：我们为什么比以往更需要 WTO?》，载 http://finance.people.com.cn/BIG5/n1/2018/0812/c1004 – 30223698.html，最后访问日期：2019 年 8 月 28 日。

当然，对比 DSM 几个不同时间段的案件数量可知，经过最初 10 年的巅峰时期后，总量已有较大幅度的回落，除 2018 年因美国发动全球贸易战争端数量有明显增长外，其余每年受案基本维持在 10 ~ 20 件。

（二）争端类型与协定援用

WTO 争端案件，从成员方提起磋商，到进入专家组和上诉程序，再到最终裁决，无一不围绕相关协定条款所确立的规则的援引或适用展开，[①] 因而其争端类型也是按照相关协定的分类来确定的。1995 ~ 2019 年 WTO 争端类型的统计见表 1 – 4。

表 1 – 4　1995 ~ 2019 年 WTO 争端类型[②]

WTO 相关协定			所涉案数（件）	占总案量的比例（%）
多边贸易协定	GATT 1994		489	82.5
	GATT 附属协定	农业协定	84	14.2
		SPS 协定	49	8.3
		纺织品与服装协定	16	2.7
		TBT 协定	55	9.3
		TRIMs 协定	45	7.6
		反倾销协定	133	22.4
		海关估价协定	18	3.0
		装船前检验协定	5	0.8
		原产地规则协定	7	1.2
		进口许可程序协定	48	8.1
		反补贴协定	129	21.8
		保障措施协定	61	10.3

① 在争端案件中，WTO 协定及其相关规则的适用方式主要表现为两种：一是申诉方援引，用以作为申诉之依据；二是专家组和上诉机构适用，用以作为裁决之依据。与此同时，由于协定及条款之间多有交叉，因而针对一个具体的争端措施，申诉方往往不仅援引一项协定中的多个条款，而且援引多项协定的多个条款来加以指控。由此，被援引的协定次数总和大大超过案件本身的数量，专家组和上诉机构在裁决时得以多个协定共同适用也源于此。

② 该范围依申诉方提起争端所援引的规则所涉协定为据。

续表

WTO 相关协定		所涉案数(件)	占总案量的比例(%)
多边贸易协定	GATS	30	5.1
	TRIPs 协定	42	7.1
	DSU	20	3.4
诸边协定	民用航空器协定	0	—
	政府采购协定	4	0.7
	国际奶制品协定	0	—
	国际牛肉协定	0	—
加入议定书①		36	6.1

从表 1－4 中的争端类型直观地反映出两个基本特点：(1)涵盖范围已近 100%；但(2)涵盖程度差异显著。于前者，除不具可诉性的附件三之外，WTO 法律框架体系内的所有多边协定均已涵盖，既包括附件一所有协定的实体之争，也包括附件二的程序之争；诸边协定的《政府采购协定》也有所触及。于后者，不同协定的援引与适用率差距甚远。一是案件集中于多边协定领域，而诸边协定只有涉及《政府采购协定》的 4 个案件，还不到案件总量的 1%；②二是在多边协定产生的争端中，GATT 1994 及其附属协定所规制的传统货物贸易领域的争端是主流，占案件总量的近 90%，GATS 和《TRIPs 协定》所涉争端总和只有 72 件；三是货物贸易中，涉及 GATT 1994、《反倾销协定》《反补贴协定》的争端数量遥遥领先。

(三)成员参与

WTO 现有 164 个成员。截至 2019 年 12 月 31 日，109 个成员参与过争端案件，参与率约为 66.5%。③ 参与方式及程度如表 1－5 所示。

---

① 加入议定书是根据《建立 WTO 协定》第 12 条的规定，由加入成员与 WTO 议定条件的法律文件，因其性质尚无定论，故予单列。

② 这 4 个案件分别是 DS73、DS88、DS95 和 DS163，均于 1999 年前发起；前 3 个案件由争端双方和解或撤回结案，仅 DS163 经专家组裁决。

③ https://www.wto.org/english/tratop_e/dispu_e/dispu_by_country_e.htm, last visited 7 April 2020.

表 1－5　1995～2019 年成员方参与方式及程度①

单位：件

参与方式		成员及参案数量	参与成员累计数(%)
象征性参与②		阿富汗 3、巴巴多斯 4、伯利兹 4、贝宁 1、玻利维亚 2、喀麦隆 1、乍得 1、科特迪瓦 4、多米尼克 3、斯威士兰 3、斐济 3、加纳 1、格林纳达 1、圭亚那 3、冰岛 18、以色列 11、牙买加 8、肯尼亚 3、科威特 1、马达加斯加 4、马拉维 6、毛里求斯 6、纳米比亚 1、尼日利亚 6、阿曼 13、巴拉圭 21、圣基茨和尼维斯 3、圣卢西亚 3、圣文森特和格林纳丁斯 1、塞内加尔 2、苏里南 1、坦桑尼亚 3、也门 2、赞比亚 2、津巴布韦 6	35(21.3%)其中只参与 1 件的有 9 个，超过 1/4
实质性参与③	仅申诉	安提瓜和巴布达 1、孟加拉国 1、古巴 1、萨尔瓦多 1、洪都拉斯 8、中国香港 1、新西兰 9、挪威 5、新加坡 1、斯里兰卡 1、瑞士 5、中国台北 7、突尼斯 2、越南 5	14(8.5%)
	仅被诉	亚美尼亚 2、巴林 1、比利时 3、克罗地亚 1、埃及 4、法国 4、德国 2、希腊 3、爱尔兰 3、意大利 1、哈萨克斯坦 1、吉尔吉斯斯坦 1、摩洛哥 3、荷兰 3、葡萄牙 1、罗马尼亚 2、沙特 2、斯洛伐克 3、南非 5、西班牙 3、瑞典 1、特立尼达和多巴哥 2、英国 3	23(14%)
活跃参与(申诉＋被诉)		阿根廷 21＋22；澳大利亚 9＋16；巴西 33＋16；加拿大 40＋23；智利 10＋13；中国 21＋44；哥伦比亚 5＋7；哥斯达黎加 5＋1；捷克 1＋2；丹麦 1＋1；多米尼加 1＋7；厄瓜多尔 3＋3；欧盟 104＋87；危地马拉 10＋2；匈牙利 5＋2；印度 24＋32；印度尼西亚 12＋15；日本 26＋16；韩国 21＋18；马来西亚 1＋1；墨西哥 25＋15；摩尔多瓦 1＋1；尼加拉瓜 1＋2；巴基斯坦 5＋4；巴拿马 7＋1；秘鲁 3＋6；菲律宾 5＋6；波兰 3＋1；卡塔尔 4＋1；俄罗斯 8＋9；泰国 14＋4；土耳其 5＋12；乌克兰 9＋4；阿联酋 2＋1；美国 124＋155；乌拉圭 1＋1；委内瑞拉 3＋2	37(22.6%)
作为第三方参与最多的前 15		日本 211、欧盟 205、中国 179、印度 162、美国 155、加拿大 154、巴西 147、韩国 127、中国台北 124、澳大利亚 111、墨西哥 106、挪威 104、土耳其 96、泰国 96、俄罗斯 79	
从未参与		55 个成员(略)	

① https://www.wto.org/english/tratop_e/dispu_e/dispu_by_country_e.htm, last visited 7 April 2020.

② 未作为争端方涉案，仅作为第三方参与。

③ 指作为争端方，仅为申诉方或被诉方参与案件。

可见，到目前为止，成员的总参与度约为 2/3，但除有 1/3 成员从未参与争端解决外，参与成员本身的参与度存在很大悬殊：仅作为第三方参与的又有 1/3，其中仅参与过一次的占 26%；既提出申诉又曾被诉的活跃成员也仅约 1/3，而且，即使同属活跃成员，美国作为最活跃成员，是 124 个案件的申诉方、155 个案件的被诉方和 155 个案件的第三方，参与了 73% 的争端案件；而丹麦、马来西亚等成员申诉与被诉的均只有 1 件。

总体来看，成员参与程度与其贸易水平成正比关系，最活跃的成员也集中于贸易大国，特别是其中的发达经济体和新兴经济体。一方面，发达经济体中，除占居首位的美国之外，欧盟申诉 104 件、被诉 87 件及第三方参与 205 件位列第二，参与了 67% 的案件。换言之，WTO 争端案件的 40% 是由美欧提起，又有超过 40% 是针对美欧的；与此同时，加拿大、日本、澳大利亚等成员也处于最活跃的地位。另一方面，新兴经济体虽然作为当事方的案件总数与美欧差距较大，但其积极程度不容忽视，中国、印度、巴西以及后来居上的俄罗斯都有引人注目的作为。

特别值得注意的是，联合国确定的 47 个最不发达国家中的 36 个已成为 WTO 成员方。但截至目前，只有孟加拉国提起过一起诉讼，阿富汗、贝宁、乍得、马达加斯加、马拉维、塞内加尔、坦桑尼亚、也门以及赞比亚 9 个国家作为第三方象征性地参与过案件，其他的 26 个国家，包括安哥拉、布基纳法索、布隆迪、柬埔寨、中非、刚果（金）、吉布提、冈比亚、几内亚、几内亚比绍、海地、老挝、莱索托、利比里亚、马里、毛里塔尼亚、莫桑比克、缅甸、尼泊尔、尼日尔、卢旺达、塞拉利昂、所罗门群岛、多哥、乌干达以及瓦努阿图都从未参与过任何案件。换言之，72% 的最不发达国家作为 WTO 成员方，似乎具有的仅仅是参与案件的名义资格，却并不具有实质参与的能力和兴趣。

（四）争端解决的结果动态

DSM 的功效很大程度是由争端解决的结果状况所反映出来的（见表 1－6）。

表 1-6　1995~2019 年争端解决的结果状况①

单位:件

<table>
<tr><td colspan="2" rowspan="2">已结案:277 件(46%)</td><td colspan="4">程序进展:321 件②(54%)</td></tr>
<tr><td colspan="2">审理</td><td colspan="2">执行</td></tr>
<tr><td>双方和解</td><td>101</td><td>磋商</td><td>179</td><td>执行异议</td><td>8</td></tr>
<tr><td>专家组/上诉机构报告通过,无须进一步行动</td><td>35</td><td>专家组设立但尚未组成</td><td>24</td><td>裁决执行不符</td><td>7</td></tr>
<tr><td>已执行/执行和解</td><td>118</td><td>专家组已组成</td><td>37</td><td rowspan="4">请求授权报复</td><td rowspan="4">11</td></tr>
<tr><td>授权报复</td><td>8</td><td>专家组报告上诉中</td><td>8</td></tr>
<tr><td>授权专家组终止</td><td>12</td><td rowspan="2">专家组/上诉机构报告通过,有建议措施</td><td rowspan="2">47</td></tr>
<tr><td>裁决执行相符</td><td>3</td></tr>
</table>

综合起来,截至目前,DSM 结案率已达近 50%,其中经由专家组或上诉机构依裁决方式了结的超过一半,大多数案件得到了较好的执行;最终授权报复的只有 8 个案件,其中美国为被诉方的有 6 个,剩余 2 件的被诉方是加拿大和欧盟。程序进行之中的案件中,处于磋商状态的数量占了一半以上;已经启动或进入专家组或上诉机构程序的 69 件;已审理完结且报告通过的 47 件,因有建议措施而将进入执行阶段;执行中的案件共 26 件,请求报复的仅 11 件,但被诉方为美国的有 6 件。

此外,在争端解决的各程序阶段中,均以非裁决方式处理为主,包括启动专家组程序之前的磋商、当事方自行和解结案、授权专家组终止和执行和解等,达案件总数近 70%,由此表明,争端解决并不是完全通过强制性来发挥作用的。以磋商为例,自 1995 年至今,仅 2014 年没有留存“磋商”案件;而且,至今尚有 1995~2014 年前 20 年累积的 141 件。根据 DSU 第 4.7 条,从被诉方接到磋商请求时起 60 日内双方未能解决争端的,起诉方

① https://www.wto.org/english/tratop_e/dispu_e/dispu_current_status_e.htm, last visited 7 April 2020.

② 其中有 4 个案件同时处于两个程序之中,分别是:同时处于“执行异议”和“请求授权报复”的 DS430、DS456 和 DS461;同时处于“裁决执行相符”和“授权报复”的 DS381;同时处于“授权报复”和“执行异议”的 DS316,故表中案数与总案件数有差异。

得请求建立专家组。而实际中的长时期磋商证明,当事方已无意启动后续程序,“磋商”本身就是各方均可接受的解决办法。表 1 - 7 为 1995 ~ 2019 年处于磋商的案件数量统计。

表 1 - 7　1995 ~ 2019 年处于磋商的案件数量

单位:件

年份	数量	年份	数量	年份	数量	年份	数量
1995	4	2001	10	2007	1	2013	5
1996	12	2002	9	2008	5	2015	3
1997	14	2003	5	2009	2	2016	5
1998	23	2004	6	2010	6	2017	8
1999	10	2005	4	2011	1	2018	11
2000	13	2006	3	2012	8	2019	11

二、WTO 争端解决的司法性特质

(一)强制性裁判过程

尽管非裁决方式解决是 WTO 争端解决实践之常态,但如前所述,DSM 本身及其运行具有强烈的司法性特征,并突出地体现于其司法性机构——专家组和上诉机构——对争端案件的审理全过程及其裁决之中。也就是,基于反向一致的决策机制,DSM 裁判体制从启动案件审理的专家组设立,到 DSB 通过专家组和上诉机构的裁决报告,再到执行中授权报复的批准等事项,都可不受争端当事方的阻挠而产生强制约束效力,即强制管辖、强制裁决和强制执行。

数据显示,经专家组或上诉机构审理并裁决的案件一直维持在 40% 左右,并由此使 WTO 相关协定及其条款作为裁决依据得以适用和澄清。就不同类型的争端而言,各协定所涉争端的裁决比重虽有所差别,但差距并不十分明显,基本都在 40% 的平均比例线上下波动。当然,对于未经裁决的案件来说,其规则适用仅限于申诉方单方援引或被诉方抗辩环节,其适用正确与否也因缺乏专家组和上诉机构的澄清而无法直接印证。对此,虽然有学者认为,WTO(争端解决)体系能够提供一些预测的可能性,从而促成了案件的和解或撤诉。[①] 但笔者认为,换个角度看,WTO 规则供给不足也可能使当事方绕开裁决。但无论如何,除尚待裁决的案件之外,未经裁决的事实,使相当多的争端虽已结案,但其了结在很大程度上只能表明当事方之间事实争议的平息,并不意味着当事方有关 WTO 规则的法律认知偏差或分歧也就此得到解决。[②]

(二)相对独立的裁判机构

根据 DSU,专家组和上诉机构作为 DSM 司法裁判机构均具独立的裁判地位。首先,就专家组和上诉机构的组成而言,专家组成员的选择应以保证各成员的独立性、完全不同的背景和丰富的经验为目的进行;除非争端各方另有议定,争端当事方和第三方的公民不得在与该争端有关的专家组中任职;争端各方不得反对秘书处建议的专家组成员提名,除非由于无法控制的原因;专家组成员应以其个人身份任职,各成员不得就专家组审议的事项向他们作出指示或试图影响他们个人;[③]上诉机构成员不附属于任何政府,不得参与审议任何可产生直接或间接利益冲突的争端。[④] 其次,就审议活动而言,专家组和上诉机构的审议情况均应保密,裁决报告在争端各方不在场的情况下起草,报告中个人发表的意见应匿名;[⑤]而且,所有成员方均不得就专家组和上诉机构审议的事项与其进行单方面联系。[⑥]最后,就裁决结果而言,除有上诉或一致否决情形,裁决报告即获通过并为各当事方无条件接受。[⑦]

(三)渐趋能动、刚性的裁判倾向

由强制管辖权所决定,对于专家组和上诉机构而言,对提起申诉或上

---

① 参见[美]约翰·H. 杰克逊:《国家主权与 WTO:变化中的国际法基础》,赵跃龙等译,社会科学文献出版社 2009 年版,第 190 页。

② 参见肖冰:《WTO 争端案件中的规则应用差异分析》,载《法学》2010 年第 9 期。

③ 参见 DSU 第 8 条。

④ DSU 第 17.3 条。

⑤ 参见 DSU 第 14 条、第 17.10、17.11 条。

⑥ DSU 第 18.1 条。

⑦ DSU 第 16 条、第 17.14 条。

诉的争端没有管辖与否之争，只有如何裁判的问题；而如何裁判，是一个针对个案的裁量程度和强度问题，本质上属于裁判策略的范畴。

考察 20 多年争端解决的裁判历程，可以发现，DSM 裁判者，特别是上诉机构，从早期较为的克制裁判态度逐渐发展出越来越明显的能动性倾向。

1. DSM 制度设计所致刚性效应

一是“有请求即有回应”的裁判原则，即对于申诉请求，专家组和上诉机构在其权限范围内均应予以审议和回应。争端案件中，申诉方往往尽可能多地援引相关规则并指控被诉措施有所违反，专家组和上诉机构既可能全部支持，也可能部分支持。从实际结果来看，80% 以上的案件是裁定申诉方胜诉。

二是裁决必须论及是非，即裁判者对于被诉措施是否违反 WTO 规则，不能拒绝裁判，通常应给出确定的、是或非的判断。与此同时，由于 WTO 义务通常累积适用，①只要 WTO 各义务之间不相互冲突，成员就必须同时遵守。义务的累积适用则更强化了是非裁判的刚性结果。

三是相较专家组，上诉机构拥有更大的裁量权和司法扩张动机。这主要是因为，在争端的法律适用上，尽管专家组可以作出自己的判断，但由于上诉程序的存在和运作，上诉机构更具有最终决定权。这种决定权的赋予，使上诉机构建立了其与专家组之间一种遥远的，甚至可能引起争议或反对的关系。② 正是由于上诉机构实际所拥有的这样一种权力，即允许上诉机构自身说明其如何修正专家组的法律解释，上诉机构似乎不会对专家组的裁决给予特别的尊重，甚至不给予尊重的考虑，达到了“无端严厉”批评的程度；甚至相对于 GATT 时期的专家组通过的决定，上诉机构强调自身决定的先例权重。③ 实践表明，积极、刚性的裁判倾向主要表现在上诉机构的裁判之中。

---

① See Appellate Body Report, *Korea—Dairy*, WT/DS98/AB/R, adopted 14 December 1999, para. 21.

② See Robert Howse, “the World Trade Organization 20 Years On: Global Governance by Judiciary”, 27 *European Journal of International Law* 9, 31 (2016).

③ See Robert Howse, “the World Trade Organization 20 Years On: Global Governance by Judiciary”, 27 *European Journal of International Law* 9, 31 (2016).

2. 法律解释的扩张：文义→体系→演进

(1)文义解释

DSM 解决争端主要是通过 WTO 规则的解释与适用来完成的。DSU 第 3.2 条要求遵循国际公法解释的习惯规则，上诉机构的裁定则确立了《维也纳条约法公约》第 31 条和第 32 条的解释规则地位。受其影响，上诉机构在最初 6～8 年里除个别案件外都普遍采取了文义解释方法。其强烈的文本倾向可能是为了确立作为一个新机构的可信性。上诉机构通过文义解释试图做到尽量地客观，从而避免发生主观偏见而可能遭受的批评。①

(2)有效解释与体系解释

为维护 WTO 体制的完整性、动态性以及对自由贸易价值的追求，上诉机构开始广泛地适用体系解释方法。在韩国乳制品案(*Korea—Dairy*, DS98)中，上诉机构认为，条约应作为一个整体加以解释，尤其是其各节和各部分应作为一个整体来解读。② 有效解释原则的适用也体现于体系解释方法中。在美国汽油案(*US—Gasoline*, DS2)中，上诉机构认为，《维也纳条约法公约》解释通则的适用必然导致的是，解释必须赋予条约所有条款具有意义和效力，并且解释者不能自由解释以至于导致条约的整个条款或部分款项变得冗余或无用。③ 由此，有效解释原则在多个案件中为上诉机构所适用。④ 与此同时，上诉机构认为，体系解释条约中"各节和各部分应作为一个整体来解读"包括上下文解释，但其上下文解释不止于 WTO 涵盖协定体系内部的相关术语和条款之间，而是灵活地扩大到其他国际组织制定的文件。例如，欧共体鸡块案(*EC—Chicken Cuts*, DS269、DS286)

---

① 参见[美]约翰·H. 杰克逊：《国家主权与 WTO：变化中的国际法基础》，赵龙跃、左海聪、盛建明译，社会科学文献出版社 2009 年版，第 217 页。

② See Appellate Body Report, *Korea—Dairy*, WT/DS98/AB/R, adopted 14 December 1999, para. 81.

③ See Appellate Body Report, *US—Gasoline*, WT/DS2/AB/R, adopted 29 April 1996, p. 23.

④ 例如，Appellate Body Reports, *Japan—Alcoholic Beverages II*, WT/DS8/AB/R, WT/DS10/AB/R, WT/DS11/AB/R, adopted 4 October 1996, p. 12; Appellate Body Reports, *Canada—Dairy*, WT/DS103/AB/R, WT/DS113/AB/R, adopted 13 October 1999, para. 133; Appellate Body Reports, *EC—Banana Ⅲ—Second Recourse to Article 21.5 of the DSU by Ecuador*, WT/DS27/AB/RW2/ECU, WT/DS27/AB/RW/USA, adopted 26 November 2008, para. 422。

的上诉机构认为,海关组织制定的《商品名称及编码协调制度》(以下简称《协调制度》)构成解释 WTO 涵盖协定的上下文;[①]但在中国汽车零部件案(*China—Auto Parts*,DS339、DS340、DS342)中,上诉机构又认为,尽管《协调制度》构成解释 WTO 涵盖协定的上下文,尤其对于解释《减让表》下的产品分类和定义相关协定的产品而言,但《协调制度》却不能构成解释 GATT 1994 第 2.1(b)条"普通关税"和第 3.2 条"国内费用"等术语的上下文。[②]

不同解释方法的适用会导致不同的解释结果。例如,文义解释和目的解释即是一对典型的、易导致解释分歧的解释方法。在解释方法冲突的情况下,上诉机构通常倾向于贸易自由化目的,侧重维护 WTO 体系的完整性和动态性,这使上诉机构经常通过填补法律漏洞和澄清法律模糊性规定进行司法造法。[③]

(3)演进解释

为适应 WTO 外部环境的变化,维护 WTO 体制的动态性以及 WTO 条约的有效性,[④]上诉机构进一步引入了演进解释,即强调对于规则中的概念范围或意义的解释应当随着时间而变化,尽管演进解释的性质本身存在争议——一种解释方法,[⑤]抑或一种解释路径,[⑥]还是一种解释结果?[⑦] 在一些具体的争端案件中,上诉机构开始采用这种与时俱进的解释。例如,

---

① See Appellate Body Reports, *EC—Chicken Cuts*, WT/DS269/AB/R, WT/DS286/AB/R, adopted 12 September 2005, para. 199; see Appellate Body Reports, *China—Auto Parts*, WT/DS339/AB/R, WT/DS340/AB/R, WT/DS342/AB/R, adopted 15 December 2008, para. 149.

② See Appellate Body Reports, *China—Auto Parts*, WT/DS339/AB/R, WT/DS340/AB/R, WT/DS342/AB/R, adopted 15 December 2008, para. 166.

③ 参见[美]约翰·H. 巴顿、朱迪思·L. 戈尔斯坦、蒂莫西·E. 乔思林、理查德·R. 斯坦伯格:《贸易体制的演进——GATT 与 WTO 体制中的政治学、法学和经济学》,廖诗平译,北京大学出版社 2013 年版,第 85 页。

④ See IsabelleVan Damme, *Treaty Interpretation by the WTO Appellate Body*, Oxford University Press, 2009, p. 284.

⑤ 参见孙南翔:《论"发展的条约解释"及其在世贸组织争端解决中的适用》,载《环球法律评论》2015 年第 5 期。

⑥ 参见吕晓杰:《WTO 补贴制度中环保要素解读与演进式条约解释路径——〈加拿大可再生能源案〉的启示》,载《暨南学报》(哲学社会科学版)2016 年第 9 期。

⑦ See Christian Djeffal, *Static Evolutive Treaty Interpretation*, Cambridge University Press, 2016, p. 22.

在美国虾案(*US—Shrimp*,DS58)中,对于"自然资源"一词,上诉机构认为,GATT 1994第20(g)条中的该词在内容和对象上不是"静止"的,而是"演进的"。[①] 该条的"自然资源"一词实际上是50多年前制定的,它们必须由条约解释者根据国际社会当前对环境保护的关切来理解。本着条约解释的有效性原则,该条中的"自然资源"一词不能指只保护可耗尽的矿物质或其他非生物自然资源,应该同时保护生物资源和非生物资源。[②] 在中国出版物及音像产品案(*China—Publications and Audiovisual Products*,DS363)中,上诉机构认为,中国服务贸易减让表中的"录音制品"和"分销"是非通用的术语,其适用对象会随着时间而改变。[③]

演进解释是相对于传统的"当下解释"而言的,二者的区别在于:是否应当考虑条约缔结之时和条约被要求解释之时之间所发生的变化。当下解释不考虑变化,根据条约缔结时的范围和意义进行解释。演进解释则考虑变化,根据条约适用时发展而来的范围和意义进行解释。[④] 演进解释不仅涉及语言和技术,也涵盖了对政治和社会变化的考虑,但对于哪些变化应纳入考虑范围以及考虑到何种程度存在适用不准确、不严谨等问题。[⑤] 这种适用不准确、不严谨的判断同样适用于上诉机构。此外,上诉机构的演进解释对变化的考虑,在维护体制动态性和条约有效性的同时,也可能忽视成员方的单方解释和主权。

上诉机构在条约解释方法上的不断扩展,明显地反映出其积极、能动的司法化倾向。

3. 演绎方式:规则再创造

规则适用中的解释,既包括原有规则含义的澄清,也含有规则漏洞的

---

① See Appellate Body Report, *US—Shrimp*, WT/DS58/AB/R, adopted 12 October 1998, para. 130.

② See Appellate Body Report, *US—Shrimp*, WT/DS58/AB/R, adopted 12 October 1998, paras. 129, 131.

③ See Appellate Body Report, *China—Publications and Audiovisual Products*, WT/DS363/AB/R, adopted 21 December 2009, para. 396.

④ See GabrielleMarceau, "Evolutive Interpretation by the WTO Adjudicator: Sophism or Necessity", 21 *Journal of International Economic Law* 1, 2 (2018).

⑤ See GabrielleMarceau, "Evolutive Interpretation by the WTO Adjudicator: Sophism or Necessity", 21 *Journal of International Economic Law* 1, 23 (2018).

填补,因而必然引入一系列的新概念、新内容,使这一规则演绎发展为新规则的创造过程。

例如,由于发回重审机制的缺失,对于专家组解决的法律问题,上诉机构可在推翻专家组裁决的基础上径行完成分析。美国汽油案、[①]加拿大期刊案(*Canada—Periodicals*, DS31)、[②]欧共体禽肉案(*EC—Poultry*, DS69)、[③]美国虾案[④]以及澳大利亚三文鱼案(*Australia—Salmon*, DS18)中,[⑤]上诉机构为解决当事方之间的争端,推翻了专家组关于法律问题的裁决和结论之后,又审查、裁判了专家组没有具体解决的问题,从而完成了法律分析。尽管上诉机构强调其对完成分析作了克制,即只在专家组的事实调查结果或专家组所记录的无争议事实为上诉机构提供充分依据的情况下才完成分析,[⑥]但该"完成分析"方法已经在多个案件中适用,并遭遇了合法性和正当性质疑。其一,完成分析超出了 DSU 第 17. 13 条的授权范围,该条规定上诉机构的职权范围是"支持、修改或推翻"专家组的法律裁定或结论,但不包括"完成分析"。其二,对于上诉机构完成分析的部分,成员方无法再进行上诉,这实际上剥夺了成员方的上诉权。其三,上诉机构是否完成分析具有不确定性,直至其报告发布。然而,此时成员方已无就完成分析的部分进行充分辩护的机会。因此,完成分析可引起程序不确定性和正当程序的问题。[⑦]

再如,美国丁香香烟案(*US—Clove Cigarettes*, DS406)中,上诉机构为

---

① See Appellate Body Report, *US—Gasoline*, adopted 29 April 1996, WT/DS2/AB/R, p. 19.

② See Appellate Body Report, *Canada—Periodicals*, adopted 30 June 1997, WT/DS31/AB/R, p. 24.

③ See Appellate Body Report, *EC—Poultry*, WT/DS69/AB/R, adopted 23 July 1998, para. 156.

④ See Appellate Body Report, *US—Shrimp*, WT/DS58/AB/R, adopted 12 October 1998, para. 123.

⑤ See Appellate Body Report, *Australia—Salmon*, WT/DS18/AB/R, adopted 20 October 1998, para. 118.

⑥ See Appellate Body Report, *EC and Certain Member States—Large Civil Aircraft*, WT/DS316/AB/R, adopted 18 May 2011, para. 1140.

⑦ Joost Pauwelyn, *Appeal without Remand: A Design Flaw in WTO Dispute Settlement and How to Fix it*, ICTSD Dispute Settlement and Legal Aspects ofInternational Trade Issue Paper No. 1, International Centre for Trade and Sustainable Development, Geneva, Switzerland, 2007.

《TBT 协定》第 2. 1 条[①]生造了“正当的监管区分”(legitimate regulatory distinction)这一新概念。该案的争议措施是美国实施的禁止从印度尼西亚进口丁香香烟、却同时允许美国国内生产薄荷香烟的措施。美国认为,其对两种香烟所实施的监管区分措施,乃是基于消费者的口味和习惯。[②]上诉机构认为,《TBT 协定》第 2. 1 条并不禁止正当的监管区分。正当的监管区分即便对进口的竞争机会产生有害影响,也是允许的。上诉机构并不认为美国所提出的监管区分的理由可以表明该措施对进口丁香香烟竞争机会的有害影响源于正当的监管区分。[③]

为了解释正当的监管区分概念本身,之后的专家组和上诉机构又引入了其他一系列概念,如“公平”(even-handed)——在确定一项技术法规是否对进口产品形成歧视时,需要审查该技术法规是否公平。[④] 如果监管区分没有以公平的方式设计和应用,即其设计或应用方式构成任意或不合理的歧视手段,则该监管区分不能被认为是正当的,并因而构成第 2. 1 条所禁止的歧视。[⑤] 上诉机构进一步认为,第 2. 1 条作为非歧视条款指涉的是技术法规的非歧视,对非歧视的审查只关注监管区分本身是否正当,即审查的是一项措施对进口产品所造成的有害影响是否源于正当的监管区分,而非是否对进口产品构成歧视。[⑥] 换言之,对一项措施公平与否的审查是关于监管区分的设计或应用是否公平的审查,而非关于该措施是否对进口产品造成歧视的审查。

---

① 《TBT 协定》第 2. 1 条规定:“各成员应保证在技术法规方面,给予自任何成员领土进口的产品的待遇不低于其给予本国同类产品或源自任何其他国家同类产品的待遇。”

② See Appellate Body Report, *US—Clove Cigarettes*, WT/DS406/AB/R, adopted 4 April 2012, para. 19.

③ See Appellate Body Report, *US—Clove Cigarettes*, WT/DS406/AB/R, adopted 4 April 2012, paras. 174 – 175, 225.

④ See Appellate Body Report, *US—Clove Cigarettes*, WT/DS406/AB/R, adopted 4 April 2012, paras. 172, 255; Appellate Body Report, *United States—Measures Concerning the Importation, Marketing and Sale of Tuna and Tuna Products*, WT/DS381/AB/R, adopted 16 May 2012, para. 232.

⑤ See Appellate Body Report, *United States—Certain Country of Origin Labelling (COOL) Requirements*, WT/DS384/AB/R, WT/DS386/AB/R, adopted 29 June 2012, para. 293.

⑥ See Appellate Body Reports, *EC—Seal Products*, WT/DS400/AB/R, WT/DS401/AB/R, adopted 22 May 2014, paras. 5. 311 – 5. 312.

可见,上诉机构在解释适用第 2.1 条的过程中,先引入“正当的监管区分”概念,后又引入“公平”概念解释“正当”,而“公平”概念的适用本身又需要上诉机构作出进一步解释,[①]因而不断地演绎出新的规则,无疑属于司法造法。

三、机制评价

(一)主流的积极评价

自 DSM 运行以来,虽也存在这样或那样的批评意见,但正面的积极评价始终居绝对主流地位。《建立 WTO 协定》强调 WTO 体制是一个“更有力和更明确的法律体制,包括更有效和更可靠的争端解决机制”,具有司法化特质的 DSM 恰恰为维护 WTO“规则导向”之法治核心价值提供了强有力的制度支撑,也由此被誉为“皇冠上的明珠”,得到了 WTO 绝大多数成员的积极肯定与坚定维护。

DSM 的突出成就至少可以从其功能和实效两个方面加以阐释。

于功能层面,DSM 是为解决 GATT 时期争端解决机制的缺陷而创设的具有司法功能的机制。GATT 时期争端解决机制因其“协商一致”惯例,败诉方的阻挠可以轻易地阻止专家组报告的通过,成员方之间的争端只能依赖谈判协商,却难以在“法律性”层面得以解决,由此导致 GATT 法纪松弛,相应地,自由贸易规则与争端解决机制均实效有限。WTO 发展出一个准司法机构 DSB,在尊重国家主权的同时,又建立起一套因其理由令人信服而使成员决定遵守的裁判程序。事实上,DSM 能否有效运作取决于争端解决裁判的公信力。为此,如前所述,在制度设计上,相对独立的司法机构、不受外方干预的独立裁判都使 DSM 在为 WTO 多边贸易体制提供安全和可预测性方面发挥着一定的司法性功能。体制的安全和可预测性在激励决策者在经济上将资源从保护性用途转移到生产性用途的同时,也获得了成员方的信任。“反向一致”规则

---

① See Appellate Body Reports, *EC—Seal Products*, WT/DS400/AB/R, WT/DS401/AB/R, adopted 22 May 2014, para. 2.1.

的引入,极大地强化了 WTO 规则的有效性;由于专家组和上诉机构裁判在澄清和执行 WTO 各项协定所包含的法律义务方面发挥了核心作用,从而在体制功能上维护着 WTO 体制的权威,使之不再是一个简单地建立在一致意见、互惠与让步平衡基础上的体系了。相反,它是建立在反映行政国家(administrative state)现实规则基础上的体系。①

于实效层面,首先,从受理争端案件的数量来看,25 年间近 600 起争端案件,不仅远远超越 GATT 时代,在当今所有国际组织的争端解决中也屈指可数。WTO 成员方对于 DSM 的信赖与依靠可见一斑。其次,从争端类别来看,尽管各协定的援引与适用频率、案件分布存在明显落差,但 WTO 多边体制下所有涵盖协定已为 DSM 全面覆盖。再次,WTO 规则及其所涉概念内涵通过争端解决中的反复适用和解释得以澄清、明确,从而使国际贸易法律体制的确定性、一致性和有效性不断增强。最后,从案件裁决的遵守情况来看,DSB 裁决的执行率高达 90% 左右,这意味着,即便争端成员对专家组和上诉机构的裁决存有质疑,但仍然接受并普遍自觉遵守及执行这些不利裁决。由此可见,专家组和上诉机构成员高超的司法能力使多边贸易体制基本实现了公平、有效和可预测性,DSM 以及 WTO 体制的权威性均由此得到了成员方的广泛认可和积极维护。

一言以蔽之,长期以来,WTO 成员方达成的普遍共识是:争端解决制度在其存在的 20 多年中得到了广泛的应用,这最好地证明了成员国对 WTO 争端解决制度的公正性和有效性的信任。②

(二)个别消极评价

到目前为止,对 DSM 的否定性评价主要是针对个案和来自个别国家。

对于专家组或上诉机构裁决的个案质疑和批评一直存在,既有针对裁判程序的,也有指责裁决结论的。例如,关于法庭之友,非洲国家集团

---

① 参见[美]帕蒂德·埃拉:《从边缘到中心? 演进中的 WTO 透明度与善治裁判规程》,载[加拿大]黛布拉·斯蒂格主编:《世界贸易组织的制度再设计》,汤蓓译,上海人民出版社 2011 年版,第 180 页。

② Dispute Settlement Body, *Minutes of Meeting on* 27 *April* 2018, WT/DSB/M/412, 1 August 2018, para. 9. 19.

认为，专家组和上诉机构在解释和适用涵盖协定时多次超出了它们的职权范围，从根本上损害了 WTO 所规定的发展中国家成员的利益和权利。法庭之友这一表达不应在 DSU 第 13 条下使用。[①] 古巴、洪都拉斯、印度、马来西亚、巴基斯坦、斯里兰卡、坦桑尼亚和津巴布韦等成员方在其一份关于 DSU 的提议中也表示了类似的担忧。该提议认为，如果成员方被要求对法庭之友意见作出回应，这将加重成员方的义务，并超出了谈判的范围。[②] 针对个案的批评也多集中在专家组和上诉机构对 WTO 条款的解释和适用上，有认为其解释或适用存在技术或认知上的错误，也有认为其裁判超越权限或解释扩大化，超出了这些条款谈判中的预期和意图等。

对于 DSM 体制性的指责和挑战主要来自美国。特朗普政府 2016 年上台以来，多次以“不公平”为由，声称 WTO 是个灾难并威胁退出。美国将矛头直指上诉机构，并利用 DSU“正向一致”的决策机制，已阻止多个上诉机构成员的正常遴选程序，导致上诉机构无法合法运转，并于 2019 年 12 月彻底“瘫痪”。美国在《2018 年总统贸易政策》《2020 年美国贸易办公室关于 WTO 上诉机构的报告》中罗列了上诉机构的若干“罪状”，主要集中于两个层面：一是规则遵守层面，于程序，严重违反 DSU 规定，如 90 日审限、到任法官继续履职、透明度缺失以及违约进行事实审查等；于实体，超越自身职权范围面对 WTO 规则作扩大化解释。二是裁判方式层面，裁决报告中存在过多与案件本身无关或当事人并未上诉的问题（如其中所包含的咨询性意见或附带意见）和上诉机构对其报告给予不合适的先例地位等。[③]

---

① Dispute Settlement Body, *Negotiations on the Dispute Settlement Understanding—Proposal by the African Group*, TN/DS/W/15, 25 September 2002, pp. 1, 5–6.

② See Dispute Settlement Body, *Negotiations on the Dispute Settlement Understanding—Proposal by Cuba, Honduras, India, Malaysia, Pakistan, Sri Lanka, Tanzania and Zimbabwe*, TN/DS/W/18, 7 October 2002, pp. 2–4.

③ See USTR, The President's 2018 Trade Policy Agend, https://ustr.gov/sites/default/files/files/Press/Reports/2018/AR/2018%20Annual%20Report%20I.pdf, last visited 16 July 2019; See USTR, USTR Issues Report on the WTO Appellate Body, https://ustr.gov/about-us/policy-offices/press-office/press-releases/2020/february/ustr-issues-report-wto-appellate-body, last visited 7 April 2020.

(三)中立态度

一方面,需要予以澄清的是,美国对 DSM 的批评意见可以讨论,也可以实事求是地加以接受,但其彻底否定的态度和阻挠上诉机构正常运转的做法却是毫无道理的。笔者认为,部分是因其案件败诉宣泄不满情绪,部分则为未来的谈判提高价码。实际上,如前所述,美国提交 DSM 的案件排名第一,是 DSM 最大的利用者和受益者;而且,即使是在当下阻挠上诉机构成员选任的同时,却也仍在提起申诉和上诉。[①] 当然,如果 WTO 改革不能满足或回应其核心要求,在上诉机构停摆危机无可避免的同时,DSM 也面临着重回 GATT 机制的倒退。

另一方面,解决成员方之间的贸易争端是 DSM 的基本职能。通过解决争端,DSM"为多边贸易体制提供可靠性和可预测性"。[②] 为履行好这一职能,DSU 对这一机制设置了诸多要求,例如,"依照解释国际公法的习惯规则澄清"涵盖协定,求得争端的"迅速解决""满意解决"以及"积极解决","不得使任何成员在这些涵盖协定项下获得的利益丧失或减损,也不得妨碍这些适用协定任何目标的实现"等。[③] 然而,国际社会是一个无政府社会,没有一个组织可凌驾于国家主权之上,WTO 也一样。作为一个成员驱动的组织,其所作的任何裁决都需要成员方采取主权行动予以执行。因此,DSM 始终都必须处理一个基本悖论,即尊重成员方的主权与希望成员方遵守 WTO 规则,包括遵守不利裁决。如果这一悖论构成问题的两级,DSM 则在这两级之间游走,努力实现二者的动态平衡。

无论如何应当相信,由于 DSM 得到了 WTO 最广大成员方的大力支持,[④]也由于其在解决国家间贸易冲突中无法替代的作用,由美国之外其他成员设立临时上诉机制作为现有上诉机构之替代可能成为缓解当下争

---

① 从 2017 年到 2019 年,美国在 DSM 共提起了 12 个申诉案件(2017 年 3 件;2018 年 8 件;2019 年 1 件);目前对专家组报告提起的 8 个上诉案件中,美国提起的有 2 个(DS510、DS523)。

② DSU 第 3.2 条。

③ DSU 第 3.2 条、3.3 条、3.4 条、3.5 条以及第 3.7 条。

④ Bruce Wilson,"The WTO Dispute Settlement System and Its Operation:A Brief Overview of the First Ten Years",in Rufus Yerxa & Bruce Wilson ed.,Key Issues in *WTO Dispute Settlement:The First Ten Years*,Cambridge University Press,2005,pp. 23 – 24.

端解决困境的方式之一，对此，已有各方面的理论论证，[①]欧盟和加拿大也在 2019 年开始了双边的实践尝试。[②] 2020 年 3 月 27 日，中国、欧盟和其他 10 多个 WTO 成员联合发表部长声明，决定在 WTO 建立多方临时上诉仲裁安排。该安排将在上诉机构停摆期间，利用 DSU 第 25 条规定的仲裁程序，审理各参与方提起上诉的争端案件。[③] 2020 年 4 月 30 日，中国、欧盟和其他 17 个 WTO 成员正式向 WTO 提交通知，共同建立《多方临时上诉仲裁安排》（Multi-party Interim Appeal Arbitration Arrangement, MPIA）。[④] 自该通知提交之日起，这项安排开始生效并运行。在上诉机构停摆期间，参与方[⑤]将按照 DSU 第 25 条的规定以及根据该条款商定的上诉仲裁程序规则，处理参与方之间提起上诉的争端案件。

第三节　中国参与 WTO 争端解决的实践

中国经过长达 15 年的"复关"与"入世"谈判，于 2001 年 12 月 11 日正式加入 WTO，至 2019 年 12 月 31 日已整整 18 个年头。就其参与争端解决实践而言，与其他成员一样，随着 DSM 经历从鼎盛到危机的全过程；而与其他成员不同的是，中国从"加入"到"融入"，其角色地位的因应转化和实践能力的迅速提升却是 WTO 成员中独一无二的。

---

① 参见石静霞：《世界贸易组织上诉机构的危机与改革》，载《法商研究》2019 年第 3 期。

② 2019 年 7 月 25 日欧盟和加拿大联合宣布拟协议建立一个新的贸易争端解决机制，作为濒临崩溃的 WTO 上诉机构的临时替代机构。其协议将以现有 WTO 规则为基础，但只适用于加拿大和欧盟之间的争端。参见英国《金融时报》金·达拉赫报道：《欧盟和加拿大拟建立 WTO 临时上诉机制》，载 http://www.ftchinese.com/story/001083779?topnav=myft&subnav=mystories，最后访问日期：2019 年 7 月 30 日。

③ 参见商务部新闻办公室：《中国与欧盟等世贸组织成员决定建立多方临时上诉仲裁安排》，载 http://www.mofcom.gov.cn/article/ae/ai/202003/20200302949253.shtml，最后访问日期：2020 年 4 月 8 日。

④ WTO 文件：JOB/DSB/1/Add.12，2020 年 4 月 30 日。

⑤ 目前，MPIA 的参与方包括 19 个 WTO 成员方：澳大利亚、巴西、加拿大、中国、智利、哥伦比亚、哥斯达黎加、欧盟、危地马拉、中国香港、冰岛、墨西哥、新西兰、挪威、巴基斯坦、新加坡、瑞士、乌克兰、乌拉圭。

中国参与 DSM 的实践方式有两种:(1)参与争端解决规则谈判或制度改革,以成员提案为主;(2)实际参与争端案件,分别作为当事方(申诉方或被诉方)与第三方[1]参与,以下统称为"中国涉案"。

一、成员提案

单就提案而言,中国表现不算突出,迄今为止正式提出的议案共有 4 份,分别为 2003 年 3 份和 2018 年 1 份。

2003 年的 3 份提案主要关注发展中国家在 DSM 中所享有的特殊与差别待遇(Special and Differential Treatment,SDT)问题,建议在 DSU 中确立适用于所有发展中国家的明示条款。[2] 此时,由于中国参与争端解决实践尚未全面展开,对 DSU 规则及其运行机制还停留在比较粗浅的认知之上,因而其中不少内容只是基于良好的主观想象而与现实和中国利益有所脱节。[3]

2018 年,中国加入了一份由多国发起、参与的题为"上诉机构选任"的联合提案。[4] 该提案是在因美国阻挠上诉机构成员选任导致该机构成员缺位而面临停摆危机的背景下,由欧盟等 23 个 WTO 成员方于 2017 年 11 月 10 日最先提起并发布,2018 年共有 7 份更正提案[5]发布,中国于 2018 年 1 月第一次更正时加入。[6] 该提案鉴于填补上诉机构成员缺位的迫切性与重要性,提议 DSB 就迅速启动填补上诉机构成员空缺程序、建立遴选委

---

① 根据 DSU 第 10 条,"第三方"是指任何对专家组审议的事项有实质利益且已将其利益通知 DSB 的成员。第三方参与争端解决程序的目的主要在于表达自己的关注,表达自己对相关规则和义务的理解,借此影响专家组或上诉机构的判断。

② See Improving the Special and Differential Provisions in the Dispute Settlement Understanding, Communication from China, TN/DS/W/29, 22 January 2003; Specific Amendments to the Dispute Settlement Understanding-Drafting Inputs from China, TN/DS/W/51, 5 March 2003; Response to Questions on the Specific Input of China, Communication from China, TN/DS/W57, 19 May 2003.

③ 有关这些提案的具体内容及其评述,详见韩立余:《既往不咎——WTO 争端解决机制研究》,北京大学出版社 2009 年版,第 415 ~ 420 页。

④ See Appellate Body Appointment, WT/DSB/W/609, 10 November 2017.

⑤ 文件号分别为:WT/DSB/W/609/Rev. 1 – 7。

⑥ See Appellate Body Appointment, WT/DSB/W/609/Rev. 1, 12 January 2018.

员会、尽快选定上诉机构新成员等事项作出决议。截至 2018 年 12 月 7 日,加入联合提案的成员已经增加到 43 个。

此外,面对 DSM 无法正常运行的严重危机状况以及由此所显现的 WTO 多边贸易体制的系统性风险,12 月 12 日,在 WTO 总理事会会议上,按照计划欧盟提议实行架构改革,挽救陷入僵局、有可能停摆的上诉机构。在会议前夕,中国与欧盟曾发布了两项联合提案,一份由欧盟、中国、加拿大等 14 个 WTO 成员共同提交;另一份则由欧盟与中国、印度、黑山共和国四方联合提交,四方并列出了四项额外修订建议。第一份提案回应了美国对上诉程序提出的程序性关注,就离任上诉机构成员过渡规则、DSU 第 17.5 条所涉 90 天时限、国内法的事实属性、对解决争端不必要的裁决以及先例等问题提出了适当的解决方案;①第二份提案则就加强上诉机构的独立性,提高上诉机构提交报告的效率和能力,以及自动启动上诉机构遴选程序等提出具体方案。②

二、涉案动态:最积极、最活跃成员之一

2002 年 1 月 1 日至 2019 年 12 月 31 日,中国涉案总数为 244 件,达到 DSM 同期案件总数(351 件)的 69.5%,由 DSM 的"后进者"发展成为其最主要参与者和最活跃成员之一。③ 18 年间,中国作为第三方参与的案件为 179 件,同期占比约 51%,位列成员首位。中国作为当事方参与的案件共 65 件,同期占比约 18.5%,仅次于美国和欧盟。各年具体涉案如表 1-8 所示。

---

① See Communication from The European Union, China, Canada, India, Norway, New Zealand, Switzerland, Australia, Republic of Korea, Iceland, Singapore and Mexico to The General Council, WT/GC/W/752, 26 November 2018. 之后又有 Costa Rica 和 Montenegro 两个成员方加入, WT/GC/W/752/Rev. 1, 10 December 2018; WT/GC/W/752/Rev. 2, 11 December 2018。

② See Communication from The European Union, China and India to The General Council, WT/GC/W/753, 26 November 2018. 之后又有 Montenegro 加入, WT/GC/W/753/rev. 1, 12 December 2018。

③ 数据来源于 WTO 官方网站的统计,载 http://wto.org/english/tratop_e/dispu_e/find_dispu_cases_e.htm#results,最后访问日期:2020 年 4 月 8 日。

表 1-8　2002～2019 年中国涉案总况

年份	当年案件总数(件)	中国涉案(件)	当事方(占比)	第三方(占比)
2002	37	20	1(2.7%)	19(51.4%)
2003	26	17	0	17(65.4%)
2004	19	10	1(5.3%)	9(47.4%)
2005	12	6	0	6(50%)
2006	20	11	3(15%)	8(40%)
2007	13	7	5(38.5%)	2(15.4%)
2008	19	13	6(31.6%)	7(36.8%)
2009	14	13	7(50%)	6(42.9%)
2010	17	12	5(29.4%)	7(41.2%)
2011	8	7	3(37.5%)	4(50%)
2012	27	21	10(37%)	11(40.7%)
2013	20	14	2(10%)	12(60%)
2014	14	13	1(7.1%)	12(85.7%)
2015	13	11	3(23.1%)	8(61.5%)
2016	17	13	6(35.3%)	7(41.2%)
2017	17	10	1(5.9%)	9(52.9%)
2018	39	32	9(23.1%)	23(58.9%)
2019	19	10	2(10.5%)	8(42.1%)
合计	351	240	65(18.5%)	175(49.9%)

鉴于笔者曾就 2013 年之前的中国涉案有过较全面分析并得出一部分阶段性的结论,①以下的考察主要以近 5 年的数据为准,同时也对之前分析的偏差加以修正。

三、涉案特征

涉案方式、当事地位、涉案事由以及涉案结果构成争端案件的基本元

① 2013 年之前的统计数据及相关分析,均参见肖冰:《WTO 争端解决中的"中国现象"——中国涉案实证述评》,载《国际经济法学刊》(第 20 卷)2013 年第 3 期。

素，由此切入可以较充分地展示出中国涉案的基本特征。

(一)涉案方式

中国作为在经历了“入世”头 5 年的平稳过渡之后，从被动性应诉、尝试性出击，逐步转向以点带面、攻守兼具。

如前所述，WTO 成员通过作为当事方和第三方两种方式涉案。要反映 WTO 成员在争端案件中的参与状态，既应当对不同涉案方式分别加以考察，也需要将二者综合起来进行考察。

1. 作为当事方：成员排名第二位

2002 ~ 2013 年，以涉案最多、在不同类别国家或地区中具有代表意义，且与中国具有各种密切关联的美国、欧盟、日本、韩国、印度、巴西和墨西哥为参照，首先，作为当事方，其他成员虽然历年有一些上下波动，但总体上，其涉案数量和比例的逐渐下降趋势是比较明显的。因早期涉案国家数量多，因而涉案 10% 已属高位，但除欧美之外，其余国家或地区每个阶段的涉案数量都远低于欧美，且绝对比例下降幅度都比较大。中国的表现正好相反：无论是绝对比例，还是相对比例，无论是横向比较，还是纵向比较，其上升势头都十分明显。特别是“入世”过渡期之后，涉案量呈数倍增长，已跃居所有成员前列，目前仅次于美国位列 164 个成员的第二位。

2014 ~ 2019 年最近 5 年间，中国作为当事方的涉案仍保持第二位（见表 1 - 9 与表 1 - 10）。

表 1 - 9　2014 ~ 2019 年中国与相关 WTO 成员作为当事方①的涉案状态对比

单位：件

成员	2014 年	2015 年	2016 年	2017 年	2018 年	2019 年	合计
美国	3	3	8	7	27	4	52
欧盟	8	2	3	1	3	6	23
日本	0	2	2	0	2	2	8
韩国	1	1	1	0	5	1	9

① 为说明问题，参照成员中增加了加拿大和俄罗斯的涉案情况。

续表

成员	2014 年	2015 年	2016 年	2017 年	2018 年	2019 年	合计
印度	0	1	3	0	2	7	13
巴西	1	1	3	1	1	1	8
墨西哥	0	0	0	1	2	0	3
加拿大	2	0	1	6	3	1	13
俄罗斯	4	3	1	3	2	1	14
中国	1	3	6	1	9	2	22

2. 作为第三方:跃居第一位

表 1 – 10　2014 ~ 2019 年中国与相关 WTO 成员作为第三方的涉案状态对比

单位:件

成员	2014 年	2015 年	2016 年	2017 年	2018 年	2019 年	合计
美国	9	8	7	5	5	6	40
欧盟	6	8	9	8	25	6	62
日本	10	6	9	7	25	8	65
韩国	10	5	11	7	6	0	39
印度	10	9	9	4	25	3	60
巴西	10	6	10	4	23	7	60
墨西哥	1	2	5	3	18	3	32
加拿大	7	8	7	4	21	8	55
俄罗斯	4	6	9	8	25	8	60
中国	12	8	7	9	23	8	67

对于 WTO 成员来说,作为当事方与作为第三方两种方式不可兼得,因而一般情况下,此消彼长在所难免,即某一成员当一种涉案方式上升时,另一种涉案方式下降的概率增大。大多数成员涉案都遵循此种规律,并在 2002 ~ 2013 年作为当事方涉案数量下降的情况下,作为第三方的案件呈同比例上升。中国的情况仍有所不同,并没有因为作为当事方数量的显著增加而相应减少第三方参与;最近 5 年亦无任何改变的迹象。迄今为止,中国已参与了该 18 年间 WTO 争端解决案件总数 351 件的一半以上,位于

成员的第一位;2014 年、2015 年中国更是参与了当年的几乎所有案件。积极作为第三方主动参与案件,既有中国作为贸易大国在争端案件中具有较广泛实质利益的客观因素,也有中国追求更多经验积累、表达自身利益倾向和法律意见等诸多主观考量。

(二)当事地位

当事地位,是指 WTO 成员在争端案件中作为当事方的特定角色——申诉方抑或被诉方。就当事地位,可以从两个不同角度分别考察:一是当事成员自身的不同角色对比——申诉还是被诉?由此探知其所处的主动性地位及其能力;二是相对方的角色定位——告谁和被谁告?由此获知产生争端的主要国家及彼此间的攻防目标。

1. 自身的不同角色:申诉 vs 被诉

作为当事方,自过渡期之后,无论是从历年的当年涉案,还是各年累计综合角度,中国的被诉案件多于申诉案件是常态(见表 1 – 11、表 1 – 12)。

表 1 – 11 2002 ~ 2019 年中国作为当事方的角色对比

年份	申诉方(占当年 WTO 案件比例)	被诉方(占当年 WTO 案件比例)	阶段合计占同期案件比例	
			申诉	被诉
2002	1(2.7%)	0	1/114 ≈0.88%	4/114 ≈3.5%
2003	0	0		
2004	0	1(5.26%)		
2005	0	0		
2006	0	3(15%)		
2007	1(7.73%)	4(30.77%)	11/107 ≈10.3%	27/107 ≈25.2%
2008	1(5.3%)	5(26.3%)		
2009	3(21.4%)	4(28.6%)		
2010	1(5.88%)	4(23.5%)		
2011	1(12.5%)	2(25%)		
2012	3(11%)	7(26%)		
2013	1(5%)	1(11%)		

续表

年份	申诉方(占当年 WTO 案件比例)	被诉方(占当年 WTO 案件比例)	阶段合计占同期案件比例	
			申诉	被诉
2014	0	1(7.1%)	9/119 ≈7.6%	13/119 ≈10.9%
2015	1(7.7%)	2(15.4%)		
2016	2(11.8%)	4(23.5%)		
2017	0	1(5.9%)		
2018	5(12.8%)	4(10.3%)		
2019	1(5.3%)	1(5.3%)		
合计	21(6%)	44(12.5%)	21/351 ≈6%	44/351 ≈12.5%

表 1－12　2014～2019 年 6 年间中国与 WTO 相关成员的当事地位对比

国家	申诉方	被诉方
美国	18	34
欧盟	14	9
日本	7	1
韩国	5	4
印度	3	10
巴西	7	1
墨西哥	2	1
加拿大	7	6
俄罗斯	7	7
中国	9	13

数据显示,首先,总体来看,中国涉案一直保持了大致平稳的节奏:作为申诉方,除过渡期 5 年仅 1 件、2018 年陡增为 5 件外,其余各年大致在1～3件,年均不超过 2 件。各年占当年案件总数的比例,迄今只有 2009 年略高于20%;作为被诉方,在案数不断增加的同时,过渡期后即刻迅速增加,占 WTO 争端案件的比例也处于高位,但 2013 年后又有所下降并趋于平缓。

其次,截至 2013 年的研究表明,WTO 其他主要成员作为当事方涉案的共性状态,一是申诉与被诉两种角色没有明显的落差,占比大致相当,差距一般仅有1% ~3%;二是大多数成员申诉案高于被诉案或处于持平状态。中国则有不同,一是申诉与被诉之比差距远高于其他各成员,约有2 ~3 倍;二是始终处于被诉 > 申诉的“倒挂”状态。

最后,就 2014 ~2019 年最近 6 年而言,除美国外,其余成员,包括后加入的俄罗斯,在诉与被诉之间保持平衡(俄罗斯)或大致平衡(韩国、加拿大、墨西哥),否则即以申诉为主(欧盟、日本、巴西)。美国、中国和印度,不论是被诉的绝对数量,还是相对比例都高于自身的申诉案件;但三者的不同之处在于:动态趋势上,2017 年之前,美国尚处大致平衡状态;但 2018 年因挑起全球贸易战而使被诉案件激增,仅钢铝加征关税措施一项即遭致包括中国在内的 9 个成员方的申诉。① 印度在 2018 年之前,申诉与被诉之间保持平衡,2019 年激增被诉案件 7 件,②致使“倒挂”程度加大。中国相较于前十几年,其被诉为主的当事地位已经开始发生变化,“倒挂”程度已呈逐渐缩小之势;2018 年一系列针对美国的申诉案件似乎预示着未来攻势的逐渐展开。但与此同时,与俄罗斯等新兴经济体,以及美国、欧盟、加拿大等主要贸易伙伴相比,中国主动申诉案件仍有待提升(见表 1 -13、表 1 -14)。

2. 相对方角色定位:告谁 & 被谁告?

(1)作为申诉方的被诉对象状况:告谁?

表 1 -13　中国与相关 WTO 成员作为申诉方的被诉数量对比

申诉成员	1995 ~2001 年		2002 ~2006 年		2007 ~2013 年		2014 ~2019 年		总计比例	
	案数(件)	被诉方数(个)	案数(件)	被诉方数(个)	案数(件)	被诉方数(个)	案数(件)	被诉方数(个)	案数(件)	被诉方数(个)
美国	69	25	15	10	22	6	18	8	124	27
欧盟	56	12	20	9	14	7	14	7	104	18
日本	9	4	3	1	7	6	7	3	26	11

① *US—Steel and Aluminium Products*, DS544、547、548、550、551、552、554、556、564.

② 案号分别为 DS579、DS580、DS581、DS582、DS584、DS585、DS588。

续表

申诉成员	1995 ~2001 年		2002 ~2006 年		2007 ~2013 年		2014 ~2019 年		总计比例	
	案数（件）	被诉方数（个）	案数（件）	被诉方数（个）	案数（件）	被诉方数（个）	案数（件）	被诉方数（个）	案数（件）	被诉方数（个）
韩国	6	2	7	3	3	1	5	2	21	4
印度	13	7	4	2	4	3	3	1	24	7
巴西	17	7	5	2	4	3	7	6	33	12
墨西哥	10	5	6	2	7	3	2	2	25	10
加拿大	19	8	8	3	6	4	7	2	40	8
俄罗斯	—	—	—	—	1	1	7	3	8	3
中国	—	—	1	1	11	2	9	2	21	2

表 1－14　中国与相关 WTO 成员作为申诉方的被诉对象及其数量对比

单位：件

申诉成员	2002 ~2006 年		2007 ~2013 年		2014 ~2019 年	
	案数	被诉方（数）	案数	被诉方（数）	案数	被诉方（数）
美国	15	日 1/墨 3/欧 4/委 1/加 2/埃 1/中 2/土 1	22	中 13/印 3/印尼 2/阿 1/菲 1/欧 2	18	中 8/欧 1/印 2/印尼 1/俄 1/加 3/墨 1/土 1
欧盟	20	美 7/韩 1/印 3/澳 1/墨 2/加 1/阿 1/中 1/巴西 1	14	巴 1/俄 1/中 6/阿 1/加 1/美 1/菲 1/印 1/泰 1	14	土 1/印 1/美 3/中 2/俄 3/印尼 2/哥伦比亚 2
日本	3	美 3	7	欧 1/加 1/阿 1/中 2/俄 1/乌克兰 1	7	韩 4/巴 1/印 2
韩国	7	美 2/欧 3/日 2	3	美 3	5	美 4/日 1
印度	4	美 2/欧 2	4	欧 2/美 1/土 1	3	美 3
巴西	5	美 3/欧 2	4	美 2/欧 1/南非 1	7	印尼 2/中 1/加 1/美 1/泰 1/印 1
墨西哥	6	巴拿马 1/美 5	7	中 4/美 2/阿 1	2	美 1/哥斯达黎加 1

续表

申诉成员	2002～2006 年		2007～2013 年		2014～2019 年	
	案数	被诉方(数)	案数	被诉方(数)	案数	被诉方(数)
加拿大	8	美 6/欧 1/中 1	6	中 2/欧 2/韩 1/美 1	7	美 5/中 2
俄罗斯	—	—	1	欧 1	7	欧 4/美 1/乌克兰 2
中国	1	美 1	11	美 8/欧 3	9	美 7/欧 2

共性数据显示,首先,所有申诉案数都远高于被诉对象数。由此表明,不论申诉方是哪一个成员,也无论处于哪一个阶段,申诉目标都集中于某些特定的国家或地区。近年来,随着案件数量的下降,各方申诉目标更加集中的势头也就愈加明显。其次,总体来看,大多数成员申诉对象尚显多元,美国、欧盟、日本最为突出,但作为发展中国家的墨西哥、巴西也不逊色。最后,从自中国“入世”以来各相关成员对被诉对象的选择及其走向上看,其一,美国和欧盟在前一个 5 年尚多头出击,全球各个地区均有申诉目标。亚洲的主要目标除中国之外,还有日本、韩国和印度;但近年来,其申诉目标已明显指向东盟国家,特别是中国。2007 年后,以中国为申诉对象的案件分别占了美国和欧盟同阶段申诉案件总量的 52.5% 和 28.6%。其二,其他成员针对中国的案件亦有所上升,例如,墨西哥前一个 5 年的申诉目标基本集中于美洲国家,但之后开始转向中国;加拿大、日本亦有不少针对中国的案件。

对比可知,中国涉案的特殊性在于:加入 WTO 18 年来,申诉目标始终只有两个——美国和欧盟,并尤以美国为重心。中国以美国为被诉对象的案件比例高达 76%(见表 1－15、表 1－16)。

(2)作为被诉方的申诉来源状况:被谁告?

表 1－15　中国与相关 WTO 成员作为被诉方的申诉来源方数量对比

被诉成员	1995～2001 年		2002～2006 年		2007～2013 年		2014～2019 年		总计比例	
	案数(件)	申诉方数(个)	案数(件)	申诉方数(个)	案数(件)	申诉方数(个)	案数(件)	申诉方数(个)	案数(件)	申诉方数(个)
美国	56	19	40	17	25	11	34	15	155	27
欧盟	33	14	23	10	21	14	9	5	86	26
日本	12	3	3	2	0	0	1	1	16	4
韩国	11	4	2	2	1	1	4	1	18	6
印度	13	7	5	3	4	2	10	7	32	11
巴西	12	7	2	2	1	1	1	1	16	8
墨西哥	7	4	7	4	0	0	1	1	15	6
加拿大	11	5	4	2	2	2	6	3	23	7
俄罗斯	—	—	—	—	2	2	7	3	9	4
中国	—	—	4	3	27	6	13	4	44	7

表 1－16　中国与相关 WTO 成员作为被诉方的申诉来源方及其数量对比

被诉成员	2002～2006 年		2007～2013 年		2014～2019 年	
	案数(件)	申诉来源方(数)(个)	案数(件)	申诉来源方(数)(个)	案数(件)	申诉来源方(数)(个)
美国	40	日 3/墨 5/欧 9/泰 2/加 6/韩 2/中 1/瑞 1/挪 1/新 1/阿 2/中国台北 1/印 1/厄 1/安 1/巴 3	25	中 8/加 2/巴 2/墨 2/泰 1/韩 3/欧 1/印尼 1/越 1/阿 2	34	中 7/委 1/土 2/瑞士 1/俄 2/挪 1/墨 1/加 5/欧 3/印 3/韩 4/越 2/巴 1/印尼 1
欧盟	23	美 5/韩 3/印 2/澳 2/智 1/加 1/阿 3/挪 2/巴 2/泰 2	21	中 3/加 2/阿 3/美 2/日 1/巴拿马 1/印 2/中国台北 1/挪 1/巴 1/印尼 1/俄 1/丹 1/哥伦比亚 1	9	俄 3/中 2/美 1/印尼 2/巴基斯坦 1

续表

被诉成员	2002 ~ 2006 年		2007 ~ 2013 年		2014 ~ 2019 年	
	案数(件)	申诉来源方(数)(个)	案数(件)	申诉来源方(数)(个)	案数(件)	申诉来源方(数)(个)
印度	5	欧 2/美 1/中国台北 1/孟 1	4	美 3/欧 1	10	中国台北 2/日 2/美 2/巴 1/澳 1/危地马拉 1/欧 1
加拿大	4	美 2/欧 2	2	日 1/欧 1	6	美 4/澳 1/中国台北 1
俄罗斯	—	—	2	欧 1/日 1	7	乌克兰 3/欧 3/美 1
中国	4	美 2/欧 1/加 1	27	美 13/欧 6/日 2/墨 4/危 1/加 1	13	巴 1/美 8/欧 2/加 2

共性数据显示:首先,日本、韩国、巴西和墨西哥已经从被诉的高比例成员中淡出;印度走势起伏,2007 ~ 2013 年一共只有 4 个案件,其中 2009 ~ 2011 年三年被诉量为零;2014 ~ 2018 年 5 年中也只有 3 个案件。但值得注意的是,2019 年,印度已成为 7 起案件的被诉方。其次,美国和欧盟作为被诉总量最多的成员,在案件绝对数量不断下降的同时,其申诉来源方数量并未等比减少,说明它们始终是其他成员的主要申诉目标。最后,从中国"入世"后各相关成员的申诉来源方及其数量走势来看:其一,美国的申诉来源方已从前一个 5 年遍布全球各大洲的成员范围,缩聚至以美洲和亚洲为主的国家和地区。变化尤为突出的是欧盟,近年来,美国已不再是欧盟的主要申诉目标,欧盟昔日的主攻地位由中国取代。其二,欧盟的申诉来源方范围也显缩聚趋势,尤其表现为 2010 年以后,不仅申诉来源方数量减少,而且源自原来的主要申诉方美国的案件大大减少。

与其他成员相比,中国涉案的特殊之处在于:首先,自"入世"以来,在所有成员被诉案件都大幅下降的同时,中国是唯一一个反其道而行的成员——不降反升,且涨幅处于高位。其次,随着中国被诉案数的成倍增长,申诉来源方数量并没有等比增加。2007 ~ 2013 年,中国被诉案件 27 起,高于同期美国和欧盟的案数，位列所有成员方的第一位；2014～2019 年只低于美国位列第二，但与此同时，对于中国的申诉来源方数量的涨幅虽有增加，但未显同比增长势头。由此，中国被诉虽多，但目前仍只是极少数成员的目标。再次，就中国的 7 个申诉来源方而言，范围为美洲国家和欧盟所涵盖，其中美国尤显突出，针对中国的案件中，美国为申诉方的已超过一半，占比 52.3%；欧盟于总量占比 20.5%，但 2014～2019 年近 6 年已明显下降。最后，发展中国家中，墨西哥是对华案件中最活跃的当事方，值得关注。

（三）涉案事由：为什么诉 & 为什么被诉？

涉案事由主要是指 WTO 成员提起争端案件的起因与争点。本书对于涉案事由的考察，首先将围绕中国自身处于不同当事角色的案件展开，分别探析中国作为申诉方的涉案事由——“为什么诉”和中国作为被诉方的涉案事由——“为什么被诉”；在此基础上，进一步与 WTO 争端案件涉案事由的普遍性加以对比，从中不仅可以更加直观、深入地展示 WTO 争端解决中特殊的中国现象，而且有利于通过洞悉中国目前在国际经贸关系中所面临的困扰与危机，以便谋划中国未来于 DSM 有效施展的空间和管道。

1. 攻防之间的对比（见表 1－17、表 1－18）

表 1－17　中国作为申诉方的涉案事由梳理

年份	案号	系争措施/事由	涉及协定范围
2002	DS252	美国钢铁保障措施	GATT/保障措施协定
2007	DS368	美国对中国铜版纸的反措施反补贴初裁决定	GATT/反倾销协定/反补贴协定
2008	DS379	美国反倾销和反补贴税案（中国诉）	GATT/反倾销协定/反补贴协定/中国加入议定书
2009	DS392	美国影响中国禽类进口的特定措施	GATT/农业协定/SPS 协定
	DS397	欧共体对中国紧固件的反倾销措施	GATT/反倾销协定
	DS399	美国轮胎（中国诉）	GATT/中国加入议定书
2010	DS405	欧盟对中国鞋类的反倾销措施	GATT/反倾销协定

续表

年份	案号	系争措施/事由	涉及协定范围
2011	DS422	美国对虾和金刚石锯片的反倾销措施	GATT/反倾销协定
2012	DS437	美国对中国某些产品的反补贴措施	GATT/反补贴协定/中国加入议定书
	DS449	美国对中国多种产品的双反措施	GATT/反倾销协定/反补贴协定
	DS452	欧盟及某些成员影响再生能源发电部门的特定措施	GATT/反补贴协定/TRIMs协定
2013	DS471	美国涉华反倾销程序的特定方法及其适用	GATT/反倾销协定
2015	DS492	欧盟影响禽肉产品关税减让措施	GATT
2016	DS515	美国价格比较方法相关措施	建立WTO协定/GATT/反倾销协定
	DS516	欧盟价格比较方法相关措施	GATT/反倾销协定
2018	DS543	美国对源自中国特定货物的关税措施	GATT/DSU
	DS544	美国对钢铝产品的特定措施	GATT/保障措施协定
	DS562	美国对晶体硅光伏产品进口的保障措施	GATT/保障措施协定
	DS563	美国对再生能源相关措施	GATT/反补贴协定/
	DS565	美国对源自中国特定货物的关税措施Ⅱ	GATT/DSU
2019	DS587	美国对来自中国特定产品的关税措施Ⅲ	GATT/DSU

表1-18 中国作为被诉方的涉案事由梳理

年份	案号	系争措施	所涉协定
2004	DS309	集成电路增值税(税收优惠政策)	GATT/GTAS
2006	DS339 DS340 DS342	影响汽车零部件进口措施(发改委《汽车产业发展政策》、四部委《构成整车特征的汽车零部件进口管理办法》《进口汽车零部件构成整车特征核定办法》)	GATT/原产地规则协定/TRIMs协定/反补贴协定/中国加入议定书

续表

年份	案号	系争措施	所涉协定
2007	DS358 DS359	对税收和其他费用的返还和减免措施(中央及地方政府文件之税费减免政策)	GATT/TRIMs协定/中国加入工作组报告/反补贴协定
	DS362	中国知识产权案(《著作权法》《知识产权海关保护条例》《刑法》等)	TRIPs协定
	DS363	中国出版物及音像产品案(《电影管理条例》及《外商投资产业指导目录》等10余部行政法规和部委规章)	GATT/GATS/中国加入议定书
2008	DS372 DS373 DS378	影响金融信息服务措施和外国金融信息提供者的措施(授权新华社管理的10多项法律行政法规及新华社的实施措施)	TRIPs协定/GATS/中国加入议定书
	DS387 DS388	赠予、贷款和其他刺激措施	GATT/农业协定/反补贴协定/中国加入议定书
2009	DS390	赠予、贷款和其他刺激措施	GATT/农业协定/反补贴协定/中国加入议定书
	DS394 DS395 DS398	原材料出口限制措施(出口税收、配额等管理法律法规)	中国加入议定书/GATT
2010	DS407	对欧盟某些钢铁紧固件的反倾销措施(商务部2009年115号通告、《反倾销条例》)	GATT/反倾销协定
	DS413	影响电子支付服务的特定措施	GATS
	DS414	对美国的取向电工钢产品的反倾销和反补贴措施(商务部2010年21号通告)	反补贴协定
	DS419	风能设备补贴措施	GATT/反补贴协定/中国加入议定书
2011	DS425	对欧盟X射线安全检查设备的反倾销措施(商务部2011年1号通告及其附件)	GATT/反倾销协定
	DS427	对美国白羽肉鸡产品的反倾销和反补贴措施	GATT/反倾销协定/反补贴协定

续表

年份	案号	系争措施	所涉协定
2012	DS431 DS432 DS433	有关、钨、钼的出口管理措施	GATT/中国加入议定书
	DS440	对来自美国的某些汽车的反倾销和反补贴措施	GATT/反倾销协定/反补贴协定
	DS450	影响汽车零部件进口措施	GATT/反补贴协定/中国加入议定书
	DS451	有关服装和纺织品产品生产和出口措施	GATT/农业协定/反补贴协定/中国加入议定书
	DS454	对来自日本的高性能不锈钢无缝管的征收反倾销税措施	GATT/反倾销协定
2013	DS460	对来自欧盟的高性能不锈钢无缝管的征收反倾销税措施	GATT/反倾销协定
2014	DS483	对来自加拿大的进口纤维素纸浆的反倾销措施	GATT/反倾销协定
2015	DS489	示范基地和公共服务平台项目相关措施	反补贴协定
	DS501	涉国产飞机的税收措施	GATT/中国加入议定书
2016	DS508	原材料出口关税Ⅱ	GATT/中国加入议定书
	DS509	原材料出口关税及相关措施Ⅱ	GATT/中国加入议定书
	DS511	农产品国内支持	农业协定
	DS517	农产品关税及配额	GATT/中国加入议定书
2017	DS519	对原铝生产商的补贴	GATT/反补贴协定
2018	DS542	知识产权保护的特定措施	TRIPs 协定
	DS549	技术转让特定措施	TRIPs 协定/GATT/中国加入议定书
	DS558	对源自美国特定产品加征关税	GATT
	DS568	对糖进口的特定措施	GATT/农业协定/进口许可程序协定/保障措施协定/中国加入议定书
2019	DS589	有关加拿大进口油菜种子措施	GATT/SPS/TFA

表 1－17 和表 1－18 分别列出了中国迄今为止在 DSM 中申诉与被诉的所有案由及所涉协定范围，两相对比，反差明显：除前述于当事地位数量所显现的攻防“倒挂”之外，于涉案事由所反映的广度、深度及力度上，攻防之间亦尽显强弱悬殊。

就系争措施的广度和深度而言，中国提起申诉的措施，80% 为货物贸易协定下的贸易救济措施；所涉产业集中于第二产业（工业）；所涉产品亦多属于传统的有形货物。但是，中国被诉的措施，一是包含了 WTO 多边贸易体制下所涵盖的大部分措施范畴，所属类别除包括贸易救济措施外，还包括了投资、税收、金融、知识产权等各种与贸易有关的措施。二是囊括中国立法和执法的几乎所有层面与形式，立法既包括国家层面的法律、行政法规、部委规章等，也包括地方层面的地方性立法、政府规章及各种规范性文件，甚至还包括了从中央到地方的各级党政部门的政策性文件；执法则既包括行政，也包括司法。三是三大产业（农业、工业、服务和流通业）均有所涉。四是产品类型在兼采有形货物与无形技术及服务贸易的同时，还兼跨了物质和精神双重领域，其中，物质则既包括一般的生产与消费物质，也包括特殊的稀有原材料和能源产品；精神产品则既包括传统纸质产品，也包括现代数字产品。

就所涉 WTO 涵盖协定的援引范围和重点而言，中国提起的申诉限于货物贸易协定（GATT 1994 及其附属协定）的规制范畴，且主要集中于反倾销、反补贴与保障措施协定。但是，中国被诉所涉协定，一是涵盖了 WTO 多边贸易协定的全部三大领域——货物贸易、服务贸易和 TRIPs；二是货物贸易协定所包括的 GATT 1994 及其 12 个附属协定，超过一半被援引，其中，《补贴与反补贴措施协定》（Agreement on Subsidies and Countervailing Measures，以下简称《反补贴协定》）、《与贸易有关的投资措施协定》《TRIMs 协定》、《反倾销协定》（Agreement on Implementation of Article VI of the General Agreement on Tariffs and Trade 1994）和《农业协定》更是被多次论及；三是《中国加入议定书》，特别是其中的“超 WTO”义务条款更是被诉重点。

具体到案件所涉及的具体行业，中美之间的 39 起案件中，美国诉中国案件涉及集成电路、汽车、新能源、钢铁、矿产原材料、金融服务、农业、畜肉产品、知识产权保护、出版物和音像制品、飞机制造等；中国诉美国的案件涉及工业制造、新能源、畜肉产品等。欧盟诉中国的案件涉及金融服务、矿产原材料、钢铁、技术转让等，中国诉欧盟的案件涉及鞋、可再生能源、畜肉产品等行业。相比较而言，美国对中国提起申诉涉及的行业类别最多，而且像飞机制作、集成电路、金融服务等均系关键性的高新技术密集行业。欧盟诉中国的案件也类似，还牵涉中国的有关技术转让政策，反映出发达国家与新兴发展中国家之间在高技术领域的矛盾与冲突日渐激烈。中国诉美国、欧盟的案件涉及一部分中国已经具有一定优势的技术领域，比如风能设备等。显然，部分优势产业向海外的“走出去”也必须伴随相应的国际争端解决能力才能成功。另外，从这些被诉和申诉案件的发生时间来看，2012 年之后，对于中国的矿产原材料出口、飞机制造、高性能不锈钢无缝钢管等现代工业重要领域的贸易政策存在非常明显的关注期。这也从反面说明，中国工业在部分领域的技术和规模确实得到了较大程度的发展。与之相匹配的争端解决能力亟待加强。

就援引反倾销协定的中国涉案而言，总共 17 起案件中，申诉为 9 起，大于被诉；申诉中 6 起针对美国，3 起针对欧盟。这在中国被诉多于申诉超过两倍的情况下，显然属于特例。而在中国涉案攻防之势总体处于众寡不均与强弱悬殊的情况下，中国将有限的申诉火力都集中于针对美国或欧盟的反倾销措施，是否出自以小博大、以寡博众的策略考虑尚不得而知，但基于常理，其合理性至少应当具有一个基本的事实前提，即美国与欧盟的此类贸易救济措施已经构成困扰我国对外贸易的最重要因素。事实表明，在措施属性上，虽然中国遭受贸易救济调查长期位居全球第一，①但近 10 余年，来自中国出口企业的历年调查情况表明，国外贸易措施影响最大的前三位始终为：汇率、技术贸易壁垒、关税；反倾销、反补贴、配额、许可证等均位居其后。②

① 根据商务部披露的数据，截至 2013 年 8 月，中国已经连续 18 年成为全球遭受反倾销调查最多的国家，连续 7 年成为全球遭受反补贴调查最多的国家。参见《中国商务部：中国有能力通过对话解决贸易争端》，载 http://www.chinanews.com/gn/2013/08-02/5118662.shtml。

② 参见国家质量监督检验检疫总局：《中国技术性贸易措施年度报告(2007~2018)》。

就援引反补贴协定的中国涉案而言,"入世"过渡期之后,中国涉案比重一直较高;与此同时,中国涉案的 22 个案件中有 16 个为被诉案件,且其中 14 个案件被指采用了《反补贴协定》第 3 条所禁止的补贴,因而违反了该协定。虽然这些指控未必能够完全成立,但至少表明,在中国的经贸政策中,仍然存在较多此类合法性存疑的经济刺激方式,并常常成为其他成员攻击的重点,因而必须在未来贸易政策和法律制定中作出调整。

2. 中国涉案事由与 WTO 争端解决普遍样态之对比

如果说,上述对比已经能够在一定程度上反映出中国在 DSM 中的攻防失衡状况,但这种对比毕竟局限于自身的攻防之间,还需要通过由 WTO 相关涵盖协定[①]在争端解决中的援引情况所展示的涉案事由之普遍性,方能更多地显示出中国涉案的特殊性所在(见表 1－19)。

表 1－19 WTO 争端解决援引涵盖协定的常态与中国作为当事方涉案情形之对比

WTO 涵盖协定	1995～2019 年		中国"入世"后(2002～2019 年)			
	援引之案件(件)	占 WTO 案件总量比例	案件总数(件)	中国涉案(件)	占同期中国涉案总量比例	占同期 WTO 此类案件比例
GATT 1994	489	82.5%	308	57	87.7%	18.5%
反倾销协定	133	22.4%	95	17	26.2%	17.9%
反补贴协定	129	21.8%	84	22	33.8%	26.2%
农业协定	84	14.2%	44	7	10.8%	15.9%
保障措施协定	61	10.3%	43	4	6.2%	9.3%
TBT 协定	55	9.3%	28	0	0	0
SPS 协定	49	8.3%	30	2	3.1%	6.7%
进口许可程序协定	48	8.1%	20	1	1.5%	5%
TRIMs 协定	45	7.6%	27	7	10.8%	25.9%

① WTO 各涵盖协定在争端解决中的援引也是有差异的。在此,笔者选取与中国涉案具有可比性的协定作为参照。

续表

WTO 涵盖协定	1995～2019 年		中国“入世”后(2002～2019 年)			
	援引之案件(件)	占 WTO 案件总量比例	案件总数(件)	中国涉案(件)	占同期中国涉案总量比例	占同期 WTO 此类案件比例
TRIPs 协定	42	7.1%	19	4	6.2%	21.1%
加入议定书	36	6.1%	36	31	47.7%	86.1%
GATS	30	5.1%	15	6	9.2%	40%
DSU	18	3%	15	3	4.6%	20%
海关估价协定	18	3%	8	0	0	0
原产地规则协定	7	1.2%	4	1	1.5%	25%
装船前检验协定	5	0.8%	5	0	0	0
TFA	3	0.5%	3	1	1.5%	33.3%

总体来看，与 WTO 相关涵盖协定的援引常态相比，中国涉案大致分为三种情况。

(1)人多我多、人少我少

在表 1－19 列所涉 17 项涵盖协定中，超过案件总数 10% 以上的是前五位——GATT 1994、农业协定、反倾销、反补贴及保障措施案件，其中 4/5 与中国涉案数量最多的类型相竞合。与此同时，海关估价和装船前检验案件，也基本属于中国涉案最少的类型范畴。

(2)人少我多

“人少我多”又有两种表现形态。一种是无论相对中国自身涉案总量的绝对数量，还是相对 WTO 此类案件的相对数量而言，均居前列。主要表现为援引加入议定书、《TRIMs 协定》、GATS 的案件。数据显示，WTO 此类案件数量不多，但中国涉案的比重却较高。其中尤为突出的，是涉及加入议定书的案件，中国此类涉案不仅占了自身案件总量的近 50%，于 WTO 此类争端的占比更是高达 85% 以上。《TRIMs 协定》、GATS 案件也属类似情形，不仅在中国自身涉案中占有较高比例，更是 WTO 此类案件中涉案最多的当事方之一。另一种是虽然绝对数量不多，但相对数量居于高位，比较突出的是援引《TRIPs 协定》和《原产地规则协定》（Agreement on Rules of Origin）的案件，在 WTO 同期此类案件中占比都超过了 20%。

需要说明的是，结合前述当事地位，中国在这些类型的案件中主要处于被诉地位：加入议定书共 31 起涉案中，被诉 26 起，占 84%；《TRIMs 协定》涉案 7 起，被诉 5 起，占 71%；而在 GATS、TRIPs 和原产地涉案中，均为 100% 被诉。

中国主动申诉的案件尚不涉及 GATS、TRIPs 领域，可能的原因一是在统计时间范围内 GATS 领域出口贸易量并未达到相对较高的峰值；二是 DSB 目前整体上 GATS 案件数量也相对较少，中国对此也暂持观望态度。事实上，在 GATS 迄今为止的 29 起案件中，已经有 6 起涉中国案件，且均为被诉案件。[①] 虽然中国服务贸易进出口额占世界服务贸易进出口总量的比重并不低，2017 年已达 46, 991 亿元人民币，占同期世界服务贸易进出口比例约 13. 6%，但是进口额约是出口额的 2 倍，存在 16, 177 亿元人民币的逆差。[②] 因而，在 GATS 领域，中国被诉的风险在一段时期内可能仍然较高。对于知识产权领域，也存在同样的问题，但是就争议的内容来看，重心有所转移。过去中国知识产权案（*China—Intellectual Property Rights*，DS362）涉及的是知识产权保护和执行措施，近期美国、欧盟提起的 DS542、DS549 则涉及技术转让措施。事实上，中国的专利法等经历几次修改后，保护水平已大为提升，仍然可能存在合规性问题的多是一些行政性规范。伴随中国在部分细分技术领域的突破，技术转让方面的矛盾自然会更加突出。而且，就对贸易量与产业发展的影响而言，前者与后者相比较，后者技术转让方面的管制措施更为关键，成为申诉对象具有一定的必然性。

---

① 6 起案件为：DS413：中国电子支付服务案；DS378：中国影响金融信息服务和外国金融信息供应商措施案（加拿大提起）；DS373：中国影响金融信息服务和外国金融信息供应商措施案（美国提起）；DS372：中国影响金融信息服务和外国金融信息供应商措施案（欧盟提起）；DS363：中国出版物及音像产品案；DS309：中国集成电路增值税案。

② 根据联合国贸易和发展会议的数据，2017 年世界服务贸易总额为 53, 200 亿美元，按 2017 年 12 月 31 日人民币对美元汇率计算，为 345, 800 亿元人民币。相关数据载 http://data. mofcom. gov. cn/fwmy/overtheyears. shtml, https://unctadstat. unctad. org/Infographics/TradeInServices_2018_05_800x830. png。

(3)人多我少

“人多我少”是指无论是绝对数量,还是相对数量均明显少于 WTO 涉案的常态状况,以 TBT、SPS 及进口许可三类案件最为典型。自 DSM 运行以来,涉及这三个协定的案件数量基本都处于 8% ~10% 的中间位置。但中国在其他成员 WTO 涉案数量不断增加的同时,却很少涉案,到 2019 年年底,SPS 案件有两起、进口许可案件只有一起:SPS 案为申诉(诉美国)、被诉(加拿大诉)各一起,进口许可案件为被诉(巴西诉中国);TBT 案件数量仍为零。

当然,中国主动申诉的涉《实施动植物卫生检疫措施的协定》(Agreement of Sanitary and Phytosanitary Measures,以下简称《SPS 协定》)案件虽然只有 1 起,但具有一定的突破性意义。过去面对高标准严苛的技术性要求,多采取努力达标策略,而在该起 SPS 案件[DS392:美国禽肉案(中国诉)]中,中国首次挑战了美国的立法,且中国作为申诉方的主要主张全部获得了专家组的支持。另外,该案也是 DSM 下第一起涉及《SPS 协定》中的等效性制度的案件,故对 WTO 体系相关规则的解释也具有重要意义(见表 1-20、表 1-21)。

表 1-20　2002~2019 年在 WTO 争端解决中的 TBT 案件

单位:起

年份	案数	申诉方(案数)	被诉方(案数)
2002	2	阿根廷、欧盟	欧盟、印度
2003	4	澳大利亚、美国、加拿大、阿根廷	欧盟(4)
2007	1	加拿大	欧盟
2008	3	墨西哥(2)、加拿大	美国(3)
2009	3	美国、加拿大、挪威	欧盟(3)
2010	1	印度尼西亚	美国
2012	4	乌克兰、洪都拉斯、多米尼加、墨西哥	澳大利亚(4)
2013	4	古巴、阿根廷、日本、印度尼西亚	澳大利亚(2)、欧盟、俄罗斯
2014	1	巴西	印度尼西亚
2015	1	乌克兰	俄罗斯

续表

年份	案数	申诉方(案数)	被诉方(案数)
2016	1	巴西	印度尼西亚
2017	2	乌克兰、俄罗斯	俄罗斯、乌克兰
2018	0	—	—
2019	1	印度尼西亚	欧盟

表 1-21　2002~2019 年在 WTO 争端解决中的 SPS 案件

单位:起

年份	案数	申诉方(案数)	被诉方(案数)
2002	5	美国、匈牙利、菲律宾(2)、欧盟	日本、土耳其、澳大利亚(2)、印度
2003	6	尼加拉瓜、欧盟、美国、加拿大、阿根廷、匈牙利	墨西哥、澳大利亚、欧盟(3)、克罗地亚
2007	1	新西兰	澳大利亚
2008	2	加拿大、墨西哥	美国(2)
2009	3	美国、加拿大、中国	欧盟(2)、美国
2010	1	印度尼西亚	美国
2012	3	美国、阿根廷(2)	印度、美国(2)
2013	0	—	—
2014	2	欧盟、巴西	俄罗斯、印度尼西亚
2015	1	日本	韩国
2016	1	巴西	印度尼西亚
2017	3	墨西哥、俄罗斯、乌克兰	哥斯达黎加、乌克兰、俄罗斯
2018	1	越南	美国
2019	1	加拿大	中国

一方面,作为申诉方较少涉足此类案件,可能的理由是:事实上,中国出口受到技术性贸易措施的阻碍甚少;法律上,此类申诉在 WTO 争端解决中缺乏可施展的空间,少有胜算。可是,对照现实情况,对于中国而言两个理由均不能成立。法律上,除尚处磋商和处理中的案件外,已决的大多数案件都为申诉方胜诉。事实上,其一,如前所述,近 10 年来,技术性贸易措施已取代传统贸易壁垒措施(关税、许可证、配额及反倾销和反补贴措

施)连续多年成为仅次于汇率的中国企业出口第二大障碍,而在农食产品行业和机电仪器行业,其影响远远大于汇率,是此类产品出口的第一大障碍;每年均有约近 1/3 的出口企业遭受国外技术性贸易措施的影响,直接损失亦年年攀升;欧盟、美国和日本等发达国家是影响中国企业出口的技术性贸易措施的主要来源国,但东盟和韩国的影响亦不可低估。其二,考察中国"入世"后此类争端在 WTO 争端解决中的情况,可以发现:(1)发展中国家比发达国家发起的数量更多,(TBT 为 18:10;SPS 为 17:13),且近年的趋势更为明显。由此说明,发展中国家和发达国家一样,在受此类措施困扰时,DSM 是其重要的救济方法;(2)被诉方以发达国家为主(28 个 TBT 案件中,发达国家被诉为 21 个;30 个 SPS 案件中,18 个被诉方为发达国家),说明发达国家,特别是其中的美国(TBT:4/28;SPS:7/30)、欧盟(TBT:11/28;SPS:5/30)、澳大利亚(TBT:6/28;SPS:4/30)等国的技术性贸易措施是阻碍贸易并产生贸易争端的重要因素;(3)近 5 年来,发展中国家被诉及互诉案件显著增加。

另一方面,根据 WTO 争端实践,从未被诉的理由似乎只有一个:无法对其他成员构成太大的贸易障碍,或是因为数量少,或是因为水平低。事实表明,近年来,中国采取的技术性贸易措施数量越来越多,TBT 通报数量已屡屡跃居全球首位,SPS 通报数量也连续多年位处前列。由此,唯一合理的解释就是,中国的技术性贸易措施标准较低,不足以对主要贸易国进口产生影响。

3. 不同阶段下中国涉案事由的动态对比(见表 1-21)

表 1-22 中国作为当事方涉案援引 WTO 相关协定的动态走势

单位:起

WTO 相关协定	2002~2006 年(WTO 案件总数 114)		2007~2013 年(WTO 案件总数 118)		2014~2019 年(WTO 案件总数 119)	
	涉案总数	中国涉案(占比)	涉案总数	中国涉案(占比)	涉案总数	中国涉案(占比)
GATT1994	106	5(4.7%)	108	33(30.6%)	94	19(20.2%)
反倾销协定	33	0	31	14(45.2%)	31	3(9.7%)

续表

WTO 相关协定	2002～2006 年（WTO 案件总数 114）		2007～2013 年（WTO 案件总数 118）		2014～2019 年（WTO 案件总数 119）	
	涉案总数	中国涉案（占比）	涉案总数	中国涉案（占比）	涉案总数	中国涉案（占比）
反补贴协定	30	3（10%）	27	16（59.3%）	27	3（11.1%）
农业协定	18	0	16	5（31.3%）	10	2（20%）
保障措施协定	16	1（6.3%）	10	0	17	3（17.6%）
TBT 协定	6	0	16	0	6	0
SPS 协定	11	0	10	1（10%）	9	1（11.1%）
进口许可程序协定	6	0	7	0	7	1（14.3%）
TRIMs 协定	6	3（50%）	15	3（20%）	6	1（16.7%）
TRIPs 协定	1	0	8	2（25%）	10	2（20%）
加入议定书	3	3（100%）	23	22（95.7%）	10	6（60%）
GATS	2	1（50%）	6	5（83.3%）	7	0
DSU	4	0	6	0	5	3（60%）
海关估价协定	2	0	4	0	2	0
原产地规则协定	2	1（50%）	2	0	0	0
装船前检验协定	0	0	2	0	3	0

从中国涉案三个阶段的动态角度出发，首先，中国和 WTO 涉案常态的共性在于，一是“入世”后的过渡期相对风平浪静，即使涉案一般也都开始于过渡后期。中国“入世”后处于过渡期的前 5 年中，涉案较多始于最后一年，即 2006 年。二是各个期间案件类型的数量分布与常态规律具有相符性，如多数集中于 GATT 1994、贸易救济类案件。

其次，中国涉案的独特现象在于：其一，过渡期内虽然案件数量不多，但援引或适用不同 WTO 协定案件的范围却很广。除 GATT 1994、《反补贴协定》《保障措施协定》外，争端解决案件所涉甚少的《TRIMs 协定》、GATS 和《原产地规则协定》均在中国涉案中论及。其二，过渡期之后，伴随着中国涉案数量的迅速上升，涉及不同协定的案件类型也越来越多并有持续扩大与延伸之势。迄今为止,中国已经涉猎 WTO 多边贸易协定的大部分类型案件。其三,涉案数量虽各有偏重,但总体均占较大比重:不仅在 WTO 争端数量最多的 GATT1994、农业、反倾销和反补贴案件中,中国均占较大比重;而且在 WTO 争端解决为数不多的 TRIMs、TRIPs、GATS、DSU 等类型案件中,中国涉案亦从无到有且后来居上。其四,也是最值得关注的是,中国涉案首开加入议定书在 WTO 争端解决案件中被援引之先河,[①]而且,到目前为止,虽然也出现了几个有关成员加入议定书的此类案件,[②]但中国及其《加入议定书》无疑是此类争端解决的聚焦点。事实上,《中国加入议定书》所包含的诸多"超 WTO"义务条款在每一个争端案件中都引发广泛且激烈的争论,其中独有的"中国现象"与"中国问题"对 DSM 本身也构成了一系列新的、重大挑战。

最后,纵览中国迄今为止的被诉和申诉案件,存在许多变化的同时,也存在一些恒定不变的方面。例如,主要争议领域除了个别协定的特殊内容(如《SPS 协定》)之外,一些主要问题自加入以来未曾改变。譬如,被视为整个多边体制基石的最惠国待遇问题,以及国民待遇问题、透明度问题,不仅是 2009 年之前多起案件涉及,直至 2017 年、2018 年新近的案件,仍然有较多涉及。而且,从 GATT 1994 中的最惠国待遇、国民待遇等条款到 TRIPs、GATS 等协定中的国民待遇条款,都有覆盖。这一事实反映出一方面中国对外贸易的类型在经历初期的货物贸易为主之后,逐步且迅速地发展到多边体制调整

---

① 《建立 WTO 协定》第 12 条规定:"任何国家或在处理其对外贸易关系及本协定和多边贸易协定规定的其他事项方面拥有完全自主权的单独关税区,可按它与 WTO 议定的条件加入本协定。"《加入议定书》即为记载每个加入成员与 WTO 议定条件的必备法律文件。从 WTO 成立至中国加入,共有 14 个其他成员加入,但未有任一《加入议定书》在争端解决案件中被援引或适用,直至 2006 年美、欧、加诉中国汽车零部件案首开先河。

② 除《中国加入议定书》外,WTO 争端案件援引其他加入议定书的还有 5 个,分别为援引《越南加入议定书》的美国虾案(越南)[*US—Shrimp*(*Viet Nam*),DS404]和越南诉美国对越南鱼片的反倾销措施案(*United States—Anti-dumping Measures on Fish Fillets from Viet Nam*,DS536);援引《俄罗斯加入议定书》的乌克兰诉俄罗斯对乌克兰特定产品的进口与运输措施案(*Russia—Measures Concerning the Importation and Transit of Certain Ukrainian Products*,DS532)和俄罗斯交通转运案(*Russia—Traffic in Transit*,DS512),以及援引《乌克兰加入议定书》的俄罗斯诉乌克兰与货物及服务贸易相关的措施案(*Ukraine—Measures relating to Trade in Goods and Services*,DS525)。

的其他重要领域；另一方面，从这些案件的主要争议条款可以看出，在这些“新”领域发生的贸易争端本质上也并非“新”问题，不过是多边体制的重要基本原则在不同领域的体现。事实上，贸易形式的进一步多样化和深度全球化，要求成员在不同领域的贸易管制政策也应遵从一致性，从而对其平衡多边规则与自身特殊性的能力提出了更高的要求。

（四）涉案结果的对比与分析：得失之间

WTO 的涉案结果似乎很难用简单的胜与负来加以判断，因为，客观上，诉争措施常常是多数，裁决结果全部支持或驳回的却是极少数，如此，胜负需要依靠比例来计算；但与此同时，多个诉争措施中，似乎还有主次之分，而主次则是以量化的比例无法明确划分的。[①] 主观上，申诉方的机动也是多方面的，既可能基于实体利益的趋动，也可能出自程序策略的考虑，所以，实践中不乏各方均声称自己胜诉的情况。基于此，对于中国涉案的结果，笔者拟忽略纯粹之胜负，而仅从结案方式所反映的裁决率和裁决事项要点两个角度来考察其中可能的得失问题（见表 1－23）。

表 1－23　中国涉案状态信息表[②]

序号	申诉方	被申诉方	案件编号	状态	时间
1	美国	中国	DS309	和解	2004 年 3 月至 2005 年 10 月
			DS340	终结 Panel & AB	2006 年 3 月至 2008 年 12 月
			DS358	和解	2007 年 2 月至 2007 年 12 月
			DS362	终结 Panel	2007 年 4 月至 2009 年 1 月
			DS363	终结 Panel & AB	2007 年 4 月至 2009 年 12 月
			DS373	和解	2008 年 3 月至 2008 年 12 月
			DS387	磋商	2008 年 12 月
			DS394	终结 Panel & AB	2009 年 6 月至 2012 年 1 月

① 例如，欧共体紧固件案（中国诉），中国申诉约 20 项措施，裁决虽然仅支持了 8 项，其余 11 项以证据不足驳回，但因支持了中方撤销对方反倾销措施这一主要事项，故仍可认定为中国胜诉案件。

② 系 WTO 网站公布信息统计的数据，截至 2019 年 12 月 31 日，载 https://www.wto.org/english/tratop_e/dispu_e/dispu_by_country_e.htm。

续表

序号	申诉方	被申诉方	案件编号	状态	时间
1	美国	中国	DS413	终结 Panel	2010 年 9 月至 2012 年 7 月
			DS414	终结 Panel & AB + DSU Art. 21. 3(c) +21. 5(with recommendation)	2010 年 9 月至 2015 年 7 月
			DS419	磋商	2010 年 12 月
			DS427	终结 Panel + DSU Art. 21. 5(non-compliance)	2011 年 9 月至 2018 年 2 月
			DS431	终结 Panel & AB + Art. 21 +22	2012 年 3 月至 2014 年 8 月至 2015 年 5 月
			DS440	终结 Panel	2012 年 7 月至 2014 年 5 月
			DS450	磋商	2012 年 9 月
			DS489	专家组已设未任命	2015 年 2 月
			DS501	磋商	2015 年 12 月
			DS508	专家组已设未任命	2016 年 7 月
			DS511	终结 Panel(with recommendation)	2016 年 9 月至 2019 年 4 月
			DS517	终结 Panel(with recommendation)	2016 年 12 月至 2019 年 5 月
			DS519	磋商	2017 年 1 月
			DS542	专家组已设且任命	2018 年 3 月
			DS558	专家组已设且任命	2018 年 7 月
	中国	美国	DS252	终结 Panel & AB	2002 年 3 月至 2003 年 11 月
			DS368	磋商	2007 年 9 月
			DS379	终结 Panel & AB	2008 年 9 月至 2011 年 3 月
			DS392	终结 Panel	2009 年 4 月至 2010 年 9 月
			DS399	终结 Panel & AB	2009 年 9 月至 2011 年 9 月
			DS422	终结 Panel	2011 年 2 月至 2012 年 6 月
			DS437	执行仲裁程序中 Panel & AB + DSU Art. 21. 3(c) +21. 5	2012 年 5 月至 2014 年 12 月至 2018 年 3 月
			DS449	终结 Panel & AB + DSU Art. 21 +22	2012 年 9 月至 2014 年 7 月至 2015 年 8 月

续表

序号	申诉方	被申诉方	案件编号	状态	时间
1	中国	美国	DS471	终结 Panel & AB + DSU Art. 21. 3(c) +22	2013 年 12 月至 2017 年 5 月至 2018 年 1 月
			DS515	磋商	2016 年 12 月
			DS543	专家组已设且任命	2018 年 4 月
			DS544	专家组已设且任命	2018 年 4 月
			DS562	专家组已设且任命	2018 年 8 月
			DS563	磋商	2018 年 8 月
			DS565	磋商	2018 年 8 月
			DS587	磋商	2019 年 9 月 2 日
2	欧盟及其前身欧共体	中国	DS339	终结 Panel & AB + DSU Art. 21. 3(b)(with recommendation)	2006 年 3 月至 2008 年 12 月
			DS372	和解	2008 年 3 月至 2008 年 12 月
			DS395	终结 Panel & AB + DSU Art. 21 +22	2009 年 6 月至 2012 年 1 月
			DS407	磋商	2010 年 5 月
			DS425	终结 Panel	2011 年 7 月至 2013 年 2 月
			DS432	终结 Panel & AB + DSU Art. 22 +23	2012 年 3 月至 2014 年 8 月至 2015 年 5 月
			DS460	终结 Panel & AB + DSU Art. 21. 3(b)(with recommendation)	2013 年 6 月至 2015 年 10 月至 2016 年 2 月
			DS509	专家组已设未任命	2016 年 7 月
			DS549	磋商	2018 年 6 月
	中国	欧盟及其前身欧共体	DS397	终结 Panel(with recommendation) DSU Art. 21. 5	2009 年 7 月至 2011 年 7 月至 2016 年 1 月
			DS405	终结 Panel	2010 年 2 月至 2011 年 10 月
			DS452	磋商	2012 年 11 月
			DS492	终结 Panel	2015 年 4 月至 2017 年 3 月
			DS516	专家组已设且任命	2016 年 12 月

续表

序号	申诉方	被申诉方	案件编号	状态	时间
3	中国	意大利	DS452	磋商	2012 年 12 月
4	中国	希腊	DS452	磋商	2012 年 12 月
5	墨西哥	中国	DS359	和解	2007 年 2 月至 2008 年 2 月
			DS388	磋商	2008 年 12 月
			DS398	终结 Panel & AB + DSU Art. 21 + 22	2009 年 8 月至 2012 年 1 月至 2013 年 1 月
			DS451	磋商	2012 年 10 月
6	加拿大	中国	DS342	终结 Panel & AB + DSU Art. 21. 3(b)	2006 年 4 月至 2008 年 12 月
			DS378	和解	2008 年 6 月至 2008 年 12 月
			DS483	执行仲裁程序中 Panel + DSU Art. 21. 5	2014 年 10 月至 2017 年 4 月
			DS589	磋商	2019 年 9 月
7	日本	中国	DS433	终结 Panel & AB + DSU Art. 21 + 22	2012 年 3 月至 2014 年 8 月至 2015 年 5 月
			DS454	终结 Panel & AB + DSU Art. 21. 3(b)	2012 年 12 月至 2015 年 2 月至 2015 年 10 月
8	危地马拉	中国	DS390	磋商	2009 年 1 月
9	巴西	中国	DS568	磋商	2018 年 10 月

首先,从表 1 – 23 中所列案件的结案数来看,67 起案件已结 38 起,结案率约 58. 5% ,高于整个 DSM 的结案率。① 其中,经专家组程序结案的 13

① 根据 WTO 网站的信息以及 DSU 2018 年年度报告统计,截至 2017 年 12 月 31 日,DSB 组建(established)专家组 308 个,此时占同期 DSU 案件总数约 50% ,分发专家组报告 235 个,上诉机构报告 156 个,上诉率 66% 。2018 年统计区间内,成立专家组(established)25 个,通过专家组报告 14 个,上诉机构报告 7 个。因而,可以汇总得出:截至 2018 年 12 月 31 日,在 DSU 已有的 573 起编号案件中,组建专家组 336 个,占同期 DSU 案件总数约 60% ;通过专家组报告 249 个,上诉机构报告 166 个,上诉率约 67% ;若仅按专家组报告结案数计算,结案率约 43. 5% 。考虑到数量不多的和解及磋商成功比例,整体结案率不会高于该比例太多。详细信息参见“*DSB Annual Report 2018*”,WT/DSB/76,2018 年 11 月 30 日,以及 https://www. wto. org/english/tratop_e/dispu_e/dispustats_e. htm。

起，经上诉机构程序结案的 19 起（13 起被诉，6 起诉他方），上诉率约 63%，与 DSB 专家组报告案件的上诉率基本持平。[①] 此外，还有和解结案 6 起。基于涉美、欧案件总量占据绝对优势，经上诉程序的案件也主要发生在此两方的案件中。和解案件除了发生于与美、欧之间的案件中，加拿大、墨西哥也各有 1 起。此外，还有一些案件在其执行程序中产生有关执行合理期限等的争议，经历 DSU 第 21.3(c)、21.5、22、23 条等程序。其中，美国诉中国、中国诉美国的案件各有 3 起，比例相当；欧盟诉中国案件 4 起，中国诉欧盟案件 1 起，加拿大、日本也各有 2 起诉中国的案件在执行程序中引发争议。上述所有案件除了两起发生在 2009 年前（涉及执行问题时也已至 2009 年），[②]多数有关执行问题的争议都发生在 2009 年之后，尤其是 2012 年前后。这也从一个侧面说明，加入近 10 年，中国运用 DSM 的能力在增强，较之过去，不仅是前面的申诉、上诉程序，而且后续的执行程序也受到了重视。

其次，从申诉案件与被诉案件两相比较来看，后者以非裁决方式结案的比重则相对更大一些。

再次，从现有败诉事项的裁决要点来看，内容集中于事实认定和法律适用两方面。凡败诉，于前者，[③]均由于证据不足，即无法有效证明作为系争措施的国内法或贸易政策措施本身的正当性与合理性——内容上是否为实现合法目标之必需；形式上能否自圆其说；于后者，则在于法律解释不当——对 WTO 相关协定所涉概念、协定之间或协定所涉条款之间关系等的解读错误。由此表明，事实上，我们的国内法律、法规或贸易政策在满足 WTO 规则一致性方面仍需清理完善；法律上，作为充分运用 DSM 并最大

---

① 参见“*DSB Annual Report* 2018”，WT/DSB/76，2018 年 11 月 30 日，以及 https://www.wto.org/english/tratop_e/dispu_e/dispustats_e.htm。

② “DS342：加拿大诉中国影响汽车零部件进口措施案”和“DS339：欧盟诉中国影响汽车零部件进口措施案”提起于 2006 年三四月，上诉机构报告分发为 2008 年 12 月。论及执行问题，都已至 2009 年。

③ 属于 DSB 对于被诉成员方相关国内法审查的范畴。有关 DSB 对涉及中国案件国内法审查的范围和标准，详见张乃根：《我国涉案 WTO 争端解决的国内法审查以及应对研究》，载《世界贸易组织动态与研究》2013 年第 1 期。

限度维护自身利益的基本前提,我国在对于 WTO 规则内涵、体系关联的准确理解,以及就如何进一步提高参与争端解决的法律素养和策略水平等方面尚有较大空间。

最后,随着中国国际经贸地位的不断提高和在 WTO 涉案越来越多,这些案件本身及其衍生出的相关法律问题,不仅引致各当事方的激烈争议,而且成为 WTO 以及条约法理论与实务研究和关注的热点。

第二章　WTO 争端解决中的中国现象：模式变化与特色塑造

第一节　中国参与国际争端法律解决的模式变化

作为政府间国际组织，WTO 争端解决无疑属于国际争端法律解决范畴。与中国在其他类似国际争端解决中所持有消极、被动之常态模式相比，中国在 WTO 争端解决中的积极有为姿态显然是一个值得关注的特殊现象。

一、中国参与国际争端解决的常态模式

（一）不平等交往所致历史性疑虑

在过去的 200 年间，中国与国际法的接触日渐频繁、扩大和深入，其经历曲折而复杂。最终，中国从国际体系中的边缘国家转变为核心国家之一，从沉默的规则接受者逐渐成长为国际治理的重要参与者之一。

在其最早接触国际法的年代，中国一开始就被排除在正常国家之外。在西方国家船舰枪炮的武力威胁之下，从 19 世纪 40 年代起，中国政府被迫与英国、法国、德国、俄罗斯、美国和日本等国签订了一系列不平等条约。此类不平等条约所依托的国际法体系不仅未能成为互惠互利和主权平等的保障，反而成为帝国主义列强与中国进行不平等交往的工具。比如，中国近代的第一个不平等条约——1842 年中英《南京条约》——是第一次鸦片战争的产物。该条约仅单方面规定中

国政府的义务,如中国向英国商人征收进出口货物税,必须同英国政府商议;英国可以在通商口岸派设领事,拥有领事裁判权;中国政府应给予英国商人以最惠国待遇等。及至 20 世纪,1901 年《辛丑协定》的签订标志着中国完全沦为半封建半殖民地社会。①

第一次世界大战期间,中国对同盟国宣战,成为战胜国之一。理论上,中国可参加巴黎和会,享有与其他战胜国同等待遇。然而,主导会议、确定《凡尔赛条约》条款的四个大国——英、法、美、意等不仅没有承认中国的平等参会权,还将德国在山东半岛的所有权益转让给日本,而未归还给中国。② 尽管遭到中国政府的强烈反对,《凡尔赛条约》依然生效。不仅如此,给中国主权利益造成重创的巴黎和约体系似乎仅能约束弱国。比如,当 1931 年日本入侵中国时,依《凡尔赛条约》所创立的国联未能起到设想中的保护成员国安全的作用。具体而言,根据国联创设的集体安全核心原则,任何一国入侵国联成员的行为均意味着对所有其他国联成员发动战争。③ 在此情况下,其他所有国联成员理应切断与日本的贸易关系,禁止本国公民与日本公民之间的所有交往,并且讨论部署军事力量支持中国。然而,国联未能在成员间赢得必要的政治决心、经济资源和军事力量将日本驱除出中国。其对日本公然入侵中国的无力回应,在一定程度上纵容乃至鼓励了日本将中国东北全境纳入其统治范围。“九一八事变”(Mukden Incident)充分揭示出国联之实际能力与宏大目标——集体安全、世界和平、停止侵略和多边主义之间的差距。④

及至第二次世界大战,中国战场拖住了日本大部分主力部队,为世界

---

① 《辛丑协定》的正式名称为 Austria-Hungary, Belgium, France, Germany, Great Britain, Italy, Japan, Netherland, Russia, Spain, United States and China—Final Protocol for the Settlement of the Disturbances of 1900(中国与 11 国关于赔偿 1900 年动乱的最后协定)。原文是以法文为准。在国际法上,因为中国不承认与各国有正式交战,事件是出于义和团的暴乱。故此辛丑条约只属于一个协定,而并非和平条约。

② Treaty of Peace between the Allied and Associated Powers and Germany (Treaty of Versailles), 28 June 1919, art. 156 – 158.

③ Article 16.1 of League of Nations Covenant.

④ See H. Lauterpacht, "'Resort to War' and the Interpretation of the Convent During the Manchurian Dispute", 29 *Am. J. Inter'l L.* 43, 43 (1934).

反法西斯战争的最终胜利作出了巨大牺牲和重要贡献。然而,在如何利用国际法建立战后国际秩序方面,中国政府又一次发现自身处于尴尬的边缘地位。比如,“二战”期间,中国政府受邀参加了同盟国的敦巴顿橡树园会议、布雷顿森林会议、波茨坦会议等。但是,又如“一战”后的巴黎和会,当时的国民政府只是理论上坐在了谈判桌上。整个国际局势仍由美国、苏联和英国主导。联合国、IMF、GATT 以及世界银行等国际组织的设置和规章在很大程度上体现出主导国家的利益。而在中国未能参与的雅尔塔会议上,通过签订秘密协定,美国、英国和苏联三巨头将中国从日本获得的领土利益转给苏联,从而使中国再度遭受类似于巴黎和会的命运——赢得了战争却失去了领土。甚至在规划联合国的敦巴顿橡树园会议中,苏联拒绝与中国共同出席,而是要求美国主持两场会议:第一场会议由美国主持,三巨头参加,决定规划联合国的主要事项;第二场会议由美国主持,美英中参加,以保全中国的尊严。①

“二战”之后中国的内战以及国共两党之间的对立进一步阻碍了中国有效加入国际社会。虽然中华人民共和国政府在 20 世纪 50 ~ 60 年代期间一直致力于寻求恢复在联合国大会的代表权,但直至 1971 年,“国民政府”仍拥有联合国席位,享有与之相关的特权与外交关系。联合国对中华人民共和国政府的排斥导致中国与全球的相对隔离。在此期间,中华人民共和国政府屡次表达对国际法以及国际体系的质疑。②

1971 年,中华人民共和国政府终于成为联合国唯一合法的中国政府代表。之后,中国加入国际组织的速度明显加快。2001 年加入 WTO 是中国日益融入国际社会的里程碑事件。但是,中国政府也由此承担了额外国际义务。由此,世界主导国家仍在利用国际法对中国实施歧视得到了再一次印证。因此,即便中国政府全面加入国际组织,并在国际组织中发挥重

① 时任英国首相丘吉尔也认为,中国不配拥有谈判的席位。See Robert C. Hilderbrand, *Dumbarton Oaks, The Origins of the United Nations and the Search for Postwar Security*, The University of North Carolina Press, 2001, p. 61.

② See Ann Kent, *Beyond Compliance: China, International Organizations, and Global Security*, Stanford University Press, 2010, p. 34.

要作用,其对国际组织的动机、目的和宗旨仍然怀有疑虑。[①]

(二)对西方主导型国际争端解决机制缺乏信任

1. 国际政治性争端

“二战”之后,《联合国宪章》第 2(3)条规定了和平解决国际争端的国际义务,目的之一在于维持和平以及防止下一次世界大战。同时,国际争端解决机制有助于维系国家间贸易和投资的正常进行,减少不必要的外交保护以及与之相关的国际纠纷。根据《联合国宪章》第 33 条,各国应以谈判、调查、调停、公断、司法解决、区域机关或办法之利用或其所选择之它种和平方法寻求国际争端之早日及公平之解决。如上所述,中国参与国际交往的历程也是一个国际强权国家对中国施加不平等待遇的历程。长期以来,就国际规则的制定,中国只是一个沉默的配角。即便独立的第三方能够公平适用现有的国际法规则,因该规则本身系统性地歧视中国,难以保证中国在争端解决中获得实质正义。

就外交政策而言,中国与印度于 1954 年达成的相互尊重主权和领土完整、互不侵犯、互不干涉内政、平等互利、和平共处五项基本原则既是中国对外交往的基石,也是中国所主张的国际法原则。在此背景下,中国政府将由法官和仲裁员组成的独立裁决机构视为西方主导型的争端解决机制,该机制要求一国放弃对主权的控制而受制于第三方的裁决,因而受到质疑。比如,作为联合国五大常任理事国之一,中国从未接受过国际法院(International Court of Justice,ICJ)的强制管辖权。[②] 中国也从未同意接受联合国人权公约中关于个人或国家的申诉和来文程序。在批准加入 1965 年《消除一切形式种族歧视国际公约》以及 1979 年《消除对妇女一切形式歧视公约》时,中国政府均提出保留,排除了诉诸仲裁或 ICJ 等国家间争端解决条款。尽管中国积极参与了《关于建立国际刑事法院罗马公约》的谈判,但在 1998 年仍然投票反对成立国际刑事法院。

---

① See Timothy Webster, “Paper Compliance: How China Implements WTO Decision”, 25 *Mich. J. Int'l L.* 525, 539 (2014).

② 需要强调的是,目前,联合国安理会的五大常任理事国中只有英国接受 ICJ 的强制管辖。

近期,中国对南海仲裁的态度明显反映出对国际争端解决机制的不信任。2013年1月,菲律宾根据《联合国海洋法公约》(United Nations Convention on the Law of the Sea, UNCLOS)就中国南海主张提请仲裁。2014年12月7日,中国发布立场文件,指出中国作为UNCLOS缔约国,虽然接受了UNCLOS第十五部分第二节有关强制争端解决程序的规定,但是中国接受该规定的适用范围不包括领土主权争端,不包括中国与其他缔约国同意以自行选择的方式加以解决的争端,也不包括UNCLOS第297条和中国2006年根据UNCLOS第298条所作声明排除的所有争端。因此,根据UNCLOS附件7所成立的仲裁庭对于本案没有管辖权。[①] 最后,中国政府重申,"中国一贯奉行睦邻友好政策,主张在和平共处五项原则基础上,通过平等协商,公平合理地解决领土争端和海域划界问题。中国认为,谈判始终是国际法认可的和平解决国际争端最直接、最有效和最普遍的方式"。中菲两国已通过双边、多边协议选择通过谈判方式解决有关争端,没有为谈判设定任何期限,而且排除适用任何其他程序。在此情形下,根据UNCLOS上述条款的规定,有关争端显然应当通过谈判方式来解决,而不得诉诸仲裁等强制争端解决程序。在涉及领土主权和海洋权利的问题上,明知他国已明确表示不接受仲裁,明知双方已承诺通过双边直接谈判解决争端,还要强行将争端诉诸仲裁,就不能被认为是友善的行为,更不能被认为是坚持法治的精神,因为这与国际法的基本原则背道而驰,违反国际关系基本准则。这种做法不仅不可能使两国争端得到妥善解决,反而会进一步损害两国之间的互信,使两国之间的问题进一步复杂化。[②]

尽管有学者认为,中国不应在南海"仲裁"中缺席,[③]但不参与策略与中国对待领土争端的传统做法相一致。如早在1909年,对于葡萄牙将与我国澳门特别行政区有关的领土争端提交常设仲裁法院(PCA)的要求,清

---

① 参见《中国政府关于菲律宾共和国所提南海仲裁案管辖权问题的立场文件》第79段,载http://www.gov.cn/xinwen/2014-12/07/content_2787663.htm。

② 参见《中国政府关于菲律宾共和国所提南海仲裁案管辖权问题的立场文件》第45、87、89段,载http://www.gov.cn/xinwen/2014-12/07/content_2787663.htm。

③ See Yu Mincai, "China's Responses to the Compulsory Arbitration on the South China Sea Dispute: Legal Effects and Policy Options", 45 *Ocean Dev. Int'l L.* 1, 12 (2014).

政府予以断然拒绝。1926 年,就废除中比条约引发的争议,中华民国政府拒绝出席常设国际法院。[①] 20 世纪 60 年代,对于印度提出的通过国际仲裁解决中印边界争端的建议,中国政府同样予以拒绝。[②] 2015 年 10 月,南海争端“仲裁庭”裁定,中国关于主权和划界争端的保留未能排除菲律宾提出的若干请求,故其对此类请求拥有管辖权。2016 年 7 月,“仲裁庭”作出裁决,认为中国对南海的历史性权利没有依据且违反了国际法。对此裁决,中国政府予以反对和谴责。而该案的结果再一次印证和强化了中国政府和学者对于国际争端解决体制的疑虑。主流观点认为,南海争端的实质是菲律宾为规避管辖权的障碍,故意将混合型海洋争端的局部提交强制仲裁机制。鉴于混合型海洋争端所引发的正当性、实效性和公正性危机,国际仲裁庭在裁决管辖权问题时应持谨慎态度。[③]

南海仲裁案关于管辖权问题的裁定以及关于实体问题的裁决促使中国政府更为同情俄罗斯在“极地曙光号”案中的立场。该案涉及 UNCLOS 附件 7 中的强制仲裁程序,俄罗斯采取了“不应诉”的策略。[④] 当仲裁庭裁决俄罗斯违反 UNCLOS 项下义务时,俄罗斯拒绝承认。2016 年中俄两国联合发布关于促进国际法的声明,第五点特别提及:“维护国际法律秩序的关键在于,各国应本着合作精神,在国家同意的基础上善意使用争端解决方式和机制,不得滥用这些争端解决方式和机制而损害其宗旨。”通过设置“国家同意”“善意”等积极要件以及“不得滥用”的消极要件,中国政府力图将国际仲裁和判决程序控制在主权意志之下。在可预见的将来,中国政府仍然不会是国际争端解决机制的积极参与者。

2. 国际经济争端

不仅对于上述涉及领土完整的国际政治性争端,即使对于国际经济争端的法律解决中国也同样一直持有审慎态度。最典型的表现是对于《解决

---

① 参见王建朗:《中国废除不平等条约的历史考察》,载《历史研究》1997 年第 5 期。

② See Pasha L. Hsieh, “China’s Development of International Economic Law and WTO Legal Capacity Building”, 13 *J. Int’l Econ. L.* 997, 1001 (2010).

③ 参见张华:《论混合型海洋争端的管辖权问题》,载《中国法学》2016 年第 5 期。

④ 参见张华:《俄罗斯不应诉“北极日出号”案及其对中国的启示》,载《俄罗斯研究》2014 年第 6 期。

国家与他国国民间投资争端公约》（以下简称《华盛顿公约》）下“国际投资争端解决中心”（The International Center for Settlement of Investment Disputes，ICSID）的参与。

1992 年中国正式加入《华盛顿公约》，并成为 ICSID 的一员，这也是中国首次接受国际仲裁庭的管辖权，但是，一方面，中国批准公约时已明确，同意提交中心管辖的仅限于由征收和国有化产生的有关补偿的争端；[①]另一方面，尽管 ICSID 受案总量已达 776 起，且近年增长迅速，但中国自加入至今的 20 多年中，涉案仅 9 起，包括自 2007 年开始作为原告的 6 起和 2011 年开始作为被告的 3 起；[②]而在作为原告涉案的案件中，真正涉及实体性诉求的只有 2012 年平安保险诉比利时案。[③] 相较于中国历年来在国际直接投资中的重要地位，无论是中国投资者还是中国作为东道国，对 ICSID 作为国际争端解决机制的运用可谓高度保留。

尽管随着中国作为资本输出国的角色逐渐增强直至现在兼具资本输入与输出国的双重角色，这一保留已然开始有所改变，但这种转变在短时间内并不会迅速完成，主要原因有：第一，ICSID 机制存在的合法性与有效性问题和中国在国家主权豁免方面的一贯立场，使中国对其自身作为东道国被诉的管辖权问题始终持非常审慎的态度，因此，完全放开接受 ICSID 仲裁的全面管辖需要一段时间；第二，由于极其有限的 ICSID 仲裁实践，中国需要时间积累经验以便更好地利用该机制；第三，在多边投资法治变革之际，各个国际投资大国特别是中国在其双重角色定位下，应如何构建一个符合多元利益平衡的多边投资法治框架尚未有决断，而 ISDS 机制作为“法律适用的系统，其完善应顺应国际投资实体法律规范的发展同

① See ICSID Designations and Notifications（China），https://icsid. worldbank. org/apps/ICSIDWEB/about/Pages/MembershipStateDetails. aspx?state = ST30，最后访问日期：2015 年 12 月 23 日。

② 数据来源于 ICSID 官网，载 https://icsid. worldbank. org/en/Pages/cases/AdvancedSearch. aspx，最后访问日期：2020 年 5 月 8 日。

③ ICSID Case No. ARB/12/20. 该案在中国 ICSID 实践中占据三个“第一”：第一个来由中国大陆的投资者提起的 ICSID 仲裁案件；第一个中国国民诉发达国家的 ICSID 仲裁案件；和第一个涉及实体性权利的中国投资者作为原告的 ICSID 仲裁案件，因而成为中国主动运用 ICSID 机制的一个里程碑。

步前行”,[①]因此,是对已有的 ICSID 和商事仲裁机制进行完善还是建设全新的 ISDS 机制,是设立专门的投资法庭还是回归国内司法救济,最终的决策均影响中国对 ICSID 仲裁及其他仲裁机制的运用。

二、中国参与 WTO 争端解决的独特模式

如前所述,中国加入 WTO 之后,很快成为其 DSM 最积极、最活跃的成员之一。中国参与 WTO 争端解决所建立的新模式,既与中国参与国际争端解决的常态实践形成了鲜明对比,也与 WTO 其他成员的参与实践形成明显差异。

(一)角色定位:充分参与、以防为主

如前所述,自中国正式成为 WTO 成员以来,就参与数量和方式而言,目前已经位列涉案当事方的第二位和作为第三方的第一位。从参与者的层面考察,涉及中国的 WTO 争端解决具有自身的特色。

亦如前述,作为申诉方,中国主要的申诉对象包括美国和欧盟,不包括发展中国家。其中,美国作为被诉方的案件有 16 起,欧盟作为被诉方的案件 5 起。这一起诉对象高度集中的模式与其他主要起诉方的做法形成鲜明对比。具体而言,在 WTO 成员中,中国作为申诉方所发起的案件数排名并列第 8 名,位于美国、欧盟、加拿大、巴西、日本、墨西哥、印度之后,与韩国、阿根廷并列,见图 2-1。考虑到中国迟至在 2001 年 12 月 11 日才正式成为 WTO 成员,而其他 9 国均是 WTO 的创始会员国的事实,中国的年均排名应当更高,可排在巴西之后、日本之前,成为发起 WTO 诉讼的 5 强之一。

对于年均排名超过中国的 WTO 起诉方而言,被诉方无论在地理位置还是在经济发展程度上均具有分散化的特征。在区域分配上,美国针对的起诉对象遍及欧洲、亚洲、南北美洲、大洋洲和非洲;欧盟、加拿大的起诉对象涉及欧洲、亚洲、南北美洲和大洋洲等;巴西的起诉对象则包括欧洲、南

① See UNCTAD: Reform of Investor-State Dispute Settlement: in search of a road map, at http://unctad.org/en/PublicationsLibrary/webdiaepcb2013d4_en.pdf, 23 August 2017, p. 10.

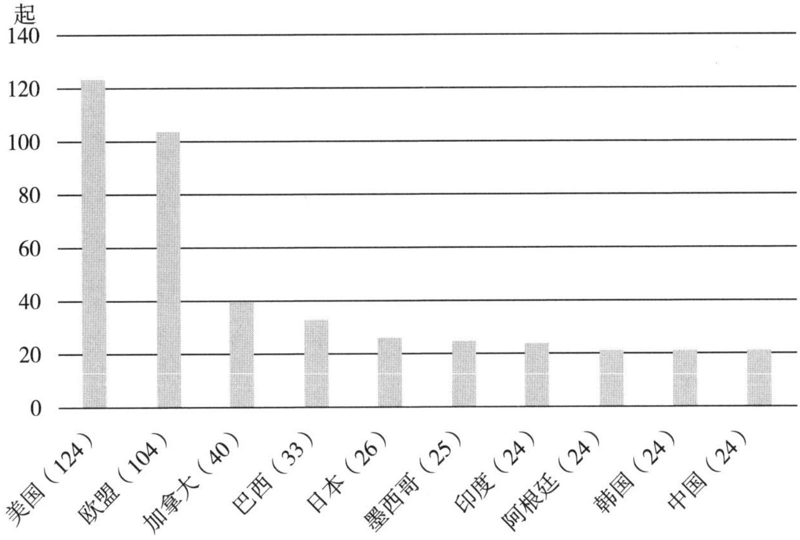

图 2－1　WTO 的申诉方排名

北美洲、亚洲和非洲等。在经济发展程度上,排名超前的四大起诉方所针对的被诉方既有发达国家也有发展中国家。相对而言,中国所起诉的美国和欧盟分列于北美洲和欧洲,均是发达经济体。

作为被诉方,中国主要面临来自美国、欧盟的指责,其他申诉方分别为墨西哥、加拿大、日本、巴西和危地马拉。从申诉方的身份来看,绝大多数诉讼由发达国家发起,发展中国家主要作为"跟随者"而非"领导者"。中国"入世"10 年之后,发展中国家开始单独对中国提起诉讼,包括 2012 年墨西哥提起的中国服装和纺织品案(*China—Measures Relating to the Production and Exportation of Apparel and Textile Products*,DS451)和 2018 年巴西提起的中国食糖案(DS568)。在所有 WTO 成员中,中国作为被诉方的案件总量为 44 起,排名仅次于美国和欧盟,无论是绝对数量还是年均被诉量均遥遥领先于第 4 名的印度和第 5 名的加拿大(见图 2－2)。

与争端各方不同,第三方在 DSM 中很少承担实质性的义务。在 2001 年中国加入 WTO 至 2003 年的 3 年中,中国仅在 3 起案件中保留了第三方地位,相对于同期提起的 26 起案件,这一比例显然较低。然而,自 2003 年 8 月起,中国对于第三方的观点发生显著变化,转而在所有专家组程序(包括

DSU 第 21.5 条项下的专家组程序)中保留第三方地位。直至 2007 年 2 月,中国开始有选择地作为第三方参与专家组程序。[①] 作为第三方,中国参与案件的数量仅次于日本和欧盟,年均参与量位居所有 WTO 成员的首位。

从上述数据中可知,自成为 WTO 成员以来,在年均参与量上,中国已经成为 DSM 的重要参与方。而中国的主要诉讼对手则是经济体量更大、国际诉讼经验更为丰富的美国和欧盟。

需要强调的是,就被诉案件与申诉案件的比例而言,中国排名位居第一,高达 2.1∶1,位居次席的印度被诉和起诉比为 1.33∶1,而美国的被诉和起诉比仅为 1.25∶1。这一数据揭示出,尽管与中国参与其他国际争端解决的常态模式、WTO 其他成员相比具有了一定的充分性和主动性,但就其自身而言,其被动参与 WTO 争端解决的情形仍占主导地位。

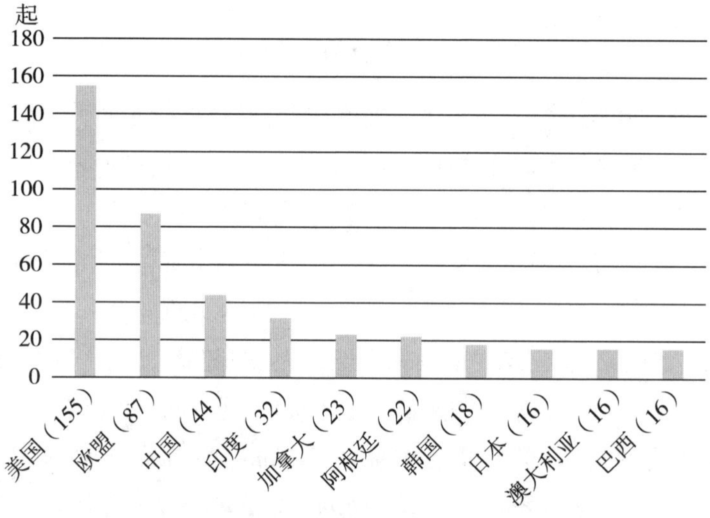

图 2-2　WTO 的被诉方排名

(二)争端范围:类型广泛、规则集中

根据 DSU 第 3.2 条,DSB 专家组和上诉机构应依照解释国际公法的惯例

① See Wenhua Ji and Cui Huang, "China's Experience in Dealing with WTO Dispute Settlement: A Chinese Perspective", 45 *J. World Trade* 1, 25 (2011).

澄清 WTO 协定的现有规定，“DSB 的建议和裁决不能增加或减少适用协定所规定的权利和义务”。条约文本规定的模糊性和语言的多义性增加了专家组和上诉机构依照解释国际法的惯例澄清 WTO 规则的难度。对于 WTO 成员而言，如果在磋商阶段难以解决纠纷，一旦决定进入专家组程序，则意味着专家组和上诉机构对相关协定之规定的解释具有体系重要性。在此次情况下，WTO 的案例不仅仅关系某一具体争端的得失，还涉及某一法律制度的生成。①

根据 GATT 1994 第 23. 1 条，WTO 争端有违反之诉、非违反之诉和情形之诉三种。到目前为止，绝大部分争端为违反之诉。根据 DSU 第 7 条，专家组的职权范围应限定为“按照（争端各方引用的适用协定名称）的有关规定，审查（争端方名称）在……文件中提交 DSB 的事项，并提出调查结果以协助 DSB 提出建议或作出该协定规定的裁决”。据此，作为申诉方应首先确定哪些 WTO 涵盖规定被违反。相应地，案件类型一般以申诉方援引协定划分，而如何解释此类协定中的规定成为争端各方的争议焦点。

目前，中国所提起的 24 起案件均可归入违反之诉。如前所述，针对美国的 16 起案件中，涉及贸易救济措施的案件 11 起，其中保障措施 3 起、反倾销和/或反补贴措施 8 起；其余 5 起分别是 SPS 措施 1 起和关税措施 4 起。针对欧盟的 5 起案件中，涉及反倾销措施 3 起、反补贴措施和关税减让各 1 起。由此，所有案件均属货物贸易领域，其中贸易救济措施有关的案件多达 15 起，占比 70% 。

在中国作为被诉方的 44 起案件中，则包括了货物贸易、服务贸易和 TRIPs 保护所有领域。仅美国提起的 23 起案件，就涉及了服务贸易 3 起、知识产权 2 起；于货物贸易领域，又包含了关税、国内税收、农产品、出口限制案件、反倾销和反补贴等各涵盖协定所规制的措施。

特别值得注意的是，美国诉中国案件中，有约 50% 的案件（12 起）涉及《中国加入议定书》项下的额外义务；欧盟提起的 9 起案件中，也有 5 起涉及案由与同期美国申诉类似。其余 4 起，分别是反倾销措施 3 起、知识产权 1 起。

---

① See Dana T. Blackmore, “Eradicating the Long Standing Existence of a No-Precedent Rule in International Trade Law-Looking toward Stare Decisis in WTO Dispute Settlement”, 29 *N. C. J. Int'l L. & Com. Reg.* 487 (2004).

美国和欧盟之外的其他 WTO 成员对中国提起的诉讼事由大多与同期美国或欧盟的诉讼事由类似。如在墨西哥针对中国的 4 起案件中,有 3 起已为美国、欧盟相关案件所提及,①只有 1 起(DS451)案件为墨西哥单独提起,涉及中国对服装和纺织品的出口补贴问题。又如在加拿大针对中国的 4 起案件中,有 2 起与美国和欧盟已提起的诉讼事由类似,另外 1 起(DS483)案件涉及中国针对加拿大进口浆粕采取的反倾销措施,②剩下的 1 起涉及 SPS 措施。而日本针对中国的 2 起以及危地马拉针对中国的 1 起均与同期美国、欧盟提起的诉讼有相同事由。唯一构成例外的是巴西对中国食糖进口管理措施提起的诉讼。

综合起来,中国参与争端类型虽然广泛,但所涉规则相对集中。③ 作为申诉方,中国更为关注美国和欧盟国内的贸易救济措施是否符合 WTO 规则;而作为被诉方,中国是否履行了《中国加入议定书》中的额外义务受到其他 WTO 成员的关注。此外,中国的补贴措施也是争议的热点问题之一。

（三）实践过程:阶段分明、渐入中心

当前,中国已是仅次于美国和欧盟的 DSM 重要参与方,但该地位的获得是在过渡期之后才逐渐显现。从实践历程来看,中国参与 WTO 争端解决具有明显的阶段性特征。

就中国作为申诉方的案件,2001 ~ 2006 年只有 1 起。2002 年,中国与其他 7 个 WTO 成员作为申诉方,对美国钢铁保障措施在 WTO 规则下的

---

① 墨西哥作为起诉方的 DS359 案对应着美国作为起诉方的 DS358 案;墨西哥作为起诉方的 DS388 案对应着美国作为起诉方的 DS387 案;墨西哥作为起诉方的 DS398 案对应着美国作为起诉方的 DS394 案和欧盟作为起诉方的 DS395 案。

② 加拿大作为起诉方的 DS342 案件与欧盟作为起诉方的 DS339 案、美国作为起诉方的 DS340 案的事由类似;加拿大作为起诉方的 DS378 案与欧盟作为起诉方的 DS372 案、美国作为起诉方的 DS373 案事由类似。

③ 比如,2019 年 2 月 4 日,美国贸易代表办公室(USTR)发布《中国履行 WTO 承诺情况报告》。报告列举了一些美国政府认为中国尚未履行的双边和多边承诺的例子,涉及强制技术转让、电子支付服务限制、出口补贴和进口替代补贴、农业生物技术审查、出口限制、透明度等(USTR, 2018 Report to Congress on China's WTO Compliance, February 2010, https://ustr.gov/sites/default/files/2018 – USTR-Report-to-Congress-on-China% 27s-WTO-Compliance. pdf)。这些例子所涉规则和措施也一直是中美之间贸易争端的焦点。

合法性提出质疑。该案专家组和上诉机构认定,美国的措施与WTO保障措施条款不符。[①] 基于该裁决,美国政府迅速采取措施履行国际义务。对于刚刚加入WTO的中国而言,该案的初战告捷有助于增强中国政府对WTO及其争端解决体制的信心和信任,有助于回应中国大众对于WTO争端解决体制之公平、客观、有效和效率的普遍关切。[②] 然而,在此之后的5年间,中国并未以申诉方的身份涉案。在2007年美国金融危机爆发之后,中国开始作为申诉方频繁地对美国和欧盟提起申诉,如图2-3所示。

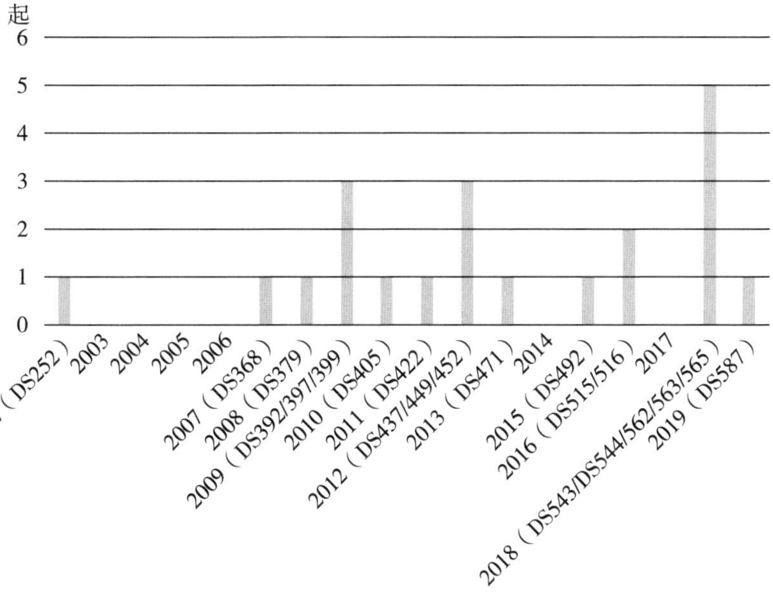

图2-3 中国作为起诉方的年度分布

就中国作为被诉方的案件,并未像某些学者所预言的那样很早地到来,[③]而是像约翰·杰克逊所预测的那样,《中国加入议定书》中的诸多过渡条款有

---

① See Appellate Body Report, *US—Steel Safeguards*, WT/DS248/AB/R, WT/DS249/AB/R, WT/DS251/AB/R, WT/DS252/AB/R, WT/DS253/AB/R, WT/DS254/AB/R, WT/DS258/AB/R, WT/DS259/AB/R, adopted 10 December 2003, DSR 2003: Ⅶ, 3117.

② See Wenhua Ji & Cui Huang, "China's Experience in Dealing with WTO Dispute Settlement: A Chinese Perspective", 45 *J. World Trade* 1, 5 (2011).

③ See Sylvia Ostry, "WTO Membership for China: To Be or Not to Be?", *in China and the World Trading System-Entering the New Millennium*, ed. Deborah Z. Cass, Brett G. Williams, and George Barker, Cambridge University Press, 2003, pp. 31-40.

助于缓解对 WTO 的诉讼。① 与中国作为申诉方的情况类似,2001 ~2005 年,只有 1 起争端被纳入 DSM。2004 年 3 月,美国要求与中国就其关于集成电路的增值税返还政策进行磋商,认为相关返还政策仅针对国内产品,从而造成了对进口相似产品的歧视。② 随后,中国同意欧盟、日本和墨西哥加入磋商,拒绝了中国台北的要求。③ 2004 年 7 月,中美通知 WTO,双方已经达成谅解备忘录(MOU),中国将废除相关的优惠政策。④ 在中国"入世"满 5 年之后,其他 WTO 成员对于中国的诉讼呈现"井喷式"状态,如图 2 -4 所示。

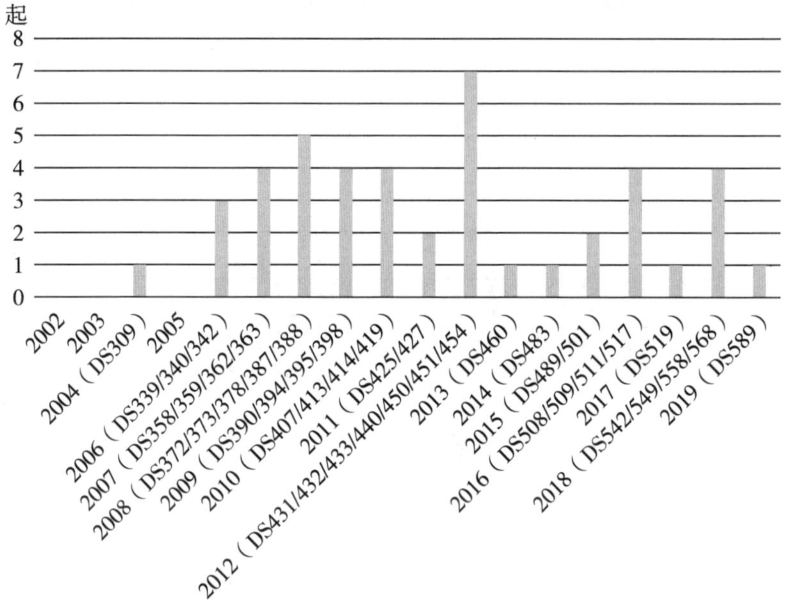

图 2 -4 中国作为被诉方的年度分布

---

① See John Jackson,"The Impact of China's Accession on the WTO",*in China and the World Trading System-Entering the New Millennium*, ed. Deborah Z. Cass, Brett G. Williams, and George Barker, Cambridge University Press, 2003, pp. 19 -30.

② *China—Value-Added Tax on Integrated Circuits*, Request for Consultations by the United States, WT/DS309/1, C/L/675, S/L/160, 23 March 2004.

③ 主导观点认为,中国拒绝中国台北加入磋商的原因主要是政治上的,参见 Henry Gao,"Taming the Dragon: China's Experience in the WTO Dispute Settlement System", 34 *L. Issues. Eco. Int.* 369, 374 -380 (2007). 关于相关政治考量的背景,可参见 Qingjiang Kong,"Can the WTO Dispute Settlement Mechanism Resolve Trade Dispute between China the Taiwan?" 5 *J. Int'l Eco. L.*, 747 (2002)。

④ *China—Value-Added Tax on Integrated Circuits*, Joint Communication from China and the United States, WT/DS309/7, G/L/675/Add 1, S/L/160/Add 1, 16 July 2004.

由此,就时间节点来看,2001 ~ 2005 年,中国与其他成员之间的贸易争端很少提至 DSM,但这并不意味着中国不重视贸易 WTO 争端解决。相反,在 2006 年 3 月 30 日欧盟、美国就中国对构成整车特征的零部件征收整车关税的措施提出磋商请求之前,中国已经作为第三方参与了 56 起案件,并作为申诉方全程参与了针对美国钢铁保障措施的案件。在很大程度上,中国和其他 WTO 成员之所以能够和平共处,一个重要的原因是中国诸多重要承诺有 5 年左右的过渡期,在此期间,美国和欧盟等中国重要的贸易伙伴并未对中国发起诉讼。①

三、关于中国特有模式形成的解说与质疑

对于中国参与 WTO 争端解决所体现出的模式变化及其特色,理论与实务研究从不同角度,考察并试图分析其影响因素。

(一)无讼文化:内在偏好?

中华文明深受儒家文化的影响。以孔孟学说为代表的儒家文化,经过 2500 余年的发展、演变,已成为中华民族精神的重要组成部分。儒家学说以“仁”为核心,在人与人的关系上,主张无争无讼。在《论语·颜渊》中,孔子曰:“听讼,吾犹人也,必也使无讼乎。”通解认为,这表达了儒家对于诉讼的态度——为政者应使人不涉讼,达到“和”的境界,方可贵也。② 有学者认为,在此传统文化的影响下,中国政府会认为,如果未能在磋商阶段与起诉方达成和解协议,而导致相关 WTO 成员要求设立专家组,通过诉讼的方式解决其与中国之间的冲突,对于中国政府而言,这将有失体面。③ 在 2006 年 10 月 DSB 根据 DSU 第 9.1 条就美国、欧盟和加拿大的请求设立单一专家组之前,中国关于 WTO 争端解决的实践基本能够印证上述无

---

① 在中国入世 5 年的同期,美国和欧盟平均每年提起 3.5 起诉讼,并是 7.2 起诉讼的被告方。See Lisa Toothey,“China and the World Trade Organization:The First Decade”,60 *Int'l &Comp. L. Q.* 788,789 (2011).

② 参见吴显敏:《儒家文化的无讼思想及其启示》,载《人民法院报》2017 年 2 月 24 日,第 7 版。

③ See Qi Zhang,“Consultation within WTO Dispute Settlement:A Chinese Perspective”,*Peter Lang AG*,2007,p. 288.

讼文化的解释。在该段期间,为防止其他 WTO 成员提出设立专家组的请求,中国往往会在很短的时间内与起诉方达成一致。甚至为防止某些争端正式进入 WTO 争端解决程序,中国会在相关 WTO 成员提出磋商请求之前,与该成员达成一致,消除纠纷。

2004 年中美之间关于集成电路的贸易争端在一定程度上可以说明,在“入世”的早期阶段,当面临他国磋商请求时,中国倾向于通过和解而非诉讼的方式解决争议。[①] 2004 年 3 月 18 日,美国就中国集成电路增值税一事正式向 WTO 提起申诉,指控中国在半导体生产方面实行的税收政策使美国半导体出口商“处于非公平竞争的地位”。这是中国自 2001 年加入 WTO 后首次遭到美国申诉。美国指出,尽管中国对于集成电路规定了 17% 的增值税,但是中国境内的企业可就其生产的集成电路的增值税享受部分返还,导致实际征收了较低的增值税。[②] 由此,进口集成产品所承担的税负要高于国内相似产品。不仅如此,美国还指出,中国的税收政策还对在中国设计、国外生产的集成电路提供增值税部分的返还,这相当于对部分成员集成电路的进口提供了优惠待遇,歧视其他国家的服务和服务提供者。美国认为,上述措施与中国在 GATT 1994 第 1 条和第 3 条、《中国加入议定书》以及 GATS 第 17 条项下的义务不符。[③] 在美国正式提出磋商请求之后,欧盟于 3 月 26 日、日本于 3 月 31 日、墨西哥和中国台北于 4 月 1 日均要求参加磋商。2004 年 4 月 28 日,中国通知 DSB,其接受了欧盟、日本和墨西哥的加入请求。2004 年 7 月 14 日,中国和美国通知 DSB,它们之间已经就美国提起的磋商请求达成一致。由此,一场贸易争端在磋商阶段得以解决。

---

① 参见彭岳:《贸易补贴的法律规制》,法律出版社 2007 年版,第 79 ~ 101 页;刘瑛:《SCM 协定与我国增值税退税措施的关系——从中国被诉的两起 WTO 成案谈起》,载《法学》2008 年第 6 期。

② 相关税收政策(财税〔2000〕25 号)规定:自 2000 年 6 月 24 日起至 2010 年年底以前,对销售其自行生产的集成电路产品(含单晶硅片),按 17% 的法定税率征税后,其实际税负超过 6% 的部分,增值税实行即征即退。

③ *China—Value-Added Tax on Integrated Circuits*, WT/DS309/1, G/L/675, S/L/160 (23 March 2004).

除集成电路增值税争议外，2001～2005 年，还有两起重要的中外贸易争端未提交 DSB 争端解决程序，而是通过双方谈判的方式予以解决。①

第一起贸易争端涉及中国焦炭出口配额问题。2004 年 1 月 1 日，中国对焦炭出口实施许可证制度，同时将焦炭出口配额从 2003 年的 1200 万吨削减到 900 万吨。2004 年 5 月 9 日，欧盟要求中国 5 日内取消对焦炭出口的限制，否则将在 WTO 起诉中国。5 月 14 日，中欧双方未能达成协议，欧盟也没有向 WTO 起诉。5 月 17 日，双方商定在随后的两周内继续谈判。5 月 24 日，财政部和国家税务总局发出紧急通知，宣布从即日起，对出口的焦炭及半焦炭、炼焦煤，一律停止增值税出口退税。这一举措显示出中国政府削减焦炭出口的决心。然而，2004 年 5 月 28 日，欧盟委员会宣布，欧盟已经与中国就焦炭贸易问题达成协议。根据双方达成的协议，2004 年，中国向欧盟的焦炭出口量将不低于上一年度的水平，即 450 万吨。同时，中国可继续维持出口许可证制度，但取消许可证收费。作为回报，欧盟将放弃在 DSM 中对中国提起诉讼。②

第二起争端涉及中国商务部对美国产牛皮纸的反倾销措施。2005 年 9 月 30 日，中国商务部发布公告，最终认定美国、泰国、韩国和我国台湾地区等 WTO 成员的进口未漂白牛皮箱纸板牛皮纸生产者在中国境内实施倾销。美国认为，中国的反倾销调查和最终决定违反了其在 WTO 第 6 条以及《反倾销协定》项下的义务，并威胁将在 WTO 提起诉讼。在美国明确提出要将相关争议提交 WTO 争端解决程序之后不久，中国与美国达成和解协议。③

对于中国政府在如此短的时间内与欧盟结束贸易争端，国内学者发表了不同的看法。相关观点指出，争端双方通过协商一致的方式解决争端一般而言是最佳选择，但在 WTO 多边争端解决框架下解决贸易争端不失为

---

① See generally Henry Gao, "Taming the Dragon: China's Experience in the WTO Dispute Settlement System", 34 *L. Iss. Eco. Int.*, 369 (2007).

② 参见范庆华：《欧盟与中国就焦炭贸易问题达成协议》，载《世界知识》2004 年第 12 期。

③ See USTR, China Terminates Antidumping Duty Order on Kraft Linerboard, China Terminates Antidumping Duty Order on Kraft Linerboard.

合理选择。就此,法律方面的原因主要包括:(1)在 DSM 中解决贸易争端并不意味着争端各方之间的贸易关系恶化。“目前欧盟是我国的第一大贸易伙伴,中国当然十分重视与欧盟的良好贸易关系,基于此,可能不愿意将双边贸易争端提交 DSM,这种考虑当然有其合理之处;当时我们也应当对 DSM 有一个全面的认识,即《争端解决谅解》(DSU)明确规定,投诉与应诉均应被视为‘善意’的正常行为。”(2)中国焦炭出口配额措施是否与 WTO 规则相符存在可辩解之处。即使中国被 DSB 裁决违背了 WTO 规则,“这种违背是基于对 WTO 规则的理解不同而产生的,并非明显地或赤裸裸地公然违反 WTO 规则,这种原因的败诉在 WTO 争端解决体制中司空见惯,无损于中国的形象”。相反,对欧盟的要求马上做出相应退让,反而让人感到相关措施有违反 WTO 规则之嫌。(3)WTO 争端解决体制耗时较长,相对而言有利于被诉方。从磋商阶段到专家组阶段,再从专家组阶段到上诉机构阶段、最后是执行阶段,一项贸易争端完整走完 WTO 争端解决程序需耗时 3 年左右。这就为被诉方保护相关国内产业赢得了宝贵的 3 年时间。[①] 更为重要的是,WTO 救济机制采取了既往不咎的模式,因此,采取拖延战术相对成本较低。中国政府完全可以合理利用 WTO 争端解决体制的这一特点,维护国家利益。显然,只有在预先假定中国政府基于无讼之文化偏好倾向于利用和解解决国际贸易争端的情况下,上述批评意见和建议才有其合理性。[②]

对于上述解说的质疑在于,从文化因素固然有助于说明 2001 ~ 2005 年中国很少参与 WTO 争端解决程序,但不能解释如下两个相对“异常”的现象:(1)2006 年起,中国开始频繁地成为 WTO 的申诉方和被诉方;(2)在其他国际争端领域,中国仍然会利用保留机制,避免参与第三方主导的争端解决机制。

---

① 参见贺小勇:《论 WTO 体制下资源保障措施的法律问题——以中欧焦炭贸易争端为分析视角》,载《比较法研究》2004 年第 5 期。原文将 DSU 误写为 USD,在此予以改正。

② See William J. Davey, “Compliance Problems in WTO Dispute Settlement”, 42 *Cornell Int’l L. J.* 119, 122 (2009).

（二）历史传统：外来强制？

与文化解释不同，历史解释更为强调外在的事实而非内在的偏好以说明中国不愿意参与国际争端的原因。

如上所述，19 世纪以来，虽然中国与国际社会的接触伊始就有意识地利用国际法规则维护自身权利。但是，当时的国际法源于欧洲国际法，中国一开始便被排除在文明国家的行列之外。[①] 中国很难以一个与西方“文明”国家平等的主权国家的身份参与国际法的制定。即使因机缘巧合参与了某些决定国际结构和走向的重要国际会议，中国的作用也基本上是边缘性的。这一历史印记深刻地影响中国政府对于国际法的总体看法，即国际法总体上是“外国制造”（foreign-made）的舶来品，不能代表和体现中国的国家利益。正因如此，中国对于第三方争端解决机制总体持负面评价，认为参与此类争端解决机制有可能损害到中国主权。

DSM 被誉为“WTO 制度皇冠上的明珠”，其存在被认为有助于增强 WTO 体制的正当性、稳定性和可预期性。但是，对于尚未有过国际争端解决经验的中国政府而言，如非“一揽子”加入 WTO 多边协定的强制性规定，只要另有可能，不出意外，中国政府将根据以往经验，就 WTO 争端解决体制作出条约保留，以最大限度地维护本国贸易规制主权。可以认为，中国之所以接受 WTO 争端解决体制的强制管辖权，在很大程度上如同在《中国加入议定书》或《中国加入工作组报告》中作出的额外承诺一样，是加入 WTO 所需支付的“昂贵门票”而已。即便中国做出巨大让步，在法律规则层面上承担额外义务，仍有 WTO 成员质疑中国行为的可信度。[②] 在一定程度上，这不过是此前西方国家质疑中国是否有能力参与和履行其国际义务的 21 世纪版本而已。

对历史解说的质疑在于，采取历史主义的观点看待中国参与 WTO 贸易争端至少在如下三个层面存在可争议之处：

---

① 参见刘文明：《19 世纪末欧洲国际法中的“文明”标准》，载《世界历史》2014 年第 1 期。

② See Greg Mastel, “China and the World Trade Organization: Moving Forward without Sliding Backward”, 31 *Law & Pol’y Int’l Bus.* 981, 988 (2000).

第一,历史主义观点未能充分虑及国际法外部环境的变化。国际关系的现实主义理论认为,国际法包括其制定、裁决和执行等均是强国基于维护本国利益进行争权夺利的附带现象而已。一国只有在相关国际规范支持本国立场或赋予实质好处时,才会遵守国际法。根据该理论,国际法因为缺乏有效的制裁机制保证相关规范得以遵守而很难构成“真正的法律”。申言之,国际法是国际关系权力结构的产物,而非约束国家权力的规范框架。① 国际法的起源、发展和变化不是“文明”进化的产物而是国际社会中各国实力架构的表象。与现实主义理论相反,历史主义更为强调国家行为模式的一贯性和延续性,忽略了国家行为模式最终是由各国实力对比所决定的社会事实。即便国际法的基本原则和规则不变,一国国际实力的增加也会导致对国际法看法的转变。比如,对于弱国而言,国际法的强制构成对国家主权的威胁,其首要任务是抑制国际法的适用,最大限度维护本国主权;对于强国而言,国际法的强制会影响到国家主权的行使,其首要任务是在遵守国际法和尊重国家主权之间寻求调和的平衡点。不仅如此,国际法强制执行机制的缺席导致相关国际裁决的执行根本上依赖于国家间实力的对比。对于弱国而言,参与国际争端解决机制很可能导致“双输”的局面:如果败诉,则强国可名正言顺地要求其履行国际义务;如果胜诉,其很难强迫败诉强国履行国际义务。显然,历史主义观点未能考虑到中国国家实力的增长以及国际权力架构的改变等外部环境。

第二,历史主义观点未能虑及国际制度的框架效应。国际关系的制度主义理论认为,国际法的相关规则、规范、原则和决定程序可以缓和国际层面的无政府状态,允许国家在制度的框架内追求其自身利益和共同目标。国际制度之所以为各国所遵从,主要原因在于相关制度可以显著减少国际交往成本。就规则功利主义的角度而言,通过忍受具体个案所带来的不便,国家可以获得更为长远的利益。在此基础上,自由主义理论进一步认为,当前的国际法规则体现了一系列自由主义国家所恪守的意识形态:民主、人权和市场资本主义等。因此,国际法的规则能够与自由主义国家的

---

① See Jack Donnelly, *Realism and International Relations*, Cambridge University Press, 2000, p. 7.

规则在意识形态和价值方面保持和谐一致，国际法是自由主义国家对外关系法的“国际化”产物，国际法支持而非限制了自由主义国家主权。反之，对于那些非自由主义或威权国家而言，国际法的规则构成了外部限制。[①]显然，对中国参与国际争端时间的历史主义解释在一定程度上与自由主义理论相符合。毕竟，从古典自由主义标准判断，中国很难被归入自由主义国家的行列之中。问题在于，与现实主义、制度主义等实证主义理论不同，自由主义具有浓郁的规范性，在很大程度上，它倡导一种有待实现的理想，而非着眼于描述现实制度。即便在某段历史时期国际法曾是自由主义国家间的游戏规则，该状况也因为当代国际法主体的增加和多样化而大为改变。因此，尽管中国为加入 WTO 支付了“昂贵的门票”，在规则功利主义视角下，该笔“交易”仍然总体有利于中国国家利益。基于规则功利主义，[②]中国不应以个案之得失来评价 WTO 之于中国的价值。既然 DSB 专家组和上诉机构根据 DSM 的制度设计尽职尽责审理案件最终有助于 WTO 成员间的贸易合作，则中国完全没有必要对 WTO 争端机制采取回避策略。

第三，历史主义观点未能虑及当事国对国际法态度的转变。国际关系的建构主义理论赋予国家以活力和主动性。在此理论视角下，国家不再是偏好固定的实体，通过与其他国家、国际组织等国际法主体的互动，一国会因此改变其行为和利益偏好。建构主义认为，通过规制国际行为以及告知国家哪些行为被允许、哪些行为被限制，国际制度可以影响到成员的选择。与建构主义不同，历史主义的一个理论前提是相关国家的偏好和对国际法的态度不会因国际制度的变化而变化。长期以来，中国之所以对国际法总体持负面评价，与两种理论的直接和间接影响有关。第一种理论立场采用了第三世界国家方法的视角（third world approaches to international law）。第三世界国家的政治身份往往基于自我认定。一旦一国将自身认定为第

① See Anne-Marie Slaughter, “Liberal International Relations Theory and International Economic Law”, 10 *Am. U. Int'l L. Rev.* 717, (1995), pp. 717 - 743.

② 关于规则功利主义的一般性评价，可参见[美]理查德·A. 波斯纳：《道德和法律理论的疑问》，苏力译，中国政法大学出版社 2001 年版，第 279 页。

三世界国家,则会对由霸权国家主导的国际法采取批判立场。① 第二种理论立场采用了马克思主义的视角。基于马克思关于唯物主义、资本主义、意识形态、帝国主义、总体性等的思想遗产,马克思国际法批判学派对主流国际法理论予以鞭挞,并关注到第三世界国家方法的合理性。该学派承认,国际法有其相对独立性,但是受到占主导地位的国家和阶级的利益的制约。"资产阶级的帝国主义国际法的主要特点是,它极力地限制处于从属和支配地位的国家的自主权,主要方法是将主权权力逐步从国家手中转移给国际机构,这对资本的自由流动,特别是国际金融资本流动有着保护和促进作用。"②中国在近现代与国际法的遭遇经历在一定程度上印证了第三世界国家方法和马克思国际法批判学派对主流国际法不公正性、虚伪性的认定。但是历史主义解释并未充分重视国际法的相对独立性,以及随着经济全球化的发展,传统的第三世界国家可以以发展中国家或新兴国家的身份参与国际经济规则的制定。在国际经济制度中,政治色彩浓厚的第一世界和第三世界概念被发达国家经济体和发展国家经济体的中立概念所取代并非文字游戏,它反映了市场经济的包容性,并允许各国基于相对比较优势进行贸易,促进各国的深度合作。在此情况下,通过提倡人类命运共同体意识,中国对国际法的定位已然转变。

综上所述,历史主义类似于法律上的实证主义,强调行为模式的一贯性和连续性。但是,这种一贯性和连续性在当代社会既缺乏实证数据支撑,也无规范性理由加以证成。就中国参与 WTO 争端解决的实践而言,历史传统难以合理解释其模式转变及其特色。

(三)利益定性:得失权衡?

如果说无讼文化、历史传统等因素因为着眼于过去而难以说明近期中国参与 WTO 争端解决行为模式的独特性,那么,基于贸易争端利益的定性分析则可在一定程度上缓和无讼文化、历史传统解释力的不足。

---

① See Andrea Bianchi, *International Law Theories: An Inquiry into Different Ways of Thinking*, Oxford University Press, 2016, p. 207.

② B. S. 契姆尼:《马克思主义国际公法课程纲要》,载[英]苏珊·马克斯主编:《左翼国际法——反思马克思主义者的遗产》,潘俊武译,法律出版社 2013 年版,第 75 页。

首先,国家利益定性分析将国家利益区分为"核心利益"(core interests)和非核心利益。对国家利益进行分层的合理性在于:同一切利益一样,国家利益具有鲜明的层次性。居于不同层次的国家利益,对于国家的重要性来说也就存在区别,这种区别必然影响国家利益与相关国际法律制度的关系。实际上,无论是国家利益的层次等级还是国家利益的层次变动乃至国家利益不同层次之间的复杂关系,都将影响国家在国际法上的态度与行动选择。[①] 根据古典现实主义的代表性观点,国家利益至少可以分为两类:(1)必要利益或核心利益,包括物理、政治和文化层面的身份认同等,一国领土完整、政治制度和文化是其作为国家得以存续的最低要求;(2)可变利益或次要利益,泛指由国家依环境变化而不断更新内容的利益。[②] 在资源有限的前提下,一国必须根据国家利益的重要性理性分配资源。由于一国国家利益受制于历史、文化、经济、政治和社会等因素,各国对于必要利益和可变利益的划分并不必然一致,即使是同类利益,其具体内涵也可能存在差异。因此,在国际社会中,各国为维护本国国家利益而产生冲突实属正常,重要的是应通过何种方式解决此类冲突。

其次,相对于国际主权、领土完整等传统政治利益,一国的国际经济利益向来被视为非核心利益。在经济全球化的时代,国际经济制度具有"与时俱进"的特征。比如,美国国会在批准乌拉圭回合协议之前,美国朝野曾就 WTO 的多数票的决策程序、贸易政策审查机制以及新的争端解决机制是否会对美国主权和国家安全构成威胁产生过激烈辩论。[③] 尽管 WTO 对美国经济主权的威胁客观存在,但国会仍然批准了乌拉圭回合"一揽子"协议。[④] 类似地,国际经济利益并不必然构成中国的核心利益。如在 2009

---

① 参见刘志云:《国家利益的层次分析与国家在国际法上的行动选择》,载《现代法学》2015 年第 1 期。

② See Hans J. Morgenthau, "another ' Great Debate ': The National Interest of the United States", 46 *Am. Pol. Sci. Rev.* 961, 972 – 273 (1952).

③ See John H. Jackson, "The Great 1994 Sovereignty Debate: United States Acceptance and the Implementation of the Uruguay Rules", 36 *Colum. J. Trans. L.* 157, 160 (1997).

④ 《建立 WTO 协定》中的"安全例外"在一定程度上缓解了国际组织与国家之间的主权冲突。See Andrew Emmerson, "Conceptualizing Security Exceptions: Legal Doctrine or Political Excuse?" 11 *J. Int'l Eco. L.* 135, 140 (2008).

年的《中美联合声明》中，“双方重申，互相尊重主权和领土完整这一根本原则是指导中美关系的中美三个联合公报的核心。双方均不支持任何势力破坏这一原则的任何行动。双方一致认为，尊重彼此核心利益对确保中美关系稳定发展极端重要”。可以看出，通过该联合声明，中国表达了对维护国家主权和领土完整等国家利益的关切。2011 年 9 月《中国的和平发展》白皮书将中国核心利益体系化，即“中国的核心利益包括：国家主权，国家安全，领土完整，国家统一，中国宪法确立的国家政治制度和社会大局稳定，经济社会可持续发展的基本保障”。[①] 从顺序来看，国家主权、国家安全、领土完整和国家统一被放在突出的位置，后面两大核心利益既是中国长期追求的目标，更是前面四大核心利益的政治和经济保障。[②] 在中国的语境下，核心利益被认为是对于国家之存续至关重要、不可或缺的国家利益，具有全局性、根本性和长远性的影响。“利益的生死攸关性、利益的存在方式以及中国的战略全局，[③]则是中国核心利益具体化的参照标准。”申言之，国家核心利益“一旦丧失或者受到根本性破坏，主权国家的国际地位和国际尊严将会遭到极大的侵蚀，甚至会失去存在的国际法基础。在非常时期，国家利益虽然会遭到一定程度的破坏，但只要核心利益能够得到有效维护，国家就能免于失败和灭亡的命运”。[④] 显然，中国与其他 WTO 成员之间的贸易争端无论在性质上还是在影响上尚未上升到核心利益的层面。

然而，利益定位说仍存缺陷。即便利用核心利益概念将中国参与 DSM 与中国不参与其他国际争端解决机制区分开来，相关利益定性分析依然不能充分解释中国参与 WTO 争端解决在角色定位、规则聚焦和阶段分明三个方面的特色。因此，在文化、历史和利益因素之外，有必要构建一

---

① 国务院新闻办公室：《中国的和平发展》白皮书，载 http://politics.people.com.cn/GB/1026/15598628.html。

② 参见王公龙：《国家核心利益及其界定》，载《上海行政学院学报》2011 年第 6 期。

③ 参见罗肖：《南海与中国的核心利益争论、回归及超越》，载《当代亚太》2018 年第 1 期。

④ 赵毅：《把中国的核心利益界定得更清晰准确》，载《世界知识》2011 年第 14 期。

套更具说服力的兼具适当性和前瞻性的理论。①

第二节 中国参与 WTO 争端解决模式转变与形成的实证分析

2001 年 11 月 10 日,WTO 部长理事会以协商一致的方式同意了中国加入 WTO 的协议文本。该文本共 900 页左右,包括《中国加入议定书》《中国加入工作组报告》等。次日,中国正式申请加入 WTO。2011 年 12 月 11 日,中国正式成为 WTO 第 143 名成员。WTO 由此成为真正意义上的全球性组织。②

就中国加入 WTO 的意义,时任 WTO 总干事麦克·穆尔(Mike Moore)认为,无论对于 WTO、中国还是国际经济合作,这均是一个历史性的时刻。"作为世界增长最快的经济体之一,通过对贸易和投资逐步开放经济体系,过去十年,中国在减少贫困方面取得巨大成就。当前,这一经济体将会受制于基于规则的 WTO 体系,必然有助于增强国际经济合作。"时任中国对外贸易经济合作部部长石广生指出,"我们需要邀请所有成员,通过平等参与和协商的方式制定新世纪的国际贸易规则,从而促使更多的发展中国家分享经济全球化所带来的机会和利益,同时避免富国和穷国之间差距的进一步扩大,防止某些国家被边缘化"。③

如果仔细分析穆尔和石广生关于 WTO 和中国关系的评价,可以发现,中国"入世"伊始,WTO 和中国对于如何处理两者之间的关系存在差异。就国际组织(WTO)的角度而言,中国加入 WTO 有助于促使中国受制于 WTO 规则,增强国际合作,实现法律面前的平等;就国际组织成员(中国)的角度而言,中国加入 WTO,有助于制定新的贸易规则,实现法律上的平等。借用

---

① 当然,在修辞层面,可以借用"核心利益"一词。参见龙永图:《中国入世的核心利益及发展中存在的问题》,载《国际经济评论》2011 年第 5 期。

② See Peter Van den Bossche & Danise Prevost, *Essentials of WTO Law*, Cambridge University Press, 2016, p. 246.

③ WTO Ministerial Conference Approves China's Accession, WTO Press/252, dated 10 November 2001, available at Http://www.wto.org/english/newse/Press01e/pr252e.htm.

罗尔斯的术语,①中国关注 WTO 规则本身的正当性,因而更看重 WTO 的贸易谈判场所职能;而 WTO 关注 WTO 规则之下特定行为的正当性问题,因而更侧重于发挥 WTO 的争端解决和贸易政策审查职能。

一、中国"入世"的特殊背景:平等参与规则制定的深切期待

中国在"入世"之初就试图积极参与制定新世纪国际贸易规则有其特殊的历史背景。中国并非 WTO 创始会员,只能按照与 WTO 议定的条件加入《建立 WTO 协定》。相对于已有的 WTO 成员,中国承担额外的 WTO 义务,享有受限的 WTO 权利,因而有动力通过制定新的国际贸易规则,改变这种不利局面。

WTO 加入过程主要分为四个阶段如图 2－5 所示②,其难易程度和时间因申请人的情况不同而不同。③

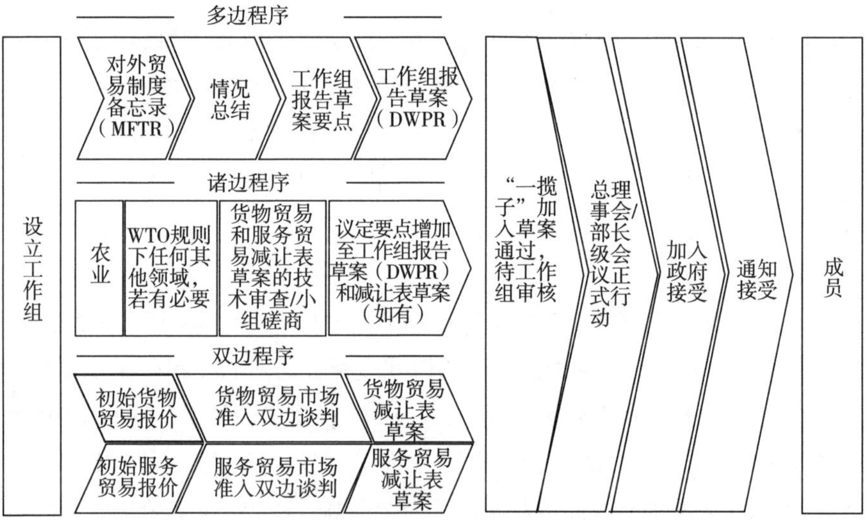

图 2－5 WTO 加入过程

第一阶段:申请,核心任务是成立专门工作组,审查申请人提交的信息

---

① See John Rawls,"Two Concepts of Rules",64 *Phil. Rev.* 3,3－4 (1955).

② 资料来源:https://www.wto.org/english/thewto_e/acc_e/acc_status_e.htm。

③ 如中国和俄罗斯的加入谈判分别长达 15 年和 18 年;吉尔吉斯斯坦 3 年不到就顺利加入。

与 WTO 的一致性。为此,申请国家或关税区需要提交一份关于其贸易和经济政策的报告或备忘录。WTO 将成立一个由所有利益相关的 WTO 成员组成的工作组,基于该报告、备忘录或其他信息,审查申请人的法律、法规和行政程序与 WTO 的一致性。

第二阶段:磋商,核心任务是申请人与 WTO 成员达成协议。根据内容的不同,相关协议分为两类。一类是所有 WTO 成员均需遵守的协议。为此,申请国家或关税区必须采取措施,使其法律、法规和行政程序保持与《建立 WTO 协定》项下的义务相一致。现有的 WTO 成员会就某些 WTO 义务予以特别关注,并监督申请人是否切实履行该义务。另一类是申请人必须遵守的特殊协议。当新成员加入 WTO 时,它可以立即享有现有 WTO 成员所给予的市场准入优惠,基于互惠互利原则,该新成员必须支付"入场券"(ticket of admission)。该"入场券"的"价格"与申请人的经济发展水平和磋商主题密切相关。[①] 由于不同的成员具有不同的贸易利益,因此,特殊协议的达成只能采取双边模式。然后,通过 WTO 的最惠国待遇(MFN)条款,该谈判结果被多边化。

第三阶段:文件起草,核心任务是针对申请人的承诺,起草工作组报告书中的成员资格条款、《加入议定书》以及货物和服务减让表,包括申请人的市场准入减让和承诺等。为加入 WTO,申请人往往会接受额外的义务(WTO-plus)或受限的权利(WTO-minus)。相关内容将反映在《加入议定书》的条款之中。

最后阶段:决定,核心任务是由部长级会议或总理事会就申请人加入申请作出决定。如果相关申请被批准,则申请人将在 WTO 收到《加入议定书》批准证书后的 30 天之后成为 WTO 正式成员。

中国加入 WTO 谈判是 WTO 所需处理的最为复杂、困难和影响深远的事件之一。[②] 1947 年,中国是 GATT 初始缔约方之一。但是,在 1949 年

---

① See Peter Van den Bossche & Danise Prevost, *Essentials of WTO Law*, Cambridge University Press, 2016, p. 250.

② See Peter Van Bossche & Werner Zdouc, *the Law and Policy of the World Trade Organization: Text, Cases and Materials*(4th Ed.), Cambridge University Press, 2017, p. 122.

中国人民共和国政府成立之后,台湾当局于 1950 年退出 GATT,中国与 GATT 也因此中断了关系。1971 年 10 月,中国在联合国的合法席位得以恢复后,根据 GATT 在政治上服从联合国决议的原则,1971 年 11 月 GATT 决定终止台湾当局的"观察员"身份。由于中国政府从未承认台湾当局的退出决定,1986 年 7 月,中国正式提出恢复中国 GATT 席位的申请,即所谓"复关"。但"复关"谈判,是指中国"恢复 GATT 缔约方席位"谈判,而不是"重新加入"。①

随着 1995 年 WTO 取代了 GATT,中国的"复关"也变成了"入世"。按照加入 WTO 的程序,中国"入世"分为如下四个步骤:第一步,对申请国的贸易制度进行审议——对中国而言可以沿用 1992 年 2 月关贸总协定审议的结果;第二步,对议定书和市场准入的谈判——议定书是多边讨论中国"入世"的法律文件,市场准入是双边讨论中国市场开放的承诺,这是最实质的阶段;第三步,WTO 中国工作组将中国"入世"条件归纳为三个最后文件,并将这些文件提交 WTO 部长会议或总理事会;第四步,部长级会议或总理事会通过,中国签订加入议定书,经权力机关批准,成为 WTO 正式成员。②

长期以来,中国之于国际法一直扮演着沉默的规则接受者角色。首先,就多边贸易规则的形成而言,虽然中国政府全程参与了布雷顿森林会议和乌拉圭回合谈判,但很少就重要制度的建构和规则的议定发挥决定性的作用。其次,从中国"复关"和"入世"的历程来看,从一开始,成为国际组织成员、获得制定国际规则的资格就一直是中国致力于恢复 GATT 缔约国身份和成为 WTO 成员的目的之一。根据《建立 WTO 协定》第 3.2 条,WTO"应为其成员间就多边贸易关系进行的谈判提供场所",因而,"入世"

---

① 这是中国一开始就坚持的立场。从政治上讲,这是要和中国"恢复在联合国合法席位"相一致。也就是说:1949 年前中华民国政府代表中国,以后则是中华人民共和国政府代表中国。这意味着,中华人民共和国政府要继承 1949 年前中华民国政府在其中的"创始国"地位。这也符合"一个中国"原则(China's Status as A Contracting Party:Communication from the People's Republic of China,GATT Document L/6017)。

② 参见《中国与 WTO》,载中国网:http://www.china.com.cn/international/txt/2009-07/28/content_18219762.htm。

的成功,有助于中国成为多边规则的制定者,而不仅仅是规则的接受者。① 最后,为加入 WTO,中国就重要的市场准入作出减让和承诺,承担额外的 WTO 义务和享有受限的 WTO 权利。作为发展中国家,中国不仅没有享受到 WTO 给予发展中国家的 SDT,甚至承担了高于发达国家的义务。在此情况下,中国在"入世"伊始就寻求"制定新世纪的国际贸易规则,从而促使更多的发展中国家分享经济全球化所带来的机会和利益",有其合理性。

当然,如何将规则制定的成员资格转化为现实能力,特别是通过改变现有规则,创设新规则以维护自身利益,则须依赖于多种因素的相互作用。

二、中国"入世"与多哈回合进程

中国"入世"之时恰逢 WTO 多哈回合正式启动。中国是自 WTO 成立以来,申请加入 WTO 的最大经济体。其对 WTO 多边谈判进程的可能影响自然成为各国关注的焦点之一。乐观者认为,中国加入 WTO 有助于增强发展中国家的集团力量,促使 WTO 更为平衡。悲观者则认为,中国加入 WTO 会破坏现有的 WTO 权力结构,不利于多边贸易谈判取得预期效果。②

成为 WTO 成员意味着拥有与其他 WTO 成员平等谈判的资格和改变现有规则、创设新规则的权能。但是,该法律权能能否转化为实际控制能力,不仅依赖于中国的意愿,也依赖于国际形势的变化。中国"入世"相遇多哈回合,可谓风险与机遇并存:就机遇而言,中国可积极参与多哈回合谈判,改变不利于中国利益的国际规则,引入有利于中国利益的国际规则,阻碍可能损害中国利益国际规则的形成;就风险而言,中国在成为 WTO 成员之初,一方面需要参与涵盖领域宽广、分歧严重的多哈回合谈判;另一方面又要在短期内促使本国法律、法规和行政程序与《建立 WTO 协定》的规定相符,必然遭受巨大压力,并有可能因此而拖延多哈回合的议程。

(一)政治动力驱动下的多哈回合

在 2001 年 11 月 10 日,WTO 部长理事会以协商一致的方式同意中国

---

① 参见曹建明、贺小勇:《中国加入 WTO 的若干法律问题》,载《法学》1999 年第 12 期。

② See Joseph Fewsmith, "The Political and Social Implications of China's Accession to the WTO",167 *China Qua.* 573,58 - 583 (2001).

加入 WTO 的协议文本之前不久,美国本土发生了震惊世界的“9 · 11”事件。该政治事件的发生使整个国际社会以及 WTO 成员感到增强国际合作的必要性和紧迫性,[①]而及时吸收中国成为 WTO 成员有助于向全世界表明这一立场。巧合的是,及至中国正式成为 WTO 成员,WTO 的多哈回合也正式启动。对于中国而言,这正是一个参与国际贸易规则制定、维护自身权益的最佳时机。

在 WTO 成立之前,GATT 项下的多边谈判主要通过特别组织的、包含广泛议题且存在时限的“回合”(round)来完成,包括 1947 年的日内瓦回合、1949 年的安纳西回合、1950 年的托奎回合、1956 年的日内瓦回合、1960 ~ 1961 年的狄龙回合、1962 ~ 1967 年的肯尼迪回合、1973 ~ 1979 年的东京回合以及 1986 ~ 1994 年的乌拉圭回合等。早期“回合”的主题是降低关税。随着关税的逐渐降低,非关税壁垒逐渐成为谈判的重点。东京回合和乌拉圭回合的主要关注点是减少非关税壁垒。其中,缔约方更是在乌拉圭回合创建了一套关于贸易的国际法:《建立 WTO 协定》的基础文本超过 400 页,在马拉喀什签订的最后文件(Final Act)超过了 26,000 页。[②]

虽然 GATT 回合谈判模式取得巨大成功,但随着 WTO 的成立,该模式曾被 WTO 一度认为已经过时。然而,随着部长级会议和总理事会在推动贸易议题方面的屡屡受阻,WTO 成员最终不得不承认,为在多边层面就进一步的贸易自由化达成协议,WTO 需要政治动力以及打包处理问题的契机和形式。在此情况下,传统的 GATT 回合谈判模式再次被引入 WTO 体制之中。受制于外部环境,WTO 成员试图在 1999 年西雅图部长级会议发起新一轮的多边贸易谈判以惨败而告终。及至 2001 年 11 月,为回应当年发生不久的“9 · 11”事件的冲击,国际社会有必要采取行动,对拖延已久的国际合作和谈判表达充分信心,WTO 成员最终同意启动多哈回合谈

---

① See Ministerial Conference, Doha Ministerial Declaration, WT/MIN(01)/DE/1, dated 20 November 2001, para. 4.

② See Mitsuo Matsushita, Thomas J. Schoenbaum, Petros C. Mavroidis & Michael Hahn, *the World Trade Organization: Law, Practice, and Policy* (3rd Ed.), Oxford University Press, 2017, p. 9.

判。[①] 按照原定计划,多哈回合将不迟于 2005 年 1 月 1 日正式结束。然而,随后国际情势的发展和 WTO 成员之间高度对立的矛盾远远超出 WTO 成员的预想,致使多哈回合被一拖再拖,甚至被临时中止。

(二)多哈谈判僵局

多哈回合为贸易谈判和贸易自由化设置了雄心勃勃的议程。根据其内容,相关议程可分为两类:一类是《建立 WTO 协定》中需要继续谈判事项的实施,包括农产品的谈判、[②]服务贸易谈判等,此类谈判在 2000 年年初之前已经启动;[③]另一类是对现有规则的进一步优化,包括发展中国家履行现有《建立 WTO 协定》问题、非农产品的市场准入(NAMA)、与 TRIPs 有关的发展中国家对基本药物的获得,以及地理标准的保护,与倾销、补贴和地区贸易协定有关的规则,贸易争端,对发展中国家特别是最不发达国家的 SDT 等。虽然所涉事项众多,多哈部长级会议就多哈回合的成功订立了较高的标准,即"行动、结论和谈判结果的生效均应被视为单一承诺"。[④] 这意味着,除非 WTO 成员就上述所有事项达成一致,否则,多哈回合将一直进行下去。

从事后的角度看,多哈部长级会议对于 WTO 成员能够迅速达成协议显然过于自信。实际上,在多哈部长级会议上,WTO 成员间的分歧已初现端倪。如欧盟曾试图将贸易与投资、贸易与竞争法、贸易与核心劳工标准纳入多哈回合议题之中,该建议,特别是关于贸易与核心劳动标准的建议遭到以发展中国家为代表的其他 WTO 成员的极力反对。[⑤] 对于 WTO 成员间存在争议的"新加坡议题"——贸易与投资关系、贸易与竞争法关系、

---

① See Peter Van Bossche & Werner Zdouc, *the Law and Policy of the World Trade Organization*: *Text*, *Cases and Materials*(4th Ed.), Cambridge University Press, 2017, p. 93.

② See Art. 20 of the Agreement of Agriculture.

③ See Article XIX of the GATS.

④ See Ministerial Conference, Doha Ministerial Declaration, WT/MIN(01)/DEC/1, dated 20 November 2001, para. 47.

⑤ 多哈部长级会议在其公告中明确宣称,注意到国际劳动组织(ILO)从事国际化的社会维度工作,在 WTO 语境下,将不再就贸易与核心劳动标准进行磋商(See Ministerial Conference, Doha Ministerial Declaration, WT/MIN(01)/DEC/1, dated 20 November 2001, para. 8.)。

政府采购透明度、贸易便利化等,多哈部长级会议采取了拖延战术,即如果WTO成员明确协商一致,可修改多哈会议议程,纳入此类议题。然而,在2003年9月的坎昆部长级会议上,WTO成员未能就纳入“新加坡议题”如期达成协商一致。不仅如此,坎昆部长级会议未就多哈议题取得进展,以类似于西雅图部长会议的方式惨败收场。为打破僵局,总理事会于2004年8月1日通过了新的“多哈工作计划”(Doha Work Programme),号召所有成员“加倍努力,就多哈发展议程(Doha Development Agenda,DDA)达成综合平衡成果”。[①] 该工作计划的核心内容之一是,除贸易便利化议题外,不再就“新加坡议题”寻求谈判。问题在于,即便将争议性极大的“新加坡议题”排除在外,相关的“加倍努力”也未能换得预期效果。在2005年的相关部长级会议上,与会WTO成员仅达成了在2013年之前取消农业出口补贴的重要协议。[②] 但是,如上所述,如果WTO成员未能就其他议题,如农产品市场准入、对农产品的国内支持、非农产品市场准入以及服务贸易自由化等达成一致,则多哈回合依然难言成功。2006年7月,由于WTO成员未能如期就非农产品市场准入达成一致,时任WTO总干事拉米决定暂停谈判,直至次年2月,才重启谈判。多哈谈判再次重启后依然没有取得重大成果,WTO谈判机制实质已陷入长期的停滞状态。

对于多哈谈判频频陷入僵局及WTO谈判机制的停滞状态,学者认为,主要源于以下主要原因。[③]

(1)WTO成员利益分化相当严重。随着WTO成员增加以及多元化,发展中国家成员开始全面参与谈判,谈判各方的利益分歧扩大。

(2)协商一致谈判方法的不切实际。随着WTO成员的增加,以协商一致方式通过谈判的方式日益成为负担。在谈判过程中,不仅谈判的最终

---

① See General Council, Doha Work Programme Decision adopted by the General Council on 1 August 2004, WT/L/579, dated 2 August 2004, para. 3.

② See Ministerial Conference, Hong Kong Ministerial Declaration, WT/MIN(05)/DEC, dated 22 December 2005.

③ See Peter Van Bossche & Werner Zdouc, *the Law and Policy of the World Trade Organization: Text, Cases and Materials* (4th Ed.), Cambridge University Press, 2017, p. 96.

结果依赖于协商一致原则,甚至所有谈判的中间步骤的达成也要采取协商一致机制。这虽然有助于增加谈判结果的合法性和正当性,但大大降低了谈判的效率。

(3)多哈回合的启动具有一定的偶然性。WTO 之所以在 2001 年 11 月启动多哈回合谈判,很大程度上是对美国“9 · 11”事件的政治回应。①在启动多哈回合谈判时,WTO 成员未能充分考虑到相关协议的达成需要 WTO 成员进行深度经济改革。

(4)多哈回合的议题更为自由化。GATT 1947 和《建立 WTO 协定》是谈判方相互协作促进贸易自由化的成果。它们代表着当时各国能够依据自由贸易原则达成共识的最高程度。因此较为容易达成一致的部分已经在此前的回合中得以解决,剩下的事项涉及诸多历史遗留问题以及重要国内利益,其难度可想而知。

(5)多哈回合最终成功的标准过高。多哈回合的议题十分广泛,且订立了非常高标准来结束回合。以“一揽子”承诺方式作为多哈回合的成功标准意味着整个谈判可能因为某一协议的迟迟不能达成而功亏一篑。

(6)WTO 成员不愿意采用“建设性模糊”策略达成协定文本。所谓“建设性模糊策略”,是指 WTO 成员首先利用模糊不清的措辞确定新的权利和义务,然后借助 WTO 的贸易争端机制在个案中澄清相关用语的具体含义。②

(7)经济全球化的价值受到质疑。2007 年全球经济和金融危机爆发后,各国更为关注国内经济问题,特别是因贸易引发的社会成本问题,③WTO 成员对贸易自由化的热情减少。

---

① 关于多哈回合的政治背景,可参见 P. Lamy, Managing Global Security: The Strategic Importance of Global Trade, Speech to the International Institution for Strategic Studies, In Geneva on 8 September 2007, at www. wto. org/english/newse/spple/sppl66e. htm。

② 关于建设性模糊的立法技术,参见彭岳:《亚洲基础设施投资银行贷款协议法律适用问题前瞻》,载《法商研究》2016 年第 1 期。

③ 参见[美]丹尼 · 罗德里克:《全球化的悖论》,廖丽华译,中国人民大学出版社 2011 年版,第 55 页。

(三)中国之于多哈回合

1. 早期相对消极的姿态

在多哈回合早期,中国并未如研究者和观察家所预言的那样积极参与多哈回合谈判。考虑到多哈回合所涉议题——农业、关税和非关税壁垒、服务和贸易救济,众多发达国家积极参与多哈回合的现状,[①]以及多哈部长级会议就多哈回合设定了最终的截止日期等,[②]中国以相对消极的姿态参与谈判让人困惑。毕竟,如果中国不积极参与 WTO 主持下的多边贸易谈判,其很有可能被排除在欧盟、美国和日本主导的区域贸易谈判之外,而后者所寻求的贸易自由化程度将高于多哈回合所设定的目标。究其缘由,大致有以下两个方面。

其一,中国"入世"之初的工作重点是如何履行其在"入世"过程中做出的额外承诺,缺少与其他 WTO 成员讨价还价的意愿与筹码。

除了履行 WTO 规则下的统一义务之外,中国还要采取措施,履行其在《中国加入议定书》和《中国加入工作组报告》中作出的额外承诺。以服务贸易为例,中国就服务业的市场准入所作出的承诺,无论在广度还是深度上均可称得上是革命性的。[③] 由于在多哈回合启动之前,中国如同其他新近加入成员(Recently-acceded Members, RAMs)一样,已经作出了额外承诺,在新一轮的谈判中,首要策略是不再作出进一步的让步。至少,不应如同创始会员国作出同等程度的让步。[④] 作为一种谈判策略,如果中国不再作出进一步的减让承诺,同时又希望其他成员继续作出减让承诺,最好的方式是低调参与会议。[⑤] 作为 RAMs 低调参与的策略在一定程度上起

---

① 在 1999 年的西雅图部长级会议上,发展中国家强烈要求,除非其利益被尊重,否则它们会抵制新一轮的多边谈判。鉴于发展中国家的在多哈部长级会议中的作用显著增强,多哈回合又被称为多哈发展议程。

② 多哈部长级会议确定,WTO 将不迟于 2005 年 1 月 1 日结束本回合。

③ See Aaditya Mattoo, "China's Accession to the WTO: The Services Dimension", 6 *J. Int'l E. L.* 299, 300 (2003).

④ World Trade Organization, Ministerial Conference, 5th Sess., Cancún, Statement by H. E. Mr Lu Fuyuan, Minister of Commerce of China, at 2, WT/MIN(03)/ST/12, 10 – 14 September 2003.

⑤ See Henry Gao, "From the Periphery to the Centre: China's Participation in WTO Negotiations", 1 *China Perspective* 59, 59 – 60 (2012).

到了效果。如在 2005 年香港部长级会议宣言提及，“我们认识到 RAMs 已经在加入时作出广泛市场准入承诺的特殊情况。在谈判中，将虑及此类情况”。[①] 实际上如果 DDA 能够顺利进行，则中国可在低调参与会议的情况下，以 RAMs 为由，不作或作出很少市场准入承诺，以获得其他成员较大程度的市场准入承诺。

其二，中国在“入世”初期，相关专业人士的能力和知识等培养有待强化，缺乏全面参与多哈回合谈判的人力资本和知识积累。

多哈回合谈判是在 WTO 框架下的多边贸易谈判，主题涵盖农产品、非农产品市场准入，服务、贸易便利化，WTO 规则，环境，知识产权，争端解决等事项。这些事项对应着较为复杂的 WTO 规则。作为 WTO 新成员，中国对此系列规则难言熟悉。不仅如此，对于《中国加入议定书》以及《中国加入工作组报告》中的额外特殊承诺，如何解释和适用这些规则也考验着 WTO 和中国。

除了实体规则之外，WTO 程序规则的复杂性也给 WTO 新成员提出了挑战。这一点尤为突出地体现在规则条文与实践之间的微妙“差异”，对于此类“差异”及潜规则，只有亲身参与者方能切身感受。比如《建立 WTO 协定》第 9 条（决策）和第 10 条（修正）均规定较为详细的投票规则。[②] 问题在于，这一纸面上的投票规则在实践中很少被适用。相对而言，WTO 更倾向于继续实行 GATT 1947 所遵循的经协商一致作出决定的做法。所谓协商一致，指“如在作出决定时，出席会议的成员均未正式反对拟议的决定，则有关机构应被视为经协商一致对提交其审议的事项做出了决定”。[③] 协商一致意味着非正式的商谈机制将发挥重要作用。那些最了解 WTO 非正式商谈机制的成员将占据比较优势。比如，成熟的 WTO 成

---

① World Trade Organization, Ministerial Declaration of 18 December 2005, at 11, WT/MIN (05)/DEC (2005).

② See Claus-Dieter Ehlermann & Lothar Ehring, "Are WTO Decision-Making Procedures Adequate for Making, Revising and Implementing Worldwide and 'Plurilateral' Rules?," in Ernst-Ulrich Petersmann ed., *Reforming the World Trading System Legitimacy, Efficiency, and Democratic Governance*, Oxford University Press, 2005, pp. 449 – 522.

③ 《建立 WTO 协定》第 9.1 条。

员会有效利用 WTO 的“准行政机构”(委员会),进行信息交换、规范阐明以达成事前的共识,然后才会将相关事项提交审议。无论是跨政府网络(TGN)理论,还是全球行政法理论,抑或管理主义理论均指出,利用非正式商谈机制取得共识需要拥有情境性的知识和技能。[①] 作为 WTO 新成员,中国只有历经必要的“学习曲线”(learning curve),方能真正参与到 WTO 的游戏规则之中。对此,中国在其他国际机构如联合国中的经验,以及中国长达 15 年的“复关”和“入世”谈判经验很少能派上用场。毕竟,在联合国中,中国是五大常任理事国之一,享有特权和豁免,且联合国讨论的事项大多仅限于“讨论”而已,这与 WTO 项下多边贸易谈判的“真刀实枪”形成鲜明对比。同时,中国“复关”和“入世”谈判主要涉及单向度的防御问题,即中国可以做出多少让步。但是,当中国作为 WTO 成员参与多边贸易协定的谈判时,逼近涉及对本国利益的认定,还涉及对谈判对手出价的评估,以及如何进行讨价还价。这些多向度的过程需要极强的问题洞察力和协调能力。

其三,除了自身的原因之外,在多哈回合早期,中国的低调与会也与当时 WTO 成员间的权力架构状况密切相关。WTO 成员注意到中国的潜在能力,在希望借助该潜在能力壮大自身的同时,却又不希望中国利用该能力改变现有的权力架构。

2. 渐入中心的两难境地

WTO 各成员间的权力架构并非一成不变,主要受到成员国经济实力的影响。正是各国在谈判过程中的自利策略,以及中国务实的政策选择,导致中国逐渐被引入多哈回合谈判的中心。

早在 GATT 时期,这种国际贸易权力机构就体现出动态调整的特征。比如,GATT 很大程度上是跨大西洋合作的产物,主要由欧美制定规则,世界其他国家接受规则。其后,主导规则制定的国家集团从美国、欧盟扩展到加拿大和日本,形成了著名的四国联盟(Quad)。及至 19 世纪 80 年代,

---

① See Andrew Lang & Joanne Scott, “the Hidden World of WTO Governance”, 20 *Eur. J. Int’l L.* 575, 601 (2009).

由发达国家主导 GATT 回合谈判的局势开始有所转变,这主要得益于发展中国家开始集体发声。随着乌拉圭回合的结束和 WTO 的成立,发展中国家的诉求更为积极主动。以巴西和印度为首的发展中国家拒绝发起另一轮的多边贸易谈判,除非发达国家承诺作出重要让步。[①] 最终,当多哈回合启动时,WTO 部长级会议明确宣称,发展问题构成该回合的核心。随着谈判的逐步深入,发达国家与发展中国家的贸易分歧日益凸显,WTO 在谈判方面的权力架构从原来的四国联盟模式转移到新的四国集团模式(G-4)——美国、欧盟、巴西和印度,随着澳大利亚和日本的加入,该四国集团模式又过渡到六国集团(G-6)模式。在此情况下,作为 WTO 新成员,中国在 WTO 谈判权力架构中的地位日渐尴尬。至少在中国主动发声之前,六国集团假装对谈判席上的中国"视而不见"。

问题是,尽管早期谈判中的某些议题与中国关系不大,[②]并且中国为"入世"已经作出了诸多额外减让承诺,随着多哈回合谈判的深入,中国的消极与会策略日渐被 WTO 成员视为别有用心的"搭便车"行为而非一种与世无争的谦抑。具体而言,在多哈回合早期,基于政治原因,中国决定加入发展中国家阵营——20 国集团(G-20)。20 国集团的主要目的是迫使发达国家减少乃至消除对农产品的国内支持和出口补贴,但这与中国的整体经济利益相违背。因此,从 2003 年的坎昆部长级会议到 2005 年的香港部长级会议,中国对发展中国家的利益诉求采取了参与但缄默的策略。然而,2006 年之后,情势开始转变,随着欧盟和美国在农产品立场的放松,工业关税逐渐成为谈判的焦点之一。2007 年,在四国集团波兹坦会议中,美国和欧盟要求印度和巴西削减本国工业制成品的关税以换取前者关于削减乃至消除农产品补贴的承诺。由于中国是世界上最为重要的工业制成品出口国,且与四国集团均存在大量贸易往来,这意味着巴西和印度为换取美国、欧盟减少农产品补贴承诺所作出的关税减

---

① See Henry Gao, "From the Periphery to the Centre: China's Participation in WTO Negotiations",2012 *China Per.* 59,61 (2012).

② 典型的例子是农产品问题。中国是农产品净进口国,本国农产品大多在本国销售,对于农产品市场准入问题、农业补贴问题的兴趣不大。

让将会通过最惠国待遇原则为中国所享有。[①] 在此情况下，四国集团不能再继续无视中国的存在。为使中国在《中国加入议定书》和《中国加入工作组报告》的基础上作出进一步的减让承诺，即"承担更多责任"，2008年日内瓦部长级会议期间，中国被邀请加入六国集团，成为新的七国集团（G－7）成员之一。

在其他WTO成员接纳中国成为核心谈判成员之时，历经过渡期的"做中学"（learning-by-doing），[②]中国早已超越了早期纯粹基于政治理由选择加入发展中国家阵营的阶段，而是根据议题之不同，采取了不同的谈判策略。[③] 一方面，作为工业品出口国，中国与发达国家持有一致立场，主张将贸易便利化纳入WTO框架之中，从而进一步降低贸易成本；另一方面，作为人均收入较低的人口大国，中国与发展中国家立场一致，主张就农产品的进口激增实施特别保障措施等。[④] 中国的这一独特谈判立场使其深陷进退两难的境地。尽管理论上，中国可以并且应当在多哈谈判中发挥更为突出的作用，但是认为多哈回合由此可进入中国回合阶段显然过于武断。[⑤] 毕竟，考虑到中国独特的政治经济制度及其庞大的经济体量，其在多哈回合的任何激进主张均有可能成为其他WTO成员对之提出更进一步减让要求的导火索。

---

① See Paul Blustein, "Misadventures of the Most Favored Nations: Clashing Egos, Inflated Ambitions, and the Great Shambles of the World Trade System", *New York*, *Public Affairs*, 2009, pp. 244－245.

② See J. David Richardson, "the Political Economy of Strategic Trade Policy", 44 *Int'l Org.* 107, 114 (1990).

③ 事实上，在多边贸易谈判中，其他发展中国家也很少因为中国是发展中国家而"手下留情"。比如，为阻碍《纺织品与服装协定》（ATC）的到期，2004年，47个发展中国家联合发布"伊斯坦布尔宣言"，请求将该协定延长三年。

④ See Henry Gao, "From the Periphery to the Centre: China's Participation in WTO Negotiations", 2012 *China Per.* 59, 63 (2012).

⑤ 认为中国有意愿参与多哈回合谈判的三个主要理由是：（1）多哈回合诸多议题涉及中国重大利益；（2）中国必须应对"西方衰落"，防止威胁到贸易体系的开放；（3）中国国内政治经济形势变化也会影响国际贸易谈判立场。参见Aaditya Mattoo & Arvind Subramanian, A China Round of Multilateral Trade Negotiations, Peterson Institute for International Economic, WP11－22, December 2011, 28－30, https://piie.com/sites/default/files/publications/wp/wp11－22.pdf。

三、规则塑造场域之转换:从谈判走向争端解决

(一)谈判停滞的客观效应

随着多哈回合的谈判一再被拖延,①中国立足于 RAMs 的说服力日渐衰退。事实上,美国和欧盟不再允许中国利用十多年前的额外承诺"搭便车"。经典的外交谈判通常被涉及两个层面的博弈(two level game)。在国家层面,国内利益集团向政府施压,要求采取有利于自身的政策,而政治家通过在利益集团间建立联盟寻求权力;在国际层面,政府寻求自身能力的最大化来满足国内需求,同时最小化外国发展所带来的不利后果。② 多哈回合谈判中,欧盟、美国的谈判者们承受着内外两种压力。一方面,它们所面对的谈判伙伴会以各种身份要求这些发达经济体开放本国市场,同时拒绝开放自身市场;另一方面,具有相当话语权的国内团体要求本国政府采取措施,打开外国市场的大门,同时保护本国产业。根据双层博弈理论,如果国际条约之最终生效仍需视国内批准结果而定,则只有在相关国内政治形势具有赞同该条约的"设置"(win-sets)时,相关国际谈判才能被谈判者认真对待。申言之,在国际谈判中,谈判者最终关注的仍然是如何回应国内利益集团的呼声,从而稳固自身的政治权力。在此情况下,欧盟和美国有必要寻求一只"替罪羊",以便转移国内的注意力。鉴于中国被认为是 WTO 多边贸易体制的最大受益方,欧盟和美国自然会将之列为头号享

---

① 2005 年香港部长级会议将多哈回合的截止日期定在 2006 年。由于谈判迟迟难以取得进展,2006 年 7 月,时任 WTO 总干事拉米宣布暂定谈判。直至 2007 年 1 月,多哈回合重启。2008 年,尽管 WTO 成员誓言以"达成或分手"的方式继续进行谈判,但最终无果。2009 年,WTO 第 7 届部长级会议在日内瓦总部召开,虽未能将多哈回合作为核心议题,与会者还是表达了要在 2010 年结束多哈回合的愿望。2011 年 4 月,多哈回合第一次发布了代表各项谈判成果的文件。2013 年 12 月,WTO 第 9 届部长级会议在印度尼西亚巴厘岛落幕,并达成了旨在简化贸易的"一揽子"协议。这标志着历时 12 年的多哈谈判终于取得突破性的成果。2015 年 12 月,WTO 成员在第 10 届部长级会议上达成历史性的内罗毕"一揽子"协议。其中,WTO 成员承诺将取消农业出口补贴,被认为是 WTO 在 20 年历史上最重要的农业谈判成果。2017 年的布宜诺斯艾利斯第 11 届部长级会议基本没有取得重大成果。

② See Robert D. Putman, "Diplomacy and Domestic Politics: the Logic of two-level Games", 42 *Int'l Org.* 427, 434 (1988).

有 WTO 制度红利,但不愿意作出贡献的典型。[①] 在此情况下,中国在国际贸易中的经济体量决定了,它就是屋中的大象,回避无济于事。[②]

与此同时,2008 年金融危机之后,随着贸易保护主义的抬头和日渐兴盛,不仅多哈回合陷入僵局、WTO 谈判机制长期处于停滞状态,而且 TPRM 也日显无力,维护多边法纪和 WTO 法律体制的重任开始完全系于 DSM 一身。

(二)WTO 法律体制的功能性转换

WTO 是一个具有诸多职能的国际机构。一方面,WTO 成员通过多边贸易谈判来制定、修改和废除"游戏规则",实现法律上的平等;另一方面 WTO 成员利用 DSM 维护自身利益,实现法律下的平等。[③] 无论在理论层面,还是在实践层面,多边贸易谈判与贸易争端解决均构成一个互动的体系。如果某一成员通过 WTO 贸易谈判职能确保其利益,则更倾向于总体维护 DSM,实现法律下的平等;[④]反之,如果某一成员未能通过 WTO 贸易谈判职能保证其利益,则倾向于质疑贸易争端解决机制的总体公正性,或利用 DSM 消除贸易谈判中存在的"建设性模糊"条款,最大限度维护自身利益。换言之,在法律层面上,WTO 谈判、TPRM 和 DSM 之间存在此消彼长的必然联系。

具体到中国,不仅谈判机制前景黯淡,如前所述,历经 15 年的讨价还价,WTO 成员给中国施加了超出一般 WTO 成员的义务,由此导致中国在

---

① See, e. g. , Martin Khor, Trade: China and EU clash over RAMs at NAMA meeting, SUNS, no. 6362, 9 November 2007, www. twnside. org. sg/title2/wto. info/twninfo110719. htm (consulted on 6 March 2012); US Trade Representative Susan Schwab, Remarks at the 40th Anniversary Gala Dinner of the National Committee on U. S. – China Relations, 12 October 2006, www. ncuscr. org/files/2006GalaSusanSchwab. pdf (consulted on 6 March 2012).

② See Mattoo, Aaditya, Francis Ng, & Arvind Subramanian, the Elephant in the "Green Room": China and the Doha Round, Peterson Institute for International Economics, Policy Brief 11 – 3 (May 2011). Available at https://piie. com/sites/default/files/publications/pb/pb11 – 03. pdf.

③ 关于规则的两个层次,可参见 John Rawls, "Two Concepts of Rules", 64 *Phi. Rev.* 3 (1955)。

④ 这与规则功利主义的主张相一致。可参见 Amartya Sen, "Utilitarianism and Welfarism", 76 *J. Phi.* 463 (1979)。

多哈回合中居于劣势地位；[①]而且，以 TPRM 以维护自身权益的空间也十分有限。《中国加入议定书》第 18 条设置了非常严格的过渡期条款——相关审议在中国加入后 8 年内每年进行，此后，将在第 10 年或总理事会决定的较早日期进行最终审议。相比较而言，中国并未在 DSM 中承担额外义务，因而理论上，中国可充分利用这一相对“有利”局势，维护自身权益。

（三）义务内涵与规则澄清的多方诉求

由于多哈回合进程缓慢，也基于自身利益的考量，中国试图通过参与多边谈判优化国际贸易规则的预期并不现实，如何利用 WTO 现有机制最大限度维护自身权利，遏制主要贸易伙伴的贸易保护主义行为成为中国需要面对和解决的重点之一。与此同时，其他成员，特别是美国和欧盟积极利用 DSM 促使中国履行其 WTO 义务，特别是在《中国加入议定书》中的特别承诺也成为题中之义。因而，通过 DSM 澄清规则、明晰各方的义务内涵，成为各方共同的诉求。于此，除 WTO“一揽子”规则解释及其适用外，《中国加入议定书》的性质、《中国加入议定书》以及《工作组报告》中专门适用于中国的特色条款的具体内涵，以及此类“中国特色”规则与 WTO 各涵盖协定之间的关系等一系列新问题，更寄希望于 DSM 的明确。

2009 年发生的中国出版物及音像产品案可在一定程度上说明，条约谈判者采用建设性模糊策略达成的规则，在实际适用的过程中会导致巨大的不确定性。[②] 该案中，美国认为中国相关措施违反了其在《中国加入议定书》及其工作组报告中的承诺；中国则主张其可以援引 GATT 1994 第 20（a）条的例外。

由于 GATT 1994 第 20（a）条的前言将第 20 条的适用限定在“本协定”范围，由此产生的法律问题是：针对“本协定”（GATT 1994）的第 20

---

① See Henry Gao, China in the WTO Dispute Settlement System: From Passive Rule-taker to Active Rule-maker?, in A Decade In the WTO: Implications for China and Global Trade Governance, 17 - 21. Available at: http://ink.library.smu.edu.sg/solresearch/2207.

② See e.g. Italy Fischhendler, *When Ambiguity in Treaty Design Becomes Destructive: A Study of Transboundary Water*, *Global Environmental Politics*, MIT Press, 2008, p. 115.

(a)条是否可以适用于《中国加入议定书》？就此，专家组采用了注重结果的实用主义的司法技术，回避了该法律难题。专家组认为，即使本案可以适用第 20(a)条，中国的相关措施也会因为不能满足子项中的“必要”要件而违法。然而，在上诉程序中，上诉机构正确地指出，GATT 1994 第 20 条可否适用于《中国加入议定书》是一个不容回避的体系性问题，专家组不应以假定的方式回避该问题。[①] 最后，上诉机构认为，《中国加入议定书》中规定贸易权的第 5.1 条引言提及 WTO 协定，而 WTO 协定包括 GATT 1994，因而，GATT 1994 第 20 条可以适用于《中国加入议定书》第 5.1 条。[②]

虽然从最终结果来看，上诉机构并没有推翻专家组的结论，但是上诉机构的分析创造了一个对中国极为不利的“先例”——并非所有包含在《中国加入议定书》及其《中国加入工作报告》中的承诺都可以援引 WTO 一般规则中的例外。[③] 申言之，上诉机构的分析过程没有从整体上讨论《中国加入议定书》和 GATT 1994 之间的关系，而是重点关注《中国加入议定书》的具体条文，考察特定术语的字面含义以及《中国加入议定书》的整体结构和上下文语境，来评判中国是否有权援引 GATT 1994 第 20 条作为抗辩理由。[④] 在中国学者看来，上诉机构的解释方法过于依赖于文字解读，显然落后于时代潮流，也背离了 WTO 体制自身的理念。[⑤] 问题在于，上诉机构相关裁决已成定案，其法律推理对于此后类似争议的解决具有较

---

① 因此，在某些情况下，法律条文主义要优于司法实用主义。对此问题的讨论和不同意见，可参见[美]理查德·波斯纳：《道德和法律理论的疑问》，苏力译，中国政法大学出版社 2001 年版，第 281～290 页。

② See Appellate Body Report, *China—Publications and Audiovisual Products*, WT/DS363/AB/R, para. 206.

③ 此处的“先例”指事实上的先例，关于 WTO 体系中的先例问题，可参见 Adrian T. L. Chua, “Precedent and Principles of WTO Panel Jurisprudence”, 16 *Berkley J. Int'l L.* 171, 179, 195 (1998)。

④ 参见黄志雄：《从“市场准入”到“资源获取”——由“中国原材料出口限制措施案”引发的思考》，载《法商研究》2010 年第 3 期；尹雪萍：《论“中国原材料出口限制措施案”中 GATT 1994 第 20 条的可适用性》，载《世界贸易组织动态与研究》2012 年第 2 期。

⑤ 参见刘敬东：《GATT 1994 第 20 条的权利性质分析——对 WTO 上诉机构相关裁决的思考》，载《北方法学》2013 年第 1 期。

强的示范作用。[①] 中国想要在此后类似的案件中推翻上诉机构的法律推理，难度相当大。

第三节　WTO 争端解决中中国特色模式之规则聚焦

"入世"早期，中国并未积极利用 DSM，而是采用了在多哈回合中的谈判策略。随着过渡期的结束，以及逐渐成为多哈回合的主要谈判方之一，中国方才积极利用 DSM 解决贸易纠纷。随着介入程度的不断深入，其模式特色也越来越明显，聚焦于规则的争议，特别是围绕《中国加入议定书》和《中国加入工作组报告》中独具"中国特色"的条款之争，就是其中最为突出的方面。

一、规则聚焦的缘起

事实上，中国"入世"后前 5 年很少涉案；2006 ~ 2008 年涉案数量虽然有所增加，但主要是被动涉案，至 2008 年年底积累的 16 起涉案中，只有 2 起为主动申诉，毕竟 DSM 强制管辖权使之无法置身度外。2009 年之后，中国开始全面接纳 DSM。这主要体现为两点：一是作为申诉方，中国开始频繁针对其他 WTO 成员的贸易规制措施提起争端解决磋商请求。其中，针对美国的 16 起磋商请求中，有 14 起发生在 2008 年之后；针对欧盟的 5 起案件均发生在 2009 年之后。二是作为被诉方，中国共涉及 44 起案件，绝大多数案件均进入了专家组程序阶段。无论是作为起诉方，还是被诉方，中国更为关注相关规则的解释和澄清，而非个案的得失。

中国涉案的明显特色在于，被诉争议大多与中国额外承担的 WTO 义

---

① 在美国不锈钢案（墨西哥诉）中，上诉机构指出，虽然专家组和上诉机构报告仅对争端各方具有拘束力，但是，体现在专家组和上诉机构报告中的法律解释已经成为 DSM 的重要成果。为确保 DSM 的"稳定性和可预期性"，在缺乏使人信服理由的情况下，裁决机构在此后的案件中应以同样的方式解决同样的问题（Appellate Body Report, *US—Stainless Steel (Mexico)*, WT/DS344/AB/R, adopted 30 April 2008, paras. 158 - 160）。

务(包括更为严格的 WTO 义务)有关;而主动申诉案件则与其他 WTO 成员偏离 WTO 一般义务而对中国产品和服务实施保护措施有关。在争端解决实践中,对于其他 WTO 成员而言,中国额外承担的 WTO 义务以及其他 WTO 成员享有的偏离 WTO 义务的特权是中国加入 WTO 的对价和必须支付的“昂贵门票”,是通过艰难“入世”谈判取得的成果,有必要加以充分利用。① 因此,一方面,中国能否履行此类额外或更为严格的义务一直是其他 WTO 成员关注的重点;另一方面,其他 WTO 成员会充分利用《中国加入议定书》中的特殊条款,实施相应的保护措施。对于中国而言,此类额外或更严格义务是一种法律上的不平等,中国应当利用现有的 WTO 法律框架尽量减轻此类额外承诺所造成的不利影响。同时,对于其他 WTO 成员利用《中国加入议定书》中的特殊条款,也应通过 DSM 确定其边界。在上述合力的影响下,众多与中国承诺密切相关的条款受到了专家组和上诉机构的审视。

二、独具“中国特色”的规则

(一)中国承担的额外 WTO 义务

作为加入成员国,中国如同其他 WTO 新成员一样,在《中国加入议定书》中就其市场准入作出了诸多额外承诺,从而构成对《建立 WTO 协定》前言所提及的诸多措施的补充。即除了关于“达成互惠互助安排,实质性削减关税和其他贸易壁垒,消除国际贸易关系中的歧视待遇”等承诺之外,《中国加入议定书》中还包括了诸多仅针对中国贸易规制体制的特殊规则。② 其中,额外的 WTO 义务对中国施加了 WTO 一般规则所没有的义务;更严格的 WTO 义务则是对中国施加的,虽有 WTO 规定,却是限制性更大的义务。

根据《中国加入议定书》,中国额外承担的义务包括以下内容。

---

① See Julia Ya Qin, “‘WTO-Plus’ Obligations and Their Implications for the World Trade Organization Legal System”, 37 (3) *J. WORLD TRADE* 483, 485 (2003); Nhan Nguyen, “WTO Accession at Any Cost-Examining the Use of WTO-Plus and WTO-Minus Obligations for Least-Developed Country Applicants”, 22 *Temp. Int'l & Comp. L. J.* 243, 244 (2008).

② See generally Xiaohui Wu, “No Longer Outside, not yet Inside: Rethinking China's Membership into the WTO”, 10 *Chinese J. Int'l L.* 227 (2011).

1. 建立更为透明的贸易制度以及与司法审查和统一贸易行政管理相关的“法治”义务①

该义务是对 GATT 1994 第 10 条(贸易法规的公布和实施)、GATS 第 3 条(透明度)和第 6 条(国内法规)、《TRIPs 协定》第 41 条(一般义务)和第 42 条(公平和公正的程序)等一般义务的额外延伸。

2. 逐步实施市场经济制度的义务②

WTO 规则本身没有明确提及或界定非市场经济,③其促进贸易自由化的宗旨倾向于支持市场经济的发展。在《中国加入议定书》中就如何提升市场在资源配置中的作用和比重作出了特别承诺。如第 5 条规定,中国承诺逐步放宽贸易权的获得及其范围;第 6 条规定,中国应保证国营贸易企业的进口购买程序完全透明,并符合《建立 WTO 协定》,且应避免采取任何措施对国营贸易企业购买或销售货物的数量、价值或原产国施加影响或指导。总体而言,《中国加入议定书》中关于逐步实施市场经济制度的承诺与建设具有中国特色的社会主义市场经济制度在方向上是一致的。

3. 取消适用于出口产品的全部税费的义务

WTO 就出口限制的规定相对匮乏:GATT 1994 第 2 条(减让表)仅适用于进口关税,而 GATT 1994 第 11 条(普遍取消数量限制)不适用于出口关税。理论上,如果一国国内法禁止本国征收出口关税,则 WTO 出口关税的规制不足不会对国际贸易特别是重要上游产品的出口产生负面影响。但是,并非所有国家均如美国一样,在宪法层面绝对禁止征收出口关税。根据美国宪法第 1.9.5 条的规定,美国国会“对于任何一州输出的货物,不得征税”。④

---

① 参见中国《加入议定书》第 2 条(贸易制度的实施)。

② See Julia Ya Qin, “China, India and WTO Law”, in Muthucumaraswamy Sornarajah, Jiangyu Wang, *China, India and the International Economic Order*, Cambridge University Press, 2010, pp. 172 – 173.

③ 联合国贸发会将市场经济界定为:一国经济主要依赖于市场力量而非政府干预确定生产、消费、投资和储蓄。Unctad's Glossary of Customs Terms, available at http://www.asycuda.org/cuglossa.asp?term = market + economy.

④ 相关讨论,可参见 Erika K. Lunder, Export Clause: Limitation on Congress's Taxing Power, Congressional Research Service, 7 – 5700, www.crs.gov, R42780. available at https://fas.org/sgp/crs/misc/R42780.pdf。

就中国而言,关于关税“税目、税则号列和税率”等需要法律规定的内容目前仍由《进出口关税条例》以行政法规的形式规定。[①] 为防止中国利用出口关税限制特定产品的出口,《中国加入议定书》第 11 条(对进出口产品征收的税费)施加了额外义务,即“中国应取消适用于出口产品的全部税费,除非本议定书附件 6 中有明确规定或按照 GATT 1994 第 8 条的规定适用”。[②]

4. 对外国投资的特别义务

《TRIMs 协定》第 5 条对于违反 GATT 1994 第 3 条(国内税和国内法规的国民待遇)和 GATT 1994 第 11 条(普遍取消数量之措施)的措施给予了过渡性安排。但是,《中国加入议定书》第 7 条(非关税措施)明确规定:“自加入时起,中国应遵守《TRIMs 协定》,但不援用《TRIMs 协定》第 5 条的规定。”除不给予中国过渡期之外,《中国加入议定书》还从两个方面对中国的外资政策施加了额外的实体限制:一是关于非歧视的规定,即除非议定书另有规定,中国应在生产所需投入物、货物和服务的采购,及其货物据以在国内市场或供出口而生产、营销或销售的条件方面,以及国家和地方各级主管机关以及公有或国有企业在包括运输、能源、基础电信、其他生产设施和要素等领域所供应的货物和服务的价格和可用性方面,“给予外国个人、企业和外商投资企业的待遇不得低于给予其他个人和企业的待遇”。[③] 二是关于批准方式的规定,即在不损害本议定书有关规定的情况下,“中国应保证国家和地方各级主管机关对进口许可证、配额、关税配额的分配或对进口、进口权或投资权的任何其他批准方式,不以下列内容为条件:此类产品是否存在与之竞争的国内供应者;任何类型的实绩要求,例如当地含量、补偿、技术转让、出口实绩或在中国进行研究与开发等”。

---

① 严格来说,当前关于关税的立法体制与《立法法》第 8 条第 6 项的规定——“税种的设立、税率的确定和税收征收管理等税收基本制度”只能制定法律——不符。相关理论讨论,参见苏铁、施正文、刘奇超、郭颖超:《关税税则、税率立法的国际比较与立法建议》,载《国际税收》2017 年第 3 期。

② GATT 1994 第 8 条主要规定“进出口规费和手续”问题,目的在于防止一国将进出口规费包装成为“对国产品的一种间接保护或为财政目的而对进出口产品征收的一种税”。

③ 参见《中国加入议定书》第 3 条(非歧视)。

5. 过渡期审议机制的额外安排

根据 TPRM,WTO 成员中前 4 个贸易实体(欧盟视为 1 个实体)每 2 年审议一次,其后的 16 个实体每 4 年审议一次。而根据《中国加入议定书》第 18 条(过渡期审议机制),对中国的贸易审议将在加入后 8 年内每年进行。此后,将在第 10 年或总理事会决定的较早日期进行最终审议。

(二)WTO 成员对中国享有的额外权利

中国除上述额外的义务承诺外,《中国加入议定书》中还包括承诺给予其他成员实施特别贸易救济措施,以防止中国进口产品对他国国内市场造成冲击的额外权利。主要体现在以下几个方面。

1. 特别的补贴和反补贴规则

一是非歧视待遇。《中国加入议定书》第 3 条规定,给予外国个人、企业和外商投资企业的待遇不得低于给予其他个人和企业的待遇,涉及生产所需投入物、货物和服务的采购,及其货物据以在国内市场或供出口而生产、营销或销售的条件,以及国家和地方各级主管机关以及公有或国有企业在包括运输、能源、基础电信、其他生产设施和要素等领域所供应的货物和服务的价格和可用性。从民主财政的角度,一国政府的补贴大多限于本国企业。因此,GATT 1994 第 3 条就国内税和国内法规的国民待遇设置了补贴例外,即“本条的规定不阻止仅给予国内生产者的补贴的支付,包括自以与本条规定相一致的方式实施的国内税费所得收入中产生的对国内生产者的支付和政府购买国产品所实行的补贴”。

二是补贴专向性的认定。根据《反补贴协定》第 1.2 条,一项补贴只有在构成专向性时,方才受制于反补贴措施规定的约束。因此,其他成员在针对中国进口产品发起反补贴调查之前,应确定相关补贴的专向性。① 但是,《中国加入议定书》第 10.2 条就补贴专向性作出了特别规定,即就实施《反补贴协定》第 1.2 条和第 2 条而言,对国有企业提供的补贴将被视为专向性补贴,特别是在国有企业是此类补贴的主要接受者或国有企业接受此类补贴的数量异常之大的情况下。这一规定将大大减少对补贴认定的难

---

① 《反补贴协定》第 2 条规定了补贴专向性的认定条件。

度。更为重要的是,该条款没有终止日期。因此,构成了对中国国有企业的体系性歧视。①

三是补贴金额计算的方法。《反补贴协定》第14条规定了四类计算准则,涉及政府提供股本、贷款、贷款担保以及政府提供或购买货物或服务等情况。但是,《中国加入议定书》第15(b)条规定,如果在处理第14条(a)、(b)、(c)项和(d)项所述补贴时计算补贴金额时,适用《反补贴协定》遇有特殊困难,"则该WTO进口成员可使用考虑到中国国内现有情况和条件并非总能用作适当基准这一可能性的确定和衡量补贴利益的方法。在适用此类方法时,只要可行,该WTO进口成员在考虑使用中国以外的情况和条件之前,应对此类现有情况和条件进行调整"。与反倾销调查中的"非市场经济条款"不同,本条规定没有终止日期。

2. 特别的反倾销规则

根据《反倾销协定》,"如果一产品出口至另一国的出口价格低于正常贸易过程中的出口国供消费的同类产品的可比价格,即以低于正常价值的价格进入另一个的商业,则该产品属于倾销"。就如何确定"正常价值",存在着"市场经济方法"和"非市场经济方法"的区别。借助GATT 1947第6.1条的"注释和补充规定",即"各方认识到,在进口产品来自贸易被完全或实质上完全垄断的国家,且所有国内价格均由国家确定的情况下,在确定第1款中的价格可比性时可能存在特殊困难,在此情况下,进口缔约方可能认为有必要考虑与此类国家的国内价格进行严格比较不一定适当的可能性",美国和欧盟等国逐步建立起针对非市场经济国产进口产品的反倾销价格比较制度。《中国加入议定书》第15条特别规定,如受调查的生产者不能明确证明生产该同类产品的产业在制造、生产和销售该产品方面具备市场经济条件,则该WTO进口成员可使用不依据与中国国内价格或成本进行严格比较的方法。此即著名的"非市场经济(NME)条款"。② 第15

① See Wolfgang Muller, *WTO Agreement on Subsidies and Countervailing Measures: A Commentary*, Cambridge University Press, 2017, p. 198.

② See Rao Weijia, "China's Market Economy Status under WTO Antidumping Law after 2016", 5 *Tsinghua China L. Rev.* 151.

条还规定，无论如何，该关于非市场经济的规定应在加入之日后 15 年终止。但是，对于非市场经济条款终止的法律效果，仍然存在诸多法律争议。[①]

3. 特别的保障机制

《保障措施协定》第 2 条规定："一成员只有在确定正在进口至其领土的一产品的数量与国内生产相比绝对或相对增加，且对生产同类或直接竞争产品的国内产业造成严重损害或严重损害威胁，方可对该产品实施保障措施。"但是，《中国加入议定书》第 16 条则对上述适用条件放宽了限制，即如原产于中国的产品在进口至任何 WTO 成员领土时，其增长的数量或所依据的条件对生产同类产品或直接竞争产品的国内生产者造成或威胁造成市场扰乱，则受此影响的 WTO 成员可根据《保障措施协定》采取措施。该条继续规定，如果一项产品的进口快速增长，无论是绝对增长还是相对增长，从而构成对生产同类产品或直接竞争产品的国内产业造成实质损害或实质损害威胁的一个重要原因，则存在市场扰乱。

三、聚焦"中国特色"规则的争端案件

对于《中国加入议定书》中的额外承诺规则，其他 WTO 成员给予了密切关注。由于相关承诺所提及的概念或条件有别于 WTO 一般规则，且大多没有先例可循，因而此类争端及其所涉法律问题具有明显的中国特色。

根据相关争议是否涉及《中国加入议定书》中的特色规则，可将中国涉案分为两种类型：一是仅涉及 WTO 一般规则的常规案件；二是涉及《中国加入议定书》特色规则的特殊案件。从中国涉案的角色来看，截至 2019 年 12 月 31 日，在中国申诉的 21 起案件中，常规案件和特殊案件平分秋色，常规案件略多 1 起；但 2018 年针对美国的 5 起案件中，有 4 起是与近期中美贸易战密切相关的特殊案件，[②]常规案件仅为 1 起。中国作为被诉方的 44 起案件中，常规案件与特殊案件则分别为 18 起和 26 起。涉及中

---

① See Alexander Polouektov, "Non-Market Economy Issues in the WTO Anti-Dumping Law and Accession Negotiations: Revival of two-tier Membership?," 36 *J. World Trade* 1 (2002).

② 参见彭岳：《中美贸易战中的安全例外问题》，载《武汉大学学报》（哲学社会科学版）2019 年第 1 期。

国案件的性质分类见图 2－6。

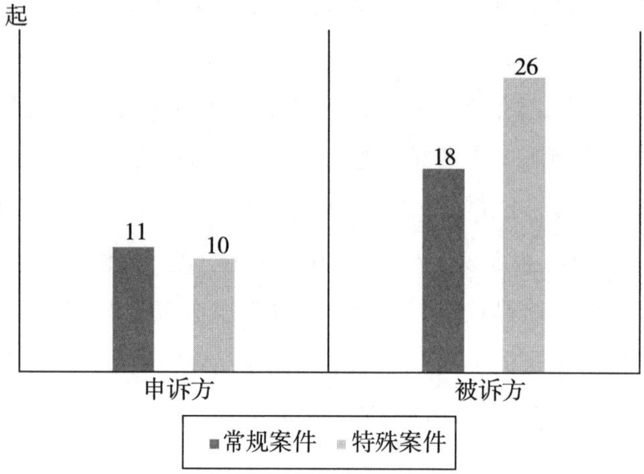

图 2－6　涉及中国案件的性质分类

从争端所针对的措施来看，中国申诉的 10 起特殊案件无一例外均指向贸易救济措施。其中，反倾销措施 5 起、“双反”措施 3 起、反补贴措施 1 起、特别保障措施 1 起。中国被诉的 26 起特殊案件，涉及补贴措施的 8 起、出口税费 8 起、TRIMs 5 起、贸易权 2 起、数量限制 2 起、透明度 1 起。由此可见，特殊案件主要集中在反倾销、补贴和反补贴、“双反”以及出口税费等措施之上。①

（一）反倾销争端及其所涉特色规则与问题

中国作为申诉方，对欧盟和美国分别提起 3 起和 2 起反倾销措施案件，均涉及《中国加入议定书》中的所谓“非市场经济条款”，主要聚焦于其第 15(a)条确定倾销价格可比性的特殊方法和第 15(d)条的终止条件。

第 15(a)条和第 15(d)条针对中国反倾销调查所设立的“非市场经济条款”给中国出口造成了极大的困扰。基于以下三个原因，中国更为倚重 DSM 限制其他 WTO 成员滥用“非市场经济条款”。

① 对案件分类，可采取不同标准。学者们普遍认为，中国所涉 WTO 争端主要集中在货物贸易的贸易救济领域，并与《中国加入议定书》的承诺有关。参见 Chi Manjiao，“China's Participation in WTO Dispute Settlement over the Past Decade：Experience and Impacts”，15 *J. Int'l E. L.* 29，34－35 (2012)。

首先,“非市场经济条款”构成中国对于其他WTO成员的额外承诺,其他WTO成员必然会借助该条款最大限度地维护本国利益。但是,由于“非市场经济条款”内容相对模糊,其他WTO成员在适用过程中可能存在滥用问题。中国有必要借助DSM予以澄清,限制对“非市场经济条款”的滥用。[①]

其次,“非市场经济条款”规定了提前终止条件,允许中国根据WTO成员国的国内法证实中国或中国的某一特定产业或部门具备市场经济条件,从而排除“非市场经济条款”的适用。这意味着,拒绝依据本国国内法给予中国或中国某一特定产业或部门市场经济地位的WTO成员基本上放弃与中国通过外交谈判手段提前终止“非市场经济条款”,中国企业只能根据第15(a)(ii)条寻求市场经济待遇。[②] 由此,借助DSM澄清其内涵与适用条件,可以在一定程度上降低“非市场经济条款”带来的损害。

最后,“非市场经济条款”规定了最终期限,即第15(a)(ii)条的规定应在加入之日后15年终止。但是对于该条款终止的法律后果,中国与其他WTO成员存在争议。[③] 在中国看来,该终止意味着“非市场经济条款”的废除,其他国家不得再以“非市场经济”为由,对中国进口产品实施歧视性的调查。[④] 对于主张继续采用“非市场经济”或类似概念进行反倾销调查的国家而言,第15(a)(ii)条仅意味着举证责任的终止,只要符合条件,其他WTO成员依然可以采取替代价格,计算倾销幅度。[⑤]

基于上诉理由,中国作为申诉方分别对欧盟、美国提出的共5起案件所针对的事项主要分为两类:滥用“非市场经济条款”和“非市场经济条款”终止效果。

---

① 参见杨国华:《论WTO争端解决机制的作用——以中欧紧固件争端和光伏争端为例》,载《北方法学》2018年第5期。

② 关于市场经济地位和市场经济待遇之间的区别,可参见朱丁普:《欧洲联盟反倾销法上非市场经济制度本质探究》,载《中外法学》2012年第5期。

③ 参见胡建国:《欧盟是否给予中国“市场经济地位”的影响因素及对策》,载《欧洲研究》2016年第5期。

④ 参见刘瑛、张璐:《论〈中国入世议定书〉非市场经济方法条款到期的效力及应对》,载《国际经贸探索》2017年第7期。

⑤ See Third Party Submission of the United States of America, *EU—Measures Related to Price Comparison Methodologies*, (DS516) (November 21, 2017), at Attachment 1, paras. 8.5.5 - 8.5.6.

1. 关于滥用“非市场经济条款”争端

此类案件共 3 起,2 起针对欧盟,1 起针对美国。

欧共体紧固件案(中国诉)[*EC—Fasteners* (*China*),DS397]和欧盟鞋案(中国诉)[*EU—Footwear* (*China*),DS405]均涉及欧盟《反倾销基本条例》(Basic AD Regulation)第 9.5 条的合法性。① 中国认为,第 9.5 条关于确定反倾销税的方法本身及其适用(as such and as applied)与 WTO《反倾销协定》第 6.10 条和第 9.2 条不符。具体而言,欧盟《反倾销基本条例》第 9.5 条仅在中国出口商或生产商满足单独待遇条件(individual treatment conditions)的情况下,才对其确定单独反倾销税,否则将统一按国别征收单一反倾销税(country-wide anti-dumping duties)。而根据第 6.10 条和第 9.2 条,主管机关通常应对被调查产品的每一已知出口商或生产商确定各自的倾销幅度,对于任何产品征收反倾销税,则应对已被认定倾销和造成损害的所有来源的进口产品根据每一案件的情况在非歧视的基础上收取适当金额的反倾销税。两个案件的专家组和上诉机构均支持了中国的观点。在这 2 起案件中,欧共体紧固件案(中国诉)的上诉机构认为,《反倾销协定》未规定例外条款,允许调查主管机关就非市场经济体的出口商征收单一反倾销税;《中国加入议定书》也未就《反倾销协定》第 6.10 条项下的单独反倾销幅度的确定规定例外情况。因此,欧盟第 9.5 条自身及其适用违反了《反倾销协定》第 6.10 条和第 9.2 条。② 欧盟鞋案(中国诉)的专家组认为,欧盟对来自非市场经济体的生产商或出口商统一征收单一反倾销税,而仅在满足单独待遇条件的情况下征收单独反倾销税还违反了《建立 WTO 协定》第 16.4 条以及《反倾销协定》第 18.4 条。③

针对美国的美国虾和锯片案(*US—Shrimp and Sawblades*,DS422),中国对美国反倾销实践中采用归零(zeroing)方法计算反倾销幅度的做法提出挑战。④ 具体而言,美国商务部对调查中对来自非市场经济体系的某些

---

① *EC—Fasteners* (*China*)(DS397),*EU—Footwear* (*China*)(DS405).

② See Appellate Body Report,*EC—Fasteners* (*China*),WT/DS397/AB/R,para. 624.

③ See Panel Report,*EU—Footwear* (*China*),WT/DS405/R,para. 8.8.

④ *US—Shrimp and Sawblades*,G/ADP/D87/1,G/L/953,WT/DS422/1.

符合条件的出口商分配“单独税率”,[①]而对其他出口商统一分配中国企业税率。在计算单独税率时,美国商务部采用归零方法将被调查公司的倾销幅度予以平均。中国认为,该单独税率计算方法违反了《反倾销协定》第 2.4.2 条。[②] 对此,专家组认为,倾销幅度之计算与《反倾销协定》第 2.4.2 条不符,并不必然意味着基于该倾销幅度计算之单独比率也与第 2.4.2 条不符,因为该条仅适用于计算倾销幅度而非计算税率。专家组指出,在此前 1 起案件中,[③]美国以归零方法计算的倾销幅度为基础而确定的反倾销税税率被认为违反了《反倾销协定》第 9.4 条。这意味着,如果该案中国依据第 9.4 条起诉美国,胜率较大。

2. 关于“非市场经济条款”终止后的法律效果争端

这是分别针对美国和欧盟的 2 起案件(DS515、DS516),其诉求基本一致,即要求美国和欧盟在《中国加入议定书》第 15 条的“非市场经济条款”到期终止后,不得再基于以中国为非市场经济体为由,继续以“替代国”方法确定可比价格。

针对美国,中国指出,根据美国《1930 年关税法》第 773(c)(1)条,如果调查涉及来自“非市场经济”的进口产品,并且美国商务部根据现有的信息认为不能依据第 773(a)条下的方法来决定其正常价值,则美国商务部应基于第三国的生产要素(加上一般成本和利润)确定正常价值(即替代机制)。中国认为,根据《中国加入议定书》第 15(d)条,自 2016 年 12 月 11 日,应依据《反倾销协定》和 GATT 1994 的条款对来自中国的进口产品确定正常价值。[④]

针对欧盟,中国指出,欧盟《反倾销基本条例》第 2(7)条采取不同的方

---

① 如果非市场经济体企业能够证明,在法律和事实上,其出口行为均不受政府控制,则可被分配“单独比率”。

② 《反倾销协定》第 2.4.2 条规定:在遵守适用于第 4 款中公平比较规定的前提下,调查阶段倾销幅度的存在通常应在对加权平均正常价值与全部可比出口交易的加权平均价格进行比较的基础上进行,或在逐笔交易的基础上对正常价值与出口价格进行比较而确定。

③ See Panel Report, *US—Shrimp*(*Viet Nam*), WT/DS404/R, paras. 7.212 – 227, 7.229.

④ G/ADP/D115/1; G/L/1169; WT/DS515/1. G/ADP/D115/1/Add. 1; G/L/1169/Add. 1; WT/DS515/1/Add. 1.

法计算来自“非市场经济”国家进口产品的正常价值。第 2(7)(b)条特别规定,只有中国生产者能够证实其生产存在“市场经济”条件时,才能对该生产者适用基本条例第 2(1)条至第 2(b)条关于对特定生产者计算正常价值的方法,否则所有生产者均应适用第 2(7)(a)条规定的方法计算正常价值。而根据第 2(7)(a)条,相关正常价值应基于替代“市场经济”第三国的价格或推算价值而定。中国认为,根据《中国加入议定书》第 15(d)条,第 15(b)(ii)条已经于 2016 年 12 月 11 日终止,在此情况下,欧盟《反倾销基本条例》第 2(1)条至第 2(7)条对来自中国的进口产品实施了不同于其他国家进口产品的待遇,违反了 GATT 1994 第 6.1 条和《反倾销协定》第 2.1 条和第 2.2 条规定。①

对于上述将“市场经济地位”与“替代国”制度相提并论的主张,国内学者有不同意见。② 但无论如何,这两个案件均无法回避中国在 WTO 中的“非市场经济地位”,由此也引发了诸多成员对于 WTO 此类体制性问题的激烈争议。目前,美国有关价格比较方法措施案(*US—Measures Related to Price Comparison Methodologies*,DS515)仍在磋商;欧盟价格比较方法相关措施案(*EU—Measures Related to Price Comparison Methodologies*,DS516)专家组报告正式发布之前,中国根据 DSU 第 12.12 条请求其中止工作。由此,这一问题仍然有待澄清,对其中所涉法律问题的讨论,后文还将详述。

(二)补贴与反补贴争端及其所涉特色规则与问题

中国作为申诉方提起的反补贴案件只有 1 起(DS437),但被诉案件多达 8 起。严格来说,这些案件并不直接指向《中国加入议定书》的具体条款,但是考虑到正是《中国加入议定书》相关条款大大降低了其他 WTO 成员的举证责任,因而此类案件仍与其特别承诺有关。

关联《中国加入议定书》中有关补贴与反补贴特色规则的主要内容,相关争端及所涉问题主要有以下几个。

---

① G/ADP/D116/1;G/L/1170;WT/DS516/1.

② 参见张丽英:《〈中国入世议定书〉第 15 条到期的问题及解读》,载《中国政法大学学报》2017 年第 1 期。

首先，对于非歧视待遇下所提出的问题，即如果中国政府希望通过“提供一般基础设施外的货物或服务，或购买货物”的方式提供财政资助，此类补贴是否应按照《中国加入议定书》第 3 条的特别承诺一并给予外国个人、企业和外商投资企业，还是就补贴而言，不应受制于《中国加入议定书》第 3 条的约束？对此，尚无争端涉及该问题。

其次，针对其他 WTO 成员可在补贴专向性的认定以及补贴金额的计算等关键环节方面享有额外贸易救济权利①的问题，中国作为申诉方针对美国反补贴措施案件中，中国未就补贴专向性问题提出质疑，而是认为美国商务部拒绝接受中国国内私人价格作为基准计算利益的做法违反了《反补贴协定》第 14(d)条和第 1.1(b)条。就此，专家组裁决美国并未违法；但是，上诉机构认为，为确定第 14(d)条的比较基准，不能一开始就将特定来源，包括与政府有关的价格排除在外。最终上诉机构推翻专家组裁定，改判支持中国的观点，由此也使相关规定的适用条件得以澄清。

最后，在中国被诉的补贴争端案件中，前 3 起（DS387、DS388 和 DS390）案件与中国对境内企业提供资金、贷款或其他激励措施有关，这些激励措施旨在创造中国世界名牌和著名的出口品牌，提升中国产品的国际竞争力。由于中国承诺取消相关扶持补贴政策，这些案件并未进入专家组程序。②

中国风电设备案中，美国认为，中国就风电设备提供的资金、基金、奖励金等以使用国内产品为条件，与《反补贴协定》第 3 条不符。③ 最后，中国决定正式撤销与之相关的《风力发电设备产业化专项资金管理暂行办法》。④

---

① 参见孙南申、彭岳：《中国补贴现状与面临反补贴措施的法律应对》，载《河北法学》2007 年第 6 期。Julia Ya Qin, W“TO Regulation of Subsidies to State-Owned Enterprises (SOEs) – A Critical Appraisal of the China Accession Protocol”, *J. Int'l Eco. L.* 863 (2004).

② 参见龚柏华：《WTO 有关禁止性出口补贴规则研究——以中美“知名品牌产品出口补贴”WTO 磋商案为视角》，载《国际商务研究》2010 年第 2 期。

③ WT/DS419/1, G/L/950, G/SCM/D86/1.

④ 参见沈大勇、龚柏华：《中美清洁能源产业争端的解决路径——中美风能设备补贴争端案的思考》，载《世界经济研究》2011 年第 7 期。

中国汽车零部件案中，美国指出，为鼓励中国汽车和汽车零部件出口，中国采取的拨款、贷款、政府税收减免、提供货物和服务以及其他激励措施违反了《反补贴协定》第3条，并且中国相关政策缺乏透明度，未能在官方刊物公布相关补贴政策，违反了《中国加入议定书》第2(c)(2)条等。① 在中国服装和纺织品案中，墨西哥认为，中国向位于指定地区，如西部省份和特别经济区的服装和纺织品生产者和出口者(包括外商投资企业和高新技术企业)提供诸如所得税豁免、削减、抵消和返还，进口关税和增值税的减免和返还以及地方税收的免除，国有银行低息贷款、债务免除、优惠土地使用权价格等激励措施，构成了《反补贴协定》项下的禁止性补贴或可诉补贴。② 对此，虽然有学者指出，即使两国磋商失败，在接下来的专家组裁决乃至上诉机构裁决中中国也无须畏惧，积极应诉即可。因为自2001年加入WTO以来，中国已在DSM的环境中历练了10余年；也参与了100多起案件，可以说已经积攒了足够充分的经验教训。同时中国还培养了一批知识丰富、思维先进的专家学者和律师团队，足以应对目前复杂多变的贸易纠纷形势。③ 但最终本案并未进入专家组程序。

中国示范基地项目和公共服务平台项目案中，美国就所谓中国示范基地公共服务平台出口补贴项目提出违反质疑，称中国通过外贸转型升级示范基地和公共服务平台向本国企业提供WTO规则禁止的出口补贴，损害了美国相关行业工人和企业的利益。争端涉及的中国企业包括150多个工业园区内7类行业的制造商和生产商。虽然该案进入了专家组程序，但最终中美两国以达成谅解备忘录的方式结案。④

中国原铝生产商补贴案中，美国主张中国自2007年向中国原铝生产商提供包括优惠银行贷款等金融优惠政策及低价原料、生产资料在内的一系列补贴措施，涉嫌违反《反补贴协定》第6.3条及GATT 1994第16.1条

---

① WT/DS450/1, G/L/1002/G/SCM/DS93/1.

② WT/DS451/1, G/L/1004, G/SCM/DS94/1, G/AG/GEN/103.

③ 参见刘依伊、李建强:《墨西哥诉中国服装和纺织品补贴案案例评析》，载《服饰导刊》2015年第2期。

④ WT/DS489/7.

规定，对美方利益造成《反补贴协定》第 5（c）条规定的包括严重损害在内的不利影响。[①] 及至目前，案件仍处于磋商阶段。

（三）"双反"措施争端及其所涉特色规则与问题

"双反"措施涉及反倾销措施和反补贴措施的并用问题。对此，中国针对美国提起过 3 起案件（DS368、D379、DS449）。

DS368 与美国一改国内法惯例，对中国进口产品同时适用反倾销调查和反补贴调查的特殊背景有关。由于美国国内就是否能够对"非市场经济"国家同时适用反倾销和反补贴存在争议，该案最后未进入专家组程序。[②]

但是，随着美国国会立法授权商务部对来自"非市场经济"产品进行反补贴调查，[③]上述美国国内法争议告一段落。美国商务部对中国进口产品进行双方调查成为常态。由于倾销源于企业行为而补贴源于政府行为，对同一进口产品同时进行倾销调查和补贴调查理论上并无障碍。[④] 问题在于，对于同一进口产品同时征收反倾销税和反补贴税，很可能造成双重救济（double remedies）问题。申言之，"国内补贴一般具有同时降低被调查产品的国内价格和出口价格的特性，美国调查主管机关在对非市场经济国家产品进行反倾销调查时，使用未受补贴影响的替代国产品的生产要素及费用的价格计算被调查产品的正常价值，然后再与受到补贴降低了的该产品出口价格进行比较，从而提高了倾销幅度，据此征收的反倾销税已经包含了国内补贴部分，若再征收反补贴税则会出现双重救济问题"。[⑤] 尽

---

① G/L/1173，G/SCM/D113/1，WT/DS519/1.

② 参见彭岳：《美国对华产品适用反补贴法中的行政方法与司法方法》，载《北方法学》2015 年第 2 期。

③ 2012 年 2 月 29 日《对非市场经济国家适用〈1930 年关税法〉的反补贴税条款及用于其他目的法案》提交到美国国会后，美国参议院和众议院分别于 3 月 5 日和 6 日通过，美国总统奥巴马于 3 月 13 签署法案。该法案授权美国商务部对中国产品发起反补贴调查，并可以溯及 2006 年 11 月以来其对中国产品发起调查的所有案件。

④ 对此，国内学者曾产生过争议，参见徐泉：《美国反补贴法适用探析——以对"非市场经济国家"的适用为考察对象》，载《法商研究》2008 年第 1 期；苟大凯：《美国对华实施"双反"之违法性分析》，载《法学》2010 年第 3 期。

⑤ 赵艳敏：《美国新反补贴税法案及其影响》，载《法学》2013 年第 4 期。

管美国立法已就防止双重救济作出规定，但“合理评估”的措辞充满弹性，法案既未规定美国商务部的何种调查行为才为“合理”，也未规定在无法评估国内补贴与倾销幅度关系时，商务部所应采取的合理替代方案。① 与美国的立法进程相关联，中国针对美国分别发起了 2 起诉讼。

在美国国会修正《1930 年关税法》，明确授权商务部对来自中国的产品同时实施“双方”调查之前，中国已就此合法性争议提请 DSM，即美国反倾销和反补贴税案（中国诉）[*US—Anti-Dumping and Countervailing Duties* (*China*), DS379]。该案最终上诉机构同意专家组的观点，即对同一进口产品在依据非市场经济方法计算反倾销税的同时征收反补贴税可能产生双重救济问题。同时，上诉机构并不认同专家组的裁定——《反补贴协定》不禁止对于同一补贴的作出两次抵销。根据《反补贴协定》第 19.3 条，“如对任何产品征收反补贴税，则应对已认定接受补贴和造成损害的所有来源的此种进口产品根据每一案件的情况在非歧视基础上征收适当金额的反补贴税……”上诉机构认为美国同时适用反倾销和反补贴调查违反了该一规定。

在美国修正《1930 年关税法》之后，中国针对美国又发起了 GPX 案 [*US—Countervailing and Anti-Dumping Measures* (*China*), DS449]。对此，专家组采取了美国反倾销和反补贴税案（中国诉）上诉机构的观点，认为美国在同时征收反倾销和反补贴税时，未能调查和避免由此可能产生的双重救济问题，因而违反了《反补贴协定》。

这些案件专家组和上诉机构关于双重救济的裁决，有助于缓解和防止美国滥用“双反”获得不当贸易利益；而且，中美双方未就中美 GPX 案专家组关于双重救济的裁决提起上诉。这充分说明，其裁决使困扰中美的因采用“非市场经济”计算方法而可能产生的双重救济问题得以解决。深究其

---

① 即美国商务部采取生产要素法认定非市场经济国家产品的正常价值计算反倾销税时，需要满足的条件之一是美国调查主管机关在反倾销调查中能够“合理评估”国内补贴在何种程度上已提高该类或该种商品的加权平均倾销幅度，这意味着美国商务部首先要有能力对国内补贴所提高的倾销幅度作出“合理评估”，在此基础上才可以“降低与所提高的加权平均倾销幅度数额相等的反倾销税”。参见赵艳敏：《美国新反补贴税法案及其影响》，载《法学》2013 年第 4 期。

因,在《反补贴协定》下,反补贴措施和补贴反措施均可用于抵销补贴,但两者只能择一而行。其中,反补贴措施对禁止性补贴和可诉性补贴实施了性质有别的补救方案:对前者,一概撤销补贴;对后者,或消除不利影响或予以撤销。二者之间的差异足以表明可谴责性之不同。鉴此,以补贴类型之不同确定反补贴措施中补贴行为的可谴责性,自然也就顺理成章。在反补贴措施中,补贴行为的可谴责性表现为反补贴税金额的适当提高,这就使税额的确定具有一种矫正正义的意味,也有助于达成反补贴税的目标——抵销损害性补贴。而认为《反补贴协定》并不禁止对同一补贴重复抵销,恰恰违背了《反补贴协定》所体现的矫正正义。①

(四)出口税费争端及其所涉特色规则与问题

与中国被诉的补贴争端无一进入专家组程序不同,中国被诉的 8 起出口税费争端,全部起诉并进入了专家组程序;而且,前 6 起案件均已上诉二审。这在一定程度上说明,在出口税费所涉《中国加入议定书》特色规则的澄清上,争端各方对于是非裁断更加关注。

如上所述,根据《中国加入议定书》第 11.3 条,“中国应取消适用于出口产品的全部税费,除非本议定书附件 6 中有明确规定或按照 GATT 1994 第 8 条的规定适用”。

中国原材料案(*China—Raw Materials*, DS394、DS395、DS398)中,美国、欧盟和墨西哥指责中国对原材料的出口实施诸如出口税、出口配额、最低出口限价、出口许可证规定等措施违反 GATT 1994 第 8 条、第 10 条和第 11 条以及《中国加入议定书》第 11.3 条等。中国试图援引 GATT 1994 第 20 条(b)项和(g)项例外来证成对第 11.3 条背离的合法性。专家组认为,《中国加入议定书》第 11.3 条中的“例外”指的是议定书的附件 6 中的规定和 GATT 1994 第 8 条。② 由于《中国加入议定书》第 11.3 条和附件 6 都没有提及 GATT 1994 第 20 条或者泛泛提及 GATT 1994 的规定,也没有

---

① 参见彭岳:《论反补贴税适当金额的确定》,载《环球法律评论》2013 年第 4 期。

② 附件 6 列举了 84 种产品及其出口税率,并在注释中说明:“中国确认本附件所含关税水平为最高水平,不得超过。中国进一步确认将不提高现行实施税率,但例外情况除外。”

类似《中国加入议定书》第 5.1 条那样的援引 WTO 协定的引语，专家组由此裁定中国违反《中国加入议定书》第 11.3 条不能援引 GATT 1994 第 20 条。对此，上诉机构予以认同。[①] “中国原材料案”的上诉裁决意味着中国对于某些原材料的出口不能再征收出口税费，且例外仅限于议定书的附件 6 中的规定和 GATT 1994 第 8 条。对于中国而言，这一解释显然过于严苛。[②]

在之后的“中国稀土案”（*China—Rare Earths*，DS431、DS432、DS433）中，美国、欧盟和日本指责中国对稀土、钨和钼的出口限制措施，如出口税、出口配额等违反了 GATT 1994 第 11 条以及《中国加入议定书》第 11.3 条。本案法律争议与“中国原材料案”类似，中国仍然依据 GATT 1994 第 20 条寻求例外。对此，专家组仍维持“中国原材料案”中有关《中国加入议定书》第 11.3 条不能寻求 GATT 1994 第 20 条项下例外的观点，主要理由在于，根据上诉机构在美国不锈钢案（墨西哥诉）[*US—Stainless Steel* (*Mexico*)，DS344] 中的裁决，如果缺乏“强有力理由”（cogent reason），则“裁决机构应在随后的案件中以同样的方式解决同样的法律问题”。[③] 中国并未对美国不锈钢案（墨西哥诉）中的“强有力理由”观点提出挑战，转而寻求澄清 WTO 协定与《中国加入议定书》之间的体系性关系问题。但是，对于中国提出的证明 GATT 1994 第 20 条可以适用于《中国加入议定

---

① Appellate Body Report, *China—Raw Materials*, WT/DS394/AB/R, WT/DS395/AB/R, WT/DS398/AB/R, para. 307.

② 相关理论讨论可参见苟大凯：《WTO 争端解决机构对“立法沉默”之含义推定——评中国原材料出口限制措施案专家组基于上下文对〈中国入世议定书〉第 11.3 段之解释》，载《国际贸易》2011 年第 10 期；余敏友、胡传海：《认真对待 WTO 对中国原材料案裁决的长远不利影响》，载《国际贸易》2012 年第 11 期；贺小勇：《理性看待“原材料案”的法律解释问题》，载《国际贸易》2012 年第 11 期；刘瑛、吴娴：《GATT 第 20 条（g）项在稀土案中的适用探析》，载《国际贸易》2012 年第 10 期；王燕：《WTO 下一般例外条款对中国适用置疑——兼评中国原材料出口限制案专家组的解释》，载《现代财经》（天津财经大学学报）2012 年第 1 期；贺小勇：《WTO 框架下中美原材料出口限制争端的法律问题》，载《国际商务研究》2010 年第 3 期；李晓玲：《WTO 成员限制自然资源产品出口的权利——中国原材料出口措施案评述》，载《国际商务研究》2010 年第 1 期；See Julia Ya Qin, “The Predicament of China's ‘WTO-Plus’ Obligation to Eliminate Export Duties: A Commentary on the China-Raw Materials Case”, 11 *Chinese J. Int'l L.* 237 (2012).

③ See Appellate Body Report, *US—Stainless Steel* (*Mexico*), WT/DS344/AB/R, adopted 30 April 2008, para. 160.

书》第 11.3 条的若干理由，上诉机构均未予以接受。①

综上所述，中国参与 WTO 争端解决是一个系统工程，必须将之放置在整个 WTO 体系的框架下加以理解。就 WTO 的三大职能机制——谈判机制、TPRM 和 DSM 而言，中国如果能够利用谈判机制塑造有利于自身的国际规则当然是最理想的。然而，由于多哈回合屡屡陷入僵局并长期停滞不前，②多边贸易规则进一步澄清与完善的场域不可避免地转向争端解决。鉴于《中国加入议定书》中存在诸多独具"中国特色"的条款，其解释和适用必然成为利益相关各方所关注的中心。对于中国自身而言，为最大限度消除法律上不平等所带来的损害，需要借助 DSM 澄清特色规则所含额外承诺的权利和义务边界，并争取对具体承诺尽可能地作限缩性解释。正是由这样的主、客观因素所决定，中国参与 WTO 争端解决塑造出了独具特色的行为模式：以澄清《中国加入议定书》特殊承诺条款为核心，辅之以关键行业保护的战略方式。

第四节 中国参与 WTO 争端解决策略模式的理论诠释

一、中国参与 WTO 争端解决的策略归纳

通过上面的阐述可知，自 2006 年开始，随着对 DSM 的熟悉，中国改变了早期相对消极的观望态度而尝试利用该机制积极质疑其他成员对 WTO 规则的理解，维护自身权利。就此，有学者和负责中国 WTO 日内瓦诉讼的官员认识到，在运用 DSM 能力方面，WTO 成员存在先天"不平等"。欧盟、美国、加拿大、澳大利亚等国秉承其先天优势和丰富经验具有比较优势；巴西、印度、阿根廷、日本也逐步熟悉掌握了 WTO 诉讼规则和方法。而中国"入世"时间尚短，只能采取"做中学"的方法迅速提高中国的诉讼能

① See Julia Ya Qin, "Judicial Authority in WTO Law: A Commentary on the Appellate Body's Decision in China-Rare Earths", 13 *Chinese J. Int'l L.* 639, 641 (2014).

② 主要的例外是《贸易便利化协定》的达成与生效。参见何力：《多哈回合早期收获与〈贸易便利化协定〉》，载《上海对外经贸大学学报》2014 年第 2 期。

力。研究发现,通过运用适当的诉讼策略和技巧,即便对于法律和事实问题较为简单的案件,有些被诉方仍能将“问题复杂化”和“内容充实化”,使相关案件具有“对抗性”和“思考性”。“作为起诉方,应当尽量扩大指控措施和违反协议的范围,‘宁可错杀一千,不可放过一个’;作为被诉方,在抗辩上应当想出尽可能多的事实和法律理由:即使这些理由存在狡辩因素,或为增加审查难度、获取同情、分散注意力、拖延时间等目的,为了自身利益亦无不可。”①基于对DSM的工具主义理解,中国也逐步在自己的实践中借鉴并采用与其他成员类似的诉讼策略和技巧。诉讼策略和技巧大致分为以下几种类型。

其一,如果争议的法律和事实问题相对简单,但事关关键行业的生存和发展,则采取拖延的诉讼策略。如在中国汽车零部件案中,面对2006年3月30日加拿大、欧盟和美国提起的申诉,中国并未通过和解方式解决,而是经过了磋商、专家组、上诉机构和执行的全部程序,直至2009年8月31日方才执行完毕。②

其二,如果争议的法律和事实问题相对复杂,则中国将特别关注相关规则的澄清和适用。如在中国知识产权案中,涉及知识产权保护中的刑法、行政法和版权法等问题。经审理,专家组认为,中国刑法和最高人民法院司法解释就侵犯知识产权设置刑事程序和处罚门槛的行为并不直接违反《TRIPs协定》第61条的规定。该案中,专家组澄清了第61条中“商业规模”的含义,即一国应依据相对标准——“特定市场中特定产品之典型或通常行为活动的量级或范围”来判断侵权是否构成“商业规模”。由此,中国根据国内情况界定“商业规模”的规制权得以保全。此外,专家组还认定,《TRIPs协定》第51~60条并不适用于关于出口的海关措施。除上述有利于中国的裁决之外,专家组在如下两个方面认定中国措施违反了TRIPs:一是尽管《TRIPs协定》第59条并不禁止拍卖侵权进口产品,但是仅仅移除商标就允许产品销售并不符合《TRIPs协定》第46条关于“例外

① 纪文华、黄萃:《从“墨西哥饮料案”看WTO诉讼策略》,载《WTO经济导刊》2006年第7期。

② *China—Auto Parts*(DS339、DS340、DS342).

情况”的规定。二是尽管《保护文学和艺术作品伯尔尼公约》（以下简称《伯尔尼公约》）第 17 条承认中国有权禁止作品的流通和展览，但是并不意味着相关作品无权得到版权保护。中国拒绝对内容非法的作品提供版权保护违反了《伯尔尼公约》第 5（1）条（通过《TRIPs 协定》第 9. 1 条被并入 TRIPs）以及《TRIPs 协定》第 41. 1 条的规定。① 与中国知识产权案相比，中国出版物及音像产品案更为复杂，不仅涉及 GATT 1994、GATS 中的一般义务，还涉及《中国加入议定书》中的特别义务，以及《中国加入议定书》与 GATT 之间关系的体系性问题，对中国影响极大。本案中，中国对特定出版物和音像制品的进口和分销实施限制，美国认为中国的措施违反 WTO 规则（包括《中国加入议定书》）项下的义务。对于中国是否违反在《中国加入议定书》项下关于贸易权的承诺问题，专家组和上诉机构给予了肯定的回答。对于中国可否援引 GATT 1994 第 20（a）条的例外来证成其对《中国加入议定书》项下义务的偏离问题，以及 GATT 1994 与《中国加入议定书》之间的体系性关系问题，专家组采取了回避态度；但上诉机构认为，能否援引 GATT 1994 第 20 条，需要视《中国加入议定书》具体条款的具体规定，不能一概而论。就本案而言，中国可以援引第 20（a）条，但因为相关措施不能满足该条“必要”要件，中国仍然败诉。就中国禁止外国投资企业从事录音分销措施，上诉机构支持了专家组的观点，即此中国关于录音分销的市场准入和国民待遇承诺涵盖采用电子形式的录音制品。② 本案中，上诉机构引入了技术中立原则，对其后电子商务的国际规制产生深远影响。③ 2008 年 9 月，对于美国针对中国进口产品的“双反”调查，中国提起 WTO 争端解决磋商。该案涉及反补贴中“公共机构”“专向性”“补贴金额计算”以及双重救济等复杂的法律问题和理论争议，④尽管早在 2009 年 1 月 DSB 就设立了专家组，

---

① *China—Intellectual Property Rights*（DS362）.

② *China—Publications and Audiovisual Products*（DS363）.

③ 参见彭岳：《贸易规制视域下数据隐私保护的冲突与解决》，载《比较法研究》2018 年第 4 期。

④ 参见彭岳：《论反补贴税适当金额的确定》，载《环球法律评论》2013 年第 4 期；易在成：《后“非市场经济”时代的双重救济问题研究——以美国对华产品适用“双反”措施为例》，载《法商研究》2018 年第 1 期。

但迟至2010 年 10 月相关专家组报告才散发给各成员。其时限远远超出 DSU 第 12.9 条所规定的9 个月的最长期限。

其三,对于过于敏感的案件,中国则仍然延续此前和解为主的做法,力图以磋商或和解方式解决。比如,2007 年 2 月,美国和墨西哥就中国税法相关规定要求与中国进行磋商,该争议涉及中国新近颁布的《企业所得税法》,内容十分敏感。[①] 2008 年 2 月,中美墨三国达成协议,中国《企业所得税法》也得以顺利实施。又如,2008 年 3 月和 6 月,欧盟、美国以及加拿大分别向中国提起磋商请求,认为中国所采取的措施影响到金融信息服务和外国金融信息服务提供者利益。本案涉及十分敏感的金融监管问题,[②]最终中美欧加在 2008 年 12 月 4 日达成和解协议。[③]

其四,对于具有特定时效的事项,随着争议热点的消失,贸易争端也搁置起来。作为申诉方,中国自 2002 年第一次向美国提起 WTO 争端解决磋商请求之后,再次于 2007 年 9 月要求与美国磋商,认为后者对中国进口铜版纸征收反倾销税和反补贴税违反WTO的规定。[④] 中国之所以发起请求,是因为美国商务部一改多年的做法,开始对中国进口产品实施反补贴调查,其后续影响远远超出某一特定行业。[⑤] 作为被诉方,2008 年年底,美国、墨西哥和危地马拉等就中国对企业的拨款、借款等激励措施提出磋商请求。[⑥] 但这些案件都未进入专家组程序,至今仍处于磋商之中。

由此可见,中国在 WTO 争端解决中形成的策略模式可以归纳并具体化为三个明显的特征:(1)从消极到积极的阶段性;(2)针对不同类型案件处理方式的选择性;(3)借助 DSM 澄清或重塑规则的倾向性。

---

① 参见彭岳:《中、美、墨三国税收补贴争端的法律分析》,载《法商研究》2008 年第 2 期。

② 参见彭岳:《例外与原则之间:金融服务中的审慎措施争议》,载《法商研究》2011 年第 3 期。

③ *China—Finance Service*(DS372、DS373、DS378).

④ *United States—Preliminary Anti-Dumping and Countervailing Duty Determinations on Coated Free Sheet Paper from China*(DS368).

⑤ 参见彭岳:《美国对华产品适用反补贴法中的行政方法与司法方法》,载《北方法学》2015 年第 2 期。

⑥ *China—Grants, Loans and Other Incentives*(DS387、DS388、DS390).

二、诠释中国实践的理论进路

对于中国参与 WTO 争端解决实践的诠释通常采取两条不同理论进路。一条理论进路倾向于抽象概括，认为中国参与 WTO 争端解决的独特现象以及行为模式源于某一通用的抽象原则，所谓的独特性不过是抽象原则的多样化表现形式之一而已，就其内核而言，仍然保持不变。上述文化解释、历史主义解释和核心利益解释属于此类。另一条理论进路倾向于客观表述，认为中国参与 WTO 争端解决的独特现象以及行为模式乃是客观事实使然，所谓独特性不过是客观社会现状的表现形式之一。当学者采用被动性、主动性、规则接受者或规则制定者描述中国参与 WTO 争端解决的特征时，均属于此类。一般而言，科学理论的功能旨在为众多现象提供秩序和意义，以便于描述、理解和预测，如果没有此类理论，相关现象仍将处于分散状态，难以理解。[①] 因此，理论的科学性建立在如下两个否定条件上：

其一，它不能过于抽象，以至于相关理论难以区分所要解释的现象与其他具有类似特征现象之间的不同。比如，无讼文化源于儒家传统，儒家传统曾经风行于东亚地区，至今仍在日本、韩国具有深远影响。对于同为现代国家的中国、日本和韩国而言，无讼文化解释并不能很好地认识中国参与 WTO 争端解决的独特性与日本或韩国参与 WTO 争端解决的独特性之间的区别。[②]

其二，它不能过于具体，以至于相关理论仅局限于描述所要解释的现象，对于如何理解该现象和预测可能发生的变化无所助益。比如，根据中国参与 WTO 争端解决的情况将中国定性为规则接受者和规则制定者具有启示意义，但此类描述仅限于此，我们很难从规则接受者和规则制定者的身份标签中获得有益的理论洞见，以及可依此标签进行理性预测。[③]

---

① See Hans J. Morgenthau, "another 'Great Debate': the National Interest of the United States", 46 *A. Pol. Sci. Rev.* 961, 963 (1952).

② 就此，一种替代解释是，中国参与 WTO 争端解决没有独特性。

③ 此类描述性的标签较多，但多限于描述。参见 Mercurio B., Tyagi M., "China's Evolving Role in WTO Dispute Settlement: Acceptance, Consolidation and Activation", In: Herrmann C., Terhechte J. eds., *European Yearbook of International Economic Law* 2012, *European Yearbook of International Economic Law*, Vol. 3. Springer, Berlin, Heidelberg, 2012.

鉴于此，在前文简要描述和总结中国参与 WTO 争端解决的独特现象以及行为模式之后，有必要进行更深层次的理论分析，探讨产生此类独特现象和形成此类行为模式的深层机理，同时，避免采用泛泛的无讼文化、历史主义和核心利益等“大词”，从而建立一个“中层理论”。①

三、诠释中国实践的三重视角

（一）进取的法律主义视角：策略性的动态立场

“进取的法律主义”（aggressive legalisms）一词通常与“挑衅的单边主义”（aggressive unilateralism）一词相对应，②被首先用于分析日本参与 GATT 和 WTO 争端解决独特性的根源。③ 具体而言，是指对于争端解决，日本在秉持长期的消极立场之后，转而采取了一种更加积极的、有意识的策略——利用 WTO 实体规则来应对那些其主要贸易伙伴采取的不合理的行为、要求和实践。即借助 DSM，将 WTO 涵盖协定中的法律规则转化为权力工具和说服手段，以一种正当化的方式来遏制他方行为。国际法实体法律规则被用作贸易争端中的“盾”和“矛”。日本政府的此类行为被学者命名为进取的法律主义。

1. 进取的法律主义典型先例：日本、韩国

（1）日本实践的解说

就日本而言，自 1955 年加入 GATT 直至 1986 年乌拉圭回合启动的 30 年间，日本一直避免利用 GATT 的争端解决机制，即使有 GATT 缔约方对

---

① 此处“中层理论”借鉴了莫顿的概念，“中层理论既非日常研究中广泛涉及的微观但必要的工作假设，也不是尽一切系统化努力而发展起来的用以解释所能观察到的社会行为、社会组织和社会变迁的一致性的统一理论，而是指介于这两者之间的理论”。参见［美］罗伯特·K. 默顿：《社会理论和社会结构》，唐少杰、齐心等译，译林出版社 2008 年版，第 51 页。

② “挑衅的单边主义”（aggressive unilateralism）一词出自 Jagdish Bhagwati, *The World Trading System at Risk*, Princeton University Press, 1991, p. 48；“进取的法律主义”（aggressive legalism）一词出自 Saadia M. Pekkanen, “Aggressive Legalism: The Rules of the WTO and Japan's Emerging Trade Strategy”, 24(5) *World Economy* 707 – 737 (2001)。

③ See Saadia M. Pekkanen, “Aggressive Legalism: The Rules of the WTO and Japan's Emerging Trade Strategy”, 24(5) *World Economy* 707 – 737 (2001).

日本提起相关诉讼,日本也会通过双边磋商方式加以解决。[①]

1988 年,随着“日本云杉案”以被诉方日本的胜诉而告终,日本对于 GATT 的争端解决体制的看法有所改变。该案加拿大作为申诉方指责日本对产自加拿大的云杉(spruce-pine-fir)所征收的进口关税高于产自美国的相同产品,因而违反了 GATT 1947 第 1 条关于最惠国待遇的规定。[②] 该案专家组以加拿大未尽举证义务为由裁决其败诉。这是日本在 GATT 的首次胜诉,由此在国内层面产生两方面的影响:一是 GATT 争端机制的公平性获得了验证,有助于改变日本国内保护主义者对 GATT 的负面看法;二是日本可以利用 GATT 的争端机制来抵制外国的指责和压力。

WTO 成立之后,在进取的法律主义思想指导下,一方面,日本政府利用实体规则作为“盾”,来为本国措施提供掩护,而不管其贸易伙伴是如何认定此类措施的;另一方面,日本政府利用实体规则作为“矛”,用以指责其他 WTO 成员的相关事件。随着进取的法律主义的确立,日本政府获得了一系列优势:(1)对来自主要贸易伙伴的不合理要求或损害日本利益的要求进行合法的抗辩,从而抵制外国政府的压力;(2)将贸易纠纷法律化,从而使微观贸易争端解决与宏观贸易政策以及政治政策或军事联盟等切割开来;(3)澄清相关实体规则,有助于日本与主要贸易伙伴之间的贸易更为透明和公开;(4)通过进取的法律主义策略,依据国际实体规则支持日本政府的贸易主张,增强相关诉求的合法性和正当性。

对于日本成为 GATT 缔约方后长达 30 年的时间内,为何回避贸易争端机制,如下几种解释理论作出了一些补充,也同时留下一些新的问题。一是普遍针对东亚社会的无讼文化理论;当然该理论的说服力必须综合分析中国和韩国参与 WTO 争端解决的实践方有定论。如上所述,中国在“入世”之后不久就参与了针对美国的诉讼,采用无讼文化似乎难以解释

---

① 比如,在 1986 年之前,有 11 起案件将日本列为被告,除 1 起案件之外,其他案件均通过双边磋商的方式加以解决。

② GATT (GA 1988, pp. 79 – 80); and GATT (BISD 36th Suppl. 1988—1989), pp. 186 – 93, 198 – 199).

这一例外现象。二是单独针对日本加入 GATT 的第 35 条保留理论。该理论认为，日本在加入 GATT 时，有国家依据 GATT 1947 第 35 条（本协定在特定缔约方之间的不适用）提出保留。鉴于此，日本不能通过争端机制解决与此类国家的贸易纠纷。但其问题在于，除对日本加入 GATT 提出保留第 35 条的国家之外，还存在其他未提出保留的 GATT 缔约方，日本同样未在长达 30 年的期间就这些国家提起正式争端解决。① 三是与日本经常项目有关的贸易盈余理论。该理论认为，日本相对于其他贸易伙伴存在贸易盈余，从而使日本积极利用法律手段打开他国市场的做法处于尴尬地位。② 但其对于 20 世纪 60 年代日本曾遭遇贸易赤字期间，为何也未向他国提起诉讼没有予以论证。四是避免报复的"玻璃房"理论。该理论基于这样一个基本原理——"住在玻璃房中的人不应该扔石头"。即日本自身贸易管理制度存在诸多违反 GATT 1947 之处，如果挑起法律争端，反而会引火上身，招致他国的法律诉讼报复。③ 但是，"玻璃房"理论只能解释日本为何不愿意作为原告，而不能解释为何在作为被告的案件中不利用现有的法律规则维护自身利益。五是语言障碍和法律体系障碍理论。该理论认为，有效参与贸易争端解决机制对于语言能力和法律能力提出了较高的要求。GATT 采用的语言以及法律体系有利于普通法法系。但这一理论所面对的问题是，无论是语言能力还是法律能力，一国均可借助外部资源加以强化。

值得注意的是，上述补充理论所论及的影响因素均会因为时间的流逝和外部环境的变化而有所变化。比如，就无讼文化而言，随着一国法治进程的发展以及民众规则意识的增强，其影响将会减弱。具体而言，无讼文化的核心在于"和为贵"。在法治文化的影响下，相关的"和"应当建立在

---

① See Ichiro Araki, "Beyond Aggressive Legalism: Japan and the GATT/WTO Dispute", in Mitsu Matsushita & Dukgeun Ahn eds., *WTO and East Asia: New Perspectives*, Cameron May, London, 2004, p. 150.

② See Hiroko Yamane, "the WTO Dispute Settlement Mechanism and Japanese Traders", 1(4) *Journal of International Economic Law* 683, 689 (1998).

③ See Michael J. Trebilcock & Robert Howse, *The Regulation of International Trade* (2nd ed.), Routledge, 1999, pp. 52 – 53.

规则的基础之上。如果诉讼着重的是过程，是对规则的澄清，则进行诉讼有助于达到“和”的境界。就 GATT 1947 第 35 条保留而言，当前已无国家对日本采取此类相互不适用的措施，自然不会影响日本寻求 DSM 解决其与其他 WTO 成员之间的贸易纠纷。就贸易盈余理论而言，随着 WTO 将贸易扩展到服务贸易和 TRIPs 保护，以及全球价值链的形成，基于最终产品计算的贸易盈余已经不能反映各国真实的贸易盈余水平。因此，仅仅基于贸易盈余就推定如此可以容忍他国贸易限制措施并不准确。更有可能的情况时，拥有贸易盈余的国家在整个全球价值链中的收益比重较小，而该国必须通过有利的贸易条件才能维持微薄的利益。就“玻璃房”理论而言，美国和欧盟之间关于飞机补贴的案件说明，即使本国也存在类似问题，并可能遭致报复性诉讼，但这并不妨碍指责对方的行为违法。[①] 最后，就语言能力和法律能力而言，短期通过借助外部资源，长期通过优化外部资源和内部资源，有可能在短期内缩小差距。

因此，如果考虑到影响日本采取进取的法律主义的因素可因时间和外部环境的变化而变化，则进取的法律主义理论有其生命力。即日本之所以在很长一段时间内不采取该策略，利用国际实体规则维护自身利益，并指责其他贸易伙伴的措施违法，一个非常重要的原因是采取该策略的条件尚未成熟。一旦符合条件，则日本将支持采取进取的法律主义的立场。

（2）韩国实践的解说

就韩国而言，其在 1967 年成为 GATT 缔约方。如同日本，长期以来，韩国采取实用主义的方法尽量避免相关贸易纠纷进入正式的争端解决程序。如果进入争端解决程序，则尽量通过双边措施方式解决争议。[②] 虽然韩国产品经常遭受其主要贸易伙伴——美国、欧盟、加拿大和澳大利亚——贸易限制措施的影响，但相关措施很少被提交到争端解决体制来解决。[③]

---

① See generally Jeffrey D. Kienstra, “Cleared for Landing: Airbus, Boeing, and the WTO Dispute over Subsidies to Large Civil Aircraft”, 32 *Nw. J. Int'l L. &Bus.* 569 (2012).

② 在此期间，韩国仅是 2 起案件的被告（*Korea—Beef I case and the Korea—Polyacetal Resins case*），1 起案件的原告（*EC—Korean Television Sets case*）。

③ See Dukgeun Ahn, “Korea on the GATT/WTO Dispute Settlement System: Legal Battles for Economic Development”, 6 *J. Int'l E. L.* 598, 608 (2003).

对于韩国加入 GATT 早期的消极立场,有学者给出如下几点理由:一是能力不足和资源匮乏。即韩国政府缺乏足够有能力的官员来处理复杂的 GATT 法律争议中的技术问题。二是无讼文化的影响。传统上,韩国将诉诸国际争端解决视为外交政策的失败,受到负面评价。三是贸易盈余的存在。长期以来,韩国针对其主要贸易伙伴持续获得贸易盈余,致使韩国政府没有多少政治意愿在国际层面提起相关争议,消除相关的贸易限制措施。

随着 WTO 的成立,韩国政府逐渐改变其行为模式,开始利用 DSM 维护其自身权利。值得注意的是,在转型时期,韩国政府对于其他 WTO 成员对其提起的诉讼仍倾向于通过磋商方式加以解决。因此,韩国与日本一样,在条件成熟时,开始采取进取的法律主义立场,利用国际实体规则作为“盾”来维护本国采取措施的合法性,以此来回应其他 WTO 成员的指责;同时,也利用国际实体规则作为“矛”,以此为依据指责他国贸易措施违反 WTO 规则。

2. 进取的法律主义之于中国的特殊实践

进取的法律主义可以用来解释中国参与 WTO 争端解决逐渐从消极到积极的行为模式转换的阶段性特征。

作为东亚国家,中国在加入 WTO 时,与韩国类似,同样存在着诸如“能力不足和资源匮乏”“无讼文化的影响”和“贸易盈余的存在”等问题。理论上,如果进取的法律主义可解释韩国参与 DSM 的特色和行为模式,则同样可以解释中国的相关实践。

其中一个需要进一步解释的问题,是如何看待中国“入世”之初,即以申诉方的身份参与了针对美国保障措施的案件,并且胜诉。这一积极利用国际贸易规则维护自身利益,指责他方行为违反《建立 WTO 协定》的行为在表面上似乎符合进取的法律主义的外观。但问题在于,在此之后的很长一段时间,中国并未对其他 WTO 成员提起诉讼请求。当面对其他成员的指责时,中国会倾向于通过双边磋商模式,而非多边争端解决模式解决贸易纠纷。因此,如果将进取的法律主义理论应用到中国参与 DSM 的实践中,则必须说明,为何中国参与美国钢铁保障措施案(*US—Steel Safeguards*)不同于其后中国提起诉讼的其他案件。申言之,中国参与美国钢铁保障措施案并不代表中国开始实施进取的法律主义贸易策略。①

美国钢铁保障措施案源于2001年应美国贸易代表之请求,美国国际贸易委员会就钢铁产品发起保障措施调查。2005年5月,美国总统签发第7529号公告,就15种钢铁产品实施11类不同的保障措施。该保障措施引发美国主要贸易伙伴的集体反弹。DSB分别于2002年6月3日、14日、24日、7月8日、29日就欧盟、日本、韩国、中国、瑞士、挪威、新西兰和巴西的请求成立专家组。2003年7月专家组报告发布,认为美国未就其决定作出合理和充分解释,其所采取的所有保障措施均违反了WTO规则;同年11月上诉机构维持了专家组的裁决。②

该案涉及的法律规则主要为GATT 1994第19.1条和《保障措施协定》第2条、第3.1条和第4条。根据GATT 1994第19.1条,“如因不能预见的情况和一缔约方在本协定项下负担包括关税减让在内义务的影响,进口至该缔约方领土的产品数量增加如此之大且情况如此严重,以致对该领土内同类产品或直接竞争产品的国内生产者造成严重损害或严重损害威胁,则该缔约方有权在防止或补救此损害所必需的限度和时间内,对该产品全部或部分终止义务或撤销或修改减让”。《保障措施协定》第2条规定,“保障措施应针对一正在进口的产品实施,而不考虑其来源”。第3.1条规定相关调查应当公开透明。第4条规定了确定“严重损害或严重损害威胁”的方法。第4.2(b)条特别指出,“除非调查根据客观证据证明有关产品增加的进口与严重损害或严重损害威胁之间存在因果关系,否则不得作出(a)项所指的确定。如增加的进口之外的因素正在同时对国内产业造成损害,则此类损害不得归因于增加的进口”。

就GATT 1994第19.1条项下的“不能预见的情况”(unforeseen development),上诉机构维持了专家组的裁定,即就每一特定保障措施,调

---

① See Henry S. Gao, Aggressive Legalism: The East Asian Experience and Lessons for China, in Henry Gao & Donald Lewised., Participation in the WTO, Cameron May Ltd, 2005, p. 324.

② See Appellate Body Reports, *US—Steel Safeguards*, WT/DS248/AB/R, WT/DS249/AB/R, WT/DS251/AB/R, WT/DS252/AB/R, WT/DS253/AB/R, WT/DS254/AB/R, WT/DS258/AB/R, WT/DS259/AB/R, adopted 10 December 2003.

查机构应就“不能预见的情况”提供经过论证的结论，以及美国国际贸易委员会的相关解释没有经过充分论证且充足，因而违反了 GATT 1994 第 19.1 条的要求。

就《保障措施协定》第 2 条和第 4 条的“平行要求”(parallelism)，上诉机构同样维持了专家组的裁决，认为美国国际贸易委员会并未满足“平行要求”，因为在进行第 4.1(b)条项下的因果关系和非归因分析时，委员会应将被适用措施排除的进口产品视为“其他因素”，并且委员会应提供一个联合的确定，而非分别的确定(或是排除加拿大和墨西哥、或是排除以色列和约旦)，只有如此才能确定排除源于自由贸易协定伙伴(加拿大、以色列、约旦和墨西哥)的进口产品是否满足适用保障措施的条件。

因此，就本案而言，并不是美国不可以采取保障措施，而是美国在采取此类措施时必须符合最低的、由 GATT 1994 第 19.1 条和《保障措施协定》第 2 条、第 3 条和第 4 条设置的条件。

尽管中国全程参与美国钢铁保障措施案，并且最终以胜诉告终，但该案很难被视为是中国采取进取的法律主义的标志性事件。主要原因如下。①

其一，美国钢铁保障措施案是一起典型的群体性诉讼案件，共有 8 个 WTO 成员作为申诉方指责美国保障措施违反了 WTO 规则。在这 8 个 WTO 成员中，欧盟、日本、韩国和巴西相对积极，它们已经是较为成熟的 DSM 的使用者。如在就美国钢铁保障措施提起诉讼请求之前，欧盟已经是 DSM 下 56 起案件的申诉方、34 起案件的被诉方，日本是 10 起案件的申诉方、8 起案件的被诉方，韩国是 6 起案件的申诉方、11 起案件的被诉方，巴西是 17 起案件的申诉方、12 起案件的被诉方。反观中国，其刚刚加入 WTO，并没有任何 WTO 争端解决的诉讼经验，直至欧盟、日本和韩国提起申诉之后，中国才单独向美国提起磋商请求，在整个程序中，中国基本与其他主导申诉方的立场保持一致。当然，采取“搭便车”策略的 WTO 成员不只中国一家，挪威和瑞士在诉讼中也相对低调。因此，就美国钢铁保

① See Henry S. Gao, Aggressive Legalism: The East Asian Experience and Lessons for China, in Henry Gao & Donald Lewised., Participation in the WTO, Cameron May Ltd, 2005, p. 324.

障措施案而言,中国从第三方转化为申诉方,实现了新的突破。但该身份转变并未促使中国积极参与诉讼,而主要是作为跟随者,享受与之相关的胜诉战果。①

其二,美国钢铁保障措施案中,美国的相关措施受到国际社会的普遍谴责,中国参与相关诉讼彰显"得道多助,失道寡助"的理念,并不会在中美之间造成紧张关系。DSU 第 11 条要求"专家组对其审议的事项作出客观评估,包括对该案件事实及有关涵盖协定的适用性和与有关涵盖协定的一致性的客观评估,并作出可协助 DSB 提出建议或提出涵盖协定所规定的裁决的其他调查结果"。第 13 条则规定,"每一专家组有权向其认为适当的任何个人或机构寻求信息和技术建议",且"专家组可向任何有关来源寻求信息,并与专家进行磋商并获得他们有关该事项某些方面的意见"等。因此,国际社会对于美国钢铁保障措施的普遍谴责,以及由此形成的共识对于专家组而言均是有用的信息。在这一普遍谴责美国保障措施的大局势下,中国作为申诉方参与相关争端解决不会对中美关系产生负面影响。

其三,美国钢铁保障措施案所涉法律问题相对简单,且已有定案,美国承担极大的败诉风险。在美国钢铁保障措施案之前,已有多起保障措施案件,②

① See Lisa Toohey, "China and the World Trade Organization: The First Decade", 60 *Int'l Com. L. Qua.* 788, 790 (2011).

② *United States—Safeguard Measure Against Imports of Broom Corn Brooms* (DS78); *Korea—Dairy* (DS98); *Argentina—Footwear (EC)* (DS121); *Argentina—Safeguard Measures on Imports of Footwear (Indonesia)* (DS123); *Argentina—Footwear (US)* (DS164); *United States—Definitive Safeguard Measures on Imports of Wheat Gluten from the European Communities* (DS166); *US—Lamb* (DS177); *United States—Safeguard Measure on Imports of Fresh, Chilled or Frozen Lamb from Australia* (DS178); *United States—Definitive Safeguard Measures on Imports of Circular Welded Carbon Quality Line Pipe from Korea* (DS202); *Chile—Price Band System and Safeguard Measures Relating to Certain Agricultural Products* (DS207); *US—Wire Rod and Line Pipe* (DS214); *Chile—Price Band System and Safeguard Measures Relating to Certain Agricultural Products* (DS220); *European Union (formerly EC)—Tariff-Rate Quota on Corn Gluten Feed from the United States* (DS223); *Chile—Provisional Safeguard Measure on Mixtures of Edible Oils* (DS226); *Chile—Safeguard Measures on Sugar* (DS228); *Chile—Safeguard Measures and Modification of Schedules Regarding Sugar* (DS230); *Slovak Republic—Safeguard Measure on Imports of Sugar* (DS235); *Argentina—Definitive Safeguard Measure on Imports of Preserved Peaches* (DS238).

其中有8起案件进入了专家组裁决程序。[①] 在这8起案件中，专家组(上诉机构)均认为，所涉保障措施违反了《反倾销协定》和 GATT 1994 第19条的规定。如阿根廷鞋案(欧共体诉)[*Argentina—Footwear* (*EC*), DS121]的上诉机构指出，“对出口成员产品采取保障措施所施加的重要限制应当被视为是例外情况。当解释采取此类行为的前提条件时，应考虑其例外性质”。[②] 理论上，GATT 第19条和《保障措施协定》之所以允许保障措施的存在，主要原因在于此类措施可用作一国条约义务的“安全阀”，有利于各国加入 WTO，提升贸易自由化的程度。[③] 然而，在现实中，各国往往基于所谓的保护主义理由采取保障措施，而非将该措施视为例外的“最后救济手段”(last resort)。鉴于此类基于保护主义理由采取的措施很难满足 GATT 1994 第19条和《保障措施协定》所设的高门槛，其被专家组(上诉机构)认定违反 WTO 规则自然有其道理。对于中国而言，参与此类诉讼可谓稳操胜券。

其四，美国钢铁保障措施案中作为被诉方的美国也希望其他对其措施不满的 WTO 成员通过 DSM 解决贸易纠纷。美国的这一立场与 GATT 1994 第19条以及《保障措施协定》的相关规定有关。具体而言，GATT 1994 第19.3(a)条规定，“如有利害关系的缔约方之间未能就该行动达成协议，则提议采取或继续采取行动的缔约方仍有权这样做，且如果采取或继续采取该行动，则受影响的缔约方有权在不迟于该行动采取后90天，在缔约方全体收到有关中止义务的通知起30天期满后，对采取该行动的缔约方的贸易，或在本条第1款(b)项设想的情况下，对请求采取此项行动的缔约方的贸易，中止实施本协定项下与上述影响实质相当的减让或其他义务，只要缔约方全体对此不持异议”。《保障措施协定》第8.2条也有类似

① 按时间顺序为 *Korea—Dairy*, *Argentina—Footwear Safeguards*, *US—Wheat Gluten Safeguards*, *US—Lamb Safeguards from New Zealand*, *US—Lamb*, *US—Line Pipe Safeguards*, *Chile—Agricultural Products* (*Price Band*), *Argentina—Peach Safeguards*。

② Appellate Body Report, *Argentina—Footwear*(*EC*), WT/DS121/AB/R, adopted 12 January 2000, DSR 2000:I, 515, para 94.

③ See Alan Sykes, “the Safeguards Mess: A Critique of WTO Jurisprudence”, 2 *World Trade Rev.* 261, 295 (2003).

规定,授权受保障措施影响的出口成员对实施保障措施成员的贸易中止实施 GATT 1994 项下实质相等的减让或其他义务。就法律层面而言,此类补偿条款的目的在于平衡采取措施的进口成员与受影响的出口成员之间的利益关系。就其实际效果而言,相当于采取保障措施的进口成员以本国受到报复的产业损害为代价,维护了受保障措施产业的利益。如果受影响的出口成员足够聪明,完全可以选择具有高度敏感性的行业作为报复对象,这将对采取保障措施的进口成员造成相当大的压力。在此情况下,美国更倾向于将双边的贸易报复行为转化为多边的贸易争端解决行为,并通过后者的裁决来“合法”的撤销相关保障措施,从而平衡国内不同利益集团之间的纷争。在此情况下,中国加入欧盟、日本、韩国、巴西等出口国集团,对美国保障措施提起诉讼有利于美国政府缓解其国内的政治压力。

综上所述,中国之所以在“入世”后不久就对美国钢铁保障措施提起 WTO 争端解决磋商,进入专家组程序并获得胜诉裁决,在很大程度上是诸多因素相互作用的产物。实际上,尽管中国“轻易”地赢得了本案,但该胜诉并未有效激励中国在随后的 5 年期间踏上进取的法律主义之路,频繁对其他 WTO 成员提起 WTO 诉讼,或在他国提出请求时,利用 WTO 实体规则维护本国利益。如上所述,在 2006 年和 2007 年之前,中国一直试图采取双边谈判的方式解决与其他 WTO 成员之间的贸易纠纷,而避免将争议拖入 WTO 争端解决体制之中。进取的法律主义理论的核心在于一国积极利用国际实体规则;或是将之作为“盾”,为本国采取的但被其他 WTO 成员指责违反 WTO 规则的措施进行辩护;或者将之作为“矛”,指责其他 WTO 成员所采取的措施违反 WTO 规则,从而最大限度维护本国利益。

因此,中国参与美国钢铁措施保障案并非采取进取的法律主义策略的开端。如同日本和韩国,只有在条件成熟后,中国才正式确立该策略立场。

进取的法律主义是一种关于 WTO 成员基于 WTO 规则积极参与 WTO 争端解决过程的动态理论,该理论有助于说明,一旦某一 WTO 成员采取进取的法律主义立场,该立场基本是不可逆的,也有助于说明,随着越来越多的 WTO 成员采取进取的法律主义立场,DSM 所澄清、阐述或补充的规则将实质性地影响 WTO 成员的贸易规制行为。

（二）制度偏见视角：功利性的方式选择

1. 制度偏见理论的核心内容

尽管进取的法律主义可以解释为何中国会在加入 WTO 之后，逐渐采取了类似于日本、韩国等 WTO 成员的进取的法律主义立场，但该理论仍不能说明，即便中国倾向于积极利用 WTO 规则维护自身之利益，为何在某些类型的案件中仍采取回避的策略。比如，在中国作为申诉方的案件，有 21% 左右的争议未能进入专家组程序，①在中国作为被诉方的案件中，有 35% 左右的争议未能进入专家组程序。毕竟，在极端的进取的法律主义理论下，对于法律基础薄弱的案件，某一 WTO 成员仍应采取“明知其不可为而为之”的态度，充分利用相关法律实体规则所赋予的优势地位，走完 WTO 争端解决程序。②

针对进取的法律主义理论的不足，有学者提出了制度偏见理论，旨在解决这样一个问题：哪些因素影响到一国正式参与贸易争端解决机制？③也可同时说明，为什么某一成员对于不同类别争端会采取不同的解决方式？制度偏见理论从这样一个基本事实出发——对于所有 WTO 成员方而言，贸易争端解决的基本规则和程序是一样的，但积极参与的 WTO 成员数量有限。该理论认为，以下三个方面的因素导致了只有少数国家才会采取进取的法律主义策略。

其一，DSM 要求 WTO 成员自我代理（self-representation），某一具体 WTO 成员必须拥有足够的资源来监督和确认相关 WTO 违反行为是否存在，并且有能力进行 WTO 诉讼以维护其受到侵害的权利。DSB 是 WTO 成员驱动型的争端解决机构，只有 WTO 成员才能成为争端解决的申诉方、被

---

① 未进入专家组程序的案件有 4 起：美国铜版纸双方措施（DS368），欧盟可再生能源补贴（DS452），欧盟禽肉关税减让（DS492）和美国有关价格比较方法措施案（DS515）。

② See Note, (In) efficient Breach of International Trade Law: The State of the “Free Pass” after China’s Rare Earth Export Embargo, 125 *Harv. L. Rev.* 602, 603 – 603 (2011).

③ See Chad P. Bown, “Participation in WTO Dispute Settlement: Complainants, Interested Parties, and Free Riders”, 19 *World Bank Econ. Rev.* 287 (2005).

诉方或第三方。虽然一国在 WTO 提起诉讼在很大程度上源于受到公司或行业协会的鼓动，①并且一些国家也提供国内机制允许乃至鼓励公司或行业协会将其诉求传达给政府。② 但是否将相关争议提交 WTO 争端解决程序则仍由政府最终决定。③ 公司、行业协会或国际组织既不能作为争端各方，也不能参加磋商，④或成为第三方，或参与专家组或上诉机构的审理过程。⑤

其二，DSM 最终依赖于成员的自我执行(self-enforcing)机制执行裁决，这意味着胜诉的上诉方必须拥有相应的采取报复措施的能力，就败诉的被诉方未能履行 WTO 裁定威胁施加相应的经济成本。根据 DSU 第 3.7 条，DSM 的首要目标是保证撤销被认为与任何适用协定不一致的有关措施。"最后手段"是可以在歧视性的基础上针对另一成员中止实施涵盖协定项下的减让或其他义务，但需经 DSB 授权采取此类措施。DSU 第 22 条强调，"DSB 授权的中止减让或其他义务的程度应等于利益丧失或减损的程度"。⑥ 在自由贸易理论下，报复措施构成对贸易的破坏，实施该报复措施的成员也会遭受反噬。比如，在欧共体香蕉Ⅲ案(*EC—Banana* Ⅲ，DS27)中，厄瓜多尔被授权实施报复，但最终发现相关报复措施会对本国经济造成重大损害。对于发展中国家而言，报复措施的有效性受到质疑。

---

① See Peter Van den Bossche & Werner Zdouc, *The Law and Policy of the World Trade Organization: Text, Cases and Materials* (4th. ed.), Cambridge University Press, 2017, p. 184.

② 如欧盟有 Trade Barrier Regulation (Council Regulation (EC) No. 3286/94 on Community Procedures for the exercise of rights under international trade rules, in particular those established under the WTO, OJ 1994, L349, 71, as amended by Council Regulation (EC) No. 356/95. OJ 1995, L41, 3)；美国有 1974 年贸易法 301 条款[Section 301(a)(1) of the Trade Act 1974, 19 USC 2411(a)(1).]；中国有《对外贸易壁垒调查规则》(中华人民共和国商务部令 2005 年第〔4〕号)。

③ 如中国《对外贸易壁垒调查规则》第 33 条规定："如果被调查的措施或者做法被认定构成本规则第三条所称的贸易壁垒，商务部应当视情况采取以下措施：(一)进行双边磋商；(二)启动多边争端解决机制；(三)采取其他适当的措施。"

④ 《关于争端解决规则与程序的谅解》第 4.6 条规定：磋商应当保密。

⑤ DSU 第 11 条规定，专家组应定期与争端各方磋商，并给予它们充分的机会以形成双方满意的解决办法。第 18.2 条规定，提交专家组或上诉机构的书面陈述应当视为保密，但应使争端各方可获得。

⑥ 在欧共体香蕉Ⅲ案中，仲裁庭认为，DSU 第 22 条不能被解读为允许实施惩罚性报复措施。See Decision by the Arbitration, *EC—Banana* Ⅲ (*US*) (*Article* 22.6—*EC*) (1999), para. 6.3.

但是，在欧共体香蕉Ⅲ案和美国外国销售公司案（*US—FSC*，DS108）中，美国和欧共体分别相互施加的报复措施起到了预期效果，最终各方撤销了与 WTO 规则不一致的措施。①

其三，当贸易纠纷发生在拥有特殊政治关系（political relationship）的 WTO 成员方之间时，相关 WTO 成员可能会采取措施尽量避免正式的贸易争端解决机制。该特别的政治经济关系可表现为某一成员接受过或正在接受或即将接受另一成员提供的发展资助，或者发生争议的各方是优惠贸易政策的缔约方。如果此类 WTO 成员之间发生贸易纠纷，则接受发展资助的 WTO 成员，或在经济、政治或文化上处于劣势的 WTO 成员并不倾向于将争议提交 WTO，即使这样做可能有利于其获得短期利益。② 就中国政府而言，其与台湾地区、香港特别行政区和澳门特别行政区之间存在敏感的政治经济关系，这一关系影响中国政府是否愿意在 DSM 解决相关的贸易争端。而中国政府的意愿将实质决定台湾地区、香港特别行政区和澳门特别行政区利用 DSM 的空间。③

总而言之，虽然 DSM 的规则无区别地适用于所有 WTO 成员，但促使该争端解决机制正常运转的自我代理机制、自我执行机制以及成员间存在的特殊政治关系均体系性地歧视穷国或弱国，它们或是缺乏足够资源推进 DSM 的进行，或缺乏足够能力对违约方进行实质性报复，或是在政治上依附于某一更为强大的 WTO 成员。

2. 制度偏见下的成本收益分析

正是因为 DSM 含有制度偏见，一项表面上客观公正的制度对于具体的 WTO 成员而言可能对应着不同的成本和收益。这意味着，某一 WTO 成员决定参与或不参与 WTO 争端解决、采用何种方式加以处理，是综合考量制度偏见成本和收益之后的理性决策。换言之，一成员只有在参与的预期收

---

① See Peter Van den Bossche & Werner Zdouc, *The Law and Policy of the World Trade Organization: Text, Cases and Materials* (4th. ed.), Cambridge University Press, 2017, p. 207.

② See generally Bernard Hoekman & Petros C. Mavroidis, "WTO Dispute Settlement, Transparency and Surveillance", 23 *World Eco.* 527 (2000).

③ See Steve Charnovitz, "Taiwan's WTO Membership and its International Implications", 1 *Asian J. of WTO & Int'l Health L. & Pol'y* 401 (2006).

益高于预期成本的情况下才会考虑利用 DSM，并根据与潜在对象的政治关系来选择最终的被诉方。类似地，当某一成员被他国提起磋商请求时，同样会就是否进入专家组程序进行成本收益分析。特别是要分析，在可能进入专家组程序的情况下，于磋商阶段作出让步是否足以维护本国利益。①

(1)预期收益

以申诉诉方的成本收益分析为例，其正式参与 DSM 的预期收益受制于三个要素。

一是胜诉可以获得的出口利益。这种出口利益既包括直接的、短期的经济利益，也包括间接的、长期的经济利益。比如，在美国有关价格比较方法措施案、欧盟价格比较方法相关措施案中，中国与美国、欧盟就《中国加入议定书》第 15 条"非市场经济条款"的含义及其终止的法律后果的争议就涉及两种经济利益。② 一旦中国获得胜诉，则会大大限制美国、欧盟等主要贸易伙伴利用"非市场经济条款"对中国进口产品实施歧视性待遇的概率，有利于进一步提升中国产品在国际市场上的竞争力。就出口利益的角度而言，一般情况下，被诉方的市场越是重要，则申诉方越有可能参与相关争议程序。美国博彩案最能体现这一观点。③ 该案起诉方为安提瓜，是世界上最小的国家之一，被诉方为美国，是世界最大的国家之一，就经济规模而言，两者根本不在同一重量级。而安提瓜之所以要通过 DSM 解决其与美国之间的贸易纠纷，一个非常重要的原因是该国博彩业以及由此带动的旅游业构成该国的经济命脉，其网上博彩业的主要顾客来自美国。因此，当美国采取措施禁止安提瓜通过网络在美国提供博彩服务时，对安提瓜经济的打击是毁灭性的。在此情况下，安提瓜只能选择 WTO 争端解决机制维护自身权利。④ 就中国而言，由于相关产品的出口市场主要集中在美国和欧盟，因此，中国提起的 WTO 争端以美国和欧盟为被诉方最能确

---

① 需要说明的是，磋商阶段的解决问题是双边层面的，因此本质上仍是偏见的。

② See Vera Thorstensen, Daniel Ramos, Carolina Muller, & Fernanda Bertolaccini, "WTO—Market and Non-Market Economies: the Hybrid Case of China", 2 *Latin A. J. Int'l Trade L.* 765, 766 (2013).

③ 相关案情可参见美国博彩案。

④ 实际上，美国博彩案也是安提瓜在 WTO 提起的唯一一起案件。

保前者的出口利益。

二是相关争议中胜诉的可能性。GATT 1994 第 23 条规定了三种导致利益丧失或减损的情形，与之相关的诉讼分为三类：违反之诉，即另一 WTO 成员未能履行其在本协定项下的义务所导致的利益丧失或减损之诉；非违反之诉，即另一 WTO 成员实施任何措施，无论该措施是否与本协定的规定产生抵触所导致的利益丧失或减损之诉；情形之诉，即存在任何其他情况所导致的利益丧失或减损之诉。上述规定为《TRIPs 协定》所沿用。① GATS 第 23 条则规定了两类诉讼：违反之诉，即"如任何成员认为其他成员未能履行本协定项下的义务或具体承诺，则该成员未就该事项达成双方满意的解决办法可援用 DSU"；非违反之诉，即"如任何成员认为其根据另一成员在本协定第三部分下的具体承诺可合理预期获得的任何利益，由于实施与本协定规定并无抵触的任何措施而丧失或减损，则可援用 DSU"。对于违反之诉，DSU 第 3. 8 条规定，"如发生违反在适用协定项下所承担义务的情况下，则该行为被视为初步构成利益丧失或减损的案件。这通常意味着一种推定，即违反规则对适用协定的其他成员方造成不利影响，在此情况下，应由被起诉方的成员自行决定是否反驳此指控"。对于非违反之诉和情形之诉，DSU 第 26 条也有规定。根据第 26. 2 条，专家组只有在一方认为由于存在任何不属于违反之诉和非违反之诉的情况，而造成根据有关适用协定直接或间接获得的任何利益丧失后减损，或此类情况妨碍该协定任何目标的实现时，方可作出裁决和提出建议。因此，相对于非违反之诉和情形之诉，一成员提起违反之诉胜诉的概率会更高。② 就中国而言，其所提起的 20 起诉讼均为违反之诉，这就大大提升了胜诉的概率。

三是成功迫使被诉方撤销与 WTO 义务不符措施的可能性。DSU 第

---

① 《TRIPs 协定》第 64. 1 条规定：由《争端解决谅解》详述和实施的 GATT 1994 第 22 条和第 23 条的规定适用于本协定项下产生的磋商和争端解决，除非本协定中另有具体规定。

② See Sungjoon Cho, "GATT Non-Violation Issues in the WTO Framework: Are They the Achilles' Heel of the Dispute Settlement Process?" 39 *Harv. Int'l L. J.* 311 (1998); Susy Frankel, "Challenging TRIPs-Plus Agreements: the Potential Utility of Non-Violation Disputes", 12 *J. Int'l E. L.* 1023 (2009); John H. Jackson, William J. Davey & Alan O. Sykes, Legal Problems of International Economic Relations (2002), pp. 287 – 788.

23 条规定，“当成员寻求纠正违反义务情形或寻求纠正其他造成适用协定项下利益丧失或减损的情形，或寻求纠正妨碍适用协定任何目标的实现的情形时，它们应援用并遵守本谅解的规则和程序”。该规定旨在强化多边体制，即无论是违反之诉还是未违反之诉抑或情形之诉，WTO 成员应遵守 DSU 第 22 条关于补偿和中止减让的程序，“确定中止减让或其他义务的程度，并针对有关成员未能在该合理期限内执行建议和裁决的情况，在中止适用协定下的减让或其他义务之前，依照这些程序获得 DSB 的授权”。就违反之诉而言，如果被诉方未如期执行裁决，胜诉方即可获得 DSB 授权进行中止减让，直至败诉方撤销相关措施为止。[①] 但是，对于非违反之诉和情形之诉，DSU 第 26 条做出了特别规定。根据第 26.1 条，“如一措施被认定造成有关适用协定项下的利益丧失或减损，或此种措施妨碍该协定目标的实现，但并未违反该协定，则无义务撤销该措施”。对于情形之诉，DSU 的程序“仅适用至有关程序中专家组报告散发各成员为止”。这意味着相关专家组报告不能上诉到上诉机构，也不能寻求 DSB 授权进行补偿和中止减让。就中国而言，由于其所提诉讼均为违反之诉，故可要求败诉一方撤销相关不符措施。

(2)预期成本

除参与 DSM 可获得的预期收益之外，完整的成本收益分析还要考察一 WTO 成员决定参与 DSM 的预期成本。相关成本分为如下两类。

一是申诉方承受诉讼成本的能力。一般情况下仅仅作为诉讼第三方参与 DSM 的成本优先。但是无论是作为申诉方还是作为被诉方均需承担与之相关的诉讼成本。如果通过磋商阶段难以解决争议，申诉方决定请求设立专家，则争端各方有必要借助相关法律专家撰写书面形式的请求，该请求应指出“是否已进行磋商、确认争论中的措施并提供一份足以明确陈述问题的起诉的法律根据概要”。在申请请求设立的专家组不具有标准职

① DSU 第 22.8 条规定，“减让或其他义务的中止应当是临时性的，且只应维持至被认定和适用协定不一致的措施已取消，或必须执行建议或裁决的成员对利益丧失或减损已提供解决办法，或已达成双方满意的解决办法”。

权范围的情况下，[1]“书面请求中应包括特殊职权范围的拟议案文”等。[2]如果争端各方决定上诉，则“上诉应限于专家组报告涉及的法律问题和专家组所作的法律解释”，[3]显然，必须借助法律专家才能完成这一高难度任务。对于申诉方而言，参与 DSM 还包括时间这一诉讼成本。一般情况下，经过磋商、设立专家组、专家组审理、专家组中期报告、专家组报告通过、上诉机构审理、对执行建议和裁决等程序，即使非常顺利，一项诉讼的终结也会耗时 15 ~ 18 个月。[4] 由于被诉方的相关措施在诉讼期间被推定为符合 WTO 规则，此类措施仍将继续存在，并且，即使胜诉，被诉方只需按照 DSB 裁决和建议撤销其不符措施，无须作出溯及补偿，这必然会激励被诉方延长诉讼期间，以获得最大利益。

二是申诉方与被诉方之间的政治经济成本。DSM 有助于促使国际贸易体制从权力导向转向规则导向。但是对于受诉讼文化影响、历史上很少参与国际裁决实践、倾向于通过双边谈判机制解决贸易纠纷的国家而言，通过国际贸易争端解决方式处理其与贸易伙伴国之间的贸易争端仍会造成外交关系的困扰和紧张。比如，就中国而言，如何处理与其地缘政治所涉 WTO 成员[如大中华区的台湾地区、香港特别行政区、澳门特别行政区，东北亚的日本、韩国、东南亚的东盟国家、“一带一路”沿线国家、金砖国家(BRICS)、俄罗斯等]之间的贸易纠纷，如何处理与发展中国家之间的贸易纠纷均需考量与之相关的政治经济成本。理论上，在成熟的国际法制度下，法律争端可以同外交政策相割裂，但是，从大外交的角度考察，在 WTO 发动诉讼本身就是一种外交行为。[5] 过于进取的法律主义反而不利于各国进一步深化彼此之间的贸易关系。就中国而言，尽管其与其他 WTO

---

① 根据 DSU 第 7.1 条，专家组的职权范围为：“按照(争端各方引用的适用协定名称)的有关规定，审查(争端各方名称)在……文件中提交 DSB 的事项，并提出调查结果以协助 DSB 提出建议或作出该协定规定的裁决。”

② DSU 第 6.2 条。

③ DSU 第 17.6 条。

④ 参见 DSU 第 21.4 条。

⑤ See Marc L. Busch & Eric Reinhardt, “Bargaining in the Shadow of the Law: Early Settlement in GATT/WTO Disputes”, 24 *Fordham Int'l L. J.* 158 (2000).

成员也存在诸多贸易争端，但目前为止仅针对美国和欧盟提起过诉讼。这在一定程度上说明，WTO 成员之间的政治经济考量会影响中国的选择。

如果将制度偏见理论和进取的法律主义理论相结合，可以发现，中国参与 WTO 争端解决所体现出来的独特性和行为模式有其规律可循。随着中国进取的法律主义立场的确立，如同制度偏见理论所预测的那样，中国将充分利用自身资源，决定将哪些案件申诉到 WTO，或者哪些案件在磋商阶段就通过双边方式加以解决。同时，中国巨大的经济体量和有吸引力的国内市场也有助于增强中国对败诉方实施有效制裁的可信度。在获得 DSB 授权保护的“正当性”光环笼罩之下，并辅之以中国强大的贸易报复能力，相关裁决被执行的可能性将大大提高。实际上，对于任何胜诉的 WTO 成员而言，真正实施报复措施将会导致“两败俱伤”的局面，最好的方式莫过于通过威胁报复就可以成功地促使败诉方撤销与 WTO 规则不符的措施。也正是因为 DSB 授权下的威胁报复措施运转情况良好，中国才会频频发起对欧美的诉讼，同时中国也会在对方威胁报复的“阴影下”撤销相关违法措施。① 可以预见，只要 DSM 不发生根本性的改变，中国将长期秉持进取的法律主义立场，积极利用国际实体规则，为自身采取的贸易措施进行辩护，或质疑其他 WTO 成员的贸易措施。正是通过积极参与 DSM，中国开始逐步融入 WTO 体制。

（三）少数成员塑造先例视角：倾向性的规则重塑

1. 少数成员塑造先例：DSM 的客观现实

如同绝大多数国际裁决机构所作出的裁决，②WTO 上诉机构的报告没有法律上的先例效力。③《建立 WTO 协定》第 9.2 条明确规定：“部长级会议和总理事会拥有通过本协定和多边贸易协定所作解释的专有权力。”

---

① See Timothy Webster, “Paper Compliance: How China Implements WTO Decisions”, 35 *Mich. J. Int'l L.* 525 (2014).

② 明文规定国际裁决机构裁决具有先例效力的是加勒比地区法院（Caribbean Court of Justice）。

③ 此处采用“先例效力”而非“先例拘束力”的理由，可参见 Raj. Bhala, “The Myth About Stare Decisis and International Trade Law (Part One of a Trilogy)”, 14 *Am. U. Int'l L. Rev.* 845, 853 (1999)。

尽管 DSB 通过的上诉机构报告应被争端各方无条件接受,[①]但依据 DSU 第 3.2 条之规定,“专家组和上诉机构在其调查结果和建议中,不能增加或减少适用协定所规定的权利和义务”。[②] 究其原因,由于上诉机构并不受制于类似于国内法律体系常见的宪政制约,出于民主或主权等因素的考虑,WTO 成员不会将重要的司法立法权授予未经选举的“法官”——在上诉机构任职的人员。尽管理论上上诉机构的报告不具先例效力,但事实上,专家组和上诉机构审理案件的方法却赋予其先例效果。在美国不锈钢案(墨西哥诉)中,上诉机构更是提及,“如果缺乏强有力理由,一裁决机构应在随后的案件中,以同样的方式解决同样的法律问题”。[③] 这一裁决增强了上诉机构报告中相关解释的先例效力。

一项采取网络分析技术,对 2013 年年底前所有 WTO 上诉机构报告(共 108 份)的相互援引状况进行分析的研究报告,就上诉机构报告中的援引和被援引情况总结如下。[④]

第一,上诉机构从其创始之日起,就开始在第二份报告中援引此前报告,表现出强烈的遵循先例的偏好。如在 108 份上诉机构报告中,共录得 2957 次援引此前上诉机构的报告。

第二,上诉机构报告在事实上的先例效力随时间而持续增强。此后的上诉机构报告援引此前上诉机构报告的次数呈轻微上扬的趋势。

第三,上诉机构报告的相互援引的网络表明,所有的上诉机构报告均被其后的上诉机构报告援引过。[⑤] 在 108 份上诉机构报告中,有 83 份报告被援引的次数超过 10 次。

第四,上诉机构报告被相互援引基本呈现平均状态,但有一些案件

---

① DSU 第 17.14 条。

② DSU 第 19.2 条。

③ See Appellate Body Report, *US—Stainless Steel (Mexico)*, WT/DS344/AB/R, adopted 30 April 2008, para. 160.

④ See Joost Pauwelyn, “Minority Rules: Precedent and Participation before WTO Appellate Body”, *In Establishing Judicial Authority in International Economic Law*, Cambridge University Press, 2016, pp. 141 - 172.

⑤ 基于数据库的限制,最后两起案件尚未被援引。

被援引的次数明显超出其他案件。如美国归零案(欧共体诉)[US—Zeroing (EC),DS294]被援引的次数不少于 232 次。[①] 如果将被同一份上诉机构报告中多次援引的相同报告的情况视为 1 次,欧共体荷尔蒙案以有 70 份上诉机构报告援引过该案而录得头名,紧随其后的是被 57 份上诉机构援引的日本含酒精饮料案Ⅱ(*Japan—Alcoholic Beverages* Ⅱ,DS8、DS10、DS11)。

第五,上诉机构报告援引其他上诉机构报告呈现平均状态,[②]但一些报告所援引的其他上诉机构报告数量远远超出平均数。如美国归零案(欧共体诉)援引其他上诉机构报告 294 次,美国归零案(日本诉)[*US—Zeroing*(*Japan*),DS322]援引其他上诉机构报告 161 次,美国反倾销和反补贴税案援引前上诉机构报告 111 次。如果将同一份上诉机构报告中多次援引相同报告的情况视为 1 次,则美国反倾销和反补贴税案以援引 76 份不同的上诉机构报告录得头名,美国轮胎案(中国诉)以援引 66 份不同的上诉机构报告位居次席。

上述援引与被援引的情况表明,现有的上诉机构报告之于未来 WTO 诉讼的重要性。实际上,如果没有对上诉机构报告的通盘掌握和理解,WTO 成员方根本无法掌握适用协定的具体适用情况。

由于上诉机构报告首先针对具体案件做出,旨在依照 DSU 和适用协定项下的权利和义务,“实现问题的满意解决”。[③] 因此,理论上不会因为争端各方的不同而“增加或减少适用协定所规定的权利和义务”。[④] 问题在于,针对争端各方的上诉机构报告必然会将重点放在争端各方所关注的条款的解释和适用之上。就条约解释而言,虽然包含“解释国际公法的惯例”的《维也纳条约法公约》第 31 条、第 32 条和第 33 条作出了较为详细规定,但该指导性规定并不能保证适用条约解释方法必然会获得统一结论。更为重要的是,上诉机构报告之间的援引和被援引网络一旦形成,相关的

---

① 其他另外两起被援引超过 100 次的案件分别为欧共体香蕉案Ⅲ案和美国归零案(日本诉),分别为 147 次和 132 次之多。

② 早期的上诉机构报告因为能够援引的其他上诉机构报告数量有限,而呈现数量较低的特点。

③ DSU 第 3.4 条。

④ DSU 第 3.2 条、第 19.2 条。

观点将会自我增强，任何试图改变该网络中约定俗成观点的做法将遭受巨大阻力。这意味着，参与相关 WTO 诉讼所形成的规则解释将会影响到此后类似案件的解决。基于此，分析 WTO 成员实际参与 DSB 诉讼情况有助于澄清哪些成员在"塑造"着 WTO 规则的解释和适用。

就此，上述同样的研究报告就 WTO 成员参与 DSM 的情况总结如下。①

首先，只有很少一部分 WTO 成员作为争端方参与 DSM，塑造着上诉机构的案例法。如截至 2013 年年底，131 个成员中有 29 个成员作为起诉方或被诉方、上诉方或被上诉方参与过上诉机构审理的案件。②

其次，在参与争端解决的少数成员中，只有小部分成员占据核心地位。如在 29 个以争端方身份参与过上诉机构程序的 WTO 成员中，③有 10 个成员仅参与过 1 起案件，另外 4 个成员参与过两起；只有 10 个成员参与的上诉机构程序超过 10 起。

最后，参与上诉机构程序的参与方网络所涉节点不仅规模小，且主要集中在两个中心点——美国和欧盟。

尽管对于上诉机构提出的"如缺乏强有力理由，后案应遵从先案"的观点，美国和欧盟之间存在争议；④上诉机构赋予自身裁决先例地位的做法也成为美国谴责并破坏上诉机构组成的一项重要"罪状"。但同样不可否认的是，在相互援引的网络中，上诉机构报告之于解决具体争议的重要性不会衰减。由于美国和欧盟积极参与上诉程序，作为诉讼"老手"（repeat player），相对于"新手"（one-shotter）而言，⑤其对于上诉机构如何解释和适用 WTO 协定都产生着深刻的影响。相信少数成员事实上塑造先例的现状仍将持续。

---

① See Joost Pauwelyn, "Minority Rules: Precedent and Participation Before WTO Appellate Body", *In Establishing Judicial Authority in International Economic Law*, Cambridge University Press, 2016, pp. 141 - 172.

② 欧盟 28 国被合计为 1 个 WTO 成员方。

③ 此处争端方不包括第三方。在 131 个 WTO 成员中，有 72 个成员曾作为第三方参与过上诉机构程序。

④ See Appellate Body Report, *US—Continued Zeroing*, WT/DS350/AB/R, paras. 362 - 365.

⑤ See generally, Marc Galanter, "Why the 'Haves' Come out Ahead: Speculations on the Limits of Legal Change", 9 *L. Soc. Rev.* 95 (1974).

2. 少数成员塑造先例理论的中国应用

随着中国加入 WTO 并逐渐确立进取的法律主义立场，中国迅速成为参与 DSM，特别是上诉机构程序的主要成员方之一。对于少数成员通过 DSM 塑造先例的效应，中国有着切身的体悟。

如上所述，中国原材料案中，专家组和上诉机构均裁定中国不能援引 GATT 1994 第 20 条例外作为其违反《中国加入议定书》第 11.3 条的合法理由。而根据上诉机构在美国不锈钢案（墨西哥诉）中的观点，一旦专家组的观点被上诉机构认可，则除非存在"强有力理由"，否则此后专家组或上诉机构将依据同案同判的原则，采用此前案件中的方式解决同样的法律问题。[①] 虽然对于中国而言，如前所述，这一解释显然是过于严苛的。

为扭转中国所处不利局面，进一步澄清《中国加入议定书》和 WTO 涵盖协定之间的体系性关系，中国在此后的中国稀土案中试图提出新的理由，扭转专家组和上诉机构在中国原材料案中的相关观点。该案法律争议与中国原材料案类似，中国仍然依据 GATT 1994 第 20 条寻求例外。尽管该案专家组中有一位专家组成员认为中国提供的理由足以推翻上诉机构在此前案件中的观点，但并未得到多数专家组成员和上诉机构的认可，最终仍认定中国无权援引 GATT 1994 第 20 条来证成对《中国加入议定书》条款的偏离。[②]

中国在中国原材料案和中国稀土案中连续受挫，致使《中国加入议定书》大部分条款因为未明确提及 WTO 涵盖协定而难以顺利援引 GATT 1994、GATS 或《TRIPs 协定》项下的例外条款，[③]但这并不意味着中国会因此而全盘否定 DSM 的积极作用。实际上，对于"强有力理由"持坚决反对

① 就专家组是否可援引"强有力理由"偏离上诉机构的解释，还是只有上诉机构才能依据"强有力理由"偏离自身解释，理论上存在争议。See generally Mostafa Beshkar & Adam S. Chilton, "Revisiting Procedure and Precedent in the WTO: An Analysis of US—Countervailing and Anti-Dumping Measures (China)", 15 *World Trade Rev.* 375 (2016).

② See Julia Ya Qin, "Judicial Authority in WTO Law: A Commentary on the Appellate Body's Decision in China-Rare Earths", 13 *Chinese J. Int'l L.* 639, 641 (2014).

③ See generally Julia Ya Qin, "Judicial Authority in WTO Law: A Commentary on the Appellate Body's Decision in China-Rare Earths", 13 *Chinese J. Int'l L.* 639 (2014).

态度,否认上诉机构报告具有先例效力观点的恰恰是采取普通法制度的美国。[①] 根据美国的观点,至少在如下6个方面,不应支持上诉机构在美国不锈钢案(墨西哥诉)中关于"强有力理由"的观点。

(1)上诉机构未能适当理解专家组和上诉机构在WTO体系中的功能。美国认为,[②]根据DSU第11条,"专家组应对其审议的事项作出客观评估",而客观评估包括对适用条约的解释。无论是根据DSU第11条、第3.2条、第3.9条,还是根据《建立WTO协定》第9.2条,均不能从中引申出上诉机构所主张的"强有力理由"的含义。

(2)上诉机构错误地解释了DSU第3.2条。在美国不锈钢案(墨西哥诉)中,上诉机构认为,"为确保争端解决体制的'可靠性和可预测性',正如DSU第3.2条所暗示的那样,如果缺乏强有力理由,裁决机构应在后续案件中以同样方式解决同样法律问题"。[③] 美国认为,DSU第3.2条没有类似暗示,并且美国在本案中的观点与其此前在日本含酒精饮料案Ⅱ的观点不符。该案专家组根据DSU第3.9条和《建立WTO协定》第9.2条之规定,认为"WTO协定特别规定了关于解释条约的'独占权力',这足以说明,该权力不能通过暗示或无意方式而取得"。[④]

(3)上诉机构所依赖的此前上诉机构报告并不支持"强有力理由"的结论。美国指出,在得出"强有力理由"的观点之前,上诉机构援引了日本含酒精饮料案Ⅱ、美国虾案(马来西亚)(第21.5条)以及美国石油管复审案(*US—Oil Country Tubular Goods Sunset Review*,DS268)中的相关观点作为支持。但是,这些案件仅提及被采纳的专家组或上诉机构报告是WTO的经验财富(acquis),而非具有先例效力。

(4)上诉机构未能理解为何争端各方会援引此前的专家组或上诉机

---

① 一种观点认为,WTO的争端解决机制上诉机构类似于美式法院。See Raj. Bhala,"The Myth About Stare Decisis and International Trade Law (Part One of a Trilogy)",14 *Am. U,Int'l L. Rev.* 845,848 (1999).

② See U. S. Statement at the December 18,2018,DSB Meeting.

③ See Appellate Body Report,*US—Stainless Steel* (*Mexico*),WT/DS344/AB/R,adopted 30 April 2008,para. 160.

④ See Appellate Body Report,*Japan—Alcoholic Beverage* Ⅱ,WT/DS11/AB. R,p. 13.

构报告。美国认为,争端各方援引此前的报告是基于其具有说服力,而非其具有先例效力。

(5)上诉机构未能与其他国际裁决机构的类似做法作出适当比较。在美国不锈钢案(墨西哥诉)中,上诉机构援引了前南斯拉夫国际刑事法庭(ICTY)以及 ICSID 仲裁庭的裁决来支持其"强有力理由"的观点。美国认为,DSB 是否与这两个国际裁决机构比较一直存在疑问,并且以上述两个国际裁决机构的个案来推定存在相关的习惯国际法没有说服力。

(6)上诉机构错误地认为 DSM 存在层级制,而未能充分考虑到上诉机构的权能有限。根据上诉机构在美国不锈钢案(墨西哥诉)的观点,如果专家组未能遵循此前处理同类事项的上诉机构报告,则会损害到旨在澄清适用条约权利和义务之法理的一致性和可预测性。[①] 美国认为,DSU 第 17.6 条和第 17.13 条并未赋予上诉机构以宽泛的权力来发展一致的和可预测的法理。

对于美国指责上诉机构确立先例的观点,包括中国在内的绝大多数成员持保留态度,中国、欧盟、加拿大、印度等成员在回应时没有明确否认上诉机构关于"强有力理由"的观点,而是认为应通过其他机制在 WTO 成员和上诉机构成员之间保持信息流通,在交流时,相关成员不应将其观点与特定的案件相联系。[②] 基于同样的思路,对于美国利用《建立 WTO 协定》第 9.1 条项下协商一致原则阻碍任命上诉机构成员选任之情事,[③]几乎所有其他 WTO 成员均予以反对和谴责。尽管中国在中国原材料案和中国稀土案中因上诉机构"强有力理由"之行使观点遭遇了受限的事实,但中国并未采取与美国类似的破坏性态度,而仍然选择维护上诉机构的权威。笔者认为,中国的此一做法具有重要的启示和积极意义。

---

① See Appellate Body Report, *US—Stainless Steel (Mexico)*, WT/DS344/AB/R, adopted 30 April 2008, para. 161.

② See Communication from the European Union, China, Canada, India, Norway, New Zewzland, Switzerland, Austrial, 26 November 2018, WT/GC/W/752.

③ See generally Jeffrey L. Dunoff and Mark A. Pollack, "The Judicial Trilemma", 111 *Am. J. Int'l L.* 225 (2017); Richard H. Steinberg, "Judicial Lawmaking at the WTO: Discursive, Constitutional, and Political Constraints", *Am. J. Int'l L.* 247 (2004).

综合中国参与 DSM 的实践表明,一方面,在进取的法律主义立场下,中国仍倾向于利用制度偏见,通过维护 DSM,积极参与相关诉讼的方式来塑造有利于自身的规则;但与此同时;另一方面,对于 WTO 成员有利的策略并不必然有利于 WTO 体系本身。① 从有利于维护 DSM 存续的角度而言,中国在现有框架内通过微调"宪政规则"解决合法性争议的建设性方案显然优于美国通过政治策略限制上诉机构"司法造法"能力的破坏性举措。②

第五节　中国参与 WTO 争端解决实践的总体性评价

对于不同的主体而言,即便明晰了中国参与 DSM 的特色及其根源,并不必然导致同样的评价。这一方面是因为评价者所处地位和立场不同;③ 另一方面还因为相关评价涉及更深层次的对国际法本质的认识问题。

一、截然相反的两类评价

当前,就如何评估中国参与 WTO 争端解决中的特别现象和行为模式,理论界和学术界基本分为截然相反的两派观点。

(一)悲观、否定评价:背离有余而约束不足

对中国参与 WTO 争端解决实践基本持悲观立场和否定评价的派别首先认为,中国的 WTO 承诺与中国后续实践之间存在差异。④

具体而言,在 2001 年 12 月 11 日中国正式成为 WTO 成员之日,众多知识界和政商界领袖对中国积极履行其国际义务表现出充分信心。在一

① See Raj. Bhala,"Power of the Past: Towards De Jure Stare Decisis in WTO Adjudication (Part Three of a Trilogy)",33 *Geo. Wash. Int'l L. Rev.* 873,878 (2001).

② 相关理论争议,可参见 Richard H. Steinberg,"Judicial Lawmaking at the WTO: Discursive, Constitutional, and Political Constraints",*Am. J. Int'l L.* 247,273 (2004); James McCall Smith,"WTO Dispute Settlement: The Politics of Procedure in Appellate Body Rulings",2 *World Trade Rev.* 55 (2003)。

③ 如很少有中国学者对中国参与 WTO 争端解决的实践作出负面评价。

④ See Stephen J. Ezell & Robert D. Atkinson, False Promises: The Yawning Gap between China's WTO Commitments and Practices, available at www2. itif. org/2015 – false-promises-china. pdf.

定程度上,这一信心主要建构在两个前提之上:一是市场机制的优越性。中国加入 WTO,意味着将受制于由市场机制主导的全球化竞争机制。市场机制优胜劣汰,与市场机制不相适应的做法和实践会受到市场的惩罚。如果中国继续坚持不符合市场机制的制度,则最终将在全球化市场中落伍。在市场机制的压力下,中国很可能将最终接受和践行“华盛顿共识”中的自由市场和贸易自由化。二是 WTO 机制的优越性。WTO 的主要职能包括谈判机制、政策审议机制和争端解决机制,通过多边谈判机制,可进一步促进中国的贸易自由化承诺;通过高强度的贸易审查机制(中国加入 WTO 前 8 年,每年审议 1 次),可充分揭示出中国贸易体制与 WTO 规则的不一致之处,并通过同行审议机制迫使中国进行国内制度改革;通过 DSM 可纠正中国实施的与 WTO 规则不一致的具体贸易政策,有助于维护其他 WTO 成员的贸易利益等。①

然而,中国“入世”之后,虽然修改了若干的国内法律、法规和贸易政策,但并未如同乐观者所预期的那样。

此派观点还认为,现存 WTO 制度不足以限制中国滥用 WTO 机制追求自身利益;特别是对于 DSM 而言,因相关裁决具有“向前看”的特征,对于违法措施以撤销为限,相关补偿也以申诉方遭受的利益减损为基准进行计算,该规定必然激励中国采取“有效违约理论”,最大限度地维护国家利益。② 不仅如此,通过 DSM 解决贸易纠纷,存在严重的“时滞”问题——一起争议从提起磋商到争议解决,通常会耗时 2 ~ 3 年的时间。因此,现有 DSM 既不能消除“有效违约理论”引发的起诉方和被诉方之间的体系性的

---

① See Supachai Panitchpakdi & Mark Clifford, “China and the WTO: Changing China, Changing World Trade”, *John Wiley & Sons*, 2012, pp. 2 – 4.

② 关于“有效违约理论”,参见 Richard Morrison, “Efficient Breach of International Agreements”, 23 *DENV. J. INT'L L. & POL'Y* 183 (1994); Eric A. Posner & Alan O. Sykes, “Efficient Breach of International Law: Optimal Remedies, ‘Legalized Noncompliance,’ and Related Issues”, 110 *MICH. L. REV.* 243 (2011); Alan O. Sykes, “Protectionism as a ‘Safeguard’: A Positive Analysis of the GATT ‘Escape Clause’ with Normative Speculations”, 58 *U. CHI. L. REV.* 255, 284 – 85 (1991); Joel P. Trachtman, “the Theory of the Firm and the Theory of the International Economic Organization: Toward Comparative Institutional Analysis”, 17 *NW. J. INT'L L. & BUS.* 470, 482 – 83 (1997)。

不平等关系，也不能消除“时滞”引发的“免费违约”(free pass)现象。对于中国的机会主义行为，WTO 现有的体制无能为力。①

(二)乐观、肯定评价：国际法与国内法之良性互动

对于中国参与 WTO 争端解决的实践持相对乐观立场和积极评价的观点，将中国加入 WTO，特别是参与 WTO 争端解决实践视为中国对外贸易体制的“国际社会化”(internaitonal socilization)。所谓“国际社会化”，是指一国对在国际环境中已经被制度化的建构性信念和实践予以内化的过程，并具体体现为一系列的国内制度的演变。②

易言之，“国际社会化”不仅仅是过程，也是成果。作为过程，可通过比较中国参与 WTO 所持的工具性目的和动机与中国在参与过程中实际做出的让步和承受的成本加以评估；作为结果，可以以中国在国际层面的行为以及中国在多大程度上通过国内立法和社会实践执行国际规范来加以评估。③

当中国加入 WTO 时，学界和实务界对于 WTO 特别是 DSM 的“国际社会化”功能持不同的观点。一方面，WTO 确定了 DSB 的强制管辖权，中国经济的快速增长以及中国经济体制的特点会引发诸多贸易争端，中国受制于 DSM 的概率相对较高，这就给 WTO 争端解决发挥“国际社会化”功能提供了契机；另一方面，中国的无讼文化传统以及对于国际争端解决的历史观点均表明，对于贸易争端，中国会采取回避 DSM 的方式来加以解决，这就限制了 WTO 争端解决“国际社会化”功能的发挥。对此争议，乐观论者认为，即便中国采取回避方式，根据此前的经验，GATT 缔约方或 WTO 成员也会考虑到 DSM 的潜在规制效果。④ 不仅如此，“国际社会化”的评估指标既包括过程也包括成果，即便中国加入 WTO 的初始目的和动

---

① See Note, “(In) Efficient Breach of International Trade Law: The State of the ‘Free Pass’ after China’s Rare Earth Export Embargo”, 125 *Harv. L. Rev.* 602, 624 – 625 (2011).

② See Frank Schimmelfennig, “International Socialization in the New Europe: Rational Action in an Institutional Environment”, 6 *Eur. J. Int’l Relations* 111, 112 (2000).

③ See Ann Kent, China’s International Socialization: The Role of International Organizations, 8 Global Governance 343, 344 (2002).

④ See Marc L. Busch & Eric Reinhardt, “Bargaining in the Shadow of the Law: Early Settlement in GATT/WTO Disputes”, 24 *Fordham Int’l L. J.* 158, 171 (2000).

机之一是利用 WTO 体制来抗衡美国的单边主义、贸易保护主义行为，这一现实政治（Realpolitik）考量仍需以中国维护 WTO 体系的存在以及发挥其功能为前提，这意味着，中国要求美国遵守国际游戏规则的同时，也必须按照该国际游戏规则来型塑自身的行为。[①]

二、再评价：评价标准的正当性与合理性

（一）外部法律体系标准的缺陷

无论是悲观、否定的观点，还是乐观、肯定的观点，均因为过于重视国际体系之不可侵犯性，或国际体系与国内体系之互动——以外部法律体系为重心，而忽视了评价中国参与 DSM 的核心因素——中国自身选择的合理性，因而均有失偏颇。

前一观点将国际层面的规则视为不容置疑的真理体系，并依据其实体内容衡量中国的行为是否符合该真理体系。中国参与 WTO 实践（包括但不限于争端解决实践）对 WTO 规则体系的任何一次背离——包括引发争端的贸易措施以及对 DSB 裁决的执行不畅——都被视为中国未能履行其 WTO 承诺的“罪证”而大加鞭笞。后一观点将国际法体系与国内法体系的良性互动视为中国参与 DSM 成功与否的评价标准。只要中国能够持续参与 DSM，只要中国利用该机制维护自身权利，或依据 WTO 规则指责其他 WTO 成员的违法行为，则都被视为中国仍在 WTO 的游戏规则下行事，同时也会对中国自己背离 WTO 规则的行为产生潜移默化的约束性影响，并最终能够使中国将 WTO 规则也视为自身的行为准则。换言之，两派观点均采取了外部视角，从外部法律体系的角度对中国实践提出了理应满足的所谓客观标准。该标准或是表现为中国的相关行为应当严格符合 WTO 规则，特别是中国“入世”的特别承诺；或是表现为中国的行为应当体现出对 WTO 体系的遵从，并切实地落实到国内法的层面上。

考虑到国际法的特殊性，即国际法所含有的规制国际法主体的规范最

---

① See Marcia Don Harpaz, “Sense and Sensibilities of China and WTO Dispute Settlement”, 44 *J. World Trade* 1155, 1158 (2010).

终仍需依赖于国际法主体加以执行,[①]这种外部法律体系标准存在很大缺陷。毕竟,没有哪个法律体系能够比国际法体系更能全面展现“徒法不能自行”的状况。如果说在国际法体系中,国家如何履行国际法义务会对国际法的正当性、稳定性和延续性产生冲击,那么,仅仅关注国际法体系是如何要求的,以及国际法体系和国内法体系是如何互动的等框架性的问题显然不足以解释和评估中国参与 WTO 争端解决实践的合理性。

(二)中国策略选择的理性标准

如果从 DSM 参与方的内部角度来分析问题,可以发现,中国之所以采取进取的法律主义策略参与 DSM,并在具体案件的选择方面受制于 WTO 的制度偏见,是中国为维护本国利益,基于实用主义所采取的合理方式之一。[②] 这种针对 WTO 制度加以选择性适用的模式(selective adaption)为每一个理性 WTO 参与方所采用。[③] 通过 DSM,WTO 成员可就其理性行为的合法性问题进行争辩。这一通过 DSM 解决其纠纷的行为构成了另一层面的理性行为,而对于该层面的理性行为,再无合法性的标准予以限制。

申言之,为维护本国的贸易利益,WTO 成员可采取理性行为,如提高市场准入门槛、增加补贴、实施贸易救济等。关于国家层面的理性行为是否符合国际层面的理性问题,就理论而言,经济学理论上存在贸易比较优势说与工业政策说之争,[④]在政治学理论上存在自由贸易说与公平贸易说之争,[⑤]这些理论之争永无休止,并且也缺乏一个权威机构定其优劣。在此情况下,通过 DSM 决定某一在经济学理论或政治学理论上没有定论的贸易措施为合法措施还是非法措施,本身就是对理性不确定的一种次优妥

---

① See Jack Goldsmith & Daryl Levinson, “Law for States: International Law, Constitutional Law, Public Law”, 122 *Harv L Rev* 1791, 1794 (2009).

② 参见韩逸畴:《中国遵守 WTO 不利裁决的策略及其对国家声誉的影响研究》,载《当代法学》2018 年第 6 期。

③ See Pitman B. Potter, “China and the International Legal System: Challenges of Participation”, 191 *China Quart'y* 699, 700 (2007).

④ See Simon Lester, Byran Mercurio & Arwel Davies, *World Trade Law: Text, Materials and Commentary* (3rd Ed.), Hart Publishing, 2012, pp. 20 – 28.

⑤ See Daniel Rodrick, “Globalization for Whom? Time to Change and Foucus on Poor Workers”, 104 *Harv. Mag.* 29, 29 – 31 (2002).

协。就现实而言，一项可能对 WTO 成员参与方以及全球有益的贸易措施却很可能是违反 WTO 规则的。比如，为减少温室气体的排放，一些国家对绿色能源采取了补贴措施，但是因为《反补贴协定》中关于不可诉补贴的规定（第 8 条和第 9 条）已经于 2000 年 1 月 1 日失效，[①]相关绿色能源补贴或是被归类为禁止性补贴，或是可诉补贴而受到《反补贴协定》中相关规定的严格约束。在此情况下，一国利用补贴鼓励绿色能源发展的政策空间被大幅度减少。因此，在《反补贴协定》尚未修订之前，一项合理的措施可能最终被认定为非法；反之，一项不合理的措施却符合《建立 WTO 协定》的规定。[②] 实践中，DSB 专家组和上诉机构并非没有注意到合理性与合法性的关系，并在相关案件中竭尽全能，避免将一项有助于促进公共利益的措施认定为补贴。[③] 就合理性角度而言，这是对国家理性行为的再一次理性认可，尽管对于 DSB 的裁决，败诉的 WTO 成员无法再单凭一己之力予以阻止，[④]但是该方法极有可能引发 WTO 成员对 DSB 司法能动之合法性的担忧。因此，仅仅因为中国加入 WTO 就要求中国无选择、无反思地遵守 WTO 规则本身就是反理性思维模式的产物。

（三）不同法律层面的合法性标准

既然 WTO 规定下的规范由主权国家议定，并且最终依赖于各 WTO 成员的自我执行方可落实到国内法层面，那么对中国参与 WTO 争端解决实践的评价就不应仅仅局限于中国参与诉讼的阶段，还应考察中国是否履行了相关的专家组和上诉机构的裁决。就此，仍应区分合理性和合法性以及国际法和国内法的不同层面问题。理论上，专家和上诉机构的裁决虽然

---

① 根据《反补贴协定》第 31 条（临时适用）：第 6.1 条的规定应自《建立 WTO 协定》生效之日起适用 5 年。委员会将在不迟于该期限结束前 180 天审议这些规定的运用情况，以期确定是否延长其适用，或是按目前起草的形式延长或是按修改后的形式延长。

② See Aaron Cosbey & Petros C. Mavroidis, "A Turquoise Mess: Green Subsidies, Blue Industrial Policy and Renewable Energy: The Case for Redrafting the Subsidies Agreement of the WTO", 17 *J. Int'l E. L.* 11, 12 (2014).

③ See Appellate Body Report, *Canada—Certain Measures Affecting the Renewable Energy Generation Sector*, *Canada—Measures Relating to the Feed-In Tariff Program* (*Canada—Renewable Energy*), WT/DS412/AB/R, WT/DS426/AB/R, adopted 6 May 2013, para 5.10.

④ 参见 DSU 第 16.4 条、DSU 第 17.14 条。

具有国际法层面的合法性,但并不必然具有国内法层面的合法性;类似地,一项合法的专家组和上诉裁决并不必然具有国内层面和国际层面的合理性。对此,“浙江国贸案”具有典型性。① 该案的背景是 2006 ~ 2009 年,中国与美国、欧盟和加拿大就中国汽车零部件措施产生争议,并被诉至 WTO,中国败诉。② 2009 年 8 月,中国通过废止《构成整车特征的汽车零部件进口管理办法》(2005 年〔125〕号令)的方式履行了 WTO 裁决。本案原告所进口的汽车零部件因构成整车特征,被海关征收了 25% 而非 10% 的关税。原告基于如下三点质疑海关行为的合法性:(1)1987 年第 448 号文与被废止的 125 号文内容相同;(2)《税则》未明确成套散件的税则认定;(3)《中国加入议定书》中明确规定:“不对汽车的成套散件和半成套散件设立关税税号。如中国设立此类税号,则关税将不得超过 10% 。”对此,一审法院认为,原告无权直接依据《中国加入议定书》提出主张,从而否定了 WTO 规则在国内司法的可直接适用性。二审法院赞同一审法院的观点,认为中国法律并未规定法院审理行政案件可以直接适用 WTO 协定及其规则;但同时,二审法院还指出,上诉人亦未举证证明 WTO 的相关机构(DSB)已裁定我国设立汽车成套散件税号并按 25% 的税率征收关税违反 WTO 规则,故上诉人的主张“于法无据”。这一认定的言下之意似乎认为,上诉人如果以 DSB 具体裁决为依据,则法院应当认可其主张,通过一致性解释准则来否定第 448 号文的相关解释。如此,二审法院赋予 DSB 具体裁决以更高的法律地位。姑且无论“浙江国贸案”的是非曲直,其所确定的 WTO 规则不能在国内适用的判决表明,中国国内法尚缺乏一套有效体制,用以保证中国承诺在国内法层面得以落实。而该案法院赋予 DSB 裁决相对于 WTO 规则以更高法律地位显然是对 DSB 裁决法律地位的错误解读,理应予以纠正。③

---

① 浙江国贸进出口有限公司等与中华人民共和国上海外高桥港区海关补征税款决定纠纷上诉案[(2013)沪高行终字第 4 号]。有关该案及其分析的详细论述,参见彭岳:《一致性解释原则在国际贸易行政案件中的适用》,载《法学研究》2019 年第 1 期。

② See *China—Auto Parts*(DS339、DS340、DS342).

③ 参见彭岳:《一致性解释原则在国际贸易行政案件中的适用》,载《法学研究》2019 年第 1 期。

正是在作为国际条约的 WTO 规则需要 WTO 成员自我执行的体制下,在国家自我利益的驱使下,[①]WTO 成员对于 DSB 裁决的执行或多或少是一种“纸面履行”,即以一种就事论事方式的撤销相关争议措施,而非根本性地改变本国的贸易政策。该结论直接源于这样一种理论主张:国际法之所以能够对国家产生影响,主要是因为国家对于其国际声誉(特别是遵守国际法的声誉)以及对因违反国际法所可能遭受的处罚较为在意。这意味着,对于需要国际合作方能长期稳定利益的事项——国际经济、国际环境等,一国更倾向于遵守而非违反国际法。[②] 在“纸面履行”的模式下,一般情况下,WTO 成员会采取诸如制定或修改法律、改变管理方式等手段,在形式上与 DSB 的裁决保持一致。但是,在特殊情况下,如果相关裁决需要国内制度发生大的变化,则相关 WTO 成员往往会采取抵制的策略。如美国和欧盟都曾明确拒绝执行 DSB 的裁决,而是进入 WTO 争端解决的“补偿和中止减让”程序,由 DSB 授权一方对不执行 DSB 裁决的另一方中止减让或其他义务。[③] 典型的例子包括美国的古巴禁运措施、国内税收措施;欧盟的香蕉进口体制等。[④] 既然美国和欧盟不断地采取某些可能违反 WTO 规则的措施来维护本国产业的利益,且有时无视 DSB 裁决的执行,那么,同样作为 WTO 成员的中国也就没有必要通过恪守 WTO 规则以及 DSB 裁决的方式来维护其过高的国际声誉,[⑤]在能够承受胜诉方中止减让或其他义务的前提下,中国完全可以从理性履约的角度继续维持原有的贸易措施。

---

① 这一从“利己”角度理解国家履行国家义务的视角也最贴近国际现实。See Robert E. Scott & Paul B. Stephan,“Self-Enforcing International Agreements and the Limits of Coercion”,2004 *Wis. L. Rev.* 551 (2004);Beth A. Simmons,“International Law and State Behavior:Commitment and Compliance in International Monetary Affairs”,94 *Am. Polit'l Sci. Rev.* 819 (2000);George W. Downs & Michael A. Jones,“Reputation, Compliance, and International Law”,31 *J. L. Stu.* 95 (2002).

② See Andrew T. Guzman,“A Compliance-Based Theory of International Law”,90 *Calif. L. Rev.* 1823,1824 (2002).

③ DSU 第 22 条。

④ See O'Neal Taylor,“Impossible Cases:Lessons from the First Decade of WTO Dispute Settlement”,28 *U. Pa. J. Int'l L.* 309 (2007).

⑤ 在此意义上,声誉是一个相对值而非绝对值。

三、中国参与 WTO 争端解决的策略展望

基于理性和客观评价标准可知，对于中国参与 WTO 及其争端解决的实践，应避免将之放置在孤立的语境下，施加抽象的标准。如果根据该标准，没有任何 WTO 成员可被视为完美履行其国际承诺，则问题往往不在于 WTO 成员，也不在于 WTO 规则，而在于评价的方法本身。在并不完美的世界里，求全责备固然有其规范效用，但无助于根本改善现状。实际上，无论是将中国参与 WTO 争端解决的实践与抽象的理性国家行为相比较，还是与美国和欧盟等在 DSM 中占主导地位的 WTO 成员的行为相比较，中国均保持了相对良好的参与 WTO 争端解决记录，并能够执行大部分 DSB 裁决。① 在此意义上，可以说，借助进取的法律主义策略，中国已经成为 DSM 的一个国家。

中国作为正常的 WTO 成员参与 WTO 争端解决，并不意味着其所面对的争端也会"正常化"。如上所述，中国在《中国加入议定书》中作出了诸多额外承诺，借助这些特别承诺中的授权，美国和欧盟等成员持续对中国施压，给中国产品的出口造成极大困扰。2007 年以来，中国所提起的诸多诉讼大多集中在这些额外承诺之上，相关磋商和裁决形成了专属于中国的 WTO 规则体系。由此产生的问题是，随着中国作为 DSM 维护者的角色日益凸显，②中国如何在维护 DSM 的合法性以及修正其对中国特别承诺的法律解读之间保持平衡？

要回答上述问题，首先需要明确的是，《建立 WTO 协定》并未直接标榜"自由贸易"，据其序言，各国签订协定的目的是"提高生活水平、保证充分就业、保证实际收入和有效需求的大幅稳定增长以及扩大货物和服务的生产和贸易"，③而达

---

① See James Bacchus, Jeremie Waterman & Erin Ennis, The WTO and the China Challenge, 26 September 2018, available at http://report. heritage. org/hl1299.

② 这在很大程度上与美国对 DSB 制度的疏离有关（Statements by the United States at the Meeting of the WTO Dispute Settlement Body, Geneva, 18 December 2018, pp. 9 – 35）。

③ GATT 1947 的序言将其目的界定为"提高生活水平、保证充分就业、保证实际收入和有效需求的稳定增长、实现世界资源的充分利用以及扩大货物的生产和交换"。《建立 WTO 协定》并未将"实现世界资源的充分利用"作为目标，而是表述为"考虑对世界资源的最佳利用，寻求既保护和维护环境，又以与它们各自在不同经济发展水平的需要和关注相一致的方式，加强为此采取的措施"。如果说 GATT 1947 的"实现世界资源的充分利用"目标可能隐含着自由贸易的理念，在新的《建立 WTO 协定》下，这一可能性已然被排除。

成该目标的手段是“通过达成互惠互利安排，实质性削减关税和其他贸易壁垒，消除国际贸易关系中的歧视待遇”。由此，WTO 规则是各方推进“贸易自由化”的成果，而非“自由贸易”在当代的完美体现。申言之，WTO 规则体系是“自由贸易原则”和“贸易保护主义原则”相互抗衡和妥协的产物。[①] 以中国相关措施违反自由贸易为由即指责其违反 WTO 规则本身，不仅在法律实践中是错误的，也缺乏相应的理论支持。

其次，《中国加入议定书》虽然设置了中国的额外法律义务，或者赋予其他 WTO 成员方以额外的权利，但这种技术层面的调整并没有根本改变 WTO 规则体系所确定的“贸易自由化”基调。只不过为了应对中国加入 WTO 而可能引发的贸易冲击，《中国加入议定书》在促进中国贸易体制更为自由化的同时，也为其他 WTO 成员实施贸易保护主义措施提供了法律依据。一方面，在这一正一反的综合平衡中，WTO 并没有因为中国的加入而降低其贸易自由化的水平；另一方面，作为加入成员，中国通过《中国加入议定书》承担了更为自由化的国家义务。以中国和其他 WTO 成员最为关注的反倾销措施为例，该措施本身就是自由贸易原则与贸易保护主义原则相混合的产物。诸多文献已经证明，反倾销措施缺乏可靠和适当的经济学理论基础。[②] 这一被贴上“公平贸易”标签的贸易措施与贸易的“公平性”并无直接关系，其功能毋宁是一种类似于保障措施的安全阀。[③] 由于《中国加入议定书》第 15(a)条允许其他 WTO 成员使用不依据与中国国内价格或成本进行严格比较的方法，这就给贸易保护主义提供了“温床”。更为重要的是，该条在允许其他 WTO 成员采取不同的价格比较方法的同

① See Wentong Zheng, “Trade Law's Responses to the Rise of China”, 34 *Berkeley J. Int'l Law*. 109, 112 – 115 (2016).

② See John J. Barceló Ⅲ, “Anti-dumping Laws as Barriers to Trade—The United States and the International Antidumping Code”, 57 *Cornell L. Rev*. 491, 502 – 13 (1972); Raj. Bhala, “Rethinking Anti-dumping Law”, 29 *Geo. Wash. J. Int'l & Econ*. 1, 8 – 21 (1995); Reid M. Bolton, “Anti-dumping and Distrust: Reducing Anti-dumping Duties under the W. T. O. Through Heightened Scrutiny”, 29 *Berkeley J. Int' L L*. 66, 71 – 74 (2011); Sungjoon Cho, “Anticompetitive Trade Remedies: How Anti-dumping Measures Obstruct Market Competition”, 87 *N. C. L. Rev*. 357, 370 – 76 (2009).

③ Wentong Zheng, “Reforming Trade Remedies”, 34 *Mich. J. Int'l L*. 151, 163 – 67 (2012).

时，没有详细规定如何进行价格比较，这就使得中国很难依据某一具体条款提起违约之诉。[①] 如在欧盟鞋案（中国诉）中，中国指责欧盟委员会的替代国选择程序及其选择巴西而非更为合适的泰国、印度或印尼作为中国的替代国违反 WTO 规则。但是，由于缺乏具体针对性条款，中国只能将此行为归于其他条款——《反倾销协定》第 2.4 条之下。根据该条，“对出口价格和正常价值应进行公平比较”。问题在于，确定公平价值与将该公平价值与出口价格进行比较是两个不同层面的问题。中国所争议的替代国问题属于前者，而非后者。据此，该案专家组指出，《反倾销协定》第 2.4 条仅关涉两类价格的比较问题，而非某一类价格的确定问题。[②] 中国的诉讼请求未能得到支持。不仅如此，如前所述，即使在中国“入世”15 年期满，《中国加入议定书》第 15(a)(ii) 条理应终止的情况下，有关因中国的非市场经济地位而引发的价格比较问题仍在持续。欧盟和美国均认为，终止的是“产品待遇”，而非“非市场经济地位”，因此，第 15(a)(ii) 条终止并不意味着欧盟和美国不能采用替代国制度进行价格比较。[③] 可以预见，如果欧盟和美国的意见被专家组或上诉机构裁决接受，中国仍会从不同的角度、基于不同的法律依据坚持自己的立场并持续冲击相关贸易措施的合法性。

最后，既然 WTO 允许自由贸易原则和贸易保护主义原则并存，并且《中国加入议定书》倾向于给中国施加更为自由化的义务，赋予其他 WTO 成员更具贸易保护主义的权利，则在可预见的未来，中国参与 WTO 诉讼的重点之一仍在于限制他国滥用特殊规则而实施贸易保护主义措施。就提升贸易自由化的角度而言，关于中国于《中国加入议定书》特色规则争议的每一次胜诉都意味着其他 WTO 成员贸易保护主义的受挫；而就平衡

---

① See Joost Pauwelyn, "How to Win a World Trade Organization Dispute Based on Non-World Trade Organization Law? Questions of Jurisdiction and Merits", 37 *J. World Trade* 997 (2003).

② See PanelReport, *EU—Footwear (China)*, WT/DS405/R, adopted 28 October 2011, para. 7.263.

③ Public Online Consultation Concerning a Possible Change in the Methodology to Establish Dumping in Trade Defence Investigations Concerning the People's Republic of China, EUR. COMMISSION, http://trade.ec.europa.eu/consultations/index.cfm?consul_id = 191; Memorandum from Leopoldo Rubinacci on China Market-Economy Status (Feb. 2, 2016), http://www.politico.eu/wp-content/uploads/2016/02/160202ChinaMESpaper.pdf.

《中国加入议定书》中的自由贸易原则和贸易保护主义原则的角度而言，中国的每一次胜诉都意味着两类相互对立的原则朝着更为均衡的方向发展。因此，作为 DSM 的正常参与国，中国仍应继续延续进取的法律主义立场，借助 DSM 在个案下以不同的策略处理方式来尽量消除他国贸易保护主义对本国利益所造成的损害。

第三章　WTO争端解决中中国的特殊主体地位:多重身份因素之竞合

法律上的主体是权利义务的承载者,同一法律制度的不同权利义务配置,界分出具有不同法律地位的主体。主体地位平等是 WTO 体制的主基调,但由数量众多且经济发展水平、经济体制状况以及法治建设进程均呈巨大差异的成员结构所决定,其主体设置亦显现出多元、交错的复杂样态。由此,无论是对于 WTO 本身,还是对于其每一成员来说,厘清主体类别并加以准确定位,乃是规则实施和利益保障的基本前提。

中国作为世界上最大的发展中国家,自加入谈判开始,其身份因素就一直受到各方关注并展开较多争议。《中国加入议定书》和《中国加入工作组报告》中相当篇幅着墨于此,其中的特色条款也均与中国作为 WTO 成员的特殊身份因素紧密相关。如前所述,WTO 争端解决中的中国涉案大多数聚焦于此类独具中国特色的条款,相应地,中国的特殊主体地位问题构成了 WTO 争端解决中突出的“中国问题”之一。

第一节　WTO 成员地位的基本界分[①]

一、WTO 成员的主体结构

WTO 的主体概称为“成员”(member)。考察 WTO 法律

① 参见肖冰:《论 WTO 成员方地位之界分——基于乌拉圭法律文本的分析》,载《国际经济法学刊》2010 年第 2 期。

体系有关成员权利义务的内容及其属性可知,一方面,就总体层面而言,成员的主体地位没有差别,表现为:WTO 法律制度框架所涵盖的绝大多数协定、每一协定的绝大多数规则,为所有成员规定了平等的权利义务内容。以《建立 WTO 协定》为例,凡涉及该组织及其法律制度的核心权责,各成员均同等享有。权能方面,如决策及各种管理机构的平等参与,同等的表决权、规则修正提案权和退出组织权等;义务方面,如多边贸易协定的"一揽子"约束、承认 WTO 国际法地位、保证国内法律法规与 WTO 规则的一致性等。在这个层面上,WTO 法律文件对各成员的主体身份不加甄别,可称之为"一般主体"。但另一方面,就特定的制度层面而言,同一规则或制度对于不同成员赋予不尽一致的权利义务标准。与之相对应,WTO 赋予相关成员以特定化的称谓,如"发展中国家成员""最不发达国家成员""发达国家成员"等。在这些领域范畴中,这些特定化的成员就构成了与一般主体相区别的"特殊主体"。

虽然 WTO 在不同的制度层面设计有多种特殊主体,但是,无论是通过对该特殊主体在 WTO 法律文件中出现频率的简单统计,还是对各特殊主体的目标定位及相应权利义务内容的仔细分析,笔者发现,这些特殊主体又可粗分为两大类别:反复出现的"常态化"主体和偶然显现的"个别化"主体。

所谓"常态化"的特殊主体,是指它们不仅为 WTO 绝大多数协定所反复论及、在具体规则中加以体现,而且,它们较多地出现在具有纲领性地位的《建立 WTO 协定》和其他各涵盖协定的序言部分,从而使其制度在安排上升到 WTO 法律制度目标和原则的高度,并由此使此类主体在 WTO 中所享有的特殊权利义务内容具有了普遍性和常态化的特质。归纳起来,此类主体在 WTO 中只一种:"发展中国家成员"(包括但不限于"最不发达国家成员")。

与"常态化"特殊主体形成鲜明反差的,是"个别化"特殊主体。它们一是出现的次数很少,仅为个别协定的个别具体条款所提及;二是其特殊的权利义务内容,因具体条款本身的效力局限而无法产生目标或原则规则所独具的辐射和拓展效应,因而只能严格限定于该具体条款所涉及的范围内。换言之,其权利义务内容之特殊,完全是一种“个别现象”。这些 WTO 主体主要包括:发达国家成员、经济转型成员和其他一些特定成员。

由此,WTO 成员基本的主体结构如图 3-1 所示。

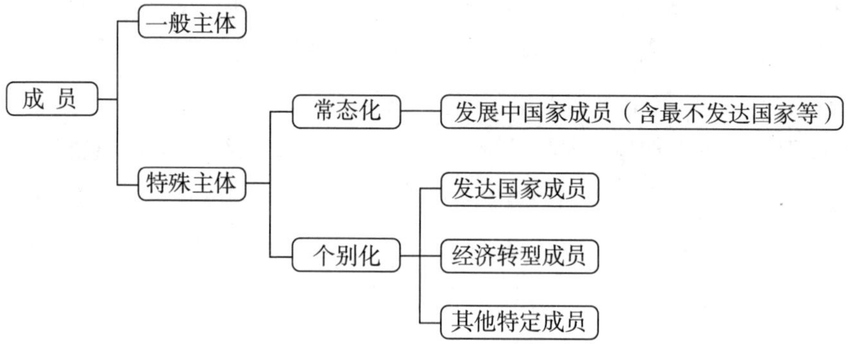

图 3-1 WTO 成员基本的主体结构

二、“常态化”的特殊主体

发展中国家成员(developing country members)是 WTO 体制下唯一具有常态和普遍属性的特殊主体。在乌拉圭回合所形成的 WTO 法律体制中,发展中国家成员的地位十分引人关注:几乎所有法律文件均包含有利于“发展中国家成员”的特殊制度安排,这些安排对于发展中国家的长期影响比以往任何多边贸易谈判的结果都要大。① 法律上较其他主体更为优越的权利义务内容,体现出“发展中国家成员”作为 WTO 主体的特殊性——事实上的弱势地位。当然,优越地位及其待遇的真正享有,还需取决于事实和法律层面的多重因素。

(一)有关“发展中国家成员”的特殊制度安排

此种主体的特殊法律地位,集中体现在 WTO 法律文件所规定的有关发展中国家成员的特殊权利义务内容上。WTO 法律文本中有关“发展中国家成员”特殊权利义务的条款见表 3-1。

---

① 参见世界贸易组织秘书处编:《乌拉圭回合协议导读》,索必成、胡盈之译,法律出版社 2000 年版,第 309 页。

表3-1 WTO法律文本中有关“发展中国家成员”特殊权利义务的条款

<table>
<tr><th colspan="5">WTO协定</th><th>涉及“发展中国家成员”特殊权利义务的条款</th></tr>
<tr><td colspan="5">《建立WTO协定》</td><td>序言第2段、第4.7条、第11.2条</td></tr>
<tr><td rowspan="16">多边贸易协定</td><td rowspan="14">附件一</td><td rowspan="12">A货物贸易多边协定</td><td colspan="2">GATT 1994</td><td>第18条、第28条之二第3款(b)项、第四部分(第36条、第37条、第38条)、《关于GATT 1994国际收支条款的谅解》第8条、第12条</td></tr>
<tr><td rowspan="11">GATT附属协定</td><td>农业协定</td><td>序言第5、6段；第6.2条、第6.4(b)条；第9.2(b)(iv)条、第9.4条；第12.2条；第15条、第16条、第20(c)条；附件5B节</td></tr>
<tr><td>SPS协定</td><td>序言第7段、第9条、第10条、第14条、附件B第9条</td></tr>
<tr><td>纺织品与服装协定</td><td>序言第3段、第2条、第6.6条、附件第3条</td></tr>
<tr><td>TBT协定</td><td>序言第8、9段；第2.12条、第5.9条、第11条、第12条</td></tr>
<tr><td>TRIMs协定</td><td>序言第2、3段；第4条、第5.2条、第5.3条</td></tr>
<tr><td>反倾销协定</td><td>第15条</td></tr>
<tr><td>海关估价协定</td><td>序言第2段、第20条、附件3第1~5条</td></tr>
<tr><td>装船前检验协定</td><td>序言第2、3段</td></tr>
<tr><td>进口许可程序协定</td><td>序言第3段、第2条、第3.5(a)条(iv)、(j)项</td></tr>
<tr><td>反补贴协定</td><td>第27条(共15款)、附件7</td></tr>
<tr><td>保障措施协定</td><td>第9条</td></tr>
<tr><td>B</td><td>GATS</td><td colspan="2">序言第4、5、6段；第3.4条、第4条、第5.3条、第15.1条；第19.2条、第19.3条；第25.2条；《关于电信服务的附件》第5(g)条、第6条</td></tr>
<tr><td>C</td><td>TRIPs协定</td><td colspan="2">序言第6段、第65条、第66条、第67条</td></tr>
<tr><td colspan="2">附件二</td><td colspan="2">DSU</td><td>第3.12条、第8.10条、第12.10条、第12.11条、第21.2条、第21.7条、第21.8条、第24条</td></tr>
<tr><td colspan="2">附件三</td><td colspan="2">TPRM</td><td>C(ii)、D</td></tr>
<tr><td colspan="2">诸边贸易协定</td><td colspan="3">政府采购协定</td><td>序言第5段、第5条(共15款)、注释</td></tr>
</table>

具体来说，WTO法律文件有关发展中国家成员特殊权利义务的内容，

除了从 GATT 1947 继承下来的以前就存在的措施外，WTO 各项协定和决定中又新增了许多有利于发展中国家成员的特殊规定。[①]

既往措施主要指 GATT 1994 第 18 条、第四部分和 1979 年的“授权条款”（Enabling Clause）。其中，第 18 条允许在使用贸易措施保护幼稚产业和使用进口数量限制以减轻国际收支困难时可以有灵活性。第四部分涵盖 GATT 有关发展中国家的原则和目标。该部分规则鼓励发达国家改善对其市场的准入，并表明发展中国家不必对发达国家降低贸易壁垒的承诺作出互惠承诺。授权条款，即 1979 年 11 月 28 日《关于发展中国家差别和更优惠待遇、互惠和更充分参与的决定》，允许给予发展中国家优惠待遇，发展中国家之间也可以相互给予优惠待遇。

新增规定大致包括以下几项内容。

1. 对发展中国家总体利益的承认和特别关注

该项内容既是 WTO 的主旨之一，也是其各项具体制度所体现的基本原则。作为目标，《建立 WTO 协定》开篇序言即强调：“需要作出积极努力，以保证发展中国家、特别是最不发达国家，在国际贸易增长中获得与其经济发展需要相当的份额。”作为原则，WTO 诸多协定重申了这一制度基础。程序上，例如，DSU 第 4.10 条规定：“在有关争端的磋商中，各成员应特别注意发展中国家成员的特殊问题和利益。”实体上，货物贸易多边协定（GATT 1994 及其 12 个附属协定）、[②]GATS 和《TRIPs 协定》几乎所有文件均有此类规定。

2. 较低的义务要求

在多项具体制度层面，WTO 为发展中国家成员设置了相对于一般成员较低的义务标准。这些内容集中规定在 GATS 和货物贸易多边协定中。

就 GATS 而言，对于一般成员，要求所达成的实现服务贸易自由化的

---

① 参见世界贸易组织秘书处编：《乌拉圭回合协议导读》，索必成、胡盈之译，法律出版社 2000 年版，第 309 ~ 310 页。

② 12 个 GATT 1994 附属协定中，有 11 项协定包含对发展中国家总体利益的承认和特别关注的规定，只有《原产地规则协定》没有涉及。

经济一体化协定,应涵盖众多的服务部门并规定实质性地取消所涉部门中所有的歧视性措施;但对于参加此类协定的发展中国家成员,可以根据有关成员的发展水平确定一定的灵活性。与此同时,在自由化过程中,对于发展中国家成员,允许其开放较少的部门,对较少类型的交易实现自由化,根据其发展状况逐步扩大市场准入,并为实现对世界贸易的更多参与而附加市场准入条件。①

就货物贸易多边协定而言,《农业协定》《TBT 协定》《纺织品与服装协定》《TRIMs 协定》《反补贴协定》《保障措施协定》《海关估价协定》和《进口许可程序协定》中均含此类规定,也更富实质性内容。例如,《农业协定》规定:发展中国家不需要承诺取消某些作为其发展计划组成部分的国内支持;在扭曲贸易的国内支持微量水平方面,允许发展中国家的水平更高;在实施期内,发展中国家不需要对承诺削减出口农产品的销售成本和出口产品的境内运输补贴;在对粮食实施出口禁止或限制时,发展中国家不需要考虑其他成员对有关粮食安全的关注。② 再如,《TBT 协定》规定,各成员不应期望发展中国家成员采用不适合其发展、财政和贸易需要的国际标准作为其技术法规或标准,包括试验方法的依据。③

3. 较多的权利内容及选择空间

与一般成员相比,更优惠的 SDT、获得技术援助和更长的过渡期限或延期实施,是发展中国家成员在 WTO 体制下享有的主要法定权利。除此之外,一系列的特殊制度安排,还赋予了发展中国家成员更多的权利选择。例如,在程序上,如果发展中国家成员提出起诉,它可以选择实施 GATT 缔约方全体 1966 年 4 月 5 日的决定④以替代 DSU;当争端发生在发展中国家成员与发达国家成员之间时,如果发展中国家成员提出请求,则专家组至

---

① 参见 GATS 第 5.3 条、第 19.2 条。

② 参见《农业协定》第 6、9、12 条。

③ 参见《TBT 协定》第 12.4 条。

④ 这一决定使发展中国家可以得到总干事提供的斡旋,并缩短专家组程序。

少应有 1 名成员来自发展中国家。[①] 在实体上,《海关估价协定》附件 3 特别规定了只有发展中国家成员才可以提出的保留事项。[②]

(二)“发展中国家成员”的其他表达

1. 等同表达:“欠发达国家成员”(less-developed country members)

“欠发达国家成员”/“欠发达缔约方”是 GATT 1947 中出现的用于指称一类主体的措辞。根据《GATT 1994 的解释性说明》(a),该称谓等同于 WTO 法律文件中的“发展中国家成员”。

GATT 1947 使用“欠发达”这一用语有其深刻的历史背景。受到意识形态等因素的影响,20 世纪 60 年代末之前,部分国家并不接受“发展中国家”这种提法;而在联合国、世界银行等国际组织文件中,或在发展经济学、发展社会学和国际政治经济学学者的笔下,与“发展中国家”此种意涵相联系的有“落后国家”(backward countries)、“不发达国家”(undeveloped countries)、“欠发达国家”等多种称谓。“落后国家”因含有价值贬抑之意,易于引起“落后者”的反感,于是一些政治敏感性较高的国际组织和用语较谨慎的学者逐渐改用比较中性的后两种称谓。[③]

2. 非等同表达:GATT 1994 第 18 条所指特殊主体

GATT 1994 第 18 条涉及以下三种特殊主体:

(a)经济只能维持低生活水平并处于发展初期阶段的缔约方/成员(those contracting parties the economies of which can only support low standards of living and are in the early stages of development)

(b)经济处于发展过程中,但不属于上述(a)项范围的缔约方/成员[those contracting parties, the economy of which is in the process of development, but which does not come within the scope of subparagraph (a) above]

---

① 参见 DSU 第 3.12、8.10 条。

② 参见《海关估价协定》附件 3 第 3、4 款。

③ 参见陈明明:《“不发达”与“欠发达”:历史与结构——关于发展中国家与第三世界等概念的一个讨论》,载洪涛:《历史与理性》(《复旦政治学评论》2007 年第 5 辑),上海人民出版社 2007 年版,第 111 ~ 112 页。

(c)经济属于上述(a)和(b)所述类型并依赖少数初级产品出口的缔约方/成员[those contracting parties, the economies of which are of the type described in subparagraph (a) and (b) above and which depend on exports of a small number of primary commodities]

一般认为,该条(a)项所作界定,即为 GATT 1994 对发展中国家所下的定义,(b)项是指超越发展初期阶段的中等发达国家,如澳大利亚、新西兰等。[①] 但笔者认为,首先,(a)项所指主体仍是一个指称不甚明晰的概念,虽有 GATT 1994 附件 I"注释和补充条款"的解释,[②]但"这些解释本身仍然过于宽泛、含糊,无法进一步确定判别发展中国家的具体标准"。[③] 其次,不能准确界定其内涵,尽管对于该条款适用本身会带来一定的负面影响,但对于它与 WTO 其他特殊主体之间的关系却没有影响。因为,在严格的解释意义上,这类主体的特殊地位应仅局限于 GATT 1994 第 18 条的范围。即除可享受该条 A 节和 B 节规定的额外便利外,(a)项主体还有权按该条 A 节、B 节和 C 节暂时偏离 GATT 1994 其他条款的规定;(b)项主体则可根据该条 D 节向缔约方全体提出申请;(c)项主体在其初级产品出口受到另一缔约方所采取措施的严重影响时,可以援用 GATT 1994 第 22 条的磋商规定。最后,将(a)项所指成员等同于"发展中国家成员"观点的证据似乎还不十分充分,特别是缺乏诸如《GATT 1994 的解释性说明》这样的直接证据。而从其认定标准与国际社会公认程度来看,(a)项主体应当属于"发展中国家成员"范畴中的一类,二者为种属而非等同关系;(c)项主体则分别又是(a)项和(b)项之细分。

---

① 参见黄志雄:《从国际法实践看发展中国家的定义及其识别标准——由中国"入世"谈判引发的思考》,载《法学评论》2000 年第 2 期。

② GATT 1994 对于该条(a)所涉的两个概念加以解释。一是"经济只能维持低生活水平",解释为应当考虑其经济的正常状况,而不得根据对该缔约方一种或几种主要出口产品暂时存在特别有利条件的特殊情况作出判断;二是"处于发展初期阶段",称该措辞并不意味着仅适用于刚开始经济发展的缔约方,也适用于为纠正过分依赖初级生产而经济正处在工业化过程中的缔约方。

③ 黄志雄:《从国际法实践看发展中国家的定义及其识别标准——由中国"入世"谈判引发的思考》,载《法学评论》2000 年第 2 期。

（三）“发展中国家成员”之身份甄别

身份甄别是主体地位适用的前提。什么是发展中国家，这在GATT建立初期，因所有缔约方地位平等，所以并不是一个问题；而当发展中国家的差别待遇逐渐明确后，这个问题便逐渐产生了。[①] 对于此类主体，在WTO中找不到现成的概念界定，也没有明确、统一的识别标准。尽管早在GATT时期，专门设立的“关于发展中国家的GATT法律和组织机构委员会”曾试图就有关“欠发达缔约国”和“发达缔约国”的定义和识别标准形成意见，但皆因各国意见不一而被搁置。[②] 与此同时，从1970年希腊，1983年印度尼西亚，1984年马来西亚，1989年韩国、巴西、以色列、印度，1992年以色列、埃及、印度等以“发展中国家缔约方”的名义，对国内工业的发展提供保护的案例中，可以看出，GATT是采取较为务实的态度，以“个案”的形式认定某一缔约方在某一具体条款或情况下的“发展中国家缔约方”资格，并不统一规定符合什么条件的国家才是发展中国家。[③]

正是由于GATT体制缺乏对该问题的充分关注，相关国际组织也提出过一些界定方案，如经合组织和世界银行提出的“人均国民生产总值”（gross national product per capita）标准[④]和经77国集团推动、由联合国贸易与发展委员会通过的普惠制架构下采用的“自选”（self-election）原则。其中，“自选”原则——由寻求“发展中”地位的国家自己予以主张——受到很多国家及其学者的追捧。这是因为，“自选”原则，在理论上，具有正当的假设前提：除非具有善意基础，否则任何国家都不会声称自己为发展中国家；而且，这些善意基础一旦不复存在，此种声称就会被放弃；在实践中，亦有不少国家将该原则纳入国内立法或在双边及多边交往中适用，并由此使发展中国家名录范围逐渐统一。[⑤] 但同样不可否认的是，“自选”带

---

① 参见张向晨：《发展中国家与WTO的政治经济关系》，法律出版社2000年版，第42页。

② See WTO, Guide to GATT Law and Practice (Vol. 2), 1995, pp. 1041 – 1042.

③ 参见张汉林：《WTO是如何界定发展中国家成员》，载《广西电业》2002年第5期。

④ 经合组织和世界银行都主张以“人均国民生产总值”作为区分不同经济水平国家和地区的指标，但二者主张的具体数额不尽一致。

⑤ See Kele Onyejekwe, “GATT, Agriculture, and Developing Countries”, *Hamline Law Review Fall*, 98 (1993).

有较大的随意性。①

根据 WTO 秘书处的理解，“发展中国家”一词，“迄今为止在国际贸易规则方面，仍属于自称的”②范畴。这种解释是与上述“自选原则”相契合的。

从国际法理论和实践的角度来看，在多边贸易体制下，无论是“自称”还是“自选”，似乎只具有确定主体身份的初始而非最终意义。换言之，成员有关“发展中国家”身份的自我认定，仅仅构成确立此特殊主体地位的前提条件，如果得不到其他成员的认可可能就没有价值。一方面，作为 WTO 的认定标准，“自称/选”必须与“他认”相结合方为完整并具可行性，虽然“他认”通常以默示体现；另一方面，无论是“自称/选”还是“他认”，都不可避免地带有主观色彩，并由此生成“模糊地带”。因而，在理论上，对于某个特定成员来说，除非其经济发展水平位于“两极”——最发达或最不发达，否则，其地位仍具有很大的不确定性。

有关中国在 WTO 中的发展中国家成员身份，一直是一个备受争议的问题。

(四)发展中国家成员中的特殊一类：最不发达国家成员(least-developed country members)

最不发达国家成员是 WTO 体制中发展中国家成员的特殊一类，其有别于其他发展中国家成员的典型特征表现在以下两个方面。

1. 享有更为优越的权利义务内容

作为特殊主体，最不发达国家成员是 WTO 中最弱势、最需要给予特别关注和优待的成员。除 WTO 涵盖协定本身的规定外，《关于有利于最不发达国家措施的决定》具有重要意义。因为，该决定实际上对乌拉圭回合“一揽子”协定的各项内容都有影响。其核心内容是，只要属于最不发达国家成员类别，“则只要承担与其各自发展、财政和贸易需要或其管理和

① 参见张克文：《关税与贸易总协定及其最惠国待遇制度》，武汉大学出版社 1992 年版，第 197 页。

② 参见世界贸易组织秘书处编：《乌拉圭回合协议导读》，索必成、胡盈之译，法律出版社 2000 年版，第 310 页。

机构能力相符的承诺和减让";且协定中的规则和过渡期"应以灵活和有支持作用的方式适用于最不发达国家"。该决定不仅给予最不发达国家额外 1 年的时间提交货物贸易和服务贸易减让表,同时要求定期审议以保证有利于最不发达国家的特殊和差别措施得到及时实施;鼓励尽早采取行动减少针对其有利产品的贸易壁垒;并要求发达国家注意针对最不发达国家出口产品采取的任何进口补救措施或其他措施的影响。此外,该决定还保证实质性增加给予最不发达国家在生产和出口的发展、增强和多样化方面的技术援助,并继续审议它们的特殊需求。[①] 事实上,在全部乌拉圭回合协定中,没有一个可与《关于有利于最不发达国家措施的决定》相比的、涉及最不发达国家以外的发展中国家的一般性文字。[②]

2. 主体身份由联合国确定并定期审议

因与联合国有关最不发达国家的分类系统相衔接,"最不发达国家成员"的外延十分明确,因而有效避免了其他"发展中国家成员"边界不清所带来的困惑。根据联合国的最新统计,世界上最不发达国家已达 49 个,其中有 32 个是 WTO 成员。分别为:孟加拉国、柬埔寨、马尔代夫、缅甸、尼泊尔、安哥拉、贝宁、布基纳法索、布隆迪、佛得角、中非、乍得、刚果(金)、吉布提、冈比亚、几内亚、几内亚比绍、莱索托、马达加斯加、马拉维、马里、毛里塔尼亚、莫桑比克、卢旺达、塞内加尔、塞拉利昂、多哥、乌干达、坦桑尼亚、赞比亚、所罗门群岛、海地。

(五)相关协定对"发展中国家成员"的进一步划分

1.《反补贴协定》的细分

根据《反补贴协定》第 27 条,所指"发展中国家成员"根据不同标准可细分为两大类:第一类是根据第 27.2 条所确定的特定国家之人均国民生产总值标准,将"发展中国家成员"分为三种:(1)联合国指定为最不发达国家的 WTO 成员;(2)附件七(b)项所列举的 20 个国家;(3)其他发展中

---

① 参见《关于有利于最不发达国家措施的决定》第 1、2 条。

② 参见世界贸易组织秘书处编:《乌拉圭回合协议导读》,索必成、胡盈之译,法律出版社 2000 年版,第 10 ~ 11 页。

国家,包括附件七(b)项所列 20 个国家中人均年国民生产总值达到 1000 美元的国家。第二类是根据第 27.5 条所确立的特定部门的出口竞争水平标准,将“发展中国家成员”分为两种:(1)任何特定产品已经达到出口竞争力[①]的发展中国家;(2)附件七所指的、且一项或多项产品已达到出口竞争力的发展中国家。

《反补贴协定》细分对于明确部分发展中国家成员的范围,尤其是对有效实施该协定本身有重要的意义,但作为具体协定的一项内容,其标准无法适用于其他协定范围,因而对于界定除该协定之外的其他“发展中国家成员”概念并无太大帮助。

2.《农业协定》所指“粮食净进口发展中国家”(net food-impoting developing countries)

《农业协定》及与其直接关联的《关于改革计划对最不发达国家和粮食净进口发展中国家可能产生消极影响的措施的决定》中包含有此类主体的规定。考察这些规定可以发现,此类主体的最大特殊性在于:从名称上看,此类主体属于发展中国家中的一种;而从所涉内容上看,此类主体在特殊的制度安排内,是一个始终与最不发达国家相并称的纯粹受益主体,即所有特殊规定都要求其他成员特别关注最不发达国家和粮食净进口发展中国家的利益和特殊需要,并为此负有专门的义务。

粮食净进口发展中国家的名单每年在 WTO 农业委员会 3 月会议上进行审查。粮食净进口发展中国家可以向 WTO 秘书处提交支持它们的粮食净进口地位的统计信息材料,由农业委员会审查这些信息并决定是否合格。

三、“个别化”的特殊主体

“个别化”是相对于“常态化”而言的。与贯穿于 WTO 法制始终的发展中国家成员的特殊地位相比,WTO 赋予以下主体的特殊制度空间显得

---

① 如一发展中国家成员一产品的出口连续 2 个日历年在该产品的世界贸易中达到至少 3.25% 的份额,则认为该产品已具备出口竞争力。

十分狭隘，基本都限定于具体协定的个别制度范围内。

（一）发达国家成员/缔约方（developed country members）

发达国家成员作为 WTO 的特殊主体，除具有有别于一般成员的特殊性外，还同时具有有别于发展中国家成员的主体属性。

1. WTO 有关“发达国家成员”特殊规定的内容范围

WTO 法律文件中有关“发达国家成员”特殊权利义务的条款如表 3－2 所列范围。

表 3－2　WTO 法律文本中有关“发达国家成员”特殊权利义务的条款

<table>
<tr><th colspan="5">WTO 协定</th><th>涉及“发达国家成员”特殊权利义务的条款</th></tr>
<tr><td colspan="5">《建立 WTO 协定》</td><td>—</td></tr>
<tr><td rowspan="12">多边贸易协定</td><td rowspan="10">附件一</td><td rowspan="8">A 货物贸易多边协定</td><td colspan="2">GATT 1994</td><td>第 36.8 条、第 37 条</td></tr>
<tr><td rowspan="7">GATT 附属协定</td><td>农业协定</td><td>序言第 5 段、第 16 条</td></tr>
<tr><td>SPS 协定</td><td>附件 B 第 8 条</td></tr>
<tr><td>TBT 协定</td><td>序言第 8 段、第 10.5 条、第 12.9 条</td></tr>
<tr><td>TRIMs 协定</td><td>第 5.2 条</td></tr>
<tr><td>反倾销协定</td><td>第 15 条</td></tr>
<tr><td>海关估价协定</td><td>第 20.3 条</td></tr>
<tr><td>B</td><td colspan="2">GATS</td><td>第 4.2 条；《关于电信服务的附件》第 6 条</td></tr>
<tr><td>C</td><td colspan="2">TRIPs 协定</td><td>第 66.2 条、第 67 条</td></tr>
<tr><td colspan="2">附件二</td><td colspan="2">DSU</td><td>第 3.12 条、第 8.10 条</td></tr>
<tr><td colspan="2">附件三</td><td colspan="2">TPRM</td><td>—</td></tr>
<tr><td colspan="3">诸边贸易协定</td><td colspan="2">政府采购协定</td><td>第 5.3 条、第 5.8 条、第 5.9 条、第 5.10 条、第 5.11 条、第 5.13 条</td></tr>
</table>

2.“发达国家成员”的主体特殊性

由上述规定范围可知，发达国家成员作为 WTO 的特殊主体，其特殊性集中表现在以下两方面。

（1）与一般主体相比，在特定范围内，负有更高水平的义务。主要包括:"做出最大努力"承诺、[1]技术援助和培训、[2]更高的通知要求、[3]较短的过渡期,[4]等等。

(2)与发展中国家成员所享有的广泛性、常态化特殊制度安排相比,其特殊主体地位的范围和程度均十分有限。二者在 WTO 法律文件中出现的巨大频度之差即可证明这一点。如前所述,WTO 几乎所有协定都有涉及"发展中国家成员"的内容,除大部分规定于序言中外,亦不乏专条少则数款多则十余款的规定。仅 GATT 1994 第四部分,提及"发展中国家成员"就达 28 次,比"发达国家成员"在全部文件中出现的次数总和还要多。相应地,"发达国家成员"的特殊主体地位,也主要限定于所提及的制度范围之中。[5] 正是在这个意义上,笔者认为,这种特殊主体,是 WTO 制度下的"个别"而非"常态"一类。

3."发达国家成员"的身份认定

和发展中国家成员一样,WTO 也没有关于"发达国家"的概念界定,联合国运作体系亦缺乏可资借鉴的确定标准。但是,和理论和实务界常常探讨"发展中国家成员"之内涵和外延的景况不同,但几乎没有针对 WTO 发达国家成员范围的学术讨论,WTO 实践也无类似案例可寻。对此,唯一合理的解释,是国际社会对此已有共识。根据各种国际组织的

---

① 典型规定如 GATT 1994 第 37.1 条规定:"发达缔约方应尽最大可能实施下列规定,即除可能包括法律原因在内的无法控制的原因使其无法做到外:(a)对削减和取消欠发达缔约方目前或潜在具有特殊出口利益产品的壁垒给予最优先考虑,包括不合理地区分此类产品的初级形态和加工形态的关税和其他限制;(b)对欠发达缔约方目前或潜在具有特殊出口利益的产品避免采用关税或非关税壁垒,或增加减税或非关税进口壁垒的影响范围;以及(c)(i)避免实施新的财政措施,及(ii)在对财政政策的任何调整中,对削减和取消财政措施给予最优先考虑。"

② 参见《海关估价协定》第 20.3 条、《TRIPs 协定》第 66、67 条。

③ 参见《SPS 协定》附件 B 第 8 条、《TBT 协定》第 10.5 条。

④ 如 TRIMs 第 5.2 条规定:"每一成员均应取消根据第 1 款进行通知的所有 TRIMs,发达国家成员应在《建立 WTO 协定》生效之日起 2 年内取消,发展中国家成员应在 5 年内取消,最不发达国家成员应在 7 年内取消。"

⑤ 当然,没有提及并不代表绝对地排除特殊主体内容。在 WTO 法的个别条款中,虽然省略了特殊主体的称谓,但根据文义或上下文,其内容包含有对某类特殊主体的规定。例如,《农业协定》第 6.4 条,(a)项规定,在扭曲贸易的国内支持微量水平方面,允许"成员"达到相关生产总值的 5%;(b)项规定,对于发展中国家成员,该微量百分比应为 10%。由此,该条(a)项中的"成员",显然是指相对于发展中国家的发达国家成员。所以,本书对于发达国家成员的表格罗列并非穷尽,不过,这样的情况很少,不致对这里的总体分析和结论产生影响。

资料和实践，目前识别“发达国家”的公认的标准是：较高的人均 GDP（2005 年的新标准为：按名义汇率计算的人均 GDP 10,000 美元）和社会发展水平。据此，发达国家共有 32 个，包括原来认定的 24 个国家[①]和 2005 年新增的 8 个国家。[②] 在这些国家中，只有新增的发达国家巴哈马不是 WTO 成员。

4. “发达国家成员”与“发展中国家成员”之间的不完全对应关系

在现代国际政治和经济关系中，“发达国家”始终是与“发展中国家”相对称的概念。这是否意味着：在 WTO 所涉法律关系中，一方必然以另一方作为相对主体呢？

考察“发达国家成员”与“发展中国家成员”同为特殊主体在 WTO 法律文件中形式上的出现频度和内容上的特定权利义务，即可发现，二者之间存在一种“正向对应、逆向不对应”的特殊关系。

“正向对应、逆向不对应”是指，凡涉及“发达国家成员”措辞的内容，必然同时出现“发展中国家成员”。这意味着，WTO 是为满足“发展中国家成员”的需求而赋予发达国家成员以特殊义务。换言之，发达国家成员特殊义务的惠及对象就是发展中国家成员或其中的最不发达国家成员；相反，涉及“发展中国家成员”的绝大部分特殊制度下，“发达国家成员”却并非此类法律关系中的对应主体。

笔者认为，不完全的对应关系表明，一方面，WTO 设置发达国家成员这一特殊主体，意在赋予其更多的义务，并用以满足发展中国家成员的特殊需求；而另一方面，设置发展中国家成员这一特殊主体，意在以更多的利益保障来弥补其竞争地位低下可能产生的不利，但是，在欠缺完全对应之特殊义务主体的情况下，弱势群体的利益目标能否实现就大可质疑了。

---

① 欧洲（18 国）：卢森堡、挪威、瑞士、爱尔兰、丹麦、冰岛、瑞典、英国、奥地利、荷兰、芬兰、比利时、法国、德国、意大利、西班牙、希腊、葡萄牙；美洲（2 国）：美国、加拿大；亚洲（2 国）：日本、新加坡；大洋洲（2 国）：澳大利亚、新西兰。

② 塞浦路斯、巴哈马、斯洛文尼亚、以色列、韩国、马耳他、匈牙利、捷克。

（二）转型经济成员

1.“转型经济成员”的划分与再划分

转型经济成员是 WTO 特设的一类。与主要以经济和社会发展水平的高低作为区分发展中国家成员、发达国家成员、最不发达国家成员的标准不同，此类主体有别于其他成员的基本标志在于其特有且变迁中的经济体制模式。20 世纪 60 年代起，随着波兰、匈牙利、罗马尼亚先后成为 GATT 缔约方，市场经济一统多边贸易体制的格局被打破。WTO 成立之后，越来越多的转型经济国家被接纳进来。

在 WTO 法律文件中，直接提及“转型经济成员”的协定有三个，分别是《反补贴协定》《TRIPs 协定》和 GATS。根据其不同的措辞表达，此类主体大致又可分为两种：（1）《反补贴协定》和《TRIPs 协定》所称“处于自中央计划经济转型为市场和自由企业经济的成员”（members in the process of transformation from a centrally-planned into a market, free-enterprise economy）；（2）GATS 所称“处于经济发展或经济转型过程中的成员”（members in the process of economic development or economic transition）。根据语义和上下文，GATS 所指的后一种成员——“处于经济转型过程中的成员”——与上述《反补贴协定》和《TRIPs 协定》所指称的转型成员应当属于同一概念。

需要特别说明的是，在 GATT/WTO 创始成员强调多边贸易规则体制的市场经济因素的背景下，在接纳所谓“非市场经济”成员加入时，采取了对其间差异适用一系列的变通性规则来维护其制度目标和规则的统一实施。据此，WTO 成员的主体地位可以按不同经济体制标准，事实上又有“市场经济成员”和“非市场经济成员”的划分。前者是可“一视同仁”的一般主体，后者则是需加“区别对待”的特殊主体，其中就包括这里的“转型经济成员”和反倾销等制度领域中所称的“完全垄断外贸的国家”等。

2. WTO 关于“转型经济成员”的特殊权利义务规定

由包括“转型经济成员”在内的“非市场经济成员”的特殊地位所决定，WTO 相关的特殊规定体现于两个不同的方面。

一方面，就直接提及“转型经济成员”的规定——《反补贴协定》第 29 条、《TRIPs 协定》第 65 条和 GATS 第 12 条而言，转型经济成员享有较一般成员更优越的权利内容。具体表现为：(1)为转型所必需而免于实施规则义务。例如，《反补贴协定》第 29 条规定，处于自中央计划经济转型为市场和自由企业经济的成员可实施为转型所必需的计划和措施；在特殊情况下，可允许此类成员偏离其作出通知的补贴计划和措施以及委员会确定的时限，此类偏离被视为属转型过程所必需的。GATS 亦规定：“如发生严重国际收支和对外财政困难或其威胁，一成员可对其已作出具体承诺的服务贸易，包括与此类承诺有关的交易的支付和转移，采取或维持限制。各方认识到，由于处于经济发展或经济转型过程中的成员在国际收支方面的特殊压力，可能需要使用限制措施，特别是保证维持实施其经济发展或经济转型计划所需的适当财政储备水平。”(2)较一般成员更延长的过渡时限，而且可以从一些更持久的特殊待遇中获益。例如，在反补贴措施领域，此类成员可以在 7 年时间内保留第 3 条所禁止的且已进行通知的出口补贴和进口替代补贴，在此期间，还免于受到根据第 4 条所采取的争端解决措施的制约。在此期间，为帮助私有化和结构调整，这些国家可以免除政府持有的债务，提供赔款以偿还债务，而不必受到“严重侵害”规则的制约。[①] 而在 TRIPs 领域中，它们可以和发展中国家成员一样享有 5 年的过渡期。

而另一方面，就专门针对“非市场经济成员”适用的特殊要求而言，在 WTO 立法和相关实践中，转型经济成员又承受着较一般成员更严格或具歧视性的规则要求。首先，在明文所确立的规则上，GATT 附件 I “关于第 6 条第 1 款的第 2 项补充规定”(以下简称“注释 2”)[②]及由此而形成的反倾销领域之“替代国制度”即为典型例证。其次，即使没有条约

① 参见世界贸易组织秘书处编：《乌拉圭回合协议导读》，索必成、胡盈之译，法律出版社 2000 年版，第 151 页。

② 该条规定：“各方认识到，在进口产品来自贸易被完全或实质上完全垄断的国家，且所有国内价格均由国家确定的情况下，在确定第 1 款中的价格可比性时可能存在特殊困难，在此种情况下，进口缔约方可能认为有必要考虑对此类国家的国内价格进行严格比较不一定适当的可能性。”

的明文依据,GATT 和 WTO 实践也生成出专门针对非市场经济成员的一些特殊规则要求。例如,GATT 时期,对于 GATT 1947 第 17 条(国家专控产品的贸易单位[①])的规则,美国曾在国际贸易组织(International Trade Orgnization,ITO)宪章草案中专门针对苏联的适用草拟了一段题为"全由国家垄断外贸"的案文:"作为与其他成员的关税减让与别的鼓励扩大多边贸易行动的对应物,完全垄断外贸的国家要承担每年不歧视地从各成员国购进规定的、不低于协议总额价值的产品。这种全球性购买安排,需定期与本组织协商,做出调整。"20 世纪 60 年代,当波兰和罗马尼亚加入 GATT 时,其加入议定书就采用了案文所规定的每年增加一定百分比进口额的条款。[②] 又如,在保障措施制度领域,虽然从 GATT 1947 第 19 条本身的文义和 GATT 法律结构和条款的安排来看,不得带有歧视性即选择性地适用其规则,理应成为该项制度的题中应有之义,但是,无论是 GATT 时期波兰、罗马尼亚和匈牙利的加入议定书中明文写进的"选择性保障条款",还是 WTO 制度下,适用于中国的包含但不限于"特保条款"在内的诸多超 WTO 义务条款,都含有针对非市场经济成员的明显歧视色彩。

(三)其他"个别化"特殊主体

WTO 其他涉及主体的专门性规定十分有限,不仅与常态化特殊主体无法比拟,而且相对于前述特殊主体,也是一些更为特殊的安排,即可谓"个别中之个别"。主要有以下几种。

1. 创始成员(original members)和加入成员(access members)

根据取得成员资格的方式,WTO 将成员划分为创始成员和加入成

---

① GATT 1947 第 17 条的条款名称原文为"State Trading Enterprises",通常被翻译成"国营贸易企业"。对此,赵维田先生认为,这种误译导致引起许多同志的错觉或者很难理解第 17 条的规则。因为,第 17 条的本意是规范国家专控产品如香烟、盐以及石油等的贸易规则;而经营国家专控产品的不仅包括企业或私人企业,也包括政府有关机构或单位;而且,对中国读者来说,"国营企业"是个明确指以公有制的主要特征的企业,与拟定关贸总协定时按自由市场经济制度作为对象的"国家单位",本质上是两种不同的概念。若将两者混淆不清,其贻害匪浅。参见赵维田:《世贸组织(WTO)的法律制度》,吉林人民出版社 2000 年版,第 195 ~ 198 页。

② 参见赵维田:《世贸组织(WTO)的法律制度》,吉林人民出版社 2000 年版,第 206 页。

员。凡根据《建立 WTO 协定》第 11 条和第 14 条,在该协定生效之日或规定时间内已经成为 GATT 缔约方,接受《建立 WTO 协定》,并将减让和承诺表附在 GATT 1994 和 GATS 之后的,即为创始成员;而根据《建立 WTO 协定》第 12 条,按照与 WTO 议定的条件加入,并经部长级会议批准的,即为加入成员。严格地说,这两种成员并不具有特殊主体的地位,因为,根据《关于接受与加入〈建立 WTO 协定〉的决定》序言第 7 段的规定,一旦获得成员资格,无论依何种方式,它们的成员地位并无任何区别。但是,由于加入成员与 WTO 议定的条件各有不同,包括被迫接受本来不需要承担的义务,因而其主体地位也会因此而具有个性化的特征,并由此在本应无任何区别的加入成员和创始成员、RAMs 和原加入成员之间形成权利义务的不对等状态。例如,处于最不发达国家之列的柬埔寨 2003 年加入 WTO 时,被要求承诺放弃使用非专利药品,而 WTO 内的最不发达成员在这方面的过渡期是至 2016 年。中国加入时被要求承担的诸多额外义务和特殊承诺显然也同样具有不公平、不合理的成分,并由此赋予了“加入成员”以 WTO 特殊主体之个别一类的新内涵。

2. 捐赠国际粮食援助的成员(members donors of international food aid)

《农业协定》为防止成员以借口粮食援助的形式而规避出口补贴,专门规定了捐赠国际粮食援助成员的特殊义务——保证粮食援助真实可靠。根据该协定第 10.4 条,捐赠国际粮食援助的成员应保证:(a)国际粮食援助的提供与对受援国的农产品商业无直接或间接联系;(b)国际粮食援助交易,包括货币化的双边粮食援助,应依照联合国粮农组织《剩余粮食处理原则和协商义务》的规定进行,在适用时,还应依照通常营销要求制度;以及(c)此类援助应在可能的限度内以完全赠予的形式提供或以不低于《1986 年粮食援助公约》第 4 条规定的条件提供。

当任一成员实施此种捐赠行为时,即成为应受该款义务约束的特殊主体。

3. “正在进行知识产权制度结构改革并在制订和实施知识产权法律和法规方面面临特殊困难的成员”（members which is undertaking structural reform of its intellectual property system and facing special problems in the preparation and implementation of intellectual property laws and regulations）

这是《TRIPs 协定》考虑到不同国家知识产权及其法律制度的不同发展水平而特设的一类主体。协定赋予此类主体在协定的实施期限上，可以享受与发展中国家成员、经济转型成员相同的延迟期（5 年）；同时也要求它们：在过渡期内，保证其法律、法规和做法的任何变更不会导致降低其与该协定规定一致性的程度。

四、中国作为 WTO 主体的特殊身份因素

中国作为 WTO 主体，涉及以下多重特殊身份因素的竞合：

首先，作为加入成员，根据中国与 WTO 议定的加入条件，中国承担了既不同于创始成员，也不同于其他加入成员的特殊义务；其次，作为世界上最大的发展中国家，中国在 WTO 的“发展中国家成员”资格却始终是一个争议不休的话题；最后，中国作为新兴的转型经济体，其市场经济地位长期得不到欧美日等 WTO 成员的认可，并在反倾销、反补贴等各种贸易政策领域被屡屡发难。

不仅如此，因中国加入时的特殊承诺而引发的争端案件，已经成为中国涉案的主要方面；而因中国发展中国家成员身份和市场经济地位问题所引发的争论，更是当前美国挑衅 WTO 并置其于体制性危机的核心问题。

第二节　中国作为 WTO 加入成员：成员地位与加入地位的叠加限制

从中国与 WTO 的渊源来说，中国作为加入成员本身即是一个例外。中国早在 1947 年 10 月 30 日即通过接受《临时适用议定书》方式取得了创始缔约方的地位。但是，由于中华人民共和国在成立后未能及时按 GATT

的规程履行缔约方义务，加上 1950 年台湾当局单方面宣布退出 GATT，[①]使中国失去了在 GATT 的缔约方地位。自此，直至 GATT 为 1995 年 WTO 所取代，中国尽管陆续恢复了在联合国、世界银行和 IMF 等国际组织的主体地位，尽管从 1986 年起即正式向 GATT 总干事提交了恢复 GATT 创始缔约方地位的申请，并经历了近十年、数十轮的双边、多边谈判，但由于“复关”谈判中部分缔约方提出的条件过于苛刻，最终仍未能在 WTO 成立前恢复其 GATT 缔约方的地位。

因此，尽管在《中国加入议定书》的序言部分明确约定“忆及中国是《1947 年关税与贸易总协定》的创始缔约方，注意到中国是《乌拉圭回合多边贸易谈判结果最后文件》的签署方，”但中国仍然只能与其他加入成员一样，按照《建立 WTO 协定》第 12.1 条的规定，通过与 WTO 谈判，并按其与 WTO 达成协议的条件，重新加入 WTO，并由此成为 WTO 成员中唯一一个既是 GATT 创始缔约方，又是 WTO 的加入成员。

根据《建立 WTO 协定》第 12 条，与创始成员相比，加入成员特殊主体地位的最重要表征，是其与 WTO 议定的、由《加入议定书》等法律文件的差异性规则所确定的“加入条件”。

如前所述，法律上，主体地位的特殊是由其权利义务来表现的，因而对于中国作为加入成员的特殊地位，必须通过比较中国与其他成员之间的不同权利义务内容才能显现。当然，作为前提，又需要首先厘清《建立 WTO 协定》第 10 条所谓“加入条件”的属性的问题。

一、“加入条件”的法律内涵：差别义务

（一）无限可能的内容边界

《建立 WTO 协定》第 12.1 条和第 12.2 条规定：“任何国家或在处理其对外贸易关系及本协定和多边贸易协定规定的其他事项方面拥有完全自主权的单独关税区，可按其与 WTO 议定的条件加入本协定。此加入适用于本

---

① 1950 年 3 月 6 日，台湾当局由其“联合国常驻代表”以“中华民国”的名义照会联合国秘书长，决定退出 GATT。

协定及所附多边贸易协定。有关加入的决定应由部长级会议作出。部长级会议应以 WTO 成员的三分之二多数批准关于加入条件的协议。……”

据此，一方面，“加入条件”是加入方与 WTO 达成的协议，并经部长会议以 WTO 成员 2/3 多数批准，因而其实质上加入方至少与 2/3 以上的成员达成合意。另一方面，第 12 条所设“加入条件”本身，即意味着加入成员之“加入条件”将有别于创始成员仅承担的 WTO 一般义务。与此同时，第 12 条没有进一步限定申请加入方“与 WTO 议定的条件”的范围，从而为“三分之二以上的成员”与申请加入方的谈判打开了一个无限可能的窗口——“加入条件”不仅有别于 WTO 一般规则，而且可以是经议定的任何内容。

（二）分类标准与意义

根据 WTO《加入议定书》的一般内容，较为著名并为学界所援引的分类主要有“承诺分类法”与“义务分类法”两种。两种分类法的共同前提是：WTO 项下的规则分为法律规则与准入规则，前者指 WTO 诸协定中规定的行为规则（法律规则）；后者特指 GATT 1994 与 GATS 的附件——货物与服务减让表中的减让义务（准入规则）。[①] 关于“加入条件”的分类，仅限于对“加入条件”中法律规则部分的分类。

1. “承诺内容分类法”

该分法以美国秦娅教授为代表，将《中国加入议定书》中包含的所有加入承诺按其与当时已有的 WTO 规则相比，分为“现有《多边贸易协定》范围内的规则承诺”（以下简称“现有 WTO 承诺”）、“超 WTO（WTO-Plus）义务承诺”（以下简称“超 WTO 承诺”）和“导致负 WTO（WTO-Minus）准则和权利的规则承诺”（以下简称“负 WTO 承诺”）：[②]

---

① See Julia Ya Qin, “‘WTO-Plus’ Obligations and their Implications for the World Trade Organization Legal System”, 37(3) *J. WORLD TRADE* 483, 484 (2003).

② Commitments on rules within the scope of the Multilateral Trade Agreements, Commitments on “WTO-plus” obligations, and Commitments on rules that result in “WTO-minus” disciplines and rights. See Julia Ya Qin, “‘WTO-Plus’ Obligations and Their Implications for the World Trade Organization Legal System”, 37(3) *J. WORLD TRADE* 483, 490 (2003).

(1)“现有 WTO 承诺”包括中国确认的就特定事项遵守现有的 WTO 规则、同意将不援引在《多边贸易协定》项下发展中国家成员的过渡期规则。议定书中大部分条款(包括许多吸收自《工作组报告》的条款)均属于该类承诺。

(2)“超 WTO 承诺”指对中国施加相较于 WTO 规则更加严格的准则,涵盖透明度、司法审查、地方政府、外国投资、外国投资者的国民待遇、经济改革、政府采购和贸易政策审议这一系列问题。

(3)“负 WTO 承诺”指削弱现有 WTO 准则并减少中国作为 WTO 成员的权利的特殊行为规则。此类规则的修正、偏离或者缺乏以现有 WTO 的原则和规则作为明确的依据,主要涉及贸易救济,如反倾销、补贴和反补贴以及安全保障措施。尽管反倾销和保障措施的特殊规则有适用期限的限制,但特殊的补贴规则将永久适用于中国。

在此基础上,“承诺三分法”还进一步主张,“现有 WTO 承诺”不改变已有 WTO 规则,而“超 WTO 承诺”扩充了已有的 WTO 规则,“负 WTO 承诺”修改了已有的 WTO 贸易救济规则对中国的适用。①

2.“义务基准分类法”

该分法为美国 Steve Charnovitz 提出并得到日本 Tokio Yamaoka 的认同,认为上述“承诺三分法”主要存在两个方面的问题:其一,在对“加入条件”的分类中引入“权利”概念,实为对 WTO 项下“权利”概念的不当理解:首先,WTO 协定只赋予成员义务而无权利;②其次,所谓对 RAMs 规定的过渡期只是对义务程度的一种临时限制而不是权利,对新成员采取特定贸易救济措施限制也非对新成员贸易救济权利的减损,而是对既有成员对应义务的减轻;③最后,

---

① SeeJulia Ya Qin, “‘WTO-Plus’ Obligations and Their Implications for the World Trade Organization Legal System”, 37(3) *J. WORLD TRADE* 483, 490 (2003).

② See Steve Charnoviz, “Mapping the Law of the WTO Accession,” in Merit E. Janow, Victoria Donaldson & Alan Yanovich (ed.), *THE WTO: GOVERNANCE, DISPUTE SETTELEMENT & DEVELOPING COUNTRIES*, Juris Publishing, 2008, chap. 46, pp. 14 – 15. Available at www. ssrn. com/abstractid = 957651.

③ See Steve Charnoviz, “Mapping the Law of the WTO Accession,” in Merit E. Janow, Victoria Donaldson & Alan Yanovich (ed.), *THE WTO: GOVERNANCE, DISPUTE SETTELEMENT & DEVELOPING COUNTRIES*, Juris Publishing, 2008, chap. 46, p. 20. Available at www. ssrn. com/abstractid = 957651.

即便 WTO 法中存在“权利”的表述，也无论该表述如何界定其内涵，一个加入成员是不享受 WTO 法项下的任何权利的。[①] 其二，对特定“加入条件”的分类，应以 WTO 法为基准，而非简单以“权利义务”的内容类别为分类标准。

据此，该分法主张：应以 WTO 成员的义务，即在无《加入议定书》规定额外加入条件的情况下，加入方在加入 WTO 时即应自动承担的义务，作为基准；同时，用以作为参照系的、恰当的法律基准应当是相同发展水平（发达国家、发展中国家与不发达国家）的 WTO 创始成员承担的义务；并据此将《加入议定书》的“加入条件”分为“超 WTO”义务，即比基准义务更加严格甚至突破 WTO 已有义务范围的义务，和“负 WTO”义务，即比基准义务较为宽松的义务。[②] 在此基础上，该分法再按主体的不同做进一步细分：学者 Steve Charnovitz 将其分为 WTO（作为国际组织）义务、创始成员义务与加入成员义务三类；学者 Tokio Yamaoka 则将其分为创始成员义务与加入成员义务两类。

就上述两种分类，笔者认为，分类是差异分析与理论构建之逻辑前提。不同的分类结果取决于不同的分类标准，而采用何种分类标准对事物进行归纳梳理，则取决于分类的目的。因此，就“加入条件”的分类而言，是否区分权利义务及其对应的主体，则取决于具体研究的目的：若以加入成员在 WTO 框架下所享有与承担的权利义务为研究对象，以加入时“承诺”的内容为分类标准并无不妥；但若以《加入议定书》中“加入条件”的分类方法或者以特定加入成员的特殊权利义务为研究对象，则应如“义务基准分类法”所主张的，首先对法律基准——参照系——作严格界明，由此方可对

---

① See Steve Charnoviz, “Mapping the Law of the WTO Accession,” in Merit E. Janow, Victoria Donaldson & Alan Yanovich (ed.), *THE WTO: GOVERNANCE, DISPUTE SETTELEMENT & DEVELOPING COUNTRIES*, Juris Publishing, 2008, chap. 46, p. 15. Available at www. ssrn. com/abstractid = 957651.

② See Steve Charnoviz, “Mapping the Law of the WTO Accession,” in Merit E. Janow, Victoria Donaldson & Alan Yanovich (ed.), *THE WTO: GOVERNANCE, DISPUTE SETTELEMENT & DEVELOPING COUNTRIES*, Juris Publishing, 2008, chap. 46, pp. 16 – 18. Available at www. ssrn. com/abstractid = 957651.

特定权利义务作科学的类别化，以揭示其特殊性所在。

本书旨在研究中国作为加入成员所承担的特殊权利义务，因此，在参照系的选择方面，应采用“义务基准分类法”：就法律基准而言，应首先确定可作为参照系的 WTO 创始成员和其他加入方；就主体而言，应以中国为主体，分析中国所享有和承担的权利与义务，而非 WTO、创始成员或其他加入成员的权利义务。

(三)内涵属性：权利 vs 义务？

《加入议定书》中规定的“加入条件”，是权利与义务兼具还是仅为义务？基于《加入议定书》与 WTO 协定的天然联系，回答此问题首先需要界明 WTO 项下之权利与义务的概念。

权利与义务在法哲学视域内是一对共生概念：二者对立统一，不可分割。对照 WTO 项下诸协定中的表述，如《建立 WTO 协定》第 10.3 ~ 10.4 条中“变更成员权利与义务的性质者”；DSU 第 1.1 条中“成员之间关于它们的权利与义务”、第 3.2 ~ 3.4 条和第 19.2 条中“各涵盖协议规定的权利与义务”等，[①]即为印证。因此，在 WTO 框架下，基于诸协议缔约方为各成员，因而各成员享有的义务，均有其他成员相应的权利与之对应；反之亦然。因此，在 WTO 诸项协议的视域内，成员作为缔约方既享有权利又承担义务。

但是，《加入议定书》与 WTO 诸项协定不同。由于《加入议定书》是加入成员与作为国际组织的 WTO 间的协议，加入成员在此项协议下所承担的义务，其对应的权利则由 WTO 其他成员享有；而由于 WTO 其他成员并非《加入议定书》之缔约方从而在《加入议定书》项下并未承担义务，因此加入成员并不在《加入议定书》项下享有权利。据此，《加入议定书》中规定的“加入条件”仅为加入成员所承担的义务，而非权利。以在“承诺内容分类法”中被界定为权利的、中国在《中国加入议定书》中受到减损的贸易救济权为例，此处所谓贸易救济权是产生于 WTO 一般规则的权利，在《加入议定书》中，接受对该项权利的限制的承诺更应是

---

① 其他诸如 GATT ad. Art. XXVIII, para. 1(4)；GATS Art. XIX:1；TRIPs Art. 7 等。

一种加入成员所承担的义务，而非其享有的权利。再如，同被界定为权利的、《中国加入议定书》中关于过渡期的规定，是对《中国加入议定书》中各项具体义务的临时的限制性规定，是对义务的限制，并不因此而构成实体性的权利。

（四）参照基准：国家发展水平的界定标准？

如前所述，《加入议定书》项下“加入条件”的实质均为义务分为“超 WTO 义务”与“负 WTO 义务”：以 WTO 特定创始成员的义务为基准，较之更为严苛的属于“超 WTO 义务”，较之更为宽松的属于“负 WTO 义务”。此处的特定创始成员的确定取决于其经济发展水平，即属于发达经济体、发展中经济体还是不发达经济体。

但是，由于 WTO 规则体系乃至国际社会普遍并未对“发达国家”与“发展中国家”的认定标准做明确界定，当前实践中，“发展中国家”地位的确定采“自认”（self-declaration）+“承认”（recognition）的合意模式。具言之，在 WTO 规则体系下，成员可自行确定“发展中国家”的判断标准并自我认定为“发展中国家”；但是，该项“自认”须经由特定法律框架下的其他成员或国际组织的承认——其他成员可通过对其援引仅适用于发展中国家的条款提出异议对其“发展中国家地位”予以否定。

由此，对于加入成员而言，一方面，在 WTO 项下，一个加入成员的“发展中国家”地位除非在《加入议定书》中明确约定，否则只能由具体条款予以推知；另一方面，由于《加入议定书》及其具体条款的不成体系性——既与 WTO 诸协议间缺乏体系性链接，其自身的条款间亦缺乏逻辑内涵上的必然关联，因而必将导致加入成员由《加入议定书》具体条款推知的“发展中国家”地位具有零散、有限适用的特点——仅在提及“发展中国家”地位/待遇的具体条款事项下享受“发展中国家”地位。

因此，在确定加入成员加入义务的分类标准时，可参照的法律基准将必须具体至特定条款方能准确确定。

至此可以明确，《加入议定书》中规定的“加入条件”实质为以与加入成员相同发展水平的创始成员在 WTO 项下的义务为参照系，加入成员所承担的差别义务。

二、中国的差别成员地位——以创始成员为参照

(一)中国差别义务之参照系:创始发达成员+创始发展中成员

就中国的"加入条件"而言,为分析其权利义务的特殊性,首先应确定可参照的主体。然而,由于中国加入条件的特殊性,确定可参照的主体存在一定困难。根本原因就在于,就中国自身而言,其加入 WTO 时的主体身份模糊:不仅在《中国加入议定书》中未明确提及其发展中成员地位,而且在《中国加入工作组报告》中也仅在未被援引纳入《中国加入议定书》的第 8 段、第 9 段与第 39 段中有所提及;与此同时,在《中国加入议定书》中所列明的各项具体条件,则纳入了诸多有别于常见发展中创始成员所享有的 SDT。由此,在参照系的选择上,依上述"义务分类"标准,将陷入循环论证的表面困境:为界明中国作为加入成员所享有与承担的特殊权利义务,应首先明确参照系方可比对;而在中国加入时是否作为发展中成员地位不明的情况下,则又需要先对具体权利义务进行比对方可明确可参照的主体。为此,一方面,中国作为特殊加入成员的地位可见一斑;另一方面,对中国作为加入成员的特殊权利义务的考察,必须涵盖两项内容:以发达创始成员、发展中创始成员为参照系分别比对。

由于发达创始成员与发展中创始成员在 WTO 项下的义务差别仅限于作为发展中国家所特有的 SDT,因此,在比较时,参照系之一首先为 WTO 项下的发达创始成员与发展中创始成员均承担的共性普遍性义务,参照系之二则为 WTO 项下发展中创始成员所承担的特殊与差别义务。

(二)中国差别义务的比对分析

《中国加入议定书》项下特殊义务承诺的内容事项繁复、规则体系庞大,以下将根据中国作为当事方在 DSM 涉案中《中国加入议定书》具体条款的涉案情况如表 3-3 所示,择要介绍中国加入"差别义务"的具体内容。

表 3－3　中国作为当事方涉案中《中国加入议定书》条款涉案情况①

单位：起

<table>
<tr><th colspan="2" rowspan="2">系争条款</th><th colspan="2">所涉案件</th></tr>
<tr><th>案号</th><th>数量</th></tr>
<tr><td colspan="2">概括援引</td><td>DS309</td><td>1</td></tr>
<tr><td rowspan="13">第 1.2 条：议定书，包括工作组报告书第 342 段所指的承诺，为《建立 WTO 协定》组成部分</td><td>第 83、84 段贸易权</td><td>DS363、DS394、DS395、DS398、DS431、DS432、DS433、DS508、DS509</td><td>9</td></tr>
<tr><td>第 93 段正常海关关税</td><td>DS339、DS340、DS342</td><td>3</td></tr>
<tr><td>第 116 段关税配额（一般承诺）</td><td>DS451、DS517、DS568</td><td>3</td></tr>
<tr><td>第 120 段关税配额（国营贸易企业）</td><td>DS568</td><td>1</td></tr>
<tr><td>第 122、127 段进口数量限制，含禁止和配额</td><td>DS451、DS568</td><td>2</td></tr>
<tr><td>第 136 段进口许可程序</td><td>DS568</td><td>1</td></tr>
<tr><td>第 162、165 段出口许可程序和出口限制</td><td>DS394、DS395、DS398、DS431、DS432、DS433、DS508、DS509</td><td>8</td></tr>
<tr><td>第 167 段出口补贴</td><td>DS451、DS358、DS359</td><td>3</td></tr>
<tr><td>第 203 段 TRIMs</td><td>DS339、DS340、DS342、DS358、DS359</td><td>5</td></tr>
<tr><td>第 234 段农业政策（出口补贴）</td><td>DS387、DS388、DS390、DS451</td><td>4</td></tr>
<tr><td>第 309 段影响服务贸易的政策（许可）</td><td>DS372、DS373、DS378</td><td>3</td></tr>
<tr><td>第 334 段透明度（咨询点）</td><td>DS419、DS450、DS451、DS501</td><td>4</td></tr>
</table>

① 如无特别说明，本章中有关 WTO 争端案件的数据信息，均整理自截至 2019 年 12 月 31 日的 WTO 官方网站的数据和信息。See https://www.wto.org/english/tratop_e/dispu_e/dispu_agreements_index_e.htm?id = A30，最后访问日期：2020 年 5 月 8 日。需要说明的是，欧盟鞋案（中国诉）中，尽管中国作为申诉方援引了《工作组报告》第 151 段作为依据，但因为：(1) 该段并不包括在第 342 段所引入的构成《中国加入议定书》组成部分的段落，而且 (2) 该段落中涉及的确定补贴和倾销时的价格可比性问题，已经由《中国加入议定书》第 15 条所涵盖，所以，《工作组报告》第 151 段并未包括在本表统计的数据中。

续表

<table>
<tr><th colspan="2" rowspan="2">系争条款</th><th colspan="2">所涉案件</th></tr>
<tr><th>案号</th><th>数量</th></tr>
<tr><td></td><td>第 18～19、22 段非歧视、第 46～47 段国有企业、第 60、62、64 段定价政策、第 70 段地方政府职权、第 73 段贸易制度的统一实施、第 107 段国内税适用、第 115 段关税配额、第 123 段进口数量限制、第 132 段进口许可程序、第 157 段出口许可实体清单、第 168 段出口补贴、第 170 段出口产品税费、第 171～174 段产业政策(补贴)、第 210 段国营贸易实体、第 222～223、225、227～228 段特殊经济区、第 231～233、235、238 段农业政策、第 322 段通知</td><td>DS451</td><td>1</td></tr>
<tr><td rowspan="2">第 2 条贸易制度的实施</td><td>第 2(A)条统一实施</td><td>DS431、DS432、DS433、DS450、DS508、DS509、DS549</td><td rowspan="2"></td></tr>
<tr><td>第 2(C)条透明度</td><td>DS431、DS432、DS433、DS450、DS501、DS568</td></tr>
<tr><td rowspan="2">第 5 条贸易权</td><td>第 5.1 条在中国的企业</td><td>DS363、DS394、DS395、DS398、DS431、DS432、DS433、DS508、DS509</td><td rowspan="2">9</td></tr>
<tr><td>第 5.2 条所有外国企业</td><td>DS363、DS394、DS395、DS398、DS431、DS432、DS433、DS509</td></tr>
<tr><td rowspan="2">第 7 条非关税措施</td><td>第 7.2 条国民待遇、取消数量限制、符合《农业协定》</td><td>DS358、DS359、DS431、DS432、DS433、</td><td rowspan="2">8</td></tr>
<tr><td>第 7.3 条投资措施</td><td>DS339、DS340、DS342、DS358、DS359</td></tr>
</table>

续表

系争条款		所涉案件	
		案号	数量
第 8 条进出口许可程序	第 8.1 条透明度	DS568	7
	第 8.2 条非歧视待遇	DS394、DS395、DS398、DS431、DS432、DS433	
第 10 条补贴	第 10.3 条取消反补贴协定第 3 条的所有补贴	DS358、DS359	2
第 11 条对进出口产品征收的税费	第 11.3 条取消附件 6 或 GATT 1994 第 8 条之外的税费	DS394、DS395、DS398、DS431、DS432、DS433、DS508、DS509	8
第 12 条农业	第 12.1 条按议定书规定取消农产品出口补贴	DS387、DS388、DS390	3
第 15 条确定补贴和倾销时的价格可比性		DS379、DS397、DS405、DS437	4
第 16 条特定产品过渡性保障机制	第 16.1 条磋商、第 16.3 条撤销减让或限制进口、第 16.4 条市场扰乱、第 16.6 条时限	DS399	1

据此，可按常涉条款所指向的《中国加入议定书》项下的事项内容，将中国的加入义务承诺大致分为 8 项内容，即国内法治（司法审查、透明度）、国民待遇（暨投资承诺）、市场经济承诺、农业产品贸易承诺、TBT、知识产权保护、贸易救济承诺和过渡安排，并将其与 WTO 创始成员的对应义务（WTO 常规义务）相比较。经比对，《中国加入议定书》中的此 8 项承诺均构成与创始成员的“差别义务”（见表 3－4）。

表 3-4 《中国加入议定书》“加入义务”与 WTO 部分常规义务比对表①

义务事项		出处 *	内容	参照系一：普遍性义务	参照系二：发展中国家 SDT	差别类型	
						超 WTO	负 WTO
国内法治义务	透明度	AP 第 2(C)条、第 6.1 条；WPR 第 331～334 及 336 段	只执行已公布的与 WTO 协定涵盖事项有关的法律、法规和其他措施；征求公众意见；提供官方译本	GATT 1994 第 10 条；《TRIPs 协定》第 63 条	—	√	
国内法治义务	司法审查	AP 第 2(D)条	提供公正且独立于行政机关的司法审查；给予受审查的任何行政行为影响的个人或企业进行上诉的机会，且不因上诉而受到处罚	GATT 1994 第 10.3(b～d)条；GATS 第 6.2(a)条；《TRIPs 协定》第 62.5 条	—	√	
国民待遇(暨投资承诺)		AP 第 3 条、第 5.2 条、第 7.3 条、第 8.2 条和第 11.4 条；WPR 第 18 段、第 203～207 段	给予外国个人、企业和外商投资企业产品在境内市场销售、贸易权、进出口许可证和配额分配、边境税调整方面的国民待遇，排除国内条件限制	GATT 1994 第 3 条、第 11 条；GATS 第 17 条；《TRIMs 协定》第 2 条	—	√	
市场经济承诺		AP 第 6 条、第 9 条；WPR 第 47、60、62、64 段，第 210、212～213、215、217 段	国营贸易企业进口购买与出口货物定价透明；由市场力量决定价格，取消多重定价；国有及国家投资企业不受政府影响	GATT 1994 序言、第 3.9 条、第 17 条	—	√	

① 本表中 AP 是指 Accession Protocol，此处特指《中国加入议定书》；WPR 是指 Working Party Report，此处特指《中国加入工作组报告》。

续表

义务事项		出处 *	内容	参照系一：普遍性义务	参照系二：发展中国家 SDT	差别类型	
						超 WTO	负 WTO
农业产品贸易承诺		APDI 12 条；WPR 第 235 段	微量免除水平为年度生产总值的 8.5%，不超过即不予削减或列为黄箱补贴	《农业协定》第 6.4 条	《农业协定》第 6.2、6.4 条	√	
TBT		AP 第 13 条；WPR 第 177～197 段		《TRIPs 协定》		√	
知识产权保护		未披露信息保护	WPR 第 284 段	对为申请使用新化学成分的药品或农业化学品的销售许可而按要求提交中国主管机关的未披露试验数据或其他数据提供有效保护，以防止不正当商业利用	《TRIPs 协定》第 39.3 条		√
贸易救济承诺	反补贴	AP 第 10.2～10.3 条、第 12.1 条、第 15（b）条；WPR 第 167、170～174、234 段	国有企业补贴为专向性补贴，取消所有《反补贴协定》第 3 条范围内补贴；补贴认定适用外部基准；取消出口补贴、产业政策，取消全部农产品出口补贴	《反补贴协定》第 2.1 条、第 3 条、第 14 条（外部基准）	《反补贴协定》第 27.8～27.9、27.13 条；《农业协定》第 6.2 条	√	
	反倾销	AP 第 15（a）ii 条	以实行市场经济的第三国国内市场上同类产品的正常价值为替代价格	GATT 1994 第 3.1 条、第 6 条；《反倾销协定》第 2.1 条	—	√	

续表

义务事项		出处 *	内容	参照系一：普遍性义务	参照系二：发展中国家 SDT	差别类型	
						超 WTO	负 WTO
	特保措施	AP 第 16 条；WPR 第 242 段（纺织品保障措施）	进口数量增加对国内生产证造成威胁或市场扰乱；贸易转移构成采取保障措施的理由；中国采取措施应通知保障委员会；措施持续超过 3 年中国方有权暂停实质相当的减让	GATT 1994 第 19 条；《纺织品与服装协定》第 6 条	—	√	
过渡安排	过渡性审议机制	AP 第 18 条	每年（前 8 年）+ 第 10 年审议中国实施《建立 WTO 协定》与《中国加入议定书》的情况	TPRM		√	
	过渡期	AP 第 5.1 条、第 15（d）条、第 16.9 条、第 18 条	加入后 3 年取消贸易权限制；替代价格加入之日后 15 年终止；特保机制加入之日后 12 年终止；过渡性审议机制（前 8 年 + 第 10 年）			√	√

1. 国内法治义务

国内法治义务主要包括透明度与司法审查义务。就透明度，中国承诺只执行已公布的、且其他 WTO 成员、个人和企业可容易获得的有关或影响货物贸易、服务贸易、或外汇管制的法律、法规及其他措施，并为公众提供向主管机关提出意见的合理时间、设立咨询点［AP 第 2（c）条］；保证国营贸易企业的进口购买程序完全透明（AP 第 6.1 条）和使 WTO 成员获得译成一种或多种 WTO 正式语言的译本（WPR 第 331 ~ 334 段及第 336 段）。就司法审查，中国承诺提供公正且独立于行政机关的司法审查，并应给予受审查的任何行政行为影响的个人或企业进行上诉的机会，且不因上诉而受到处罚[AP 第 2(C)条]。

此两项国内法治义务对中国提出了高于 WTO 项下创始成员依据 GATT 1994 第 10 条；《TRIPs 协定》第 62.5、63 条和 GATS 第 6.2(a)条所承担的普遍性义务，属于超 WTO 义务。

2. 国民待遇(暨投资承诺)

中国承诺享受国民待遇的主体扩大至外国个人、企业和外商投资企业，范围扩大至生产所需投入物、货物和服务的采购，及其货物据以在国内市场而生产、营销或销售的条件(AP 第 3 条)；就贸易权，允许所有在中国的企业均对进口或者出口货物在国内销售、许诺销售、购买、运输、分销或使用方面，包括直接接触最终用户方面，给予国民待遇(AP 第 5.2 条)；保证国家和地方各级主管机关对进口许可证、配额、关税配额的分配或对进口、进口权或投资权的任何其他批准方式、边境税的调整方面，不以国内竞争者条件、当地业绩要求等为条件，放弃援引《TRIMs 协定》第 5 条(AP 第 7.3 条、第 8.2 条、第 11.4 条和 WPR 第 18 段、第 203～207 段)。

相较于 GATT 1994 第 3 条规定的国民待遇仅适用于进口产品，GATS 第 17 条的规定国民待遇义务要求针对的仅为服务贸易减让表中所列的特定服务部门，中国在《中国加入议定书》项下承担的提供国民待遇义务在主体、产品范围和事项内容方面均已超过 WTO 创始成员的普遍性义务。

3. 市场经济承诺

承诺保证国营贸易企业的进口购买程序完全透明，并符合《建立 WTO 协定》，且应避免采取任何措施对国营贸易企业购买或销售货物的数量、价值或原产国施加影响或指导，还应提供有关其国营贸易企业出口货物定价机制的全部信息(AP 第 6 条)、应允许每一部门交易的货物和服务的价格由市场力量决定，且应取消对此类货物和服务的多重定价做法，除非在特殊情况下，并须通知 WTO，否则不得对附件 4 所列货物或服务以外的货物或服务实行价格控制，且中国应尽最大努力减少和取消这些控制(第 9 条)；在官方刊物上公布国家定价的货物和服务清单及其变更情况，并公布定价机制和政策（WPR 第 60、62、64 段），限制国有及国家投资企业不受政府影响（WPR 第 47 段）、限制国营贸易（WPR 第 210、212～213、215、217 段）。

与 WTO 诸协议相对照，GATT 1994 序言、第 3.9 条、第 17 条就创始成员的市场经济承诺做了相应的规定。中国关于市场经济的承诺表面看来主要重复了 GATT 1994 第 17 条关于国营贸易企业的规定，但实质上存在范围扩大之别："一方面，GATT 1997 规范的是'国营贸易企业'（State Trading Enterprises），而中国承诺中使用的是'国有及国家投资企业'（State-owned and State-invested enterprises）这一措词，是否后者的范围更广从而使得义务范围也更广，是否仅限于从事外贸经营活动的企业，这在实践中很容易引发争议；另一方面，中国还明确承诺政府将不能直接或间接地影响国有企业或国家投资企业的商业决定，而任何的 WTO 协定都没有明确规定这一点。"[①]《中国加入议定书》第 6 条在仍实行国营贸易的货物方面也作了一些承诺。该条款要求中国政府在国营贸易企业购买或销售货物的数量、价值或原产国方面避免对其影响或指导，要保证国营贸易企业的进口购买程序完全透明，并向 WTO 提供出口货物定价机制的全部信息。而有关国营贸易企业的 GATT 1994 第 17 条和关于垄断或专营贸易服务提供者的第 8 条都没有提出这样的要求。[②]

4. 农产品贸易承诺

关于农产品贸易承诺，中国将不得对农产品维持或采取任何出口补贴，并应在过渡性审议机制中，就农业领域的国营贸易企业（无论是国家还是地方）与在农业领域按国营贸易企业经营的其他企业之间或在上述任何企业之间进行的财政和其他转移作出通知（AP 第 12 条）；同时，承诺在黄箱综合支持方面，补贴微量免除水平为年度生产总值的 8.5%，不超过即

---

① Julia Ya Qin, "'WTO-Plus' Obligations and Their Implications for the World Trade Organization Legal System", 37(3) *J. WORLD TRADE* 483, 506 (2003).

② 参见刘雪红：《"超 WTO 义务"问题的法律研究——以〈中国加入世界贸易组织议定书〉为焦点》，武汉大学 2015 年博士学位论文，第 27 页。

不予削减或列为黄箱补贴(WPR第235段)。

相较于发展中创始成员所享有的"国内支持承诺"(《农业协定》第6.2条)、发达创始成员5%的微量免除水平和发展中创始成员10%的微量免除水平(《农业协定》第6.4条),该项承诺凸显了中国在WTO的特殊地位——特定条款下的发展中加入成员,其所承担的差别义务显然既超出了WTO普遍性义务,更超出了发展中创始成员承担的差别与特殊义务。

5.贸易救济承诺

该项承诺涵盖了反倾销、反补贴与特保措施承诺。

①反倾销价格计算中实行市场经济的第三国国内市场上同类产品的正常价值为替代价格[AP第15(a)ii条]。

与针对市场经济国家制定的"推算价格"(GATT 1994第3.1条、第6条;《反倾销协定》第2.1条)相比较,中国承诺的第三方替代价格经常导致选定的替代国为生产相同产品的中等发达国家,与中国的"正常市场价格"差别较大,相当于承担了较高的反倾销义务。

②反补贴承诺中,中国承担的超WTO义务则更为明显:不仅承诺国有企业补贴为专向性补贴(AP第10.2条)、取消所有《反补贴协定》第3条范围内的禁止性补贴(AP第10.3条)、取消全部农产品出口补贴(AP第12.1条)、补贴认定适用外部基准[AP第15(b)条],同时取消各类出口补贴(WPR第167、170~174、234段),还放弃了作为发展中成员的SDT例外(WPR第171段)。

《反补贴协定》第27条作为第3条普遍取消禁止性补贴之例外规定,允许发展中成员一定的SDT(《反补贴措施协定》第27.8~27.9、27.13条),由此形成中国特殊的反补贴规则。

③保障措施承诺则接受进口数量增加对国内生产证造成威胁或市场扰乱,或者重大贸易转移,均构成采取保障措施的理由(AP第16条);同时就纺织品特保措施而言,中国承诺采取措施应通知保障委员会,且只有在措施持续超过3年时中国方有权暂停实质相当的减让(WPR第242段)。

"市场扰乱"与"重大贸易转移"概念的引入,作为采取保障措施的理由,实际上背离了 GATT 1994 第 19 条和《保障措施协定》设定的"严重损害"标准,使中国承担了高于 WTO 普遍性标准的义务。

6. 过渡性审议机制

中国接受 WTO 下属机构在中国加入后每年(前 8 年)审议和第 10 年或总理事会决定的较早日期最终审议中国实施《建立 WTO 协定》与《中国加入议定书》的情况(AP 第 18 条)。TPRM 负责对各成员遵守 WTO 规则的情况进行监督,是 WTO 履约机制之一。对成员的审议间隔期间和为审议之目的要求提交的文件资料品类与数量对中国的要求均超出 TPRM 的普遍性要求。

(三)中国差别义务的实质:有限发展中加入成员之超 WTO 义务

由上述分析可见,《中国加入议定书》项下的"加入条件"均为差别义务中的"超 WTO 义务"。即便是常态下被认定为是低于 WTO 普遍性义务从而属于"负 WTO 义务"的过渡期条款,在中国的特殊加入国地位的情况下——仅在有限条款事项下"发展中国家"的自认获得其他成员的承认,从而获得有限的发展中加入成员地位——也绝大多数属于"超 WTO 义务"的范畴。

以过渡期条款的规定为例,《中国加入议定书》中关于过渡期的规定包括加入后 3 年取消贸易权限制(AP 第 5.1 条)、中国加入之日后 15 年终止反倾销的第三国替代价格[第 15(d)条]、特保机制加入之日后 12 年终止(第 16.9 条)等。其中,过渡期期间采用反倾销第三国替代价格的规定本就是"超 WTO 义务",该过渡期结束后,反倾销价格的认定就应归位适用 GATT 1994 与《反倾销协定》的相关规定,不存在因过渡期而承担了"负 WTO 义务"的情形。特保机制更是如此。

即便是关于加入后 3 年取消贸易权限制的过渡期规定,亦不能当然归类为"负 WTO 义务",因为在无论是在 WTO 普遍性义务项下还是在发展中成员的 SDT 项下,贸易权限制的取消均针对的是国营贸易单位和货物的进出口贸易,并不涉及外国个人、企业和外商投资企业(具有外资份额的本国企业)在境内销售的待遇问题。因此,尽管 3 年过渡期作为取消贸易权限制的规定,是对加入成员降低了时限要求,但由于贸易权主体与范围相较于 WTO 项下创始成员普遍性义务有所扩大,导致并不能当然认定为是对加入成员取消贸易权限制义务的放宽,反而更有可能被认定为属于“超 WTO 义务”。

综上所述,就《中国加入议定书》中规定的中国“加入条件”,其实质为中国作为有限特定事项下发展中加入成员所承担的“超 WTO 义务”。

三、中国的差别加入地位——以其他加入成员为参照

自 1995 年以来,共计有 36 个国家和地区(见表 3 - 5)经申请加入 WTO,成为 WTO 的加入成员,相关“加入条件”记载于 36 份《加入议定书》中,也由此形成加入成员之间可供对比的最好参照。

表 3 - 5　WTO 加入成员列表(按加入时间先后顺序排列)

序号	加入成员	加入时间	序号	加入成员	加入时间
1	厄瓜多尔	1996/01/21	16	中国	2001/12/11
2	保加利亚	1996/12/01	17	中国台北	2002/01/01
3	蒙古	1997/01/29	18	亚美尼亚	2003/02/05
4	巴拿马	1997/09/06	19	北马其顿	2003/04/04
5	吉尔吉斯斯坦	1998/12/20	20	尼泊尔	2004/04/23
6	老挝	1998/12/20	21	柬埔寨	2004/10/13
7	拉脱维亚	1998/12/20	22	沙特阿拉伯	2005/12/11
8	爱沙尼亚	1999/11/13	23	越南	2007/01/11
9	格鲁吉亚	2000/06/14	24	汤加	2007/07/27
10	约旦	2000/04/11	25	乌克兰	2008/05/16
11	阿尔巴尼亚	2000/09/08	26	佛得角	2008/07/23
12	阿曼	2000/11/09	27	黑山	2012/04/29
13	克罗地亚	2000/11/30	28	萨摩亚	2012/05/10
14	立陶宛	2001/05/30	29	俄罗斯	2012/08/22
15	摩尔多瓦	2001/07/26	30	瓦努阿图	2012/08/24

续表

序号	加入成员	加入时间	序号	加入成员	加入时间
31	塔吉克斯坦	2013/03/02	34	哈萨克斯坦	2015/11/30
32	也门	2014/06/26	35	利比里亚	2016/07/14
33	塞舌尔	2015/04/26	36	阿富汗	2016/07/29

通过梳理该36份《加入议定书》可见，以《加入议定书》为载体的WTO加入实践呈现出形式上的高度格式化与实质上的差别化。但是，无论是从文本形式还是义务实质方面考察，《中国加入议定书》都独具个性；中国也由此成为加入成员这一特殊WTO主体类别中的特例。

（一）《中国加入议定书》：文本形式之特例

1. 形式统一的加入实践——WTO《加入议定书》标准文本

尽管在WTO成立之初并无对加入议定书的形式要求，但从第一份《加入议定书》起，各国的《加入议定书》均呈现为标准化的格式文本。至2005年，WTO秘书处发布第一版《加入程序指引》，总结了加入议定书的标准条款，[①]随后各国也均采用此标准条款作为《加入议定书》的模板。

（申请方）《马拉喀什建立世界贸易组织协定》加入议定书[②]

世界贸易组织（WTO），按照WTO部长级会议根据《马拉喀什建立世界贸易组织协定》（《建立WTO协定》）第12条所作出的批准，与……（申请方）

注意到载于WT/ACC/CHN/49号文件的《……（申请方）加入工作组报告书》（工作组报告书），

考虑到关于……（申请方）WTO成员资格的谈判结果，

协议如下：

---

① WTO, Technical Note on the Accession Process, WT/ACC/10/Rev. 3, 28 November 2005, p. 42.

② WTO, Technical Note on the Accession Process, WT/ACC/10/Rev. 3, 28 November 2005, pp. 42 - 43.

第一部分总则

1. 自本议定书生效时起……（申请方）根据《建立 WTO 协定》第 12 条加入该协定，并由此成为 WTO 成员。

2. ……（申请方）所加入的《建立 WTO 协定》应为经在本议定书生效之日前已生效的法律文件所更正、修正或修改的《建立 WTO 协定》。本议定书，包括工作组报告书第……段所指的承诺，应成为《建立 WTO 协定》的组成部分。

3. 除本工作组报告第……段另有规定外……（申请方）应履行《建立 WTO 协定》所附各多边贸易协定中的、应在自该协定生效之日起的一段时间内履行的义务，如同其在该协定生效之日已接受该协定。

第二部分减让表

4. 本议定书所附减让表应成为与……（申请方）有关的、GATT 1994 所附减让和承诺表及 GATS 所附具体承诺表。减让表中所列减让和承诺的实施期应按对应减让表相关部分列明的时间执行。

5. 就 GATT 1994 第 2 条第 6 款（a）项所指的该协定日期而言，本议定书所附减让和承诺表的适用日期应为加入之日。

第三部分最后条款

6. 本议定书应开放供……（申请方）在……（日期）前以签字或其他方式接受。

7. 本议定书应在接受之日后第 30 日生效。

8. 本议定书应交存 WTO 总干事。总干事应根据第 7 款的规定，迅速向每一 WTO 成员和……（申请方）提供一份经核证无误的本议定书副本和接受本议定书通知的副本。

9. 本议定书应依照《联合国宪章》第 102 条的规定予以登记。

……（日期）订于多哈，以英文、法文和西班牙文写成的正本一份，除非所附减让表中明确只以上述一种或多种文字为准，三种文本具有同等效力。

由上述模板可见，WTO《加入议定书》通常由正文和附件组成。其中，正文分为序言和三个部分，即第一部分“总则”、第二部分“减让表”和第三部分“最后条款”。

第一部分“总则”共有三条,约定申请方/加入成员加入并成为成员的时间;加入的《建立 WTO 协定》的文本构成(为经在该议定书生效之日前已生效的法律文件所更正、修正或修改的《建立 WTO 协定》),以及包含《工作组报告》指定条款在内的该议定书构成《建立 WTO 协定》的组成部分。

第二部分“减让表”规定了附件中所附的各类减让表即为与中国有关的、GATT 1994 所附减让和承诺表及 GATS 所附具体承诺表,并明确了其适用日期。

第三部分“最后条款”则规定了《加入议定书》的签署、生效和登记等程序性事项。最后列明该《加入议定书》的附件。

2. 中国加入的特殊文本

《中国加入议定书》的文本特殊性表现为两个层面,既包括与标准文本共性之间的差别,又包括与特殊文本个性之间的差别。

(1)差别于共性

这是指《中国加入议定书》相较于 WTO《加入议定书》标准文本而言,具有特殊性。事实上,除极个别国家和地区的《加入议定书》在标准文本的基础上直接在《加入议定书》中规定了数量不等的具体义务承诺外,36 个加入成员国家和地区的《加入议定书》在文本表象上均显得极为“标准”——条款数量与标准文本完全一致。该“极个别国家和地区”仅三例,即蒙古、中国和中国台北。其《加入议定书》中与标准文本不一致之处详见表 3-6。

表 3-6 《加入议定书》非标准文本条款一览①

加入成员(按加入先后顺序)	加入时间	非标准文本条款
蒙古	1997/01/29	第 1.3 条、第 1.4 条
中国	2001/12/11	第 1.2 ~ 第 1.18 条
中国台北	2002/01/01	第 1.4 条、第 1.5 条

① See *Protocol for the Accession of Mongolia to the Marrakesh Agreement Establishing the World Trade Organization*, WT/ACC/MNG/11, 25 July 1996; *Protocol on the Accession of the People's Republic of China*, WT/L/432, 23 November 2001; *Protocol of Accession of the Separate Customs Territory of Taiwan, Penghu, Kinmen and Matsu*, WT/L/433, 23 November 2001.

《蒙古加入议定书》第 1.3 条规定,应每年通知秘书处关于其加入《工作组报告》第 10、13、20、21、23、24、29、35、42、44、45、46、48、51、54、59、60 段中有限定期限的义务的执行情况并说明迟延履行的情况及其理由;第 1.4(b)条规定:除 WPR 第 61 段规定的情形外,对《建立 WTO 协定》项下诸项协议中规定应在特定期限内完成的、起算时间为《建立 WTO 协定》生效时的通知义务,蒙古应在以本议定书生效为起算时间的相同期间内完成。

《中国台北加入议定书》第 1.4 条规定,该议定书中附件二中复制的 WTO 与中国台北间的《特殊交换协议》构成该议定书的组成部分;第 1.5 条规定,中国台北应在其加入《建立 WTO 协定》之时接受其附件四中的《民用航空器诸边贸易协定》。

《中国加入议定书》在第一部分总则部分中、紧接在标准条款之后,直接规定了 17 条标准文本外条款,分别就贸易机制实施(第 1.2 条,包括统一实施、特别经济区、透明度、司法审查)、非歧视(第 1.3 条)、特殊贸易安排(第 1.4 条)、贸易权(第 1.5 条)、国营贸易(第 1.6 条)、非关税措施(第 1.7 条)、进出口许可程序(第 1.8 条)、价格控制(第 1.9 条)、补贴(第 1.10 条)、对进出口产品征收的税费(第 1.11 条)、农业(第 1.12 条)、TBT(第 1.13 条)、SPS(第 1.14 条)、确定补贴和倾销时的价格可比性(第 1.15 条)、特定产品过渡性保障机制(第 1.16 条)、WTO 成员的保留(第 1.17 条)和过渡性审议机制(第 1.18 条)做了详细的规定。

(2)差别于个性

这是指《中国加入议定书》又是上述三个个性文本中最为特殊的一份,主要体现在三个方面。

其一,从数量上看,《中国加入议定书》中标准文本外条款远远多于前两份特殊的《加入议定书》分别仅有两条标准文本外条款的数量。

其二,从内容上看,该 17 条标准文本外条款,既涵盖关于通知、期限等程序性义务,但其主要部分则更多地涉及实体性义务的方方面面,而后者则是前两份《加入议定书》的标准文本外条款所未涵盖的。不仅如此,《中国加入议定书》的 9 个附件还针对总则项下中国承担的各项义务做了进一步细化性的规定,包括《中国在过渡性审议机制中提供信息》(附件 1A)、《国营贸易产品(进口)》(附件 2A1)、《国营贸易产品(出口)》(附件 2A2)、《指定经营产品》(2B)、《非关税措施取消时间表》(附件 3)、《实行价格控制的产品和服务》(附件 4)、《根据〈反补贴协定〉第 25 条做出的通知》(附件 5A)、《需逐步取消的补贴》(附件 5B)、《实行出口税的产品》(附件 6)、《WTO 成员的保留》(附件 7),以及有关减让表(附件 8)和最惠国豁免清单(附件 9)。

其三,尤其值得注意的是,从体例安排上看,《中国加入议定书》中涉及中国实体义务承诺的内容可按是否直接规定在《中国加入议定书》中分为两个部分:(1)《中国加入议定书》中直接规定的实体义务承诺,即其第一部分第 2 条至第 18 条(以下简称"直接规定的非标准文本条款");(2)依据《中国加入议定书》第一部分第 1.2 条的规定,经由《工作组报告》第 342 段引入成为《中国加入议定书》组成部分的段落,即《工作组报告》中位于第 18 段至第 341 段的合计 145 个段落(以下简称"转引入的非标准文本条款")。作为《中国加入议定书》的组成部分,即作为中国加入《建立 WTO 协定》与 WTO 组织的加入议定书,此两个实体性内容部分的体例安排,一方面,并未分别与 WTO 项下实体性内容的体例安排协同一致,而是自成体例,涵盖了包括经济政策、政策制定和执行的框架、影响货物贸易的政策、TRIPs 制度、影响服务贸易的政策和通知、透明度、政府采购等其他问题在内的六大类规则;另一方面,该两部分之间也并未形成一定的体例安排上的呼应,更没有互相援引甚至提及——《中国加入议定书》中直接规定的 17 项实体义务承诺与经由其第 1.2 条所引入的《工作组报告》中的段落部分并无体例逻辑上的对应关系,更并非如其他两份特殊《加入议定书》中标准文本条款与获援引的工作组报告内容部分那样"互不干扰""各司其职",而是兼有互相重复、细化、补充的关系。非标准文本条款间的对应关系详见表 3-7。

表 3－7 《中国加入议定书》非标准文本条款间的关系①

《工作组报告》获援引段落	《加入议定书》正文(非标准文本部分)	
	条款(第一部分)	与《工作组报告》对应条款的关系
一、经济政策		
1. 非歧视(包括国民待遇)	第 3 条非歧视	重申:再次强调最惠国待遇;细化:最惠国待遇的适用范围
7. 定价政策(价格控制)	第 9 条价格控制	重申:仅在符合 WTO 规则的情况下可采用价格控制,应在官方刊物上刊发清单;细化:进一步缩限价格控制的可适用范围
二、政策制定和执行的框架		
3. 贸易制度的统一实施	第 2(A)条(贸易制度的)统一实施	重申:适用于全部关税领土;细化:进一步明确适用领土范围、主体范围和配套机制
4. 司法审查	第 2(D)条(贸易制度的)司法审查	重申:审查庭的公正与独立性;细化:审查程序应有上诉程序及详细上诉程序的内容
三、影响货物贸易的政策		
A. 贸易权 1. 总体情况 2. 指定经营	第 5 条贸易权	重申:在加入后 3 年内,所有在中国的企业、所有外国企业和个人将被给予贸易权;细化:过渡期内完成相应的立法程序
8. 进口数量限制,包括禁止和配额	第 7 条非关税措施	重申:按附件三安排非关税措施取消进度,加入后按 GATT 1994 及其第 13 条和《进口许可程序协定》实施非关税措施,进出口许可程序只能由国家或其授权的地方主管机关实施;增加:按《TRIMs 协定》(排除其第 5 条适用)取消贸易与外汇平衡、当地含量和出口实绩要求
9. 进口许可程序	第 8 条进出口许可程序	细化:须公布的出口程序信息内容;增加:通知 WTO 既存许可程序信息,许可证期限不得少于 6 个月,除非例外情况且将该情况迅速通知进口许可程序委员会
13. 反倾销税和反补贴税	第 15 条确定补贴和倾销时的价格可比性	增加:明确补贴和倾销时可比价格的确定标准与程序

① 需要说明的是,本表中列出的是《中国加入议定书》项下经由第 1.2 条及其所指向的《工作组报告》第 342 段所引入的非标准文本条款中,与《中国加入议定书》直接规定的非标准文本条款存在内容上的直接对应关系的部分,而非全部。

续表

《工作组报告》获援引段落		《加入议定书》正文(非标准文本部分)	
		条款(第一部分)	与《工作组报告》对应条款的关系
	14. 保障措施	第16条特定产品过渡性保障机制	增加:中国加入后12年内,中国产品对WTO成员市场造成市场扰乱时,可采取的保障措施机制,包括磋商程序、市场扰乱的界定、措施的时限、采取各项保障措施的通知和公告程序等
C.出口法规	2. 出口许可程序和出口限制	第8条进出口许可程序	细化:须公布的出口程序信息内容;增加:通知WTO既存许可程序信息,许可证期限不得少于6个月,除非例外情况且将该情况迅速通知进口许可程序委员会
D.影响货物贸易的国内政策	1. 对进出口产品征收的税费	第11条对进出口产品征收的税费	重申:进出口产品的税费应符合GATT 1994的要求;细化:税费包括国家和地方的海关规费、国内税费和所有出口产品税费;增加:边境税的调整适用非歧视待遇
	2. 产业政策,包括补贴	第10条补贴	重申:取消《反补贴协定》第3条范围内的所有补贴;增加:通知WTO所有已有补贴,认定对国有企业的补贴为专项性补贴
	3. TBT	第13条TBT	重申:将对进口产品和国产品适用相同的技术标准;增加:官方刊物上公布标准,加入时所有技术法规、标准和合格评定程序符合《TBT协定》,技术评定的目的是符合技术法规、标准;细化:合格评定程序的内容
	4. 卫生与植物卫生措施	第14条卫生与植物卫生措施	增加:通知WTO所有相关法律法规和措施
	5. TRIMs	第7条非关税措施	重申:按《TRIMs协定》(排除其第5条适用)取消以贸易与外汇平衡、当地含量和出口实绩要求作为投资或进出口许可程序的条件
	6. 国营贸易实体	第6条国营贸易	增加:国营企业进口购买程序透明,政府不影响或指导其贸易;提供国营贸易企业的出口货物定价机制信息
	7. 特殊经济区	第2(B)特殊经济区	重申:同等进口税费和措施要求,对企业提供优惠安排的非歧视待遇;增加:提供特殊经济区相关信息的通知义务
	9. 农业政策	第12条农业	重申:取消出口补贴;增加:在过渡性审议机制中就企业间财政和其他转移作出通知

续表

《工作组报告》获援引段落	《加入议定书》正文(非标准文本部分)	
	条款(第一部分)	与《工作组报告》对应条款的关系
四、其他问题		
1. 通知	第2(B~D)条、第6~10条、第12~16条	细化:就各具体事项的通知做了细化规定
3. 透明度	第2(C)条透明度	重申:设立咨询点;细化:指定官方刊物、咨询程序;升级:不公布不得执行
—	第4条特殊贸易安排	自加入时起取消与第三国和单独关税区之间的、与《建立 WTO 协定》不符的所有特殊贸易安排
—	第17条 WTO 成员的保留	关于 WTO 成员以与《建立 WTO 协定》不一致的方式针对自中国进口的产品维持的所有禁止、数量限制和其他措施列入附件7,并依其逐步取消
—	第18条过渡性审议机制	与中国在 WTO 项下义务相关的 WTO 下属机构和总理事会对中国的实施情况进行审议及其具体时间与条件等实施细节

由表3-7可见,《中国加入议定书》中"直接规定的非标准文本条款"与经由第1.2条"转引入的非标准文本条款"并列,尽管前者的大部分内容与后者存在一定的关联——仅有三条无法对应关联条款,①但二者间的"互相重复、细化、补充"关系并没有特定的逻辑规律,一部分条款既有重复又有细化,另一部分条款则还增加了新的义务内容。对于精心拟定的国际组织加入文本,这种规律性体例安排的缺失至少反映出在加入时,其他 WTO 成员和工作组成员对于"直接规定的非标准文本条款"所指向的特定承诺事项的深刻关切:再次强调《中国加入工作组报告》中的已有承诺(重申),对其程序、主体等内容做进一步规定(细化)、提高承诺的义务水平(升级)直至增加新的义务项(增加)。

这一系列获得深刻关切的事项也为中国加入后所参加的 WTO 争端解决实践所验证。如前所述,在中国作为当事方参与的 WTO 争端案件

① 《中国加入议定书》第1.4条(特殊贸易安排)、第1.17条(WTO 成员的保留)和第1.18条(过渡性审议机制)。

中,除了一个案件(DS309)对《中国加入议定书》仅做了概括援引而未依据具体条款之外,其余案件均援引了《中国加入议定书》中“直接规定的非标准文本条款”:作为申诉方的5个案件援引了第15条和第16条;作为被诉方的26个案件中有21个案件分别直接援引了第2条(2A、2C)、第5条(5.1、5.2)、第7条(7.2、7.3)、第8条(8.1、8.2)、第10.3条、第11.3条和第12.1条,占比高达81%。

(二)《中国加入议定书》:实质义务之特殊

1. 实质各异的加入义务——其他成员《加入议定书》

如前所述,尽管采用了标准文本,但36份《加入议定书》均经由其第1.2条引入《工作组报告》的特定段落,使各《加入议定书》所涵盖的各加入成员的加入承诺实质上各不相同。就《中国加入议定书》而言,与各其他加入成员《加入议定书》所涵盖的加入义务相比,其不仅如前所述在数量上、更在实体义务上呈现极大差异。

因此,本部分将首先以《中国加入议定书》所涉及的加入义务事项为坐标,将其与其他加入方之《加入议定书》的义务承诺进行比较,梳理并反观中国的特殊加入义务事项;其次,由于《中国加入议定书》的加入义务内容体系庞大,无法面面俱到,加之如前所述,《中国加入议定书》中“直接规定的非标准文本条款”与中国加入后所参加的WTO争端解决实践共同反映出各成员对中国特定加入事项的关切,因此,本部分还将以《中国加入议定书》“直接规定的非标准文本条款”所指向的承诺事项为坐标,将其与其他加入成员的对应加入承诺作进一步比较,以管中窥豹,分析中国加入义务的特殊性。

2. 中国加入义务:共性中的个性

(1)共性化的约束领域

从《中国加入工作组报告》的整体框架来看,中国的加入义务主要涉及6个方面内容:经济政策、政策制定和执行的框架、影响货物贸易的政策、TRIPs制度、影响服务贸易的政策和其他。经将这6个部分中获得转引构成《中国加入议定书》的条款与其他35个加入成员的工作组报告(构成《加入议定书》组成部分的条款)进行比较可见,在这6个部分项下的绝大多数具体事项方面,并未显现中国加入义务所指向的特殊领域。

如表 3－8 所示，《中国加入工作组报告》中仅有三项并无其他加入方的加入条款与之对应，即贸易权问题项下的①“指定经营”、TRIPs 问题项下的②“对外国国民适用国民待遇和最惠国待遇”和③“控制滥用知识产权的措施”。但是，此三项问题均不构成具有实质意义的特殊的加入义务领域。

表 3－8　中国加入义务与其他加入成员方义务之对比

	《中国加入工作组报告》获援引段落	《中国加入议定书》直接规定的非标准文本条款		其他加入成员方
		条款	与《中国加入工作组报告》对应条款的关系	
一、经济政策	1. 非歧视（包括国民待遇）	第 1.3 条非歧视	重申：再次强调最惠国待遇；细化：最惠国待遇的适用范围	保加利亚—第 45 段；中国台北—第 21 段
	3. 外汇和支付			厄瓜多尔—第 10 段；越南—第 31 段；汤加—第 14 段；乌克兰—第 24 段；佛得角—第 18 段；萨摩亚—第 15 段；俄罗斯—第 34 段；哈萨克斯坦—第 59 段
	4. 国际收支措施			俄罗斯—第 574 段
	5. 投资机制			厄瓜多尔—第 76 段；爱沙尼亚—第 15 段；沙特阿拉伯—第 69 段；越南—第 117 段；汤加—第 24 段；萨摩亚—第 22 段；哈萨克斯坦—第 87 段；利比里亚—第 38 段
	6. 国有企业和国家投资企业			保加利亚—第 24～26 段；吉尔吉斯斯坦—第 35 段；中国台北—第 158、160 段；沙特阿拉伯—第 52 段；越南—第 78～79 段；乌克兰—第 52～53；佛得角—第 45 段；黑山—第 36 段；萨摩亚—第 40 段；俄罗斯—第 99 段；瓦努阿图—第 23 段；塔吉克斯坦—第 51 段；也门—第 42 段；塞舌尔—第 76 段；哈萨克斯坦—第 142 段；利比里亚—第 47 段；阿富汗—第 45 段

续表

	《中国加入工作组报告》获援引段落	《中国加入议定书》直接规定的非标准文本条款		其他加入成员方
		条款	与《中国加入工作组报告》对应条款的关系	
	7. 定价政策(价格控制)	第 1.9 条价格控制	重申:仅在符合 WTO 规则的情况下可采用价格控制,应在官方刊物上刊发清单;细化:进一步缩限价格控制的可适用范围	厄瓜多尔—第 48、53 段;保加利亚—第 16 ~ 17 段;巴拿马—第 10 段;吉尔吉斯斯坦—第 21 段;老挝—第 41 段;拉脱维亚—第 21 段;爱沙尼亚—第 25 段;格鲁吉亚—第 26 段;约旦—第 32 段;阿尔巴尼亚—第 34 段;阿曼—第 25 段;克罗地亚—第 33 段;立陶宛—第 22 段;摩尔多瓦—第 34 段;中国台北—第 12 段;亚美尼亚—第 29 段;北马其顿—第 45 段;尼泊尔—第 20 段;柬埔寨—第 27 段;沙特阿拉伯—第 33、35 ~ 37 段;越南—第 103 段;汤加—第 35 段;乌克兰—第 59、72 段;佛得角—第 50 段;黑山—第 43 段;萨摩亚—第 42 段;俄罗斯—第 115 ~ 117、132 ~ 133 段;瓦努阿图—第 25 段;塔吉克斯坦—第 59 段;也门—第 45 段;塞舌尔—第 82 段;哈萨克斯坦—第 170 段;利比里亚—第 49 段;阿富汗—第 51 段
二、政策制定和执行的框架	1. 政府的结构和权力			吉尔吉斯斯坦—第 26 段;老挝—第 55 段;爱沙尼亚—第 30 段;格鲁吉亚—第 40 段;约旦—第 43 段;阿尔巴尼亚—第 38 段;克罗地亚—第 41 段;立陶宛—第 29 段;摩尔多瓦—第 48 段;中国台北—第 15 段;亚美尼亚—第 36 段;沙特阿拉伯—第 88 段;越南—第 119 段;汤加—第 48 段;乌克兰—第 84、92 段;佛得角—第 60 段;黑山—第 59 段;萨摩亚—第 58 段;俄罗斯—第 209、214 ~ 215 段;瓦努阿图—第 31 段;塔吉克斯坦—第 76 段;也门—第 59 段;塞舌尔—第 96 段;哈萨克斯坦—第 208、250 段;利比里亚—第 66 段;阿富汗—第 57、65 段

续表

	《中国加入工作组报告》获援引段落	《中国加入议定书》直接规定的非标准文本条款		其他加入成员方
		条款	与《中国加入工作组报告》对应条款的关系	
	2. 地方各级政府的职权			吉尔吉斯斯坦—第 28 段；拉脱维亚—第 30 段；爱沙尼亚—第 30 段；格鲁吉亚—第 40 段；约旦—第 43 段；阿尔巴尼亚—第 38 段；克罗地亚—第 41 段；立陶宛—第 29 段；摩尔多瓦—第 48 段；中国台北—第 15 段；亚美尼亚—第 36 段；沙特阿拉伯—第 88 段；越南—第 119 段；汤加—第 48 段；乌克兰—第 84、92 段；佛得角—第 60 段；黑山—第 59 段；萨摩亚—第 58 段；俄罗斯—第 209、214 ~ 215 段；瓦努阿图—第 31 段；塔吉克斯坦—第 76 段；也门—第 59 段；塞舌尔—第 96 段；哈萨克斯坦—第 208、250 段；利比里亚—第 66 段；阿富汗—第 57、65 段
	3. 贸易制度的统一实施	第 1.2(A)条(贸易制度的)统一实施	重申：适用于全部关税领土；细化：进一步明确适用领土范围、主体范围和配套机制	老挝—第 55 段；爱沙尼亚—第 30 段；格鲁吉亚—第 40 段；约旦—第 43 段；克罗地亚—第 41 段；立陶宛—第 29 段；摩尔多瓦—第 48 段；亚美尼亚—第 36 段；沙特阿拉伯—第 88 段；越南—第 134 段；汤加—第 48 段；乌克兰—第 84、92 段；佛得角—第 60 段；黑山—第 59 段；萨摩亚—第 58 段；俄罗斯—第 209、214 ~ 215 段；瓦努阿图—第 31 段；塔吉克斯坦—第 76 段；也门—第 59 段；塞舌尔—第 96 段；哈萨克斯坦—第 208、250 段；利比里亚—第 66 段；阿富汗—第 57、65 段

续表

		《中国加入工作组报告》获援引段落	《中国加入议定书》直接规定的非标准文本条款		其他加入成员方
			条款	与《中国加入工作组报告》对应条款的关系	
		4. 司法审查	第 1.2(D)条(贸易制度的)司法审查	重申:审查庭的公正与独立性;细化:审查程序应有上诉程序及详细上诉程序的内容	老挝—第 52 段;格鲁吉亚—第 35 段;阿曼—第 32 段;克罗地亚—第 37 段;亚美尼亚—第 34 段;尼泊尔—第 31 段;柬埔寨—第 36 段;沙特阿拉伯—第 85 段;越南—第 135 段;汤加—第 43 段;乌克兰—第 84、92 段;佛得角—第 66 段;黑山—第 56 段;萨摩亚—第 54 段;瓦努阿图—第 28 段;塔吉克斯坦—第 71 段;也门—第 57 段;塞舌尔—第 94 段;哈萨克斯坦—第 209 段;利比里亚—第 64 段;阿富汗—第 64 段
三、影响货物贸易的政策	A. 贸易权	1. 总体情况	第 1.5 条贸易权	重申:在加入后 3 年内,所有在中国的企业和外国企业和个人将被给予贸易权;细化:过渡期内完成相应的立法程序	吉尔吉斯斯坦—第 30 段;老挝—第 59 段;拉脱维亚—第 40 段;爱沙尼亚—第 41 段;格鲁吉亚—第 44 段;约旦—第 53 段;阿尔巴尼亚—第 46 段;阿曼—第 40 段;克罗地亚—第 47 段;立陶宛—第 42 段;摩尔多瓦—第 54 段;中国台北—第 19、22 段;亚美尼亚—第 47 段;北马其顿—第 65 段;尼泊尔—第 36 段;沙特阿拉伯—第 103 段;越南—第 139、146 ~ 147 段;汤加—第 52 段;乌克兰—第 100、106、115 ~ 116 段;佛得角—第 79 段;黑山—第 77 段;萨摩亚—第 67 ~ 68 段;俄罗斯—第 227、251、275 段;瓦努阿图—第 38 ~ 39 段;塔吉克斯坦—第 92 段;也门—第 68 段;塞舌尔—第 120 段;哈萨克斯坦—第 274、288 段;利比里亚—第 84 段;阿富汗—第 77 段
		2. 指定经营			—

续表

		《中国加入工作组报告》获援引段落	《中国加入议定书》直接规定的非标准文本条款		其他加入成员方
			条款	与《中国加入工作组报告》对应条款的关系	
	B. 进口法规	1. 正常海关关税			吉尔吉斯斯坦—第 34 段；亚美尼亚—第 53 段；沙特阿拉伯—第 169 段；越南—第 155、158 段；黑山—第 80 段；俄罗斯—第 313、319、323 ~ 324 段；塔吉克斯坦—第 97 段；哈萨克斯坦—第 298、301、303、307 ~ 311、313 段；阿富汗—第 82 段
		2. 其他税费			厄瓜多尔—第 17 段(进口税费)、第 19 段(特殊消费税)、第 21 段(增值税)；保加利亚—第 29 ~ 30 段(关税政策 - 附加费)、第 32 ~ 33 段(关税政策 - 进口税)、第 37 段(关税政策 - 海关费用)；蒙古—第 10 段(其他进口税费)；巴拿马—第 16 段关税制度(正常关税外的所有其他税和费为零)；吉尔吉斯斯坦—第 44 段；老挝—第 63 段；约旦—第 58 段；阿尔巴尼亚—第 51 段；摩尔多瓦—第 65 段；中国台北—第 40、44 ~ 45段；亚美尼亚—第 54 段；北马其顿—第 71 段；尼泊尔—第 42 段；柬埔寨—第 55 段；沙特阿拉伯—第 115 段；越南—第 162 段；汤加—59 段；乌克兰—第 127 段；佛得角—第 88 段；黑山—第 83 段；萨摩亚—第 73 段；俄罗斯—第 369 段；瓦努阿图—第 45 段；塔吉克斯坦—第 100 段；也门—第 75 段；塞舌尔—第 135、137 段；哈萨克斯坦—第 317 段；利比里亚—第 100 段；阿富汗—第 85 段

续表

		《中国加入工作组报告》获援引段落	《中国加入议定书》直接规定的非标准文本条款		其他加入成员方
			条款	与《中国加入工作组报告》对应条款的关系	
		3. 原产地规则			吉尔吉斯斯坦—第66段;老挝—第94段;爱沙尼亚—第75段;格鲁吉亚—第73段;约旦—第100段;阿尔巴尼亚—第79段;阿曼—第67段;克罗地亚—第88段;立陶宛—第86段;摩尔多瓦—第94段;中国台北—第82段;亚美尼亚—第102段;北马其顿—第115段;尼泊尔—第68段;柬埔寨—第96段;沙特阿拉伯—第167段;越南—第244段;汤加—第95~96段;乌克兰—第213段;佛得角—第136段;黑山—第123段;萨摩亚—第120段;俄罗斯—第548段;瓦努阿图—第72段;塔吉克斯坦—第152段;也门—第122段;塞舌尔—第210段;哈萨克斯坦—第483段;利比里亚—第160段;阿富汗—第129段
		4. 对提供的服务收取的规费和费用			巴拿马—第22~23段;老挝—第68段;拉脱维亚—第48段;爱沙尼亚—第50段;格鲁吉亚—第53段;约旦—第72段;阿尔巴尼亚—第53段;阿曼—第49段;克罗地亚—第58段;立陶宛—第59段;摩尔多瓦—第63段;亚美尼亚—第60段;北马其顿—第84段;尼泊尔—第44段;柬埔寨—第62段;沙特阿拉伯—第122~123段;越南—第184段;汤加—第68段;乌克兰—第148段;佛得角—第99段;黑山—第93段;萨摩亚—第79段;俄罗斯—第382、392段;瓦努阿图—第53段;塔吉克斯坦—第112段;也门—第86、88段;塞舌尔—第149段;哈萨克斯坦—第359段;利比里亚—第116段;阿富汗—第93段

续表

		《中国加入工作组报告》获援引段落	《中国加入议定书》直接规定的非标准文本条款		其他加入成员方
			条款	与《中国加入工作组报告》对应条款的关系	
		5. 国内税对进口产品的适用			蒙古—第 13 段税收机制（产品税和销售税适用国民待遇）；巴拿马—第 26 段；吉尔吉斯斯坦—第 48 段增值税、第 53 段产品税；老挝—第 72 段；拉脱维亚—第 53 段；爱沙尼亚—第 62 段；格鲁吉亚—第 57、62 段；约旦—第 76 段；阿尔巴尼亚—第 58 段产品税、第 61 段增值税；阿曼—第 51 段；克罗地亚—第 64 段；立陶宛—第 66 段；摩尔多瓦—第 74 段；中国台北—第 50、55 段；亚美尼亚—第 64 ~ 65 段增值税、第 70、72 段产品税；北马其顿—第 97 段；尼泊尔—第 64 段产品税；柬埔寨—第 71 段；沙特阿拉伯—第 171 段；越南—第 198 ~ 199 段；汤加—第 75 段；乌克兰—第 154 段增值税、第 165 段；佛得角—第 108 段；黑山—第 103 段；萨摩亚—第 85、90 段；俄罗斯—第 417、424 段增值税；瓦努阿图—第 55、58 段；塔吉克斯坦—第 124 段；也门—第 92 段；塞舌尔—第 163 段；哈萨克斯坦—第 383 段；利比里亚—第 125 段；阿富汗—第 100 段
		6. 关税免除			厄瓜多尔—第 14 段；保加利亚—第 35 段；吉尔吉斯斯坦—第 37 段；约旦—第 63 段；柬埔寨—第 59 段；沙特阿拉伯—第 113 段；越南—第 177 段；汤加—第 62 段；黑山—第 87 段；萨摩亚—第 75 段；俄罗斯—第 337 段；瓦努阿图—第 51 段；塔吉克斯坦—第 105 段；塞舌尔—第 144 段；阿富汗—第 88 段

续表

		《中国加入工作组报告》获援引段落	《中国加入议定书》直接规定的非标准文本条款		其他加入成员方
			条款	与《中国加入工作组报告》对应条款的关系	
		7. 关税配额			老挝—第66段；立陶宛—第55～56段；中国台北—第36～37、39段；沙特阿拉伯—第113段；越南—第173段；汤加—第62段；乌克兰—第136段；佛得角—第92段；黑山—第87段；萨摩亚—第75段；俄罗斯—第351、353～354、364、366段；塔吉克斯坦—第105段；也门—第80段；塞舌尔—第144段；哈萨克斯坦—第351段；利比里亚—第110段；阿富汗—第88段
		8. 进口数量限制，包括禁止和配额	第1.7条非关税措施	重申：按附件三安排非关税措施取消进度，加入后按GATT1994及其第13条和《进口许可程序协定》实施非关税措施，进出口许可程序只能由国家或其授权的地方主管机关实施；增加：按《TRIMs协定》（排除其第5条适用）取消贸易与外汇平衡、当地含量和出口实绩要求	厄瓜多尔—第31、34段；保加利亚—第49～50段；蒙古—第20～21段；巴拿马—第41～42段；吉尔吉斯斯坦—第60段；老挝—第82段；拉脱维亚—第59段；爱沙尼亚—第65段；格鲁吉亚—第65段；约旦—第88段；阿尔巴尼亚—第65段；阿曼—第57段；克罗地亚—第73段；立陶宛—第71段；摩尔多瓦—第78段；中国台北—第61段；亚美尼亚—第73、80、86～87段；北马其顿—第107段；柬埔寨—第77、82段；沙特阿拉伯—第158段；越南—第206、208～209、215～216、218、227段；汤加—第79、84段；乌克兰—第173段；佛得角—第123段；黑山—第114段；萨摩亚—第98、101、106、109段；俄罗斯—第472、476～477、480～481、483、486～487段；瓦努阿图—第63段；也门—第93、107段；塞舌尔—第191段；哈萨克斯坦—第431、434～435、438～439、443、445段；利比里亚—第148段；阿富汗—第109段

续表

		《中国加入工作组报告》获援引段落	《中国加入议定书》直接规定的非标准文本条款		其他加入成员方
			条款	与《中国加入工作组报告》对应条款的关系	
		9.进口许可程序	第1.8条进出口许可程序	细化：须公布的出口程序信息内容；增加：通知 WTO 既存许可程序信息，许可证期限不得少于6个月，除非例外情况且将该情况迅速通知进口许可程序委员会	厄瓜多尔—第38段；巴拿马—第34段；吉尔吉斯斯坦—第60段；老挝—第96段；摩尔多瓦—第83段；中国台北—第66、68～69、71～73段；尼泊尔—第50段；沙特阿拉伯—第128、132、142、153、155段；乌克兰—第191～192、216段；萨摩亚—第122段；塔吉克斯坦—第137段；也门—第125段
		10.海关估价			厄瓜多尔—第29段；保加利亚—第73段；蒙古—第45～46段；巴拿马—第35段；吉尔吉斯斯坦—第63段；老挝—第90段；拉脱维亚—第62段；爱沙尼亚—第71段；格鲁吉亚—第69段；约旦—第94段；阿尔巴尼亚—第73～75段；阿曼第64段；克罗地亚—第83段；立陶宛—第79～80段；摩尔多瓦—第90段；中国台北—第78、80段；亚美尼亚—第97段；北马其顿—第111段；尼泊尔—第53、57段；柬埔寨—第93段；沙特阿拉伯—第164段；越南—第238段；汤加—第91段；乌克兰—第204段；佛得角—第130段；黑山—第119段；萨摩亚—第115～116段；俄罗斯—第497、514、527段；瓦努阿图—第70段；塔吉克斯坦—第146段；也门—第115段；塞舌尔—第206段；哈萨克斯坦—第464、467、469段；利比里亚—第156段；阿富汗—第121段

续表

		《中国加入工作组报告》获援引段落	《中国加入议定书》直接规定的非标准文本条款		其他加入成员方
			条款	与《中国加入工作组报告》对应条款的关系	
		12. 装船前检验			巴拿马—第 36 段；吉尔吉斯斯坦—第 67 段；老挝—第 98 段；格鲁吉亚—第 76 段；约旦—第 103 段；阿尔巴尼亚—第 81 段；摩尔多瓦—第 96 段；中国台北—第 84 段；亚美尼亚—第 104 段；尼泊尔—第 71 段；柬埔寨—第 105 段；沙特阿拉伯—第 174 段；越南—第 250 段；汤加—第 98 段；乌克兰—第 218 段；佛得角—第 141 段；黑山—第 126 段；萨摩亚—第 124 段；俄罗斯—第 566 段；瓦努阿图—第 75 段；塔吉克斯坦—第 155 段；也门—第 128 段；塞舌尔—第 215 段；哈萨克斯坦—第 493 段；利比里亚—第 186 段；阿富汗—第 133 段
		13. 反倾销税和反补贴税	第 1.15 条确定补贴和倾销时的价格可比性	增加：确定补贴和倾销时可比价格的确定标准与程序	厄瓜多尔—第 57 段；保加利亚—第 55、57 段；吉尔吉斯斯坦—第 70 段；老挝—第 99 段；拉脱维亚—第 66 段；爱沙尼亚—第 78 段；格鲁吉亚—第 78 段；约旦—第 107 段；阿尔巴尼亚—第 84 段；阿曼—第 73 段；克罗地亚—第 99 段；立陶宛—第 91 段；摩尔多瓦—第 98 段；中国台北—第 86 段；亚美尼亚—第 106 段；北马其顿—第 122 段；尼泊尔—第 75 段；柬埔寨—第 108 段；沙特阿拉伯—第 178 段；越南—第 253、255 段；汤加—第 100 段；乌克兰—第 227 段；黑山—第 129 段；萨摩亚—第 127 段；俄罗斯—第 591、613、620 段；瓦努阿图—第 77 段；塔吉克斯坦—第 164 ~ 165 段；也门—第 130 段；塞舌尔—第 217 段；哈萨克斯坦—第 521、526 ~ 527 段；利比里亚—第 190、195 段；阿富汗—第 135、139 段

续表

		《中国加入工作组报告》获援引段落	《中国加入议定书》直接规定的非标准文本条款		其他加入成员方
			条款	与《中国加入工作组报告》对应条款的关系	
		14. 保障措施	第1.16条特定产品过渡性保障机制	增加：中国加入后12年内，中国产品对WTO成员方市场造成市场扰乱时，可采取的保障措施机制，包括磋商程序、市场扰乱的界定、措施的时限、采取各项保障措施的通知和公告程序等	吉尔吉斯斯坦—第70段；老挝—第99段；拉脱维亚—第66段；爱沙尼亚—第78段；格鲁吉亚—第78段；约旦—第107段；阿尔巴尼亚—第86段；克罗地亚—第99段；立陶宛—第91段；摩尔多瓦—第98段；中国台北—第89段；亚美尼亚—第106段；北马其顿—第122段；尼泊尔—第75段；柬埔寨—第108段；沙特阿拉伯—第178段；越南—第253、255段；汤加—第100段；乌克兰—第227段；黑山—第129段；萨摩亚—第127段；俄罗斯—第591、613、620段；瓦努阿图—第77段；塔吉克斯坦—第164～165段；也门—第130段；塞舌尔—第217段；哈萨克斯坦—第521、526～527段；利比里亚—第190、195段；阿富汗—第135、139段
	C. 出口法规	2. 出口许可程序和出口限制	第1.8条进出口许可程序	细化：须公布的出口程序信息内容；增加：通知WTO既存许可程序信息，许可证期限不得少于6个月，除非例外情况且将该情况迅速通知进口许可程序委员会	蒙古—第24段；巴拿马—第71段；吉尔吉斯斯坦—第79段；老挝—第105段；爱沙尼亚—第83段；格鲁吉亚—第86段；约旦—第116段；阿尔巴尼亚—第90段；阿曼—第77段；克罗地亚—第105段；立陶宛—第97段；摩尔多瓦—第101段；中国台北—第97段；亚美尼亚—第112段；尼泊尔—第79、84段；柬埔寨—第115段；沙特阿拉伯—第179、181～183段；越南—第269段；汤加—第102、106段；乌克兰—第255段；黑山—第135段；萨摩亚—第134段；俄罗斯—第668～669段；瓦努阿图—第79段；塔吉克斯坦—第169、181段；也门—第135段；塞舌尔—第220、240段；哈萨克斯坦—第540、559段；利比里亚—第201段；阿富汗—第145段

续表

		《中国加入工作组报告》获援引段落	《中国加入议定书》直接规定的非标准文本条款：条款	《中国加入议定书》直接规定的非标准文本条款：与《中国加入工作组报告》对应条款的关系	其他加入成员方
		3. 出口补贴			厄瓜多尔—第59段；蒙古—第23段；吉尔吉斯斯坦—第83~84段；爱沙尼亚—第85段；格鲁吉亚—第89段；约旦—第126段；阿尔巴尼亚—第92段；阿曼—第81段；克罗地亚—第108段；立陶宛—第102段；摩尔多瓦—第105段；亚美尼亚—第115段；北马其顿—第132段；柬埔寨—第120段；沙特阿拉伯—第186段；乌克兰—第259段；佛得角—第163段；萨摩亚—第141段；塞舌尔—第249段；利比里亚—第206段
	D. 影响货物贸易的国内政策	1. 对进出口产品征收的税费	第1.11条对进出口产品征收的税费	重申：进出口产品的税费应符合GATT1994的要求；细化：税费包括国家和地方的海关规费、国内税费和所有出口产品税费；增加：边境税的调整适用非歧视待遇	保加利亚—第239段；巴拿马—第71段；拉脱维亚—第69段；爱沙尼亚—第80段；格鲁吉亚—第82段；克罗地亚—第101段；沙特阿拉伯—第184段；越南—第260段；乌克兰—第240段；黑山—第132段；俄罗斯—第638段
		2. 产业政策，包括补贴	第1.10条补贴	重申：取消《反补贴协定》第3条范围内的所有补贴；增加：通知WTO所有已有补贴，认定对国有企业的补贴为专项性补贴	巴拿马—第63段；老挝—第114段；拉脱维亚—第77段；爱沙尼亚—第88段；格鲁吉亚—第92段；约旦—第131段；阿尔巴尼亚—第94段；阿曼—第88段；克罗地亚—第111段；立陶宛—第104段；摩尔多瓦—第109段；中国台北—第106、113、116~117段；亚美尼亚—第119段；北马其顿—第135段；尼泊尔—第88~89段；柬埔寨—第122段；沙特阿拉伯—第189段；越南—第281、286、288段；

续表

		《中国加入工作组报告》获援引段落	《中国加入议定书》直接规定的非标准文本条款		其他加入成员方
			条款	与《中国加入工作组报告》对应条款的关系	
					汤加—第 115 段；乌克兰—第 275 ~ 276 段；黑山—第 142 段；萨摩亚—第 141 段；俄罗斯—第 698 段；瓦努阿图—第 83 段；塔吉克斯坦—第 190 ~ 191 段；也门—第 148 段；塞舌尔—第 262 段；哈萨克斯坦—第 585 段；利比里亚—第 211 段；阿富汗—第 158 段
		3. TBT	第 1. 13 条 TBT	重申：将对进口产品和国产品适用相同的技术标准；增加：官方刊物上公布标准，加入时所有技术法规、标准和合格评定程序符合《TBT 协定》，技术评定的目的是符合技术法规、标准；细化：合格评定程序的内容	保加利亚—第 64 段；巴拿马—第 47 段；吉尔吉斯斯坦—第 94 段；老挝—第 125 段；拉脱维亚—第 88 段；爱沙尼亚—第 98 段；格鲁吉亚—第 99 ~ 100 段；约旦—第 137、140 段；阿尔巴尼亚—第 104 段；阿曼—第 96 ~ 97 段；克罗地亚—第 122 段；立陶宛—第 113 段；摩尔多瓦—第 124 段；中国台北—第 121、126 ~ 127 段；亚美尼亚—第 135 ~ 136 段；北马其顿—第 145 段；尼泊尔—第 98 段；柬埔寨—第 131 段；沙特阿拉伯—第 197、201、203、205 段；越南—第 303 段；汤加—第 119 段；乌克兰—第 280、285、299 ~ 303 段；佛得角—第 171 段；黑山—第 154 段；萨摩亚—第 145 段；俄罗斯—第 712、714 ~ 715、719、728、738 ~ 739、744 ~ 745、756、761、765、772 ~ 773、784 ~ 785、787、789、798 ~ 799、803 ~ 804、813 段；瓦努阿图—第 86 段；塔吉克斯坦—第 194、199、207、209 段；也门—第 165 段；塞舌尔—第 282 段；哈萨克斯坦—第 590、625、631、634、641、650 ~ 651、653、657、670 段；利比里亚—第 222 段；阿富汗—第 171 段

续表

		《中国加入工作组报告》获援引段落	《中国加入议定书》直接规定的非标准文本条款		其他加入成员方
			条款	与《中国加入工作组报告》对应条款的关系	
		4. 卫生与植物卫生措施	第 1.14 条卫生与植物卫生措施	增加：通知 WTO 所有相关法律法规和措施	保加利亚—第 64 段；巴拿马—第 51 段；吉尔吉斯斯坦—第 100、103 段；老挝—第 149 段；拉脱维亚—第 88 段；爱沙尼亚—第 98 段；格鲁吉亚—第 107 段；约旦—第 145、149、151 段；阿尔巴尼亚—第 108 段；阿曼—第 103、105 段；克罗地亚—第 135 段；立陶宛—第 122 段；摩尔多瓦—第 135 段；中国台北—第 135、137 段；亚美尼亚—第 143 段；北马其顿—第 153 段；尼泊尔—第 107 段；柬埔寨—第 142 段；沙特阿拉伯—第 207 ~ 208、210、212、215 ~ 216、218、222 ~ 224 段；越南—第 315 ~ 316、328 段；汤加—第 126 段；乌克兰—第 313、318、320、326 ~ 327 段；佛得角—第 177 段；黑山—第 168 段；萨摩亚—第 162 段；俄罗斯—第 826、844、847、870、875 ~ 876、880、885、890、893、895、901、904、908、923、926 ~ 928、932、935 ~ 936、944、950、952、955、981、984、989、1009、1011、1030 ~ 1031、1033、1035、1051、1055、1060、1062 段；瓦努阿图—第 91、100 段；塔吉克斯坦—第 230 ~ 231 段；也门—第 178、180 段；塞舌尔—第 297 段；哈萨克斯坦—第 704、711 ~ 712、716、720 ~ 722、724、736、738、747、753、762、764 ~ 766、772、777、784 ~ 785、788 ~ 789、797、803、812、830、833、835、838、841、848 ~ 849、856、859、872、874、875 段；利比里亚—第 243 段；阿富汗—第 187 段

续表

		《中国加入工作组报告》获援引段落	《中国加入议定书》直接规定的非标准文本条款		其他加入成员方
			条款	与《中国加入工作组报告》对应条款的关系	
		5. TRIMs			保加利亚—第 83 段；蒙古—第 42 段；巴拿马—第 112 段；吉尔吉斯斯坦—第 106 段；老挝—第 152 段；拉脱维亚—第 90 段；爱沙尼亚—第 99 段；格鲁吉亚—第 109 段；约旦—第 153 段；阿尔巴尼亚—第 110 段；阿曼—第 107 段；克罗地亚—第 137 段；立陶宛—第 124 段；摩尔多瓦—第 136 段；中国台北—第 140 ~ 141 段；亚美尼亚—第 144 段；北马其顿—第 155 段；尼泊尔—第 109 段；柬埔寨—第 144 段；沙特阿拉伯—第 226 段；越南—第 332 段；汤加—第 130 段；乌克兰—第 331 段；佛得角—第 180 段；黑山—第 170 段；萨摩亚—第 164 段；俄罗斯—第 1089 ~ 1090 段；瓦努阿图—第 102 段；塔吉克斯坦—第 233 段；也门—第 184 段；塞舌尔—第 300 段；哈萨克斯坦—第 896 ~ 897 段；利比里亚—第 247 段；阿富汗—第 191 段
		6. 国营贸易实体	第 1.6 条国营贸易	增加：国营企业进口购买程序透明，政府不影响或指导其贸易；提供国营贸易企业的出口货物定价机制信息	保加利亚—第 69 段；蒙古—第 29 段；巴拿马—第 83 段；吉尔吉斯斯坦—第 113 段；拉脱维亚—第 93 段；爱沙尼亚—第 103 段；格鲁吉亚—第 111 段；约旦—第 161 段；阿尔巴尼亚—第 115 段；阿曼—第 114 段；克罗地亚—第 146 段；立陶宛—第 135 段；摩尔多瓦—第 141 段；中国台北—第 147 ~ 152 段；亚美尼亚—第 148 段；北马其顿—第 160 段；尼泊尔—第 111 段；柬埔寨—第 149 段；汤加—第 133 段

续表

		《中国加入工作组报告》获援引段落	《中国加入议定书》直接规定的非标准文本条款		其他加入成员方
			条款	与《中国加入工作组报告》对应条款的关系	
		7. 特殊经济区	第 1.2（B）特殊经济区	重申：同等进口税费和措施要求，对企业提供优惠安排的非歧视待遇；增加：提供特殊经济区相关信息的通知义务	厄瓜多尔—第 61 段；蒙古—第 51 段；巴拿马—第 77 段；吉尔吉斯斯坦—第 115 段；老挝—第 159 段；拉脱维亚—第 95 段；格鲁吉亚—第 113 段；约旦—第 164 段；阿尔巴尼亚—第 118 段；阿曼—第 116 段；克罗地亚—第 148 段；立陶宛—第 138 段；摩尔多瓦—第 145 段；亚美尼亚—第 150 段；北马其顿—第 165 段；尼泊尔—第 112 段；柬埔寨—第 151 段；沙特阿拉伯—第 228 段；越南—第 339 段；汤加—第 135 段；乌克兰—第 345 段；佛得角—第 187 段；黑山—第 177 段；萨摩亚—第 167 段；俄罗斯—第 1122、1124 段；瓦努阿图—第 104 段；塔吉克斯坦—第 239 段；也门—第 188 段；塞舌尔—第 314 段；哈萨克斯坦—第 933 ~ 934 段；利比里亚—第 251 段；阿富汗—第 193 段
		9. 农业政策	第 1.12 条农业	重申：取消出口补贴；增加：在过渡性审议机制中就企业间财政和其他转移作出通知	厄瓜多尔—第 41 段；巴拿马—第 86 段；拉脱维亚—第 109 段；约旦—第 177、189 段；摩尔多瓦—第 159 段；中国台北—第 171、174、180 ~ 181 段；柬埔寨—第 164 段；越南第 366 段；乌克兰—第 391 段；黑山—第 192 段；萨摩亚—第 180 段；俄罗斯—第 1186 ~ 1200 段；也门—第 197 段；塞舌尔—第 329 段；哈萨克斯坦—第 986 ~ 989 段；利比里亚—第 267 段；阿富汗—第 210 段

续表

		《中国加入工作组报告》获援引段落	《中国加入议定书》直接规定的非标准文本条款		其他加入成员方
			条款	与《中国加入工作组报告》对应条款的关系	
		10. 民用航空器贸易			吉尔吉斯斯坦—第 122 段;拉脱维亚—第 110 段;爱沙尼亚—第 116 段;格鲁吉亚—第 125 段;阿尔巴尼亚—第 154 段;阿曼—第 128 段;克罗地亚—第 168 段;立陶宛—第 157 段;摩尔多瓦—第 153 段;中国台北—第 1.5 条;亚美尼亚—第 213 段;北马其顿—第 180 段;乌克兰—第 360 段;黑山—第 193 段;塔吉克斯坦—第 258 段;塞舌尔—第 339 段
		11. 纺织品			阿曼—第 130 段;中国台北—第 167 段;北马其顿—第 192 段;尼泊尔—第 119 段;柬埔寨—第 166 段
四、TRIPs 制度	A. 总体情况	1. 概述			厄瓜多尔—第 79 段;保加利亚—第 85 段;蒙古—第 54 段;巴拿马—第 111 段;吉尔吉斯斯坦—第 164 段;老挝—第 227 段;拉脱维亚—第 116 段;爱沙尼亚—第 126 段;阿尔巴尼亚—第 153 段;阿曼—第 140 段;立陶宛—第 166 段;摩尔多瓦—第 216 段;北马其顿—第 238 段;尼泊尔—第 138 段;柬埔寨—第 206 段;越南—第 471 段;汤加—第 169 段;佛得角—第 246 段;黑山—第 259 段;萨摩亚—第 223 段;俄罗斯—第 1208 ~ 1218、1224、1226、1353 段;瓦努阿图—第 122 段;塔吉克斯坦—第 326 段;也门—第 263 段;塞舌尔—第 387 段;哈萨克斯坦—第 1013、1116 段;利比里亚—第 308 段;阿富汗—第 255 段

续表

		《中国加入工作组报告》获援引段落	《中国加入议定书》直接规定的非标准文本条款		其他加入成员方
			条款	与《中国加入工作组报告》对应条款的关系	
		4. 对外国国民适用国民待遇和最惠国待遇			—
	B. 保护的实体标准，包括获得和维持知识产权的程序	1. 版权保护			中国台北—第187段；北马其顿—第211段；越南—第403段；俄罗斯—第1232段
		2. 商标，包括服务商标			俄罗斯—第1253、1260段
		3. 地理标识，包括原产地名称			保加利亚—第75段；俄罗斯—第1271段
		5. 专利			中国台北—第198段；乌克兰—第425段；俄罗斯—第1277段；哈萨克斯坦—第1061、1063、1067段
		8. 对未披露信息，包括商业秘密和试验数据的要求			乌克兰—第433段；俄罗斯—第1294～1295段；哈萨克斯坦—第1079、1081段
	C. 控制滥用知识产权的措施				—

续表

		《中国加入工作组报告》获援引段落	《中国加入议定书》直接规定的非标准文本条款		其他加入成员方
			条款	与《中国加入工作组报告》对应条款的关系	
	D. 执行	1. 总体情况			中国台北—第 207 ~ 209 段；亚美尼亚—第 166、197 段；萨摩亚—第 221 段
		2. 民事诉讼程序和救济			俄罗斯—第 1303 段
		3. 临时措施			—
		4. 行政程序和救济			俄罗斯—第 1312 段
		5. 特殊边境措施			乌克兰—第 465 段；俄罗斯—第 1325、1331 段；哈萨克斯坦—第 1102 段
		6. 刑事程序			格鲁吉亚—第 161 段；约旦—第 230 段；克罗地亚—第 202 段；亚美尼亚—第 193 段；沙特阿拉伯—第 272 段；越南—第 465 段；乌克兰—第 469 段；俄罗斯—第 1338 ~ 1339、1350 段；哈萨克斯坦—第 1114 段；阿富汗—第 253 段
五、影响服务贸易的政策		1. 许可			中国台北—第 211 段；沙特阿拉伯—第 276 段；越南—第 479、480、483 ~ 485、488 ~ 489、491、494、496、499、506 ~ 508 段；黑山—第 264 ~ 266 段、268 段；俄罗斯—第 1392 ~ 1393、1395、1397 ~ 1398、1400 ~ 1406 段；瓦努阿图—第 127 段；塔吉克斯坦—第 335 ~ 337 段；塞舌尔—第 394 ~ 396 段；哈萨克斯坦—第 1127、1131 ~ 1134 段；阿富汗—第 279 ~ 282 段

续表

	《中国加入工作组报告》获援引段落	《中国加入议定书》直接规定的非标准文本条款		其他加入成员方
		条款	与《中国加入工作组报告》对应条款的关系	
	2.合资伙伴的选择			乌克兰—第482～486、489～491段；塔吉克斯坦—第338段；阿富汗—第283段
	3.股权的调整			越南—第498段
	4.保险部门中设立商业机构的以往经验要求			沙特阿拉伯—第296、298～299段
	5.检验服务			—
	8.少数股持有者的权利			克罗地亚—第204段；越南—第502～503段
六、其他问题	1.通知			厄瓜多尔—第80段；蒙古—第60段、议定书第1.3、1.4(b)条；巴拿马—第113、114段；老挝—第244段；拉脱维亚—第124段；爱沙尼亚—第136段；格鲁吉亚—第172段；约旦—第240段；阿尔巴尼亚—第160段；阿曼—第151段；克罗地亚—第216段；立陶宛—第179段；摩尔多瓦—第23段；中国台北—第220段；亚美尼亚—第217段；北马其顿—第247段；沙特阿拉伯—第306段；越南—第519、523、526段；汤加—第181段；乌克兰—第500段；佛得角—第263段；黑山—第274段；萨摩亚—第244段；俄罗斯—第1430段；瓦努阿图—第135段；塔吉克斯坦—第344段；也门—第282段；塞舌尔—第408段；哈萨克斯坦—第1150段；利比里亚—第327段；阿富汗—第292段

续表

	《中国加入工作组报告》获援引段落	《中国加入议定书》直接规定的非标准文本条款		其他加入成员方
		条款	与《中国加入工作组报告》对应条款的关系	
	3. 透明度	第 1.2(C)条透明度	重申：设立咨询点；细化：指定官方刊物、咨询程序；升级：不公布不得执行	保加利亚—第 40 段；蒙古—第 35、44 段；巴拿马—第 115 段；吉尔吉斯斯坦—第 14、168 段；老挝—第 243 段；爱沙尼亚—第 21 段；格鲁吉亚—第 24 段；阿尔巴尼亚—第 30 段；阿曼—第 150 段；克罗地亚—第 26 段；立陶宛—第 19 段；摩尔多瓦—第 30、235 段；中国台北—第 155、216 ~ 217、219 段；亚美尼亚—第 23、215 段；北马其顿—第 37 段；尼泊尔—第 147 段；柬埔寨—第 25、217 段；沙特阿拉伯—第 305 段；越南—第 95、517 ~ 518 段；汤加—第 180 段；乌克兰—第 39、499 段；佛得角—第 37、262 段；黑山—第 33、273 段；萨摩亚—第 39、243 段；俄罗斯—第 72、183、320、562、677、1413、1426 ~ 1428 段；瓦努阿图—第 134 段；塔吉克斯坦—第 46、343 段；也门—第 281 段；塞舌尔—第 14、75、407 段；哈萨克斯坦—第 101、1136 ~ 1148 段；利比里亚—第 41、326 段；阿富汗—第 42、291 段
	4. 政府采购			厄瓜多尔—第 65 段；保加利亚—第 80 段；蒙古—第 59 段；巴拿马—第 68 段；吉尔吉斯斯坦—第 120 段；拉脱维亚—第 100 段；爱沙尼亚—第 107 段；格鲁吉亚—第 117 段；约旦—第 170 段；阿尔巴尼亚—第 123 段；阿曼—第 121 段；克罗地亚—第 156 段；立陶宛—第 140 段；摩尔多瓦—第 150 段；中国台北—第 166 段；亚美尼亚—第 153 段；北马其顿—第 177 段；沙特阿拉伯—第 231 段；乌克兰—第 358 段；黑山—第 182 段；俄罗斯—第 1137、1143 ~ 1144 段；瓦努阿图—第 108 段；塔吉克斯坦—第 244 段；塞舌尔—第 322 段；哈萨克斯坦—第 947、949 段；阿富汗—第 199 段

续表

	《中国加入工作组报告》获援引段落	《中国加入议定书》直接规定的非标准文本条款		其他加入成员方
		条款	与《中国加入工作组报告》对应条款的关系	
		第 1.4 条特殊贸易安排	加入时起取消与第三国和单独关税区之间的、与《WTO 协定》不符的所有特殊贸易安排	厄瓜多尔—第 70 段;保加利亚—第 78 段;蒙古—第 48 段;巴拿马—第 80 段;吉尔吉斯斯坦—第 172 段;老挝—第 247 段;拉脱维亚—第 130 段;爱沙尼亚—第 140 段;格鲁吉亚—第 179 段;约旦—第 247 段;阿尔巴尼亚—第 166 段;阿曼—第 156 段;克罗地亚—第 224 段;立陶宛—第 188 段;摩尔多瓦—第 232 段;亚美尼亚—第 212 段;北马其顿—第 254 段;尼泊尔—第 151 段;柬埔寨—第 223 段;沙特阿拉伯—第 314 段;汤加—第 187 段;乌克兰—第 511 段;佛得角—第 268 段;黑山—第 280 段;萨摩亚—第 253 段;俄罗斯—第 1449 段;瓦努阿图—第 144 段;塔吉克斯坦—第 350 段;塞舌尔—第 421 段;哈萨克斯坦—第 1174 段;利比里亚—第 331 段;阿富汗—第 300 段
		第 1.17 条 WTO 成员方的保留	关于 WTO 成员以与《WTO 协定》不一致的方式针对自中国进口的产品维持的所有禁止、数量限制和其他措施列入附件七,并依其逐步取消	—
		第 1.18 条过渡性审议机制	与中国在 WTO 项下义务相关的 WTO 下属机构和总理事会对中国的实施情况进行审议及其具体时间与条件等实施细节	保加利亚—第 90 段

首先，贸易权问题项下的“指定经营”义务是中国在贸易权问题的3年过渡期中的意向过渡性安排，是指中国在附件2B所列3年过渡期的每一年中，将通过增加允许进口此类货物的指定实体数量，逐步放开此类货物的贸易权。在此项义务项下，中国将取消将进出口量作为获得这些产品贸易权的一项标准，降低最低资本要求，并将这种注册为指定进出口企业的权利扩大到在生产最终货物过程中使用此类货物的企业和在中国分销此类货物的企业。在3年期末，所有在中国的企业及所有外国企业和个人将被允许在中国全部关税领土内进口和出口此类货物。此种安排的实质为逐步实现贸易权的全面放开，与其他加入方承诺中在过渡期内逐步放开贸易权的安排并无实质区别，因而不能构成一个新的义务领域。

其次，贸易有关的知识产权问题项下的“对外国国民适用国民待遇和最惠国待遇”和“控制滥用知识产权的措施”则更非实质性义务领域。一方面，“对外国国民适用国民待遇和最惠国待遇”义务项源自《TRIPs协定》，且无论《中国加入工作组报告》中“保证外国权利持有人在所有知识产权方面的国民待遇和最惠国待遇全面符合《TRIPs 协定》”[①]这一自限表述，即便未明确约定，这也是《TRIPs 协定》成员自当承担的义务，而非新的领域；另一方面，“控制滥用知识产权的措施”指向“中国关于控制限制竞争的许可行为或条件的规则与《TRIPs 协定》第40条下义务的一致性”[②]此项亦并非全新的事项领域，因为在《中国加入工作组报告》第305段中，明确规定了自加入时中国“将全面适用《TRIPs 协定》的规定”，此处的“全面适用”涵盖了前述的义务范围，因而亦不构成新的加入义务事项。

简言之，在《中国加入议定书》所涵盖的加入义务事项中，并无称得上“独一无二”的中国特殊加入事项，几乎所有加入事项，不论是按《中国加入工作组报告》的6方面大类还是按其项下的诸多子事项，均不存在实质

① 《中国加入工作组报告》第256段。
② 《中国加入工作组报告》第286段。

意义上的、仅中国“加入义务”所涉及的特殊事项领域。反倒是其他加入方中，有写国家在特定领域中承担了特殊的加入义务。例如，柬埔寨承诺的海关争议解决机制的设置，[①]基于特定地理条件和贸易传统的“过境贸易安排”事项[②]等。

与此同时，在全面梳理全部36份《工作组报告》后即可清楚，所有工作组报告的整体框架及其项下的内容设置以及表述基本呈现模式化特点，各国加入时承担的义务差异仅源于经由《加入议定书》引入的《工作组报告》不同条款。至此可以得出一个简单的结论，即相对于其他加入成员而言，中国的“特殊加入义务”并不体现在义务事项的领域方面。

(2)个性化的约束程度

如前所述，以《中国加入议定书》“直接规定的非标准文本条款”所指向的承诺事项为坐标，将其与其他加入成员的对应加入承诺作进一步比较可见，相较于其他加入成员，中国尽管在加入义务领域方面并无显著特殊之处，但就具体事项中中国所承担的义务程度而言，其特殊性则显而易见。以下仅以两例为证具体说明。

①中国“独享”标准

第一，明确补贴认定的外部基准。

《反补贴协定》第14条规定：调查当局在计算第1.1条中受补贴者所得的利益时所使用的方法应在有关成员的全国性立法或正在实施的条例中作出规定，其对各个具体事例的适用应该透明并加以充分说明。此条并未提及将“有关成员”以外的情况和条件作为适当基准。但是，《中国加入议定书》第15(b)条规定：“在根据《反补贴协定》第二、三及第五部分规定进行的程序中，在处理第14条(a)项、(b)项、(c)项和(d)项所述补贴时，应适用《反补贴协定》的有关规定；但是，如此种适用遇有特殊困难，则该WTO进口成员可使用考虑到中国国内现有情况和条件并非总能用作适当

---

① 《柬埔寨入市工作组报告》第99段。

② 17个加入成员(老挝、拉脱维亚、爱沙尼亚、格鲁吉亚、克罗地亚、立陶宛、亚美尼亚、柬埔寨、沙特阿拉伯、越南、乌克兰、佛得角、黑山、萨摩亚、俄罗斯、瓦努阿图、塔吉克斯坦)的《工作组报告》中均对“过境贸易安排”做了明确约定。

基准这一可能性的确定和衡量补贴利益的方法。在适用此类方法时，只要可行，该WTO进口成员在考虑使用中国以外的情况和条件之前，应对此类现有情况和条件进行调整。”

该条实质上明确规定了对中国可适用外部基准：显然是根据“中国国内现有情况和条件”为中国量身定做的条款，但“现有情况和条件”到底是从中国加入时起至何时截止，到底以什么作为判断标准，并没有明确的规定，采取反补贴措施的国外机构及DSB对此具有很大的自由裁量权。这相当于在很大程度上降低了中国补贴项目的认定难度，“开创了WTO首次也是唯一的明确授权成员可启用替代基准来衡量转型经济国家补贴的先河，被认为是‘史无前例针对中国’的条款”。[①] 与反倾销中具有期限的替代价格相比，该条款不仅确定性地具有无期限性，而且将中国经济体制改革效果的判断权交由他国主导，甚至变成其他成员排斥中国享受正常贸易规则的变相手段。

第二，WTO成员的保留。

《中国加入议定书》第17条明确规定了一项其他任何《加入议定书》所不包含的特殊加入方义务，亦即WTO创始成员与在先加入成员的特殊权利——“WTO成员以与《建立WTO协定》不一致的方式针对自中国进口的产品维持的所有禁止、数量限制和其他措施列在附件7中。所有此类禁止、数量限制和其他措施应依照该附件所列共同议定的条件和时间表逐步取消或加以处理。”而根据附件7，享受此项特殊权利的WTO成员包括阿根廷、欧盟、匈牙利、墨西哥、波兰、斯洛伐克、土耳其共7个国家和地区，涉及对进口自中国的货物的数量限制、反倾销与保障措施和非纺织品工业品配额逐步取消的进度安排。

②部分加入成员“共享”要求

第一，严苛的司法审查机制。

《中国加入议定书》第一部分第2(D)条(贸易制度的司法审查)和

---

① 参见余敏友、刘雪红：《从外部基准看中国补贴领域的“超WTO义务”》，载《国际贸易》2015年第2期。

《中国加入议定书》第78～79段共同规定了对贸易政策的司法审查程序逐步递进的三项要求：其一，审查主体的公正性要求，即“负责此类审查的审查庭是公正的，并独立于被授权进行行政执行的机关，且将不对审理事项的结果有任何实质利害关系”[①]；其二，审查事项范围的广泛性要求，即与GATT 1994第10.1条、GATS第6条和《TRIPs协定》相关规定所指的法律、法规、普遍适用的司法决定和行政决定的实施有关的行政行为，包括与国民待遇、合格评定、服务的管理、控制、提供或推销，包括发放或拒绝提供服务所需的许可证和其他事项的实施有关的行政行为，且此类行政行为受根据议定书（草案）第2(D)2条确立的迅速审查程序的约束，有关此类程序的信息将通过中国在自加入时起设立的咨询点提供；[②]其三，上诉权及其免罚要求，即“审查程序应包括给予受审查的任何行政行为影响的个人或企业进行上诉的机会，且不因上诉而受到处罚；如初始上诉权需向行政机关提出，则在所有情况下应有选择地向司法机关对决定提出上诉的机会。关于上诉的决定应通知上诉人，作出该决定的理由应以书面形式提供；上诉人还应被告知可进一步上诉的任何权利”。[③]

一方面，司法审查程序并非要求所有加入成员均须承担的义务，在36个加入成员中，只对21个成员有此项要求；另一方面，此三项逐渐递进的要求使中国所承担的设立司法审查机制义务远远严苛于其他同样承担司法审查程序的加入成员，其他加入成员或者只需要实现其二，有些甚至只笼统概括提及了上诉机制。因此，即便是部分加入成员共有的“特殊加入义务”，中国所承担的义务程度也是最为严苛的。

第二，取消出口产品关税。

《中国加入议定书》第11.3条承诺：中国应取消适用于出口产品的全部税费，除非本议定书附件6中有明确规定或按照GATT 1994第8条的规定适用。在35个其他加入成员的《加入议定书》中：有24个

---

① 《中国加入议定书》第一部分第2(D)1条、《中国加入工作组报告》第78段。

② 《中国加入议定书》第一部分第2(D)1条、《中国加入工作组报告》第79段。

③ 《中国加入议定书》第一部分第2(D)2条。

成员的《加入议定书》并无就出口税问题作出的特殊义务条款；在剩余的 11 个成员中，[①]《加入议定书》中规定的出口税义务可按由轻至重分为五类：

第一类，概括规定出口税的适用将符合 WTO 规则（巴拿马、[②]克罗地亚[③]）；

第二类，规定出口税的适用将符合 WTO 规则，但将在特定范围内降低（越南[④]）或适当减免（俄罗斯[⑤]），或仅承诺不对特定类别的出口产品征收出口税（沙特阿拉伯[⑥]）；

第三类，概括约定减少出口税至最低限度（保加利亚、[⑦]爱沙尼亚、[⑧]格鲁吉亚[⑨]）；

第四类，承诺仅对特定类别征收（拉脱维亚[⑩]），或减少对特定类别征收的出口税（乌克兰[⑪]）；

第五类，不征收任何出口税（黑山[⑫]）。值得注意的是，根据黑山《工作组报告》第 130 ~ 132 段的内容可知，早在 2012 年加入 WTO 之前，黑山就已经全面取消了所有的出口税，因而第 132 段中的承诺义务更多针对的是不再引入新的进口税。

至此显而易见的是，即便是相对于其他加入成员，中国在出口税方面

---

① 这 11 个成员是：保加利亚、巴拿马、拉脱维亚、爱沙尼亚、格鲁吉亚、克罗地亚、沙特阿拉伯、越南、乌克兰、黑山、俄罗斯。

② 《巴拿马加入议定书》（《工作组报告》第 71 段）。

③ 《克罗地亚加入议定书》（《工作组报告》第 101 段）。

④ 《越南加入议定书》（《工作组报告》第 260 段）规定了降低含铁和非含铁非金属的出口税的特别约定。

⑤ 《俄罗斯加入议定书》（《工作组报告》第 638 条）规定了对在《俄罗斯货物减免与承诺清单》第 5 部分中的特定出口产品按特定条件减免。

⑥ 《沙特阿拉伯加入议定书》（工作组报告第 184 条）规定将不对废钢铁征收出口税。

⑦ 《保加利亚加入议定书》（《工作组报告》第 39 段）。

⑧ 《爱沙尼亚加入议定书》（《工作组报告》第 80 段）。

⑨ 《格鲁吉亚加入议定书》（《工作组报告》第 82 段）。

⑩ 《拉脱维亚加入议定书》（《工作组报告》第 69 段）。

⑪ 《乌克兰加入议定书》（《工作组报告》第 240 段）。

⑫ 《黑山加入议定书》（《工作组报告》第 132 段）。值得注意的是，根据黑山《工作组报告》第 130 ~ 132 段的内容可知，早在 2012 年加入 WTO 之前，黑山就已经全面取消了所有的出口税。

承担的加入义务也最为严苛的。

综上所述,由多重特殊的身份因素所决定,在中国与 WTO 议定的“加入条件”下,中国所承担的 WTO 义务,既超越了 WTO 创始成员的一般义务,也较其他加入成员义务更为苛严,并由此成为 WTO 及其争端解决中受到多重差别对待的、最为特殊的加入主体。

第三节　中国特殊的发展中国家地位:“是又不是”的二律背反

一、“发展中国家”的国际法语境

“发展中国家”是诸多国际外交和法律文件中的高频用词。经常与之并列而提的还有发达国家、最不发达国家、欠发达国家、新兴经济体、转型经济体等。其中,发达国家是与发展中国家相对称的概念;最不发达国家、欠发达国家与发展中国家之间则一般理解为广义上的包含关系。例如,许多条约中规定的发展中国家的 SDT,最不发达国家也当然地享有。但是,反之,如果明确规定只有最不发达国家才能享有的权利,许多发展中国家并不能因其发展中国家身份而当然地享受。“新兴经济体”则是专指一类经济增长表现突出的成员,经由一些重要国际组织的创造和使用而为世人所知。譬如,IMF 在其 2004 年的工作报告中首次将发展中国家和转型国家合并为一类,称之为“发展中国家和新兴经济体”。[①] 这似乎意味着,新兴经济体与发展中国家有更多联系,但又与传统发展中国家有所区别;但无论如何,尚不足以归入发达国家这一类实体中。因此,目前仍然可以沿用传统的“发展中国家”一词来概括所有不属于发达国家的成员类型。

综合国际组织的法律文件、使用习惯等,“发展中国家”一词,依使用

① See Nielsen, Lynge, “Classifications of Countries Based on Their Level of Development: How it is Done and How it Could be Done”, *IMF Working Paper* WP/11/31, February 2011, p. 19.

语境的不同，存在事实上的广义和狭义之分。世界银行、WTO、IMF作为当今国际经济秩序的三大支柱，其诸多文本上均使用发展中国家之称谓，并将发展中国家待遇问题纳入自身的职责、功能规范之中，是“发展中国家”对于国际经济秩序稳定和发展之重要性的最直接反映。

从国际活动的现实来看，“发展中国家”也是国际经济法律体系中非常重要，且占据绝对多数的一类主体。根据《联合国2018年世界经济形势及展望报告》，在2016年，发展中国家人口占世界总人口的比例就高达85%。[①] 囊括如此多的人口和国家这一现实决定了，无论大国如何博弈以及博弈的结果如何，发展中国家群体都是国际政治经济秩序总版图中不可或缺的重要部分，尤其是在国际政治经济秩序面临重要隘口之时，其角色、作用至关重要。

就WTO而言，如前所述，在承认其成员存在“发展中成员”与“发达成员”之分的同时，二者之间的权利义务内容却存在着“正向对应、逆向不对应”的独特现象——凡涉及“发达国家成员”措辞的内容，必然同时出现“发展中国家成员”，因而意味着，施予发达成员的特殊义务是为满足发展中成员的需求；但是，在其规定的有关发展中成员享有的特殊制度下，发达成员却并非相对应主体。由此表明，一方面，WTO设置发达成员这一特殊主体，意在赋予其更多义务以满足发展中成员的特殊需求；但另一方面，对具有普遍主体意义的发展中成员来说，只有赋予更多的利益保障才能弥补其竞争地位低下可能产生的失衡，但是，因欠缺与之完全对应的义务主体，弱势群体的利益目标难免落空。不仅如此，即使是对于“发展中国家”的概念本身，不同成员之间也一直存在极大争议。

（一）法律概念分歧

目前，国际上，包括WTO体系的法律文件之中，尚不存在一个关于“发展中国家”的普遍认可的界定。一方面，“发展中国家”作为一种现象和事实在国际外交、政治、经济活动中大量存在，因其对于整个国际秩序现

---

① United Nations：World Economic Situation and Prospects Report 2018，p. 26.

实的和可能的作用与影响，即便是在由大国完全主导国际政治经济秩序时期，在国际法规则的制定和适用中亦不得不对其加以考虑（尽管可能只是形式上或者工具化的对待），并将其作为一种概括性、趋势性的表达，体现在相关法律文件和处理相关事务的法律程序之中；另一方面，尽管从整体上看“发展中国家”只是一种概括性、趋势性的表达，但是在一些法律规范的文本中，也是国际法主体获得某种法律地位的构成要件之一，一定意义上也就成为了一个法律概念。譬如，联合国《气候变化框架公约》在其2015 年巴黎会议文本中有 74 处提及发展中国家，15 处提及最不发达国家，[①]且在第 2 条规定，“本协定的执行将依据不同的国情以体现平等、共同但有区别的责任和能力原则”。[②] 据此，该条约项下发达国家、发展中国家、最不发达国家作为不同主体承担的责任和义务不同。又如，在 WTO 中的 TRIPs 体系下，根据第 31（f）条修正案启动强制许可程序，[③]具有进口资格的发展中国家和最不发达国家，如实施修正案有困难，则发达国家应请求，以双方同意的条款和条件提供技术资金合作，以便利规定的实施。该条款之适用同样首先需要区分发达国家、发展中国家和最不发达国家。

然而，以绝对统一的指标评价历史、文化及发展路径千差万别的国家的“发展”程度，几乎是不可能之任务。首先，许多统计数据的选择、计算、权重等在世界范围内，难以形成严格的统一性，因而，数据及其结论本身对于研究对象也只能是一种整体概括性的、趋势性的反映。其次，即便是这些概括性、趋势性反映形成的结论，如果强行推广适用，并据此来决定国际法主体的权益和义务，又会在发达国家与发展中国家群体之间产生新的不平等和矛盾。发达国家在此显然具有无可比拟的许多优势，强制适用一些

---

① Framework Convention on Climate Change, Conference of the Parties Twenty-first session Paris, December 2015, FCCC/CP/2015/L. 9/Rev. 1, available at https://unfccc. int/sites/default/files/resource/docs/2015/cop21/chi/l09r01c. pdf.

② Framework Convention on Climate Change, Conference of the Parties Twenty-first session Paris, December 2015, FCCC/CP/2015/L. 9/Rev. 1., para. 2 of article 2, available at https://unfccc. int/sites/default/files/resource/docs/2015/cop21/chi/l09r01c. pdf.

③ See article 31, 31bis of TRIPs Agreement and its Annex.

“发展”标准极易成为直接或间接干预、影响他国政治、经济和社会发展的新工具，有违联合国宪章及其一系列重要法律文件所确立的主权平等、各国法律地位平等、不干涉、国际合作等现代国际法体系中处理国家间关系的基本原则。[①]

鉴于此，国际社会目前对于“发展中国家”事实上采取的是“自认”原则，即一般并不确认什么样的情形符合“发展中”的条件，而是由国家自己判断、自行选择参与国际活动的身份、方式等。但是，其自认是否能够产生现实的法律效果时常还需其他国际法主体抑或整个国际社会的承认。譬如，对于特定情形之下发展中国家可以获得特别援助或 SDT 的法律规定，是否符合相应的主体资格条件则由相应组织或机构对成员的申请进行审查。以 WTO 体系的新成员加入谈判为例，是否获得发展中国家身份，承担何种程度的义务，能否享受给予发展中国家的 SDT 需拟加入成员与 WTO 谈判并获得认同，方才具有法律效力。如前所述，根据《建立 WTO 协定》第 12 条的规定，有关成员加入的决定应经 WTO 成员部长级会议表决，以 2/3 多数批准为条件。然而，在实际的谈判过程中，是否同意某些义务的豁免，包括成员自身，在加入时是否坚持发展中成员身份，常常是多种因素综合博弈而成的结果，存在不确定性。譬如保加利亚，在 1992 年时其人均 GDP 只有 983 美元，但在加入时为“全面参与多边贸易体系”并没有主张发展中国家的身份以及 SDT。[②] 韩国在 GATT 时期也曾主张过发展中国家的 SDT，[③]但如今很难再主张，其变化过程也并无十分明确的时间节点。

由于“发展中国家”在国际经济实践中尚未形成一个稳定且达成高度共识的内涵，时至今日，其概念之争仍然非常激烈。2018 ~ 2019 年美国、欧盟等都对“发展中国家”的自认机制、区分意义和标准等提出异议，并声称是目前这种自认机制、SDT 构成了多边发展的障碍，导致了多边

---

① 参见 1945 年《联合国宪章》、1946 年《国家权利义务宣言草案》以及 1970 年《关于各国依联合国宪章建立友好关系及合作之国际法原则之宣言》文本。

② See Working Party Report of Bulgaria, para. 4.

③ See Bop/117, 1971, p. 7.

的困境。[①]

(二)主体地位的法治化努力

尽管存在上述困境,发展中国家在国际经济法律体制的构建和实施中一直在不断努力奋斗:要求在制度构建、个案实践中考虑国际社会发展的不平衡,给予发展中国家以特别待遇,以确保实质上的公平与平等。这一过程事实上就是发展中国家争取自身地位法律化的过程:从"二战"前个别化的调整到之后包含发展中国家的区域贸易安排小范围的调整,直到多边体制努力体系化的调整,实则是发展中国家在国际经济法律体制内的法律地位由极端边缘化、不稳定状态不断向常态化、制度化发展的过程。其过程虽然时常曲折迂回,但总体上在较长时间轴内仍然呈现出明确的发展态势:"发展中国家"在重要法律文件中出现的频率显著增加,有关发展中国家的 SDT 逐渐得到法律的制度性认可。

首先,自 20 世纪 60 ~ 70 年代以来,国际经济法律体制中的一些重要文件频频提及发展中国家,并存在许多针对发展中国家的具体制度安排。例如,第一、第二次联合国贸易和发展会议,就是发展中国家群体性努力的成果。[②] 尽管这些文件并不具备条约的约束力,但是其对于客观实践的推动、法律确信的形成,乃至一定领域内法律问题的解释、习惯法规则的演化意义重大。又如,1974 年联合国大会通过的《建立国际经济新秩序宣言》以及《建立国际经济新秩序行动纲领》系专门针对发展中国家在原料和初级商品同贸易和发展的关系、国际货币制度、工业化、技术转让、对跨国公司的管理和控制、经济权利和义务、发展中国家之间的合作等方面面临的问题、应当赋予的特别地位等而制定,而且提出了针对发展中国家的特别计划。从 20 世纪 90 年代至今,对国际经济法律实践产生重大影响的 WTO"一揽子"文件中也多处提及发展中国家的问

---

① 参见美国 2019 年 1 月 16 日关于发展中国家自认机制的提案(WT/GC/W/757),以及欧盟对于 WTO 改革现代化的建议,available at http://trade. ec. europa. eu/doclib/docs/2018/september/tradoc_157331. pdf。

② Final Act and Report of the United Nations Conference on Trade and Development, United Nation spublication, Sales No. 64. Ⅱ. B. 11.

题，并规定了 SDT。[①] 因此，至少从法律文本的形式上看，时至今日，"发展中国家"一词出现的频率、涉及的条款数量确实有了显著的增加，而且，也不再是仅仅存在于序言、导言部分，而是有许多具体的制度安排。比如，世界银行体系中的 IBRD 针对发展中国家的发展援助贷款安排；WTO 文件中有关发展中国家的 SDT，根据 WTO 秘书处的统计有 145 处明确规定的条款。[②] 这些重要文件或条款尽管许多是"软法"性质，并不具有强制执行的效力，有的虽然具备一定的强制力，多年来其实效性也并不令人满意，但是，抛却这些可能是受制于国际法整体性问题的问题，前述文件和制度安排已经明确反映出在当下的国际经济法律体制中，"发展中国家"事实上已经具有了法律关系主体概念的意义，并且已经在国际社会取得一定共识。有关发展中国家的国际协助制度安排、从 GATT 到 WTO 争端解决中对发展中国家诉求的支持及其执行监督等均反映出，发展中国家的法律地位的确也得到了一些稳固和较大程度的提升。

其次，对于发展中国家群体中的最不发达国家，国际社会不仅有共识，而且早已形成了非常确定的，获得广泛认可的标准。最不发达国家问题在国际层面较大范围的讨论，可追溯至 20 世纪 60 年代的第一、第二次联合国贸易和发展会议上，一些与会成员提出国际社会对发展中国家实施的政策和措施应当根据发展中国家群体内部个体不同发展阶段的问题，给予最不发达国家以特别的考虑。[③] 1971 年联合国大会又正式提出，应当为发展中国家中的最不发达国家的发展提供特别的支持性措施，并将最不发达国家界定为那些处于低收入水平且在可持续发展方面存在严重的结构性障

---

① 笔者检索了 2017 年 9 月后 WTO 生效协定文本的电子版（包括协定原有文本、TRIPs 协定修正案、2017 年 2 月生效的《贸易便利化协定》、2017 年 7 月通过的关于自 2019 年起调整 TPRM 项下各成员审议频率的修正以及《政府采购协定》修正本）。其中，提及发达国家、发展中国家、最不发达国家、欠发达国家的次数分别为 173、308、134、3。

② See WT/COMTD/W/219.

③ Available athttps://www. un. org/development/desa/dpad/wp-content/uploads/sites/45/2018CDPhandbook. pdf, p. 2.

碍的国家。[①] 这使最不发达国家这一概念在国际上获得了广泛的正式的承认。之后，一系列国际组织及其机构开始越来越多地提及、实施多边性质的支持最不发达国家发展的措施，并发展出一系列评价标准。譬如，联合国经社理事会（United Nations Economic and Social Council，ECOSOC）下设的发展政策委员会（The committee for development policy）及其前身发展规划委员会（The committee for development planning）[②]依其职责，提出了一整套包含收入（GNI）、人文资产（HAI）、经济脆弱性（EVI）指标的综合评价体系，[③]每三年对最不发达国家审议一次，确定哪些可以“毕业”，并持续监测已“毕业”和未“毕业”者，确保其发展具有一定的可持续性。根据这一机构的标准，2018 年全世界仍然有 47 个最不发达国家，但同时，也有 4 个国家从名单中“毕业”。[④]

最后，对于整个发展中国家群体，一些重要的国际组织也已经形成并仍然在推动一些客观性较强、具有较高认可度的评价标准。除了前述 ECOSOC 机构的标准之外，其他重要国际经济组织也因对可持续发展和发展中国家特别支持问题的关注而提出了一些判断发展程度的标准。比如，世界银行在其《世界发展指标》报告中依据收入水平将所有国家和地区分为四类：低收入水平、中低收入水平、中高收入水平以及高收入水平。[⑤] IMF 在其《世界经济展望》报告中则依据若干统计数据将其成员分为发达

---

① Available at https://www. un. org/development/desa/dpad/wp-content/uploads/sites/45/2018CDPhandbook. pdf, p. 1.

② ECOSOC 发展政策委员会原名发展规划委员会，成立于 1965 年，1998 年更名，系经济及社会理事会的附属机构。发展政策委员会的职责是就新出现的跨部门的发展问题和国际发展合作为经济及社会理事会提供信息和独立意见，并把重点放在中期和长期方面。该委员会负责审查最不发达国家地位，并监测它们“毕业”之后的进展。参见 Resolutions and Decisions of The Economic and Social Council，E/1998/98，available at https://www. un. org/development/desa/dpad/wp-content/uploads/sites/45/PDFs/The_Committee_for_Development_Policy/e_1998_46. pdf, pp. 74 – 76。

③ 2018 年该机构公布的最不发达国家“毕业”的标准是：收入方面，人均国民收入（GNI per capita）达到 $ 1230 或更高，纯收入（Income-only）达至 $ 2460 或更高；资产方面，人文资产指数达至 66 或更高；经济脆弱性指数为 32 或更低。

④ 详见 https://www. un. org/development/desa/dpad/least-developed-country-category。

⑤ See The World by Income and Region, available at http://datatopics. worldbank. org/world-development-indicators/the-world-by-income-and-region. html.

经济体和新兴市场及发展中经济体两大类。[①] 毫无疑问，这些构成现代国际经济法律体系支柱的国际组织的统计数据和分类具有广泛的影响力。因而，国际社会是存在对于“发展中国家”基本内涵的共识的。并且，无论前述哪一种分类，“发展中国家”群体在数量和区域范围方面均占多数，在全球化进一步深入、各国经济的相互联系和相互影响愈加显著的情境之下，显然整体上会对世界政治经济格局产生重要影响。因此，“发展中国家”一词也具有重要的现实意义，应当赋予其稳固的法律地位。

（三）动态演变及其衡量：“毕业”与否？

“发展中国家”也是动态演变着的。一方面，评价“发展”的标准本身存在发展变化。从纵向的时间维度考察，无论是 ECOSOC 发展政策委员会，还是世界银行等，都随世界经济的变动适时对其标准中的相关参数进行调整。在 WTO 体系中，在包括最不发达国家在内的发展中国家就 SDT 与 WTO 成员进行谈判之时，这些标准都是重要依据。从横向的指标范围维度考察，伴随整个国际社会的发展，对于“发展”的理解早已不拘泥于国民收入一项指标，而是形成了全面的考察与评价体系，并且仍然在不断发展之中。[②] 另一方面，发展中国家群体内的成员也是动态变化着的。前述标准在评判一成员发展状态的同时，事实上也提出了发展中国家“毕业”的条件。“毕业”状态的评估和“毕业”时间的确定关涉现行法律文件所规定的特定主体的法律地位，因此尤为重要。就状态评估而言，相关的标准和程序又是国际社会不断争议的焦点问题。前文所述的相关标准是目前的主要事实依据。从程序来看，联合国系统内的评价和宣告的法律效力最强，但是目前其只是针对最不发达国家。

联合国系统内最不发达国家的“毕业”首先是由 ECOSOC 提出的相关建议。按照 ECOSOC 发展政策委员会的工作程序，该机构对列入最不发达国家名单的国家进行长期的监测和评估，根据其情况给出何时“毕业”

---

① Available at https://www.imf.org/external/pubs/ft/weo/2015/02/weodata/groups.htm#cc.

② United Nations, Handbook on the Least Developed Country Category: Inclusion, Graduation and Special Support Measures, 2018, footnote, https://www.un.org/development/desa/dpad/wp-content/uploads/sites/45/2018CDPhandbook.pdf, p. 6.

的建议,经由其隶属的 ECOSOC,向联合国大会提出相关建议。然后,根据该建议,联合国大会正式宣布某成员不再是最不发达国家。基于联合国及其大会、大会决议的法律地位,相关建议也就具有了较强的法律效力。例如,2018 年 7 月 24 日,ECOSOC 根据发展政策委员会的建议,核准不丹、圣多美、普林西比、所罗门群岛四国从最不发达国家名单中“毕业”。① 联合国大会于 2018 年 12 月 13 日第 73 届会议上通过决议,给予它们毕业前准备期,不丹为五年,其余三国为六年。② 为保证结论的客观性和可接受性,发展政策委员会对于“毕业”状态的评估还考虑到了稳定性问题。对于被列入可能“毕业”名单的最不发达国家,在其“毕业”前三年,由联合国贸易和发展会议、ECOSOC,同时也会邀请最不发达国家自身及其贸易伙伴,提供数据,进行若干指标的监测。其中,ECOSOC 还要对“毕业”后所享受的国际援助、各类待遇的影响进行评估。原则上其“毕业”生效日也是联合国大会决议认可之日起三年后。在此期间,该国要就自身的过渡期计划及执行情况进行报告,ECOSOC 发展政策委员会根据其年度执行情况出具年度报告。在实践中,这一期限还可能因为自然灾害、动乱事件等特殊原因而延长。③

对于其他发展中国家,目前联合国系统内仍然没有形成一致的判断其“毕业”与否的标准。事实上,这也从一个侧面反映出评价发展状态问题的复杂性。但是,换一个角度考虑,客观上也为国家间处理相关问题留有了余地,保持了一定的灵活性。

综合以上,在理解“发展中国家”的动态演变之时,有三点尤为重要:第一,不能以静止不变的思维判断某一具体的“发展中国家”的法律地位;第二,是否“毕业”应以整体参数综合评价的结果为依据,而不能只局

---

① United Nations, Handbook on the Least Developed Country Category: Inclusion, Graduation and Special Support Measures, 2018, footnote, https://www.un.org/development/desa/dpad/wp-content/uploads/sites/45/2018CDPhandbook.pdf, p.4.

② A/RES/73/133, Distr: General 13 December 2018. See https://www.un.org/zh/ga/73/res/paenary.shtml, 最后访问日期:2020 年 7 月 30 日。

③ 譬如,马尔代夫和萨摩亚分别在 2005 年、2009 年因遭遇海啸而延长了“毕业”时间,参见 General Assembly resolutions 60/33, 64/295 & 70/78。

限于其中的一项或几项指标;第三,发展状态的变化还存在稳定性的问题。

二、中国的发展中国家地位问题

(一)加入时的地位之争:是 vs 不是?

"发展中国家地位"也是中国加入谈判之时与主要贸易伙伴,特别是美国最为主要的争议问题之一。

中国在谈判磋商中提出的"复关"三原则和两项要求都包含了以"发展中国家"身份加入 WTO 的主张。[①] 然而,早在 1985 年中国就"复关"问题与主要贸易伙伴美国、加拿大、日本、欧共体代表的首次非正式磋商中,中国与四方对于加入的身份问题即存在分歧。主要磋商对象之一美国要么态度模糊,要么提出各种限定;加拿大则提出,有关中国在 GATT 成员地位的问题,最重要的是实质而不是方式;欧共体也认为,最后的关键还是如何解决实质问题,即中国准备承担何种义务和多少义务的问题,对于中国的发展中国家地位,欧共体政治上对此并无困难,但就实质而言,是个困难的问题;日本则提出在未了解中国外贸制度备忘录以及中国准备在加入时付出何种代价之前,难以就有关问题表示明确的立场和看法。[②] 从美、加、日、欧四方的答复可以看出,主要的 WTO 成员也都倾向于认为,在 WTO 的法律框架体系中,"发展中国家"与相应的权利义务紧密相连,是一个十分典型的法律主体概念。

中国以发展中国家身份加入 WTO,其内容最终经谈判落实到加入议定书、工作组报告的相关文本中几经曲折。1986 年中美谈判伊始,美

---

① 中国在与美国的磋商中提出"复关"谈判三原则,即以恢复方式获得关贸总协定缔约国地位、以关税减让方式作为进入关贸总协定的"入门费"和坚持发展中国家地位。同时,中国向美方提出两项要求:一是要求美国给予中国无条件最惠国待遇;二是要求美国给予中国普遍优惠制待遇。这三项原则和两项要求,构成中国关于复关的五点立场。其中,三原则对所有关贸总协定缔约方谈判普遍适用,两项要求专门针对美国而提出。参见石广生主编:《中国加入世界贸易组织知识读本(四)——中国加入世界贸易组织谈判历程》,人民出版社 2011 年版,第 149 页。

② 参见石广生主编:《中国加入世界贸易组织知识读本(四)——中国加入世界贸易组织谈判历程》,人民出版社 2011 年版,第 34 ~ 36 页。

方对于中国主张的以发展中国家身份加入 WTO 的问题，提出放在后期解决。但在此后，中美第三轮磋商之前，美方在参观了深圳和厦门中国经济特区之后，又提出“我们怀疑中国是否真的需要寻求'发展中国家'这个称号”。[①] 在第 5 轮磋商中，美方又提出，鉴于发展中国家地位是自称的而不是被指定的，中国在议定书序言中提及这一地位是合适的，但不希望中国永远作为一个发展中国家，并提出在发展中国家地位前冠以“现阶段”一词；但在此后 1993 年的磋商中，又以发展中国家地位是自称为由，主张没有必要写入议定书，要求中国完全承担 GATT 的义务，随后在 1994 年的议定书谈判中，仍然提出寻找折衷办法。[②] 直至 1995 年 3 月，美国贸易代表坎特(Michael Kantor)访华，才承诺：美国和中国将在灵活、务实的基础上开展中国加入 WTO 谈判，并同意在乌拉圭回合协议基础上务实地解决中国的发展中国家地位问题。[③]

（二）名不符实的“务实”结果：“是”&“不是”

在最终形成的中国加入文本中，《中国加入工作组报告》第 8、9 段作了描述性表述，[④]而在《中国加入议定书》中，并没有直接明确提及发展中国家地位，但是通过相关领域的具体承诺内容也一定程度予以间接反映。由此，

---

① 石广生主编：《中国加入世界贸易组织知识读本（四）——中国加入世界贸易组织谈判历程》，人民出版社 2011 年版，第 149 页。

② 参见石广生主编：《中国加入世界贸易组织知识读本（四）——中国加入世界贸易组织谈判历程》，人民出版社 2011 年版，第 161、170 ~ 183 页。

③ 石广生主编：《中国加入世界贸易组织知识读本（四）——中国加入世界贸易组织谈判历程》，人民出版社 2011 年版，第 185 页。

④ 参见《中国加入工作组报告书》第 8 段、第 9 段内容：8. 中国代表表示，虽然经济发展取得了重要成就，但是中国仍然是个发展中国家，因此应有权根据《建立 WTO 协定》享受给予发展中国家的所有差别和更优惠待遇。9. 一些工作组成员指出，由于中国经济的巨大规模、快速增长和过渡性质，在确定中国援用发展中国家可使用的过渡期和《建立 WTO 协定》中其他特殊规定的需要方面，应采取务实的方式。应认真考虑和具体处理每个协定和中国的情况。在这方面要强调的是，需要对这种务实的方式进行调整，以便适应少数几个领域中国加入的特定情况，这一点反映在中国议定书（草案）和工作组报告书所列相关规定中。注意到以上说明，成员们重申中国在加入过程中作出的所有承诺仅为中国的承诺，既不会损害 WTO 成员在《建立 WTO 协定》项下的现有权利和义务，也不会损害正在进行的和将来进行的 WTO 谈判以及任何其他加入进程。在注意到就中国而言在少数几个领域采取了务实方式的同时，成员们还认识到《建立 WTO 协定》所包含的针对发展中国家的差别和更优惠待遇的重要性。

最终文本虽然提及中国的发展中国家身份,但在具体承诺的内容中,纳入的却是许多超 WTO 义务,[①]而这些超 WTO 义务的设置事实上又将中国作为 WTO 发展中成员应有的权利和待遇被削弱、受限许多,乃至完全抵销。

另外,成员们重申中国在加入过程中作出的所有承诺仅为中国的承诺,既不会损害 WTO 成员在《建立 WTO 协定》项下的现有权利和义务,也不会损害正在进行的和将来进行的 WTO 谈判以及任何其他加入进程。这样的安排使《中国加入议定书》成为迄今为止在所有成员议定书中非常独特的一份法律文件,虽然以发展中国家身份加入,实际承担了许多超出 WTO 现有规定的严苛义务,而且严格意义上并不具有普遍性、一般性的法律效果。因而,中国在整个 WTO 法律规则体系中的地位是非常特殊的,可以称为“特殊的发展中国家”,即在一般文本意义上虽然是发展中国家,但与其他发展中成员相比,法律层面和事实层面都担负了许多特殊义务,并且存在一些关涉特殊待遇问题的,对于多边体系而言是系统性的、体制性的未解之难题。这种特殊地位一方面使中国在整个 DSM 中频频遭遇“特别关注”;另一方面,如果秉持积极的建设主义的视角,专家组和上诉机构,以及执行程序中的仲裁庭对涉中国案件中一些问题的法律解释、处理方式也能够促进、推动多边体制的发展。

(三)WTO 争端解决中中国与发达成员和其他发展中成员之间的互动

争端解决是 WTO 成员间运用 WTO 规则挑战贸易保护政策措施的法律平台,从争端缘起到解决的过程都可以折射出不同成员在 WTO 体制下的现实地位与问题。相应的,中国涉案状况也同样能够反映出具有中国特色的主体地位及相关问题。

1. 有关“发展中成员”身份的争端

无论是 GATT 时期,还是后来的 WTO,成员之间直接因“发展中国家”身份而产生的争端案件并不多见;而且,即使涉及成员身份的实例,彼

---

① 参见秦娅:《“超 WTO 义务”及对 WTO 法律体制的影响:评中国加入世贸组织议定书》,载《国际经济法研究》2006 年第 1 卷。

此之间就身份本身的争议也往往不是焦点。例如,就正式进入争端解决程序的案件而言,GATT 时期的两个案件——荷兰所得税案(*Income tax practices maintained by the Netherlands*)、[①]巴西诉欧共体糖类出口退费案(*EEC—Refunds on exports of sugar*)[②]和 WTO 的 1 个案件——印度数量限制案(*India—Quantitative Restrictions*,DS90),[③]其实体判断都建立在其中一当事方(分别为荷兰、巴西和印度)的“发展中国家成员”地位上,但对此,或者当事各方不持异议,或者专家组直接裁决这些成员就是发展中国家,而将论证的重点放在享有权利义务的其他构成要件方面。由此可知,对于绝大多数的“发展中国家成员”来说,即使没有 WTO 的明确界定,其身份也可以通过国际社会“不言自明”的“公认”得以确认。同样不可否认的是,上述情况也不是绝对的。在特定情况下,模糊地带仍然会带来身份确认方面的困惑。例如,在英国美元区配额案(*United Kingdom—Dollar area quotas*)[④]中,专家组认为,持续执行配额,对于那些特殊情况下的发展中国家是合理的。同时,专家组列举了 18 个“美元区”国家:玻利维亚、加拿大、哥伦比亚、哥斯达黎加、古巴、多米尼加、厄瓜多尔、萨尔瓦多、危地马拉、海地、洪都拉斯、利比里亚、墨西哥、尼加拉瓜、巴拿马、菲律宾、美国、委内瑞拉。但是,专家组既没有认定在这些国家中,哪些是发展中国家,也没有给予正式的建议,因而各成员对此问题难以达成共识表示焦虑。[⑤] 再如,在 1966 年澳大利亚豁免案(*Australia Waiver*)[⑥]中,为确定哪些国家属于降低关税费用受益者——“欠发达国家”时,因 GATT 1947 本身无明确界定,以往也没有为总协定目的拟订过欠发达国家的官方名单,故经过非正式谈判专为本案达成一份非官方名单。该名单列入了除经合组织 24 个成员国和前苏东集团外的几乎所有国家。葡萄牙由于已成为经合组织成

---

① BISD 23S/137.

② BISD 27S/69.

③ DS90,*India—Quantitative Restrictions*.

④ BISD 20S/236.

⑤ Available at http://www. wto. org/english/tratop_e/dispu_e/72dolquo. pdf,最后访问日期:2010 年 5 月 6 日。

⑥ BISD,14th,第 162 页。

员国而被排除在名单外，西班牙则因为当时未加入经合组织而得以入选。对此，有学者质疑：葡萄牙和西班牙两国的发展水平颇为接近，西班牙甚至被认为比葡萄牙稍好。①

2. 发达成员为主的中国争端相对方（见表 3－9）

表 3－9 中国涉案的相对争端方分布

单位：起

中国作为当事方数	相对方及案数（占比）						
申诉 21	发展中成员			发达成员			
	0			美国 16		欧盟 5	
被诉 44	墨西哥 4	危地马拉 1	巴西 1	美国 23	欧盟 9	加拿大 4	日本 2
合计 65	6（9.2%）			59（90.8%）			

数据表明，中国自加入以来在 WTO 争端解决中发生的贸易争端，最主要的对象国是发达成员，特别是美国和欧盟。中国与美国之间的案件超过中国涉案总量的 60%；与欧盟之间的案件也达到 22%。而无论是美国还是欧盟，其诉中国的案件数量均显著超出中国主动申诉的案件，其中，欧盟诉中国的案件是中国诉欧盟案件的 1.8 倍（9∶5）；美国诉中国的案件是中国诉美国案件的 1.4 倍（23∶16）。2018 年，针对美国的贸易管制措施，中国主动提起了 5 起申诉案件，申诉案件数量第一次超过被诉案件数。这与多边机制自身几近停滞、中美贸易摩擦加剧这一宏大背景也有关，2018 年，体现出中国对 DSM 的坚定维护。

发达成员作为中国涉案的相对争端方还有加拿大和日本，中国均为被诉。其中，加拿大诉中国 4 起，日本 2 起。综合起来，中国作为争端当事方，与发达成员之间的涉案数量为 59 件，占比高达 90% 以上；中国申诉的 21 件，均指向美国和欧盟，而且，从这些争端的具体情况来看，即使是其他发展中成员与中国之间的争端案件，除墨西哥诉中国的一个案件（DS451）

① 参见黄志雄：《从国际法实践看发展中国家的定义及其识别标准——由中国“入世”谈判引发的思考》，载《法学评论》2000 年第 2 期。

外,其他全部均为跟从发达成员的节奏而产生的。

3. 其他发展中成员在中国案件中的参与

如果把中国涉案的争端相对方进一步扩大到第三方的话,可以发现,在 WTO 争端解决中,包括新兴经济体成员在内的部分发展中国家成员与中国之间存在一定的利益关联和互动影响。根据 DSU 第 10 条,即使不是争端当事方,只要符合"实质利益"的条件,也可以成为第三方参与争端解决程序(见表 3-10)。

表 3-10　主要贸易地区参与中国案件情况①

成员	美国	欧盟	澳大利亚	日本	印度	巴西	南非	加拿大	俄罗斯	印度尼西亚	韩国	墨西哥
第三方参与案件数(起)	10	14	16	25	20	17	1	18	12	8	20	11
占比(%)	6.8	7.2	15.1	12.7	13.2	12.7	5.3	12.9	18.5	5.3	16.4	11
总参与率(%)	76.2	44.4	25.4	42.9	31.7	28.6	1.6	33.3	19	12.7	31.7	23.8

从表 3-10 中所显示的数据来看,一是参与度最高的仍然是发达成员,这再次反映了其与中国之间贸易利益的连接和参与争端解决的活跃程度;二是包括印度、巴西、俄罗斯等新兴经济体成员在内的发展中国家成员也有令人关注的表现。对此,尽管存在成员之间区域贸易安排或是地缘政治引发的协同效应,但是对于多边机制而言,这本就是一种可以为所有成员使用的机制,客观上也提供了一种发展中国家与发达国家相互影响相互作用的路径。而且,这种机制安排,显然也一定程度瓦解了过去所认为的发展中国家是群体性存在,其利益必然具有较多一致性的认识。从危地马拉、巴西诉中国贸

① 此处统计的是美国、欧盟、日本、印度等以第三方身份参与涉中国案件数占该成员全部第三方参与数的比例,以及成员作为申诉方、被诉方、第三方参与中国案件的总比例。事实上,还有一些成员在申诉方提起申诉后,加入了磋商程序。经统计,在统计时间范围内,美国在 3 起案件中加入了磋商,欧盟、日本各有 4 起,巴西、加拿大各有 2 起,澳大利亚、俄罗斯各有 1 起。

易管制措施的案件也可以进一步看出这种利益的分化。此种分化并不都产生负面作用。事实上,发展中国家利益的差别化客观存在,在 WTO 运行 20 余年来,全球经济贸易整体环境变化,各成员发展速度、状况产生差别实属必然。多边机制只不过提供了一个透明化且不同利益诉求的平台,因为存在规则制约,反过来也避免了许多无序之争,客观上有助于矛盾的解决。

三、WTO 争端解决中中国作为发展中成员的地位透视

发展中国家在 DSM 中的具体地位取决于整个 WTO 条约体系赋予发展中国家的具体的权利与义务内容。从中国加入条件的具体内容来看,中国属于其中的“另类”,可称作“特殊的发展中国家成员”,这包含了两层含义:其一,中国是以发展中国家身份加入的;其二,基于加入文件中的特殊承诺以及社会现实的独特性,中国又是多边体系中一特殊的发展中国家。因而,中国在多边体制及其争端解决机制下,既面临着发展中成员的共性问题,又面临着中国自身的个性问题。

(一)发展中国家成员的共性问题

1. 自我管制权实现方面存在明显弱势

理论上,WTO 规则为所有成员的贸易管制权设置了约束性边界,DSM 通过规则适用达到相应的规制效果。但现实中,无论是成员自我管制权的范围确定,还是规则适用,都与当事成员的操控能力相关。毫无疑问,发达国家在自我管制权实现方面存在显著的优势。比如,条约中的例外被视为整个体系的安全阀,是平衡协调体系一致性和自我管制权的重要工具。但是,在具体的争端解决实践中,成功援引例外的难度非常大。条约体系的许多例外都包含了严格的限制性条件,要求援引例外的一方必须提供证据证明相关措施的必要性。譬如,GATT 1994 第 20 条中对于目的和手段之间“必要性”的要求,在许多案件中,该项举证责任的承担都须建立在行业发展较为成熟、社会管理制度较为健全的基础之上。例如,在“泰国限制外烟进口案”①中,专家组就认为泰国提出的为保护公众不受进口烟有害成分

---

① DS10:*Thailand—Restrictions on Importation of and Internal Taxes on Cigarettes.*

的危害、减少消费等问题,完全可以用不歧视地要求标明香烟有害成分、告知公众等与总协定不冲突或少冲突的方式做到,并用禁止刊登广告等措施来实现。但是,从实践来看,标明有害成分、禁止刊登广告等的实现均要求存在较为高效的执法机制。换言之,关税因为执行主体单一,尽管“简单粗暴”,但是一经实施就可以达到明显的效果,而专家组建议的这些方法、措施,许多发展中国家并不具备实施的现实条件或是在现有条件下实施成本较高,使得本该为成员,尤其是相对弱势一方提供缓冲地带的“一般例外”条款事实上并未发挥此方面的作用,反而成为一些发达国家变相限制贸易的手段。

2. 运用法律机制的能力和手段均为不足

事实上,整个 WTO 法律体系的基本制度设计及其运行就是建立在一个有效率的市场化运作的经济体制这一假设之上。但是,包括中国在内的广大发展中国家成员,不仅缺乏谈判能力和规则运用能力,而且受制于经济发展水平,也缺乏必要的经济制度支撑。

一方面,包括涉中国案件在内,许多涉发展中国家的案件都与市场、政府作为调控经济的手段两者之间的关系有关。比如,有关政府补助、贷款及其他激励性措施的系列案件系针对中国政府制定的名牌战略以及一系列旨在促进品牌发展和增加销量的措施提起。① 申诉方认为,中国政府的这些措施“以出口实绩为条件”,构成《反补贴协定》第 3.1(a)项下的禁止性出口补贴。事实上,政府主导的模式与服务市场发育的不够成熟有关,与发达国家成熟的市场力量推动模式截然不同。其真正的改变亦需要一些加强市场力量的配套措施方才能奏效。又如,有关影响金融信息服务和外国金融信息提供者措施的系列案件系针对政府管理金融信息服务的具体方式提起。② 在该系列案件中,中国被诉要求外国金融信息服务商向同为竞争者的新华社的下属企业提供关于金融信息服务以及相关客户信息,违反了国民待遇条款。事实上,因为不通过该下属企业即无法提供服务,该措施也

---

① DS387、DS388、DS390 系列案件分别由美国、墨西哥、危地马拉提起,均针对中国的补助、贷款和其他激励性措施。

② DS372、DS373、DS378 系列案件分别由欧共体、美国、加拿大提起,针对中国影响金融信息服务和外国金融信息提供者的措施。

具有行政许可的性质。这种习惯性授权在一段时期内确实普遍存在。[①] 但是,若要完全改变之,亦需要相关行政组织体系的较大变动。对于发展中国家而言,所有这些改革都不可能一蹴而就,需要制度给予特别考虑,而不应片面地仅以发达经济体的做法为简单参照,否则将有失公允,也难以取得实效。上述这些案件均以磋商和解而告终,也一定程度反映出此类现实性难题的复杂性。

另一方面,在争端解决的具体程序中,无论是申诉和被申诉中的调查取证、抗辩,还是后续的执行,发达国家也都具有显著优势,发展中国家存在自身无法克服的难题。譬如在反倾销和反补贴案件中,无论是正常价格的判断,还是倾销价格信息的搜集,抑或是实质损害或实质性损害威胁或阻碍的调查,均需国内统计部门、涉案行业的企业、相关协会及其他社会组织快速及时地提供准确的信息。发展中国家往往极度缺乏信息能力,协会等社会组织发展不充分,难以对产业进行真正意义上的全面调查,获得准确而完整的信息,并形成强有力的证据。对于执行,亦会因受制于转型期、不同改革阶段的条件等因素,综合推进相关措施可能存在相当的困难。即便是可以推进的一些措施,在其具体方法的选择、效果的测量上,发达国家和发展中国家在观念、配套条件等方面时常存在巨大差异。对于DSU所允许的报复性措施,包括中国在内的发展中国家,也都不同程度也存在许多现实条件的限制,从而无法有效地实施。

中国加入WTO后也面临着相同的压力。早在2003年1月,借助DSB召开特别会议的契机,中国代表团就改进DSU关于发展中国家的SDT问题提交了相关意见,试图将DSU第4.10条"在磋商中,各成员应特别注意发展中国家成员的特殊问题和利益"的倡导性规定转化为具有约束力的规则。[②] 主要内容包括:(1)发达国家应谨慎发起针对发展中国家的诉讼。比如,在一年期间,发达国家不应对特定发展中国家发起两起以上

---

① 事实上,该系列案件所涉措施也不符合我国行政许可法中关于只能授权具有公共事务管理职能的组织这一规定。2004年7月1日生效的《行政许可法》第13条规定,法律、法规授权的具有管理公共事务职能的组织,在法定授权范围内,以自己的名义实施行政许可。

② See Leïla Choukroune, China and the WTO Dispute Settlement System: The Global Trade Lawyer and the State Capitalist, *China Pers.* 49,50 (2012).

的诉讼;(2)如果发达国家对发展中国家提起诉讼,专家组或上诉机构最终认定结果为未违反 WTO 规则时,发展中国家所承担的诉讼费用应当由发达国家负担;(3)发达国家应通过提供技术支持和能力培养计划帮助发展中国家参与贸易争端解决机制。① 尽管该建议无果,但中国的关注无疑代表了发展中国家成员的共同立场。

3. SDT 的实效性严重缺乏

首先,虽然有关发展中国家成员享有的 SDT 已经成为 WTO 规则的一部分,甚至可以说已经上升为 WTO 体制的一般原则,但是除了一些明确的过渡期期限规定之外,条文用语整体上都比较含糊。具体就争端解决而言,譬如 DSU 第 21.2 条规定,“对于争端解决中的措施,应特别注意影响发展中国家成员利益的事项”。此处“特别注意”的意思非常模糊,并没有提出实质性的要求。又如,DSU 第 21.7 条规定,“如有关事项是由发展中国家成员提出的,则 DSB 应考虑可能采取何种符合情况的进一步行动”。究竟如何考虑、是否是强制性义务,不予考虑的后果如何、可能还是不可能、符合与否又如何判定等,均无明晰界定或指引。类似的大量条款使得发展中国家权利和义务的具体内容事实上在许多协定中并不清晰,导致所谓的 SDT 只能由成员自行谈判而产生。这样的机制安排只有在成员实力相当的情况之下才可能实现公平的结果。然而现实中发达成员和发展中成员在经济实力、政治影响力等方面往往差距过大,因此,单方的非互惠的待遇经谈判而成的概率很低,其实效性严重欠缺。

其次,即使是一些明确规定,争端解决机制中,SDT 条款的援引的频率也非常低,有的条款甚至在 WTO 运行近 20 年期间从未被明确使用过。② 就 DSU 而言,其第 12.10、12.11、21.7、21.8、24 条,分别涉及争端解决中磋商期限的延长、专家组报告对发展中成员 SDT 考虑的形式说明、在执行

---

① See Communication of the Permanent Mission of the People's Republic of China, Improving the Special and Differential Provisions in the Dispute Settlement Understanding, TN/DS/W/29, 22 January 2003.

② 参见 WTO 网站有关适用 DSU 协定条款的案件列举, available at https://www.wto.org/english/tratop_e/dispu_e/dispu_agreements_index_e.htm。

建议和裁决监督中对发展中成员的特别考虑、对最不发达国家申诉的克制要求、协助参与争端解决等重要法律制度。这些规定是矫正 WTO 成员现实不对等实力,不对等争端解决机制参与能力的重要保障,但是长期被“闲置”,并未能发挥应有的作用(见表 3－11)。

表 3－11　发展中国家 SDT 协议及条款类型①

单位:个

协定名称	增加贸易机会条款	发展中成员利益特别保护条款	政策工具、承诺的灵活性条款	过渡期条款	技术协助条款	最不发达国家条款
GATT 1994	8	13	4	—	—	—
GATT 1994 收支平衡的谅解	—	—	1	—	1	—
农业协定	1	—	9	1	—	3
SPS 协定	—	2	—	2	2	
TBT 协定	3	10	2	1	9	3
TRIMs 协定	—	—	1	2	—	1
GATT1994 第 6 条	—	1	—	—	—	—
GATT1994 第 7 条	—	1	2	4	1	—
进口许可程序协定	—	3	—	1	—	—
反补贴协定	—	2	10	7	—	—
保障措施	—	1	1	—	—	—
GATS	3	4	4	—	2	2
TRIPs 协定	—	—	—	2	1	3
DSU	—	7	1	—	1	2
政府采购协定	—	3	6	—	1	2
FTA	—	—	3	7	7	9
合计	15	47	44	27	25	25

① WT/COMTD/W/239,pp. 5－6,此处统计的是相关协定所涉 SDT 的领域,以及条款数目情况。

(二)中国的个性问题

1."另类"的发展中国家成员

如同前述,中国在整个多边体系中的地位十分特殊,作为WTO发展中国家成员,其身份地位之特殊可谓独一无二。

中国的经济规模和社会发展的特殊性使其在加入多边体系之时就受到美国等主要贸易成员的极度关注,由此导致《中国加入议定书》和《中国加入工作组报告》所呈现的诸多个性化的特征,其中超WTO义务之集合不仅是WTO成员中的唯一,更是创造了一个国际组织规则的特例。

根据《中国加入工作组报告》,中国明确自己仍然属于发展中国家身份的同时,其第9段同时指出,在确定中国援用发展中国家可使用的过渡期和《建立WTO协定》中其他特殊规定的需要方面,应采取务实的方式,认真考虑和具体处理每个协定和中国的情况。这一指导思想为中国超WTO义务的履行进一步形成了制度支持。从微观层面看,这些特殊条款分别指向各具体的贸易管制领域,从而形成对中国经济贸易管理诸多环节的超级约束。如果详细考察这些约束,又可以分为两大类:一类是针对此前所有成员都未实施过的约束,即中国不仅是没有享受发展中国家的SDT,连一般成员的一般性权利水准都未达到。比如,有关贸易政策审议的特殊要求。另一类是没有将其作为发展中国家成员对待,而是基于前述所谓的"务实"考虑,这似乎于发展中国家和发达国家之间又自创设了另一类主体,对其实施第三种待遇。比如,在《农业协定》中,第6.4条规定的微量免除对于发达国家限定为5%,发展中国家可以达到10%,但对于中国,《中国加入工作组报告》第235段最后载明获得的额度只有8.5%。

2."无解"的体制性问题

很显然,中国的特别义务承担与其发展中国家身份地位是存在悖论的,也由此产生了有关《中国加入议定书》及《中国加入工作组报告》与WTO诸协定之间的关系这一重要的体制性问题。WTO争端解决涉及中国的争端案件将这一问题突出地显现出来。

事实上,恰如前述,WTO争端解决中援引议定书的案件80%以上是中国作为争端当事方的案件。案件所涉中国加入议定书领域、条款详见表3-12。

表 3－12 案件所涉中国加入议定书领域、条款情况 单位：起

涉案领域	"双反"中的可比价格	保障措施	工作组报告书的承诺	贸易权	非关税措施	进出口许可程序和配额	补贴	进出口税费	农业	贸易制度的统一实施
涉案条款	Article 15	Article 16. 1, 16. 3, 16. 4, 16. 6	Part I, para. 1. 2	Part I, para. 5	Part I, para. 7. 2,7. 3	Part I, para. 8. 2	Part I, para. 10. 3	Part I, para. 11. 3	Part I, para. 12. 1	Para 2 (A)2
案件编号	DS379 DS437	DS399	DS339 DS340 DS342 DS358 DS359 DS363 DS373 DS378 DS387 DS388 DS390 DS394 DS395 DS398 DS404 DS419 DS431 DS432 DS433 DS450 DS451 DS501 DS508 DS517 DS549 DS568	DS363 DS394 DS395 DS398 DS431 DS432 DS433 DS509 DS363 DS394 DS395 DS398 DS431 DS432 DS433 DS509	DS339 DS340 DS342 DS358 DS359 DS431 DS432 DS433 DS339 DS340 DS342 DS358 DS359	DS394 DS395 DS398 DS431 DS432 DS433	DS358 DS359	DS394 DS395 DS398 DS431 DS432 DS433 DS508 DS509	DS387 DS388 DS390	DS549
数量	2	1	26	16	13	6	2	8	3	1

尽管有如此多的案件，然而，从专家组和上诉机构的报告来看，目前对于前述体制性问题并无统一的确定的看法，仍然呈"无解"的状态。比如，

在中国出版物及音像产品案中,美方指控中国违反议定书中的承诺,没有开放一些文化产品的进口权;中国则辩称,是为了"维护公共道德所必需",符合 GATT 1994 第 20 条所述的例外。美国认为,GATT 1994 第 20 条的例外只适用于 GATT,而不适用于议定书中的内容。本案专家组虽然指出,这是一个"复杂的法律问题"(complex legal issues),[①]但在其后的分析中,并未直面该问题,而是采用"司法经济"原则进行了迂回处理:假定中国有权援引 GATT 1994 第 20 条,其争议措施是否符合 GATT 1994 第 20 条规定的条件。由于分析的结果为否,因而也就无须再回答前述"复杂的法律问题"。在后续的上诉程序中,上诉机构则指出,由于缺乏对 GATT 1994 第 20 条可援引与否的论证,专家组对本案的分析缺少明确的基础。[②]上诉机构认为这一问题根据 DSU 第 17.6 条,属于其审查范围。上诉机构进一步分析认为,GATT 1994 第 20 条是否可以援引取决于个案中被诉与贸易权承诺不符之措施与贸易管制之间的关系:如果能够证明存在可识别的客观的联系,则中国可以表明由于其符合 GATT 1994 第 20 条的条件,实际是在以遵循 WTO 规定的方式行使贸易管制权;该权利不能为中国的贸易权承诺所减损。[③] 根据本案中争议措施与中国相关产品贸易管制的关系,上诉机构认为中国可以援引 GATT 1994 第 20(a)条来论证议定书第 5.1 段的合法性。[④] 然而,在中国原材料案中,专家组却认定:出版物案中议定书第 5.1 段的开头提及了"WTO 协定",因而将 GATT 1994 第 20 条纳入了议定书,但是当下案件争议的议定书第 11.3 条并没有这样的措辞。因此,《中国加入议定书》中关于出口税的承诺不能援引 GATT 1994 进行抗辩。在之后的中国稀土案中,基于中国的抗辩理由,专家组再次对

---

① See Panel Report, *China—Publications and Audiovisual Products*, WT/DS363/R, adopted 12 August 2009, para. 7.743.

② See Appellate Body Report, *China—Publications and Audiovisual Products*, WT/DS363/AB/R, adopted 21 December 2009, para. 214.

③ See Appellate Body Report, *China—Publications and Audiovisual Products*, WT/DS363/AB/R, adopted 21 December 2009, paras. 229 – 230.

④ See Appellate Body Report, *China—Publications and Audiovisual Products*, WT/DS363/AB/R, adopted 21 December 2009, paras. 233, 415(a).

议定书和“WTO协定”之间的关系进行了分析，认为应依据条约解释的习惯规则以及具体案情，从议定书的条文开始，考虑上下文，包括议定书其他条款、工作组报告书以及各项协定，还应考虑WTO“一揽子”协定的整体结构及其他相关解释因素等。最终，仍然没有支持中国的主张。

中国也在逐渐尝试通过诉诸DSM，在体制性问题上予以适当反击。比如美国诉中国的若干起“双反”案件，①其主要争议点事实上关涉整个WTO法律规则体系对于市场经济的认定方式、评判标准以及中国加入议定书中对于中国SDT具体内涵的理解。美国反倾销和反补贴税案（中国诉）、美国反倾销方法案（*US—Anti-Dumping and Countervailing Duties*, DS471）、美国有关价格比较方法措施案等案件，都涉及同样的问题。

事实上，基于中国加入文件内容上的特殊性，涉中国案件更为集中、也更为深层次地反映出多边体系之内发展中国家与发达国家、新兴大国与传统主要成员，以及既有国际经济秩序之间的矛盾和冲突。DSB在诸多涉中国案件中对于此类关键性体制性问题的分析，既揭示了问题，也可以构成WTO体系新发展的重要动力源。但颇为遗憾的是，在诸多体制性问题上，DSB尚未形成连贯性、强有力且为各方共同接受的体系性解说。一定意义上，没有在若干涉中国案件中解决或缓解重要的体制性问题，这也是当下多边体系走至困境的主要原因之一。

3.“自认”与“他认”之间的反差

从中国加入文件到WTO争端解决中的适用争议，都能够明显反映出美国等主要经济体对于中国“特殊”地位的整体性认识与中国自身认识之间的巨大差距。最为核心的，一是市场经济地位问题；二是中国社会的发展程度如何，即中国是否仍然属于发展中国家问题。两个问题并非完全独立，而是存在紧密联系。在由世界银行集团、IMF、WTO作为三大支柱构筑的现代国际经济法律体制中，市场经济一直被界定为与社会发展程度具有正相关性。无论是浮动汇率制、有条件的贷款机制，还是贸易逐步自由化，均是市场机制的体现。而且，市场经济国家在国际社会传统上一般为

① 比如DS414、DS427、DS440。

发达国家。但现实中国遭遇的情况是,中国自认是具有市场经济地位的发展中国家,而美国等至目前仍然主张中国为非市场经济国家以及非发展中国家身份。显然,双方的主张均与传统认识不同,并且差异显著;彼此的主张也都表明,市场经济与发展中国家并不等同,也不存在矛盾。

关于市场经济地位问题,下一节将予详述;而就发展中国家身份,前述可以看出,中国的"发展中国家"身份基本停留于《中国加入工作组报告》中的名义之上,而在实质层面上,《中国加入议定书》及《中国加入工作组报告》中那些为中国单独"定制"的超 WTO 义务条款事实上在发挥作用:它们不仅没有补充 SDT 条款的适用不足,反而将中国置于超越一般发展中国家乃至多边体系其他所有成员的特殊待遇水准上,明显名实不符。

中国与部分发达成员对于中国主体地位认识上的巨大差距若置于整个国际社会背景之下考察,本身并不是一个纯粹的经济法律问题。如前文所述,多边体系的加入机制使发展中国家身份也成为众多谈判博弈条件之一,一些发展中国家在其加入文件中甚至声明"为全面参与多边体系",放弃发展中国家地位,如保加利亚。因此,WTO 成员最终以何种身份和条件加入是多方面因素博弈而成的结果。中国的特殊发展中国家地位也是如此。除了经济法律框架内各种条件的博弈之外,非经济非法律因素也具有显著影响。于美国等而言,无论所谓"华盛顿共识"(Washington Consensus)①是否已真的瓦解,客观上,仍然存在对于中国特殊经济发展道路的各种异样审视。比如,美国政府虽然声称要推动公平互利的国际经济体制之发展,但是特朗普在《2017 美国国家安全战略报告》中明确指出,要确保美国的安全;并且强调,要与想法相似、奉行市场经济

① 西方经济学家们基于传统的新古典经济学理论为计划经济国家开了药方,希望按照一种理想模式大规模地、迅速地、全面地建立起一套西方式的游戏规则体系,从而带动这些国家市场机制的完善和经济的繁荣。这种根据新古典教科书所达成的迅速私有化、市场化、自由化战略被称为经济转轨的"华盛顿共识",强调财政纪律和公共部门资源配置方式的改革,主张金融部门和贸易部门的自由化,主张对汇率、利率和外国投资放松政府管制,并强调国有企业的私有化和保护私人产权,其要旨仍在于自由化、私有化和市场化,是一种典型的经济自由主义共识。参见洪银兴主编:《现代经济学大典》(上),经济科学出版社 2016 年版,第 234 页。

原则的伙伴合作。[①] 所谓“美国优先”实则是置公平互利的原则于不顾；“想法相似、奉行市场经济原则”事实上直指中国的市场经济地位问题。对发展中国家自认机制的质疑，[②]其针对性也十分明显。

四、发展地位“自认”危机及反思

（一）“发展中国家”的“自认”导致多边挫败？

2019 年年初，美国正式向 WTO 理事会提出一份《一个无差别的 WTO：自我认定的发展地位威胁体制相关性》之分析报告，指出倘若一经济体满足下列要件之一：被世界银行列为高收入经济体、是经合组织成员之一、是 G20 国家范畴、占全球贸易 0. 5% 份额以上等，就不能算是发展中国家。依其主张，坚持“发展中国家”“自认”之机制及其肯定效应违背了多边贸易体制自由化的目标，不能在成员间做出恰当区分，使多边谈判失败。[③] 欧盟委员会于 2018 年发布的关于《WTO 现代化的建议》也认为，当前发展中国家和发达国家之间的差距越来越细微，虽然同样被认定为发展中国家，但是不同发展中国家的经济发展水平存在较大差异。发展中国家成员中还包括了世界上最重要的贸易国，其经济发展水平在发展中国家成员中遥遥领先，甚至超越了很多发达国家，而这也是导致 WTO 谈判进展陷入僵局的主要原因。[④]

2019 年 7 月 26 日，特朗普在其声明中进一步表示，发达国家和发展中国家的分类方法已经“过时”，90 天内如果 WTO 未对该“二分法”做出实质性改革，美国将不再承认任何一个发展中国家的特殊地位并单方面采取

---

① See The White House, *National Security Strategy of the United States of America*, December 2017, pp. 18 – 19.

② WT/GC/W/757, 16 January 2019.

③ See An Undifferentiated WTO: Self-declared Development Status Risks Institutional Irrelevance, Communication from United States, document of General Council, WTO, WT/GC/W/757, 16 January 2019; WTO Modernization Introduction to Future EU Proposals, 18 September 2018, available at http://trade. ec. europa. eu/doclib/docs/2018/september/tradoc_157331. pdf.

④ European Commission, WTO-EU's Proposals on WTO Modernisation, Brussels, 5 July 2018, WK 8329/2018 INIT.

行动。[①] 2020 年 2 月 10 日,美国贸易代表办公室(United States Trade Representative,USTR)发布公告对反补贴法律中的最不发达国家和发展中国家进行重新指定。对于发展中国家的认定,USTR 从国民总收入、世界贸易份额及其他因素三方面予以考量。按照全新的认定标准,中国、巴西、印度、印度尼西亚、马来西亚、泰国、保加利亚、罗马尼亚、哥伦比亚、哥斯达黎加、阿根廷、南非等国家将不再被视为美国反补贴法中的发展中国家。[②] 美国这些论调无疑是想剥夺发展中国家在 WTO 享有最惠国待遇原则、非歧视原则、制定规则的多边框架、SDT 等权利,自然遭到中国、印度、南非、委内瑞拉等发展中国家成员,发表文件联合反对。[③] 但无论如何,美国已经将成员发展地位自认问题上升到 WTO 体制存续与否的高度。

(二)"自认"的合理性证成

1. 兼具原则性与灵活性

前文已述,在 WTO 成立谈判之时,对于发展中国家之认定选择"自认"模式有其理论和现实的综合考量。如果不能认可"发展"的综合性以及"他认"容易被滥用之现实,发展中成员与发达国家必然会产生矛盾。但这显然是因对"发展"概念之理解和国际社会现状认识之差异导致。个别成员不能将"一己之见",尤其是经不起理论和现实检验的观点强加于其他多边成员。事实上,恰恰是因为个别成员脱离整个国际社会存在差距和不均衡发展的现实,狭隘、片面地理解"发展中"概念导致了多边谈判的僵局。而且,目前的"自认"也并不是毫无根据的自认,而是建立在前述重要国际组织、机构至少就一些事实性评价已经形成一定共识标准的基础之

---

① Presidential Memoranda: Memorandum on Reforming Developing Country Status in the WTO.

② Designations of Developing and Least-Developed Countries Under the Countervailing Duty Law, https://www.federalregister.gov/documents/2020/02/10/2020-02524/designations-of-developing-and-least-developed-countries-under-the-countervailing-duty-law,最后访问日期:2020 年 4 月 10 日。

③ 当然,发展中国家也有妥协的,2019 年 3 月,巴西为了成功加入经合组织,承诺放弃在 WTO 作为享有发展中国家成员之 SDT;2019 年 9 月,新加坡在 USTR 发布备忘录后,承诺在 WTO 正在进行和未来的协议谈判中不寻求该组织提供的 SDT;2019 年 10 月,韩国政府决定"放弃"在 WTO 中的"发展中国家地位",在今后的贸易谈判中,将不再坚持 WTO 规则中的"优惠"便利。

上。尽管世界银行、ECOSOC 发展政策委员会等公布自身分类标准之时强调相关分类只是供统计分析之便，[①]避免对任何政策产生影响。但是，基于这些组织的国际影响力和重要地位，客观上必然会对许多特别针对发展中国家的支持性政策产生影响。在实践中，“自认”还需成员谈判确认，方才能产生法律效力。换言之，这样的“自认”机制是在原则性、稳定性与灵活性之间形成的一种制度安排，既肯定一些能够形成共识的事实状态，又给国际社会成员留有综合考量的余地。

2. 求大同存小异

经由 GATT 到 WTO 等的实践证明，上述自认的机制安排能够适当避免或消解目前有关“发展”状态评价的各种争议和担心，从而为多边成员提供务实的谈判路径。如果像个别国家主张的那样，一定要为最不发达之外的其他“发展中”状态界定十分具体的标准，反而会使谈判停滞于本无定论的统计方法、指标选取等之争，使各国社会丰富的多样性和差异性被严重忽略、架空，难以达成真正有效的谈判结果。从这一视角来看，不是“自认”阻碍了谈判，恰恰相反，是自认软化了谈判中的系统性难题，为谈判的推进奠定了基础。同时，许多成员相互间的“自认”谈判往往涉及各方对 SDT 的适用主体、适用内容、后果等方面的综合考量，因而事实上也使 SDT 制度得到一定程度的发展。譬如，WTO 协定中《农业协定》第 15 条、第 20 条都涉及针对发展中国家的 SDT 问题。其中，第 15 条规定，发展中国家成员应拥有在最长为 10 年的时间内实施削减承诺的灵活性；第 20 条提及，成员在进行农业谈判时认识到导致根本性改革的实质性逐步削减支持和保护的长期目标是一持续的过程，需考虑对发展中成员的 SDT。但是这些灵活性究竟可以体现为哪些措施、其实施程度如何，如何恰当考虑发展中国家成员的 SDT，协定并没有进一步的规定。相关具体内容是通过若干发展中国家成员的加入议定书、工作组报告中的具体承诺来体现的。一定意义上，正是基于“发展中国家”这一主体概念之下形成的

---

① Available at http://datatopics. worldbank. org/world-development-indicators/stories/the-classification-of-countries-by-income. html.

第 15 条、第 20 条的谈判通道以及其他协定中的类似安排，才能使不同成员的利益得到综合性协调，整个农业协定才有可能达成，也才有可能经由复杂的博弈，使 WTO 体系内的实质公平得到一定程度的发展。

3. 约定性共识

发展中国家的地位问题是目前多边体制谈判的关键性核心问题之一。作为国际政治、外交、法律文件等广为使用的一个名词，"发展中国家"事实上早已具备基于习惯而形成的特殊代表性含义，是一个重要的国际法主体概念，在当前的国际经济法律体系中不可或缺。这一概念为国际社会提供了重要的成员结构分类工具。它跨越了政治与法律、公法与私法，以及各具体法律领域之间的许多差异，在主体层面形成了一致性。因而，其作用非常特别。多边体系以及各类区域贸易协定（Regional Trade Agreements，RTAs）应赋予其特别的法律地位，并形成具有可操作性的 SDT 条款，以保障国际贸易的实质公平和可持续性。在当下国际政治、经济形势充满诸多变化之时，此种具有根本性、基础性、一致性的法律概念及其相关制度应当坚守，作为底线和原则之一加以捍卫，使之能够发挥国际秩序稳定器的作用。

第四节　中国的 WTO 市场经济地位之争：体制融合悖论

一、WTO 成员扩张下的融合之困

（一）成员结构改变与问题

从最初 GATT 的 23 个缔约方发展到当下 WTO 的 164 个成员，战后多边贸易体制"富人俱乐部"及单一市场经济模式的结构都发生了巨大变化。

首先，GATT 创始缔约方虽然包括印度、巴西之类的发展中国家，但因其在谈判议题上的影响力相当有限，因而所关注的还是发达国家的需求。但随着越来越多发展中国家的加入，WTO 时期，特别是进入 21 世纪后，

WTO 在成员数量不断加大的同时，大多数成员是发展中国家成员，其中既有大国，也有小国；既有经济呈上升之势的新兴经济体，又有许多最不发达国家。相应地，要求关注发展中国家的利益诉求和提升 GATT“实质公平”的呼声也越来越高。

其次，GATT 创始缔约方基本都实行市场经济体制，其制度假设也是建立在此种经济模式之上，不仅 GATT 1994 第 17 条，也包括其体制整体。然而，随着一系列不同经济模式国家的加入或申请加入，其成员结构日趋复杂化，在传统市场经济中，开始交叠“国家垄断贸易”“政府主导产业”“非市场经济”“转型经济”等多种成分因素，因而，凡涉及此类特殊主体，无论是对于其自身，还是 GATT/WTO 体制，都必然面临着诸多特殊难题。

最后，成员结构改变给 WTO 带来的最突出问题，一是身份识别；二是体制融合。其一，恰如前述，“经济转型成员”可以从相关协定所规定的某些特殊规则中受益，许多待遇的享有须以“转型所必需”为前提，因此，身份识别就成为一个不可回避的问题。虽然对于此类国家，WTO 采用“处于自中央计划经济转型为市场和自由企业经济的”作为限定语，然而，恰如有学者所指出的，“在转型经济国家由中央计划向完全的市场经济转化上，在此种转型的完成标准方面却没有非常明确的等级标准。事实上，经济学家在对此进行判断时，必须依赖于一系列合理的前兆。但是，由于在保障措施和反倾销立法方面，国家的实际做法是基于国营贸易这一方面来进行判断的，因此，有关国家将贴在自己身上的国营贸易或非市场经济标签明确去掉的过程就变得非常重要。在不存在上述清晰的标准的情形下，由于这些国家无法证明自己已经完成了这一转换，WTO 成员继续使用这些不必要方法的风险，还是存在的”。[①] 其二，WTO 接纳非市场经济成员，意味着不同经济、法律体制之间的交叉与融合。对于这些国家而言，拥有 WTO 成员身份将有助于该国融入全球经济体制之中，就可以将该国从与它历史上的对手间经济隔离的状态中解放出来；而对于 WTO 而言，交叉与融合

① ［比利时］霍根马滕斯：《中国入市后的欧共体贸易法》，孔庆江等译，浙江人民出版社 2008 年版，第 21 页。

更是一种全新的挑战,其更复杂的问题是:融合之后在成员的经济体系、国内治理与 WTO 体系的多边规则之间将会出现怎么样的关系。[①] 这其中,既包含了不同经济体制之间、相同经济体制的不同转型方式之间、国内法制与国际法制之间的多层面复杂关系,又包含了处理这些复杂关系所依托的合作方法与调和技术。

事实上,随着 WTO 中不同经济发展水平、不同制度模式成员范围的不断扩大,特别是随着以中国为代表的新兴经济体成员越来越深入地融合于多边贸易体制并发挥着越来越重要的作用,美国作为 WTO 多边体制的缔造者和主导者却反映出越来越多的不适应——频繁指责,甚至威胁退出,以及 DSM 越来越多围绕体制性问题而产生的争端均表明,促进体制融合、不断提升 WTO 体制的包容性,已经成为 WTO 解决当下危机与推进未来发展所必须面对的一项根本且艰巨的任务。

(二)体制融合的困扰

对于 WTO 及其主导大国而言,对于非市场经济体制的融入一直矛盾重重,也顾虑重重。对此,杰克逊教授的以下论述颇具代表性。[②]

一方面,他们认识到,将非市场经济国家纳入成员范围并以多边规则约束其贸易措施,不仅可以带来更大的贸易自由利益,而且有助于稳固既有的国际经济与政治秩序。将如中国与俄罗斯这样的国家长期排斥在 WTO 之外,不符合世界经济关系的利益,因为它们对世界贸易都具有日益巨大的影响。但另一方面,其顾虑在于:非市场经济因素给 GATT 的贸易体制带来了一些观念性难题,因而,必然涉及一系列关乎 WTO 的体制性问题,例如,如果该体制容纳那些没有实行自由市场经济结构的经济与体制,能否继续存在与改进?该体制是否应主要由相对属于"市场导向"的经济体所组成?如果是,以什么条件?这种体制能否在不增加对立和怨恨

---

① See Van Dijck, P. and Faber, G. (Eds.), *Challenges to the New World Trade Organization*, The Hague, Kluwer Law, 1996. 转引自[比利时]霍根马滕斯:《中国入市后的欧共体贸易法》,孔庆江等译,浙江人民出版社 2008 年版,第 20 页。

② 参见[美]约翰·H. 杰克逊:《世界贸易体制——国际经济关系的法律与政策》,张乃根译,复旦大学出版社 2001 年版,第 355 ~ 369 页。

的前提下，与这样一种状况相融合，即主要的成员可以保留其经济中的相当部分不受正常的 GATT 规则约束，因为这些部分是由政策所有或运作的？

杰克逊教授认为，GATT 规则不能与国家贸易或非市场状态相融合，将整个经济建立在国家贸易原则之上的“非市场经济”的大多数活动都会削弱 GATT 的有效责任和 GATT 的政策，虽然这种经济可能完全符合 GATT 的技术规则。因此，GATT 面临的最严峻的问题就是如何将主要经济成分并非市场的体制纳入其中。

有些人试图将 WTO 的成员资格作为一种诱饵，迫使改变不同的国家经济制度，也有人认为，WTO 有责任改变，并为不同的经济制度指出某种适当的方法。这也许会涉及缓冲机制，就如在中国的情况下采取的那样。于是，缓冲机制又可能涉及一系列根据市场导向的经济政策衡量，并非很“纯净”的运行机制。重要的是，这些机制足以保护市场导向的经济，不至于非市场经济与国家贸易机构轻而易举地削弱 GATT 规则与政策。这是一个有点要求过分的秩序，但是，并非不可能达到。对此，杰克逊教授建议，如果 WTO 选择纳入那些并非特别是市场导向的经济体制，则应考虑如何创设一个各种经济体制“兼容”，并属于 WTO 一般组织结构的世界。在 WTO 中形成一个非市场经济的“兼容机制”的可能途径是，在形成该机制的同时，也提供这样的可能性，使这些“非市场经济”朝着市场导向发展，从而建立“双轨制”保障体制。虽然针对“非市场经济”或国家贸易体制而专门采取的第二条轨道之措施可能不完全与自由贸易的经济理论相一致，但是，对于 WTO 与 GATT，这可能是相当实用的途径，为贸易型国家提供了一种方法，从而最低限度地减少可能发生的猜疑和紧张。而且，“双轨制”具有这样的好处，即可以为国家贸易型国家提供演变的机会，在它们变为真正“市场体制”之时，第二条轨道就不必采用了。在两者之间过渡时，如果国家贸易型经济的某些方面已达到了足够的“市场导向”，就应该有资格享受全部的 GATT 正常待遇。①

---

① 参见［美］约翰·H. 杰克逊：《世界贸易体制——国际经济关系的法律与政策》，张乃根译，复旦大学出版社 2001 年版，第 362 ~ 363 页。

考察 GATT 及 WTO 的加入实践可知,现有体制正是在这样的理论指导下处理“非市场经济”或“转型经济”成员融入问题的,即在“加入条件”中创设有别于一般 WTO 成员的第二条轨道,使之在相关领域享有更低的权利和承担更高的义务。

(三)体制融合的显性困局:“中国问题”

中国作为“非市场经济”成员的加入及其与美欧等主导大国在 WTO 体制十余年的磨合,似乎印证了某些西方学者长期的担心。

GATT 创设时期,如前所述,美国曾在 ITO 中专门针对社会主义国家苏联的适用草拟了题为“全由国家垄断外贸”的案文,规定此类国家“要承担每年不歧视地从各成员国购进规定的、不低于协议总额价值的产品。这种全球性购买安排,需定期与本组织协商、做出调整”。尽管该条文并未被 GATT 所采纳,但在 20 世纪 60 年代波兰、罗马尼亚加入时采用了此种每年增加一定进口额度的方式;而对匈牙利、南斯拉夫采取了设置选择性保障条款的方式。苏联解体之后,由于东欧各国均转而实行市场经济,这些模式对它们似乎已失去意义。① 但即便如此,仍有评论家指出,在 GATT 期间作为缔约方的非市场经济体,贸易的影响力相对较小。而且,GATT 与非市场经济体的关系也总是麻烦时起。换言之,贸易关系虽不太好,但其他 GATT 缔约方还是容忍了这一情况,因为它们不仅与这些有关国家均有特殊安排,而且这些国家的贸易量比较小。但是,这些情况不适用于中国、俄罗斯,因为这两个国家都非常大,对 GATT/WTO 的潜在贸易影响不可估量。②

随着中国“复关”“入世”的进程,中国的特殊问题最突出地显现出来,这不仅因为中国是重要的,而且解决中国“入世”的规则会为今后处理类

---

① 参见赵维田:《世贸组织(WTO)的法律制度》,吉林人民出版社 2000 年版,第 206 ~ 207 页。

② 参见埃利斯 · R. 帕特森:《改善 GATT 关于非市场经济的规则》,载《世界贸易法律杂志》1986 年第 20 卷,第 185 页;凯文 · C. 肯尼迪:《苏联加入 GATT》,载《世界贸易法律》1987 年第 21 期;埃利克 · 迪克逊:《为什么苏联要申请加入 GATT》,载《世界经济》1987 年第 10 卷,第 228 页。均转引自[美]约翰 · H. 杰克逊:《世界贸易体制——国际经济关系的法律与政策》,张乃根译,复旦大学出版社 2001 年版,第 358 页。

似问题,确立先例,包括俄罗斯与其他苏联共和国的可能加入。① 而且,在以美欧为代表的西方国家看来,中国不同于其他成员的独特的政治经济结构、经济力量规模和军事战略地位都是引发其与多边贸易体制之间紧张关系的因素。其一,中国经济规模比其他任何 WTO 成员都要大。其二,就其政治经济结构而言,一方面,中国式市场经济体制的某些特点会导致 WTO 的基本承诺结构失衡或使其复杂化,这些特点包括:国有企业仍占有很大的经济比重;某些国内规则以及规则制定程序缺乏透明度;多样化的竞争政策呈缺失状态;国内监管体系尤其是关于环境政策的监管体制较弱;缺乏民主保障。另一方面,中国经济体制的其他一些特点则使得人们对中国恪守承诺的能力有所怀疑,这些特点体现为:中国的司法体系在应对商事纠纷时还略稚嫩,且这一体系通常会受到政治压力;中国国内一些领域中尚存在相当程度的腐败;中央政府对于商事交易的控制力相当薄弱等。相比之下,尽管俄罗斯"入世"过程中同样会引发这样的问题,使得人们对其遵守 WTO 规则的法律能力和行政能力有所怀疑,但人们并不担心俄罗斯的中央集权经济体制,因为虽然其国内某些国有企业也占有非常重要的地位,但它现在的市场经济程度已经很高了。其三,在某些重要的 WTO 成员将中国视为军事假想敌的背景下,由此引发更多的担忧。②

事实上,《中国加入议定书》及《中国加入工作组报告》中的特色规则有相当部分就是美欧等成员专门针对"中国式非市场经济"开出的药方,应当视为达成了解决该问题的共识。然而,即便如此,时至今日,尽管中国改革开放 40 多年,在市场经济的发展上取得了举世瞩目的巨大成就;尽管全球已经有包括俄罗斯、巴西、新西兰、瑞士和澳大利亚等在内的超过 80 个经济体承认中国的市场经济地位,但一方面,由于 WTO 本身并无有关

---

① 参见[美]约翰·H. 杰克逊:《世界贸易体制——国际经济关系的法律与政策》,张乃根译,复旦大学出版社 2001 年版,第 358 页。

② 参见[美]约翰·H. 巴顿、朱迪思·L. 戈尔斯坦、蒂莫西·E. 乔思林、理查德·R. 斯坦伯格:《贸易体制的演进——GATT 与 WTO 体制中的政治学、法学和经济学》,廖诗平译,北京大学出版社 2013 年版,第 163 ~ 167 页。

市场经济地位和“转型”成功与否的标准，中国无法据此以自证自身市场经济地位的取得；而美欧等成员根据其具有极大裁量余地的国内法作为衡量标准，一直否认中国的市场经济地位。另一方面，即使是在《中国加入议定书》第15条所规定的自动终止期限届满的情况下，也以种种理由拒绝在倾销价格比较方法上对中国一视同仁，而继续适用歧视性的“替代国方法”。GATT/WTO的体制融合问题也由此逐渐从潜在困扰转变为显性冲突，并成为诱发当下WTO体制危机的重要原因之一。

二、中国市场经济地位的识别：应然与实然之间

在中国加入GATT/WTO多边体制之前，对于中国市场经济地位的识别显然仅仅是由进口国国内法来决定的范畴。[①] 中国加入WTO后，其市场经济地位的识别问题，在WTO成员之间，于应然层面，理应由国际法本身来加以衡量；但是，由于WTO缺乏对于“市场经济”的统一界定和明确判断标准，因而在现实层面，有的仍然借助于相关成员的国内法标准；有的则需要根据个案因素由DSB加以判断，而无论是哪一种，都必然带来新的争议与不确定。

（一）涉及中国市场经济地位争议的主要WTO条款

于WTO涵盖协定的一般规则，内含市场经济问题的规则很多，除包括WTO规则内规则的统一承诺外，还包括了因中国“非市场经济”地位而专门适用的特殊规则，一是在贸易救济措施和数量限制等方面次于其他成员的待遇或权利；二是在透明度、司法审查、地方政府行政、外资、外国投资者的国民待遇、经济改革和贸易政策审议等方面高于其他成员的义务。[②]

---

① 比如1980年，美国在针对中国的薄荷醇反倾销案件中认定中国的薄荷醇生产价格并非由市场所决定，并以巴拉圭出口到美国的薄荷醇价格作为中国产品的正常价值。对此，中国出口方仅能通过国内法的途径进行救济。参见对外经贸经济合作部进出口公平贸易局：《国外对中国产品反倾销、反补贴、保障措施案例集——美国卷》（第1册），中国对外经济贸易出版社2002年版，第4页。

② 有学者将加入成员因此而享有的低于一般成员权利待遇的规则称作“弱规则”，将承担的高于一般成员的义务规则称作“超规则”。参见张斌：《“非市场经济”待遇：历史与现实》，上海人民出版社2011年版，第292页。

就目前涉及中国市场经济地位的激烈争议而言，主要是集中于 GATT 1994 第 6 条（包括“注释 2”）和《反倾销协定》第 2 条有关倾销价格比较方法的规定。就此而言，虽不涉及成员国内法的适用或冲突问题，但对于这些一般规则内涵的解释却有很大的争议。例如，欧盟价格比较方法相关措施案中，中国与美国、欧盟的不同解释得出了截然相反的结论。

于《中国加入议定书》第 15 条，鉴于其（d）款有条件地援引了 WTO 进口成员国内法作为确定中国或其产业、部门的市场经济的标准根据，从而实际认可了进口成员国内法意义上的市场经济标准。当然，国内法适用的条件是：截至中国加入之日，该 WTO 进口成员的国内法中须包含有关市场经济的标准。

（二）美国与欧盟的国内法标准

美国和欧盟是坚持适用其国内法标准并反对承认中国市场经济地位的最主要代表。

1. 美国国内法关于市场经济国家的界定

美国国会于 1988 年通过了《1988 年综合贸易与竞争法》，并在第 771. 18 节中首次对“非市场经济国家”定义为“非市场经济国家是指任何由管理当局确认的不按照成本或定价的市场结构运作并使其商品销售无法反映商品的公平价格的国家”，并在（B）项中列举了市场经济国家的 6 项标准，包括“（1）货币的可兑换性；（2）劳资双方谈判决定工资的自由度；（3）允许外国企业在本国设立合资企业和外国投资的程度；（4）政府对生产资料的控制程度；（5）政府对资源配置及对企业价格及产量决策的决定程度；以及（6）商务部认为合理的其他因素”。[①] 此外，第 771. 18 节的（C）及（D）项中，该法还强调任何关于认定他国为非市场经济国家的决定在行政主管机关撤销前应保持有效，并且商务部根据（A）项作出的任何关于认定他国为非市场经济国家的决定，不得在进行的任何调查中受到司法审查。

---

① Omnibus Trade and Competitiveness Act of 1988, Pub. L. No. 100 ~ 418, 102 st at. 1107 (codified as amendment s throughout Title 19 of the United States Code).

2. 美国确定“非市场经济”国家出口产品正常价值的若干方法

(1)替代国方法(surrogate approach)

1954~1955 年 GATT 审议会议期间捷克斯洛伐克向有关“关税、减让表和海关管理”的第二审议工作组提出一项修改 GATT 1947 第 6.1 条的建议,认为当出口国国内价格并非建立在市场公平竞争的基础上而是由国家制定时,出口价格与出口国国内价格无法进行比较,因而提出对于非市场经济体倾销幅度的计算方法采用:①第三国在正常交易过程中向有关进口国出口的同类产品的平均可比价格贸易,或②在没有这种价格的情况下,出口国向第三国出口的同类产品的平均可比价格,或③生产成本加上销售成本和利润的合理增加。最终,GATT 缔约方未接受该提案,但同意在第 6 条中加入解释性的说明,即“注释 2”。随后,美国财政部于 1960 年首次采用了“在替代国家制造的类似产品的现行国内或出口价格”来确定从捷克斯洛伐克进口的自行车的正常价值。①

之后,在美国《1973 年海关条例》第 153.5(b)节中首次明确界定了替代国方法——“通常,如果现有信息表明,来自于计划经济国家的出口产品在美国以外的销售价格受到一定程度的控制,且无法根据本条例第 153.3 节或 153.4 节计算正常价值的话,则财政部将以类似产品在非计划经济国家在其境内销售价格或者出口价格,包括美国的结构价格(包括产品的正常成本、支出以及利润)为准计算正常价值。”②

(2)生产要素方法

在波兰电动高尔夫球车案中,美国确立了生产要素方法(factors of production approach)来认定正常价值。20 世纪 70 年代早期,波兰航空工业产品和电动高尔夫球车制造商 Pezetal 开始将其 Melex 高尔夫球车出口到美国。到 1974 年,Pezetal 占美国高尔夫球车市场份额的 19%,包括

---

① See Bicycles From Czechoslovakia,25 FR 6,657 (1960).

② Customs Regulation Section 153. 5 (b). 19 C. F. R. § 153. 5 (b) (1973). See Gary N. Horlick & Shannon S. Shuman, “Non-market Economy Trade and U. S. Antidumping/Countervailing Duty Laws”, 18 *The International Lawyer* 807, 808, 809 (1984). 参见陈力:《美国反倾销法之“非市场经济”规则研究》,载《美国研究》2006 年第 3 期。

Harley Davidson 在内的美国公司声称波兰高尔夫球车被"倾销"到美国,并以低于成本的价格出售。根据美国国内产业,波兰制造商的高尔夫球车的价格,远远低于可比价格国内制造商的高尔夫球车。这类投诉导致美国开始对 Pezetal 进行反倾销调查。然而,波兰国内并没有高尔夫球场,因此当地也未销售高尔夫球车。根据调查,该高尔夫球车在波兰独家生产,专门出口于美国市场,也不出口其他国家。因此,当时负责进行倾销调查的美国财政部面临着一些棘手的问题:如何在国家控制的经济体和没有自由市场确定公平价格的经济体中确定商品的生产成本?是否可以使用其他司法管辖区的价格?美国财政部一开始不得不依靠加拿大制造商的价格来确定高尔夫球车的国外市场价值。而在之后对高尔夫球车的反倾销调查中,由于唯一的加拿大高尔夫球车制造商已经破产并且不再生产高尔夫球车,美国财政部不得不选择他们认为在经济发展方面与波兰相似且相当的国家西班牙的生产要素进行参考,在波兰国营企业实际投入(由财政部在波兰企业进行调查核实)的基础上调整计算出产品的结构价格。[①]

其后,《1988 年综合贸易与竞争法》还在第 1316(c)节中规定了计算"非市场经济"国家产品正常价值的方法,即"主管部门应在生产商品所用生产要素的价值上加上一般费用、利润及集装箱、覆盖物等其他费用确定商品的国外市场价值",而商品生产要素应包括但不限于"(A)劳动时间;(B)原材料使用数量;(C)能源及其他公用设备的投入消耗量;以及(D)资本成本,包括折旧"。[②]

该法与《1979 年贸易协议法》没有本质的区别,只是将生产要素测试法列于替代国方法之前作为计算正常价值的优先方法。这充分映出商务部在认定转型经济国家出口产品正常价值时所面临的困境。[③] 但由于《1994 年乌拉圭回合协议法》并未涉及对于"非市场经济国家"正常市场价格

---

① 参见王慧:《论美国对华反倾销中的非市场经济规则及其滥用》,华东政法大学 2010 年硕士学位论文,第 21~22 页。

② Omnibus Trade and Competitiveness Act of 1988, Pub. L. No. 100 - 418, 102 st at. 1107 (codified as amendment s throughout Title 19 of the United States Code).

③ Lant z, op. cit. pp. 1006 - 1007.

的计算方法,因此《1988 年综合贸易与竞争法》中制定的生产要素方法仍然是商务部确定非市场经济国家的正常市场价格的重要法律依据之一。[①]

(3)市场导向产业测试法(market-oriented industry approach)

美国商务部在 1992 年的氨基苯磺酸案中采用了不同的认定方法,美国商务部认为,"非市场经济"国家的生产商如果认为它是按照市场经济运作的,就必须证明"其产品的所有价格和成本都是由市场决定的",具体标准为"①涉案产品的定价或产量不存在实际意义上的政府干预或介入;②该类企业应为私营企业或集体所有制企业;③所有重要的生产投入,无论是物质和非物质的,都必须以市场价格进行购买",[②]该认定方法即为市场导向产业测试法,只有在上述三个因素都同时满足的情况下,美国商务部才会认为该企业是按照市场经济运作的。

3. 欧盟关于非市场经济国家的界定

欧盟的三大立法机构对非市场经济地位政策取向存在分歧。[③] 欧盟前身——欧洲经济共同体于 1979 年 8 月 1 日颁布的第 1681/79 号条例首次运用了"非市场经济国家"的定义,该条例在第 1 条(C)款中规定,"从非市场经济国家进口,尤其是欧洲经济共同体第 2532/78 号条例和第 925/79 号条例适用的那些国家,正常价值应根据下列标准之一以适当且非不合理的方式确定:(a)市场经济第三国同类产品实际销售的价格:(i)该国家国内市场的价格,或(ii)其他国家,包括共同体;或(b)市场经济第三国同类产品的构造价格;或者,(c)如果上述(a)或(b)所确定的价格和构造价格均未提供足够的基础,则共同体对同类产品实际支付或应付的价格,如有必要,适当调整,以包括合理的利润率"。[④] 该法案通过明确该款适用于第 2532/78 号条例和第 925/79 号条例适用的国家,实际意义上将包括中国在内的 12 个国营贸易国家认定为了非市场经济国家。

---

① 参见陈力:《美国反倾销法之"非市场经济"规则研究》,载《美国研究》2006 年第 3 期。

② Sulfanilic Acid from the People's Republic of China,57 Fed. Reg. 9409 (Dep't Commerce 1992).

③ 参见贾文华:《欧盟的"中国市场经济地位"问题与中国的应对之策——基于〈中国加入 WTO 议定书〉第 15 条之争的分析》,载《外交评论》(外交学院学报)2017 年第 5 期。

④ See Article 3(2)(c) of Council Regulation (EEC) No. 459/68, as amended by Article 1 of Council Regulation (EEC) No. 1681/79.

之后，欧盟在第905/98号条例的第2.7(a)条的脚注中用列举的方式列出其适用的非市场经济国家名单，共15个国家，其中不包括中国。但在第2.7(b)条中规定："对从俄罗斯联邦和中华人民共和国进口的反倾销调查中，如果在调查中根据一个或多个生产者准确且被证实的声明且根据(c)项所列的标准和条件，该生产者或生产者在制造和销售有关同类产品符合市场经济条件的，则按照第1至6款确定产品的正常价值。如果不是这种情况，则应适用(a)项规定的规则。"①(c)项中则规定了市场经济条件的5项标准，分别是："①企业对价格、成本和投入的关注，包括原材料，技术和劳动力成本，产量，销售和投资，是根据反映供需的市场信号做出的，并且在这方面没有重大的国家干预，以及主要投入的成本大致反映了市场价值；②公司有一套明确的基本会计账簿，根据国际会计标准进行独立审计，并适用于所有目的；③公司的生产成本和财务状况不受先前非市场经济体系带来的重大扭曲的影响，特别是资产折旧，其他账面注销，易货贸易和通过债务偿还支付方面；④有关公司受破产和财产法的约束，这些法律保证了公司运作的法律确定性和稳定性；并且⑤汇率的变化根据市场利率进行。"②

4. 欧盟"严重扭曲"规则③

欧盟第2017/2312号条例于2017年12月12日经欧洲议会和欧盟理事会通过，该条例对欧盟的反倾销条例和反补贴条例作出了修正，并对"严重扭曲"作出了明确的规定。

该修正案的第1.2(b)条中规定："当报告的价格或成本(包括原材料和能源成本)受到了政府干预的大量影响而非市场力量的结果的，即可认

---

① Council Regulation (EC) No 905/98 of 27 April 1998 amending Regulation (EC) No 384/96 on protection against dumped imports from countries not members of the European Community.

② Council Regulation (EC) No 905/98 of 27 April 1998 amending Regulation (EC) No 384/96 on protection against dumped imports from countries not members of the European Community. also see Council Regulation (EC) No. 1225/2009.

③ REGULATION (EU) 2017/2321 OF THE EUROPEAN PARLIAMENT AND OF THE COUNCIL of 12 December 2017 amending Regulation (EU) 2016/1036 on protection against dumped imports from countries not members of the European Union and Regulation (EU) 2016/1037 on protection against subsidized imports from countries not members of the European Union, OJ L338, 19 December 2017, pp. 1–2.

定存在严重扭曲。在评估是否存在重大扭曲时,除其他外,应考虑到以下一个或多个要素的潜在影响:①组成有关市场企业在很大程度上受出口国当局控制性政策监督或指导,甚至由出口国当局所有或控制;②存在受国家干涉价格或成本的公司;③存在有利于国内供应商或以其他方式影响市场力量的公共政策或措施;④缺少破产法、公司法和财产法,或者这些法律存在歧视性适用或执行不力;⑤工资成本被扭曲;⑥资金的获得来自实施公共政策目标或不以独立于国家行事的机构。"该修正案还在第 1.2 条中对原第 2.7 条进行替换,规定"正常价值应根据适当代表国家的价格或构造价值,或该第三国对其他国家(包括联盟)的价格,或在不可能的情况下,在任何其他合理基础上确定,包括联盟为同类产品实际支付或应付的价格,必要时适当调整,以包括合理的利润率"。

(三)中国市场经济地位之争升级版

中国的市场经济地位问题虽然一直存在争议,但因中国加入时的超水平承诺和过渡安排,至 2016 年前的 15 年间,因具体条款所涉义务分歧基本通过 DSM 处理。在中国申诉的案件中,如就美国的"双反"措施中的补贴专向性、补贴计算的外部基准、"双反"重复救济等方面和欧盟反倾销基本法中直接针对"非市场经济"待遇等提出了挑战;在中国被诉的案件中,如在金融信息服务措施案中,涉及信息服务机构的管理方式和管理权边界;在中国电子支付服务案(*China—Electronic Payment Services*,DS413)中,涉及金融服务的承诺范围及其管理方式,等等。无论胜负,争端各方总体尚保持克制姿态,主要聚焦于具体问题。

随着《中国加入议定书》第 15 条承诺的倾销价格比较特殊方法的过渡期满临近,欧盟和日本等 WTO 成员国相继宣布"继续维持中国的非市场经济地位"或"不承认中国市场经济地位"的决定;2016 年 12 月 12 日,即上述 15 年过渡期届至的第二天,中国就美、欧继续对华适用歧视性倾销价格比较方法诉至 DSM(DS515、DS516);2017 年 10 月 26 日,美国商务部发布《中国非市场经济地位报告》,依据其《综合贸易竞争法》第 771.18 条,提出了中国是非市场经济的 6 点证据,即(1)该国货币的可兑换性;(2)工资水平受市场决定的程度;(3)对外国公司开办合资企业或进行其他投资的允许程度;

(4)生产资料的政府控制或政府所有程度;(5)对资源配置以及企业价格、产量决定的政府控制程度;(6)行政当局应当合理考虑的企业因素。其核心是政府在经济活动中的作用及其与市场和私营部门的关系导致中国的经济存在根本性扭曲。2018 年 7 月 26 日,美国代表在 WTO 总理事会上,在中国共产党和政府对国有企业的控制、政府对市场的控制、产业政策、汇率制度、工资制度、外国投资环境、政府影响资源配置等多个方面再次指责中国存在非市场导向的做法与实践。中国常驻 WTO 代表张向晨大使对此予以驳斥。他指出,没有任何国家可以把自己的经济模式当作"市场经济"的样板来要求其他国家。[①] 由此,中国的市场经济地位不仅再次成为 WTO 相关方所关注的热点和焦点,理论与实践之争也均达到前所未有的激烈状态。[②]

更有甚者,自 2017 年年底至 2020 年 1 月,美国、欧盟和日本已接连发布了 7 份联合声明,论及中国的市场经济地位问题,从而将这一问题争论持续扩大并提升到新的高度。

2017 年 12 月至 2020 年 1 月美欧日贸易部长三方会议 7 次联合声明的主要内容见表 3－13。

表 3－13 2017 年 12 月至 2020 年 1 月美欧日贸易部长三方会议 7 次联合声明的主要内容

时间、地点	主要内容
2017.12.12 布宜诺斯 艾利斯	对第三国采取的不公平市场扭曲和贸易保护主义的做法,表示严重关注并加强合作以酌情消除。 此类做法主要是:政府资助和支持的产能扩张所加剧的关键部门严重过剩产能、大量市场扭曲补贴和国有企业导致的不公平竞争条件、强制技术转让以及当地含量要求和偏好等
2018.3.10 布鲁塞尔	共同目标:处理非市场化政策和做法 联合行动:确定制定更强有力的产业补贴规则的基础,并就维护现行纪律开展协作,从而解决市场扭曲或产能过剩问题

① 参见何农:《中国代表驳斥美国对中国经济模式的指责》,载《光明日报》2018 年 7 月 28 日,第 8 版。

② 例如,以 Barbara Barone 为代表的学者认为中国目前仍然是非市场经济体,而不少中国学者认为中国已基本成为市场经济体。参见 Barbara Barone,One Year to Go:The Debate over China's Market Economy Status (MES) Heats Up. https://www.eesc.europa.eu/resources/docs/one-year-to-go.pdf;裴长洪:《法治经济:习近平社会主义市场经济理论新亮点》,载《经济学动态》2015 年第 1 期。

续表

时间、地点	主要内容
2018.5.31 巴黎	重申对第三国非市场化政策的关注,并讨论就此所采取的行动和未来采取的可能措施,具体细化为三个所附件声明: 1.美欧日范围界定文件——确定制定更强有力的产业补贴规则的基础:应澄清和改进WTO规则中关于产业补贴的现行规则,以保证某些新兴发展中成员不规避其适用,未来谈判目标为:(1)提高透明度;(2)更好地处理公共机构和国有企业的市场扭曲行为;(3)制定更有效的补贴规则。 2.关于技术转让政策和做法的联合声明:(1)任何国家不得强制外国公司向其本国公司转让技术;(2)协调建立机制以制止如下政府做法:直接且不公平地便利对外国公司和资产进行系统性投资和收购,以获得技术和知识产权并导致向其本国公司转让技术;(3)谴责政府如下行动:支持未经授权地侵入外国公司计算机网络访问并窃取有关公司的敏感商业信息和商业秘密,并将有关信息用于商业盈利。 3.关于市场化条件的联合声明:下列要素或标示表明对于商业和行业而言存在市场条件:企业关于价格、成本、投入物、采购和销售、投资、针对或影响企业的资本分配等的决定,均针对市场信号自由确定和作出;资本、劳动力、技术和其他因素的价格由市场决定;企业遵守国际公认的会计准则,包括独立会计制度;企业遵守公司法、破产法和私有财产法;以及在上述商业决定中没有明显的政府干预
2018.9.25 纽约	1.关于第三国非市场化政策和做法的声明:要进一步细化显示要素或标示,加强信息共享,并深化处理问题方法的执法和规则制定的讨论。 2.关于产业补贴和国有企业的声明:审议并确认有关新规则的进展,进一步制定有效规则以处理国有企业扭曲市场的行为和应对特别有害的补贴做法;推进内部程序以尽快启动更有效补贴规则的谈判,并强调保证主要贸易伙伴参与未来谈判。 3.关于对第三国强制技术转让政策和做法关注的声明:将与其他志同道合的贸易伙伴进行接触并形成共识;深化对所有有害的技术转让政策和做法及其影响的调查和分析;并致力于采取有效措施制止此类政策和做法,同时深化执法和规则制定的讨论。 4.关于讨论WTO改革的声明:联合提出关于透明度和通报的提案,加强WTO的监测和监督职能;促进常设委员会活动的加强;“发展”的宽泛界定和发展地位的“自我认定”破坏了WTO协定的有效性。 5.关于数字贸易和电子商务的声明:关注数字保护主义的泛滥,同意开展合作以便利数字贸易和数字经济的增长,并通过促进数据安全增强商业环境。推进WTO电子商务协议的谈判。 6.关于就其他问题开展合作的声明:展开监管合作,以降低贸易和外国投资对国家安全所产生的风险

续表

时间、地点	主要内容
2019.1.9 华盛顿	重申上述所有议题，审议、确认和继续推进其工作
2019.5.23 巴黎	除再次重申上述所有议题，审议、确认和继续推进其工作外，呼吁出口信贷国际工作组加快工作，以期在 2020 年前就国际出口融资新纪律达成共识，从而为出口信贷提供公平的竞争环境
2020.1.14 华盛顿	主要围绕产业补贴规则展开，简单重申在强制技术转让、WTO 改革、电子商务以及产能过剩等领域的协商与合作。这是在 2019 年 1 月第五份声明后，三方首次就产业补贴表达的非常详细的原则立场。具体包括： 1. 扩大《反补贴协定》禁止性补贴的范围。将现行禁止性补贴的范围扩大到无限担保，在无可靠重组计划的情况下，对资不抵债或困难企业提供的补贴，对处于产能过剩的部门或行业、无法从独立商业来源获得长期融资或投资的企业提供的补贴，以及某些直接的债务免除。 2. 对某些有害性较强的补贴，请求磋商的一方无须举证证明《反补贴协定》第 7.2(b) 条的内容，而是将举证责任倒置，要求提供补贴的成员证明所涉补贴不存在对贸易或产能的严重负面影响，并证明所涉补贴实际上公开透明。 3. 扩大《反补贴协定》第 6.3 条严重侵害情形，将“产能过剩”作为第五种严重侵害情形。 4. 增加《反补贴协定》第 25.10 条反向通报的惩罚性后果。对于一成员未通报的补贴，如遭到其他成员的反向通报，将视同禁止性补贴，除非提供补贴的成员在规定的时间内以书面形式提供所要求的信息。 5. 推翻上诉机构有关“外部基准”“公共机构”的裁决

根据上述声明及其工作推进，有理由相信，美欧日正以中国为主要目标对象，依托 WTO 谈判、TPRM 和 DSM 三大机制，针对其所认为的所谓“非市场化”政策和做法，在规则制定、执行和司法适用领域展开全方位合作，从而在不断推进国际法律规制约束范围和约束水平的同时，也进一步强化西方发达国家在国际法律体制下的单边影响，“非市场化”也成为其遏制竞争对手的重要砝码。恰如学者所言，市场经济标准的制定权和依据其标准对其他经济体的裁判权掌握在市场经济国家，尤其是市场经济大国手中，而建立在这些标准基础上的“非市场经济”待遇及体现这些待遇的歧视性规则既是市场经济大国遏制和制约“非市场经济”大国的经济手段，又是市场经济大国向“非市场经济”国家输出基本经济制度和意识形

态、迫使“非市场经济”国家制度与之趋同的政治工具。因此,只要市场经济大国存在继续利用其市场经济标准对中国实施“非市场经济”待遇的政治经济动机,中国就不可能达到其标准。[①] 当“市场经济”与“非市场经济”没有共识标准而只是利益争斗工具的时候,于 WTO,不同成员之间体制融合的制度假设就成为一个现实的悖论。

三、DS516 规则之争:《中国加入议定书》第 15 条“自动终止条款”的法律效应[②]

如前所述,《中国加入议定书》第 15 条所涉 15 年期限是引发中国市场经济地位问题升级的最重要诱因之一。换言之,相关争议首先是围绕 15 年期限届满,即 2016 年之后,中国是否自动取得市场经济地位以及非市场经济的倾销价格比较方法是否应当被废止展开的。

(一)相关理论与实践争议

1. 关于 2016 年后中国是否取得市场经济地位

持肯定观点的国内学者居多,主要认为承认中国于条款到期后取得市场经济地位是第 15 条的题中应有之义,也是 WTO 成员的义务。[③] Henry Gao 虽然不完全主张自动取得,认为第 15(d)条非强制要求 WTO 成员承认中国的非市场经济地位,但这也并不意味着 2016 年后,中国不被给予市场经济待遇。他进一步指出,第 15(a)条仅有两个层次,即(i)项和(ii)项,且 a 款中明确指出,在确定正常价值时,要么使用中国价格或成本,要么使用非市场经济方法。一旦(ii)项通过(d)款被废止,虽然进口国仍可依据 GATT 1994 第 6 条的规定,在反倾销调查中继续使用非市场经济的测算方法,但中国早已非计划经济,进口国在实践中难以援引此条款,而导致中国

---

① 参见张斌:《“非市场经济”待遇:历史与现实》,上海人民出版社 2011 年版,第 417 页。

② 参见张内、肖冰:《论〈中国加入 WTO 议定书〉第 15 条“自动终止条款”的法律效应》,载《现代法学》2016 年第 5 期。

③ 参见杨宇白:《对确立市场经济地位重要性的认识》,载《经济问题探索》2005 年第 4 期;刘曦:《关于市场经济地位问题的几点思考》,载《湖北社会科学》2007 年第 4 期;李钢、刘吉超:《入世十年中国产业国际竞争力的实证分析》,载《财贸经济》2012 年第 8 期;李罗莎:《美欧日为何还不承认中国“市场经济地位”》,载《瞭望》2011 年第 52 期。

实际上取得了市场经济地位。① 彭德雷则认为，15年后，中国应获得与其他成员相同的法律适用地位，不因给特殊化。② Folkert Graafsma 和 Elena Kwrnashova 则从中国市场经济改革成就和 WTO 一致性原则的角度分析，认为2016年后应当取消对中国反倾销的歧视性方法，并相应地给予中国市场经济地位，这也是 WTO 成员的责任。③ Mathew R. Nicely 也指出，非市场经济地位来自 GATT 中对完全市场经济或近似完全垄断经济体作出的特殊规定，但中国已经不是中央计划经济，仍然沿用这一规定忽视了中国已经进入了市场经济的事实。这种政策不过是建立在历史经济上的情绪宣泄。④

持否定观点的理由不尽相同，主要有以下几种：（1）欧盟律师 Bernard O'Conner 最早提出中国到期不能自动取得市场经济地位并引发论战。他认为，15年过渡期结束后，进口国对中国是否具有市场经济地位具有裁决权，只是证明存在非市场经济状况的举证责任转由调查方负担，中国及其企业仍然需要确保良好的会计标准、产权保护、汇率市场化，减少公有制与政府补贴。⑤ （2）Theodore R. Poser 认为，一方面，第15(a)(ii)条到期，并不意味着中国会自动取得市场经济地位，因为第15(d)条的第三句才是终止中国非市场经济地位的条件；但另一方面，"举证责任转移到进口方"明显与第15(a)(i)条中"如果受调查者能够证明……"即中国负举证责任的规定相冲突。⑥ （3）俞燕宁认为，议定书的部分条款实际上已经认可了 WTO 进口成员国内法意义上的市场经济标准。这意味着过渡期之后，中

---

① Henry Gao, "If You Don't Believe in the 2012 Myth, Do You Believe in the 2016 Myth?" Available at http://wto.and china. Blogspot. Com/30, 19 July 2012.

② 参见彭德雷：《2016年后的"非市场经济地位"——争论、探究与预判》，载《国际贸易问题》2015年第6期。

③ See Folkert Graafsma & Elena Kwrnashova, "In re China's Protocol of Accession and the Anti-Dumping Agreement: Temporary Derogation or Permanent Modification?" 9(4) *Global Trade and Customs Journal* 154 - 159, 2014.

④ See Mathew R. Nicely, "Time to Eliminate Outdated Non-market Economy Methodologies", 4 *Global Trade and Customs Journal* 160 - 164.

⑤ See Bernard O' Connor, "Market-economy Status for China is Not Automatic", available at http://www. Voxeu. Org/article/china-market-economy.

⑥ See Theodore R. Poser, "A Comment on Interpreting Paragraph 15 of China's Protocol of Accession by Jorge Miranda", 4 *Global Trade and Customs Journal* 146 - 153, 2014.

国企业仍需满足 *WTO* 进口成员国国内法上的市场经济标准。[①]

2. 关于倾销价格比较的“替代国方法”是否废止

认为应当废止的学者认为,“替代国”等特殊比较方法是冷战思维的不公平待遇,[②]应当废止,这是基于 WTO 成员应承担的责任与义务,而非因中国确已证明达到了某些全球或国别意义的市场经济标准。[③] 另外,WTO《反补贴协定》和《反倾销协定》都为有效应对不公平竞争奠定了相对完备的法律基础。左海聪和林思思认为,非市场经济地位与替代国方法并不相关,期满后继续援用替代国方法没有合法性。[④]

反对废止的观点主要从一般国际法与 WTO 法解释规范的习惯之角度分析。Bernard O'Conner 指出,只有第 15(a)(ii)条而非整个 a 款的终止并不代表着废除了非市场经济的特殊比较方法。鉴于第 15(a)(i)条并未终止,因而至少从条文上看,进口成员理论上仍可以继续沿用替代国方法。[⑤] Jorge Miranda 认为,第 15(d)条的第二句虽然有明确的时限要求,但是否定的仅仅是这一非市场经济体制的推定,而不是非市场经济比较方法本身。[⑥] 俞燕宁和 Henry Gao 则认为,2016 年后 WTO 进口国继续使用非市场经济的比较方法的依据为 GATT 1994 第 6 条,但是对该条的操作性提出了质疑。[⑦] 持反对观点的学者对举证责任的承担者也有分歧。一种观点认为,应

---

① See Yu Yanning, “Rethinking China's Market Economy Status in Trade Remedy Disputes after 2016: Concerns and Challenges”, 8 (1) *Asian Journal of WTO& Interpreting Health Law and Policy* 77 – 113, 2013.

② See Mathew R. Nicely, “Time to Eliminate Outdated Non-market Economy Methodologies”, 4 *Global Trade and Customs Journal* 160 – 164.

③ See Folkert Graafsma & Elena Kwrnashova, “In re China's Protocol of Accession and the Anti-Dumping Agreement: Temporary Derogation or Permanent Modification?” 9 (4) *Global Trade and Customs Journal* 154 – 159, 2014.

④ 参见左海聪、林思思:《2016 年后反倾销领域中国(非)市场经济地位问题》,载《法学研究》2017 年第 1 期。

⑤ See Bernard O' Connor, “Market-economy Status for China Is Not Automatic”, available at http://www. Voxeu. Org/article/china-market-economy.

⑥ See Jorge Miranda, “Interpreting Paragraph 15 of China's Protocol Accession”, 3 *Global Trade and Customs Journal* 102 – 112.

⑦ See Yu Yanning, “Rethinking China's Market Economy Status in Trade Remedy Disputes after 2016: Concerns and Challenges”, 8 (1) *Asian Journal of WTO& Interpreting Health Law and Policy* 77 – 113, 2013.

当由中国政府承担举证责任,证明整个中国经济体依进口国国内法具有市场经济条件;①另一些观点认为应当由进口国承担;②还有一种观点主张由企业自证,认为 2016 年后,WTO 进口成员不仅在满足相应条件下可以继续沿用非市场经济的比较方法,而且也没有义务承担米兰达等学者主张的举证责任。唯一需要调整的是,赋予能够有效自我举证的中国生产商以市场经济的待遇,即使其所处的产业或行业整体仍未达到 WTO 进口成员的市场经济标准。③

3. 另类主张

对上述两个问题,另有一类独立的主张,认为第 15(a)(ii)条的废除,既不能被理解为中国将据此自动获得市场经济地位,也不能认为 WTO 进口成员仍有权继续沿用立足于第 15(a)条的非市场经济比较方法。因为市场经济地位根本上不是一个 WTO 法律范畴内的问题。美欧提出的相关标准,只是他们各自的国内标准,而且《中国加入议定书》中也没有明确的规定。2016 年后拒绝给予中国市场经济地位,将违背 WTO 的法律规范。与此同时,市场经济地位与反倾销中的特殊比较方法是不同的问题,但在国内法范畴内被人为地联结。只要将二者分开,美欧等 WTO 进口国实际上也可以无期限保留对华的非市场经济待遇。④

(二)“自动终止条款”的特殊语境及其效力范围

1.“自动终止条款”及其语境

“自动终止条款”规定于《中国加入议定书》第 15 条“确定补贴和倾销

---

① See Ritwik Bhattacharya, “Three Viewpoints on China's Non-Market Economy Status”, 9(2) *Trade, Lawand Development* 188 – 196; James J. Nedumpara & Archana Subramanian, “China's Long March to Market Economy Status: A Study of China's Protocol of Accession and Member Practices”, in James J. Nedumpara & Weihuan Zhou (eds.), *Non-Market Economies in the Global Trading System: The Special Case of China*, Singapore: Springer, 2018, pp. 13 – 64.

② See Jorge Miranda, “Interpreting Paragraph 15 of China's Protocol Accession”, 3 *Global Trade and Customs Journal* 102 – 112.

③ See Laurent Ruessmann & Jochen Beck, “2016 and the Application of an NME Methodology to Chinese Producers in Anti-dumping Investifations”, 10 *Global Trade and Customs Journal* 457 – 463, 2014.

④ See Brain Gatta, “Between ‘Automatic Market Economy Status’ and ‘Status Quo’: A Commentary on ‘Interpreting Paragraph 15 of China's Protocol of Accession’”, 4 *Global Trade and Customs Journal* 165 – 172.

时的价格可比性”之 d 项，明确规定的是该条 a 项得以终止适用的情形。第 15(a)条涉及特殊的反倾销可比价格适用规则，是中国在反倾销反补贴和保障措施领域接受的一系列“超 WTO 义务”之一。

(1)第 15(a)条

第 15(a)条规定，“在根据 GATT 1994 第 6 条和《反倾销协定》确定价格可比性时，该 WTO 进口成员应依据下列规则，使用接受调查产业的中国价格或成本，或者使用不依据与中国国内价格或成本进行严格比较的方法：(i)如受调查的生产者能够明确证明，生产该同类产品的产业在制造、生产和销售该产品方面具备市场经济条件，则该 WTO 进口成员在确定价格可比性时，应使用受调查产业的中国价格或成本；(ii)如受调查的生产者不能明确证明生产该同类产品的产业在制造、生产和销售该产品方面具备市场经济条件，则该 WTO 进口成员可使用不依据与中国国内价格或成本进行严格比较的方法”。

与 WTO 确定倾销可比价格的一般规则——以“国内销售价格法”为基础性方法，以“第三国出口价法”和“产品要素法”为补充性方法，而以普遍适用于“非市场经济国家”成员方的“替代国方法”(“一般替代国方法”)为例外——相比，第 15(a)条的特殊之处在于，将“中国价格或成本”设定为须由中国生产者证明相关产业具备市场经济条件后方能适用的例外方法，而将“替代国法”作为无须进口成员方履行任何证明义务即可适用的基础性方法(“特殊替代国方法”)。很显然，第 15(a)条的特殊安排，是专门针对中国量身定做的非市场经济条件下适用的特殊规则。

(2)第 15(d)条

第 15(d)条是有关终止第 15(a)条的规定，共有三种终止情形：其中第一句及第三句“中国根据该 WTO 进口成员的国内法证实其是一个市场经济体”，及“中国根据该 WTO 进口成员的国内法证实一特定产业或部门具备市场经济条件”，则 a 项规定即应对中国或一特定产业或部门终止适用，均是以“市场经济”为前提条件的全面终止情况，故可称作“全部终止条款”；而第二句“无论如何，a 项(ii)目的规定应在加入之日后 15 年终止”，则是以某一时点到来为条件的“自动终止条款”。

2.“自动终止条款”的效力范围

(1)“自动终止条款”终止

根据“自动终止条款”的明文规定，2016 年 12 月 11 日之后“自动终止条款”终止适用。对此，学界和实务界没有争议。换言之，届时，不论中国是否被承认为市场经济国家，WTO 进口成员都有义务终止对中国适用(ii)目之“替代国方法”，即无权在中国生产者无法证明相关产业具备市场经济条件时自动适用“替代国方法”。

鉴于全球已经有超过 80 个经济体承认中国的市场经济地位，对这些国家而言，因符合“全部终止条款”之情形，包括第 15(a)条在内的针对非市场经济国家适用的所有特殊规则，对中国均终止适用，“自动终止条款”亦无单独讨论其效应之必要。但是对于 2016 年 12 月 11 日后仍不承认中国市场经济地位的国家或者地区(包括欧盟、美国、日本、加拿大等中国主要贸易伙伴)而言，“自动终止条款”对于第 15(a)条的效力范围就凸显其意义，因此以下有关“自动终止条款”效应也仅针对这些 WTO 成员方而言。

(2)终止效力是否及于第 15(a)(i)条？

有学者认为，第 15(a)(ii)条的终止将同时导致第 15(a)(i)条的终止。代表性的观点主要有以下两种：一是从条款的内容和属性出发，认为第 15(a)(i)条中的“中国价格”应作广义解释，既包括“国内销售价格”也包括“第三国出口价格”，如此第 15(a)(i)条和第 15(a)(ii)条将涵盖全部 4 种可比价格。如此，第 15(a)(i)条和第 15(a)(ii)条构成了硬币的两面，一面终止必然及于另一面同时终止。相反，若 2016 年后第 15(a)(i)条继续有效，在中国生产者无法证明其市场经济条件时，将出现无可比价格可用的悖论。① 二是从举证责任角度出发，认为第 15(a)(ii)条终止后，即应

① 参见任清：《〈中国加入议定书〉研究的两个十年——兼论加入议定书的强制执行性等问题》，载《上海对外经贸大学学报》2014 年第 2 期。也参见 Christian Tietje & Karsten Nowrot，“Myth or Reality? China's Market Economy Status under WTO Anti-Dumping Law after 2016”，*Policy Papers On Transnational Economic Law*，No. 34，December 2011，School of Law，Martin Luther University，9 - 10.

当直接使用该产品的国内价格或成本,从而涉案中国出口企业无须再"明确证明"中国的市场经济情形。就举证责任的免除而言,中国可谓"自动取得"了市场经济地位,由此,第 15(a)(i)条得以终止。[①]

笔者对此持否定观点,认为 2016 年 12 月 11 日之后第 15(a)(i)条仍然有效,且"中国价格或成本"仍为附条件适用而非自动适用。

首先,根据"全有效原则"(principle of effectiveness),第 15(a)(i)条仍应有效。

"全有效原则"是联合国国际法委员会对《维也纳条约法公约》的第 31 条和第 32 条所做的诠释,即当对一个条约出现两种解释时,其中一种能使该条约有相应的效力,而另一种却不能,诚信与条约的目的与宗旨会要求采用前一种解释。[②] 这种解释方法同时也符合"目的性解释"和"善意解释"的原则。"自动终止条款"在文义上仅明确及于第 15(a)(ii)条,那么按照"全有效原则",第 15(a)(i)条应被解释为仍然有效。

其次,按照"中国价格"的应然解释,第 15(a)(i)条仍需适用。

笔者认为,"硬币说"对于"中国价格"的广义理解似有不妥,狭义解释为"国内销售价格"更为恰当。其一,第 15(a)(i)条将"国内价格法"从 WTO 反倾销一般规则下的基础性方法改变为例外方法,并于中国生产者无法完成证明义务时被排除适用。此种对"中国价格"排除适用的特殊安排,属于中国承诺的单边性义务。根据单边性义务的"从严解释"规则(in dubio mitius),[③]应当尽可能不扩大其义务范围而对排除范围作限缩性解释,即将"中国价格"局限在"中国国内销售价格"意涵之内。其二,将"国内价格"等同于"国内销售价格"的做法在 WTO 涵盖协定中已有先例。GATT 1994 第 6.1(b)条所述"国内价格"即是指第 6.1(a)条的"正常贸易

---

① 参见张燕:《论中国"市场经济地位"之"自动取得"——兼谈〈中国入世议定书〉第 15 条之解读》,载《WTO 法与中国论丛》,知识产权出版社 2013 年版,第 64 ~ 80 页。

② 参见赵维田、刘敬东编著:《WTO:解释条约的习惯规则》,湖南科学技术出版社 2006 年版,第 6 页。

③ 从严解释规则 2006 年由"联合国国际法委员会"通过,是指当就单边义务的范围产生疑问时,必须对该义务加以严格解释,尽可能不扩大其义务范围。See Robert Jennings & Arthur Watts (eds.),"Oppenheim's Interpretation(s)",21 *EJIL* 684 - 687,2010.

中在出口国中供国内消费时的可比价格”。其三,如果把“中国价格”理解为广义的“国内价格”,其中应当包含了“中国成本”,这与第 15(a)(i)条将“中国价格”和“中国成本”并称构成了矛盾。

在“中国价格”狭义解释为“国内销售价格”的情况下,当中国生产者无法证明市场经济条件时,“硬币说”有关(i)目和(ii)目已涵盖全部 4 种可比价格的主张,因“第三国出口价”仍然存在,因而无法成立,“硬币”的两面结构也由此被打破。

与此同时,因为“自动终止条款”之终止效力无法及于第 15(a)(i)条,“中国价格或成本”仍以中国生产者证明相关产业具备市场经济条件为适用条件,并不因第 15(a)(ii)条的终止而变为自动适用的可比价格。因此,在中国生产者无法完成证明义务时,“中国价格或成本”的适用仍被排除。

(三)“自动终止条款”与中国市场经济地位的关系:并非“毕业条款”

如上所述,有观点认为,2016 年 12 月 11 日后“自动终止条款”的适用会导致中国自动或实际获得市场经济地位,相应地,所有《中国加入议定书》中的“超 WTO 义务”均应当终止。2011 年 9 月 14 日,时任总理温家宝在出席达沃斯论坛时就特别指出,“按照 WTO 规则,中国完全市场经济地位到 2016 年就为全世界所承认”。[①] 此种观点的出发点在于毕其功于一役,一旦“自动终止条款”适用,中国自动从非市场经济国家中“毕业”,并因此终结《中国加入议定书》中的所有特殊减让义务,即所谓“自动毕业条款”(automatic graduation to economic market status)。[②]

对此,根据条约解释原则,笔者持不同观点。理由如下。

1. “自动终止条款”之“无论如何”文义解读

从“自动终止条款”的文义角度看,“无论如何”本身是“不受任何条件

---

① 温家宝:《希望欧盟承认中国完全市场经济地位》,载 http://finance. sina. com. cn/roll/20110914/122410477712. shtml,最后访问日期:2015 年 12 月 21 日。

② 参见李雪平:《对中国在 WTO 体制内能否如期取得完全市场经济地位的几点思考》,载《上海对外经贸大学学报》2014 年第 2 期;同时参见 Alan H. Price, Timothy C. Brightbill & D. Scott Nance, “Treatment of China as a Non-Market Economy Country After 2016”, http://www. ustradeblog. com/2015/09/treatment,最后访问日期:2016 年 5 月 24 日。

约束”之义，而此处与“无论如何”相对应的，是 d 项首句“一旦中国根据该WTO 进口成员的国内法证实其是一个市场经济体”。因而可以解释为“届时无须任何条件(均应适用)”，或者“届时无论中国是否根据该 WTO 进口成员的国内法证实其是一个市场经济体(均应适用)”。质言之，“自动终止条款”的适用无意于与中国市场经济地位之间建立关联。

2. 两类终止条款之对比

如前所述，除“自动终止条款”外，第 15(d)条还包括了两项“全部终止条款”，二者之间并没有顺序先后的关系，其差别在于，其一，所附条件不同：后者的适用条件为“中国成为一个市场经济体”，或者“某特定产业或部门具备市场经济条件”，这样的条件成就既可以在 2016 年 12 月 11 日之前，也可以是此后的任一时间；前者则具有自动适用的特征，其适用条件是“加入之日后 15 年”。其二，效力范围不同，前者之终止效力及于第 15(a)条全部；而后者之终止效力仅及于第 15(a)(ii)条。

第 15(a)条(i)目和(ii)目均为针对中国非市场经济地位的特殊规则，若将“自动终止条款”理解为中国获得市场经济地位的“毕业条款”，那么其与“全部终止条款”应保持效力范围上的一致，二者的适用条件也应彼此关联或互为条件。遗憾的是，第 15(d)条并没有如此安排，相反，“自动终止条款”本身的适用与中国市场经济地位无关，这样，在其 15 年限届至时，既为进口成员国不承认中国市场经济地位预留了空间，又通过“全部终止条款”与中国市场经济地位的密切关联，使第 15(a)(i)条的效力得以存续。

3. 第 15(b)、15(c)条等其他特殊规则仍将适用

除第 15(a)条的特殊可比价格规则外，第 15(b)条、第 15(c)条同样规定了针对中国非市场经济地位的特殊减让义务，涉及反补贴特殊规则，以及实施反倾销反补贴特殊程序时的通知程序。虽然第 15(d)条的两类终止条款均仅针对第 15(a)条的反倾销可比价格，如若中国根据成员方国内法的规定获得市场经济地位，那么除第 15(a)条措施终止外，第 15(b)条及第 15(c)条均可终止适用。但是，现行“自动终止条款”明文指向的只有第 15(a)(ii)条，并无同时及于 b、c 两项的任何语义，而 b、c 两项仍然适用

本身，则反过来证明“自动终止条款”在客观上无法使中国自动从非市场经济国家中“毕业”。

由于“自动终止条款”并不具备使中国自动获得市场经济地位之法律效应，2016 年后，《中国加入议定书》中针对中国的特殊减让义务，以及 WTO 涵盖协定中针对非市场经济国家的特殊规则仍将有适用空间。同时，“全部终止条款”的适用条件表明，市场经济体的证实依据是进口成员国国内法，欧盟或者其他国家依据其国内法标准认定中国市场经济地位的做法很难被界定为违反 WTO 义务。

（四）2016 年 12 月 11 日后“替代国方法”适用于中国的可能

曾经有一种最乐观的倾向，认为“自动终止条款”适用时，中国已全面获得了 WTO 各个成员完全市场经济地位的承认，那么，第 15(a)条，乃至第 15 条及其他所有与中国非市场经济主体地位有关的“超 WTO 义务”都可豁免，从而得以与大多数其他 WTO 成员方一样，同等适用 WTO 一般规则。但事实相反，如前所述，美国、欧盟、日本等主要贸易成员不仅仍然拒绝认可，而且正在不断强化中国的“非市场经济”地位。

“自动终止条款”既然无法带来中国市场经济地位得以自动认可的效应，那么，能否产生对中国完全终止适用“替代国方法”的后果呢？也就是说，是否能够产生王毅部长所说“‘无论如何’，WTO 成员都有义务终止替代国的做法”①之效应？对此，我们认为，尚需考察 WTO 反倾销规则有关“替代国方法”的各项规定和 2016 年 12 月 11 日后适用于中国的倾销可比价格规则，区分不同情况作具体分析。

1. 有关“替代国方法”的特殊规则与一般规则及其差异

如前所述，《中国加入议定书》第 15(a)(ii)条规定了专门针对中国适用的涉及“替代国方法”的特殊规则，WTO 反倾销规则也有普遍适用于非市场经济国家的“替代国方法”的一般规则。一方面，二者的适用都与成员的非市场经济地位挂钩，但另一方面，二者除适用对象不同外，于证明责

---

① 外交部网站：《欧洲议会不承认中国市场经济地位王毅回应》，载 http://inews.ifeng.com/48780111/news.shtml?from=timeline&isappinstalled=0，最后访问日期：2016 年 5 月 23 日。

任分配亦存在差异。

(1)与市场经济地位挂钩的“替代国方法”规则

WTO 反倾销规则中的“替代国方法”一般规则肇始于 GATT 第 6.1 条之“注释 2”。“注释 2”罗列了非市场经济国家的特定表现形式，即以“全部或大体上全部由国家垄断贸易”以及“由国家规定国内价格”这样的表述代指国家控制经济，并根据国家贸易体制的不同对成员国进行了类别化区分，为反倾销规则的差别化适用开启了先河。[①] 自美国 1960 年开始在“捷克斯洛伐克自行车案”中首次使用了“替代国方法”后，又在波兰、罗马尼亚、匈牙利等东欧国家加入 WTO 的《加入议定书》中植入了“替代国方法”概念，明确进口缔约方可对上述国家产品使用“替代国方法”来确定倾销的可比价格。

和“注释 2”相同，《中国加入议定书》第 15(a)(ii)条规定的“替代国方法”的适用也以中国的非市场经济地位为适用前提。

(2)适用于中国的“替代国方法”与适用于非市场经济成员的“替代国方法”之差异

与适用于市场经济地位成员的一般规则相比，“注释 2”及由此适用于非市场经济地位成员的“替代国方法”，显然是一种差异性且门槛较高的可比价格确定方法；但与由《中国加入议定书》第 15(a)(ii)条所规定的、仅适用于中国的“替代国方法”相比，其义务水平却相对较低：其一，“注释 2”将适用“替代国方法”的证明责任配置给了进口国，仅在进口国证明出口国符合非市场经济国家之标准时方可适用。其二，“注释 2”统一了所谓“非市场经济”的标准，即“在进口产品来自贸易被完全或实质上完全垄断的国家，且所有国内价格均由国家确定”，而未将该问题交由成员方国内法认定。

2. 2016 年 12 月 11 日后适用于中国的倾销可比价格规则

一般认为，广泛用于国内法的“特别法优先原则”也可以在《中国加入

---

① 参见刘敬东：《“市场经济地位”之国际法辨析——〈加入议定书〉与中国“市场经济地位”》，载陈安主编：《国际经济法学刊》2015 年第 1 期，北京大学出版社 2015 年版，第 38～40 页。

议定书》和 WTO 多边贸易协定的适用中加以援用。原则上，如果议定书对某一事项有特别规定时，应当首先适用议定书，再整体适用对同一事项做了规定的多边贸易协定，而不限于该议定书条款所提及的多边贸易协定具体条款。① 合理的做法是，对于那些《建立 WTO 协定》及其附件没有规定，但《加入议定书》确有规定的事项，应当首先确定该事项的性质，即明确它归属于货物贸易或服务贸易、知识产权还是投资措施等范畴，然后，将《加入议定书》中规定的该事项条款同它归属的 WTO 事项所涉及的协定条款共同解读。如果出现《加入议定书》条款规定模糊不清的情况，亦同样优先适用其归属的协定条款。② 就反倾销规则而言，《中国加入议定书》第 15(a)条特别规则应优先适用，但是当第 15(a)条无适用之余地，或者约定不明时，即应当适用 WTO 反倾销一般规则。具体来说，2016 年 12 月 11 日之后，其规则适用分为以下两种情况：

第一，当符合“全部终止条款”适用条件时，第 15(a)条全面终止，应依据 WTO 反倾销一般规则适用“国内销售价格法”，或者“第三国出口价法”和“产品要素法”。此时，“替代国方法”没有任何适用的可能。

第二，在成员方不承认中国市场经济地位，也不符合“全部终止条款”适用条件时，应当按照以下规则确定倾销可比价格：第 15(a)(i)条作为特别法规范优先适用，即在中国生产者明确证明其市场经济条件时适用“中国价格或成本”；第 15(a)条适用条件无法满足时，适用 WTO 反倾销的一般规则，即优先适用“第三国出口价格法”，并在特殊情况下适用“注释 2”所规定的“替代国方法”。

3.“替代国方法”一般规则适用于中国的可能性

(1)第 15(a)(i)条优先适用并有效排除“替代国方法”

如前文所述，第 15(a)(i)条在可比价格规则体系中具有优先适用地位。中国生产者完全可以利用对“中国价格或成本”适用条件的合理解

---

① 参见刘瑛、杜蕾：《论〈中国入世议定书〉与 WTO 多边贸易协定的关系——从“中国稀土案”上诉机构报告切入》，载《华东政法大学学报》2015 年第 1 期。

② 参见刘敬东：《论“加入议定书”在 WTO 法律体系中的定位》，载《国际法研究》2014 年第 2 期。

读,在中国未获市场经济地位承认时,证明相关产业具备市场经济条件,并在“中国价格或成本”符合适用条件时排除“替代国方法”之适用。

(2)第 15(a)(i)条无法适用情形下“注释 2”之“替代国方法”的适用空间

2016 年 12 月 11 日后,有鉴于第 15(a)(i)条的适用附有“受调查的生产者证明具备市场经济条件”的前提条件,也有鉴于第 15(a)(ii)条目“不能证明”情形已经终止,因而在中国生产者无法满足(i)目证明要求时,该条款作为特殊规则无法得以适用,需要适用 WTO 一般反倾销规则;而在中国不被进口成员承认市场经济地位的情况下,“注释 2”所规定的“替代国法”可能被该进口成员援引适用。当然,进口成员只有根据“注释 2”确定的标准,证明中国产品不符合市场经济条件时,“替代国方法”才能得以适用。

四、DS516 原则之争:拒绝“非市场价格”比较——WTO 反倾销一般法律原则?

欧盟价格比较方法相关措施案专家组程序中,美国专门就 WTO 倾销价格可比方法作出法律解释(以下简称“美国释义”)发布了第三方意见,[①] 将之前争端各方集中于《中国加入议定书》第 15(a)条终止范围与效力的规则解释之争,转移并上升到 WTO 反倾销的一般法律原则层面,主张拒绝“非市场经济”的中国价格进行比较是基于 GATT 1994 本身而非第 15(a)条的概括授权,第 15(a)条只是其中一个开放性的例证而已。换言之,如果“美国释义”的核心论点得到支持,那么,围绕第 15(a)条终止的争执已失去意义;只要中国的市场经济地位不被认可,即使没有第 15(a)条,根据 GATT 1994 一般规则仍可继续针对中国采用“替代国方法”。鉴于此,

① See *EU—Measures Related to Price Comparison Methodologies* (DS516), Legal Interpretation-Article VI:1 of the General Agreement on Tariffs and Trade 1994, the Second Note ADA GATT 1994 Article VI:1, the Practice of the GATT Contracting Parties in the Application of GATT 1994 Article VI:1, the Accessions of Poland, Romania, and Hungary to the GATT, Article 2 of the Agreement on Implementation of Article VI of the General Agreement on Tariffs and Trade 1994, and Section 15 of the Protocol of Accession of China to the WTO.

下文将专门聚焦于“美国释义”的论点和论证思路,揭示其对于 WTO 倾销价格可比方法规则的误解、误读,并由此澄清 WTO 反倾销规则逻辑与应然适用。

(一)DS516 的中国诉请与“美国释义”

1. 中国诉请及规则根据①

2016 年 12 月 12 日,中国就欧盟针对中国产品反倾销调查中对于“非市场经济”国家确定正常价值的有关规定(以下简称欧盟价格比较方法),向 DSB 提请与欧盟磋商,中国主张欧盟措施违反了 WTO《反倾销协定》第 2. 1、2. 2 条和 GATT1994 第 1. 1 条和第 6. 1 条。中国主张,在中国“入世”后 15 年过渡期内,其他成员方对中国进口产品进行反倾销调查、确定价格可比性因素时,适用中国的特别协定条款(china-specific treaty);特别是根据《中国加入议定书》第 15(a)(ii)条,允许 WTO 进口成员方在特定条件下,可以使用不基于中国国内价格或成本进行严格比较的方法。同时,第 15(d)条规定,无论如何,第 15(a)(ii)条于中国加入 15 年后终止。由此,从 2016 年 12 月 11 日起,对中国产品应当适用 WTO 一般规则。但是,欧盟立法采用除非生产者证明符合其规定的特定标准,否则继续根据特殊计算方法来确定正常价值,其做法违反了其国际义务。

中国提起本案诉请之后,欧盟议会于 2017 年 12 月 19 日公布了《反倾销法律新方法修正案》。新法案虽然取消了“非市场经济国家名单”,也不再有把中国作为“非市场经济国家”的法律假设,但同时却又引入了“市场严重扭曲”的概念和标准:在符合所谓市场“严重扭曲”的情况下,可以弃用出口国的价格或成本,而选择使用第三国或国际市场价格或成本来确定是否存在倾销。中方认为,WTO 规则不存在市场“严重扭曲”的概念,欧盟反倾销调查新方法缺乏 WTO 规则依据。欧盟突破 WTO 规则继续使用“替代国方法”,并且用欧盟单方制定的标准衡量其他国家是否存在市场

---

① See *EU—Measures Related to Price Comparison Methodologies Request Consultations by China*, WT/DS516/1, G/L/1170, G/ADAP/D116/1, 15 December 2016.

“严重扭曲”,将削弱 WTO 反倾销法律体系的权威性。[①]

2.“美国释义”的核心论点及其主要论据[②]

(1)论述要义

出口价格与正常价值之间的比较是确定倾销存在及其幅度的核心,“确定价格可比性”是 WTO 反倾销规则的原则和共识。正常价值作为比较的基准,是确保“可比”的前提,只有市场决定的价格(market-determined prices)才能确定正常价值;非市场决定的价格必定造成扭曲或不可靠的结果,因而不能适用于确定正常价值;在国内价格或成本不可比的情况下,进口成员有权寻求替代方法。WTO 反倾销规则的所有法律文本[③]和 GATT 数十年的一贯做法,GATT 缔约方和 WTO 成员始终承认非市场价格或成本(non-market prices or costs)用于确定“价格可比”是不适当的。

(2)核心论点

拒绝“非市场经济”价格可比是 GATT 1994 第 6.1 条、第 6.2 条和《反倾销协定》第 2 条所确立的一般法律原则,进口成员由此获得了采用替代国方法的概括授权。

(3)主要论据

①确立一般原则的 GATT 1994 第 6 条、《反倾销协定》第 2 条

GATT 1994 第 6.1 条确定了可比原则,其“可比价格”是指市场决定价格;条款中“正常”“商业”等措辞以及“如无可比价格”的假定均属例证。《反倾销协定》第 2 条在保留 GATT 1994 第 6 条价格可比原则的同时,规定对于不具备市场经济条件情形的,以其国内价格或成本进行比较是不适当的,可以寻求替代方法。

---

① 参见《商务部新闻发言人就欧洲议会通过反倾销调查新方法修正案发表谈话》,载 http://www.mofcom.gov.cn/article/ae/ag/201711/20171102671544.shtml,最后访问日期:2018 年 3 月 5 日。鉴于欧盟新法案与原先“非市场经济”条件下采用“替代国方法”没有本质区别,也鉴于 DS516 中方诉请已包含欧盟之后的类似措施,所以欧盟新法并未改变各方争议的内容。而且,就本书而言“美国释义”所针对的不止于本案具体措施,而是上升为 WTO 反倾销价格可比方法的一般法律原则之争,因而欧盟新法推出不影响本书的论证。

② See https://www.wto.org/english/tratop_e/dispu_e/cases_e/ds516_e.htm,21 December 2018.

③ 包括 GATT 1994 第 6 条、《中国加入议定书》第 15 条、GATT 第 6.1 条“注释 2”、有关成员加入 GATT 的文件,以及其他相关文件的文本。

②作为例证的 GATT 第 6.1 条“注释 2”、《中国加入议定书》第 15(a)条

GATT 第 6.1 条“注释 2”规定了“国家控制经济导致确定价格可比性可能存在特殊困难”的这一种情形，但该注释作为“解释性说明”不是 GATT 1994 第 6 条的例外，也不排除其他“确定价格可比性存在特殊困难”情形的存在。

《中国加入议定书》第 15(a)条是 GATT 1994 第 6 条价格可比性原则的具体体现，依其规定，只要中国市场经济条件不具备，其国内价格和成本就可以被拒绝用于可比。但与此同时，该款并不涵盖所有“不可比”情况；第 15 条 a 款(ii)项到期也不意味着进口成员无法根据第 6 条和《反倾销协定》的一般法律原则来确保价格可比性。由此，如果市场经济条件不具备，则可比价格或成本不存在，成员方仍然可以不严格依据中国的国内价格或成本进行比较。也就是说，到期条款并不意味着 WTO 成员不再有权利拒绝中国的非市场国内价格可比。

③印证解释的 GATT 嗣后惯例：GATT 第 6.1 条的修正与审议历史、波兰、罗马尼亚和匈牙利等非市场经济成员加入实践

拒绝非市场经济价格可比是 GATT 缔约方和 WTO 成员的普遍做法，并构成其规则解释的“嗣后惯例”。由此可以证明，缔约方公认反倾销规则具有一项核心内涵：非市场经济条件下，由于缺乏可比的价格和成本，无法确保“可比性”要求，因而进口成员基于 GATT 1994 的法定授权，可以拒绝其国内价格用于比较并采用替代国方法。

3.“美国释义”对 WTO 规则的逻辑演绎

“美国释义”定位于 WTO 倾销价格可比规则的法律解释，笔者认为，其规则解读目的，不只是在于就规则内涵作利己式解读，更具有通过构建一个新的规则逻辑，打破 WTO 现有制度边界的扩张性意图。

“美国释义”的解释论据包括两大范畴：规则文本和实施实践。GATT 1994 第 6.1 条及其“注释 2”、《反倾销协定》第 2 条、《中国加入议定书》第 15 条，以及波兰、罗马尼亚和匈牙利加入 GATT 议定书均属前者；缔约方适用 GATT 第 6.1 条的普遍做法、“注释 2”谈判历史，以及波兰、罗马尼亚和匈牙利的加入实践属于后者。虽然二者都包含于“美国释义”之中，但很

显然,需要解释的是规则条款本身的属性与内涵,并由此确定成员方的权利义务边界;实践做法则是作为解释之参考因素或印证资料来发挥作用的。

于规则本身,“美国释义”展开论证的基本思路与架构如图 3-1 所示。

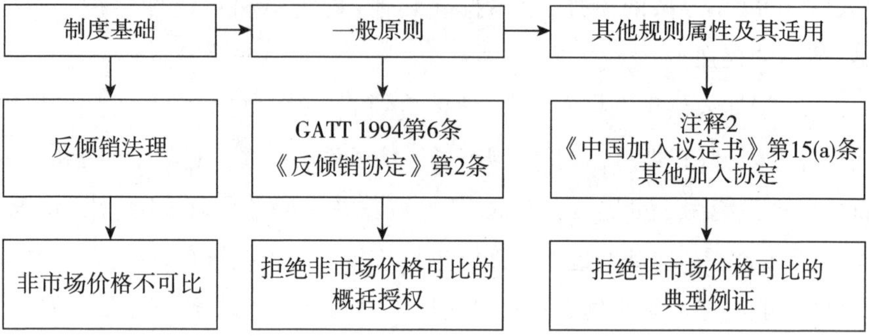

图 3-1 “美国释义”的基本思路与架构

综合欧盟价格比较方法相关措施案所涉规则之争,根据 WTO 争端解决和反倾销规则体制,笔者认为,“美国释义”法律论证从逻辑到作为论据的文本及实践解读都存在错误,据以所主张的“拒绝非市场价格可比是 WTO 一般法律原则”亦无从立论。

(二)DS516 的演绎逻辑问题:命题选择 & 价值追求

“美国释义”服务于欧盟价格比较方法相关措施案这一特定的争端,但其论证的逻辑起点却是反倾销法基本原理。

1. “美国释义”的论证逻辑:“倾销价格可比方法”之法理

“美国释义”的整体逻辑架构是“一般法理→基本原则→具体规则”之演绎,而不是从具体到一般的相反思路。

“美国释义”是以“解读……”(rading the text of)来开篇的,但并未概括或逐一反映这些规则所直接表达的语义,而是从规则形成及运行所基于的原理①出发,抽象出“非市场价格不可比”的一般性结论,并被锁定为以下

① “美国释义”第一段认为,WTO 相关规则是源于成员方对于“‘非市场价格或成本’可能的扭曲或不合理,因而不适于价格可比”的认知而形成并运行的。在该段不长的论证篇幅中,两次强调“GATT Contracting Parties and WTO Members have always recognized……”。See *EU—Measures Related to Price Comparison Methodologies*(DS516),Legal Interpretation,paragraph 1.1。

所有释义论证的大前提。事实上，从"美国释义"通篇有关 WTO 倾销价格可比方法规则的阐述来看，除各该条款的属性论证或界定外，[①]往往撇开规则本身——文义、上下文、目的等条约解释路径，而直接将其作为论据，用以证明它们对于"非市场价格不可比"之法理的诠释；因而，即使引述规则内容，也只选取其中能够体现这一原理的只言片语，如《反倾销协定》第 2 条之"正常贸易过程""注释 2""确定价格可比性时可能存在特殊困难"，等等。

2. 命题选择：规则相符 or 法理相符？

考察"美国释义"的演绎全过程可知，其立论基点在于诠释倾销价格可比方法规则的基本原理而非 WTO 倾销价格可比方法规则本身。其中虽然涉及有关 WTO 相关规则属性或内涵的解读，但逻辑上是为证明其符合反倾销"非市场价格不可比"之法理而服务的，而不是从中直接解读出"非市场价格不可比"的规则内涵。由于"美国释义"以法理而非 WTO 规则为论证的大前提，因而已将欧盟价格比较方法相关措施案的争讼焦点从"争议措施是否符合 WTO 规则"切换成了"WTO 规则和争议措施是否符合反倾销法理"。如此偷换命题，一方面，即使论证成立，也只能说明 WTO 规则和争议措施都符合反倾销法理，而无法得到争议措施符合 WTO 规则的结论；另一方面，众所周知，WTO 规则及争议措施是否符合反倾销法理之命题既与本案无关，也不属于 WTO 争端解决辖涉的范围。表 3 - 14 为演绎之差异的比较。

表 3 - 14　演绎之差异的比较

三段论推理	DS516 之应然适用演绎	"美国释义"
命题	争议措施是否符合 WTO 规则	WTO 规则和争议措施是否符合反倾销法理
大前提	WTO 规则的规范要素	反倾销法理：非市场价格不可比
小前提	争议措施与 WTO 规范要素的相符性	WTO 规则和争议措施均有不可比规定
结论	要素满足：相符 要素不满足：不相符	可得结论：WTO 规则和争议措施均符合反倾销法理 不可得结论：争议措施符合 WTO 规则

---

① 条款属性，是指这些条款的性质定位。如 GATT 1994 第 6.1 条的授权性；注释 2 的例外性、排他性；波兰等加入 GATT 协定书的嗣后惯例性质，等等。关于各个条款属性的讨论，下文将逐一展开。

3. 价值追求:立法基础 or 司法适用?

在争端解决中偷换命题,不仅陷入形式逻辑的错误,而且混淆了立法论证与司法裁判两种不同活动的价值目标。于立法,为寻求正当化的制度基础时,自应首先确立其法理根基,再到上位法的原则根据,并最后落实于具体的个别规则;于司法,包括但不限于欧盟价格比较方法相关措施案,为是非裁断而寻求规则根据时,则应沿着从"具体规则→法律原则→基本法理"的相反路径。亦即,为了司法裁判的价值追求,所遵循的是"从个别到一般"的适用原理,具体体现为诸如"先特别后一般"的适用规则;上位法的效力位阶高于下位法,但在下位法不存在与上位法相抵触的情况下,下位法亦优先适用。

事实上,基于裁判目的的规则适用及其解释,无论国内法,还是国际法,法律适用首要的,都是寻求表现为实在法的正式法律渊源,[①]并遵从"法律规则→法律原则"的适用路径;而且,法律原则大多作为具体规则内涵的解释论据;而法理从未被认可为正式的法律渊源。[②]

当然,国际条约的司法适用不仅与国内法适用存在很大差别,而且不同国际条约的适用之间也存在差别,因此需视各该条约的具体内容而定。就 WTO 争端解决而言,对于 DSB 作为裁判依据所适用的规则,具有独特且严格的限定——争端各方援引的、WTO 协定范围内的规则。[③] 站在这个角度上,"美国释义"以法理而非规则为论证出发点,违背了 WTO 争端解决的规则适用逻辑,并表现出明显的扩张解释倾向,其解释本身也由此缺乏充分的说服力。

---

① 例如,《国际法院规约》第 38 条将"诉讼当事国明白承认之规条"作为裁判应当适用国际法的首要渊源。依其规定:"法院对于陈诉各项争端,应依国际法裁判之,裁判时应适用:(子)不论普通或特别国际协约,确立诉讼当事国明白承认之规条者。……"

② 法律的正式渊源(the formal sources of the law)是与法律的非正式渊源(the nonformal sources of the law)相对称的概念。前者是指那些可以从体现为权威性法律文件的明确文本形式中得到的渊源;后者是指那些具有法律意义的资料和值得考虑的材料,而这些资料和值得考虑的材料尚未在正式法律文件中得到权威性的或至少是明文的阐述与体现。参见[美]E. 博登海默著:《法理学:法律哲学与法律方法》,邓正来译,中国政法大学出版社 2004 年版,第 429 ~ 430 页。

③ See Art. 1.1 & 7.2, Understanding on Rules and Procedures Governing the Settlement of Disputes.

(三)WTO“倾销价格可比方法”原则性条款的内涵问题:授权 vs 限权?

1.“美国释义”:拒绝非市场国内价格的概括授权

“美国释义”认为,进口成员拒绝非市场国内价格或成本用于倾销比较的权利,直接源于WTO反倾销规则的原则条款——GATT 1994第6.1条和《反倾销协定》第2条的授予。前者确立了“市场价格可比”的基本原则;后者则为该原则的具体化内容。

就GATT 1994第6.1条而言,其价格比较的前提,是有可比较的“正常价值”或“正常贸易过程中”的国内价格;而所谓“正常”“可比”都是指由市场决定的、反映买卖之间公平交易的情形。非市场决定的价格不是可比价格,存在着如《反倾销协定》第2条、“注释2”、《中国加入议定书》第15条等一系列明文规定且不允许适当比较的情形。

就《反倾销协定》第2条而言,其中“正常贸易过程中”(第2.1条)、“特定市场情况……不允许进行适当比较”(第2.2条)、“关联交易……而使出口价格不可靠”等措辞表明,确定“正常价值”需要在正常贸易情况下,具有市场确定的可比价格。即可比价格是一个将允许适当比较的、由市场决定的——反映商业行为,买卖双方独立性以及相互供求关系的价格。在不具备市场经济条件的行业中,其价格或成本是不能作为正常价值考虑的可比价格。由此,该条进一步支持了GATT 1994第6.1条赋予的拒绝非市场国内价格或成本用于倾销比较的权利。

简单地说,“美国释义”关于WTO倾销价格可比方法原则的阐述,是通过从GATT 1994第6条和《反倾销协定》第2条中选择性地找出某些片段或措辞,用以证明其结论:原则上,拒绝“非市场价格”可比是基于反倾销法理的基本授权;同时,由于“非市场条件”情形具有广泛性,进口方因此寻求“替代价格”具有灵活性,因而这种授权是开放式的概括性授权。

2.应然诠释:限权原则下的有限授权

笔者认为,“美国释义”违背条约解释的基本规范和方法,任意曲解WTO倾销价格可比方法规则之内涵,其结论必然是与WTO反倾销规则体系的目的及原则相悖的。与之相反,全面、客观地解读GATT 1994第6

条和《反倾销协定》第 2 条，无论是依照规则文义、目标的静态解释，还是考察其规则演变的动态发展，都无法得到“拒绝非市场价格可比”为 WTO 一般法律原则并给予进口成员普遍授权的结论。事实上，GATT 1994 第 6 条和《反倾销协定》第 2 条本身，并无“市场价格”与“非市场价格”的界分，更没有“非市场价格不可比”的直接表述或可以予以拒绝的明文授权。

（1）规则文义：限权 > 授权

①GATT 1994 第 6 条

该条共有 7 款，其中，除第 6.3 条为反补贴之专项规定外，其余 6 款均含反倾销规范内容。从其完整语义来看，其一，第 6.1 条第一句话阐明各缔约方认可低价（低于正常价值）销售是构成倾销的要件之一；如果构成，则应受谴责。但其第二句话即刻限定所谓“低价”（价格比较）的两种严格认定方法：（a）国内正常可比价格；如无，则（b）正常出口价格或国内成本推定价格。其二，第 6.2 条则在授权成员征收反倾销税权利的同时，又特别强调：征收数额以倾销幅度——第 6.1 条确定的认定方法为限。其三，第 6.4 ~ 6.7 条都是对于进口成员行使反倾销措施权利的限制性条款。其四，第 6 条所有条款本身既没有“市场价格”或“非市场价格”的概念，也找不出授权进口成员灵活采用“价格比较”方法的任何暗示性语言。

②《反倾销协定》第 2 条

该条也共有 7 款，其中，除第 2.1 条有关“倾销”的界定基本与 GATT 1994 第 6 条基本相同外，其他所有条款都是从限权——防止进口成员滥用反倾销措施——的角度加以规定的。

首先，总体上，对于可比价格的确定，均以出口国国内价格或成本为原则，特定情形下以有限的替代选择为例外。美国将第 2.2 条所涉“特定市场情况”直接等同于“非市场经济条件”——以具备“市场经济条件”与否作为确定“特定”与否的标准，这是没有根据的。该条文本身没有对“特定市场情况”作定义或解释性说明，更没有所谓“市场经济”与“非市场经济”的界分。实际上，无论是《反倾销协定》第 2 条，还是 GATT 1994 第 6 条，其“可比性”都是以“正常”（“正常价值”“正常贸易过程”）与否——“正常”或“不正常”——为标准，并同时设定了“不正常”的各种具体情形。

其次，第 2.2 条设定的三种因“不正常”而无法以出口国国内价格或成本作为可比价格的情形为：不存在该同类产品的销售，特殊市场情况和销售量较低。其中，第一种和第三种情形十分确定因而无法作开放性解释，仅“特定市场情况”具有解释空间。但是，其一，替代选择的，一是出口至第三国价格；二是在原产国成本基础上的推定价格。其二，第 2.2.1 条对这些“不正常”情形的解释限定了时间、数量等一系列条件。而“美国释义”却对该条中“正常贸易过程”之“正常”作无限的解读，甚至毫无根据地与所谓“非市场经济条件”挂钩。其三，第 2.2.1.1 条确实包含了“通常”“合理”“与……相关的”等字眼，但很显然，这些措辞，一是在于限制选择而不是扩大选择；二是确定合理成本是要求调查机关在对于相关证据进行审查之后，再作出是否调整或替代选择的前提，而不是授权调查机关在衡量证据之前事先的确定选择，更不是如本案中欧盟立法那样在立法中已经对所谓非市场经济国家预设了替代选择。其四，第 2.2.2 条仍然以出口商或生产者正常销售或生产的实际数据作为价格确定的基准，而以推定作为例外；而且，就例外情形下的推定又同时限定了三个前提条件。①

再次，第 2.3 条涉及“不存在出口价格或由于出口商与进口商或第三者间的关联或补偿性安排所致出口价格不可靠”情形，美国视之为“非市场决定”价格的例证。在笔者看来，关联或补偿价格恰恰是由“市场决定”的，难以归入所谓“非市场经济”范畴；之所以被 WTO 反倾销规则之“可比性”加以排除，是在于其“不正常”的交易属性。

最后，第 2.5 条所涉“在产品不直接从原产国进口、而自一中间国出口至进口成员”情形，仍以出口国或原产国的国内价格为可比价格。

此外，第 2.4 条和第 2.6 条进一步强化进口成员的价格比较义务。其中，第 2.4 条“公平比较”，既包括对于相同贸易水平的限定，以及考虑每一个案件具体情况差异加以比较的实体义务；也包括对其主管机关的信息披露、举证责任分配等方面的程序义务。第 2.6 条则通过界定“同类产品”，防止进口成员在价格比较以及倾销及其幅度确定中作扩大化解释。

---

① 详见《反倾销协定》第 2.2 条规定。

综合 GATT 1994 第 6 条与《反倾销协定》第 2 条之文义可知,WTO 倾销价格可比方法的规制原则具有双重内涵:承认各成员反倾销的权利和禁止这种权利的滥用。与此同时,从该条各款所占篇幅及其措辞来看,一方面,其限制性(no shall be……)属性及功能,包括但不限于禁止倾销价格比较方法的滥用,都远胜于授权。换言之,其"授权"严格限定于明文规定的范围和程度之内,因而明显是限定性而非开放性或概括性的授权。

(2)规范目标:以限权为原则

《反倾销协定》是 GATT 1994 的附属协定之一,从其名称可知,是为实施 GATT 1994 第 6 条并予以具体化的协定,其第 1 条"原则",[①]不仅构成 GATT 1994 第 6 条、《反倾销协定》第 2 条的上下文,更明确确立了 WTO 反倾销规则体系的主旨目标。遵循条约解释通则"应依其用语按其上下文并参照条约之目的及宗旨所具有之通常意义,善意解释之",[②]该条款无论如何是不能被忽视的。

该"原则"条款所采用的一系列限定性文字,"仅应适用于(shall be applied only)""并应根据(in accordance with)""但仅限于(in so far as)"清楚地表达了《反倾销协定》限制而非放任反倾销措施的强烈意图:反倾销措施不仅应当具有成员方国内立法的授权,更须严格受制于 GATT 1994 第 6 条和《反倾销协定》法纪。换言之,在尊重各国已有反倾销权利的情况下,WTO 规则的主旨在于严格约束反倾销措施,以防其滥用并演化成贸易保护工具。这一规则取向,既与 WTO 自身促进贸易自由、实质性削减关税和其他贸易壁垒的价值取向和严格规制各国贸易措施的规则定位相契合,也是与当今经济学、法律界对于反倾销的政策功效及其正当性的诸多怀疑和反思相关的。

一方面,限权更契合于 GATT/WTO 体制原则与组织功能——以规制

---

① 该条题为"原则",明确规定:"反倾销措施仅应适用于(shall be applied only)GATT 1994 第 6 条所规定的情况,并应根据(in accordance with)符合本协定规定发起和进行的调查实施。GATT 1994 第 6 条的适用按下列规定执行,但仅限于(in so far as)根据反倾销立法或法规所采取的行动。"

② 参见《维也纳条约法公约》第 31.1 条。

成员政府所采取的反倾销措施而非私人企业的商业策略行为。

另一方面,"倾销(差价销售)有害论"是反倾销政策和立法的正当性前提,但对于"差价销售",经济学家经过缜密分析和科学论证后认为,所谓"倾销有害"并未经过经济理论上的思考;作为应对之策的反倾销立法只是出自一种恐惧心态,几乎完全是根据直观感觉和自我保护意识匆匆做出的反应。相反,差价销售作为商业策略,在市场竞争中仍在"比较优势"允许的范围,谈不上"不公平"。就倾销以低价冲击进口国市场而言,对该(进口)国相同行为自然会造成销售量下降,经营战略受挫以及劳动就业率差等损害,但它对消费者和中间生产人有益。最重要的是,这种冲击或影响,与外国非倾销式低价产品的冲击相比,并没有什么不同。① 至 20 世纪八九十年代,上述认知已日益为经济学界、法学(包括司法机关)界所接受并形成共识。恰如杰克逊教授所说"倾销……作为一种'差价销售'形式,实际上对世界和本国的繁荣,对鼓励竞争,都是有益的……若允许实行进口限制、增加关税(反倾销税),则是反竞争的,对世界福利有害"。②

《反倾销协定》原则条款恰恰是与这样的理论和实践共识相呼应,意图对于各成员国内反倾销立法的授权加以严格限制。由此决定,无论是对于 GATT 1994 第 6 条,还是对于《反倾销协定》任一条款,与其主旨相悖的解读,不仅违反"合目的性"的条约解释准则,也将陷入自相矛盾之中。

(3)制度演进:严格限权体制的确立

与多边贸易体制从 GATT 到 WTO 的发展进程一致,WTO 反倾销规则体制也经历了从 GATT 1947 第 6 条的最初制定到 1995 年包括《反倾销协定》在内的 WTO 规则体系的最终确立与正式实施的演进历程。如上所述,《反倾销协定》"原则"条款之目标定位和第 2 条"倾销的确定"的具体

---

① See Michael J. Trebilcock & Robert Howse, "The Regulation of International Trade, 1996, p. 112; Rainer M. Bierwagen, GATT Article VI and The Protectionist Bias in Antidumping Law", 7 *Studies in Transnational Economic Law*, 10(1990). 转引自赵维田:《世贸组织(WTO)的法律制度》,吉林人民出版社 2000 年版,第 272 ~ 273 页。

② John H. Jackson, *The Trade System-Law and Policy of International Economic Relation*, MIT Press, 2d. Edit. 1997, p. 274. 参见赵维田:《世贸组织(WTO)的法律制度》,吉林人民出版社 2000 年版,第 274 ~ 276 页。

规范内容,无不昭示着 WTO 倾销价格可比方法制度已经完成了从 GATT “授权 + 限权”向“严格限权”之实施体制模式的转变。

不容否认,GATT 1994 第 6 条虽然侧重限权,但客观地说,该反倾销条款于 1946 ~ 1947 年哈瓦那宪章和 GATT 拟定并最终纳入时,各成员在授权与限权之间尚存很大程度的疑惑与摇摆,其条文是在照抄美国《反倾销法》的同时,又经过用出口国相反观点加以限制而形成的,因而措辞的含糊性在所难免,并给之后不同倾向观点的分歧性解释留下了很大的弹性空间。

乌拉圭回合谈判期间,反倾销政策和规则始终是国际经济学界和法学界激烈争论和抨击的对象。随着前述经济学理论越来越多的否定性评价,有关“GATT 1947 第 6 条是向保护主义倾斜的反倾销法”“反倾销措施是保护工具的上策”①之类的诟病也越来越多,争论不仅涉及规则是否合理,而且谈论的主要都是整套政策或制度存废的大问题。② 虽然谈判中,各国政府保留 GATT 1947 第 6 条的观点占了上风,但与此同时,各方对于反倾销规则应“力求向符合并有利市场竞争方向做出修正,最大限度地防止进口国自由裁量和任意解释空间”等方面达成了共识,并为此新制定了更明确而详细的规则——《反倾销协定》规则。该规则不仅于“原则条款”对 GATT 1994 第 6 条的含混定位予以纠偏,强调其限权导向;而且在规则内容上,对于原有的《反倾销守则》③作出一系列重大改动,成本计算和价格比较的规则,特别是排除差价计算中的任意性或偏袒行为,就是其中最重要的内容之一。④

由此反观“美国释义”,不仅没有全面呈现 WTO 倾销价格可比方法规则原则“授权 + 限权”的双重内涵,片面强调“授权”而无视其诸多限制条件,并毫无根据地进一步将授权扩大解释成概括性授权,明显是以偏概全;

---

① See Report by the secretariat of the United Nations Conference on Trade and Development, Trade and Development Report, 1994, UNCTAD/TDR/14, p. 135.

② 参见赵维田:《世贸组织(WTO)的法律制度》,吉林人民出版社 2000 年版,第 269 页。

③ 包括肯尼迪回合和东京回合分别达成的《反倾销守则》(Antidumping Code)。

④ See The Outcome of the Uruguay Round: An Initial Assessment Report(1994), p. 73. 参见赵维田:《世贸组织(WTO)的法律制度》,吉林人民出版社 2000 年版,第 282 ~ 285 页。

而且,更罔顾 WTO 规则及其实施目标、内涵的发展变化,将其倾销价格比较“以出口国国内价格或成本为原则,以不正常贸易过程中受严格限制的替代价格为例外”之规则作完全相反的颠倒式解读——视拒绝可比之例外为普遍授权之原则,同时将限权条款中的只言片语作为授权的例证,因而在性质上混淆了两种不同的规范性质和效用。换言之,“美国释义”的主要结论是通过对条文的选择性取舍和断章取义得来的。

(四)WTO“倾销价格可比方法”特定化规则的属性问题:典型例证 vs 排他特例?

本案中,关涉 WTO“倾销价格可比方法”规则之争的另一个焦点是 GATT 1994 第 6.1 条“注释 2”和《中国加入议定书》第 15(a)条两个特定化规则的属性问题,亦与前述规则原则的内涵解释相呼应。

中国认为,于倾销价格比较方法,相对于普适于 WTO 所有成员的 GATT 1994 第 6 条和《反倾销协定》规则而言,“注释 2”和《中国加入议定书》第 15(a)条均属于例外范畴,并可针对中国适用;但是,由于第 15(a)条 15 年有效期满之后不可继续适用,“注释 2”就成为唯一可适用的例外。“美国释义”则完全否认“例外”之说,并同时认为,二者均为体现“非市场价格不可比”原理及进口成员具有“拒绝可比法定权利”的非排他之典型例证。

1.“美国释义”:典型例证

(1)关于“注释 2”

①“注释 2”是反映 GATT 1994 第 6.1 条严格比较方法存在特殊困难并由此可以排除适用的一个例子,因而拒绝非市场价格可比的法定权利是由 GATT 1994 第 6.1 条而非该注释本身所赋予的。

②“注释 2”中“国家垄断经济的情况下,确定价格可比性时,可能存在特殊困难”只是列举了存在特殊困难的情形之一;“人们认识到……”在于描述该情形;“在这种情况下”并不意味着排除存在其他“价格不可比”情形。即该情形不是唯一的。

③“注释 2”从属于 GATT 1994 附件 I“注释和补充规定”,作为 GATT 1994第 6.1 条的解释性说明,没有任何限制 GATT 1994 第 6.1 条权

利的字眼,也没有禁止进口成员在其他可能情形下行使拒绝的权利,因而不属于GATT 1994第6.1条的例外。

(2)关于《中国加入议定书》第15(a)条

①该条明确授予其他成员拒绝中国非市场价格可比的权利。具体而言,其他成员拥有该条项下(i)(ii)两种选择;而且,调查机构无须主动认定市场经济条件具备与否,只要认定中国生产者未能就具备市场经济条件予以证明,即享有拒绝中国国内市场价格可比的权利。

②第15(a)条序言"基于下列规则"(the following rules),是指基于以下规则为基础,而不是只需遵守这些规则。即"基于"(based on)意味着"基础"或"起点",一是该词的含义比"符合"(consistent with)要宽松,只需从"下列规则"的要求出发,而无须满足其所有要素;[①]二是表明非排他性。如果是排他的,通常会加上限定性"仅""只"(only,solely or exclusively)之类的字眼。所以这些规则并不涵盖所有情形,也无须与GATT 1994第6.1条和《反倾销协定》规定的情形(如家庭市场销售、关联交易等)一样。

③第15(d)条规定了影响第15(a)条(i)和(ii)项规则操作的三种情况,由此确认市场经济条件与"价格可比性"具有高度的关联性。同时,第一句话情形满足时,a款全部规定均终止,但仍需遵守GATT 1994第6.1条和《反倾销协定》的规定;第二句话仅指向a款(ii)项而非整个a款终止;第三句话所涉情形在(ii)项到期后仍然适用,因而(ii)项并不是a款唯一的非市场经济规定。

④第15条并非例外条款。其序言指出,GATT 1994和《反倾销协定》的适用应当与第15条的规则相一致,说明它们之间是彼此相容的或一致的。

2."注释2"和第15(a)条之应然内涵属性:"特例"而非"例外"或"举例"

笔者认为,"注释2"和第15(a)条的规则属性,必须置于WTO规则体

---

① 对于这一论点,美国除引用牛津英语字典的字义外,还以欧共体荷尔蒙案的上诉机构裁决报告作为论证。欧共体荷尔蒙案中,上诉机构在解释《SPS协定》第3条时,将"基于"(based on)国际标准与"符合"(conform to)国际标准作出区分:符合国际标准是要求完全体现国际标准的标准,基于国际标准则采用某项措施可以从国际标准要求出发,但不一定全部是国际标准的要素。See Appeallate Body Report, *EC—Hormones*, WT/DS26/AB/R, paras. 163 - 166.

系的特定语境和层面，才能作出准确的鉴别。

（1）“特例”而非“例外”

在法律规范及其适用的意义上，“例外”是与“原则”相对称的概念；“例外条款”又被称为“免责条款”或“逃避条款”。根据《布莱克法律辞典》，“‘例外’是指从一项规则的运作中被排除的事物”；“法定例外是一部法令中的一项规定，该规定将特定的人或行为从法令的运作中排除掉”。[①] 在此，“原则”是具有普适性的常态法令或规定本身，而“例外”是虽与法令不符，但得以免除法令适用并获合法性确认的情形。也就是说，“例外”与“原则”之间存在冲突和相互排斥，遵循非此即彼的适用原则。WTO 体系下，“例外”可以成为违反“原则”的积极抗辩：当一项义务被违反时，例外使违反正当化。[②] 例如，GATT 1994 第 20 条“一般例外”、《SPS 协定》等均为成员方得以豁免 GATT 1994 义务的法定例外。[③] 法定例外的存在，是 WTO 规则在所需要保护的多重利益和价值之间发生冲突时，将例外所体现的利益和价值置于优先保护的地位。

“特例”是指同类事物中的特定事例。作为日常用语，“特例”并不具有严格的法律意义，但在此置于法律规范的语境下，是特指相对于体现共性规范特征的“一般条款”“一般规定”等“一般法”而言的，反映具有具体化和个性意义的“特别条款”“特别规定”等“特别法”。就此而言，所谓“特例”是相对于“通例”而言的。二者在目标及规范上，既有兼容性，又有冲突性，因而遵循“先特别、后一般”的适用原则——对同一问题、事项都有规定的情形下，于兼容层面，叠加或选择适用；于冲突层面，特别法优先适用，并由此在法律体系中，既体现出二者相容一致的规范目标，也体现出特定情形下的个性衡量。与此同时，在同类规范体系之下，“特例”既可能

---

① See Bryan A. Garner, *Black's Law Dictionary* (9th), Thomson West, 2009, p. 584.

② See Condon, Bradly J., "Treaty Structure and Public Interest Regulation in International Economic Law", 17(2) *Journal of International Economic Law*, 334 – 335(2014).

③ GATT 1994 第 20 条在满足序言条件下，明确规定 9 种子项措施的合法性；《SPS 协定》作为 GATT 1994 第 20(b)条的解释性规则，亦同样获得免受 GATT 相关规则约束的合法授权，其第 2.4 条规定：“符合本协定有关条款规定的 SPS 措施应被视为符合各成员根据 GATT 1994 有关使用 SPS 措施的规定所承担的义务，特别是第 20(b)条的规定。”

是一例,也可能是多例。多个"特例"彼此之间,则既有并列关系,也有交叉关系;并列规则分别适用,交叉规则叠加适用。这样的规范关系和体系化结构在 WTO 规则体系中处处可见。例如,于货物贸易多边协定下,GATT 1994 作为"一般法"与其他 12 项附属协定作为"特别法"之间;①于 GATT 1994 第 20 条"一般例外"下,其"序言"作为"一般法"与(a)~(j)10 个子项作为"特别法"之间。② 其中"特别法"在各自的规制领域、规制手段范围内,既服务于"一般法"的共同价值目标,又彰显个性且彼此界分。

对照可知,"例外"与"特例"具有不同的内涵与性质,前者定位于法外——"突破原则规范",为法外之例;而后者则定位于法内——"受制于一般规范",为法内之例。相应地,"注释 2"《中国加入议定书》第 15(a)条明显属于 WTO"倾销价格可比方法"共性规范下的"特例"而非"例外"。因为,就"注释 2"而言,无论是其形成之初作为"解释性说明",还是之后作为"补充规定"被正式纳入 GATT 规则,均从属并内含于 GATT 1994 第 6.1 条的语义之中;就第 15(a)条而言,第 15 条序言"GATT 1994 第 6 条、《反倾销协定》以及《反补贴协定》应适用于……"和 a 款"在根据 GATT 1994第 6 条和《反倾销协定》确定价格可比性时……"表明,GATT1994 第 6 条和《反倾销协定》构成共性的限定性前提,其下所有从属款项都受制于此。单从这个角度来看,笔者认同"美国释义"否认其"例外"属性的观点。

(2)"特例"≠"举例"

很显然,"美国释义"对于"注释 2"和第 15(a)条的阐述,并不在于及止于否认"例外"本身,更非借此辨明其"特例"属性,而是直接转换语境,将"特例"等同于"举例",无视二者在语义和法律规范语境下的本质区别。

恰如前述,"特例"所指称的"特别法"是与"一般法"相对称的规范概念,二者属于特殊与一般的关系范畴——特殊体现一般,但一般无法涵盖

---

① GATT 1994"关于附件 1A 的总体解释性说明":如 GATT 1994 的条款与《建立 WTO 协定》附件 1A 中另一协定的条款产生抵触,则以该另一协定的条款为准。

② WTO 争端解决中,GATT 1994 第 20 条的适用,均采先某一特定子项、再序言的测试法。

特殊。针对法律调整的同一问题或事项，“特别法”尽管在规范目标和内容上与“一般法”具有兼容性，但针对特别的主体、时间或地区，其语义区分和适用序位的价值，却是由“一般法”所无法涵盖的、彼此间的冲突来呈现的。

“举例”则不然，无论是日常表述还是在法律规范语境中，都是指借用或列举具体且通俗易懂的实例来解释或说明某一抽象事物的方式。“举例”属于“具体”对“抽象”的演绎，因而“抽象”作为整体可以涵盖作为“具体”的所有部分。

反观“注释 2”针对特定情形、第 15(a)条针对中国这一特定主体的规范及其适用，其中“不适用严格的比较方法”恰恰是与 GATT 1994 第 6.1 条和《反倾销协定》规则之“严格比较方法”原则相冲突的，又如何可以成为解释该原则的例证？实际上，“美国释义”在“举例”和“特例”之间画等号，是将一般与特殊之间的兼容性关系无限放大并偷换为抽象与具体之间的同一性关系。

3. “注释 2”之应然适用属性：类似情形≠开放适用

“美国释义”论证 GATT 1994 第 6.1 条拒绝“非市场价格可比”为开放性授权的论据之一，就是将包括“注释 2”所设定的“贸易被完全或实质上完全垄断且所有国内价格均由国家确定”情形（以下简称“国家垄断情形”）与第 6.1 条“注释 1”规定的“隐藏倾销”、①《反倾销协定》第 2.3 条之关联或补偿价格等“非正常贸易”视为一类，并统归于“非市场条件”范畴而给予开放性解读，进而可以成为进口成员行使拒绝可比权利的规则根据。其开放性解读的本质，是要把所谓“非市场条件”之所有情形，都纳入“注释 2”的适用范围并由此排除第 6.1 条的严格比较方法。

笔者认为，“注释 2”的开放性解读是把 WTO 规则体系下涉及的具有某些相似情形的不同规范混为一谈，由此必然导致适用错误。

其一，于规则适用角度，“注释 2”之“国家垄断情形”不具有任何开放

① “注释 1”的规定是：“商户联号的隐蔽倾销（即进口商以低于与之联号的出口商所开发票价格的相当价格，且低于出口国国内的价格进行销售）构成一种价格倾销，此种倾销的倾销幅度可根据进口商转售该货物的价格计算。”

性,仅限于“贸易被完全或实质上完全垄断”和“所有国内价格均由国家确定”两个条件同时具备的唯一情形。一方面,这两个条件本身没有开放性,不能以“不完全”(incomplete)替代“完全”(complete),也不能如某些美国学者那样,把“所有”(all)扩大解释为“部分”(some);①另一方面,在“注释2”已经特定的“国家垄断情形”语境下,即使该情形属于“非市场经济”表现,并与其他“非正常贸易”情形有相似之处,但每一个具体情形及其所对应的规则之间都只是封闭且自洽的个例,并列但不交叉,因而其适用都只能限定于各该条款规定的特定情形,既无法类推适用,更不能排列组合。

其二,于“注释2”承认价格可比性面临特殊困难的角度,其“进口成员可能认为有必要考虑与此类国家的国内价格进行严格比较不一定适当的可能性”之表述,不可否认是具有开放性意涵的,为进口成员未来寻求解决可比价格困难的替代方案预留了空间。事实上,“注释2”纳入GATT之后,一些加入成员以缔结特别规定的方式来解决其他成员对于“价格可比性”问题的关切,恰是“注释2”路径开放的功效。② 但与此同时,需要特别强调的是,“注释2”本身对于进口成员的关切尚停留于“可能需求”的考量层面,并没有完成“现实行动”的授权转化,与“美国释义”意图相提并论的“隐蔽倾销”等“非正常贸易”例证有本质差别。后者具有明文授权,因而可以直接适用如“注释1”之“进口商转售该货物的价格”、《反倾销协定》第2.3条的“推定价格”采取替代行动;而前者提供的仅仅是未来获得授权以克服可比性难题的可能途径。

综合起来,笔者认为,“注释2”具有双重的适用属性:适用条件是排他的,仅限于“国家垄断”这一特殊情形;解决路径是开放的,但路径选择的可能性并不等同于法律授权的现实性。

4. 第15(a)条之应然适用属性及相关问题

(1)属性定位:排他、优先适用

《中国加入协议书》是WTO与中国之间基于谈判,专门为中国这一特

---

① See Jorge Miranda, “Interpreting Paragraph 15 of China's Protocol of Accession”, 9(3) *Global Trade and Customs Journal*, 96.

② 对此加入实践,“美国释义”亦有不同的解说,下文予以详述。

定主体"定制"且只适用于中国的规则。就第 15(a)条所涉"价格可比性"而言，其与作为"一般法"的 GATT 1994 第 6.1 条和《反倾销协定》之间，既有关联之共性，又有区别之个性，不能混淆或替代；同时也有别于包括"注释 2"在内的其他"特例"。

首先，第 15 条题为"确定补贴和倾销时的价格可比性"；序言明确"GATT 1994 第 6 条、《反倾销协定》应予适用"，表明其与"一般法"具有共性的规则内涵。在此范围内，它们不仅具有相同的价值目标和一致的规范要求，而且应当叠加适用。

其次，第 15 条 a ~ d 四款不同于 GATT 1994 第 6 条、《反倾销协定》的"另有规定"是其作为"特别法"存在的价值所在。其中，a 款(i)(ii)之举证责任归属、对其他成员方采用替代方法的直接授权；d 款的自动终止安排等规定都是前所未有的，因而具有排他且优先适用的规范地位。

最后，第 15 条与"美国释义"所列举的其他 GATT 1994 第 6 条、《反倾销协定》例证，如"注释 1""注释 2"、《反倾销协定》第 2.3 条等又有所不同。后者所有规则均附着于 GATT，而《中国加入协议书》[包括但不限于第 15(a)条]并不被视为 GATT 1994 的当然组成部分。①

概括地说，在第 15 条"另有规定"的范围内，包括 GATT 1994 第 6 条、《反倾销协定》在内的"一般法"和类似的其他"特别法"均无适用空间，彼此并行不悖，但无法类推适用或叠加组合，因而是排他的。

(2)适用尺度：严格 or 宽松？

"美国释义"将第 15(a)条序言的"based on"解释为一种较"符合"(consistent with)为宽松的要求——只需采纳其依据的一项或几项因素，而无须严格一致或完全采纳所有因素，并以上诉机构于欧共体荷尔蒙案的裁

---

① 中国原材料案、中国稀土案中，美国作为申诉方之一提出了这样的主张，并得到专家组和上诉机构的裁决支持。See Panel Reports, *China—Raw Materials*, WT/DS394/R, WT/DS395/R, WT/DS398/R, adopted 5July 2011, paras. 7.115 – 7.160; Appellate Body Reports, *China—Raw Materials*, WT/DS394/AB/R, WT/DS395/AB/R, WT/DS398/AB/R, adopted 30 January 2012, paras. 279 – 307; Panel Report, *China—Rare Earths*, WT/DS431/R, WT/DS432/R, WT/DS433/R, adopted 26 March 2014, paras. 7.81 – 7.89; Appellate Body Reports, *China—Rare Earths*, WT/DS431/AB/R, WT/DS432/AB/R, WT/DS433/AB/R, adopted 7 August 2014, paras. 5.52 – 5.74.

决表述为根据,并以此再次强调 a 款开放性内涵的观点。笔者认为,这是没有根据的扩大解释。

其一,虽然"based on"直接连接是"the following rules",但是与上下文结合起来,这里的"rules"所指代的,无论是 a 款序言还是其附属的两个子项(i)与(ii)均为确定价格可比性所需采用的方法。对于方法而言,使用"based on"而非"consistent with"更贴切。

其二,WTO 涵盖协定在要求成员方以特定方法或原理为依据时,使用"based on"并不意味着义务标准的降低。例如,《SPS 协定》第 2. 2 条所规定的"根据科学证据原则"(based on scientific principles),不仅是各成员方实施 SPS 措施的基本义务,也是衡量一项 SPS 措施合法性的刚性标准。WTO 争端解决中所有援引《SPS 协定》第 2. 2 条的案件,都是 DSB 认定争讼 SPS 措施与科学证据原则是否严格相符的过程,而非美国依"based on"字面所解释的"无须严格相符"的含义。《中国加入议定书》第 15 条 a 款中的"based on"也属于此类范畴。

其三,欧共体荷尔蒙案上诉机构裁决,是区分了"based on"与"conform to"两个不同连接短语的语义。但是上诉机构的这一区分解释,是专门限定于《SPS 协定》第 3 条"协调"(harmonization)的特定化解释。就该条定位于以国际标准、指南或建议"协调"各国 SPS 措施的目的而言,一是鉴于作为协调基准的国际标准、指南或建议本身并不唯一也不统一;二是鉴于第 3. 1 条与第 3. 2 条针对两种不同情形分别采用了不同的短语"based on"和"conform to"以示强调;三是两个连接短语指向的是具象化的规则——国际标准、指南或建议,而不是某种方法,因而上诉机构就这两种含义加以对比与区分。[①] 很显然,这是一个特定语境下的解释,并不具有普适于 WTO 规则的效力和类推适用之功能;如上所述,即使是《SPS 协定》本身,其"based on"用法也存在差异。

其四,再聚焦于《中国加入议定书》第 15 条,即使仅依语义,其 c 款也有

---

① See Appellate Body Report, *EC—Hormones*, WT/DS26/AB/R, WT/DS48/AB/R, adopted 16 January 1998, paras. 160 – 168.

“依据 a 款”的字眼——“进口成员……依照 a 款使用的方法(methodologies used in accordance with subparagraph a...)”,其以“in accordance with”为连接词,即为“与……一致”“相符合”,与 consistent with 和 in conformity to, obey 同义。这也进一步印证了 a 款之“based on”并无“更宽松”标准之义。

(3)第 15(a)条到期效力:授权终止、义务回归

“美国释义”主张,根据第 15(d)条文义,15 年期限只能解释为 a 款(ii)项终止,而 a 款序言与(i)并不终止。对此,理论和实务界已有大量商榷或质疑的著说,①本文不多赘述,唯从 a 款的规范结构角度加以审视。

从形式结构上看,a 款包括序言和(i)(ii)两项。一方面,(i)(ii)两项结构相同:都由前半句“假定”和后半句“处理”两要素②构成;而且,二者之“假定”——“能够(can)证明”与“不能(cannot)证明”——因一体两面而闭锁互洽,不可拆分,正如有学者所主张的“硬币说”;③另一方面,a 款序言的后半句指向“如下规则”(the following rules)是复数,表明包括(i)和(ii)项。可见,(i)和(ii)项是作为“如下规则”的整体,同时与序言具有不可分割的关系。④

从内容结构,特别是作为规范核心的行为模式上看,a 款(i)(ii)两项属性相异:(ii)“可使用(may use)不依据与中国国内价格或成本进行严格比较的方法”,是授权性规范;而(i)“应使用(shall use)受调查产业的中国价格或成本”,是义务性规范。因此,即使终止的只有(ii),如果不改变(i)的义务要求或适用条件,其实效等同于回归 WTO 倾销价格可比方法的一

① 参见胡加祥:《〈中国入世议定书〉第 15 条之解构》,载《法学》2017 年 12 期;张乃根:《中国入世议定书第 15 段的条约解释——以 DS397 和 DS516 为例》,载《法治研究》2017 年第 6 期;刘瑛、张璐:《论〈中国入世议定书〉非市场经济方法条款到期的效力及应对》,载《国际经贸探索》2017 年第 7 期;余敏友、管健:《论〈中国入世议定书〉第 15 条到期后的法律效力》,载《上海对外经贸大学学报》2016 年第 6 期;张内、肖冰:《论〈中国加入 WTO 议定书〉第 15 条“自动终止条款”的法律效应》,载《现代法学》2016 年第 5 期。

② 根据法学占主导地位的“三要素说”,“假定”和“处理”为法律规范的基本构成要素,前者指适用这一规范的前提、条件或情况的部分;后者是具体要求人们做什么或禁止人们做什么的那一部分。参见张文显主编:《法理学》(第 5 版),高等教育出版社 2018 年版,第 116 页。

③ 参见任清:《〈中国入世议定书〉研究的两个十年——兼论加入议定书的强制执行性等问题》,载《上海对外经贸大学学报》2014 年第 2 期。

④ 参见张乃根:《中国入世议定书第 15 段的条约解释——以 DS397 和 DS516 为例》,载《法治研究》2017 年第 6 期。

般原则;而如果如“美国释义”那样任意扩大解释,借机改变(i)的义务要求或适用条件,则无疑重新落入(ii)项的规范范围,以致其效力无期限延续,而这无疑是与 d 款之自动终止相悖的。

(五)WTO“倾销价格可比方法”规则的适用实践问题:嗣后惯例 or 常见做法?

1.“美国释义”:嗣后惯例

“美国释义”罗列了缔约方适用 GATT 第 6 条的实践历史:1954 ~ 1955 年 GATT 第 6.1 条修改提案及“注释 2”“国家垄断情形”的纳入;1957 年秘书处法律审议论及“缔约方普遍根据市场价格而拒绝非市场价格确定正常价值”;20 世纪 60 ~ 70 年代波兰、罗马尼亚、匈牙利等非市场经济国家加入时,均未设置任何的第 6.1 条的例外,只是通过工作组报告的形式记录他们对于可以拒绝非市场经济的价格和成本的理解;1995 年实施的《反倾销协定》与 GATT 1994 第 6.1 条并无二致,且通过“适当比较”等术语强调,只有市场价格和成本才具有第 6.1 条的可比性;以及 2001 年《中国加入议定书》第 15(a)条明确国内价格或成本只在市场经济条件具备时采用。美国认为,这些实践构成《维也纳条约法公约》第 31.3(b)条“嗣后在条约适用方面确定各当事国对条约解释之协定之任何惯例”,①用以证明:GATT 1994 第 6 条的“可比价格”是指市场决定的价格,缔约方由此享有拒采非市场价格的权利。

2. 作为条约及 WTO 规则之“可信解释”的嗣后惯例

首先,通读《维也纳条约法公约》第 31 条可知,除第 3 款(b)项外,其他各款项之解释要素均具“明示”效用,唯第 3 款(b)项之“惯例”属于“默示”表达。根据国际法委员会的权威意见,一方面,“嗣后惯例”作为条约

① 《维也纳条约法公约》第 31 条“(条约)解释之通则”:1. 条约应依其用语按其上下文并参照条约之目的及宗旨所具有之通常意义,善意解释之。2. 就解释条约而言,上下文除指连同序言及附件在内之约文外,并应包括:(a)全体当事国间因缔结条约所订与条约有关之任何协定;(b)一个以上当事国因缔结条约所订并经其他当事国接受为条约有关文书之任何文书。3. 应与上下文一并考虑者尚有:(a)当事国嗣后所订关于条约之解释或其规定之适用之任何协定;(b)嗣后在条约适用方面确定各当事国对条约解释之协定之任何惯例;(c)适用于当事国间关系之任何有关国际法规则。……

解释一般规范中一个独特的要素，该一般规范具有使"嗣后惯例"成为一个可信解释的效力，并可与一个解释性协定相当；但另一方面，明显地，要达到"可信解释"的标准，该惯例必须表明，解释已经大体上获得了各当事方的默示同意。[①]

其次，上诉机构就 WTO 涵盖协定所涉规则解释对于"嗣后惯例"的界定为："……协调的、共同的和一致的一系列行为或声明（concordant, common and consistent acts or pronouncements），这些行为或声明足以确立可识别的模式——隐含着关于条约解释的各缔约方间的协定"。[②] 由此，存在"协调、共同和一致"的惯行，才有可能获得"默示同意"的效果，即只有此种惯行，才具有可供解释的"可信"程度。

最后，WTO 争端解决中，尽管不少案件的一方当事方将某些"惯行"作为"嗣后惯例"来支持己方的解释，但其"协调、共同、一致"往往不被对方认可。日本含酒精饮料案Ⅱ中，欧共体曾就"嗣后惯例"作用的有限性和 WTO 法制对相关修订的严格限制加以论证。欧共体主张，"嗣后惯例"要与"上下文"一并考虑，就 WTO 各项协定而言，特别包括了《建立 WTO 协定》本身所涉有关 WTO 法律解释和发展的一般性规定。《建立 WTO 协定》第 9.2 条授予部长级会议进行权威解释的排他性权利，且第 10 条规定了关于修订的特殊程序。鉴于 DSU 第 3.2 条规定了专家组不能增加或减少成员方权利和义务的原则，说明成员方对于规则修订秉持严格控制的态度，且他们不希望以其他任何方式来改变他们已经达成一致的条款的含义。因而"嗣后惯例"对于解释 WTO 各项协定的作用是非常有限的。事实上，满足"嗣后惯例"的各项条件可能很难，也不一定彼此相关。从《维也纳条约法公约》第 31.3(b)项的措辞可以清楚地看到，"嗣后惯例"必须能够确立各当事方之间的默示协定，也就是有学者曾表达的"协调的、共同的和一致的嗣后惯例"。该惯例必须对所有当事方来说是共同的，且在多

---

① See Humphery Waldock, "Sixth Report on the Law of Treaties", *in Yearbook of the International Law Commission*, 1966, Volume Ⅱ, United Nations Publication, 1967, pp. 98 – 99.

② See Appellate Body Report, *Japan—Alcoholic Beverages* Ⅱ, WT/DS8/AB/R, WT/DS10/AB/R, WT/DS11/AB/R, adopted 4October 1996, at 13.

边协定情形下尤其难以确立。[①] 对此,DSB 也有严格、谨慎的解释倾向。智利价格幅度和保障措施案的上诉机构就认为,当事方所主张的某些成员方的惯行并不相当于《维也纳条约法公约》第 31.3(b)条含义下的"嗣后惯例"。[②]

3. GATT 第 6 条适用实践的分歧与差异

(1)差异性 > 一致性

从"美国释义"所列举的实践史来看,虽然存在拒采非市场国内价格的成员国国内立法及相关实践,但在国际法层面,一是显然无法与《维也纳条约法公约》第 31.3(b)条要求的"条约适用方面确定各当事国对条约解释之协定"相提并论;二是这些做法本身也始终伴随着大量的分歧与争议。

具体到 WTO"倾销价格可比方法"规则的实施,自 GATT 1947 到 GATT 1994 及《反倾销协定》实施的数十年间,多次谈判虽屡屡涉及 GATT 第 6.1 条,但除 1955 年增加了上述解释性说明的注释外,并未有进一步的扩大化;相反,《反倾销协定》,作为专门实施 GATT 1994 的全新细则规范,如前所述,不仅对第 6.1 条及其注释只字未改,反而在其第 2.7 条强调"不损害 GATT 1994 附件Ⅰ中第 6.1 条'注释 2'的基础上",增加了更多对于进口成员反倾销措施的限制性规定。与此同时,在涉及特殊或具体问题时,无论是"注释 2",还是某些成员加入,始终坚持以"特例"之个案处理方式。而且,所有这些"特例",既与通行的"一般法"相区别且无可相互替代,而且,于各个"特例"彼此之间,也存在多种差异,远未确立"嗣后惯例"所必须的"协调、共同和一致且可识别的模式"。

(2)"注释 2"的提议及纳入:各抒己见≠有效共识

"注释 2"从提案到纳入过程一直存在大量争议,"美国释义"放大了其中的一种声音来支持自己的观点。事实上,"注释 2"提案是基于试图修改 GATT 第 6.1 条的背景下作出的,而这恰恰表明各缔约方之间对于第 6.1 条本身存有分歧意见,并没有如美国所希望或解释的那么明确的授权,因

---

① See Panel Report, *Canada—Patent Protection of Pharmaceutical Products-Complaint by the European Communities and their Member States*, WT/DS114/R, adopted 17 March 2000, para. 4. 31.

② See Appellate Body Report, *Chile—Price Band System and Safeguard Measures Relating to Certain Agricultural Products*, WT/DS207/AB/R, adopted 23 September 2002, para 214.

而如此强烈地表达澄清意愿，试图将己方观点纳入其中。换言之，相关缔约方提出了第 6.1 条适用的困惑与困难，表达要求修正或补充的主观愿望。但是，主观动机并不等于客观结果，最终，一方面，第 6.1 条并未作出修正；另一方面，“注释 2”作为解释性说明被纳入，但如前所述，其内容也仅定位于有限的“特例”范畴。

(3)加入实践：有限个例≠普适规则

“美国释义”以包括中国在内的 4 个所谓“非市场经济国家”加入 GATT 的实践作为“嗣后惯例”的重要论据，以此证明 GATT 1994 第 6 条的概括性授权。但是，其论证是建立在选择性列举基础上的不完全归纳，结论失之可信、可靠。“美国释义”对于论据的“选择性”主要表现在两方面：一是故意忽略其他此类国家的加入；二是罔顾不同加入议定书之间的相对独立和个体差异，而这二者均构成其结论的相反证据。于前者而言，对于 GATT 时期加入的南斯拉夫(1966)和 WTO 成立后先后加入的保加利亚、越南等十多个国家，[①]虽然其中大部分在欧美国内立法中被视为非市场经济国家，但其《加入议定书》中列入特殊规定的却是少数，[②]欧美与这些国家之间亦无引发 WTO 争端并统一适用“注释 2”的先例。“美国释义”对此差异选择了视而不见、避而不谈。于后者而言，凡《加入议定书》采纳特别规定的，所秉承的均为个性化路线——针对每一个加入方的个别考量：逐一谈判、专款专用。就“美国释义”所论及的 4 个国家而言，各个议定书所采纳的因素考量和文字表述都有不同。事实上，到目前为止，只有纳入《越南加入议定书》的《越南工作组报告》第 255 段与《中国加入议定书》第 15 条高度雷同，[③]但即便如此，二者之间也不存在交叉适用的关系。

---

① WTO 成立后，在中国“入世”之前，类似国家有保加利亚(1996)、蒙古(1997)、吉尔吉斯斯坦(1998)、拉脱维亚(1999)、爱沙尼亚(1999)、阿尔巴尼亚(2000)、克罗地亚(2000)、格鲁吉亚(2000)、利陶宛(2001)和摩尔多瓦(2001)10 国先后加入；中国“入世”之后，又有越南(2007)、俄罗斯(2012)等加入。

② 例如，中国“入世”前加入 WTO 的 10 个国家，其《加入议定书》无一就倾销价格可比性作出特殊规定，而其中，获得美国国内立法市场经济地位认可的只有拉脱维亚，获得欧盟立法认可的也可有保加利亚等 5 国。中国“入世”后，俄罗斯的《加入议定书》亦无此类特殊规定。

③ 二者在内容上的主要区别是适用“替代国方法”的年限，中国为 15 年，越南为 12 年。

由此表明,成员方对问题的关注虽然具有一定的普遍性,但落实到具体的规范层面却是个别的和差异的。换言之,虽然"特例"并不唯一,但每一个都是作为独特个例存在的,应当严格限定在其明文规定的范围内解释和适用,既不能倒推出一般规则,也不能彼此类推而相互替代。

就《中国加入议定书》而言,第 15(a)条对中国的特殊约束效力,正是源于其作为"特例"而给予进口成员的明确授权;但与此同时,由于第 15(d)条设置了自动终止机制,因而该"特例"于 15 年期限届满时,中国应与其他成员方一样适用 WTO"倾销价格可比方法"的一般规则。而对于该条款的解释,即使依《维也纳条约法公约》第 31 条"解释之通则"仍无法明晰,那么,根据该公约第 32 条"解释之补充资料"①——中国加入谈判历史及相关缔约资料,也可以成为否定"美国释义"的有力论据。②

综合 GATT 第 6 条适用历史,"美国释义"所列无一满足"嗣后惯例"应当具备的"协调、共同和一致"要件,而一系列相反证据,更加证明其论证及其结论的谬误所在。

综上所述,欧盟价格比较方法相关措施案中美国有关 WTO 倾销价格可比方法的法律解释,有违条约解释的基本规则和 WTO 特有的规范架构及其适用逻辑,因而其拒绝"非市场经济"价格可比是 WTO 反倾销一般法律原则的论点是不能成立的。

第五节 WTO 主体界分之理性评价与中国应对

一、WTO 主体界分的合理与不足

法律制度的核心功能在于通过权利义务配置来调整主体之间的利益

---

① 该条规定:"为证实由适用第三十一条所得之意义起见,或遇依第三十一条作解释而:(a)意义仍属不明或难解;或(b)所获结果显属荒谬或不合理时,为确定其意义起见,得使用解释之补充资料,包括条约之准备工作及缔约之情况在内。"

② See Weihuan Zhou & Delei Peng, "EU, Price Comparison Methodologies (DS516): Challenging the Non-Market Economy Methodology in Light of the Negotiating History of Article 15 of China's WTO Accession Protocol",3 *Journal of World Trade*,52(2018).

关系,根据平等、正义的价值理念,相同的人和相同的情形必须得到相同的或至少是相似的待遇,只要这些人和这些情形按照普遍的正义标准在事实上是相同的或相似的。换言之,当面对事实上因形式机会与实际机会脱节而导致事实地位悬殊问题时,平等和正义的解读应当是:以确保基本要求的平等去补充基本权利的平等,即赋予社会中不能得势群体或地位低下的人以应对生活急需之境况的特权。[①] 据此,反观 WTO 体制中成员的现有主体架构,笔者认为,一方面,基于主体界分的权利义务差异性配置,具有体现实质平等之公平正义理念的正当性与合理性基础;但另一方面,无论是从总体层面,还是制度内容及其实施层面上看,其体现差别性的制度安排均显不足。

(一)合理性

应当承认,相较于 GATT 生成之初"主体无差别"的制度定位而言,WTO 现有制度已经取得了长足的进步。众所周知,GATT 建立时,23 个创始成员国之间,虽然其事实地位悬殊,有近一半被认为是发展中国家,[②]但是,当时没有对发展中国家作为一个群体的正式认同,对它们的权利和义务也没有任何特殊的规定或例外。经过不同利益主体长期、艰难地努力和博弈,如前所述,WTO 正式建立时,不仅发展中国家的特殊主体地位从无到有、范围从小到大,而且,更多不同层次、不同类别的特殊主体地位在具体制度中得以确认。其中,既有反映不同经济水平层次的划分——发达成员、欠发达成员和最不发达成员;又有体现不同经济体制模式的区别——市场经济成员、转型经济成员和非市场经济成员;还有一些更细致的动态区分或临时安排——如常态化特殊主体和个别化特殊主体之分,《反补贴协定》中的渐进式主体之别等。这种多层次、差别化的主体设置,在一定程度上反映出其 164 个成员在国际社会中事实地位的格局状态;而基于不同主体地位的法律认同以及在权利义务配置上的区别对待,也表达了不同主体

① 参见[美]E. 博登海默:《法理学、法律哲学与法律方法》,邓正来译,中国政法大学出版社 1999 年版,第 286 ~ 287 页。

② 指巴西、缅甸、斯里兰卡、智利、中国、古巴、印度、黎巴嫩、巴基斯坦、津巴布韦和叙利亚 11 个国家。

不尽相同的利益需求,从而为弥补因形式平等所致不公奠定了正当性与合理性的基础。

(二)偏颇性

考察 WTO 主体界分的逻辑起点、制度内容及其实施动态可知,其主体界分下的利益配置存在诸多明显的缺陷,主要表现在以下三个层面。

1. 总体基调偏差

在 WTO 体制的总体层面上,“平等”是其成员地位的主基调,并构成其主体界分的逻辑起点。即除特殊规定外,所有成员均为无差别的“一般成员”。如前所述,根据《建立 WTO 协定》,涉及该组织及其法律制度的决策、管理、实施等核心环节的相关权责,均同等适用于所有成员。这不仅意味着,WTO 在本质上是成员驱动的国际组织;而且意味着,所有成员自己要承担起全方位参与和表达利益需求的责任,并承担由此产生的有利或不利的后果。形式平等的直接结果,是置事实处于弱势地位成员于边缘化境地。对于相当多的发展中国家成员,特别是最不发达国家成员来说,它们自身缺乏在 WTO 下履行自己的责任、有效参与 WTO 事务并代表自身利益的机制,它们甚至在日内瓦没有代表团或只有象征性的代表;而 WTO 也没有为它们提供任何用于弥补此种缺陷的保障机制。很显然,这种无视形式机会与实际机会严重脱节事实的“平等”基调有失偏颇,并有可能构成动摇其制度根本的最大隐患,多哈发展回合的艰难推进似乎是个征兆。

2. 制度内容不足

WTO 现行有关特殊主体的制度内容也存在着诸多明显缺陷,集中表现在:

首先,对于作为弱势群体的发展中国家成员,特别是其中的最不发达国家成员而言,其可享有的、最具实质价值的特权集中于所谓 SDT 条款,但是,除更长的过渡期限和某些领域的较低义务要求具有明确内容外,[①]其余大多数的“特殊”则是给予“更大灵活性”。实际上,WTO 体制中,灵活性是作为

① 明确较低义务标准的只有 GATT 1994 第 36 条和授权条款、《农业协定》、GATS 和《反补贴协定》。

SDT 最广泛的工具而出现的。而灵活性,如在 WTO 中运用的那样,并不是拒绝互惠。承诺是在互惠的基础上达成的,而灵活性适用于这些承诺的差别应用。但是,乌拉圭回合协定通过把灵活性置入互惠的背景中,标志着对在多边贸易体制中处理发展问题上非互惠(单向给惠)概念的重大背离。①

其次,相较于事实上的悬殊地位,WTO 在发达国家成员、发展中国家成员和最不发达国家成员之间,市场经济成员、转型经济成员和非市场经济成员之间的权利义务配置明显不对称、不成比例。从为保证发展中国家成员需求而赋予发达国家成员的特殊义务内容来看,由于仅存在于个别协定条款,而且,这些规定中的一部分内容是一般性的,表达为像"做出最大努力"这样的粗略提法,因而不仅涉及范围小而且明显缺乏刚性约束,所以,即使是其规定范围内的制度设计初衷也无法充分实现;而从发展中国家成员、转型经济成员所享有的特殊待遇来看,一方面,前述发展中国家成员与发达国家成员之间的"逆向不对应"关系,已说明其特殊待遇缺乏应有的实施保障;另一方面,特殊待遇内容所涵盖的范围和程度,相较于弥补其经济水平低下、体制转型困难的需求来说均远为不足。仅以过渡期为例,少则 1 ~ 2 年,多则 7 ~ 10 年的延长过渡期,的确属于一种最真实可得的优待,但是,将它们放到与发达国家成员经济发展水平长达数 10 年甚至更长的差距之中,却是如此的微不足道。正如中国商务部部长吕福源在 WTO 第五届部长级会议上的发言中所指出的:"发达成员和发展中成员在 WTO 中的权利并不对称,义务并不平衡,收益并不平等。"②

再次,尽管 WTO 确认了发展中国家成员作为常态化特殊主体的法律地位,并通过《建立 WTO 协定》和各具体涵盖协定的序言将它上升到制度目标和原则的高度,但同样不容忽视的是,在缺失全面、充分的具体条款或规则内容的情况下,目标和原则很容易被架空;而且,即便是具体条款,如

---

① 参见[美]康斯坦丁·米查洛普罗斯:《WTO 中的发展中国家》,黄震华译,中国商务出版社 2004 年版,第 35 页。

② 中国商务部部长吕福源在 WTO 第五届部长级会议上的发言(2003 年 9 月 10 日墨西哥坎昆),http://sousuo. mofcom. gov. cn/query/queryDetail. jsp?articleid = 20030900128789&query = %E5%9D%8E%E6%98%86,最后访问日期:2010 年 5 月 5 日。

《反倾销协定》第 15 条(“发展中国家成员”条款),也因缺乏细化的内容而不具实质性作用。正因如此,在多哈反倾销规则谈判中,发展中国家提出,应当从以下几个方面进行修改,为发展中国家提供切实的“好处”:发达国家针对发展中国家产品反倾销应当强制适用“较低税率规则”;提高针对发展中国家的“微幅倾销幅度”和“可忽略进口”比例(例如,将调查或复审中确定的发展中国家企业的“微幅倾销幅度”从 2% 提高到 5%,将来自发展中国家的“可忽略进口”比例从 3% 提高到 5%,并删除累计超过 7% 的条款);规定发达国家针对发展中国家采取的反倾销措施最长不得超过 5 年,等等。但最终形成的主席案文并未采纳这些建议。[①]

最后,相对于国际贸易关系中复杂、变动的事实主体格局来说,WTO 现有主体体系及划分标准过于简单了一些。事实上,无论是发展中国家成员,还是发达国家成员,其成员内部之间也存在较大的差异性,利益需要的多元化分野在所难免。随着“金砖四国”、“新兴经济体 11 国”(E11)、[②]“新钻 11 国”(Next-11)、[③]“中层国家”(Middle Power)、[④]“志同道合国家”(Like-Minded Group,LMG)、[⑤]“反倾销之友”(Friends of Anti-

---

① 参见余盛兴:《多哈反倾销规则谈判:对你当报何种期望》,载 http://chinawto.mofcom.gov.cn/column/print.shtml?/ap/q/200901/20090106010000,最后访问日期:2010 年 10 月 6 日。

② 指阿根廷、巴西、印度、印度尼西亚、韩国、墨西哥、俄罗斯、沙特阿拉伯、南非、土耳其、中国。E11 概念是在《博鳌亚洲论坛新兴经济体发展 2009 年度报告》中首次发布的。E11 具有 6 大共同特点:相对较高的经济增长率、相当的经济规模与人口、中等或中下等的平均收入、较高的经济开放水平、较为广泛的代表性、较小争议性。载 http://www.forex.com.cn/html/c203/2010-04/1478795.htm,最后访问日期:2010 年 5 月 10 日。

③ 指成长潜力仅次于金砖四国的 11 个新兴市场,包括巴基斯坦、埃及、印度尼西亚、伊朗、韩国、菲律宾、墨西哥、孟加拉国、尼日利亚、土耳其、越南。“新钻 11 个国”普遍人口众多,有着劳动力资源和能源较为丰富的特点。参见程杰:《越南引资大跃进》,载《中国外资》2008 年第 2 期。

④ 指加拿大、瑞典、挪威、澳大利亚、新西兰和意大利等国。强调其在人口、面积大小、经济或军事能力以及政治地理等方面位居大国之间的状态。它们彼此在人权、环保、社会发展等议题范畴上有着政策协调合作的做法与传统。参见吴得源:《从多边主义到多层治理:加拿大外交政策纲络之演进》,载 http://www.tisanet.org/Activity/file/04110605.doc,最后访问日期:2010 年 5 月 10 日。

⑤ Mayur Patel, Governing the WTO System: The Negotiation Function, see A Governance Audit of the WTO: Roundtable Discussion on Making Global Trade Governance Work for Development, Global Economic governance Programme University College, Oxford, at http://www.wto.org/english/forums_e/public_forum2007_e/session1_briefing_note_e.pdf。最后访问日期:2010 年 5 月 19 日。

dumping)、①和 RAMs② 等一系列主体概念或集团组合形式的出现,已经显现出不同利益群体要求在包括但不限于 WTO 在内的多边法律制度得以细化和确认的强烈倾向。对此,WTO 显然缺乏明确、有效的制度考量。

3. 实施保障缺失

WTO 运行 20 多年来的实践表明,在现行规则赋予各种特殊主体的待遇或责任尚未完全得以落实的情况下,已经取得的成果也有受到侵蚀的危险。早在多哈谈判开始之初,发展中国家已对发达国家成员是否在总体上履行了它们在乌拉圭回合上的承诺提出广泛的质疑,尤其是在 SDT 条款方面。《反倾销协定》第 15 条的实施状况就是一个典型的例证。该条款要求发达国家成员,在实施会影响发展中国家成员根本利益的反倾销税之前,应当寻求采用建设性补偿的可能性。但是,既在实践中,不仅没有表明该条规定得以实施的事实证据,相反,发达国家针对发展中国家成员和转型经济成员所实施的反倾销措施越来越多,周期也越来越频繁。

2008 年金融危机及由此带来的世界经济长期低迷状态,更加刺激了各国的"自保"动机;特朗普政府上台之后,"逆全球化"思潮和贸易保护主义全面抬头并渐成主流,美国罔顾 WTO 规则而在全球范围内展开的贸易战,不仅将贸易壁垒水平提至新的高度,更因阻挠上诉机构成员选任而使 DSM 面临严重危机。由此,各种利益集团在未来谈判中能否取得实质性进展尚未可知,而 WTO 现行体制下既有利益成果的此消彼长、全面回退却已经成为现实。

总之,WTO 通过一定范围内的权利义务差别化配置而形成的主体界

---

① 由长期深受其他国家反倾销措施之害的 WTO 成员所组成的团体,既有包括日本、瑞士、新加坡、韩国在内的发达国家,也有巴西、智利、哥伦比亚等发展中国家。

② 这是中国在 WTO 多哈回合谈判中提出的概念,指新加入 WTO 的成员在加入过程中做了广泛承诺,做出了巨大贡献,且这些承诺在很多情况下还处于减让过渡期,因此在谈判中要求享受包括部分产品不减让、其他产品更少减让、更长实施期和更长宽限期 4 方面的灵活性待遇。新成员待遇问题已得到 WTO 成员的广泛认可。WTO 总理事会通过的 2004 年七月框架协议第 12 段要求成员对新成员待遇问题进行谈判。《香港部长宣言》第 58 段指出"新加入成员在加入时做出的巨大的市场开放承诺得到承认"。随着多哈谈判向纵深方向发展,WTO 成员正就新成员标准、新成员范围、新成员待遇等问题进一步谈判。载 http://gss.mof.gov.cn/zhuantilanmu/shijiemaoyizuzhixiangguanyiti/200806/P020080624539196395031.doc,最后访问日期:2010 年 5 月 12 日。

分,无法全面、充分反映其 164 个成员悬殊的事实地位和复杂的利益需求;如果再屈服于“美国优先”而重回“权力导向”的国际体制,WTO 则难免存在生死存亡之忧。毕竟,更加真实、公平地反映当今国际社会多元、复杂的主体格局及其利益需求,更加合理、有效地配置成员间的权利义务关系,是 WTO 持续发展并保有长久生命力的关键所在。

二、中国“发展中国家”身份的解困路径

中国在多边体系中的特殊发展中国家地位经由《中国加入议定书》及其《中国加入工作组报告》确定,迄今已近 20 年。一些极为苛刻的义务也已基本履行完毕,前述市场经济地位问题至少在时间层面已被严重质疑。目前,就文本而言,多边体系内唯一能继续对中国贸易政策产生全面影响的即发展中国家的 SDT 条款。因而,当前美国等对于中国市场经济地位的极端反对,以及对整个多边体系中发展中国家自认机制的挑战皆事出有因。于中国而言,一些突围的路径值得思考。

(一)坚持为发展中国家群体争取利益的立场

有鉴于中国目前的贸易量和经济发展总规模位居世界前列,其在发展群体中具有突出的代表性,中国应当坚持为发展中国家群体争取利益的立场。这是保障中国自身在多边体系中正当合法权益的基础。“发展中国家”及其 DST 是当下多边体系制度中为数不多但仍然可以进一步发挥矫正成员实力不平衡作用的灵活性安排之一。SDT 尽管过去适用有限,但一直以来并非没有任何进展,至少在文本层面仍然有所增加。事实上,发展中国家的 SDT 问题与多边体系中的发展议题一直紧密相随。从 GATT 时期“第四部分贸易与发展”内容的加入开始,至东京回合《关于发展中国家差别和更优惠待遇、互惠和更充分参与的决定》①之达成,以及之后多哈回合的发展议题,近期的巴厘岛“一揽子”文件,都有 SDT 内容。在 2019 年年初的贸易与发展委员会第十次会议上,与会方就巴厘岛部长级会议建立

---

① GATT documents, No. L/4903, 28 November 1979.

的 SDT 监控机制（Monitor Management，MM）[①]进行了商讨。该机制旨在 WTO 体系内建立一个分析和审查 SDT 条款之适用的机制，以帮助最不发达国家和发展中国家进一步融入多边体系。但是，迄今为止，没有任何书面申请被提起。[②] 显然并不能因此得出美国代表所述 SDT 条款的适用没有问题的结论，[③]更多的恐怕是因失望而集体沉默。该机制自 2002 年理事会提出以来，十几年之后才获得多边成员的同意得以建立。在此期间只有非洲团体在其建议和计划中援引过。[④] 作为发展中的大国，中国应积极参与此类机制的商讨、建设、审查等，充分利用体系内的谈判平台，调动尽可能多的力量激活 SDT 相关条款、体制等。比如，新近一些发展中国家、群体也都对 WTO 中的发展中国家问题表明看法。[⑤] 又如，非洲联盟就提出，应当将发展作为多边体系内所有项目的核心，自 2001 年多哈以来部长会议、理事会对此都有决定，应予重申和强调。确认渔业补贴谈判中给予发展中国家 SDT，以保证必要余地的重要性，SDT 是多边体系现有规则以及未来不可缺少的组成部分；以规则为基础的 WTO 应当是公平、平等、包容，以及发展导向的体系。[⑥] 中国应积极维护并巩固发展中成员间的联系，努力形成合力。

（二）坚持“自认”机制和动态、综合评价相结合

对于“发展中国家”身份的确定，中国仍然应坚持自认机制，坚持全面发展观和综合评价标准，同时，倡议一些客观性参数，坚持人均 GDP 标准。在此方面，中国需要将其社会发展严重不平衡的特殊性以恰当的方式在发展议题的讨论谈判中反复加以表达，建议在国际社会倡议发展的均衡性理念，并加强国内社会发展数据，尤其是人均资源、福利等数据的统计、公开等。如本章开头所述，“自认”提供了成员间根据具体情况进行谈判的空

① WT/MIN(13)/45，WT/L/920.

② WT/COMTD/MMSDT/M/10，10 January 2019，para. 3.

③ WT/COMTD/MMSDT/M/10，10 January 2019，para. 11.

④ TN/CTD/W/3/Rev. 2.

⑤ WT/L/1054，WT/GC/199，TN/C/19，8 January 2019.

⑥ WT/L/1054，WT/GC/199，TN/C/19，8 January 2019，pp. 2 – 3.

间,可有效防止其演变为干预工具。作为一种在国际社会运作的机制,这一点尤为重要。若不能保证成员在此方面的独立性,多边体制将愈发沉入泥淖而无法获得长久的生命力。而且“发展”本就是一个全面、动态的过程。从规则有效适用的角度考虑,成员不同领域不同地域发展程度不同,呈现一定不均衡乃常态,以部分代替整体,以个别代替一般,不具备任何合理性。另外,也不存在一个非常确定的由发展中成员变为发达成员的明确的时间节点和统一无争议的状态。期望充斥众多需协调的利益的国际社会达成一个确定的且能及时适应成员自身和国际社会发展变化的统一标准无疑是不现实的。因而如果改变自认机制,通过其他多边成员或第三方组织的评价来确定发展中国家身份,会导致评判标准的僵化,更容易出现评价与实际不符的情形,掺杂过多政治因素。但是,纯粹“自认”的确也不利于国际秩序的稳定。因此,笔者认为,我国应认真研究、积极汲取过去自认机制的经验与教训,建立起既独立又具有一定客观性的实践机制,比如可以就“自认”中的客观性证据、证明力等问题进行积极建设。前文所述联合国、IMF、世界银行等的一些数据、分析,在坚持全面综合发展观的前提下,可以认可其一定的证据效力。在具体的内容方面,中国作为特殊的发展中国家,建议秉持综合发展观的立场,仍然应坚持联结发展中国家同盟,但同时,也应认识到自身情况的变化,在个别领域可以承担适当高于一般发展中国家的义务,以获得相关重要领域的回旋空间。

(三)致力于 SDT 条款实效性的提升

1. 在 DSM 中适时主张 SDT 条款之适用

事实上,当前多边的困境最终也归结于发展中群体获得了一定发展,一部分国家实力增长,使国际社会的实力对比情况发生了变化,传统大国的利益和诉求无法得到全面满足。因而,其突破也绕不开 SDT 问题。多边体系从其孕育到诞生,以及近 25 年的运转表明,于不平衡的国际社会而言,规则导向是现实的有效抗衡单边霸权的重要工具。激活多边体系中现有的条款和机制虽然也困难重重,但是远比在复杂多变的国际环境中达成新共识容易。为进一步探明 SDT 条款的适用状况,笔者在 WTO 官方网站在线文件库中进行检索,获得明确提及 SDT 的专家组报告 6 份,涉及案件

7 起,[①]涵盖补贴、数量限制、TBT 等领域。在这些案件中,SDT 条款的适用整体上处于十分边缘化的状态,甚至于申诉方自身都很难坚定地主张适用这些条款。如在美国汽油案中,申诉方委内瑞拉称,己方并非寻求任何特别待遇,而只是希望其石油获得与美国石油产品一样的待遇,自己也并非要求专家组依据《TBT 协定》第 12 条裁决,而只是期望指出影响委内瑞拉石油的歧视性待遇尤其与这一条款不符。[②] 即便争议各方较为集中争论的 SDT 条款也多停留在条款间关系层面的讨论,对于待遇的实体性内容涉及甚少。比如印度数量限制案中有关 GATT 第 18 条 B 节的争论,[③]以及印尼汽车案(*Indonesia—Autos*,DS54,DS55,DS59,DS64)、巴西飞机案(*Brazil—Aircraft*,DS46)中第 27 条与第 3.1 条关系的争论,[④]均是如此。在涉中国的案件中,尚未有集中针对上述条款的争议。比如,在同样涉及补贴问题的中国汽车零部件案中,当事各方以及 DSB 在专家组报告和上诉机构报告中均未提及 SDT 问题。[⑤] 当然,或许也是因为涉中国案件中的 SDT 申诉更为困难,或者会引发新的对于具体个案来说尚不必要的争议,申诉请求中并未包含这些内容。这也从一个侧面反映出相当长一段时期内各界对此问题过于功利化的态度:问题虽重视,适用不积极。作为一种机制,从纸上到现实中的落实,需要日拱一卒的精神,持续加以推动。

2. 积极推进 SDT 条款的明晰与细化

SDT 条款适用不足除了法律适用层面的问题外的原因,规则本身的模

---

① 以"Special and Differential Treatment"为主题进行检索,获得专家组报告 6 份:WT/DS46/RW2,26 July2001;WT/DS46/RW,5 September 2000;WT/DS46/R,4 April 1999;WT/DS90/R,4 June 1999;WT/DS54/R,WT/DS55/R,WT/DS59/R,WT/DS64/R,7 February 1998;WT/DS2/R,29 January 291996。涉及编号案件 7 起,其中,DS54/55/59/64/R 为一份报告。

② See Panel Report,*US—Gasoline*,WT/DS2/R,adopted 29 January 1996,para. 3. 84.

③ See Panel Report,*India—Quantitative Restrictions*,WT/DS90/R,adopted 6 April 1999,pp. 165 - 185.

④ See Panel Report,*Indonesia—Autos*,WT/DS54/R,WT/DS55/R,WT/DS59/R,WT/DS64/R,2 July 1998,paras. 5. 154,5. 194;See Panel Report,*Brazil—Aircraft*,WT/DS46/RW,9 May 2000,footprint 49,60.

⑤ See Panel Report,*China—Auto Parts*,WT/DS339/R,WT/DS340/R,WT/DS342/R,adopted 18 July 2008.

糊亦是重要原因。许多 SDT 条款采用的是诸如“特别注意”“考虑”“认识到”“努力”之类的表述。其含义非常模糊,是否包含以及包含了怎样的强制性义务的内容并不清晰。事实上,无论从条约文本来看,还是就社会的现实状况而言,中国确实是多边体系中特殊的发展中国家。从中国加入文件中有关发展中地位条款的谈判过程以及最终的文本安排可以看出,即便是上述这些内容模糊的条款的纳入也极其艰难。中国的境况实质上是整个多边体系中发展中国家问题的集中反映和体现。多边目前的困境尽管有国际经济新的形势变化出现新问题方面的原因,很大程度上仍然源于发达国家和发展中国家成员都对旧秩序产生了不满,仍然是一个群体性问题。因而,中国在多边体系内特殊超标待遇问题的缓解也仍然须联合发展中国家群体,一起努力攻坚。从整个多边体系贸易与发展议题的发展过程来看,历次发展议题内容的增加,SDT 问题的谈判也正是由于发展中国家力量的增长才得以提起并有一定发展。尽管当下这一群体内部有分化之趋势,主要成员仍然应当巩固可能的各种联系,譬如以“一带一路”为纽带进一步增强各方面的联结性;支持 WTO 体系内非洲团体有关发展问题的提案等。① 当然,过往的经验和教训也表明,SDT 条款的纳入、修订及其有效适用最终还是依赖于国际政治、经济多平台之上的合力。WTO 体系的加入谈判机制使发展中国家地位可能会包含许多非经济因素的影响。前文所述保加利亚的情况事实上也证明了此点。因而,除了 WTO 体系内的努力外,中国也需密切关注,并积极参与其他国际活动,多层面阐述综合发展观的立场和建议。既为已有 SDT 条款的激活积累理论和实践基础,也为新议题谈判中实质公平待遇争取机会。

3. 充分利用 RTAs 的补充与校正功能

在诸多国际经济活动中,通过 RTAs 谈判谋篇布局是目前多边体系成员,尤其是具有影响力的大国主动性相对较强的活动。在 RTAs 的具体条款设计中,中国应考虑如何使之更具有操作性,包含一些明确的差别待遇方面的权利义务内容。为减少阻力,应根据不同主体分类对待。在与发达

---

① WT/L/1054,WT/GC/199,TN/C/19,8 January 2019.

国家谈判的 RTAs 中应分析其对中国不同行业的影响,根据不同影响主张是否坚持差别待遇以及设定怎样的差别待遇;在与发展中国家、不发达国家谈判的各类 RTAs 中,对一些经济相对较强的发展中国家可以适当让步,设定一些具体的,特别是程序性的差别待遇;在既有发达国家,又有发展中国家谈判的 RTAs 中,考虑如何借用相互间交错的各类联系,构建可操作性强的发展中国家的合理差别待遇体系。当下多边的停滞,从问题的另一面来看,也提供了规则重塑的契机。就现实而言,后两类,尤其在最后一类既有发达国家,又有发展中国家的 RTAs 中,进行若干利益协调以促成最终 SDT 安排的可能性更大。而第一类 RTAs,尤其是中国这样在政治经济方面都具有特殊性的发展中国家,单独谈判之中面临的压力会更大。中美贸易谈判目前的状况也说明了这一点。但是,中美之间基于地缘政治以及彼此贸易影响力的现实,双边谈判无法避免,其压力只能通过构建其他 RTAs 来缓解。RTAs 仍然可以发挥垫脚石、试验田的作用。比如,在 RTAs 中引入 WTO 中一些操作性强但因过多非经济因素影响而没有被适用的条款,尝试激活一些 SDT 条款,通过 RTAs 立法、司法的不断实践,推动多边之下相关条款的逐渐被适用。比如,DSU 争端解决机制事实上包含了多条涉及发展中国家特别安排的条款。DSU 第 8.10 条规定,如果争端发生在发展中成员与发达成员之间,如发展中国家成员提出请求,应至少有一名专家组成员来自发展中国家。第 12.11 条又规定,如有一个或多个争端方为发展中国家成员,则专家组报告应明确说明以何种形式考虑对发展中国家成员在争端解决程序过程中提出的适用协定中有关发展中国家成员的差别和更优惠待遇规定。这些都可以为 RTAs 所借鉴吸收。在“一带一路”双边或区域协定条款的设计中也应注意到这点,重视其国际法上的意义和作用。

4. 以经济全球化带动 SDT 的同步发展

仍然应将 SDT 置于经济全球化的背景之下考虑。于发展中国家自身,不能简单地认为就是要求特殊化,部分行业和部分新兴经济体可以考虑承担与之发展程度相当,适当高于一般发展中国家的义务;于发达国家而言,亦不应武断地认为就是单方给予发展中国家优惠,自身未从全球贸易流通可持续性增强中获得任何好处。全球化仍然是抗击反全球化思潮及措施,保障 SDT 的核心路径和方法。一方面,包括中国在内的发展中国家应阐明立场:给予发展中国家 SDT 与贸易自由化、经济全球化并不矛盾,也不冲突。恰恰是为了更平等的、更加可持续的经济全球化与贸易自由化,国际社会应当在若干机制中都进一步提高 SDT 条款的可操作性及适用频率。过去国际经济多边体制的运行已经为彼此关系的进一步联结奠定了基础。即便是美国,也有与发展中国家缔结的贸易协定,也需要与至少一部分发展中国家进行贸易合作。中国等发展中国家需要在全球化急剧变化的现实中尽快找寻到可以进一步巩固、加深彼此间联结的纽带。另一方面,经济全球化过程中形成的各种联结关系也为贸易转移提供了空间和机会,客观上也能形成一定的反制力量,有助于 SDT 的实施。例如,美国根据 232 调查对来自中国的钢铁和铝加征关税,①但是中国的钢铁和铝仍然可以通过一部分转口贸易进行适当规避。在相互间的联结较之过去紧密得多的背景下,这种单一征税措施也极易产生"蝴蝶效应",从而引发全球范围内的大规模贸易摩擦。而大规模的贸易摩擦尽管可能陷入以邻为壑的旧窠,但也可能产生矫正或重新展开谈判的契机和动力。因而,总体上,经济全球化的发展使 SDT 的确立和实施,挑战与机遇并存。

当然,也应看到当下"发展中国家"SDT 对于中国这样的新兴大国的局限性。其一,正如国际法本身的局限性一样,发展中国家固然被包含在法律条款之中,但其法律解释如果不考虑体制环境和赋予法律规则内容和指导的政治程序,法制化的效果将难以保证。② WTO 的诞生也是政治与法律之间平衡的结果。③ 因而,应当坚持发展中国家的自认机制,辅之以人均 GDP 等具有较高认可度的客观标准,使多边成员能够具有一定的回旋余地,才能保证 WTO 体系能够正常运行,而不是完全以僵化的难以达

① DS544, *US—Steel and Aluminium Products(China)*.

② 参见[英]阿姆里塔·纳利卡:《权力、政治与 WTO》,陈泰峰、薛荣久译,外语教学与研究出版社 2007 年版,第 234 页。

③ 参见[英]阿姆里塔·纳利卡:《权力、政治与 WTO》,陈泰峰、薛荣久译,外语教学与研究出版社 2007 年版,第 234 页。

成一致的诸多参数来衡量。其二，笼统概括的 SDT，于中国目前的特殊地位而言，难以惠及太多方面。建议在新谈判中主张 SDT 进一步有条件地予以量化、客观化，增强其可操作性。

三、中国“非市场经济”地位的因应之策

鉴于“自动终止条款”的法律效应，也鉴于 DS516 中国及时撤回了对于专家组的授权、美国有关价格比较方法措施案还处于磋商中的现实背景，笔者认为，对于未来 WTO 争端解决中规则适用的预判，无论是对于《中国加入议定书》本身，还是对于 WTO 一般规则，均应本着更加务实和审慎的态度，任何一厢情愿地解读既不会改变 WTO 规则的有权解释和实践运用，也不利于中国采取相对务实的对策。

首先，充分研讨并挖掘规则并力图在现有规则范围内争取最大的有利空间仍然是最直接和可行的方法。

WTO 是基于规则的多边贸易体制。对于成员之间的争端案件，DSB 无法拒绝裁判，而裁判必须有赖于 WTO 现行规则；争端成员也必须在 WTO 规则中寻求自己利益最大化之理据，因而，即使各方利益立场、价值理念存在差异，回归于 WTO 规则的解释与适用，既是该争端解决本身所必需，也是在求同存异的基础上形成最大公约数的正当途径。WTO 规则解释与适用属于法律——国际条约解释与适用——的范畴；与此同时，包括反倾销规则在内的 WTO 规则又有自身独特的规则体系及制度逻辑，因而应当成为此类案件规则研究的中轴线。

根据上述分析，未来适用于中国的歧视性规则将集中于《中国加入议定书》第 15(a)(i)条和以“注释 2”的“替代国方法”。就此，可以根据不同产品、行业的不同情况，在充分衡量各种规则适用差异与利弊的基础上，于可能的范围内和条件下作出有效之取舍。因为，无论是第 15(a)(i)条本身，还是第 15(d)条可用于终止 a 项的“全部终止条款”，抑或是“注释 2”，其适用均有较大的解释余地。

具体而言，(1)第 15(a)(i)条并未对市场经济条件的标准作出明确规定，实践中，对中国采取反倾销措施最多的欧盟和美国均以其国内法作为

评判依据。但是第 15 条前言,以及 a 项前言均表明,该条的适用是以 GATT 1994 第 6 条和《反倾销协定》为基础,中国生产者完全可以主张采用 WTO 一般反倾销规则中的市场经济条件标准,而非欧盟和美国等更为苛严的国内法标准。(2)在证明内容上,第 15(a)条的证明标准明显低于 d 项,中国生产者可以优先着眼于 a 项,证明某一产业符合市场经济条件(market economy conditions in the industry...),甚至某一具体商品的成本和价格是市场价格,而无须按照 d 项第一句"全部终止条款"来证明中国整体的市场经济体(China has established... that it is a market economy)地位。也就是说,当中国没有获得成员方市场经济地位认可时,中国生产者仍然有可能完成市场经济条件的证明责任,在特定产业或产品上得以适用"中国价格或成本"。(3)虽然在适用规则上,第 15(a)条作为特别规则应当优先适用,但其适用条件却是可以改变的,因而中国生产者也可以在其与 WTO 反倾销一般规则(包括但不限于"注释 2")之间进行选择。此外,应关注"第三国出口价格"的合理设计,预计该可比价格将被普遍使用。此外,无论是从 WTO 的相关规定与操作实践,还是欧盟和美国等主要经济体对市场经济地位的认定原则来看,都有相当的弹性空间。

其次,获得 WTO 其他成员对于中国市场经济地位的认可,当然是避免 WTO 规则歧视性对待的有效途径之一,但也并非一劳永逸的举措。许多成员国即使原则上承认某国的市场经济地位,实践中也可能对其采用歧视的手段。以 2013 年"俄罗斯诉欧盟反倾销措施案"①为例,尽管俄罗斯的市场经济地位已经得到认可,但是欧盟在该案中采取"成本调整"(cost adjustment)的方法,拒绝采用俄罗斯生产商和出口商提供的、根据一般公认会计原则记录的成本信息。欧盟的"特殊市场情况"政策要求调查主体在特定情况下拒绝将相似产品的价格作为构建正常价值的要素,这些情况包括当主管机关认为价格"被人为降低""价格不符合国际市场或其他有代表性的市场的状况"或其他扭曲市场的状况。所以,立足于长远发展的

---

① *European Union—Cost Adjustment Methodologies and Certain Anti-Dumping Measures on Imports from Russia* (DS474), https://www.wto.org/english/tratop_e/dispu_e/cases_e/ds474_e.htm, at 23 May 2016.

务实之举,还是应当重视自身市场经济条件的建设,尊重市场经济规律,改革国内价格制度和贸易制度,既使各种歧视性规则无用武之地,也为中国未来经济发展、立足国际社会创造更加坚实的基础和良好环境。

最后,应该认识到市场经济地位问题既是一个经济问题,也是一个政治和外交问题。这意味着,中国谋求市场经济大国的市场经济待遇,不能就事论事,不断提升与美欧等贸易大国之间的合作力度,扩大合作性议题的范围才是根本途径。当市场经济大国与中国的相互依赖程度日益加深,其在其他议题,如地缘政治、国际金融体系建设、能源与环境等领域需要谋求中国的积极合作时,市场经济待遇就很可能成为其利益交换的筹码。[①]当前中美贸易战,"打打停停"的局势已然证明了这一点。

另外,双边条约、区域性多边条约也是可资利用于突破美欧包围、获得更多条约权利的路径。

---

① 参见张斌:《"非市场经济"待遇:历史与现实》,上海人民出版社 2011 年版,第 417 ~ 418 页。

第四章　WTO争端解决中《中国加入议定书》的特殊适用问题：从权益到工具

第一节　中国涉案与《中国加入议定书》

中国“入世”后，关于《中国加入议定书》的争端频发。与中国作为WTO特殊加入方地位及其所涵摄的特殊加入义务这一文本事实相呼应，《中国加入议定书》引发的争端案件亦构成了WTO争端解决中典型的中国现象。

一、《中国加入议定书》援用特色

截至2019年12月31日，DSB共接收了593个案件，其中，涉案依据包括《加入议定书》，以中国涉案情况为中心的案件总数为38个案件（见表4-1），[①]占比6.6%。[②]

---

① 根据WTO官网的数据统计，《加入议定书》涉案数为36个案件。本部分数据统计并未采用该数据，而是以申诉方正式提交的“磋商请求”中是否明确列出《加入议定书》和/或其特定条款作为“涉案”与否的判断依据。据此标准，应有两个案件纳入涉案总数：（1）DS309“中国集成电路增值税案”：概括援引了《中国加入议定书》，但没有具体援引特定条款作为磋商依据；（2）DS372“中国影响金融信息服务和外国金融信息提供者的措施案”：尽管在提出磋商主张的时候没有明确援引具体《中国加入议定书》的特定条款，但是一方面该案与DS373、DS378指向相同的中国规制措施，实为不同主体的同类案件；另一方面在提出磋商请求时明确指出了该案涉及中国在《中国加入工作组报告》第309段（构成《中国加入议定书》的组成部分）项下的义务，故该两个案件均应作为涉案计入总数。

② See https://www.wto.org/english/tratop_e/dispu_e/dispu_agreements_index_e.htm?id=A30, at 31 December 2019.

表 4-1 WTO 争端解决中《加入议定书》涉案总表——以中国涉案情况为中心

序号	年份	案号	系争措施	当事方			案件进展
				原告	被告	第三方(个)	
1	2004	DS309	中国——集成电路增值税	美国	中国	无	和解/磋商解决
2	2006	DS339	中国——影响汽车零部件进口措施	欧共体	中国	7	裁决(上诉机构)
3		DS340		美国			
4		DS342		加拿大			
5	2007	DS358	中国——对税收和其他费用的返还和减免措施	美国	中国	9	和解/磋商解决
6		DS359		墨西哥			
7		DS363	中国——出版物及音像产品	美国	中国	5	裁决(上诉机构)
8	2008	DS372	中国——影响金融信息服务和外国金融信息提供者的措施	欧共体	中国	1	和解/磋商解决
9		DS373		美国		1	
10		DS378		加拿大		0(1 待接受)	
11		DS379	美国——对中国部分产品的反倾销和反补贴措施	中国	美国	14	裁决(上诉机构)
12		DS387	中国——赠予、贷款和其他刺激措施	美国	中国	9	磋商中
13		DS388		墨西哥		9	
14	2009	DS390		危地马拉		0(9 待接受)	
15		DS394	中国——原材料出口措施	美国	中国	15	裁决(上诉机构)
16		DS395		欧盟			
17		DS398		墨西哥			
18		DS397	欧共体——对中国部分钢、铁紧固件的反倾销措施	中国	欧共体	11	裁决(上诉机构)
19		DS399	美国——对中国部分客车和轻卡轮胎的进口措施	中国	美国	5	裁决(上诉机构)

续表

序号	年份	案号	系争措施	当事方			案件进展
				原告	被告	第三方（个）	
20	2010	DS404	美国——对越南部分虾类的反倾销措施	越南	美国	7（含中国）	裁决（专家组）
21		DS405	欧盟——中国部分鞋类的反倾销措施	中国	欧盟	7	裁决（专家组）
22		DS419	中国——风能设备措施	美国	中国	0（2待接受）	磋商中
23	2012	DS431	中国——稀土、钨、钼的出口措施	美国	中国	18	裁决（上诉机构）
24		DS432		欧盟			
25		DS433		日本			
26		DS437	美国——对中国部分产品的反补贴措施	中国	美国	12	裁决（上诉机构）
27		DS450	中国——影响汽车零部件进口措施	美国	中国	1	磋商中
28		DS451	中国——服装和纺织品产品生产和出口的措施	墨西哥	中国	0（8待接受）	磋商中
29	2015	DS501	中国——部分国产飞机的税收措施	美国	中国	2	磋商中
30	2016	DS508	中国——部分原材料出口税	美国	中国	15	专家组审理
31		DS509	中国——部分原材料出口的关税和其他措施	欧盟	中国	17	专家组审理
32		DS512	俄罗斯——交通和运输措施	乌克兰	俄罗斯	17（含中国）	裁决（专家组）
33		DS517	中国——部分农产品关税税率配额措施	美国	中国	17	裁决（专家组）
34	2017	DS525	乌克兰——货物与服务贸易措施	俄罗斯	乌克兰	0（中国未涉案）	磋商中
35		DS532	俄罗斯——对乌克兰产品的进口与运输措施	乌克兰	俄罗斯	0（中国未涉案）	磋商中
36	2018	DS536	美国——对越南鱼片的反倾销措施	越南	美国	10（含中国）	专家组审理
37		DS549	中国——技术转让措施	欧盟	中国	0（3待接受）	磋商中
38	2019	DS568	中国——糖类进口措施	巴西	中国	0（3待接受）	磋商中

自 2001 年 12 月 11 日加入 WTO 以来,《中国加入议定书》越来越多地成为中国在 WTO 争端解决中的涉案依据。

（一）高频参与

一方面,以 WTO 争端案件中《中国加入议定书》的涉案数为基数,WTO 争端案件中共有 38 个案件援引了《中国加入议定书》,中国几乎全部涉案:作为当事方涉案 33 个案件,作为第三方涉案 3 个案件,合计涉案 36 个案件。[①] 另一方面,以中国在 WTO 争端中的涉案数为基数,中国在 WTO 争端中合计涉案的 244 个案件,[②]在中国作为第三方的 179 个案件中,3 个案件援引了《中国加入议定书》;在中国作为当事方的 65 个案件中有 33 个案件援引了《中国加入议定书》(见表 4 - 2)。

表 4 - 2　WTO 中国涉案中《中国加入议定书》的援引概况

地位		援引《中国加入议定书》的中国涉案数(个)	WTO 中国涉案总数(个)	占比
当事方	申诉方	5	21	23.8%
	被诉方	28	44	63.6%
	合计	33	65	50.8%
第三方		3	179	1.7%

（二）高援引率

在中国作为当事方的 WTO 案件中,分别不同比例地援引过包括 GATT 1994、《中国加入议定书》《反补贴协定》《反倾销协定》《TRIMs 协定》《农业协定》等 12 项 WTO 诸协定。其中,《中国加入议定书》的援引率仅次于 GATT 1994,远超《反倾销协定》和《反补贴协定》,位列第二(见表 4 - 3)。

① 剩余 2 个案件(DS525、DS532),中国既非当事方也非第三方。

② See https://www.wto.org/english/tratop_e/dispu_e/dispu_by_country_e.htm, at 31 December 2019.

表 4 –3　中国作为当事方涉案中各协定的援引数排序

涉案数＼地位		当事方			
		申诉方	被诉方	合计	排序
中国涉案总数(个)		21	44	65	—
援引各协定的中国涉案数(占中国涉案总数比)	GATT1994	21(100%)	36(81.8%)	57(87.7%)	1
	中国加入议定书	5(23.8%)	28(63.6%)	33(50.8%)	2
	反补贴协定	6(28.6%)	16(36.4%)	22(33.8%)	3
	反倾销协定	9(42.9%)	8(18.2%)	17(26.2%)	4
	TRIMs 协定	2(9.5%)	5(11.4%)	7(10.8%)	5
	农业协定	1(4.8%)	6(13.6%)	7(10.8%)	5
	GATS	0(0%)	6(13.6%)	6(9.2%)	7
	TRIPs 协定	0(0%)	4(9.1%)	4(6.2%)	8
	保障措施协定	3(14.3%)	1(2.3%)	4(6.2%)	8
	建立 WTO 协定	3(14.3%)	0(0%)	3(4.6%)	10
	DSU	3(14.3%)	0(0%)	3(4.6%)	10
	SPS 协定	1(4.8%)	1(2.3%)	2(3.1%)	12
	原产地规则协定	0(0%)	1(2.3%)	1(1.5%)	13
	进口许可程序协定	0(0%)	1(2.3%)	1(1.5%)	13

(三)高获裁率

与此同时,在援引了《中国加入议定书》的中国涉案中,50% 的案件经专家组或上诉机构裁决结案,20% 的案件经当事方磋商、和解等方式结案,尚余 30% 的案件待结案(见表 4 –4)。

表 4－4　援引《加入议定书》的中国涉案裁决状况　　单位：件

地位		总数（个）	待结案		已结案				
			磋商阶段	专家组审理阶段	磋商/和解结案	经 DSB 裁决结案			占比
						专家组裁决结案	上诉机构报告结案	合计	
当事方	申诉方	5	—	—	—	1	4	5	100%
	被诉方	28	9	2	6	1	10	11	60.7%
	合计	33	9	2	6	2	14	16	66.7%
第三方		3	—	1	—	2	—	2	66.7%

由上述数据可见，中国不仅几乎全部参与了援引《中国加入议定书》的 WTO 案件——作为当事方的涉案率高达 86.8%，而且在中国作为当事方的涉案中《中国加入议定书》得到了高比例的援引——作为当事方涉案中的援引率高达 52.4%，加之援引了《中国加入议定书》且中国作为当事方的涉案结案率超过了 WTO 争端解决结案率约为 43.5%①的平均水平——作为当事方涉案中的结案率高达 66.7%。《中国加入议定书》作为 WTO 争端解决中典型的中国现象凸显。

二、《中国加入议定书》援引事项

根据中国作为当事方涉案《中国加入议定书》的条款适用情况表，《中国加入议定书》涉案争端可主要分为以下 11 类事项。

（一）补贴与反补贴措施

涉及条款包括《中国加入议定书》第 10.3 条（取消《反补贴协定》第 3 条的所有补贴）、第 12.1 条（按议定书规定取消农产品出口补贴）、第 15 条（确定补贴和倾销时的价格可比性）和《中国加入工作组报告》第 167 段

① 根据 WTO 官网数据统计，数据截至 2018 年 12 月 31 日，https://www.wto.org/english/tratop_e/dispu_e/dispustats_e.htm，最后访问日期：2020 年 4 月 15 日。

(出口补贴)、第234段(农业政策的出口补贴),主要涉及中国作为申诉方的4个案件(DS379、DS397、DS405、DS437),和中国作为被诉方的6个案件(DS358、DS359、DS387、DS388、DS390、DS451)。

(二)透明度

涉及条款包括《中国加入议定书》第2(C)条(贸易统一实施的透明度)、第8.1条(进口许可程序的透明度)、《中国加入工作组报告》第334段(透明度),涉及中国作为被诉方的8个案件(DS419、DS431、DS432、DS433、DS450、DS451、DS501、DS568)。

(三)保障措施

涉及《中国加入议定书》第16条(特定产品过渡性保障机制),针对其4个子条款,即第16.1条磋商、第16.3条撤销减让或限制进口、第16.4条市场扰乱、第16.6条时限,仅涉及中国作为申诉方的1个案件(DS399)。

(四)贸易权

涉及《中国加入议定书》第5条(贸易权),包括第5.1条(针对在中国的企业)、第5.2条(针对所有外国企业),和《中国加入工作组报告》第83段、第84段,涉及中国作为被诉方的9个案件(DS363、DS394、DS395、DS398、DS431、DS432、DS433、DS508、DS509)。

(五)进出口许可程序

涉及《中国加入议定书》第8条(进出口许可程序)项下的第8.2条(非歧视待遇)、《中国加入工作组报告》第136段(进口许可程序)和第162、165段(出口许可程序和出口限制)涉及中国作为被诉方的9个案件(DS394、DS395、DS398、DS431、DS432、DS433、DS508、DS509、DS568)。

(六)关税

涉及《中国加入工作组报告》第93段(正常海关关税)、第116段(关税配额之一般承诺)、第120段(关税配额之国营贸易企业),涉案数为6件。

（七）进出口税费

涉及《中国加入议定书》第 11 条（对进出口产品征收的税费）项下的第 11.3 条（取消附件 6 或 GATT 1994 第 8 条之外的税费），涉案 8 件（DS394、DS395、DS398、DS431、DS432、DS433、DS508、DS509）。

（八）非关税措施

涉及《中国加入议定书》第 7 条（非关税措施），包括第 7.2 条（国民待遇、取消数量限制、符合《农业协定》）、第 7.3 条（投资措施）和《中国加入工作组报告》第 122、127 段（进口数量限制，含禁止和配额），涉案 10 件（DS339、DS340、DS342、DS358、DS359、DS431、DS432、DS433、DS451、DS568）。

（九）贸易制度的统一实施

《中国加入议定书》第 2（A）条（贸易制度的统一实施），涉案 7 件（DS431、DS432、DS433、DS450、DS508、DS509、DS549）。

（十）投资措施

《中国加入工作组报告》第 203 段（TRIMs），涉案 5 件（DS339、DS340、DS342、DS358、DS359）。

（十一）服务贸易

《中国加入工作组报告》第 309 段（影响服务贸易的许可），涉案 3 件（DS372、DS373、DS378）。

三、《中国加入议定书》适用的特殊表象与歧见

（一）表象

以《中国加入议定书》在 WTO 争端解决实践中所涉条款为例，对其在具体案件中被援引应诉与被审理获裁的情况进行梳理可见（见表 4－5），在中国作为当事方的涉案中，在争端解决进程中的不同阶段，《中国加入议定书》的适用存在一定诉裁失衡的情况。

表 4－5 《中国加入议定书》条款获裁情况

系争条款		磋商		获裁	
		案号	数量	专家组	上诉机构
概括援引		DS309	1	—	—
第 1.2 条：引入《中国加入工作组报告》第 342 段所列承诺	第 83、84 段贸易权	DS363、DS394、DS395、DS398、DS431、DS432、DS433、DS508、DS509	9	DS363、DS394、DS395、DS398、DS431、DS432、DS433	363
	第 93 段正常海关关税	DS339、DS340、DS342	3	DS339－340－342	DS339－340－342
	第 116 段关税配额（一般承诺）	DS451、DS517、DS568	3	DS517	—
	第 120 段关税配额（国营贸易企业）	DS568	1	—	—
	第 122、127 段进口数量限制，含禁止和配额	DS451、DS568	2	—	—
	第 136 段进口许可程序	DS568	1	—	—
	第 162、165 段出口许可程序和出口限制	DS394、DS395、DS398、DS431、DS432、DS433、DS508、DS509	8	DS431、DS432、DS433	—
	第 167 段出口补贴	DS451、DS358、DS359	3	—	—
	第 203 段 TRIMs	DS339、DS340、DS342、DS358、DS359	5	—	—
	第 234 段农业政策（出口补贴）	DS387、DS388、DS390、DS451	4	—	—

续表

系争条款		磋商		获裁	
		案号	数量	专家组	上诉机构
	第309段影响服务贸易的政策（许可）	DS372、DS373、DS378	3	—	—
	第334段透明度（咨询点）	DS419、DS450、DS451、DS501	4	—	—
	第18～19、22段非歧视、第46～47段国有企业、第60、62、64段定价政策、第70段地方政府职权、第73段贸易制度的统一实施、第107段国内税适用、第115段关税配额、第123段进口数量限制、第132段进口许可程序、第157段出口许可实体清单、第168段出口补贴、第170段出口产品税费、第171～174段产业政策（补贴）、第210段国营贸易实体、第222～223、225、227～228段特殊经济区、第231～233、235、238段农业政策、第322段通知	DS451	1	—	—

续表

系争条款		磋商		获裁	
		案号	数量	专家组	上诉机构
第2条贸易制度的实施	第2(A)条统一实施	DS431、DS432、DS433、DS450、DS508、DS509、DS549	7	—	—
	第2(C)条透明度	DS431、DS432、DS433、DS450、DS501、DS568	6	—	—
第5条贸易权	第5.1条在中国的企业	DS363、DS394、DS395、DS398、DS431、DS432、DS433、DS508、DS509	9	DS363、DS394、DS395、DS398、DS431、DS432、DS433	363
	第5.2条所有外国企业	DS363、DS394、DS395、DS398、DS431、DS432、DS433、DS509		DS363、DS394、DS395、DS398	—
第7条非关税措施	第7.2条国民待遇、取消数量限制、符合《农业协定》	DS339、DS340、DS342、DS358、DS359、DS431、DS432、DS433	8	—	—
	第7.3条投资措施	DS339、DS340、DS342、DS358、DS359		—	—
第8条进出口许可程序	第8.1条透明度	DS568	7	—	—
	第8.2条非歧视待遇	DS394、DS395、DS398、DS431、DS432、DS433		—	—
第10条补贴	第10.3条取消《反补贴协定》第3条的所有补贴	DS358、DS359	2	—	—

续表

系争条款		磋商		获裁	
		案号	数量	专家组	上诉机构
第 11 条对进出口产品征收的税费	第 11.3 条取消附件 6 或 GATT 1994 第 8 条之外的税费	DS394、DS395、DS398、DS431、DS432、DS433、DS508、DS509	8	DS394、DS395、DS398、DS431、DS432、DS433	DS394、DS395、DS398、DS431、DS432、DS433
第 12 条农业	第 12.1 条按议定书规定取消农产品出口补贴	DS387、DS388、DS390	3	—	—
第 15 条确定补贴和倾销时的价格可比性		DS379、DS397、DS405、DS437	4	DS379、DS397、DS405	DS379、DS397
第 16 条特定产品过渡性保障机制	第 16.1 条磋商、第 16.3 条撤销减让或限制进口、第 16.4 条市场扰乱、第 16.6 条时限	DS399	1	DS399	DS399

具体分析如下。

1. 诉之失衡

在 DSM 中，争端的解决程序分两步：先磋商，磋商无果再行申诉。以当事方在磋商阶段提出的磋商请求为依据，《中国加入议定书》中共计 13 个实体性条款①在此阶段分别获得不同程度的援引。然而，至专家组阶段，只有 5 个条款获裁。在 8 个未获裁的条款中，除第 10.3 条仅因所涉案件以磋商/和解结案和第 12.1 条仅因所涉案件尚在磋商中而致案件本身未形成专家组报告而未获裁外，有两个条款，即第 7.2 条和第 8.2 条则存

① 不包括概括援引《中国加入议定书》的情况，以及援引《中国加入议定书》第 1.2 条仅作为引入《工作组报告》相关段落的过渡条款。

在因为当事方在专家组阶段提出申诉时并未就该条款提出主张而导致该条款未获裁的情形。即使在 5 个获裁的条款中,第 15 条和第 5.2 条也存在因当事方在申诉时未提出主张而导致条款未获裁的案件。

由此可见,在与《中国加入议定书》有关的争端解决案件中,磋商中所适用的条款仅有部分在专家组阶段作为诉求而获提出。导致此现象的原因有二:一为当事方已经磋商程序就相关条款做出妥协从而达成和解,因而在后续程序中无须再提出主张;二为虽然未能达成和解,但是当事方在进入专家组程序时,仍决定放弃依据相关条款提出主张。就后者而言,放弃的情形又可细分为两种。一是彻底放弃,即不再依据该条款做任何主张。如中国原材料案、中国稀土案和美国反补贴措施案(中国诉)[*US—Countervailing Measures* (*China*),DS437]。二是保留放弃,即虽不依据该条款提出主张,但保留在对方就该条款提出主张时据以反驳的权利。如在美国反倾销和反补贴税案(中国诉)中,中国作为申诉方在请求组成专家组时就《中国加入议定书》第 15 条(b)和(c)款提出了申诉请求,尽管中国随之放弃了该请求,但同时“保留其在美国援引《中国加入议定书》第 15 条(b)和(c)款的规则时依据该条阐述主张的权利”。① 上述情况说明,在 WTO 争端解决实践中,在作为争端解决程序第一阶段的磋商阶段中就《中国加入议定书》提出的部分请求并未“坚持”到第二阶段的专家组程序,存在诉之失衡的现象。

2. 裁之错位

常规情形下,当事方在磋商阶段和专家组审议阶段对《中国加入议定书》的特定条款有所主张,专家组在审理后出具的专家组报告会一一对应地就当事方的各项主张做出相应裁决;若当事方未就特定条款提出主张,则专家组报告中无相应裁决。然而,值得注意的是,相较于常态下的诉而获裁、不诉不裁,在中国作为当事方的涉案中存在不诉而裁、诉而不裁的情况。

(1)诉而不裁

在中国作为被诉方的涉案中,存在当事方就特定条款提出申诉主张但

---

① 详见《专家组报告》第 108 页第 10.9 ~ 10.12 段。

专家组未予裁决的情形。中国汽车零部件案中，当事方以及第三方均就《中国加入议定书》第 1.2 条及其引入的《中国加入工作组报告》第 93 条和第 342 条、第 7.2 条和第 7.3 条分别提出了申诉请求，但专家组裁决依司法经济原则对这些条款均未做出裁定。①

(2)不诉而裁

在中国作为申诉方的涉案中，亦存在当事方并未就特定条款提出申诉主张但专家组在裁决中予以适用的情形。该情形首次出现于美国反倾销反补贴税案(中国诉)中：尽管如前所述，中国作为申诉方在请求组成专家组时就《中国加入议定书》第 15 条(b)款和(c)款提出了申诉请求，后又作"保留放弃"，但在美国并未援引该条款的情况下，专家组仍在分析美国商务部对中国出口产品同时征收反倾销和反补贴税是否构成"双重救济"以及"双重救济"是否违反《反补贴协定》时，援引了《中国加入议定书》第 15 条进行论证。② 在欧共体紧固件案(中国诉)中，中国作为申诉方就欧盟原《反倾销基本条例》的相关条款违反《反倾销协定》、GATT 1994 和《建立 WTO 协定》项下的相关义务，并未援引《中国加入议定书》的任何条款。但是，在欧盟作为被诉方和巴西、印度、日本作为第三方均援引了《中国加入议定书》第 15 条作为抗辩，专家组也在其裁决中——尽管仅在脚注中——适用该条以论证在对存在或实质上存在贸易垄断的成员方进行反倾销调查时，允许适用不同待遇以确定正常价值。③

3. 合意之含混

《中国加入议定书》第 1.2 条规定："本议定书，包括工作组报告书第 342 段所指的承诺，应成为《建立 WTO 协定》的组成部分。"根据此条，《工作组报告》中共计 146 个条款被纳入《加入议定书》成为《建立 WTO 协定》的组成部分。就争端解决实践中该条的适用情况来看，该条也为通用条款，也称桥梁条款，以将《中国加入议定书》及其所包含的《中国加入工作

---

① 详见《专家组报告》第 355 页第 7.760 段、第 7.762 段、第 7.763 段。

② See Panel Report, *US—Anti-Dumping and Countervailing Duties* (*China*), WT/DS379/R, paras. 14.121, 14.178.

③ See Panel Report, *EC—Fasteners* (*China*), WT/DS397/R, p. 74, footnote 306.

组报告》部分内容纳入《建立 WTO 协定》从而使之得以直接适用，此为显性适用。

然而，在争端解决实践中还存在间接适用的情形，又可分为两种情形：其一，在获得援引成为《中国加入议定书》组成部分的《工作组报告》条款中，存在条款本身援引《工作组报告》其他条款的情形，如《工作组报告》第 40 段援引了第 38 段、第 210 段援引了第 333 段的内容。[①] 其二，在争端解决实践中，WTO 专家组和上诉机构在适用《工作组报告》的某一特定条款时，通过适用条约解释的规则，对作为上下文的其他条款进行了援引并作为解释依据从而使其在一定意义上得到适用。此后一种情况，加上《工作组报告》中不同事项下的段落（条款）间可能存在一定程度的关联甚至重叠，比如关于国有企业的段落也会规定关于国有企业私有化项目的透明度要求，从而成为透明度条款的组成部分，实际上使原本清晰的"入世"文本范围——《中国加入议定书》及其所援引的《工作组报告》第 342 段所指向的所有段落，变得模糊不清。

（二）《中国加入议定书》法律性质的认知分歧

《中国加入议定书》的法律性质问题源自关于 WTO 法律框架下 GATT 1994 第 20 条例外条款是否可被援引作为违反《中国加入议定书》项下义务的抗辩的一系列 WTO 争端案件。对此问题，DSB 各案专家组、上诉机构之间均存有较大分歧。

《中国加入议定书》法律性质问题经由三个 WTO 争端案件提出、发展并最终形成一定的结论——中国出版物及音像产品案、中国原材料案和中国稀土案。这三个案件经由一个最初的问题，即当违反《中国加入议定书》项下的条款义务时，当事方可否援引 GATT 1994 第 20 条例外作为抗辩，引发 DSB 对《中国加入议定书》与 GATT 1994 的关系、与 WTO 多边贸易协定的关系等一系列衍生问题的关注与解释。但是，该三个案件中，仅

---

① 《工作组报告》第 40 段：……中国代表还确认，因国际收支原因而采取的措施只为控制进口的总体水平而实施，而不用于保护特定部门、产业或产品，但第 38 段所指的除外。第 210 段：……中国代表还确认，将按照议定书（草案）的要求，在与本报告书第 333 段要求相一致的情况下，提供关于国营贸易企业的信息。工作组注意到这一承诺。

就 DSB 内部而言,专家组之间、上诉机构之间、专家组与上诉机构之间以及专家组与上诉机构的成员之间就该问题的结论与说理均存在不同程度的分歧。

1. 出版物及音像产品案:专家组与上诉机构间裁与不裁之分歧

该案中,涉案当事方间就 GATT 1994 第 20 条能否适用于《中国加入议定书》的问题进行了激烈的争论。美国主张中国通过一系列法规、规章将出版物、音像制品、电影的进口限定授予特定国有企业,违反《中国加入议定书》第 5 条(贸易权)的规定,即中国应在加入 WTO 后三年内,除在附件 2A 中列明的货物外,使所有在中国的企业均有权在中国的全部关税领土内从事所有货物的贸易。中国抗辩理由之一即是 GATT 1994 第 20(a)条(公共道德)例外,即 GATT 1994 作为《建立 WTO 协定》的附件,经由《中国加入议定书》第 5.1 条的自限条件——“在不损害中国以与符合《建立 WTO 协定》的方式管理贸易的权利的情况下”获得对《中国加入议定书》第 5 条的适用,其第 20(a)条项当然适用于《中国加入议定书》第 5.1 条,从而排除了中国有关出版物、音像制品、电影的进口措施在第 5.1 条项下的违法性。

该案专家组利用“司法经济”制度提供的裁量空间,跳过 GATT 1994 第 20 条对《中国加入议定书》条款的可适用性审查,直接审查了中国是否能够证明其措施满足该条的要求,并由于该项审查结论否定,所以,专家组未就 GATT 1994 第 20 条是否可适用于《中国加入议定书》作出裁定。[①]

但是,上诉机构首先依据 DSU 第 3.2 条和第 11 条的规定,认为专家组在本案中采用“假定成立”(arguendo)的司法裁判技术将不能为裁判结论提供坚实的论证基础。[②]《中国加入议定书》第 5.1 条中“在不损害中国

① See Panel Report, *China—Publications and Audiovisual Products*, WT/DS363/R, adopted 12 August 2009, para. 7.914. 值得注意的是,该案中专家组运用“司法经济”机制回避 GATT 1994 第 20 条对 WTO 项下其他协定的可适用性问题并非中国涉案的特有现象,早在 *US—Shrimp* (*Thailand*)/ *US—Customs Bond Directive* 案中上诉机构就采用过这一方法。见 WT/DS343/AB/R.

② See Appellate Body Report, *China—Publications and Audiovisual Products*, WT/DS363/AB/R, adopted 21 December 2009, para. 213.

以与《建立 WTO 协定》相符的方式管理贸易的权利的情况下”规定的“以与《建立 WTO 协定》相符的方式”指向的是包括 GATT 1994 等附件在内的 WTO 多边贸易协定，因此，中国管理贸易权的措施当然受 GATT 1994 约束，所以中国有权援引其第 20 条例外作为抗辩。[①]

细读专家组与上诉机构的说理可见，该案就 GATT 1994 第 20 条是否可适用于《中国加入议定书》的相关问题形成了一组裁判意见：

(1)当《中国加入议定书》的具体条款明确援引了 GATT 1994 时，GATT 1994 第 20 条可适用；

(2)《中国加入议定书》第 5.1 条中，“以与《建立 WTO 协定》相符合的方式”指的是完整的 WTO 协定，包括其附件；[②]

(3)《中国加入议定书》第 5.1 条规定的贸易权承诺与 GATT 1994 第 3 条和第 11 条项下的义务是紧密关联的，[③]这种关联使适用于所有 GATT 1994 项下义务的 GATT 1994 第 20 条例外，同样可以适用于《中国加入议定书》第 5.1 条。

至此，该案中专家组的“技术性回避”与上诉机构的“迎难而上”形成 DSB 内部的第一重表面分歧：专家组避裁，上诉机构应裁。

2. 原材料案：上诉机构间可适用与否之分歧

该案就中国违反《中国加入议定书》第 11.3 条项下的义务是否可援引 GATT 1994 第 20 条进行抗辩这一问题形成了争议焦点。专家组明确裁定：GATT 1994 第 20 条例外条款有其明确的适用范围，即仅适用于 GATT 1994 项下的义务。因为，首先，WTO 多边贸易协定中不存在普适于各协定的例外条款，各个协定有自己的例外条款，因此；其次，GATT 1994 第 20 条的导言部分明确指向其适用范围仅限于“本协定”；再次，《中国加入议定书》是《建立 WTO 协定》的组成部分，而非 GATT 1994 的组成部分，所

---

① See Appellate Body Report, *China—Publications and Audiovisual Products*, WT/DS363/AB/R, adopted 21 December 2009, para. 233.

② See Appellate Body Report, *China—Publications and Audiovisual Products*, WT/DS363/AB/R, adopted 21 December 2009, para. 222: “We read the phrase ‘in a manner consistent with the WTO Agreement’ as referring to the WTO Agreement as a whole, including its Annexes.”

③ 此观点亦有《中国加入工作组报告》第 80 段为证。

以除非《中国加入议定书》中有明确援引,否则 GATT 1994 第 20 条例外无法被援引作为抗辩;最后,因为《中国加入议定书》第 11.3 条中并未援引,因此第 20 条例外无法适用。[①] 该案上诉机构成员与前述中国出版物及音像产品案中的上诉机构成员完全相同,但关于 GATT 1994 第 20 条能否适用的结论却截然相反:由于《中国加入议定书》第 11.3 条并未明确援引除 GATT 1994 第 8 条之外的其他 GATT 1994 条款,因而 GATT 1994 第 20 条不可适用作为违反《中国加入议定书》第 11.3 条的抗辩。

尽管与中国出版物及音像产品案中上诉机构的结论相反,但该案专家组与上诉机构仍在一定程度上遵循了 WTO 机制"事实上的先例"制度,并形成如下说理逻辑:

(1)承袭中国出版物及音像产品案的说理,《中国加入议定书》的具体条款明确援引 GATT 1994 时,GATT 1994 第 20 条方可适用;

(2)进一步推衍"缺省" ="无意援引",即《中国加入议定书》第 11.3 条既未如第 5.1 条般概括援引《建立 WTO 协定》或 GATT 1994,[②]亦未如第 11.1 条和第 11.2 条般约定了"以与《建立 WTO 协定》相符合的方式",[③]加上第 11.3 条中明确约定了其他例外情形而未明确约定第 20 条例外可适用,[④]因此 GATT 1994 第 20 条不可适用;

(3)明确指出《建立 WTO 协定》中不存在普适于各协定的例外(general umbrella exception),每一个涵盖其中的 WTO 协定均有其自身的例外或灵活适用规定。[⑤] 因此,GATT 1994 第 20 条不可适用于其他非

---

① See Panel Report, *China—Raw Materials*, WT/DS394/R, WT/DS395/R, WT/DS398/R, adopted 5 July 2011, para. 7. 153.

② See Panel Report, *China—Raw Materials*, WT/DS394/R, WT/DS395/R, WT/DS398/R, adopted 5 July 2011, para. 7. 129.

③ See Panel Report, *China—Raw Materials*, WT/DS394/R, WT/DS395/R, WT/DS398/R, adopted 5 July 2011, para. 7. 138.

④ See Panel Report, *China—Raw Materials*, WT/DS394/R, WT/DS395/R, WT/DS398/R, adopted 5 July 2011, para. 7. 129.

⑤ See Panel Report, *China—Raw Materials*, WT/DS394/R, WT/DS395/R, WT/DS398/R, adopted 5 July 2011, para. 7. 150.

GATT 协定,除非其获得其他涵盖协定的援引。[①]

至此,该案上诉机构结论与其在中国出版物及音像产品案中就 GATT 1994 第 20 条是否可以适用于《中国加入议定书》形成第二重表面分歧——前案可以适用,后案则否。

3. 稀土案:专家组成员间"WTO Agreement"界定与"系统性关系"之分歧

该案中,中国再次主张对《中国加入议定书》第 11.3 条的违反可适用 GATT 1994 第 20 条例外作为抗辩,但基于 DSM"事实上的先例"制度,囿于此前"中国原材料案"中专家组与上诉机构的裁定,中国提出 4 项主张作为依据:

其一,援引美国碳钢案(*US—Carbon Steel*, DS213)上诉机构的裁决——文本缺失不排除通过暗示的方式作出相关规定的可能,[②]主张链接《中国加入议定书》第 11.3 条和 GATT 1994 第 20 条的特定文本的缺失,不意味着成员国间就该项抗辩不能为中国所援引存在合意;[③]

其二,《中国加入议定书》与 GATT 1994 间是"系统性关系"(systemic relationship)——第 11.3 条构成 GATT 1994 的组成部分,因为:(1)《中国加入议定书》第 1.2 条规定,"本议定书,包括《工作组报告》第 342 段中约定的承诺,应是'the WTO Agreement'的组成部分";(2)《建立 WTO 协定》第 12.1 条规定,"任何国家或在处理其对外贸易关系及本协定和多边贸易协定中所规定的其他事项方面拥有完全自主权的单独关税区,可按它与 WTO 之间议定的条件加入本协定。此加入适用于本协定及其所附多边贸易协定";[④]

其三,GATT 1994 第 20 条中"本协定的任何条款"不排除第 20 条对

---

① See Panel Report, *China—Raw Materials*, WT/DS394/R, WT/DS395/R, WT/DS398/R, adopted 5July 2011 para. 7. 153.

② See Appellate Body Report, *US—Carbon Steel*, WT/DS213/AB/R, para. 65.

③ See China's First Written Submission, *China—Raw Material*, para. 411.

④ See China's First Written Submission, *China—Raw Material*, Section V. C, paras. 422 – 435. See also China's Rebuttal Submission on the Availability of Article XX of the GATT 1994, Section Ⅲ, paras. 13 – 34.

违反《中国加入议定书》第 11. 3 条的可适用性;①

其四,考虑到《建立 WTO 协定》的宗旨和目的的、恰当的整体性解释,确认中国可以通过 GATT 1994 第 20 条获得出口税的合法性。②

值得注意的是,该案中诸多第三方就 GATT 1994 第 20 条是否可适用于《中国加入议定书》第 11. 3 条也态度各异:阿根廷与俄罗斯认为可适用;澳大利亚、加拿大、挪威和土耳其认为不可适用;韩国和沙特阿拉伯主张专家组应遵循中国原材料案中上诉机构的裁定;巴西和哥伦比亚则没有确定性意见。③

(1)专家组成员意见分歧:《加入议定书》与《建立 WTO 协定》项下多边贸易协定的关系

专家组在针对《中国加入议定书》第 11. 3 条可否适用 GATT 1994 第 20 条例外的问题展开分析之前,首先考察了处理过同一法律问题的、已生效的专家组和上诉机构报告,即"中国原材料案",并明确再次强调 DSB"事实上的先例"规则:只有具备"强有力理由",方可对同一法律问题作出不同于已生效的、上诉机构的先前裁决;同时,这种"强有力"的程度须达到一个"高水准"(high threshold)。④ 随即就中国提出的 4 项理由,专家组逐一做出了裁定:

其一,关于缺省"明确援引"的法律效果,专家组认为美国碳钢案中上诉机构认定缺省的法律效果并不是"结论性的"(dispositive),即明确援引的文本缺失并不当然指向"有意或无意援引",需要根据个案的具体情况判断,而此项非"结论性的"先前裁决并不足以构成推翻"中国原材料案"中上诉机构

---

① See Panel Report, *China—Rare Earths*, WT/DS431/R, WT/DS432/R, WT/DS433/R, paras. 436 – 444.

② See Panel Report, *China—Rare Earths*, WT/DS431/R, WT/DS432/R, WT/DS433/R, paras. 445 – 458.

③ See Panel Report, *China—Rare Earths*, WT/DS431/R, WT/DS432/R, WT/DS433/R, para. 7. 52.

④ See Panel Report, *China—Rare Earths*, WT/DS431/R, WT/DS432/R, WT/DS433/R, para. 7. 61. 同时,专家组还在该段的脚注(注释 127)中举例说明在前南斯拉夫国际刑事法庭上诉庭(Case No. IT – 95 – 14/1 – A, *Prosecutor v. Aleksovski*, Judgement of 24 March 2000, para. 108)和欧洲人权法庭(Cossey Judgement of 27 September 1990, Series A, vol. 184, para. 35)的具体案件中关于"令人信服"的"高标准"分别为"法官基于对可适用法律的错误认识导致的错误裁决"和"社会变迁"(societal changes)。

先前裁决的"令人信服的理由",因此,中国的此项主张未获支持。

其二,关于《中国加入议定书》与 GATT 1994 的关系,专家组首先并未支持中国所主张的《中国加入议定书》第 1.2 条项下的"WTO 协定"是指向广泛意义的 WTO 法律规则体系,而是基于文本解释,驳回了中国提出的《加入议定书》第 1.2 条使其自身的以成为《建立 WTO 协定》附件多边贸易协定(包括 GATT 1994)的组成部分:专家组认为,第一,第 1.2 条中的"the WTO Agreement"仅仅指向《建立 WTO 协定》,因而第 1.2 条仅能使《中国加入议定书》成为《建立 WTO 协定》的组成部分;第二,GATT 1994 第 1 条明确了其应包含的内容,该规定是穷尽的、封闭的列举,因此 1994 年之后的涵盖服务于知识产权议题的加入议定书不包括在 GATT 1994 之内,《中国加入议定书》自不例外;第三,《中国加入议定书》第 2.1 条明确规定了其附件减让表构成 GATT 1994 减让承诺表的组成部分,GATT 1994 第 2.7 条则规定其所有附件均构成其自身不可分割的组成部分,从而反推如果《中国加入议定书》的所有条款都是 GATT 1994 组成部分的话,那么第 2.1 条的规定即属多余;第四,所有在先判例中专家组和上诉机构报告均不支持第 1.2 条中"the WTO Agreement"指向《建立 WTO 协定》以外的其他内容;第五,如认为第 1.2 条中"the WTO Agreement"指向《建立 WTO 协定》及其附件多边贸易协定,则将使《中国加入议定书》中其他特别援引的表述成为多余。基于这些理由,专家组认为,从《中国加入议定书》第 1.2 条不能得出其第 11.3 条构成 GATT 1994 组成部分的结论。①

其三,针对《建立 WTO 协定》第 12.1 条,专家组认为《建立 WTO 协定》第 12.1 条仅仅规定了加入成员方可加入《建立 WTO 协定》,并明确规定在加入时,该加入必须适用于全体而非部分 WTO 协定,因此在加入 WTO 时,加入成员方受到所有多边贸易协定的所有义务的约束——新成员不得挑选加入特定的协定。② 专家组还以《建立 WTO 协定》附件中货物

① See Panel Report, *China—Rare Earths*, WT/DS431/R, WT/DS432/R, WT/DS433/R, paras. 7.82 – 7.89.

② See Panel Report, *China—Rare Earths*, WT/DS431/R, WT/DS432/R, WT/DS433/R, paras. 7.91.

贸易多边协定中的其他协定与GATT 1994的关系距离说明各多边贸易协定间的关系:二者间存在细化与被细化的关系,但不等于各自的条款自动成为对方的组成部分。①

值得注意的是,本案专家组成员之间存在重大分歧,专家组报告中明确列出了异议专家组成员的不同意见:②首先,关于GATT 1994之例外是否可以适用于《中国加入议定书》,要从WTO的整体结构入手,理解WTO"一揽子"协议的功能和组成。其次,作为"加入文件包",《加入议定书》《工作组报告》、各种减让表和部长级会议/总理事会决议与《建立WTO协定》的每一条均涉及对其与《建立WTO协定》条款间的关系的解释与认定。其中,第11.3条是关于出口税的超WTO条款,而关于出口税的额外义务须与既有WTO货物贸易义务特别是GATT 1994及其关于边境关税措施的条款共同作用。再次,《中国加入议定书》第11.3条对GATT 1994第2条和第11.1条项下的中国义务做了修改,三者均涉及出口税的规制,具有密切联系,在确定中国在出口税方面的权利与义务时,应对该三个条款作整体性考量。最后,根据《建立WTO协定》所明确的WTO的宗旨和目的,认为GATT 1994中各项例外抗辩应能自动适用于任何与GATT 1994相关的义务,除非成员方明确排除其适用。加之《中国加入议定书》第7.3条明确放弃了《TRIMs协定》第5条所规定的通知和过渡性安排的权利,因而推定如果中国和其他WTO成员方意图排除GATT 1994的例外抗辩权,应在《中国加入议定书》第11.3条中明确排除。③ 因此,由于第11.3条中并未明确规定此项排除,因此第20条例外可适用。④

---

① See Panel Report, *China—Rare Earths*, WT/DS431/R, WT/DS432/R, WT/DS433/R, paras. 7.92.

② See Panel Report, *China—Rare Earths*, WT/DS431/R, WT/DS432/R, WT/DS433/R, paras. 7.118 – 7.138.

③ See Panel Report, *China—Rare Earths*, WT/DS431/R, WT/DS432/R, WT/DS433/R, paras. 7.137.

④ See Panel Report, *China—Rare Earths*, WT/DS431/R, WT/DS432/R, WT/DS433/R, paras. 7.118 – 7.138.

(2)上诉机构歧见:《建立 WTO 协定》= WTO 诸协定

针对中国提出的上诉请求——认为专家组对《建立 WTO 协定》第12.1条和《加入议定书》第1.2条的解释,即《加入议定书》第1.2条第二句话的法律效果是使《中国加入议定书》成为《建立 WTO 协定》的组成部分,而非其具体条款也构成《建立 WTO 协定》及其所附的多边贸易协定的组成部分,上诉机构按照《建立 WTO 协定》第12.1条、《中国加入议定书》第1.2条、《中国加入议定书》与《建立 WTO 协定》及其多边贸易协定间的关系这三个问题的顺序逐一进行了分析。上诉机构的结论是:首先,支持专家组关于《建立 WTO 协定》第12.1条的解释,并强调该条并未就加入条件(《加入议定书》)和《建立 WTO 协定》及其多边贸易协定具体条款间的关系进行界定;①其次,与专家组意见不同,认为"WTO Agreement"一词在《中国加入议定书》中的含义有广、狭义之分,但第1.2条中的该词究竟做广义还是狭义理解对《加入议定书》和《建立 WTO 协定》及其多边贸易协定具体条款间的关系的判断并无实质影响,该条无论如何并未规定其条款与《建立 WTO 协定》及其项下多边贸易协定的关系;②最后,WTO 法律框架下,各多边贸易协定条款间、多边贸易协定条款与《建立 WTO 协定》条款间的关系,应个案判断。③

至此可见,本案中,无论是专家组成员内部,还是专家组与上诉机构之间,均存有歧见。

综上所述,DSB 在《中国加入议定书》法律性质相关的诸多问题上或存有根本性分歧、或在结论或说理部分含糊回避,均尚未形成令人信服的结论性意见。而无论是 GATT 1994 第20条例外是否可以适用,是否需要《中国加入议定书》中的具体条款有明确援引方可适用,及至"明确援引"缺失时的法律效果如何;还是"WTO 协定"所指向的具体文本

---

① See Appellate Report, *China—Rare Earths*, WT/DS431/AB/R, WT/DS432/AB/R, WT/DS433/AB/R, para. 5.34.

② See Appellate Report, *China—Rare Earths*, WT/DS431/AB/R, WT/DS432/AB/R, WT/DS433/AB/R, para. 5.50.

③ See Appellate Report, *China—Rare Earths*, WT/DS431/AB/R, WT/DS432/AB/R, WT/DS433/AB/R, para. 5.55, 5.62.

范围、《中国加入议定书》与 GATT 1994 及至 WTO 项下诸协定间的关系，这些问题均最终指向一个核心法律问题：《中国加入议定书》的法律性质问题。

（三）超 WTO 义务的差异化解释方法

如前表 4－4 所示，涉及《中国加入议定书》的 33 个 WTO 争端案件中，仅有 16 个案件形成了专家组报告，其中又只有 12 个案件形成了上诉机构报告。[①] 对此 16 个案件进行梳理可见，与所有其他 WTO 协定文本在 WTO 争端解决中的适用情况一样，《中国加入议定书》在绝大多数争端案件中的适用都避免不了解释问题——这 16 个案件中，除了只有 1 个案件并未适用《中国加入议定书》的具体条款从而未涉及法律解释问题外，剩余 15 个案件均涉及具体适用条款的法律解释[②]（见表 4－6）。

表 4－6　《中国加入议定书》涉案条款解释情况[③]

序号	案号	解释条款	解释内容
1 2 3	DS339 DS340 DS342	《工作组报告》第 93 段	1.《加入议定书》条款解释规则的确定；[④] 2.“设立关税税号”的措施是形式上的设立还是实质上的设立[⑤]

① 需要说明的是，在“中国集成电路增值税案”（DS309）中，由于该案仅是对《中国加入议定书》做了概括援引，并未涉及具体条款的适用，加之当事方达成和解，并未形成专家组报告，因而并不涉及《中国加入议定书》的解释问题。

② 美国反补贴措施案（中国诉）中，尽管在磋商阶段中国援引了《中国加入议定书》第 15 条作为申诉依据，但在具体进入专家组阶段，该条并未被纳入中国的申诉请求依据中，故无论是在该案的专家组报告还是上诉机构报告中，均未适用和/或解释该条款。

③ 说明：由于部分《中国加入议定书》涉案案件经由磋商或和解解决，未形成专家组裁决，即不存在适用解释的情况，因此经对获裁案件的专家组报告和上诉机构报告（如有）进行梳理，本表中只列出获裁的《中国加入议定书》涉案案件中，具体涉案条款的解释情况。

④ See Panel Report, *China—Auto Parts*, WT/DS339/R, WT/DS340/R, WT/DS342/R, adopted 18 July 2008, para. 7. 652, 7. 740－7. 741.

⑤ See Panel Report, *China—Auto Parts*, WT/DS339/R, WT/DS340/R, WT/DS342/R, adopted 18 July 2008, para. 7. 765.

续表

序号	案号	解释条款	解释内容
4	DS363	《加入议定书》第 5.1 条、第 5.2 条 《工作组报告》第 83(d)、84(a)段、第 84(b)段	1. 第 5.1 条"所有在中国的企业"是否包括在中国注册的中国企业、在中国投资与注册的外国企业、国有和私人企业、在中国的外资企业;① 2. 第5.1 条"不损害"是否决定了中国"管理贸易的权利"相对于"所有在中国的企业"要求的优先性;② 3. 第 5.1 条"管理贸易的权利"是否包括管理货物的进出口者;③ 4. 第 5.1 条"所有货物"是否包含电影制品;④ 5. 第 5.2 条"所有外国企业,包括未在中国投资或注册的……"是否包括在中国无商业运营或有商业运营的外国企业、是否仅指在中国未注册的外国企业;⑤ 6. 第 5.1 条"不损害"例外是否适用于第 5.2 条;⑥ 7.《加入议定书》第 5.1 条"不损害"例外是否适用于第 83(d)段、第 84(a)段、第 84(b)段;⑦ 8. 第 84(b)段"非歧视"是否涵盖外国(企业与个人)和在中国(企业)间的差别待遇;⑧ 9. GATT 1994 第 20 条可否被援引作为违反第 5.1 条的抗辩⑨

① See Panel Report, *China—Publications and Audiovisual Products*, WT/DS363/R, adopted 12 August 2009, paras. 7.246 – 7.252.

② See Panel Report, *China—Publications and Audiovisual Products*, WT/DS363/R, adopted 12 August 2009, paras. 7.253 – 7.255.

③ See Panel Report, *China—Publications and Audiovisual Products*, WT/DS363/R, adopted 12 August 2009, paras. 7.256 – 7.281.

④ See Panel Report, *China—Publications and Audiovisual Products*, WT/DS363/R, adopted 12 August 2009, paras. 7.551 – 7.555; see Appellate Body Report, *China—Publications and Audiovisual Products*, WT/DS363/AB/R, paras. 196 – 198.

⑤ See Panel Report, *China—Publications and Audiovisual Products*, WT/DS363/R, adopted 12 August 2009, paras. 7.286 – 7.299.

⑥ See Panel Report, *China—Publications and Audiovisual Products*, WT/DS363/R, adopted 12 August 2009, paras. 7.300 – 7.306.

⑦ See Panel Report, *China—Publications and Audiovisual Products*, WT/DS363/R, adopted 12 August 2009, paras. 7.310, 7.313 – 7.315, 7.318 – 7.319.

⑧ See Panel Report, *China—Publications and Audiovisual Products*, WT/DS363/R, adopted 12 August 2009, paras. 7.320 – 7.324.

⑨ See Panel Report, *China—Publications and Audiovisual Products*, WT/DS363/R, adopted 12 August 2009, paras. 7.743 – 7.745; see Appellate Body Report, *China—Publications and Audiovisual Products*, WT/DS363/AB/R, paras. 205, 213 – 230.

续表

序号	案号	解释条款	解释内容
5	DS379	《加入议定书》第15条	第15条未规定"双重补贴"的含义(是否可用以解释《反补贴协定》第19.4条无意涵盖"双重补贴"问题)①
6 7 8	DS394 DS395 DS398	《加入议定书》第11.3条(第11.1、11.2条)《工作组报告》第170段	1. 违反第11.3条是否可援引GATT 1994第20条抗辩(结合第11.1、11.2条和第170段的解释);② 2. 第11.3条"出口产品税费"是否包括"中标价格"③
9	DS397	《加入议定书》第15条	1. 在确定正常价格时允许符合特定条件限制的差别待遇;④ 2. 第15条是否允许其他成员方对中国按非市场经济待遇适用反倾销规则⑤
10	DS399	《加入议定书》第16条	1. 第16.1条和第16.4条的关系(第16.1条是否第16条的一般条款;二者是否可互为解释依据);⑥ 2. 第16.4条"快速增长"的解释;⑦ 3. 第16.4条因果关系要求的标准(是否需要唯一:contribution vs. cause;何为重要:significant;是否要求审查特定要素及特定程度);⑧ 4. 第16.3条救济程度、第16.6条救济时长的确定标准⑨

---

① See Panel Report, *US—Anti-Dumping and Countervailing Duties* (*China*), WT/DS379/R, paras. 14.121, 14.129; see Appellate Body Report, *US—Anti-Dumping and Countervailing Duties* (*China*), WT/DS379/AB/R, footnote 559, at p. 217.

② See Panel Report, *China—Raw Materials*, WT/DS394/R, WT/DS395/R, WT/DS398/R, paras. 7.110 – 7.160; see Appellate Body Report, *China—Raw Materials*, WT/DS394/AB/R, WT/DS395/AB/R, WT/DS398/AB/R, paras. 279 – 307.

③ See Panel Report, *China—Raw Materials*, WT/DS394/R, WT/DS395/R, WT/DS398/R, paras. 7.854 – 7.861.

④ See Panel Body Report, *EC—Fasteners* (*China*), WT/DS397/R, footnote 306.

⑤ See Appellate Body Report, *EC—Fasteners* (*China*), WT/DS397/AB/R, paras. 283 – 291.

⑥ See Panel Report, *US—Tyres* (*China*), WT/DS399/R, paras. 7.33 – 7.37.

⑦ See Panel Report, *US—Tyres* (*China*), WT/DS399/R, paras. 7.82 – 7.110; Appellate Body Report, *US—Tyres* (*China*), WT/DS399/AB/R, paras. 127 – 140.

⑧ See Panel Report, *US—Tyres* (*China*), WT/DS399/R, paras. 7.136 – 7.153, 7.158 – 7.160, 7.169 – 7.170, 7.174 – 7.178; Appellate Body Report, *US—Tyres* (*China*), WT/DS399/AB/R, paras. 173 – 201.

⑨ See Panel Report, *US—Tyres* (*China*), WT/DS399/R, paras. 7.390 – 7.399, 7.412 – 7.415.

续表

序号	案号	解释条款	解释内容
11	DS405	《加入议定书》第 15 条	1. 第 15(a)(ii)条是否允许/禁止依取样法判断市场经济地位;① 2. 第 15(a)(i)条是否支持 15 天答辩期间过短②
12 13 14	DS431 DS432 DS433	《加入议定书》第 11.3 条 第 5.1 条 《工作组报告》第 162、165 段 第 83、84 段	1. 违反第 11.3 条是否可援引 GATT 1994 第 20 条抗辩(关于缺省"明确援引"的法律效果、③关于《加入议定书》与 GATT1994 的体系性关系④); 2. 第 5.1 条是否指向"在中国的所有企业"均有权获得稀土的出口权;⑤ 3. 违反第 83、84 段可否援引 GATT 1994 第 20 条抗辩⑥
15	DS437	—	—
16	DS517	《工作组报告》第 116 段	第 116 段中包含 6 项义务(透明、可预测、公平、行政程序明确、要求明确和采用时限)且相互独立⑦

由表 4-6 可见,除了在案件中因专家组或上诉机构运用司法经济的自由裁量权而未做审查的条款外,所有《中国加入议定书》的涉案条款均在相应案件中经过了专家组或上诉机构的解释方得以适用。即便是美国反补贴措施案中涉及的《中国加入议定书》第 15 条在该案中适用时未涉及解释问题,这也是因为该条存在歧义的相关用语已经在先前相关案件中得

① See Panel Report, *EU—Footwear (China)*, WT/DS405/R, paras. 7.194 - 7.205.

② See Panel Report, *EU—Footwear (China)*, WT/DS405/R, paras. 7.557 - 7.560.

③ See Panel Report, *China—Rare Earths*, WT/DS431/R, WT/DS432/R, WT/DS433/R, paras. 7.63 - 7.72.

④ See Panel Report, *China—Rare Earths*, WT/DS431/R, WT/DS432/R, WT/DS433/R, paras. 7.73 - 7.99; Appellate Body Report, *China—Rare Earths*, WT/DS431/AB/R, WT/DS432/AB/R, WT/DS433/AB/R, paras. 5.18 - 5.74.

⑤ See Panel Report, *China—Rare Earths*, WT/DS431/R, WT/DS432/R, WT/DS433/R, paras. 7.1006 - 7.1012.

⑥ See Panel Report, *China—Rare Earths*, WT/DS431/R, WT/DS432/R, WT/DS433/R, paras. 7.1016 - 7.1033.

⑦ See Panel Report, *China—Tariff Rate Quotas for Certain Agricultural Products*, WT/DS517/R. paras. 7.3 - 7.9.

到了相应的解释：美国反倾销和反补贴税案（中国诉）、欧共体紧固件案（中国诉）和欧盟鞋案（中国诉）。

这些案件中所解释的《中国加入议定书》的条款内容各异，但有两项共性特点：其一，均涉及中国的超 WTO 义务；其二，均存在一个共性争议，即解释方法的适用。前者的具体内容已在前述第三章予以介绍，后者将在本章第三节予以详细论述。

第二节　《中国加入议定书》的性质——实体性权益之争

如前所述，《中国加入议定书》的法律性质问题源自关于 WTO 法律框架下 GATT 1994 第 20 条例外条款是否可被援引作为违反《中国加入议定书》项下义务的抗辩的一系列 WTO 争端案件。在上述案件的审理过程中，学界也就争端解决实践中提出的 GATT 1994 是否可适用于《中国加入议定书》的问题、《中国加入议定书》与 GATT 1994 的关系及至与 WTO 多边贸易协定的关系问题，以及最终《中国加入议定书》的法律性质如何这一根本性问题做了激烈探讨。与 DSB 运用法理、利用司法经济等制度，谨小慎微地尽力试图在保持裁判一致性的前提下处理 GATT 1994 的可适用性问题、回避《中国加入议定书》的法律性质难题相反，学界就此系列问题进行破解，深入针对其根本问题——《中国加入议定书》的法律性质问题进行激烈的探讨并形成了尖锐的分歧。

一、理论分歧：难以自证其成的诸说

经梳理可见，学界对于《中国加入议定书》法律性质的研究最终大致形成三类五种观点：第一类是“国家间条约之保留说”，又可细分为“法律上的保留说”和“事实上的保留说”两种；第二类是“国家间条约之修改/修正说”，又包括“法律上的修改说”和“事实上的修正说”；第三类是“国家和国际组织间条约说”。具体分析如下。

(一)“国家间条约之保留说”及其驳论

1. 基本观点:“法律上的保留说”

“国家间条约之保留”(以下简称条约保留说)以《加入议定书》中的差异性条款为研究对象,依据《维也纳条约法公约》对保留的定义,认为其性质从文本意义上构成对国家间条约的“法律上的保留”。

具言之,《维也纳条约法公约》第 2. 1 条规定,称“保留”者,“谓……”。在此基础上,联合国国际法委员会报告中特别指出了保留的三要件,[①]即形式要件为单方面声明;时间要件为当国家或国际组织明确表示其同意受某一条约的约束时作出(在签署、批准、正式确认、接受、核准或加入条约或一国发出继承条约的通知时),以及目的要件,是具有排除或修改条约的某些条款的法律效力的目的。

据此,该说指出,首先,《加入议定书》中的差异性条款尽管是加入成员方与 WTO 双边(多边[②])谈判的结果,但其条款所指向的义务性质仍然是单边的——因为这些义务构成加入方的特殊义务,超出了 WTO 协定的要求,是加入方单边作出的承诺;其次,《加入议定书》是加入方在加入时签订的;最后,《加入议定书》中的差异性条款,无论是与 WTO 常规义务相冲突、并列(存在差异)的义务内容,还是涉及 WTO 常规义务未规定事项的义务内容,其目的显然均是对 WTO 既有规则的排除或修改适用。因此,《加入议定书》应被认为是 WTO 现有成员方在新成员加入 WTO 过程中所作的保留。[③]

2. 驳论:“事实上的保留说”

该说认为,将差异性条款视为对《建立 WTO 协定》的保留,存在双重法律障碍:一方面,从文本上考察,《建立 WTO 协定》第 16. 5 条明确规定了“不得对本协定的任何条款提出保留”以及“对多边贸易协定任何条款

---

① Report of the International Law Commission on the work of its fiftieth session (1998) Official Records of the General Assembly, Fifty-third session, Supplement No. 10 (A/53/10) (“ILC Report 1998”), para. 495.

② 关于《加入议定书》是双边还是多边条约,学界亦有分歧,下文将对此进行分析。

③ 参见王琢:《入世议定书差异性条款的性质》,载《学术论坛》2015 年第 7 期。

的保留仅可以这些协定规定的程度为限”，因此，将差异性条款的法律性质认定为保留违反《建立 WTO 协定》的规定；[①]另一方面，就保留的三要件而言，《加入议定书》及其所包含的差异性条款，是加入成员方与 WTO 及其现有成员方双边或多边协商的结果，并非加入方的单方声明。[②] 在此基础上，有学者提出了“事实上的保留说”，即认为由于差异性条款符合《维也纳条约法公约》中保留概念的界定，《建立 WTO 协定》中不允许保留的限定并不能否认在实践中，由于 WTO 对保留的“集体统一”接受而构成“事实上的保留”。[③]

3. 对驳论的驳论：“加入无效”的法律效果

“事实上的保留说”亦有其瑕疵，即被认定为“不被允许的保留”后，WTO 各成员方事实上的接受存在不确定性。尽管在现实中《加入议定书》中的差异性条款经由部长级会议以 WTO 成员方 2/3 多数批准，通常为各创始成员方及在先加入成员方所接受，但根据《建立 WTO 协定》第 13 条之规定，“任何成员，如在自己成为成员时或在另一成员成为成员时，不同意在彼此之间适用本协定及附件 1 和附件 2 中的多边贸易协定，则这些协定在该两成员之间不适用”，因此在 WTO 规则限定的条件下，任何成员方是可以选择通过不同意适用《建立 WTO 协定》及其附件 1 和附件 2 中的多边贸易协定而实现对 RAMs 的“不接受”的，因而各成员方事实上的接受并非必然。在此情况下，加上保留条款或保留文件通常亦为加入文件，一旦出现不接受事实上的保留的情形，就不能弥补在法律上“不被允许”的硬伤——使加入方(保留国)的加入效力产生瑕疵。

至此可见，上述无论是“法律上的保留说”还是“事实上的保留说”，其

---

① See Julia Ya Qin, “The Conundrum of WTO Accession Protocols: in search of legality and legitimacy”, 55 *Va. J. Int'l L.* 369, 450 (2015), available at: https://digitalcommons.wayne.edu/lawfrp/299, at 21 July 2019；韩秀丽：《论入世议定书的法律效力——以〈中国入世议定书〉为中心》，载《环球法律评论》2014 年第 2 期。

② 参见韩秀丽：《论入世议定书的法律效力——以〈中国入世议定书〉为中心》，载《环球法律评论》2014 年第 2 期。

③ See Mitali Tyagi, “Flesh on a Legal Fiction: Early Practice in the WTO on Accession Protocols”, 15(2) *Journal of International Economic Law* 391, 439(2012).

自我论证均存在难以互相说服的瑕疵，从而未能为学界广泛接受。

（二）“修改/修正说”及其质疑

“修改/修正说”项下又可分为主张《中国加入议定书》经由其第 1.2 条的自引被并入了《建立 WTO 协定》从而构成对《建立 WTO 协定》修改的“修改说”，和主张《中国加入议定书》是不符合《建立 WTO 协定》规定的“事实上的修正”的“修正说”。两者的一项核心区别，即前者认为其是合法的“法律上的修改”，后者则认为其是不合法的“事实上的修正”。

1. 基本观点：“法律上的修改”与“事实上的修正”

（1）“多边条约并入、修改说”：“法律上的修改”

该说主张从条约法理论出发进行分析，认为加入议定书具有并入及修改《建立 WTO 协定》的法律效力。《中国加入议定书》第 1.2 条规定，“中国所加入的《建立 WTO 协定》应为经在加入之日前已生效的法律文件所更正、修正或修改的《建立 WTO 协定》。本议定书，包括工作组报告书第 342 段所指的承诺，应为《建立 WTO 协定》的组成部分”，从其文义可知加入议定书直接并入了《建立 WTO 协定》，而工作组报告中的指定段落也通过并入《加入议定书》，间接成为《建立 WTO 协定》的组成部分。同时该说还指出，《中国加入议定书》中，除了 WTO 现有权利义务条款外，超 WTO 义务条款、次 WTO 义务条款、超 WTO 权利条款和次 WTO 权利条款都对《建立 WTO 协定》具有修改的法律效力，加入成员不再如创始成员那样以一揽子“单一承诺”的形式接受《建立 WTO 协定》，而是经过其加入议定书对《建立 WTO 协定》进行修改，加入成员与其他创始成员、加入成员之间的权利义务应以此为准。①

（2）“多边条约修正说”：“事实上的修正”

该说依据“条约契约论”的基本理念，认为《中国加入议定书》具有“商业合同”的性质，每一个新成员的加入都意味着它与 WTO 既有成员之间

① 参见韩秀丽：《论入世议定书的法律效力——以〈中国入世议定书〉为中心》，载《环球法律评论》2014 年第 2 期；刘瑛：《论 WTO 争端解决中中国入世法律文件的解释》，载《山西大学学报》（哲学社会科学版）2016 年第 3 期。

达成了一份新的“商业合同”，其与 WTO 多边贸易协定均为该“商业合同”的组成部分。尽管加入谈判的参与方均声明其没有“修正”《建立 WTO 协定》的意图，但加入文件确实在 WTO 既有规则的基础上创设了适用于新成员与既有成员之间的特殊规范，其法律后果等同于对 WTO 法进行了事实上的“修正”。[①] Antonio Parenti 曾明确表示，任何对 WTO 义务规则的改变只有通过 WTO 修正案或者其他特殊程序才能实现，因此加入过程中的改变将与 WTO 规则不符：“这种加入过程中的改变甚至不能通过最后全体一致投票而实现，因为如果这种改变发生将会是对 WTO 规则的不尊重。”因此，只有将加入议定书看作对《建立 WTO 协定》的修正，这样加入议定书对《建立 WTO 协定》的改变才不会不符合 WTO 规则。[②] 之后，Claus-Dieter Ehlermann 和 Lothar Ehring 等学者也赞同将加入议定书定性为对 WTO 协定的修正。[③]

但是，此种观点也承认，既有《建立 WTO 协定》第 10 条关于“修正”对主体、程序和效果有明确的规定，而《中国加入议定书》并不符合其规定，因而并非“严格规则注意的产物，而是缔约方基于现实考虑与经济利益的选择”，因而只构成“事实上的修正”。

2.“修改/修正说”之内在缺陷：自证的逻辑瑕疵

该两种学说在自我论证逻辑上存在共同瑕疵——论证的前提概念模糊。

（1）《维也纳条约法公约》：“修改”vs“修正”？

两种学说均未严格按照《维也纳条约法公约》第四编的规定界定并区分使用“修正”与“修改”这一对术语。根据《维也纳条约法公约》第 39 ~ 40 条之规定，条约法中的“修正”与“修改”指向不同的条约修订行为及其相应不同的法律效果：“修正是指修正原条约的当事国意在使修正后的条

---

① 参见刘勇：《条约缔结程序与入世议定书法律性质辨析》，载《环球法律评论》2014 年第 2 期。

② See Antonio Parenti, “Accession to the world Trade Organization”, 27 (2) *Legal Issue of Economic Integration* 141 (2000).

③ See Merit E. Janow. Victoria Donaldson & Alan Yanovich (eds.). *The WTO: Governance, Dispute Settlement & Developing Counties.* New York: Juris Publishing, 2008.

约适用于原条约全体当事国的那种修订,虽然在事实上,可能由于原条约当事国中只有一部分批准修正后的条约,而结果该约只适用于这一部分当事国。修改是指原条约当事国中只一部分从事对该条约的修订,并且它们意在使修改后的条约只适用于它们自己的那种修订。"①二者区分的关键在于修订意图,即意在普适于全体当事国还是仅对参加修订的当事国适用。

"多边条约并入、修改说"并未在此区分界定的基础上使用"修改"一词,在未论证修订意图的情况下,即主张《加入议定书》"不但在加入成员与创始成员之间修改了《建立 WTO 协定》,而且在加入成员之间也修改了《建立 WTO 协定》"②——具备使全体当事国的权利义务均因此而受到改变的法律效果,既缺乏法理依据,又模糊了"修改"与"修正"差异。"多边条约修正说"则明确指出,加入谈判的参与方均声明其没有"修正"《建立 WTO 协定》的意图,由此,此处的"修正"亦并非《维也纳条约法公约》意蕴上的"修正"。

(2)《建立 WTO 协定》之"修正"?

即便暂时不拘泥于《维也纳条约法公约》对"修正"与"修改"所做的区分界定,"修改/修正说"的论证逻辑也存在着依据缺失的逻辑缺陷。无论是"法律上的"还是"事实上的""修改"或"修正",该两种学说也均不符合《建立 WTO 协定》中关于"修正"的规定。根据《维也纳条约法公约》第 39 条之规定,条约得以当事各国之间的协定予以修正。因此,对于《建立 WTO 协定》及其项下的多边贸易协定的修正应根据《建立 WTO 协定》第 10 条(修正)(amendments)进行。《建立 WTO 协定》第 10 条对该协定条款或其附件 1 ~ 3 中各多边贸易协定条款的修正的程序、效力做了详细的规定。由于《中国加入议定书》及所有其他《加入议定书》的内容仅涉及《建立 WTO 协定》及其附件 1 中各多边贸易协定的对应内容,因而对其法律性质是否属于《建立 WTO 协定》项下"修正"的判断应以第 10.1 ~ 10.7 条的规定为依据。

除去依据文本表面可以显见的理由外——《建立 WTO 协定》中第 10

① 李浩培:《条约法概论》,法律出版社 2003 年版,第 378 页。

② 韩秀丽:《论入世议定书的法律效力——以〈中国入世议定书〉为中心》,载《环球法律评论》2014 年第 2 期。

条修正与第 12 条加入分别规定了不同的规则体系，对照该规定，《中国加入议定书》并不属于《建立 WTO 协定》项下的条约“修正”，主要理由如下。

第一，主体不适格。《建立 WTO 协定》第 10 条规定了有权对《建立 WTO 协定》及附件 1 提出修正提案的主体是 WTO 各成员、货物贸易理事会、服务贸易理事会和 TRIPs 理事会。据此，《加入议定书》的缔约方——尚未成为 WTO 成员方的申请加入方和 WTO 均不具备本条规定的主体资格。

第二，决策程序不符。《建立 WTO 协定》第 10 条按决策事项的不同明确规定了不同的决策程序要求：①需要经所有成员方接受方可生效的修正：该协定第 9 条（决策）、GATT 1994 第 1 条（最惠国待遇）和第 2 条（国民待遇）、GATS 第 2.1 条（最惠国待遇）和《TRIPs 协定》第 4 条（最惠国待遇）；[①]②由部长级会议通过，而无须进一步的正式接受程序的修正：满足《TRIPs 协定》第 71.2 条要求的对该协定的修正；[②]③须经成员的 2/3 接受后方可生效的修正：其他对其自身条款的修正或对其附件 1A 和附件 1C 中多边贸易协定条款的修正。[③] 根据《建立 WTO 协定》第 12 条的规定，加入的决定由部长级会议作出，并且部长级会议应以 WTO 成员方的 2/3 多数批准关于加入条件的协议。这里的“关于加入的决议”即指的《加入议定书》。两相对照，《加入议定书》尽管亦需要部长级会议及其以 WTO 成员方的 2/3 多数批准方可生效，从而符合《建立 WTO 协定》第 10.3 条生效条件的规定，但由于其部分内容涉及第 10.2 条中所指的最惠国待遇问题——特别是《中国加入议定书》，存在诸多条款涉及不同多边贸易协定项下的最惠国待遇问题，所以还需要经所有成员方接受方可生效。[④] 因此，从决策程序上看，《加入议定书》的决策程序亦与《建立 WTO 协定》第 10 条所规定的

---

① 《建立 WTO 协定》第 10.2 条。

② 《建立 WTO 协定》第 10.6 条。

③ 《建立 WTO 协定》第 10.3 条。

④ 需要说明的是，尽管在大多数情况下 WTO 组织全体成员以协商一致的方式同意申请加入方加入 WTO，但一方面，实践中确有极少数加入方获得 2/3 多数批准加入，因而这一协商一致的决策情形并非普遍现象；另一方面，也更为重要的是，这一事实不能取代甚至否认既有文本规定的效力，应对实然与应然的决策程序要求作清楚的区分。

修正有所区别。

第三,法律效果不同。同样是《建立 WTO 协定》第 10 条,针对其他对其自身条款的修正或对其附件 1A 和附件 1C 中多边贸易协定条款的修正,按是否具有改变各成员权利和义务的性质,区分经成员的 2/3 接受后的法律效果:①其他对其自身条款的修正或对其附件 1A 和附件 1C 中多边贸易协定条款的修正,且不具有改变各成员权利和义务的性质的,须经成员的 2/3 接受后,对所有成员生效;②其他对其自身条款的修正或对其附件 1A 和附件 1C 中多边贸易协定条款的修正,且其具有改变各成员权利和义务的性质:须经成员的 2/3 接受后,对已接受修正的成员生效,并在此后对接受修正的每一其他成员生效。① 《加入议定书》的文本与实际法律效果均不符合此条的规定。就文本而言,《加入议定书》第 1. 2 条明确规定,加入议定书本身,包括工作组报告书第 342 段所指的承诺,应成为《建立 WTO 协定》的组成部分。与之相呼应,《建立 WTO 协定》第 12 条亦明确规定了,加入适用于《建立 WTO 协定》及附属于它的多边贸易协定。如此一来,所有《建立 WTO 协定》的成员方均应遵守《加入议定书》的规定,亦即《加入议定书》对所有 WTO 成员方生效。加之《加入议定书》无疑具有改变各成员权利和义务的性质,因此,这一法律效果显然与本段前述《建立 WTO 协定》第 10 条中规定的第②类情形相违背。

综上所述,无论是“法律上的修改说”还是“事实上的修正说”,均未能依托已有的明确的国际法规则,对《加入议定书》的法律性质做符合论证逻辑的科学判断。

(三)“国家和国际组织间条约说”及其疑义

1. 基本观点:条约主体的厘清

“国家和国际组织间条约说”的代表学者从《加入议定书》的文本内容开始解读,首先根据《维也纳条约法公约》第 2. 1 条和第 3 条的规定,认为《建立 WTO 协定》及其项下的多边贸易协定属于该公约定义的国际公约,而《中国加入议定书》是中国政府与 WTO 作为国际组织签订的

---

① 《建立 WTO 协定》第 10. 3 条。

"准国际条约"。

随后，根据该公约第 5 条的规定——"本公约适用于为国际组织约章之任何条约及在国际组织内议定之任何条约，但对该组织任何有关规则并无妨碍"，认为《建立 WTO 协定》及其项下的多边贸易协定均属于"国际组织约章"，属于公约定义的国际条约，但《加入议定书》的法律性质则需要依据作为 WTO 组织宪章的《建立 WTO 协定》的规定进行判断。

最后，根据《建立 WTO 协定》第 12 条规定，"任何主权国家或在对外商业关系以及本协议和多边贸易协议规定的其他事务上具有高度自治的单独关税区，可以在它（申请加入者）与 WTO 达成条件的基础上加入本协议"，该说最终认为《加入议定书》构成《维也纳条约法公约》第 5 条所指的"国际组织内议定之任何条约"，属于国际条约范畴，建立在《建立 WTO 协定》的基础之上，因而议定书的约束力不限于缔约的成员和 WTO，也包括所有其他成员。

此外，该学说还特别指出，《工作组报告》在本质上不是国际条约，它不是成员加入 WTO 的具体条件，而是"入世"谈判内容的记录，其性质相当于《维也纳条约法公约》第 32 条所指的"补充材料"。当议定书的内容不明确或无法解释、或显属荒谬和不合理时，工作组报告起到补充说明的作用，包括"条约之准备工作及缔约之情况在内"。《中国加入议定书》第 1.2 段将工作组报告第 342 段结合在内，而第 342 段又明确列举了工作组报告中的第 143 段内容作为中国的具体承诺，被加入议定书第 1.2 段一并吸收，从而使这第 143 段内容也具有了国际条约的性质。①

2. 疑义：条约主体的面纱

此学说的论证存有三点关系递进的逻辑疑问：问题一，《中国加入议定书》作为中国与 WTO 间的协议，究竟是"准国际条约"还是"国际条约"？问题二，如果是前者，那么《中国加入议定书》是否符合《维也纳条约法公约》第 5 条所指之"国际组织内议定之任何条约"？问题三，如果是后者，《中国加入议定书》是否仍是中国与 WTO 这个组织间的"国际

① 胡加祥：《〈中国入世议定书〉法律性质之分析》，载《当代法学》2014 年第 2 期。

条约”?

(1)问题一:《中国加入议定书》是“准国际条约”还是“国际条约”?

从文本考察,《中国加入议定书》的缔约主体是中国与作为国际组织的 WTO,该议定书属于典型的国家与国际组织间的协定,因而不属于《维也纳条约法公约》第 2 条关于“条约”之用语限定:“条约”者,“谓国家间所缔结而以国际法为准之国际书面协定,不论其载于一项单独文书或两项以上相互有关之文书内,亦不论其特定名称为何。”因此,加之该公约第 3 条明确规定,“本公约不适用于国家与其他国际法主体间所缔结之国际协定或此种其他国际法主体间之国际协定或非书面国际协定,此一事实并不影响:(1)此类协定之法律效力……”将《中国加入议定书》定性为“准国际条约”似无问题。但是,同样是由于该公约第 3 条的明确规定,该公约不适用于此类协定,因此若认定《中国加入议定书》的缔约主体是中国与国际组织,则基于《维也纳条约法公约》对其自身适用范围的自我限定,该公约第 5 条将无法被援引适用以作为论证《中国加入议定书》“国际条约”法律性质的依据。

(2)问题二:《中国加入议定书》是否《维也纳条约法公约》第 5 条所指之“国际组织内议定之任何条约”?

关于《维也纳条约法公约》第 5 条中“在一国际组织内议定之条约”,如前所述,此处的“条约”指向的是在此国际组织法律框架下的国家间的条约,既非国家与国际组织间的“准国际条约”,更非国际组织外(非成员、申请加入方)与国际组织间的“国际条约”。

(3)问题三:《中国加入议定书》是否中国与 WTO 间的“国际条约”?

该问题则涉及国际条约主体的身份界定问题。从文本上看,《中国加入议定书》是国家与国际组织间达成的协议。如前所述,《维也纳条约法公约》对于“条约”的用语界定仅仅是为了说明该公约的适用范围,并不排除国家与国际组织之间协议的效力。按照条约的一般定义,亦即“条约契约论”的观点,“条约是至少两个国际法主体意在原则上按照国际法产生、改变或废止相互间权利义务的意思表示的一致”。[①]

据此，针对“意思表示一致”要素，观诸加入程序中，意思表示的合意一方来自以加入工作组为代表的所有成员方：“尽管部长级会议或总理事会的批准代表了 WTO 的意志，但加入文件的内容实质上是所有既有成员——以特设工作组为载体——与申请方通过复杂的谈判而形成的。易言之，加入文件只是具有双边条约的表征，实质上仍然是多边谈判的结果。由于所有成员均可加入工作组并可要求与申请方展开双边谈判，且双边谈判的结果借由最惠国待遇原则而获得多边效力，因此新成员的加入文件实质上反映了全体成员的共同意志，是全体成员‘意思自治’的结果，在性质上仍然等同于多边条约。在此部长级会议或总理事会对于加入文件的批准仅具有形式上的价值。”[②]

因此，根据条约效力相对原则，“很少国际法原则是像它一样确定和得到普遍承认的”，[③]条约在原则上只对缔约国有拘束力，即缔约主体与权利义务的承担主体相对应。就《中国加入议定书》而言，于是存在其文本的缔约方与实体权利义务的承担主体不相对应的情形，即 WTO 虽然是缔约方，但《中国加入议定书》所指向的主要实体权利义务并非由 WTO 这个国际组织主体而是各 WTO 成员方享有并承担的。

至此可见，简单依据缔约文本的表面信息，将《中国加入议定书》的法律性质界定为国家与国际组织间条约，“这显然有违‘条约对第三方无损益’的基本原则——毕竟 WTO 及其成员均拥有独立法律人格，同时也无法在逻辑上实现其与《建立 WTO 协定》项下多边贸易协定之间的合理衔接”。[④]

综上所述，无论是前述“条约保留或加入说”“国家和国际组织间条约说”“国家间条约修改/修正说”还是“国家和国际组织间条约说”，均因其

---

① 李浩培：《条约法概论》，法律出版社 2003 年版，第 3 页。

② 刘勇：《条约缔结程序与入世议定书法律性质辨析》，载《环球法律评论》2014 年第 2 期。

③ 安齐洛蒂（Anzilotti）：《国际法论》，日德尔法译本，1920 年版，第 414 页；转引自李浩培：《条约法概论》，法律出版社 2003 年版，第 390 页。

④ 刘勇：《条约缔结程序与入世议定书法律性质辨析》，载《环球法律评论》2014 年第 2 期。

论证中存在瑕疵而未能实现对《中国加入议定书》法律性质的科学、准确的界定。

二、性质确定:国际组织内多边的保留条约

要判断一项国际法律文件的法律性质,首先需要确定的是判断的基线与标准,即判断《中国加入议定书》法律性质的逻辑起点与法律依据。就逻辑起点而言,国际法律文件的法律性质判断应起步于该文件的文本自身——《中国加入议定书》(同样适用于所有《加入议定书》)之文本对法律性质是否已有明确的界定;就法律依据而言,国际法律文件的法律性质应依据可适用规范进行判断。

《中国加入议定书》,顾名思义,是关于中国加入WTO这一以多边条约为建构基础的国际组织的议定书。而"议定书常用作一个主条约的附属文件,以补充、说明、解释或改变主条约的规定。这种附属文件是广义条约的一种,而且也是主条约的一个组成部分"。[①] 从本文条款的内容来看,《中国加入议定书》就是这样一个典型的"议定书"。因此,对于《中国加入议定书》法律性质的考察,基线问题应是其是否构成条约,随后才涉及如果是条约,是哪些主体(双边还是多边、国家间还是国家与国际组织)间的、具备何种法律效果目的的条约(保留还是修改、修正)等一系列进阶问题。

(一)法律性质基线:条约

根据"条约契约论"的观点,条约的构成要件有三:适格的主体、一致的合意、创设权利义务。《中国加入议定书》符合条约构成的三要件。

1. 主体适格

从形式上看,《中国加入议定书》的缔约方是中国与WTO,前者是国家,后者是国际组织。一方面,如前所述,尽管《维也纳条约法公约》中界定的该条约项下的"条约"用语仅限于国家间协定,但其并不否认国家与其他国际法主体间缔约的协定等"此类协定之法律效力";[②]另一方面,尽

① 李浩培:《条约法概论》,法律出版社2003年版,第23页。

② 《维也纳条约法公约》第3条。

管《关于国家和国际组织或国际组织相互间条约法的维也纳公约》尚未生效,但由于其是联合国国际法委员会基于国际习惯法的编纂成果,亦与现实实践中国际组织作为缔约主体的地位得到国际社会广泛认可相符,故其将条约主体范围扩大至国际组织的界定具有一定的法律效力,因此,《中国加入议定书》的缔约主体符合"此类协定",即广义的条约的主体要件。

2. 意思一致

"各个条约当事者必须有一致的意思表示,才能成立条约。"①《建立WTO协定》第12条明确规定,加入该协定的条件必须与WTO议定。无论是从加入文本中的表述——《中国加入议定书》序言中的"世界贸易组织……与中华人民共和国……协议如下:……"还是从加入实践中经由对所有WTO成员开放的工作组与中国多边谈判形成的加入条件,即《中国加入议定书》,均反映了就中国加入及其条件与法律效果的当事方合意。

3. 创设权利义务

国际法意义上的条约,应指向缔约当事方的具体权利义务的创设。"当协议的当事方无意创设国际法项下的法律关系或具有约束力的权利或义务时,该协议将不是条约。"②《中国加入议定书》不仅明确规定了文本形式上的缔约方——中国和WTO的权利义务,更明确规定了各WTO成员方的权利义务。首先,《中国加入议定书》使中国加入成为《建立WTO协定》的成员方,该协定指向中国的权利义务繁复,此处毋庸赘述;其次,WTO无论是作为中国所加入的国际组织,还是在该议定书项下的当事方,均直接享有权利与承担义务,如第18条过渡性审议机制;最后,WTO成员方作为中国所加入的国际组织的其他成员方,也必然享有对应的权利、承担相应的义务。因此,《中国加入议定书》也符合创设权利义务这一构成要件。

(二)法律性质进阶:多边、多元主体间条约的保留

在确定条约这一法律性质基线的基础上,应依据确定的、可适用国际

---

① 李浩培:《条约法概论》,法律出版社2003年版,第13页。

② Malcolm Shaw, *International Law* (8th Edition), Cambridge University Press, 2017, p. 1723.

法规则进一步判断《中国加入议定书》的法律性质。

1. 多边、多元主体间条约:国家间、国家与国际组织间条约的二重属性

关于条约主体的判断,李浩培先生曾在论及按缔约方的数目对条约进行分类时指出:“双边条约是指只限两方参加的条约。但是,每一缔约方可以包括几个国际法主体。例如,1947年2月10日的对意大利和约,一个缔约方包括苏联等二十个国际法主体,而另一缔约方只包括意大利一个国际法主体。这个条约仍然是一个双边条约。”①此段论述实质暗含了判断条约主体的标准:当事方标准,即在该条约项下享有权利、承担义务的国际法主体。

就《中国加入议定书》而言,通过对其项下所涵盖的权利义务进行分类可见,既有针对中国和WTO的权利义务设置,包括就中国加入事项本身设置的双方权利义务,和就加入条件所设置的双方权利义务;又有针对中国和WTO成员方的权利义务设置,中国加入后将按《建立WTO协定》及其项下诸多边贸易协定和《中国加入议定书》中的“超WTO条款”享有权利承担义务,必然由此创设了WTO成员方对应的权利与义务。值得注意的是,即便在《中国加入议定书》项下,WTO成员方也享有按附件7“以与《建立WTO协定》不一致的方式针对自中国进口的产品维持的所有禁止、数量限制和其他措施”的权利,和“所有此类禁止、数量限制和其他措施应依照该附件所列共同议定的条件和时间表逐步取消或加以处理”的义务。②

上述《中国加入议定书》项下实体权利与义务分配的结果,也与加入过程中以工作组为代表、WTO成员方均直接加入的多边谈判程序相呼应,反映出在国际组织框架下加入多边条约的复杂性。加入工作组与部长级会议主导并批准“入世”谈判与条件的依据是《建立WTO协定》第12条之规定。该条不仅没有限定申请加入方与WTO就加入条件进行协议(谈判)的主体,更要求作出加入决定的部长级会议必须以WTO成员方的2/3

---

① 李浩培:《条约法概论》,法律出版社2003年版,第31页。

② 《中国加入议定书》第一部分第17条。

多数批准。事实上,《中国加入议定书》是由 WTO 成员方在多哈部长级会议上以协商一致的方式批准加入。由此,在加入程序的自始至终,WTO 成员方亦全程参与。

因此,无论从程序还是实体权利义务的分配考察,《中国加入议定书》是由中国、WTO 和 WTO 成员方三方缔结的国家间、国家与国际组织间的多边、二重国际条约。

2. 条约保留:回归文本

"加入议定书"这一源自文本标题的天然链接,是引发前述学界首先考察《中国加入议定书》项下差异性条款的法律性质是否构成保留的初始缘由——保留的时间要素即是一国在加入条约时。亦如前所述,《中国加入议定书》/差异性条款"国家间条约之保留说"存在诸多瑕疵,无法自证其成。这主要是因为,无论是法律上的保留说还是事实上的保留说,均未能回归文本,对《建立 WTO 协定》这一国际组织宪章作准确的解读。

(1)《建立 WTO 协定》:禁止保留 vs 允许保留

《中国加入议定书》是否构成保留,应首先检查其是否符合《维也纳条约法公约》规定的提出保留的条件。《维也纳条约法公约》第 19 条(保留的提出)规定:

"一国得于签署、批准、接受、赞同或加入条约时,提具保留,但有下列情形之一者不在此限:

(甲)该项保留为条约所禁止者;

(乙)条约仅准许特定之保留而有关之保留不在其内者;或

(丙)凡不属(甲)及(乙)两款所称之情形,该项保留与条约目的及宗旨不合者。"

据此,对照《建立 WTO 协定》及其项下诸项多边贸易协定,明确提及"保留"的条款是《建立 WTO 协定》第 16.5 条:"不得对本协定的任何条款作出保留。对多边贸易协定任何条款的保留可仅以这些协定规定的程度为限。对一诸边贸易协定条款的保留应按该协定的规定执行。"该条亦即前述驳斥"法律上的保留说"之主要依据——认为《建立 WTO 协定》第 16.5 条不允许成员方作出保留,从而《中国加入议定书》不可能构成保留。

这实属对该条的误读。

《建立 WTO 协定》第 16.5 条规定的“不得对本协定的任何条款作出保留”不等于“本协定项下不得有任何保留”。事实上,《建立 WTO 协定》不仅没有禁止保留,还明确规定了可以保留的情形。例如,《建立 WTO 协定》第 13 条(多边贸易协定在特定成员间的不适用)规定:“任何成员,如在自己成为成员时或在另一成员成为成员时,不同意在彼此之间适用本协定及附件 1 和附件 2 中的多边贸易协定,则这些协定在该两成员之间不适用。”这是典型的允许保留的情形。更何况,《建立 WTO 协定》第 12 条(加入)更是对加入方的保留提供了制度空间:“任何国家或在处理其对外贸易关系及本协定和多边贸易协定中所规定的其他事项方面拥有完全自主权的单独关税区,可按它与 WTO 之间议定的条件加入本协定。”此处对于加入条件的不设限,实际上就是允许加入方对于既有 WTO 规则的不接受,即允许保留。

因此,就《建立 WTO 协定》而言,其不仅未限定不得保留,反而明确规定加入方可以保留,从而并不构成对《中国加入议定书》作为“法律上的保留”的制度障碍。

(2)保留形式要件:单方声明 vs 双、多边协议

关于前述学者提出的《中国加入议定书》构成保留的第二重法律障碍,即《加入议定书》及其所包含的差异性条款,是加入成员方与 WTO 及其现有成员方双边或多边协商的结果,并非加入方的单方声明,因而不符合《维也纳条约法公约》第 2.1 条以及由此提炼出来的保留构成要件之“单方声明”。这一驳论在事实层面上混淆了“保留”的提出和“保留方案”的制定,在法律层面上则混淆了保留的构成要件与生效要件,同样是源自对《维也纳条约法公约》第 2.1 条“保留”定义的误读。

首先,《维也纳条约法公约》第 2.1 条规定,保留是一国加入条约时所作之单方面声明,无论其措辞或名称为何。该规定指向的是加入国在加入时作出保留的单方行为,有别于保留具体内容的形成过程是单方还是双方、多方。

其次,同时该单方面声明只要作出,即符合单方声明这一构成要件,无

须包括 WTO 和 WTO 成员方在内的缔约方的同意,后者是在特定条约项下保留的生效要件。

最后,尽管按照加入程序,加入条件经多方谈判确定后,是由工作组提交部长级会议批准后方才提供给加入方接受(accept),但这依然不能否认加入方的保留行为是单方行为——毕竟加入程序是由加入方单方申请启动,只不过按照《建立 WTO 协定》这一国际组织宪章,保留(加入)的条件须与 WTO 经特定程序确定。

(3)保留的效力:保留 vs 加入

至于"事实上的保留说",其核心瑕疵亦并非如前述"驳论之驳论"所主张的,一旦被认定为"不被允许的保留"后将对加入方(保留国)的加入效力产生瑕疵,而是同样源自对保留的构成要件与生效要件的混淆,从而导致了该主张无法自洽的根本逻辑悖论。

该主张认为由于差异性条款符合《维也纳条约法公约》中保留三要件,《建立 WTO 协定》中不允许保留的限定并不能否认在实践中,由于 WTO 对保留的"集体统一"接受而构成"事实上的保留"。

事实上,一方面,根据《维也纳条约法公约》第 2.1 条之定义,一旦符合三要件,保留就已构成,至于该保留的作出是否合法(是否符合第 19 条关于保留提出的限定,即《建立 WTO 协定》是否存在对保留的限制)、保留是否被接受从而产生约束效力(是否为 WTO 成员方事实上所接受),属于保留的生效问题,因而只会形成"无效的保留",而非所谓"被接受的""事实上的(有效的)保留";另一方面,也不会出现因为对加入方的加入效力产生瑕疵的不良影响,因为如果保留不被《建立 WTO 协定》允许,那么《加入议定书》需要部长级会议以 WTO 成员方 2/3 多数批准加入这一条件就无法成就,也就不会存在因为个别或少数加入方不接受加入方的保留而导致加入国加入效力瑕疵的问题。

三、《中国加入议定书》与 WTO 多边贸易协定的关系

基于上述《中国加入议定书》作为"多边条约的保留"的法律性质认定,由此衍生出的诸多关于《中国加入议定书》的适用问题即可拾级而上、

按图索骥地准确解决。

解决GATT 1994例外对《中国加入议定书》的适用、DSB对《中国加入议定书》相关争议的管辖权等问题的关键在于准确厘清《中国加入议定书》与WTO多边贸易协定的关系，这也是前述WTO争端解决实践中提出、反复出现并引发较大歧见的问题。

最终在“中国稀土案”中，各方围绕中国提出的主张——《中国加入议定书》与《建立WTO协定》及其项下的各多边贸易协定都存在着“内在联系”(intrinsically related)。该案的上诉机构一方面认为，《中国加入议定书》第1.2条“仅为‘一揽子’的加入条款和WTO已存的‘一揽子’条款构建了桥梁，但这并不解决加入议定书条款与WTO多边贸易协定条款间的关系问题”；另一方面又指出，“二者间的联系需要通过对相关条款进行全面分析确定，即要依据条约解释的习惯规则和个案的具体情况确定”。①

因此，对于《中国加入议定书》与WTO多边贸易协定内在联系的考察，可以从两个层面次序展开：其一，按照条约解释的习惯规则，全面考察条约相关条款，查清缔约方的目的；其二，基于个案中相关条款的具体分析，本部分重点聚焦于第一个层面的考察。

（一）缔约合意考察

《中国加入议定书》中，凡涉及实体性权利义务的部分，无论是直接规定的非标准文本条款，还是转引自《工作组报告》的非标准文本条款，绝大多数均明确指向包括GATT 1994、GATS、《TRIPs协定》《TRIMs协定》等在内的WTO项下诸多多边贸易协定(见表4-7)，并且在表述上明确说明了该段落中所作出的承诺是为了遵守/符合这些所指向的《建立WTO协定》及其项下特定的WTO诸协定。此项缔约实践说明，对于缔约各方而言，特别是参加实际谈判的WTO成员方而言，该两类法律文件的具体条款之间存在一一对应的关系。

---

① See Panel Report, *China—Rare Earths*, WT/DS431/R, WT/DS432/R, WT/DS433/R, paras 5.16, 5.68.

表 4－7　《中国加入议定书》明示指向 WTO 多边贸易协定情况一览

<table>
<tr><td colspan="3">《加入议定书》转引条款的援引情况</td><td colspan="2">《加入议定书》直接规定条款的援引情况</td></tr>
<tr><td colspan="2">《工作组报告》获转引的相应条款</td><td colspan="2">援引的 WTO 诸协定条款</td><td>条款</td></tr>
<tr><td rowspan="6">经济政策</td><td>非歧视（包括国民待遇）</td><td>《建立 WTO 协定》</td><td></td><td>第 3 条非歧视</td></tr>
<tr><td>外汇和支付</td><td>《建立 WTO 协定》</td><td></td><td></td></tr>
<tr><td>国际收支措施</td><td>GATT 1994 及其《BPO 谅解》</td><td></td><td></td></tr>
<tr><td>投资机制</td><td>《建立 WTO 协定》</td><td></td><td></td></tr>
<tr><td>国有企业和国家投资企业</td><td>《建立 WTO 协定》
《政府采购协议》
《TRIPs 协定》
《TRIMs 协定》</td><td></td><td></td></tr>
<tr><td>定价政策（价格控制）</td><td>GATT 1994 第 3.9 条</td><td>《建立 WTO 协定》、GATT 1994 第 3 条；《农业协定》附件 2 第 3～4 款</td><td>第 9 条价格控制</td></tr>
<tr><td rowspan="4">政策制定和执行的框架</td><td>政府的结构和权力</td><td>《建立 WTO 协定》</td><td></td><td></td></tr>
<tr><td>地方各级政府的职权</td><td>《建立 WTO 协定》</td><td></td><td></td></tr>
<tr><td>贸易制度的统一实施</td><td>《建立 WTO 协定》</td><td>概括援引《建立 WTO 协定》</td><td>第 2(A) 条（贸易制度的）统一实施</td></tr>
<tr><td>司法审查</td><td>《建立 WTO 协定》、GATT 1994 第 10.1 条、GATS 第 6 条和《TRIPs 协定》</td><td>GATT 1994 第 10.1 条、GATS 第 6 条和《TRIPs 协定》相关规定</td><td>第 2(D) 条（贸易制度的）司法审查</td></tr>
</table>

续表

<table>
<tr><th colspan="4">《加入议定书》转引条款的援引情况</th><th colspan="2">《加入议定书》直接规定条款的援引情况</th></tr>
<tr><th colspan="3">《工作组报告》获转引的相应条款</th><th colspan="2">援引的 WTO 诸协定条款</th><th>条款</th></tr>
<tr><td rowspan="13">影响货物贸易的政策</td><td rowspan="2">贸易权</td><td>总体情况</td><td>—</td><td rowspan="2">《建立 WTO 协定》、GATT 1994 第 3 条(特别是第 3.4 款)</td><td rowspan="2">第 5 条贸易权</td></tr>
<tr><td>指定经营</td><td>—</td></tr>
<tr><td rowspan="11">进口法规</td><td>正常海关关税</td><td>《信息技术协定》</td><td></td><td></td></tr>
<tr><td>其他税费</td><td>GATT 1994 第 2.1(b)条</td><td></td><td></td></tr>
<tr><td>原产地规则</td><td>《原产地规则协定》</td><td></td><td></td></tr>
<tr><td>对提供的服务收取的规费和费用</td><td>GATT 1994 第 8 条</td><td></td><td></td></tr>
<tr><td>国内税对进口产品的适用</td><td>—</td><td></td><td></td></tr>
<tr><td>关税免除</td><td>—</td><td></td><td></td></tr>
<tr><td>关税配额</td><td>—</td><td></td><td></td></tr>
<tr><td>进口数量限制,包括禁止和配额</td><td>《建立 WTO 协定》,包括 GATT 1994 第 13 条和《进口许可程序协定》《海关估价协定》</td><td>《建立 WTO 协定》、GATT 1994 第 3、11、13 条、《农业协定》《进口许可程序协定》《TRIMs 协定》(排除第 5 条)</td><td>第 7 条非关税措施</td></tr>
<tr><td>进口许可程序</td><td>《进口许可程序协定》</td><td>《建立 WTO 协定》《进口许可程序协定》</td><td>第 8 条进出口许可程序</td></tr>
<tr><td>海关估价</td><td>《海关估价协定》《关于进口货物完税价格中利息费用处理的决定》和《关于对记录数据处理设备用软件的承载介质进行估价的决定》(G/VAL/5)</td><td></td><td></td></tr>
</table>

续表

《加入议定书》转引条款的援引情况				《加入议定书》直接规定条款的援引情况	
《工作组报告》获转引的相应条款			援引的 WTO 诸协定条款		条款
	进口法规	装船前检验	相关 WTO 多边贸易协定、《装船前检验协定》《海关估价协定》、GATT 1994 第 8.1 条		
	进口法规	反倾销税和反补贴税	《反倾销协定》《反补贴协定》	GATT 1994 第 6 条、《反倾销协定》《反补贴协定》	第 15 条确定补贴和倾销时的价格可比性
	进口法规	保障措施	《保障措施协定》	《保障措施协定》、GATT 1994	第 16 条特定产品过渡性保障机制
	出口法规	出口许可程序和出口限制	《建立 WTO 协定》	《建立 WTO 协定》《进口许可程序协定》	第 8 条进出口许可程序
	出口法规	出口补贴	《反补贴协定》		
	影响货物贸易的国内政策	对进出口产品征收的税费	GATT 1994 第 1、3.2、3.4 条和第 11.1 条	GATT、GATT 1994 第 8 条	第 11 条对进出口产品征收的税费
	影响货物贸易的国内政策	产业政策，包括补贴	《反补贴协定》（排除适用第 27.8 ~ 27.9 条和第 27.13 条）	《反补贴协定》第 1、3 条	第 10 条补贴
	影响货物贸易的国内政策	TBT 措施	GATT、《TBT 协定》《TBT 协定》第 15.2 条	《TBT 协定》《建立 WTO 协定》	第 13 条 TBT
	影响货物贸易的国内政策	卫生与植物卫生措施	《SPS 协定》	—	第 14 条卫生与植物卫生措施

续表

<table>
<tr><td colspan="4">《加入议定书》转引条款的援引情况</td><td colspan="2">《加入议定书》直接规定条款的援引情况</td></tr>
<tr><td colspan="3">《工作组报告》获转引的相应条款</td><td colspan="2">援引的 WTO 诸协定条款</td><td>条款</td></tr>
<tr><td rowspan="6"></td><td rowspan="6">影响货物贸易的国内政策</td><td>TRIMs</td><td>《建立 WTO 协定》</td><td>《建立 WTO 协定》、GATT 1994 第 3、11 条、《农业协定》《进口许可程序协定》《TRIMs 协定》</td><td>第 7 条非关税措施</td></tr>
<tr><td>国营贸易实体</td><td>《建立 WTO 协定》</td><td>《建立 WTO 协定》、GATT 1994、《关于解释 1994 年关税与贸易总协定第 17 条的谅解》</td><td>第 6 条国营贸易</td></tr>
<tr><td>特殊经济区</td><td>—</td><td>—</td><td>第 2(B)特殊经济区</td></tr>
<tr><td>农业政策</td><td>《农业协定》</td><td>《农业协定》</td><td>第 12 条农业</td></tr>
<tr><td>民用航空器贸易</td><td>—</td><td></td><td></td></tr>
<tr><td>纺织品</td><td>《纺织品与服装协定》第 2、3 条、《建立 WTO 协定》</td><td></td><td></td></tr>
<tr><td rowspan="2">TRIPs 制度</td><td rowspan="2">总体情况</td><td>概述</td><td>《建立 WTO 协定》《TRIPs 协定》</td><td></td><td></td></tr>
<tr><td>对外国国民适用国民待遇和最惠国待遇</td><td>《TRIPs 协定》</td><td></td><td></td></tr>
</table>

续表

<table>
<tr><td colspan="4">《加入议定书》转引条款的援引情况</td><td colspan="2">《加入议定书》直接规定条款的援引情况</td></tr>
<tr><td colspan="3">《工作组报告》获转引的相应条款</td><td colspan="2">援引的 WTO 诸协定条款</td><td>条款</td></tr>
<tr><td rowspan="13"></td><td rowspan="5">保护的实体标准，包括获得和维持知识产权的程序</td><td>版权保护</td><td>《TRIPs 协定》</td><td></td><td></td></tr>
<tr><td>商标，包括服务商标</td><td>《TRIPs 协定》</td><td></td><td></td></tr>
<tr><td>地理标识，包括原产地名称</td><td>《TRIPs 协定》及其第 22～24 条</td><td></td><td></td></tr>
<tr><td>专利</td><td>《TRIPs 协定》</td><td></td><td></td></tr>
<tr><td>对未披露信息，包括商业秘密和试验数据的要求</td><td>《TRIPs 协定》</td><td></td><td></td></tr>
<tr><td>控制滥用知识产权的措施</td><td>《TRIPs 协定》第 40 条</td><td></td><td></td><td></td></tr>
<tr><td rowspan="6">执行</td><td>总体情况</td><td>《TRIPs 协定》</td><td></td><td></td></tr>
<tr><td>民事诉讼程序和救济</td><td>《TRIPs 协定》第 42～43 条</td><td></td><td></td></tr>
<tr><td>临时措施</td><td>《TRIPs 协定》第 50.1～50.4 条</td><td></td><td></td></tr>
<tr><td>行政程序和救济</td><td>—</td><td></td><td></td></tr>
<tr><td>特殊边境措施</td><td>《TRIPs 协定》</td><td></td><td></td></tr>
<tr><td>刑事程序</td><td>《TRIPs 协定》</td><td></td><td></td></tr>
<tr><td colspan="2" rowspan="3">影响服务贸易的政策</td><td>许可</td><td>《建立 WTO 协定》、GATS 第 16～17 条</td><td></td><td></td></tr>
<tr><td>合资伙伴的选择</td><td>—</td><td></td><td></td></tr>
<tr><td>股权的调整</td><td>—</td><td></td><td></td></tr>
</table>

续表

《加入议定书》转引条款的援引情况			《加入议定书》直接规定条款的援引情况	
《工作组报告》获转引的相应条款		援引的 WTO 诸协定条款		条款
	保险部门中设立商业机构的以往经验要求			
	检验服务			
	少数股持有者的权利			
其他问题	通知			
	透明度	《建立 WTO 协定》		第 2(C) 条透明度
	政府采购	《政府采购协定》		
			《建立 WTO 协定》	第 4 条特殊贸易安排
			《建立 WTO 协定》	第 17 条 WTO 成员方保留
			《建立 WTO 协定》	第 18 条过渡性审议机制

需要补充的是,除了如表 4 - 7 中所示的条款间对应关联外,根据《中国加入议定书》第二部分第 1 条的规定,该议定书所附减让表也被纳入成为与中国有关的、GATT 1994 所附减让和承诺表及 GATS 所附具体承诺表。

至此可见,即便没有明文规定,《中国加入议定书》与 WTO 多边贸易协定及其各自条款间的联系也是文本自然显现的客观存在。

(二)援用合意考察

在争端实践当事方的《中国加入议定书》涉案中,当事方在援引具体协定时,绝大多数案件均在援引《中国加入议定书》的同时,援引了同类事项所指向的 WTO 多边贸易协定中的对应协定及其条款,如表 4 - 8 所示。由此可见,各 WTO 成员方也以其争端解决的实践证明了就《中国加入议定书》各涉案条款与《建立 WTO 协定》附件多边贸易协定具体条款间的密切关联，以及各成员方间就此所达成的“共同意图”。

综上所述，无论是对《中国加入议定书》与《建立 WTO 协定》及其附件多边贸易协定的具体条款间的文本对应考察，还是对争端解决实践中各 WTO 成员方对于二者具体条款间的有机关联的“合意”考察，《中国加入议定书》与 WTO 多边贸易协定均存在不可分割的内在联系，其实体性义务条款构成对应多边贸易协定的组成部分，并导致在中国与其他 WTO 成员方间在该多边贸易协定项下特定实体性义务的变更。

表 4-8　《中国加入议定书》涉案中对应条款援引情况

系争条款		所涉案件	
		案号	对应 WTO 多边贸易协定及其条款
概括援引		DS309	GATS 第 17 条 GATT 1994 第 1、3 条
第 1.2 条：议定书，包括工作组报告书第 342 段所指的承诺，为《建立 WTO 协定》组成部分	第 83、84 段贸易权	DS363、DS394、DS395、DS398、DS431、DS432、DS433、DS508、DS509	GATS 第 16、17 条；GATT 1994 第 3.4、7、8、8.1、8.4、10、10.1、10.3、10.3 (a)、11、11.1 条
	第 93 段正常海关关税	DS339、DS340、DS342	GATT 1994 第 2.1、3.1 ~ 3.5、11、13.1； 《反补贴协定》第 3 条； 《TRIMs 协定》第 2.1 ~ 2.2 条
	第 116 段关税配额(一般承诺)	DS451、DS517、DS568	《农业协定》第 3、4.2、9、10 条； 《反补贴协定》第 1、1.1 (a) ~ (b)，2、2.1 ~ 2.3、3.1 (a) ~ 3.1 (b)，4.2、5 (c)、6.3 (b) ~ 6.3 (c)，6.4 ~ 6.5、7 条 GATT 1994 第 2.1 (a)、2.1 (b)、3.4、10.1 ~ 10.2、10.3 (a)、11.1、13.2、13.3 (b)、16、19.1 条； 《进口许可程序协定》第 1.2 ~ 1.3、2.2 (a)、3.2 ~ 3.3 条 《保障措施协定》第 2.1、3.1、4.1 (a)、4.1 (c)、4.2 (a) ~ 4.2 (c)、5.1、7.1 条

续表

系争条款		所涉案件	
		案号	对应 WTO 多边贸易协定及其条款
	第 120 段关税配额（国营贸易企业）	DS568	《农业协定》第 4.2 条；GATT 第 2.1(a)～(b)、10.1～10.2、10.3(a)、11.1、13.2、13.3(b)、19.1 条；《进口许可程序协定》第 1.2～1.3、2.2(a)、3.2～3.3 条；《保障措施协定》第 2.1、3.1、4.1(a)、4.1(c)、4.2(a)～4.2(c)、5.1、7.1 条
	第 122、127 段进口数量限制，含禁止和配额	DS451、DS568	《农业协定》第 3、9、10 条；《反补贴协定》第 1、1.1(a)～1.1(b)、2、2.1～2.3、3.1(a)～3.1(b)、4.2，5(c)、6.3(b)～6.3(c)、6.4～6.5、7 条；GATT 1994 第 2.1(a)～2.1(b)、3.4、10.1～10.2、10.3(a)、11.1、13.2、13.3(b)、19.1、26 条；《进口许可程序协定》第 1.2～1.3、2.2(a)、3.2～3.3 条；《保障措施协定》第 2.1、3.1、4.1(a)、4.1(c)、4.2(a)～4.2(c)、5.1、7.1 条
	第 136 段进口许可程序	DS568	《农业协定》第 4.2 条；GATT 1994 第 2.1(a)～2.1(b)、10.1～10.2、10.3(a)、11.1、13.2、13.3(b)、19.1 条；进口许可程序第 1.2～1.3 条、2.2(a)、3.2～3.3 条；《保障措施协定》第 2.1、3.1、4.1(a)、4.1(c)、4.2(a)～4.2(c)、5.1、7.1 条
	第 162、165 段出口许可程序和出口限制	DS394、DS395、DS398、DS431、DS432、DS433、DS508、DS509	GATT 1994 第 7、8、8.1、8.4、10、10.1、10.3、10.3(a)、11、11.1 条

续表

系争条款		所涉案件	
		案号	对应WTO多边贸易协定及其条款
	第167段出口补贴	DS451、DS358、DS359	GATT 1994第3.4、16条；《反补贴协定》第1、1.1(a)~1.1(b)、2、2.1~2.3、3.1(a)~3.1(b)、3.2、4.2、5(c)、6.3(b)~6.3(c)、6.4~6.5、7条；《TRIMs协定》第2、2.1条及其附件1；《农业协定》第3、9、10条
	第203段TRIMs	DS339、DS340、DS342、DS358、DS359	GATT 1994第2.1、3.1~3.5、11、13.1条；《反补贴协定》第3、3.1(b)、3.2条；《TRIMs协定》第2、2.1~2.2条及其附件1
	第234段农业政策(出口补贴)	DS387、DS388、DS390、DS451	《农业协定》第3、9、10条；GATT第3.4、16条；《反补贴协定》第1、1.1(a)~1.1(b)、2、2.1~2.3、3.1(a)~3.1(b)、4.2、5(c)、6.3(b)~6.3(c)、6.4~6.5、7条
	第309段影响服务贸易的政策(许可)	DS372、DS373、DS378	GATS第16.2(a)、16.2(e)、17、18条；《TRIPs协定》第39.2条
	第334段透明度(咨询点)	DS419、DS450、DS451、DS501	GATT 1994第3.2、3.4、10.1、16、16.1条；《反补贴协定》第1、1.1(a)~1.1(b)、2、2.1~2.3、3、3.1(a)~3.1(b)、4.2、5(c)、6.3(b)~6.3(c)、6.4~6.5、7.2、25.1~25.4条；《农业协定》第3、9、10条

续表

系争条款		所涉案件	
		案号	对应 WTO 多边贸易协定及其条款
	第 18 ~ 19、22 段非歧视、第 46 ~ 47 段国有企业、第 60、62、64 段定价政策、第 70 段地方政府职权、第 73 段贸易制度的统一实施、第 107 段国内税适用、第 115 段关税配额、第 123 段进口数量限制、第 132 段进口许可程序、第 157 段出口许可实体清单、第 168 段出口补贴、第 170 段出口产品税费、第 171 ~ 174 段产业政策（补贴）、第 210 段国营贸易实体、第 222 ~ 223、225、227 ~ 228 段特殊经济区、第 231 ~ 233、235、238 段农业政策、第 322 段通知	DS451	《农业协定》第 3、9、10 条；GATT 1994 第 3.4、16 条；《反补贴协定》第 1、1.1(a) ~ 1.1(b)、2、2.1 ~ 2.3、3.1(a) ~ 3.1(b)、4.2、5(c)、6.3(b) ~ 6.3(c)、6.4 ~ 6.5、7.2 条
第 2 条贸易制度的实施	第 2(A) 条统一实施	DS431、DS432、DS433、DS450、DS508、DS509、DS549	GATT 1994 第 7、8、10、10.3、11、11.1 条；《TRIPs 协定》第 3、28.1(a) ~ 28.1(b)、28.2、33、39.1 ~ 39.2 条
	第 2(C) 条透明度	DS431、DS432、DS433、DS450、DS501、DS568	GATT 1994 第 3.2、3.4、7、8、10、10.1、10.3(a)、11、16.1 条；《反补贴协定》第 25.1 ~ 25.4 条

续表

系争条款		所涉案件	
		案号	对应 WTO 多边贸易协定及其条款
第 5 条贸易权	第 5.1 条在中国的企业	DS363、DS394、DS395、DS398、DS431、DS432、DS433、DS508、DS509	GATS 第 16～17 条; GATT 1994 第 3.4、7、8、8.1、10、10.1、10.3、10.3(a)11、11.1 条
	第 5.2 条所有外国企业	DS363、DS394、DS395、DS398、DS431、DS432、DS433、DS509	
第 7 条非关税措施	第 7.2 条国民待遇、取消数量限制、符合《农业协定》	DS358、DS359、DS431、DS432、DS433、	GATT 1994 第 2.1、3.1～3.5、7、8、10、10.3（a）、11、11.1、13.1 条; 《反补贴协定》第 3、3.1(b)、3.2; 《TRIMs 协定》第 2、2.1～2.2 条及附件 1
	第 7.3 条投资措施	DS339、DS340、DS342、DS358、DS359	
第 8 条进出口许可程序	第 8.1 条透明度	DS568	GATT 1994 第 7、8、8.1、8.4、10、10.1、10.3、10.3(a)、11、11.1 条
	第 8.2 条非歧视待遇	DS394、DS395、DS398、DS431、DS432、DS433	
第 10 条补贴	第 10.3 条取消反补贴协定第 3 条的所有补贴	DS358、DS359	GATT 1994 第 3.4 条;反补贴协定第 3、3.1(b)、3.2 条; 《TRIMs 协定》第 2、2.1 条及附件 1
第 11 条对进出口产品征收的税费	第 11.3 条取消附件 6 或 GATT 第 8 条之外的税费	DS394、DS395、DS398、DS431、DS432、DS433、DS508、DS509	GATT 1994 第 7、8、8.1、8.4、10、10.1、10.3、10.3(a)、11、11.1 条
第 12 条农业	第 12.1 条按议定书规定取消农产品出口补贴	DS387、DS388、DS390	《农业协定》第 3、9、10 条; GATT 1994 第 3.4 条; 《反补贴协定》第 3 条

续表

系争条款		所涉案件	
		案号	对应 WTO 多边贸易协定及其条款
第 15 条 确定补贴和倾销时的价格可比性		DS379、① DS397、 DS405、DS437	《反倾销协定》第 1、2、2.1 ~ 2.2、2.4、2.6、3,3.1 ~ 3.5、4.1、5、5.3 ~ 5.4、6、6.1 ~ 6.2、6.4 ~ 6.5、6.8 ~ 6.10、9、9.1 ~ 9.4、11.3、12.2.2、17.6、18、18.4 条及附件 2; GATT 1994 第 1、1.1、6、6.1、10.3(a)、23 条; 《反补贴协定》第 1、2、6、9 ~ 14、19、30、32 条; 《建立 WTO 协定》第 16.4 条
第 16 条 特定产品过渡性保障机制	第 16.1 条磋商、第 16.3 条撤销减让或限制进口、第 16.4 条市场扰乱、第 16.6 条时限	DS399	GATT 1994 第 1.1、2、19 条

上述整理的情况说明,即便是在出现争端的国家间,各争端当事方对于可适用的《中国加入议定书》中的条款和与之对应的 WTO 多边贸易协定之间存在必然的逻辑关联这一事实亦有着一致的认同。这种关联,加上《中国加入议定书》构成《建立 WTO 协定》"不可分割的组成部分"这一事实,构建了《中国加入议定书》与整个 WTO 规则系统的体系性关联。正如学者 Mathew Kennedy 所认为的,专家组与上诉机构将《加入议定书》只作为《建立 WTO 协定》的一部分的观点是错误的:《建立

① 该案中,美国在专家组阶段回应中国依据《反补贴协定》第 1.1(a)(1)条、第 14(d)条所提出的主张时,援引《中国加入议定书》第 15(b)条及《中国加入工作组报告》第 150 段作为依据,说明其在是否可以适用外部基准这一问题上,认为《反补贴协定》第 14(d)条、《中国加入议定书》第 15(b)条及《中国加入工作组报告》第 150 段存在对应关系。See Panel Report, *US—Anti-Dumping and Countervailing Duties (China)*, WT/DS379/R, paras. 8.23, 1026, 1070, 10.97, 14.58, 14.87, 14.89, 14.94, 14.161. 该案第三方中的欧盟、土耳其等国在提交的第三方意见中也反映出同样的理解。

WTO 协定》及其附件的多边贸易协定是个整体,作为《建立 WTO 协定》组成部分的《加入议定书》,无疑也是包括其全部附件协定在内的《建立 WTO 协定》的组成部分,而非单独存在的协定,从而无论《加入议定书》是否明确援引,GATT 1994 的所有具体条款均适用于加入成员;同时《加入议定书》部分条款之所以未提及 GATT 1994,是因为其所指向的义务未包含在既有多边贸易协定中的新义务,而且即便如此,这些条款也要与 WTO 项下的多边贸易协定共同解读,而不可被视为新的、独立的 WTO 规则。①

第三节 中国"超 WTO 义务"的解释方法——分析工具之争

如前所述,《中国加入议定书》的绝大多数案件均涉及条约解释问题。所有关乎具体条款含义的解释结果的质疑,都离不开对个案中 DSB 所采用的解释方法的质疑。归根结底,论及法律解释,最终均会聚焦于法律的解释方法问题——在 WTO 项下,即作为条约的 WTO 规则的解释方法问题。而对在 WTO 争端解决过程中出现的解释方法问题做进一步剖析可见,其所反映出的实质是 WTO 更深层次的体制性问题。

《建立 WTO 协定》中明确规定了条约的解释规则,包括立法解释规则——"部长级会议和总理事会拥有通过对本协定和多边贸易协定所作解释的专有权力",和司法解释规则——"各成员方承认:DSM 在为多边贸易体制提供可靠性和可预测性方面的核心要素。各成员认识到该机制可用以保护各成员在适用协定项下的权利义务,及依照解释国际公法的习惯规则澄清这些协定的现有条款。"

据此,自 DSB 作出的第一个专家组裁决开始,②《维也纳条约法公约》第 31 条即成为 DSB 用以解释《建立 WTO 协定》及其项下多边贸易协定

---

① See Mathew Kennedy, "the Integration of Accession Protocols into the WTO Agreement", 47 (1) *Journal of World Trade*, 68 (2013).

② See Panel Report, *US—Gasoline*, WT/DS2/R, para. 6. 7.

的解释规则。尽管《建立 WTO 协定》和《中国加入议定书》均未就《中国加入议定书》的解释规则作明确的特别规定,但是由于《中国加入议定书》第 1.2 条明确规定"本议定书包括工作组报告书第 342 段所指的承诺,为《建立 WTO 协定》组成部分",因此,《建立 WTO 协定》及其项下 DSU 中规定的解释规则同样适用于《中国加入议定书》及构成其组成部分的《中国加入工作组报告》承诺段落。

从中国汽车零部件案开始,此一理解也为 DSB 和参与相关争端解决实践的各国所确认。该案中,专家组认为《中国加入议定书》第 1.2 条使其成为《建立 WTO 协定》不可分割的组成部分,因此,将依据《维也纳条约法公约》的解释规则解释中国的义务。涉案双方对此观点均未表示异议。此案后所有涉及《中国加入议定书》的争端案件中,亦均未出现就适用《维也纳条约法公约》的解释规则解释《中国加入议定书》的异议。

一、DSB 解释的基本方法

(一)常态立场:强烈的文本主义

正如有学者所观察到的,WTO 争端解决实践对其项下的条约的解释采取的是非常文本主义的解释方式——源于《维也纳条约法公约》第 31 条之规定,并严格限定考察"文本"要素的重要性。①

一方面,《维也纳条约法公约》第 31 ~ 32 条本身即被通说认定为采用了折衷的文本主义解释:"条约应依其用语按其上下文并参照条约之目的及宗旨所具有之通常意义,善意解释之。"此处的"通常含义"指向约文,依其"用语"、按其"上下文"、参照"目的语宗旨"最终探求约文的通常含义。因此,该条也被认为是以客观解释为主的约文解释方法,目的是探求约文的含义,而非缔约国缔约当时的意图。WTO 争端解决各专家组和上诉机构选择以《维也纳条约法公约》所规定的条约解释规则作为解释 WTO 规则的这一选择本身说明了对于文本作为解释依据的偏好,因为"关于条约

---

① See John H. Jackson, *Sovereignty, the WTO, and Changing Fundamentals of International Law*, Cambridge University Press, 2009, p. 187.

解释的概念有很多,但是,并不一定完全落入《维也纳条约法公约》的传统方法之内”。[①]

另一方面,《维也纳条约法公约》的《最终草案和评注》中特别强调第31条中所列出的诸多考察要素并不存在效力的优先等级差异:“该第31条并不为其中包含的条约解释规则规定法律上的上下等级关系,而只是按照逻辑把一些解释因素进行适当的排列。既然规定了解释的出发点是约文的意义,逻辑上就必须把‘条约应就其用语按照上下文并参照其目的和宗旨所具有的通常意义,善意地予以解释’作为第一个解释因素提出。同样,按照逻辑,该条第2项所列举的包含在‘上下文’中的一些因素在顺序上应其次予以提及,因为这些因素或者是约文的不可分部分,或者与约文密切相关。而第三项规定中所列举的三个因素正因为是约文以外的因素,必须置于第1、第2两项规定中所包含的那些因素之后。然而这三个因素仍然是在解释上必须注意的因素,从而绝不能认为该第3项规定所包含的一些解释规则在等级上低于第1、第2两项所规定的解释规则。”[②]因此,虽然只是要“参照目的和宗旨”,但对该要素的考察并不当然位次于对“用语”“上下文”的考察,从而反映出《维也纳条约法公约》中条约解释规则尽管以文本解释为主,但仍保留了“目的”要素以求与目的解释方法的折衷调和。但是,WTO争端解决实践对于个案中“目的”要素有意或无意的忽略,则更多地彰显了其对于文本的偏好。“与对‘文本’的恪守形成鲜明对照的是,上诉机构对条约解释中另一可能的因素——缔约国(尤其是单个缔约国)的主观‘意图’(intentions)基本上采取的是排斥和不予考虑的态度。”[③]这也解释了专家组和上诉机构,但凡涉及条约解释问题就言必及“牛津英语词典”之“语义”的原因:词典是确定文本“通常含义”的最佳依据。

---

① John H. Jackson, *Sovereignty, the WTO, and Changing Fundamentals of International Law*, Cambridge University Press, 2009, p. 188.

② 李浩培:《条约法概论》,法律出版社2002年版,第351~352页。

③ 房东:《对“文本”的扬弃:WTO条约解释方法的一种修正——以服务贸易具体承诺表的解释为分析起点》,载《法律科学》(西北政法大学学报)2011年第3期。

(二)主观运用:有效解释与演进解释

正如已有学者观察到的,上诉机构最初在承认其适用未纳入《维也纳条约法公约》的解释原则方面犹豫不决,但其已经开始逐渐选择倾向于更平衡和不那么正式的方法。① 这里的"为纳入《维也纳条约法公约》的"、"不那么正式的方法",即有效解释和演进解释。

1. 忽隐忽现的有效解释:主观主义对客观主义的调和

《维也纳条约法公约》并未明确规定条约的有效解释规则。但是,在《维也纳条约法公约》起草之前,条约的有效解释就已经由 ICJ 的司法实践与学界学说得以确立。《奥本海国际法》以 ICJ 1952 年"英伊石油公司案"中英国的主张为例,定义条约有效解释规则是指"缔约国当然是要使一个条约的条款有某种效果,而不是使它成为毫无意义的。因此,一种使一个条款成为毫无意义或毫无效果的解释是不容许的"。② 有效解释原则之"有效"(effectiveness)有两层含义:"其一,实现条约目的的一般意义;其二,倾向于赋予每个术语以意义而非剥夺词语的任何含义的缩限功能。"③ 后者以拉丁术语"*ut res magis valeat quam pereat*"为标记。

国际法委员会对《维也纳条约法公约》草案的评注说明了该项解释规则未明确单列的原因——尽管确认有效解释原则是一项普遍认可的条约解释原则,但并无必要单独列为解释规则,因为其已经为"善意解释"和"目的和宗旨"要素所纳入:"本委员会不认为 *ut res magis valeat quam pereat* 格言所表示的原则不应纳入为通则。本委员会承认在某些情况下,援引该原则也许是合适的,并且 ICJ 有时也援引了……然而,本委员会所持观点是:只要该格言反映了真正的解释通则,它就含在第 27.1 条中,该条款要求条约应依据其上下文中的术语所含通常意义,并兼顾其目的及宗旨加以善意解释……对本委员会而言,没必要为此单设一个条款。而且,

---

① See Isabelle Van Damme, "Treaty Interpretation by the WTO Appellate Body", 21(3) *The European Journal of International Law*, 621.

② [英]劳特派特修订:《奥本海国际法》(上卷第 2 分册),王铁崖、陈体强译,商务印书馆 1981 年版,第 365 页。

③ Richard K. Gardiner, *Treaty Interpretation* (Second Edition), Oxford University Press, p. 66.

这样可能会鼓励基于所谓'有效解释'(effective interpretation)原则,不合法地扩大条约的意义。"①因此"当一个条约可以作两种解释,而其中一种解释使其具有一定的效力而另一种使其无效,条约的善意和目的与宗旨要求应采纳前一种解释"。②

在 WTO 争端解决实践中,此项解释原则也已经获得上诉机构的明确认可:上诉机构在其审理的第一个案件美国汽油案中即提出:"《维也纳条约法公约》解释通则的必然结果之一,是解释必须赋予条约的所有条款以意义和效力。解释者不可自由采纳可能导致条约整个条款或段落变得多余或无效的解释。"③在日本含酒精饮料案Ⅱ中,上诉机构则明确提出了有效解释原则在解释 WTO 各协定时的地位:"源自《维也纳条约法公约》第 31 条解释通则的一项条约解释的基本原则是有效原则(*ut res magis valeat quam pereat*)。"④随后的加拿大乳制品案、⑤欧共体香蕉Ⅲ案、⑥韩国乳制品案、⑦阿根廷鞋案(欧共体诉)⑧等诸多案件中,上诉机构多次重申并适用有效解释原则对 WTO 各协定进行解释。在这些案件中,上诉机构时而直接运用有效解释而不点明,时而明确说明适用"有效原则",时而又以 *ut res magis valeat quam pereat* 指代,从而使该项解释规则在 WTO 争端解决实践中的适用呈"时隐时现"之态。

2. 路径清晰的演进解释:目的解释的逆袭

所谓演进解释,是指"当事方缔结条约的意图为,或者可以推定为,赋

---

① Draft Articles on the Law of Treaties with Commentaries, Yearbook of the International Law Commission, 1966, Vol. Ⅱ, p. 219, para. 6.

② Draft Articles on the Law of Treaties with Commentaries, Yearbook of the International Law Commission, 1966, Vol. Ⅱ, p. 219, para. 6. 关于演进解释的详细介绍,见 Eirik Bjorge, *The Evolutionary Interpretation of Treaties*, Oxford University Press, 2014。

③ See Appellate Body Report, *US—Gasoline*, WT/DS2/AB/R, p. 23.

④ See Appellate Body Report, *Japan—Alcoholic Beverages* Ⅱ, WT/DS8/AB/R, WT/DS10/AB/R, WT/DS11/AB/R, p. 12.

⑤ See Appellate Body Report, *Canada—Dairy*, WT/DS103/AB/R, WT/DS113/AB/R, para. 133.

⑥ See Appellate Body Report, *EC—Bananas* Ⅲ, DS27/AB/RW2/ECU, DS27/AB/RWR/USA, para. 422.

⑦ See Appellate Body Report, *Korea—Dairy*, WT/DS98/AB/R, paras. 80 – 81.

⑧ See Appellate Body Report, *Argentina—Footwear* (*EC*), WT/DS121/AB/R, para. 81.

予所用条款——或这些条款中的一部分——一种能够演进的含义或内容，而非一旦固定永不改变，以此为国际法的发展提供空间的情形”。[①] 该解释方法由 ICJ 在 1971 年纳米比亚案的咨询意见中首次提出，并经由 1978 年爱琴海大陆架案、[②]1997 年匈牙利诉斯洛伐克加布奇科沃——大毛罗斯工程案、[③]2005 年哥斯达黎加诉尼加拉瓜案等一系列案件细化其具体适用条件应包括“一般术语”或“类概念”(generic term)和条约应是无期限条约等内容。

法律解释问题产生的共性原因有二：时间的流逝与概念的裂缝(Porositat der Begriffe)。前者指向立法者无法准确预见未来；后者指向语言概念精确定义所有事物的能力缺乏。演进解释方法即是在认可此两项原因的基础上，针对条约用语的含义随着时代改变从而可能使条约的含义与时代脱节，难以适应国际社会的发展这一情形，提供的解决方案。毕竟国际法本身是演进中的法律体系，条约作为其主要法源也应随着国际社会的发展而演进，对条约的解释方法自然也应当反映国际法的此种特征。

(1)美国虾案：演进解释首现

上诉机构在美国虾案[④]中首次运用了演进解释方法对 GATT 1994 第 20(g)条中“可用竭自然资源”这一术语进行了解释，即“可用竭自然资源”这一词语是应按 1947 年 GATT 缔结时的含义——只包括矿物与其他无生命的资源，还是应按 1996 年争端发生时争端当事方美国的理解——也包括活的动物(濒临灭绝的海龟)进行解释？对此解释问题，上诉机构并未沿用惯常的严格文本解释方法，对 GATT 文本作尽可能忠于文本的解释，而是采用了演进解释方法。上诉机构明确指出，对于 50 年余年前缔结的条约及其用语，应参照“国际社会当前对环境保护的关注”进行解读，并据

---

① Dispute regarding Navigational and Related Rights (*Costa Rica v. Nicaragua*), Judgment ICJ Rep 2009, p. 242 at [64].

② Aegean Sea Continental Shelf, ICJ Reports 1978, p. 3, para. 77.

③ Gabcikovo—Nagymaros Project (*Hungary v. Slovakia*), Judgement of 25 September 1997, ICJ Report (1997) at 78, para. 140.

④ See Appellate Body Report, *US—Shrimp*, WT/DS58/AB/R, para. 130.

此对《建立 WTO 协定》的序言和当前国际公约中“自然资源”术语的含义进行了考察——前者所包含的“可持续发展目标”使得 GATT 1994 第 20(g)条中的“自然资源”这一词语作为“类概念”也具有了可持续发展的“演化性”;后者(包括 1982 年 UNCLOS、1992 年《生物多样性公约》、1992 年联合国可持续发展《21 世纪议程》、1979 年《保护野生动物迁徙物种公约》)则既指向有生命的生物资源,又包括非生物资源。最终上诉机构据此认为 GATT 1994 第 20(g)条中的“自然资源”应按照用语的当代含义进行解释,认定活的物种在理论上可以再生,但在特定情况下也确能用竭、灭绝。①

该案中,上诉机构沿用了 ICJ 演进解释的推理逻辑:“协定用语‘可用竭自然资源’本身是一个一般性术语,GATT 协定具有持续的有效性,可以推出,GATT 缔约方对于这一用语的含义随时间推移而发生演进具有共同的意愿,除非有证据能证明 GATT 缔约方有意愿将用语含义的时间维度锁定于缔约之时。”②至此可见,上诉机构在个案中适用的演进解释具有清晰的逻辑路径,其实质是以推定意图取代缔约当事方的缔约意图,从而服务于确定“目的语宗旨”要素。

(2)中国出版物及音像产品案:中国涉案中的演进解释

该案涉及的重要解释问题之一是,中国在 GATS 服务贸易具体承诺表中的“录音产品分销服务”(sound recording distribution service)所作承诺是否只适用于实体产品,还是也包括以非实体形式的电子录音产品。中国主张具体承诺表中的“录音制品分销服务”不可能适用于“非实体形式的电子录音产品”,在中国加入 WTO 之时,尚未出现该类产品形式及其相应的法律规制体系,从而在加入时,中国作出的承诺当然无意于包含此类产品。

该案专家组首先审查了“录音”(sound recording)、“分销”(distribution)、“产品”(products)的词典含义,严格依据词语的词典含义,认定“录音产品

---

① See Appellate Body Report, *US—Shrimp*, WT/DS58/AB/R, para. 130.

② 吕晓杰:《WTO 补贴制度中环保要素解读与演进式条约解释路径——〈加拿大可再生能源案〉的启示》,载《暨南学报》(哲学社会科学版)2016 年第 9 期。

分销服务”的通常含义不仅限于有形产品,还包括无形产品与服务。① 针对中国的主张,专家组认为就事实而言,该类服务在中国加入时就已存在;就中国的缔约意图而言,缔约时缺乏相应的法律规制体系不等于中国没有针对此类产品作出承诺的意图。②

在上诉阶段,中国主张专家组的认定违反《维也纳条约法公约》条约解释规则中关于条约的目的和宗旨因素的考量,即“专家组未考虑缔约时的情况是否表明中国并无就录音制品的电子分销服务作出具体承诺的‘意图’(intention)”,对中国就“录音产品分销服务”的承诺,应按照中国缔约时的承诺“意图”进行解释,不应按照缔约后甚至争端发生时的意义解释。③

该项主张并未获得上诉机构的支持。上诉机构首先援引了其在美国博彩案中关于“确定承诺减让表的义务涉及成员方的共同意图”的主张,反驳了中国的上诉理由,认为中国所主张的《维也纳条约法公约》第 31 条、第 32 条中条约的目的和宗旨指向的是缔约方的“共同意图”而非中国的个别意图;④随后,上诉机构援引了其在前述美国虾案中对“可用竭自然资源”的解释方法,对中国在 GATS 承诺减让表中的“录音产品”和“分销”进行了演进解释——认为①“录音产品”和“分销”是具有充分一般性(sufficiently generic)的概念,其含义会随着时间的流逝而变化;②GATS 承诺减让表与 GATS 以及所有 WTO 多边贸易协定相同,都是无期限的多边条约,⑤从而应对这些概念按照当代的含义解释。

该案中上诉机构在此项解释上存在两个方面的问题。一方面,正如已

---

① See Panel Report, *China—Publications and Audiovisual Products*, WT/DS363/R, paras. 7. 1172 - 7. 1181.

② See Panel Report, *China—Publications and Audiovisual Products*, WT/DS363/R, paras. 7. 1235, 7. 1245 - 7. 1247.

③ See Appellate Body Report, *China—Publications and Audiovisual Products*, WT/RDS363/AB/R, para. 47.

④ See Appellate Body Report, *China—Publications and Audiovisual Products*, WT/DS363/ABR, para. 405.

⑤ See Appellate Body Report, *China—Publications and Audiovisual Products*, WT/RDS363/AB/R, para. 396.

有学者指出的,“上诉机构只注重了成员的具体承诺表和 GATS 主体规范同为 GATS 组成部分这一‘形式’,却未能注意到此二者的实质性差别,从而机械地、简单化地将二者的解释标准等同起来,其可议之处主要不在于解释的过程,而是解释方法的选择。其根源在于对具体承诺表的特殊法律属性——双边特质和契约色彩的认识不足”。[①] 另一方面,则源自演进解释方法自身的瑕疵。“演进解释方法在实践运用中的问题可以归纳为三个方面:武断、机械和片面。武断是指未能充分考虑能够真实反映当事国意图的相关证据,如缔约时的准备资料或嗣后惯例等,而贸然适用该方法;机械是指主要依赖条约中相关术语的通用性和条约本身的无期限性等标准来机械推定当事国有演进解释的意图;片面则是指通过上述方法得出的结论必然是片面的、没有充分证据支持的。”[②]该案中演进解释方法的采用,使上诉机构忽略了中国在 GATS 承诺表中的目的,更未考察中国当时作此等承诺的本来意图,而是主要根据语词的当代文义进行解释,这表面上是沿用了上诉机构一贯秉持的文本主义解释原则,但由于演进解释方法的运用,使对缔约方的缔约意图被推定为上诉机构认为恰当的意图。“如果说基于条约用语的‘一般性’对其作演进解释是一种以条约用语的选择为基础,因而主要是一种以技术为导向的条约解释方法,那么基于条约目的和宗旨的有效性对其作演进解释则是一种以条约特定的目的和宗旨为基础,因而更多的是一种以价值为导向的条约解释方法。”[③]这恰恰是《维也纳条约法公约》所规定的解释通则最终确定了客观解释立场的原因——目的解释常常导致条约当事国真实缔约意图被 DSB 所忽视:“目的解释方法,其某些极端形式否定缔约国意图的重要性;其实际基于以下观念:不管当事国的意图为何,公约都有某种目的和宗旨,解释者要做的就是查明这一目

---

① 房东:《对“文本”的扬弃:WTO 解释方法的一种修正——以服务贸易具体承诺表的解释为分析起点》,载《法律科学》(西北政法大学学报)2011 年第 3 期。

② 吴卡:《条约演化解释方法的最新实践及其反思》,载《法学家》2012 年第 1 期。

③ 吴卡:《条约演化解释的“因”与“果”——兼答曾令良教授》,载《北大国际法与比较法评论》2014 年第 1 期。

的和宗旨,然后解释条约以保持其有效性。”①

二、中国“超 WTO 义务”的个案解释:保守倾向

经梳理可见,WTO 争端解决实践中《中国加入议定书》相关条款在适用过程中的法律解释均依据《维也纳条约法公约》关于条约解释的规定,呈现出严苛的文本主义特征。与此同时,也毫不例外地存在“有效解释”,但尚未出现“演进解释”。但就文本主义特征而言,DSB 展示了极端保守的文本主义解释立场,即便在个案中出现的有效解释,也仅仅是在文本解释之余所作的加强解释。

与 WTO 争端解决实践相一致,DSB 在解释《中国加入议定书》特别是其中的超常规义务时通常严格适用了《维也纳条约法公约》的条约解释规则,尤其是第 31 条,凡裁必引,并对该条所规定的判断约文“通常含义”的各要素,均逐一作次序分析,《牛津英语词典》更是每项条款/词语解释的逻辑起点。尽管如此方能最大限度地忠于条约文本,从而做到“尽量地客观,并避免那些有可能使国家政府(无论是否 WTO 成员)谴责上诉机构由于偏向而造成的某种倾向的情况与活动”,②但是,过分严苛地将第 31 条的解释规则限定为文本解释并适用之,必将构成对第 31 条所涵盖的其他解释因素以及第 32 条项下要素审查的不当忽略,从而偏离《维也纳条约法公约》所规定的文本解释规则,“这将导致条文自身含义和条约整体目的与宗旨的‘分离’,和机械、片面的文义解读”。③

在涉及《中国加入议定书》条款解释的 WTO 争端解决实践中,专家组和上诉机构适用极端保守的文本解释方法受到了诸多诟病。以下仅以 DSB 在中国原材料案和中国稀土案中对于《中国加入议定书》与

---

① M. Sinclair, *the Vienna Convention on the Law of Treaties* (2nd ed.), Manchester University Press, 1984, p. 140.

② John H. Jackson, *Sovereignty, the WTO, and Changing Fundamentals of International Law*, Cambridge University Press, 2009, p. 187.

③ Julia Ya Qin, “The Challenge of Interpreting ‘WTO-Plus’ Provisions”, July 2009, *Wayne State University Law School Research Paper* No. 09 – 18, available at www.ssrn.com/abstract = 1428976.

WTO多边贸易协定间的系统性关系问题所作的相关文本解释为例,说明专家组和/或上诉机构对于《中国加入议定书》所采用的文本解释之极端保守化。

(一)原材料案:缩限的文本解释

该案中,针对《中国加入议定书》第11.3条是否可适用GATT 1994第20条例外,上诉机构采用了严格的文义解释法。

首先,从文字含义考察,认为"应当取消所有"(shall eliminate all)和明确只有附件6中规定的产品清单可以例外的表述说明,该条中的"取消所有"是绝对排除,不再适用任何其他例外。

其次,推定"缺省"即等于"无意援引","第11.3条明确提及了GATT 1994第8条,却未提及包括第20条在内的GATT 1994其他条款属于有意的缺省,如果认为其仍能适用GATT 1994第20条,那么其他明文规定的措辞就多余了"。[①] 此项推定片面武断地否定了"缺省"的其他含义,如"缺省"是因为在文本的其他地方已有明确规定而此处无须赘述。

最后,就文本的联结,支持专家组的认定,认为《中国加入议定书》第11.3条与GATT或GATT 1994第20条间并无"客观、清晰和可辨的关联",即便《中国加入工作组报告》第170段可作为桥梁——由于其①经由《中国加入议定书》第1.2条和《工作组报告》第342段构成《中国加入议定书》的组成部分;②与第11.3条同为就进出口产品征收的税费问题规定了中国所承担的义务;③明确援引了"符合WTO义务",从而为中国在此两条项下的义务构建了与GATT 1994及其项下第20条的"客观、清晰和可辨的关联"。而上诉机构将GATT 1994第20条例外的适用条件狭隘地限定在条款间的关联,而非所指向的具体义务。

至此可见,如此严格限定于文本的解释方法,不仅背离了《维也纳条约法公约》第31条综合体系、目的解释要素的解释规则,更狭隘地割裂了条约文本与其所包含的权利义务,从而无论从形式上还是逻辑上看,均导致

---

① See Appellate Body Report, *China—Raw Materials*, WT/DS394/AB/R, WT/DS395/AB/R, WT/DS398/AB/R, para. 303.

了流于表面、难以自圆其说的解释结果。如按照上诉机构的解释结论，中国作为成员方，其在《中国加入议定书》第 11.3 条中关于出口税的义务不适用 GATT 1994 中的例外条款，但却允许其他成员方基于该条可以采取违反 WTO 规则的国内措施，显然不符合以非歧视待遇为基本原则的多边贸易规则体系，是不合理的逻辑。

（二）稀土案："紧扣文本"的保守解释

为明确《中国加入议定书》与 WTO 多边贸易协定间的关系，该案专家组和上诉机构对《建立 WTO 协定》第 12.1 条和《中国加入议定书》第 1.2 条的关系问题进行了解释。

首先，专家组对《中国加入议定书》第 1.2 条的规定作了极端的缩限解释：认为《中国加入议定书》第 1.2 条只规定了其"应成为《建立 WTO 协定》的组成部分"，因此其法律效果是"使得《加入议定书》'作为一个整体'（in its entirety）成为《建立 WTO 协定》的组成部分，而非其'具体条款'（individual provisions）也得以成为《建立 WTO 协定》及其附件多边贸易协定的组成部分"。[①] 此一认定有两层含义：其一，《中国加入议定书》的条款不构成《建立 WTO 协定》、各多边贸易协定的组成部分；其二，《中国加入议定书》《建立 WTO 协定》及其附件的各多边贸易协定存在位阶关系，即《中国加入议定书》与 WTO 各多边贸易协定是平行并列的关系——虽然根据《建立 WTO 协定》第 2.2 条之规定，各多边贸易协定是《建立 WTO 协定》的组成部分，而《中国加入议定书》第 1.2 条规定《中国加入议定书》是《建立 WTO 协定》的组成部分，但《中国加入议定书》并不构成各多边贸易协定的组成部分。

该两层含义的认定与《建立 WTO 协定》第 12.1 条所规定的"《加入议定书》是 WTO 协定的组成部分"这一条款的内涵并不严格相符：第一，一项协定是由其所包含的具体条款所组成的，二者无法割裂开来，认为一项协定构成另一项协定的组成部分，但却否认其具体条款的纳入，认定《加入

---

① See Panel Report, *China—Rare Earths*, WT/DS431/R, WT/DS432/R, WT/DS433/R, para. 7.93.

议定书》的具体条款不构成《建立 WTO 协定》的组成部分，纯属冠以“紧扣文本解释”的“文字游戏”；第二，《加入议定书》作为一国的加入文件，其包含了与所加入法律规范体系不同的规则——本文前述已经论证构成对多边条约的保留，一旦获得接受即对所加入的多边条约的规则产生“修订”的效果，因此《加入议定书》与《建立 WTO 协定》间的互动关系不可避免，显然不属于平行并列、互不干扰的关系；第三，既有《建立 WTO 协定》及其各多边贸易协定间存在一定的位阶关系：《建立 WTO 协定》第 16.3 条明确规定，其与任何多边贸易协定的规定发生冲突时，在冲突的范围内《建立 WTO 协定》的规定优先适用，因此，《建立 WTO 协定》与各多边贸易协定间存在体系性关联，而由于《加入议定书》的具体条款构成《建立 WTO 协定》的组成部分，其具体条款也必然随之与多边贸易协定形成体系性关联。因此，“专家组断然割裂《加入议定书》‘具体条款’与《建立 WTO 协定》的关系、断然割裂《加入议定书》（具体条款或作为整体）与多边子协定（具体条款或作为整体）在 WTO 协定下的互动关系的做法，由于强加文义和缺乏法律依据而有失妥当”。①

其次，专家组对《建立 WTO 协定》第 12.1 条“此加入适用于本协定及附属于它的多边贸易协定”也作了同样的缩限解释，认为该条内容只能解读为在加入 WTO 后，加入方须遵守多边贸易协定的所有义务，不得挑选加入特定的多边贸易协定，从而既不能支持中国提出的相关议定书条款得构成预期存在系统性联系的特定涵盖协定的组成部分这一观点，也不能支持《加入议定书》不是自成体系的协定，而只是服务于在《建立 WTO 协定》及其附件多边贸易协定项下明确中国的义务这一主张。② 专家组的此项解释紧扣第 12.1 条的标题“加入”，对该条全部内容的解读限定为仅为加入之目的，拒绝进一步解读加入成员方“一揽子”接受并加入《建立 WTO 协定》及其多边贸易协定的效果，即加入文件的地位与效力。尽管专家组

---

① 顾宾：《论 WTO 稀土案裁决报告的明显失误和亟宜纠正》，载《国际经济法学刊》2015 年第 3 期。

② See Panel Report, *China—Rare Earths*, WT/DS431/R, WT/DS432/R, WT/DS433/R, para. 7.91.

不同意见认为,第 12. 1 条明确说明了《加入议定书》规定了新成员的加入条件,将加入成员方在《建立 WTO 协定》及多边贸易协定项下应当承担的义务具体化,但是,该案上诉机构仍然支持了专家组的意见,认为上诉机构第 12. 1 条并未提及《加入议定书》,更勿论其与《建立 WTO 协定》间的关系。①

该案中,无论是专家组还是上诉机构的解释,均失之偏颇。紧扣文本的语词,如"integral part""accession""apply""terms"等,但对词语的含义仅作表面解释。名词至少有二用,一是注重它的意义,二是注重它的范围之内的具体的东西。② 正如有学者认为的,"第Ⅻ. 1 条第二句'入世'(accession,名词)承接第一句'入世'(accede,动词),既指入世过程,也包括入世的文本形式或结果即《加入议定书》……第Ⅻ. 1 条第一句明确规定入世(accede)的基础条件是 WTO 与加入成员签订的协议即《加入议定书》,进一步确认第二句'入世'(accession)词义含有《加入议定书》。因此,第Ⅻ. 1 条确实规定了《加入议定书》与 WTO 协定('马拉喀什协议及其子协议')之间的系统性关系"。③ 专家组和上诉机构在对相关语词的通常含义进行分析的时候,并未对这些语词的所有可能含义做全面梳理与取舍,而是直接进入了自定义、自循环的论证逻辑,有强定文义之嫌。

(三)汽车零部件案:补强的有效解释

中国汽车零部件案是《中国加入议定书》涉案中第一个获得专家组裁决的争端。该案中,针对利用汽车零部件进口规避汽车整车关税的行为,中国发布并实施《汽车产业发展政策》(国家发改委 2004 年〔8〕号令)、《构成整车特征的汽车零部件进口管理办法》(海关总署等四部委 2005 年〔125〕号令)和《进口汽车零部件构成整车特征核定规则》(海关总署 2005 年〔4〕号公告)共三部规章,对等于或超过整车价值 60% 的部件征收与整

---

① See Appellate Body Report, *China—Rare Earths*, WT/DS431/AB/R, WT/DS432/AB/R, WT/DS433/AB/R, paras. 5. 71, 5. 28 – 5. 29, 5. 32.

② 参见金岳霖:《逻辑》,北京理工大学出版社 2017 年版,第 5 页。

③ 顾宾:《论 WTO 稀土案裁决报告的明显失误和亟宜纠正》,载《国际经济法学刊》2015 年第 3 期。

车相同的关税。申诉方认为该措施违反了 WTO 项下的相关协定,其中就包括经由《中国加入议定书》第 1.2 条引入的《中国加入工作组报告》第 93 段的规定。

本案中,在对“普通关税”“同类产品”等词语进行解释时,专家组沿用了依据《维也纳条约法公约》的文本解释方法。但是,值得注意的是,在分析本案所涉收费是否涵盖在 GATT 1994 第32 条和第2.1(b)条范围内时,援引了印度汽车案中专家组关于条约解释方法的阐述:“习惯法规则提供了充分的机制以确保处理此类关注的恰当结果,因为其要求在参考上下文和条约的宗旨与目的考虑通常意义。就此,上下文包括对与其他潜在相关的规定相关的每个条款的解读,和在必要时对术语的任何差异的分析。有效原则也将适用以避免导致任何规定无用。”①此处明确提出条约的有效解释原则。

分析至中国是否违反其在《中国加入工作组报告》第93 段项下的义务时,专家组再次适用了有效解释原则。中国在《中国加入工作组报告》第 93 段承诺未对汽车的成套散件和半成套散件设立关税税号,且如果设立此类税号,则关税将不超过 10%。本案中,争议的问题是该条项下的“设立关税税率”是否只包括形式上的设立单独关税税号,还是也包括事实上的设立,即相关措施是否具有设立单独税号的效果?对此问题,专家组认为,一旦中国已经决定使 2004 年和 2005 年(自 2001 年加入 WTO 的 3 ~4 年后)的措施生效,由于该措施自动给予成套散件和半成套散件进口设置特定的关税标准,该决定即实际上创造了成套散件和半成套散件的单独税号,且如果作其他解释将会导致《工作组报告》第 93 段中的中国义务失去意义,因为中国将总能利用其国内法律体系主张其还从来没有修改其减让表并因此并未创造单独的关税税号。② 此段分析所采用的显然是有效解释方法。

---

① See Panel Report, *India—Autos*, WT/DS146/R, WT/DS175/R, para. 7.222. at Panel Report, *China—Auto Parts*, WT/DS339/R, WT/DS340/R, WT/DS342/R, para. 7.121.

② Panel Report, *China—Auto Parts*, WT/DS339/R, WT/DS340/R, WT/DS342/R, para. 7.756.

尽管有效解释在国际司法实践特别是 WTO 争端解决实践中已经是公认的条约解释规则,但是其未被明确规定在《维也纳条约法公约》的条约解释通则之中在一定程度上也反映了有效解释的固有瑕疵:由于有效解释方法导向的推理逻辑终点为缔约方的目的——若作特定解释则使条款失去意义,因此有效解释更多探求的是条约的目的和宗旨,其一方面可能导致在有两种解释可能时,目的和宗旨解释的结果实际上是对文本解释结果的推翻;另一方面更甚者则可能导致跳过文本解释,从而与《维也纳条约法公约》的客观解释立场相悖。因此,有效解释原则有其适用的限制条件:不可违背条约的字面含义,更不能脱离条约的目的。① 该案中,专家组认为,问题的关键不在于中国是否已经启动国内程序以设立新的关税标准,而在于中国在《建立 WTO 协定》项下的义务。从专家组的说理可见,其采用有效解释方法时并未对《中国加入工作组报告》第 93 段的缔约目的进行考察与分析,而是直接跳过对缔约方共同意图的考察,得出有效解释的结论,因而违反了有效解释的适用条件。

当然,在该案中,有效解释的适用是对于此前"设立"一词的文义解释结论的补强。专家组在进行有效解释之前,已经对"设立"一词的含义界定为既包括"形式上的"设立,即专门通过国内立法程序设立单独税号;又包括"事实上的"设立,即虽然并未通过国内立法程序设立单独税号,但通过使相关法规的生效起到了设立单独税号的效果。这也在一定程度上解释了前述有效解释方法的"仓促"适用——文义解释已经达到解释目的,有效解释仅为补强解释。

三、《中国加入议定书》解释的特有困境

由前述梳理可见,与 WTO 争端解决实践中以文本解释为原则兼顾有效解释与演进解释的解释方法适用情况不同,WTO 争端解决实践中对《中国加入议定书》的解释始终坚持以文本解释为圭臬。尤其是在《中国加入

① See Interpretation of Peace Treaties with Bulgaria, Hungary and Romania, para. 2, Advisory Opinion, I. C. J. Reports 1950, p. 229. http://www.icj-cij. Org/docket/files/8/1875. pdf.

议定书》文本存在较多解释空间的现实情况下，针对中国在争端解决实践中就《中国加入议定书》条款所提出的超越狭义文本解释的诸多解释主张，专家组和上诉机构均未主动适用有效解释、演进解释等具有主观属性的解释方法从而未予以支持，似与其一般解释实践有所偏离。究其原因，有学者认为主要源自 WTO 机制的内在制度因素与外在政治因素，即 WTO 立法不明与司法克制、遵循先例与个案变通的体制内缺陷和国际经济规制博弈的体制外因素。[①] 就《中国加入议定书》的解释困境而言，考虑到所有条约的解释都会受到体制外因素的影响，而 WTO 争端解决实践中的遵循先例与司法克制问题亦非《中国加入议定书》涉案中的特有现象，因此，本书将聚焦于《中国加入议定书》解释的特有困境，即《中国加入议定书》文本与实体性义务的特殊性进行分析。

（一）固有局限：文本瑕疵

1. 法律性质定位缺失

《中国加入议定书》的序言与总则部分对其作为加入文件的文本属性作了清楚的说明，但对其所涵盖的诸多非标准文本的实体性条款的法律属性未作界定——既未说明这些实体性条款的制定依据，更未说明其宗旨与目的。这直接导致了后续在适用过程中，导致专家组与上诉机构面临以《中国加入议定书》与《建立 WTO 协定》及其项下多边贸易协定的关系问题为核心的诸多解释难题并难以作出令人信服的解释——《维也纳条约法公约》要求对于约文的通常含义的考察需要参考条约的宗旨与目的，而这正是《中国加入议定书》所不具备的。

2. 条款行文体例混乱

如前所述《中国加入议定书》特殊体例安排部分所述（如表 3 – 7 所示），从体例安排上看，《中国加入议定书》中涉及中国实体义务承诺的内容主要规定在两类实体性条款中：第一部分第 2 ~ 18 条中"直接规定的非标准文本条款"和经由第一部分第 1.2 条和《中国加入工作组报告》第 342

---

① 参见刘雪红：《"稀土案"一般例外可适用性问题探究》，载《武大国际法评论》2015 年第 1 期。

段“转引入的非标准文本条款”。该两个部分的内容体例安排既与《建立WTO 协定》及其项下的多边贸易协定的实体性内容安排缺乏一致性,而且在相互间也缺乏一致对应的逻辑呼应关系。

就前者而言,既有援引《建立 WTO 协定》和/或其项下多边贸易协定及其具体条款,又有直接重复其内容的情况,甚至二者同时存在于一个条款之中;既有对于《建立 WTO 协定》和/或其项下多边贸易协定相关具体内容的细化或补充,又有再次强调与重复。这一问题也与前述《中国加入议定书》的定位缺失相呼应。正是由于对《中国加入议定书》的目的与宗旨缺乏清楚的界定,导致在文本的拟定方面,在形式上简单地采用了标准化的条约加入文本以反映其作为加入文件的文本属性的同时,生硬地纳入了诸多实体性条款,但却又对此类条款内容的性质留白。

就后者而言,“直接规定的非标准文本条款”大致看来似乎是对“转引入的非标准文本条款”的强调、细化与补充,但仍存在条款行文的难以对应与表述上的逻辑不一致。在行文安排上,“直接规定的非标准文本条款”并未按《中国加入工作组报告》中“转引入的非标准文本条款”的顺序安排,各条款的标题表述也不一致,仅能依靠其所规定的实体义务方能大致对应起来;在所涉及的实体性义务上,既有二者均有规定、表述类似但又不完全相同的情况,又有规定的义务水平高低有别的情况。这反映出在谈判过程中无论是对于《中国加入工作组报告》还是对《中国加入议定书》,均缺乏对文本的审慎关注。这一问题自然导致了在争端解决实践中,就中国特定义务而言,不仅对应的“直接规定的非标准文本条款”与“转引入的非标准文本条款”难以准确界定,而且特定“直接规定的非标准文本条款”或“转引入的非标准文本条款”的“上下文”也难以查找,极易发生歧义。

3. 用语措辞模糊

相较于《建立 WTO 协定》及其项下的多边贸易协定在文本上的高度准确精练,《中国加入议定书》在用语措辞上和体例安排上严谨度缺失。仅仅是《中国加入议定书》涉案中所涉及的例证就足以说明:《中国加入议定书》第 5.1 条和第 5.2 条中“所有在中国的企业”“所有外国个人和企业”和《中国加入工作组报告》第 83 段、第 84 段中的“中国企业和外商投资企业”“全资中资企业”“其他 WTO 成员的独资经营者”,各自所涵盖的企业类型以及相互间的种属关系缺乏严谨的界定,由此引发中国出版物及音像产品案中关于这些概念所涵盖的企业类型的解释问题。

除此之外,在诸多其他条款中还存在许多其他重要概念及其类似表述的不严谨之处,如《中国加入议定书》第 3 条“非歧视”与《中国加入工作组报告》第 18 ~ 19 段、第 22 ~ 23 段中“非歧视(包括国民待遇)”“相同待遇”“国民待遇”,这些术语相互间关系如何,是否分别指向不同的待遇标准,以及具体适用时是否有范围限定,均缺乏严谨的说明。当然,这些缺乏的严谨性用语措辞,有其特定的产生原因——《中国加入议定书》中实体性条款几乎涵盖了 WTO 协定的所有议题,首次在议定书中出现“直接规定的非标准文本条款”,其“转引入的非标准文本条款”在当时看来也前所未有之多,条款间语词的模糊与混用反映了所涉事项与规则的庞杂。这些不严谨的措辞,自然导致在争端解决阶段,以《维也纳条约法公约》所规定的文本解释为主的解释方法的适用困境——一方面,表面文义混乱,无法逻辑自洽,解释难以自圆其说;另一方面,文义的模糊与混用掩盖缔约方的意图,也难以作为约文“通常含义”的参照。

至此可见,《中国加入议定书》内在的文本形式瑕疵,导致了 DSB 所依赖的惯常的文本解释方法的适用困境。按照 DSB 在其他争端案件中的解释实践,通常此时相对主观的有效解释或演进解释将获得采纳,以解决严格文本解释无法提供正当结论的困境。但如前所述,在《中国加入议定书》涉及的案件中,仅有一例案件专家组适用了有效解释以作为文本解释结论的补强,所有其他案件均未见有效解释或演进解释获得采用,充分体现了在《中国加入议定书》的解释问题上,专家组与上诉机构的自我克制。尽管在其他 WTO 争端案件中也体现了不同程度的司法克制,但在《中国加入议定书》的解释问题上,专家组与上诉机构的自我克制主要源自《中国加入议定书》所承载的中国加入义务的体制特殊性。

(二)人为克制:体制效应

就加入义务的体制性效应而言,《中国加入议定书》所承载的特殊加入义务可按其设置目的与效用分为两类:其一,补足中国作为 WTO 成员方的资格条件的加入义务(起跑义务);其二,超出成员方义务水平的加入义务(溢出义务)。二者均具有一定的体制性影响,从而使得 DSB 在对相关加入义务条款进行解释时,始终保持理性的自我克制。

1. 起跑义务——国内法治与国际关注的平衡

该类义务主要涉及中国的市场经济体制、对外贸易管理体制、国内法治水平(如统一实施、透明度、司法审查等)。尽管从表面上看,此类加入义务水平远超 WTO 创始成员方和其他加入成员方在 WTO 项下承担的义务水平,但其实质目的与效用是补足中国作为 WTO 成员方应具备的对外贸易规制水平——达到起跑线,从而对于 WTO 所有成员方而言,具有其合法性与正当性,也因此,其他 WTO 成员方无论在谈判期间还是缔约后的履行期间,都对此类义务的实现予以高度关注。

由于此类义务涉及中国国内政治、经济体制的方方面面,特别是涉及中国的国内政策与社会价值的制度性调整,涉及此类义务的争端具有高度的敏感性,加之 WTO 规则体系内嵌的关注贸易自由化与成员国其他社会政策目标间的平衡,要求 DSB 对于此类加入义务的解释,既要客观有效地解释以便快速、高效并友好地解决争端——对包含《中国加入议定书》在内的 WTO 规则的客观、正当解释,还要尊重成员方的规制权,因此,DSB 在对该类义务进行解释时势必要尽力自我克制,始终保持其在惯常争端解决实践中所采用的文本主义解释的限度之内。

2. 溢出义务——正当性缺失引发的体制危机

在《中国加入议定书》涉及的案件中,该部分义务的典型例证包括中国出版物及音像产品案中涉及的非歧视义务范围问题、中国原材料案和中国稀土案中的出口税义务问题等。这些均是超出 WTO 成员方所承担的义务。这些义务尽管在《建立 WTO 协定》第 12.1 条的许可范围内产生,但其基于该条构成《建立 WTO 协定》组成部分的法律效果,导致了 WTO 规则体系的体制性危机。

一方面,中国作为加入国所承担的溢出义务将导致以非歧视待遇原则为基石构建起来的 WTO 规则体系碎片化,从而使原本架构清晰的、各成员方地位平等、义务统一的“一揽子”多边贸易规则体系丧失其应有的一致性，进而反过来又导致了该部分溢出义务的正当性瑕疵。

另一方面，由于《中国加入议定书》对其自身的法律性质缺乏明确界定，从而使所有这些零散的溢出义务无法有效纳入既有的 WTO 规则体系，成为一个游离于体系之外的存在：根据《建立 WTO 协定》第 12.1 条构成其组成部分，但大部分具体条款内容既无法与《建立 WTO 协定》中的具体条款相关联——因为《建立 WTO 协定》中的具体条款并不涉及关税、贸易权、补贴等具体贸易管制事项；又无法确切地与《建立 WTO 协定》附件多边贸易协定的具体条款相关联——因为其并未构成多边贸易协定的组成部分。

因此，一旦发生与此类溢出义务相关的争端，DSB 将不得不面对一项体制性难题：溢出义务条款与特定多边贸易协定条款的关系，如 GATT 1994 第 20 条例外是否可以援引适用于《中国加入议定书》中的超常规义务条款。质言之，《中国加入议定书》的法律性质问题。而对于此类问题，由于其根源在于 WTO 立法过程中的漏洞，而根据 DSU 之规定，DSB 本也无司法造法之权限，所以“WTO 的裁判者即使可以发挥司法能动主义，但鉴于 GATT 1994 一般例外的可适用性问题直接触及 WTO 正当性，因而选择严格的文本主义、实行‘司法经济’则是一种更巧妙的解决方案”。[①]

“对文献的解释在某种程度上是一种艺术而非精确的科学。”[②]这是因为就解释方法而言，并无优劣之分；就解释结果而言，也并无对错之别。对条约解释的考察，惯常的评价标准是是否真实反映了缔约方的意图，但不可忽视的是，无论是通过审查文本含义以确定缔约方的缔约意图还是推定缔约意图后反推文本含义，其终极目标是服务于争端解决的需要。因此在 DSM 中对条约进行解释，所采用的解释方法既要考虑解释结论的客观性，也要考虑解释结果的合法性，这也正是条约解释与司法造法间的边界，即 DSB 在释法空间中发挥司法能动的临界点。因此，在《中国加入议定书》

---

① 刘雪红：《“稀土案”一般例外可适用性问题探究》，载《武大国际法评论》2015 年第 1 期。

② ILC Final Draft Articles and Commentary, in Sir Arthur Watts ed., *The International Law Commission* 1949 – 1998 (Volume Ⅱ): The Treaties, Oxford University Press, 1999.

涉案条款的解释问题上,专家组和上诉机构始终秉持着自我克制,紧扣文本解释工具,极力避免对具有体制性效应的中国加入义务作偏向主观意图的目的解释。

第五章　WTO 争端解决中中国涉案：典型类案与突出问题

如前所述，WTO 争端解决中，中国作为当事方涉案的范围很广，不少经典个案及其中所涉中国问题在 WTO 争端解决中都具有较强的代表意义，如中国出版物及音像产品案、中国电子支付服务案、中国原材料案、中国稀土案等，但鉴于理论与实务对这些个案已有大量研究，与《中国加入议定书》相关的问题前文亦有论及，因而以下类案选取能够进一步突出反映"中国问题"的两大类别：贸易救济措施和知识产权类争端展开。

从 WTO 争端解决的案件类别角度来看，中国作为争端当事方参与的一个显著特色是高度集中于贸易救济措施类争端。截至 2019 年 12 月 31 日，WTO 此类争端案件共 323 件，其中，补贴与反补贴措施案件 129 件，反倾销措施案件 133 件，保障措施案件 61 件，总数超过 WTO 争端案件总量的一半。中国作为当事方，此类案件的涉案数量为 43 件，占中国作为当事方涉案总数的 66%；其中，作为申诉方参与 18 件，占同类涉案的 86%，作为被诉方参与 25 件，占到同类涉案的 57%。因此，贸易救济措施类案件是中国在 WTO 争端解决中最具典型性的案件，对这些案件不同角度的观察，可以更全面和深入地发现其中独具中国特色的问题所在。

自"入世"以来至 2019 年年底，中国在 DSM 下申诉和被诉的贸易救济措施争端案件年度走势情况如图 5－1 所示。

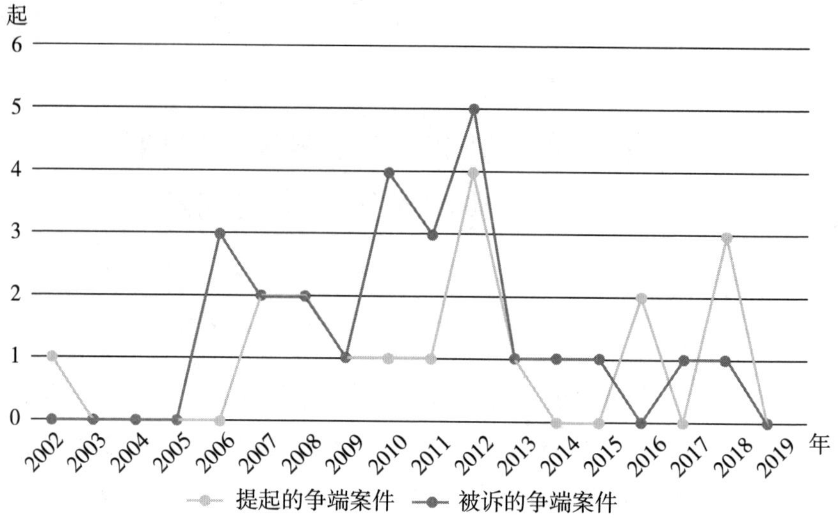

图 5－1 “入世”以来至 2019 年年底及中国的贸易救济措施争端案件走势情况

知识产权保护是以美国为代表的部分 WTO 成员诟病中国最多的一个领域，相关的 WTO 争端解决案件将各方矛盾和所关注的问题更为突出地反映出来，这也是当下中美贸易战的焦点问题之一，有必要作为典型问题加以梳理和探讨。

第一节 反倾销措施争端

一、WTO 反倾销措施争端与中国参与情况概览

（一）反倾销措施争端及其解决的基本状况

截至 2019 年年底，由反倾销措施所引发的争端案件 133 件，已结案 73 件，结案率约为 54.9%；其中经专家组或上诉机构裁决结案的 58 件，约占此类案件总数的 43.6%；由当事方和解、撤回等方式结案的 15 件，占比约 11.3%。其余案件仍处于程序之中（如表 5－1 所示）。

表5-1 WTO反倾销措施争端及其裁决情况汇总 单位:件

年份	当年案件总数	裁决情况			
		已经DSB裁决结案	未经裁决		
			磋商/和解/中止结案	磋商中	专家组审理中
1995	1	0	1	0	0
1996	3	1	0	2	0
1997	3	1	1	1	0
1998	6	4	1	1	0
1999	8	4	0	4	0
2000	11	5	0	6	0
2001	6	3	0	3	0
2002	7	4	1	2	0
2003	6	2	2	2	0
2004	8	2	2	4	0
2005	4	2	1	1	0
2006	8	4	2	2	0
2007	1	0	0	1	0
2008	5	2	2	1	0
2009	3	2	0	1	0
2010	5	2	1	2	0
2011	5	3	0	1	1
2012	6	4	1	1	0
2013	6	4	0	1	1
2014	5	4	0	0	1
2015	5	2	0	2	1
2016	4	2	0	1	1
2017	5	1	0	2	2
2018	8	0	0	4	4
2019	4	0	0	2	2
合计	133	58(43.6%)	15(11.3%)	47(35.3%)	13(9.8%)

从表5-1中可以看出,未经DSB裁决的争端案件中,目前仍处于磋

商中的案件占比最大，超过案件总数的 1/3，其中 2015 年及以前提起磋商请求的案件占比 28.6%。1995～2005 年，反倾销争端案件数量为 63 件，裁决结案 28 件，占同期案件数量的 44.4%；2006～2015 年，此类案件 49 件，裁决结案的案件数量为 27 件，占比 55.1%。两相比较可知，WTO 反倾销争端总量下降，但以裁决方式结案的案件数量并没有下降，裁决结案率有较大幅度的增长。

（二）中国涉案总体样态

截至 2019 年年底，中国在 DSM 下反倾销措施争端中共涉案 59 件，包括申诉 9 件、被诉 8 件和作为第三方参与 42 件。历年涉案及走势如图 5－2 所示。

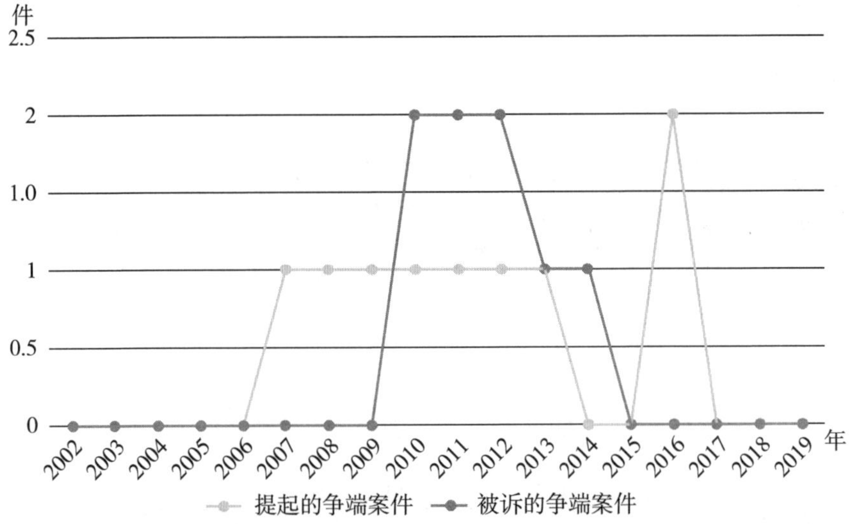

图 5－2　WTO 反倾销措施争端中国涉案年度状况

根据中国“入世”后不同阶段①的特点来看，第一，中国作为申诉方和被诉方涉案总量基本相等，作为第三方涉案数量最多；第二，无论是作为申诉方还是被诉方，前期案件数量均为零，中期案件数量有所增减，平均每年涉案 1 起，后期案件数量又归为最初；第三，中国作为申诉方的涉案分布较为

① 为说明问题，这里将中国“入世”后参与反倾销措施争端过程划分为前期（2002～2006 年）、中期（2007～2013 年）和后期（2014～2019 年）三个时间段。

均衡,作为被诉方涉案较为集中,主要集中在 2010～2014 年的 5 年时间,占 WTO 争端解决案件的比例也越来越高;第四,作为第三方,过渡期涉案数量最多,中期涉案数量及比例整体呈下降趋势,后期又有回升之势。

表 5－2　2002～2019 年中国所涉反倾销案件汇总情况

年份	当年案件总数(件)	中国涉案总数(占比)	申诉方涉案数量(占比)	被诉方涉案数量(占比)	第三方涉案数量(占比)
2002	7	3(42.9%)	0	0	3(42.9%)
2003	6	4(66.7%)	0	0	4(66.7%)
2004	8	2(25%)	0	0	2(25%)
2005	4	3(75%)	0	0	3(75%)
2006	8	5(62.5%)	0	0	5(62.5%)
2007	1	1(100%)	1(100%)	0	0
2008	5	1(20%)	1(20%)	0	0
2009	3	2(66.7%)	1(33.3%)	0	1(33.3%)
2010	5	4(80%)	1(20%)	2(40%)	1(20%)
2011	5	4(80%)	1(20%)	2(40%)	1(20%)
2012	6	4(66.7%)	1(16.7%)	2(33.3%)	1(16.7%)
2013	6	5(83.3%)	1(16.7%)	1(16.7%)	3(50%)
2014	5	5(100%)	0	1(20%)	4(80%)
2015	5	3(60%)	0	0	3(60%)
2016	4	4(100%)	2(50%)	0	2(50%)
2017	5	3(60%)	0	0	3(60%)
2018	8	4(50%)	0	0	4(50%)
2019	4	2(50%)	0	0	2(50%)
合计	95	59(62.1%)	9(9.5%)	8(8.4%)	42(44.2%)

总体上,与中国参与 WTO 争端解决的整体样态相吻合。

(三)中国涉案方式的特色

为对比分析中国与其他 WTO 成员方所涉反倾销措施争端的共性与特性,同时展现 WTO 争端解决中成员所涉反倾销措施争端的普遍性,笔者选取美国、欧盟、日本、韩国、印度、巴西、墨西哥、加拿大和俄罗斯进行涉案对比。除俄罗斯之外的成员均为 WTO 创始成员,在中国加入 WTO 之前,已产生大量涉案先例;俄罗斯作为 WTO 新加入成员,加入后比较活跃,也有相当数量的成案,可作为考察中国涉案特殊样态的参照系。

1. 作为当事方涉案

从表 5 - 3 所示的 4 个阶段的对比可知,总体上,作为当事方,各相关成员所涉反倾销争端数量各阶段有一些上下波动,但涉案数量和比例的逐渐下降趋势较为明显。早期的涉案成员及案件数量较多,28.3% 的占比属于高位。结合图 5 - 3 可观察到,美欧的涉案数量多,特别是美国的涉案量在各个时期都占绝对优势,其余各成员在每个阶段的涉案数量都远低于欧美,且占比在 2007 年以后大幅下降。作为发展中国家,巴西、墨西哥的涉案数量下降,参与 WTO 反倾销争端解决的意愿较早期下降明显。俄罗斯作为新加入成员,参与意愿较高。

表 5 - 3　中国与相关成员作为当事方参与反倾销措施争端案件的数量对比情况

成员	1995 ~ 2001 年		2002 ~ 2006 年		2007 ~ 2013 年		2014 ~ 2019 年	
	数量(件)	占比	数量(件)	占比	数量(件)	占比	数量(件)	占比
美国	17	28.3%	22	43.9%	16	33.3%	9	25.7%
欧盟	9	15%	7	14.3%	10	20.8%	7	20%
日本	3	5%	2	4.1%	1	2.1%	2	5.7%
韩国	5	8.3%	1	2%	3	6.3%	4	11.4%
印度	6	10%	5	9.8%	1	2.1%	1	2.9%
巴西	7	11.7%	1	2%	2	4.2%	0	0
墨西哥	11	18.3%	6	12.2%	0	0	0	0
加拿大	2	3.3%	5	10.2%	0	0	4	11.4%
俄罗斯	—	—	—	—	1	2.1%	5	14.3%
中国	—	—	0	0	14	29.2%	3	8.6%
阶段性总数	60	—	49	—	48	—	35	—

与其他成员相比,中国作为当事方参与反倾销争端解决案件的情况较为特殊:其一,“入世”之初,中国所表现的作为当事方参与争端解决案件的意愿并没有那么强烈,与 WTO 成立之初所反映出的参与成员多、案件量大的情况相反;其二,中国作为当事方参与的反倾销争端解决案件集中在 2007 ~ 2013 年。该段时间,中国参与反倾销争端解决案件的占比,无论

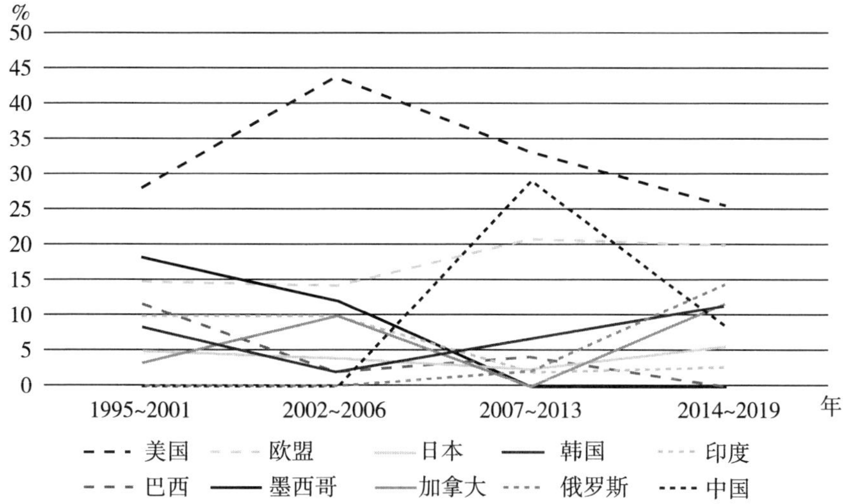

图 5－3 中国与相关成员作为当事方参与反倾销措施争端案件的阶段性对比情况

是相对比例，还是绝对比例，无论是横向比较，还是纵向比较，都属于高比例。这段时间中国的涉案量超过欧盟，跃居第二位，高于同期除欧美外的其他 6 国涉案总量。与同为发展中国家的印度、巴西、墨西哥所表现出的下降趋势，完全不同。

2. 作为第三方涉案

从表 5－4 中不同时间段所显示的比例关系来看，各相关成员作为第三方参与反倾销争端的涉案数量虽然一直有些波动，但总体上呈现较为一致的上升趋势。1995～2013 年，除美国、加拿大在 2002～2006 年涉案数量减少外，其他成员的涉案数量均有所增长，平均增幅达 1～3 倍；其中，韩国、印度、巴西、墨西哥的增幅最大。与此同时，成员间的占比差距在逐渐缩小。相较而言，美国作为第三方参与的案件数量较少，与其作为当事方涉案恰呈反向关系；欧盟和日本作为第三方涉案数量和占比则持续保持高位。

表 5－4　中国与相关成员作为第三方参与反倾销措施争端案件的数量对比

成 员	1995～2001 年		2002～2006 年		2007～2013 年		2014～2019 年	
	数量（件）	占比	数量（件）	占比	数量（件）	占比	数量（件）	占比
美国	8	17.4%	5	5.7%	8	8.2%	14	11.1%
欧盟	12	26.1%	16	18.1%	15	15.5%	14	11.1%
日本	9	19.6%	16	18.1%	19	19.6%	15	11.9%
韩国	3	6.5%	10	11.4%	10	10.3%	10	7.9%
印度	4	8.7%	7	8%	12	12.4%	13	10.3%
巴西	2	4.3%	7	8%	7	7.2%	13	10.3%
墨西哥	3	6.5%	6	6.8%	8	8.2%	6	4.8%
加拿大	5	10.9%	4	4.5%	6	6.2%	11	8.7%
俄罗斯	—	—	—	—	5	5.2%	12	9.5%
中国	—	—	17	19.3%	7	7.2%	18	14.3%
阶段性总数	46	—	88	—	97	—	126	—

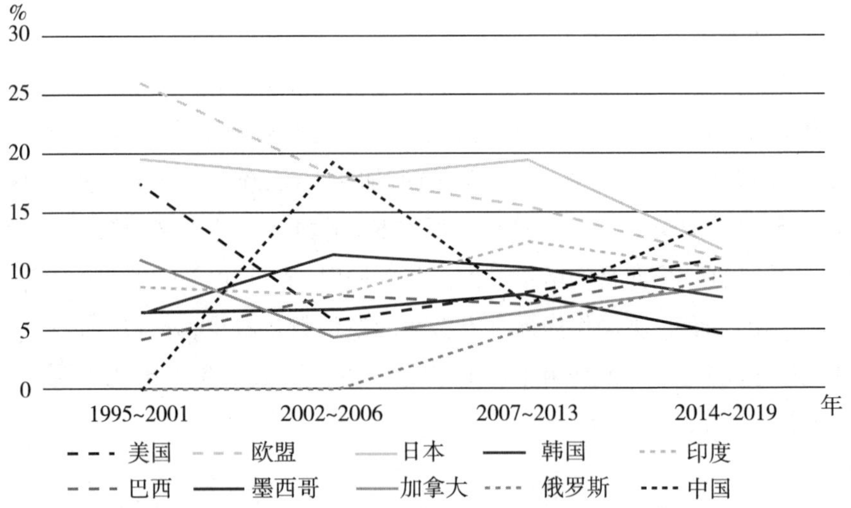

图 5－4　中国与相关成员作为第三方参与反倾销措施争端的阶段性对比

中国作为第三方涉案，与总体趋势相比，涉案数量起伏较大。在 2002 ~ 2006 年的过渡期内，中国涉案数量及占比相较同时期的其他成员较大；但在过渡期以后变化很大：2007 ~ 2013 年，中国涉案数量不增反降，且下降幅度明显；而在 2014 ~ 2019 年这种下降趋势发生改变，一跃成为同期涉案数量最多的成员。

3. 涉案总量

从表 5 – 5 来看，无论是与其他 WTO 成员所涉争端案件的数量还是与中国“入世”后的案件总量的对比来看，美欧一直处于最高位序。在反倾销措施争端案件中，中国的参与程度与日本相当，略高于韩国、印度，也高于巴西、墨西哥和加拿大。中国“入世”后，涉案数量和参与程度超过了其他成员，仅次于欧盟、美国，与它们还有一定差距。

表 5 – 5　中国与相关 WTO 成员参与反倾销措施争端的涉案总量对比

单位：件

成　员	1995 ~ 2001 年	2002 ~ 2006 年	2007 ~ 2013 年	2014 ~ 2019 年	总计
美　国	25	27	24	23	99
欧　盟	21	23	25	21	90
日　本	12	18	20	17	67
韩　国	8	11	13	14	46
印　度	10	12	13	14	49
巴　西	9	8	9	13	39
墨西哥	14	12	8	6	40
加拿大	7	9	6	15	37
俄罗斯	—	—	6	17	23
中　国	—	17	21	21	59
阶段性总案数	106	137	145	161	549

（四）中国涉案的当事地位

1. 自身的不同角色：申诉 vs 被诉

如表 5－6、图 5－5 所示，首先，从各成员自身在此类争端中所处的不同角色来看，除欧盟外，其他成员的申诉与被诉之间的比例失衡。二者差距最大的是美国，相差多达 53 个百分点，而欧盟只相差 3 个百分点。而且，除美国的被诉远多于其申诉外，其他成员都是申诉多于被诉。其次，从各成员彼此之间的对比来看，欧盟申诉和美国被诉的案件数量最多，其中美国被诉数量甚至超过其他成员被诉数量的总和；而日本则从未被诉。

表 5－6　反倾销措施争端案件中中国与相关成员的当事角色对比

单位：件

成员	1995～2001 年		2002～2006 年		2007～2013 年		2014～2019 年		总计数及与此类涉案总量①的比例	
	申诉数量	被诉数量	申诉数量	被诉数量	申诉数量	被诉数量	申诉数量	被诉数量	申诉（占比）	被诉（占比）
美国	3	14	2	20	3	13	0	9	8（8.9%）	56（62.2%）
欧盟	6	3	5	2	4	6	3	4	18（18.2%）	15（15.2%）
日本	3	0	2	0	1	0	2	0	8（11.9%）	0
韩国	5	0	0	1	3	0	2	2	10（21.7%）	3（6.5%）
印度	6	0	2	3	1	0	0	1	9（18.4%）	4（8.2%）
巴西	6	1	0	1	2	0	0	0	8（20.5%）	2（5.1%）
墨西哥	7	4	4	2	0	0	0	0	11（27.5%）	6（15%）
加拿大	2	0	4	1	0	0	3	1	9（24.3%）	2（5.4%）

① 涉案总量包括该成员作为第三方的涉案。

续表

成员	1995～2001年		2002～2006年		2007～2013年		2014～2019年		总计数及与此类涉案总量①的比例	
	申诉数量	被诉数量	申诉数量	被诉数量	申诉数量	被诉数量	申诉数量	被诉数量	申诉（占比）	被诉（占比）
俄罗斯	—	—	—	—	1	0	4	1	5（21.7%）	1（4.3%）
中国	—	—	0	0	7	7	2	1	9（15.3%）	8（13.6%）
阶段合计	38	22	19	30	22	26	16	19	—	—

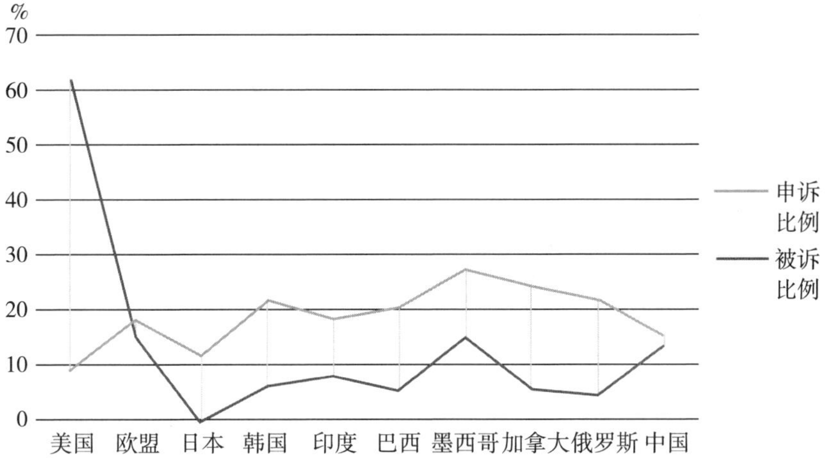

图5－5　反倾销措施争端案件中中国与相关成员的申诉与被诉比例对比

中国参与此类案件的特殊之处在于：其一，不同于其他类型案件中国被诉远多于申诉处于“倒挂”状态，在反倾销措施案件中，中国申诉案件数量超过被诉案件数量；其二，中国参与案件的时间分布较为集中，2002～2006年过渡期内没有涉案，之后涉案数量激增。其中，在2007～2013年，申诉案件数量远超欧美等其他相关成员；而被诉案件数量也仅次于美国，远高于其他所列成员。

① 涉案总量包括该成员作为第三方的涉案。

2. 争端相对方角色定位:告谁 & 被谁告

(1)作为申诉方

根据表5-7统计的数据可以看出,在反倾销措施争端中,案件数量均高于或至少等于被诉成员数,不同阶段均为如此。这表明,无论申诉方是哪一个成员,也无论处于哪一时间段,申诉目标都集中于某些特定成员。这与WTO争端解决整体状况保持一致。

表5-7 反倾销措施争端案件中中国与相关成员作为申诉方的被诉方数量对比

申诉成员	1995~2001年		2002~2006年		2007~2013年		2014~2019年		合计	
	案数(件)	被诉方数(个)	案数(件)	被诉方数(个)	案数(件)	被诉方数(个)	案数(件)	被诉方数(个)	案数(件)	被诉方数(个)
美国	3	1	2	2	3	1	0	0	8	4
欧盟	6	2	5	2	4	2	3	3	18	9
日本	3	1	2	1	1	1	2	1	8	4
韩国	5	2	0	0	3	1	2	1	10	4
印度	6	4	2	2	1	1	0	0	9	7
巴西	6	5	0	0	2	2	0	0	8	7
墨西哥	7	4	4	1	0	0	0	0	11	5
加拿大	2	1	4	1	0	0	3	2	9	4
俄罗斯	—	—	—	—	1	1	4	3	5	4
中国	—	—	0	0	7	2	2	2	9	4

表5-8所反映的是反倾销措施争端案件中中国与相关WTO成员作为申诉方时对被诉对象的选择。数据表明,首先,总体上看,随着案件数量的下降,相关WTO成员申诉目标更为集中,其中巴西、印度、墨西哥的表现最为明显,最开始的被诉成员分布广泛,2002年以后主要集中在美国、欧盟;其次,美国、欧盟、中国已成为反倾销措施争端中的主要被诉国。

与其他WTO成员国不同,中国参与反倾销措施争端的特殊之处在于:申诉对象始终只有两个——美国和欧盟,尤以美国为主。美国作为被诉对象的案件数量是欧盟作为被诉对象的2倍。

表 5-8　反倾销争端中中国与相关成员作为申诉方的被诉对象及其数量对比

申诉成员	1995～2001 年		2002～2006 年		2007～2013 年		2014～2019 年	
	案数(件)	被诉方及案数	案数(件)	被诉方及案数	案数(件)	被诉方及案数	案数(件)	被诉方及案数
美国	3	墨 3	2	加 1/墨 1	3	中 3	0	—
欧盟	6	美 4/阿根廷 2	5	美 4/印 1	4	中 3/美 1	3	俄 1/美 1/哥 1
日本	3	美 3	2	美 2	1	中 1	2	韩 2
韩国	5	美 4/菲 1	0	—	3	美 3	2	美 2
印度	6	美 2/欧 2/巴 1/南非 1	2	美 1/欧 1	1	欧 1	0	—
巴西	6	美 2/阿根廷 1/欧 1/墨 1/土 1	0	—	2	美 1/南非 1	0	—
墨西哥	7	美 2/厄 2/危 2/委 1	4	美 4	0	0	0	—
加拿大	2	美 2	4	美 4	0	0	3	美 2/中 1
俄罗斯	—	—	—	—	1	欧 1	4	欧 2/美 1/乌克兰 1
中国	—	—	0	—	7	美 5/欧 2	2	美 1/欧 1

(2)作为被诉方

表 5-9 中反映的数据显示：首先，巴西、墨西哥已经从被诉的高比例国家中淡出，2007 年及之后，两国在反倾销措施争端中被诉案件均为零；韩国、印度、加拿大在反倾销措施争端解决中作为被诉方的案件数量也较少，且印度的下降走势也较为明显，2002～2006 年印度的被诉案件共 3 件，2007 年至今的被诉案件仅有 1 件。其次，美国和欧盟是反倾销措施争端中主要的被诉国，其中美国被诉案件数量最多，申诉来源国数量也最多；但无论是欧盟还是美国，在被诉案件绝对数量有所下降的同时，其申诉来源国数量并未等比减少，说明它们始终是其他成员的主要申诉目标。

表 5 –9　反倾销措施争端案件中中国与相关成员作为被诉方的申诉来源方数量对比

被诉成员	1995 ~2001 年		2002 ~2006 年		2007 ~2013 年		2014 ~2019 年		合计	
	案数（件）	申诉方数（个）	案数（件）	申诉方数（个）	案数（件）	申诉方数（个）	案数（件）	申诉方数（个）	案数（件）	申诉方数（个）
美国	14	11	20	8	13	7	9	7	56	33
欧盟	3	2	2	2	6	5	4	3	15	12
韩国	0	—	1	1	0	—	2	1	3	2
印度	0	—	3	3	0	—	1	1	4	4
巴西	1	1	1	1	0	—	0	—	2	2
墨西哥	4	2	2	2	0	—	0	—	6	4
加拿大	0	—	1	1	0	—	1	1	2	2
俄罗斯	—	—	—	—	0	—	1	1	1	1
中国	—	—	0	—	7	3	1	1	8	4

表5 –10 反映了反倾销措施争端案件中中国与相关 WTO 成员作为被诉方时，其申诉来源国别/地区：其一，美国的申诉来源方范围较广，在中国“入世”前遍布全球各大洲，现布局已主要缩聚至以亚洲为主的国家和地区。欧盟昔日对美国的主攻地位已被中国所取代。其二，欧盟所涉反倾销措施争端的申诉来源方数量增加明显，从 2006 年前的 3 个国家上升至 7 个国家，其中中国、俄罗斯成为主要的申诉方。另外一点需要予以特别关注，欧盟被诉案件中，没有一个来自美国。

与其他成员相比，中国涉案的特殊之处在于：其一，中国“入世”之后，已经成为仅次于美国、欧盟的主要被诉国。但与美国、欧盟不同的是，中国被诉案件数量增长与所涉申诉来源方的数量不成正比，申诉来源方数量相较美欧比较单一。其二，中国被诉案件的 4 个申诉来源方分别是美国、欧盟、加拿大和日本。对比表 5 –8 可知，相较于中国申诉案件始终只针对美国和欧盟而言，又增加了加拿大和日本两个相对方。当然，美国和欧盟仍是中国反倾销措施争端的主要对手，在中国被诉的 8 起案件中，美欧提起的各为 3 起，共占比例达 75%。

表5-10　反倾销措施争端案件中中国与相关成员作为被诉方的申诉来源方及其数量对比

被诉成员	1995～2001年		2002～2006年		2007～2013年		2013～2019年	
	案数（件）	申诉方及案数（个）	案数（件）	申诉方及案数（个）	案数（件）	申诉方及案数（个）	案数（件）	申诉方及案数（个）
美国	14	欧4/韩4/日3/巴2/加2/墨2/印2/澳1/智1/印尼1/泰1	20	欧4/加4/墨4/阿2/泰2/日2/印1/厄1	13	中5/越2/日2/欧1/泰1/韩1/巴1	9	加2/韩2/印尼1/中1/越1/欧1/俄1
欧盟	3	印2/巴1	2	印1/挪1	6	中2/俄1/印尼1/阿1/印1	4	俄2/中1/印尼1
韩国	0	—	1	印尼1	0	—	2	日2
印度	0	—	3	中国台北1/孟1/欧1	0	—	1	中国台北1
巴西	1	印1	1	阿1	0	—	0	—
墨西哥	4	美3/巴1	2	美1/危1	0	—	0	—
加拿大	0	—	1	美1	0	—	1	中国台北1
俄罗斯	—	—	—	—	0	—	1	欧1
中国	—	—	0	—	7	美3/欧3/日1	1	加1

（五）中国涉案的裁决情况

表5-11　中国作为当事方参与反倾销措施争端案件的裁决情况

当事地位	总数（件）	裁决状况			
		已经DSB裁决结案	未经裁决		
		案数（占总比）	磋商/和解结案	磋商中	专家组审理中
申诉	9	6（66.7%）	0	2（22.2%）	1（11.1%）
被诉	8	7（87.5%）	0	1（12.5%）	0
合计	17	13（76.5%）	0	3（17.6%）	1（5.9%）

从裁决结案率来看，与反倾销措施案件43.6%（58/133）的裁决结案平均

水平相比,中国无论作为申诉方,还是作为被诉方,裁决结案率均远远高出,这意味着争端各方在此类案件中,都更倾向于将问题交由 DSB 裁判而非和解解决。

二、中国所涉典型反倾销措施争端及其问题

根据前文的分析,中国参与反倾销措施争端的过程大致与中国参与 WTO 争端解决的整体情况相吻合,但在涉案裁决率等方面仍有不同。同时,与其他成员国相比,中国所涉反倾销措施争端及其问题既有共性,又有明显的个性。

(一)共性争端:“归零”的合法性

《反倾销协定》第 2.4.2 条规定了反倾销调查机构在调查中计算倾销幅度的三种比较方法,分别为加权平均正常价值与加权平均出口价格进行比较的方法(以下简称 W - W 比较方法)、在逐笔交易的基础上对正常价值与出口价格进行比较的方法(以下简称 T - T 比较方法)以及加权平均正常价值对单笔出口交易价格的比较方法(以下简称 W - T 比较方法)。归零是调查机构在适用上述三种比较方法计算倾销幅度时采用的一种做法,即在汇总中间比较结果时将出口价格高于正常价值所导致的负值倾销数额视为零值,从而人为地提高倾销幅度。

1.“归零”系列争端

WTO 成立之初,美国、欧盟等成员方在计算倾销幅度时通常采用归零的做法,并引发大量的 WTO 争端。从 1998 年到 2017 年,不计执行之诉,直接与归零相关的反倾销争端解决案件共 19 件,其中美国作为被诉方的案件共 17 件。[①] 2001 年,通过欧共体床上用品案(*EC—Bed Linen*,DS141)报告,上诉机构首次裁定计算倾销幅度时采用归零的做法违反《反倾销协定》第 2.4.2 条的规定。[②] 该案之后的 20 余年时间内,WTO 成员方不间断地对归零做法进行了全方位的挑战,虽然 WTO 在专家组层面还有不同意见,但上诉机构禁止采用归零做法的裁决是全面且无条件的,无论是对原

---

① 在 WTO 官网(https://www.wto.org/english/tratop_e/dispu_e/dispu_subjects_index_e.htm),以“zeroing”为主题进行检索,可检索到 19 件案件,数据截至 2019 年 12 月 31 日。

② See Appellate Body Report, *EC—Bed Linen*, WT/DS141/AB/R, para. 66; See Panel Report, *EC—Bed Linen*, WT/DS141/R, para. 6.119.

审调查还是对复审调查，也无论是采用什么样的归零方法。[①]

表 5－12　WTO“归零”系列争端一览

<table>
<tr><th>年份</th><th>案件号</th><th>争端名称</th><th>专家组对归零的裁决</th><th>上诉机构对归零的裁决</th><th>针对倾销类型</th><th>适用的比较方法</th></tr>
<tr><td>1998</td><td>DS141</td><td>欧共体床上用品案</td><td>禁止</td><td>禁止</td><td rowspan="17">普通倾销</td><td rowspan="17">W－W
或
T－T</td></tr>
<tr><td>2000</td><td>DS219</td><td>欧共体管子和套件案</td><td>禁止</td><td>无异议[②]</td></tr>
<tr><td rowspan="2">2002</td><td>DS244</td><td>美国不锈钢日落复审案</td><td>允许</td><td>禁止</td></tr>
<tr><td>DS264</td><td>美国针叶木材 V 案</td><td>禁止</td><td>禁止</td></tr>
<tr><td>2003</td><td>DS294</td><td>美国归零案（欧共体诉）</td><td>禁止（有保留意见）[③]</td><td>禁止</td></tr>
<tr><td>2004</td><td>DS322</td><td>美国归零案（日本诉）</td><td>禁止（有保留意见）</td><td>禁止</td></tr>
<tr><td rowspan="2">2005</td><td>DS264</td><td>美国针叶木材 V 案（第 21.5 条）</td><td>允许</td><td>禁止</td></tr>
<tr><td>DS335</td><td>美国虾案（厄瓜多尔诉）</td><td>禁止</td><td>无异议</td></tr>
<tr><td rowspan="3">2006</td><td>DS343</td><td>美国虾案（泰国诉）</td><td>禁止</td><td>无异议</td></tr>
<tr><td>DS344</td><td>美国不锈钢案（墨西哥诉）</td><td>禁止（有保留意见）</td><td>禁止</td></tr>
<tr><td>DS350</td><td>美国继续归零案</td><td>禁止</td><td>禁止</td></tr>
<tr><td>2007</td><td>DS294</td><td>美国归零案（欧共体诉）（第 21.5 条）</td><td>禁止</td><td>禁止</td></tr>
<tr><td rowspan="3">2008</td><td>DS322</td><td>美国归零案（日本诉）（第 21.5 条）</td><td>禁止</td><td>禁止</td></tr>
<tr><td>DS382</td><td>美国橙汁案（巴西诉）（第 21.5 条）</td><td>禁止</td><td>无异议</td></tr>
<tr><td>DS383</td><td>美国 PET 袋反倾销措施案</td><td>禁止</td><td>无异议</td></tr>
<tr><td>2009</td><td>DS402</td><td>美国归零案（韩国诉）</td><td>禁止</td><td>无异议</td></tr>
</table>

① 参见宋和平主编：《多哈回合反倾销和反补贴规则谈判研究》，法律出版社 2011 年版，第 74 页。

② “无异议”是指争端当事方对专家组的归零裁决不持异议。

③ 虽然裁决“禁止归零”，但专家组少数成员提出了不同意见。

续表

<table>
<tr><th>年份</th><th>案件号</th><th>争端名称</th><th>专家组对归零的裁决</th><th>上诉机构对归零的裁决</th><th>针对倾销类型</th><th>适用的比较方法</th></tr>
<tr><td>2010</td><td>DS404</td><td>美国虾案(越南诉)</td><td>禁止</td><td>无异议</td><td rowspan="3">普通倾销</td><td rowspan="3">W－W或T－T</td></tr>
<tr><td>2011</td><td>DS422</td><td>美国虾和锯片案</td><td>禁止</td><td>无异议</td></tr>
<tr><td>2012</td><td>DS429</td><td>美国虾Ⅱ案(越南诉)</td><td>禁止</td><td>无异议</td></tr>
<tr><td rowspan="2">2013</td><td>DS464</td><td>美国洗衣机案</td><td>禁止(有保留意见)</td><td>禁止</td><td rowspan="3">目标倾销</td><td rowspan="3">W－T</td></tr>
<tr><td>DS471</td><td>美国反倾销方法案</td><td>禁止</td><td>无异议</td></tr>
<tr><td>2017</td><td>DS534</td><td>美国差别定价方法案</td><td>允许</td><td>无异议</td></tr>
</table>

与归零相关的 WTO 争端可以分为两种,分别针对不同类型的归零:一是针对普通倾销的 W－W 或 T－T 比较方法的归零;二是针对"目标倾销"的 W－T比较方法的归零。2013 年以前案件集中于前者。根据《反倾销协定》第 2.4.2 条的规定,W－W 和 T－T 比较方法是计算倾销幅度的常规方法;W－T 比较方法属于例外,只针对存在"目标倾销"的情况下才能予以适用。

WTO 成立之初,美国、欧盟等成员方大多使用 W－W 或 T－T 比较方法计算倾销幅度并归零,但由于 WTO 其他成员的不断申诉并致其归零遭到 DSB 的全面禁止,故而在 2008 年之后,美国开始放弃使用 W－W 或 T－T比较方法,转而频繁地认定"目标倾销",进而在使用 W－T 比较方法计算倾销幅度时采用归零做法,由此又引发了包括中国在内的其他成员针对"目标倾销"在 DSM 下提起的诉讼。

2. W－W 和 T－T 比较方法之归零合法性:全面否定

适用 W－W 或 T－T 比较方法计算倾销幅度时通常存在两种归零做法,"规格归零"[①](model zeroing)和"简单归零"[②](simple zeroing)。

① "规格归零",是指调查机构在计算倾销幅度时,根据每个产品规格计算出一个加权平均正常价值和出口价格,然后把每个产品规格中出口价格大于正常价值的负倾销额归零,从而虚增了倾销额和倾销幅度。

② "简单归零",是指调查机构在计算倾销幅度时,将被调查产品按照产品规格或者贸易环节等标准分为几个产品组,在每个产品组的基础上将加权平均正常价值和加权平均出口价值进行比较,然后将负倾销额归零,仅保留正倾销额用于计算倾销幅度。

美国和欧盟最初在原审调查中惯用“规格归零”做法，但由于欧共体床上用品案、美国针叶木材 V 案（*US—Softwood Lumber V*，DS264）和美国归零案（欧共体诉）等案件，其合法性被 DSB 予以全面否定，因而欧盟逐步放弃了归零做法，美国则开始探索在复审调查中使用“简单归零”的做法。美国认为，行政复审阶段并不受《反倾销协定》第 2.4.2 条的调整，复审调查可以采用归零的做法。但是，美国归零案（欧共体诉）中上诉机构首次裁决否定美国复审调查“简单归零”做法的合法性，之后该做法又在美国归零案（日本诉）等一系列案件中受到了全面禁止。

（1）DS141：欧共体原审“规格归零”违法

欧共体床上用品案是有关归零问题的 WTO 第一案，本案中，专家组和上诉机构第一次裁定欧共体原审“规格归零”做法不符合《反倾销协定》第 2.4.2 条的规定。

专家组在裁决中指出：“《反倾销协定》第 2.4.2 条明确规定，加权平均正常价值应与‘全部可比出口交易的加权平均价格’进行比较。本案中，在计算最终加权平均倾销幅度时，欧共体事实上没有与全部可比出口交易的价格进行比较。欧共体采用的‘规格归零’方法将比较后的负倾销归零，实际上改变了用于比较的出口交易价格。我们认为，在认定被调查产品存在倾销时，不允许将这样的负倾销归零……我们认为，将一些产品型号的负倾销归零，在此基础上计算整体的倾销幅度，就是不以全部可比出口价格进行比较，因此违反了《反倾销协定》第 2.4.2 条的要求。”①对于专家组否认归零的裁定，欧共体提起了上诉，上诉机构完全肯定了专家组的裁定，禁止在原审调查中使用“规格归零”的方法。②

该案之后，欧共体管子和套件案又对欧共体原审“规格归零”提出挑战，专家组再次否认其合法性。③ 对于专家组的裁决，欧共体没有上诉，此后，欧共体便放弃了计算倾销幅度时的归零做法，从归零问题的被诉方转换为申诉方。

---

① See Panel Report, *EC—Bed Linen*, WT/DS141/R, p. 36.

② See Appellate Body Report, *EC—Bed Linen*, WT/DS141/AB/R, p. 21.

③ See Panel Report, *EC—Tube and Pipe Fittings*, WT/DS219/R, para. 7. 128.

(2)DS264:美国原审"规格归零"违法

美国针叶木材 V 案的专家组和上诉机构对于美国的原审"规格归零"之合法性予以否认。

本案中,美国试图驳斥专家组和上诉机构在欧共体所涉前两案中有关《反倾销协定》第 2.4.2 条的解释,但遭到专家组的否定。专家组在认同欧共体床上用品案上诉机构裁决的同时,另外指出,"正常价值和出口价格的比较是一个连续过程,《反倾销协定》第 2.4.2 条不应只适用于价格比较的某个步骤,而对其他步骤不适用"。[①] 上诉程序中,上诉机构在全面审查美国的上诉请求后,仍然遵循先前案件专家组和上诉机构的裁定,认为美国的做法不符合《反倾销协定》第 2.4.2 条的规定。[②]

(3)DS294:原审"规格归零"、复审"简单归零"均违法

美国归零案(欧共体诉)中,欧共体对美国原审"规格归零"和复审"简单归零"同时发起挑战,最终,上诉机构第四次否定原审"规格归零"做法,并首次否定美国复审"简单归零"做法。

一方面,欧共体对美国在原审中采用的"规格归零"方法提起了适用(as applied)之诉和本身(as such)之诉。专家组的裁决与之前案件中专家组和上诉机构的裁定保持一致,认为在原审阶段适用"规格归零"的做法违反了《反倾销协定》第 2.4.2 条的规定。[③] 与此同时,专家组裁定美国商务部在原审调查阶段的归零裁定本身也违反了《反倾销协定》第 2.4.2 条规定。[④] 本案之后,美国归零案(日本诉)、美国虾案(厄尔多瓜)[*US—Shrimp* (*Ecuador*),DS335]和美国继续归零案(*US—Continued Zeroing*,DS350)的专家组和上诉机构裁决均对原审"简单归零"的合法性全盘否定。

另一方面,对于美国行政复审中采用的"简单归零"做法,虽然专家组认为,《反倾销协定》在用词上严格区分了调查(investigation)和复审

---

① See Panel Report, *US—Softwood Lumber V* (*Article* 21.5 *Canada*), WT/DS264/R, pp. 118 – 120.

② See Appellate Body Report, *US—Softwood Lumber V* (*Article* 21.5 *Canada*), WT/DS264/AB/R, pp. 28 – 40.

③ See Panel Report, *US—Zeroing* (*EC*), WT/DS294/R, paras. 7.9 – 7.34.

④ See Panel Report, *US—Zeroing* (*EC*), WT/DS294/R, paras. 7.70 – 7.109.

(review)，故而裁定在行政复审阶段可以使用归零法。[①] 但上诉机构否认了专家组的这一观点，认为，倾销幅度的计算应在所欲出口交易的基础上进行计算，但是，按照复审"简单归零"的做法计算的倾销幅度必然会超过在所有出口交易基础上计算的倾销幅度。[②] 进而上诉机构依据《反倾销协定》第9.3条和GATT 1994第6.2条裁定美国复审归零的做法构成违法。这是上诉机构首次否定美国"简单归零"做法，不过，该案上诉机构认定"简单归零"违法为事实（适用）违法，并没有进一步裁定是否构成规则本身违法。

（4）DS322：终结归零法

美国归零案（日本诉）被认为是一个具有戏剧性和里程碑意义的案件。

在本案中，日本对美国原审"规格归零"、原审和复审"简单归零"均提出了挑战。专家组遵循上诉机构在之前案件中的裁决，认定原审"规格归零"违法，但却否认了"简单归零"的违法性，相当于推翻了美国归零案（欧共体诉）上诉机构的裁定。[③] 日本对专家组的裁决提起了上诉。上诉机构推翻了专家组有关"规格归零"的裁定，[④]并全面否定了美国归零做法——归零法本身可以成为被诉对象；归零法不仅在原审调查的T-T比较方法下适用违法，而且在其他比较方法下适用也违法；归零法在定期审查、新发货商审查和日落审查中适用均为违法。[⑤] 此后的美国不锈钢案（墨西哥诉）上诉机构裁决、[⑥]美国继续归零案专家组和上诉机构裁决均维持了这种裁决的一致性。

3. W-T比较方法之归零合法性：分歧与摇摆

在W-W比较方法和T-T比较方法下归零的做法遭到DSB全面禁

---

① See Panel Report, *US—Zeroing (EC)*, WT/DS294/R, paras. 7.70 - 7.109.

② See Appellate Body Report, *US—Zeroing (EC)*, WT/DS294/AB/R, paras. 123 - 135.

③ See Panel Report, *US—Zeroing (Japan)*, WT/DS322/R, paras. 7.258 - 7.259.

④ See Appellate Body Report, *US—Zeroing (Japan)*, WT/DS322/AB/R.

⑤ 因此有学者称该案为"归零法的终结者"。参见顾宾、俸妮雅：《"归零法"的终结者："美国—归零法（日本）"案介评》，载《环球法律评论》2008年第1期。

⑥ See Appellate Body Report, *US—Stainless Steel (Mexico)*, WT/DS344/AB/R, adopted 30 April 2008.

止的情况下,2008 ~ 2012 年,美国对归零问题的争端案件,由开始的积极上诉逐渐转变为不再上诉,但同时,一是坚持其归零合法的立场;二是另辟蹊径,开始寻求归零法适用的新途径——W – T 比较方法下的适用。

美国商务部认为,认定存在“目标倾销”,便可以使用 W – T 比较方法计算倾销幅度,并在使用 W – T 比较方法时采用归零的做法。因此,美国商务部开始频繁认定“目标倾销”,进而寻求 W – T 比较方法下归零的适用空间,由此又引发了 WTO 争端解决中的系列“目标倾销”案。

(1)DS464:少数异议

美国洗衣机案(*US—Washing Machines*,DS464)是第一起有关 W – T 比较方法下归零合法性问题的 WTO 争端解决案件。

专家组的多数意见以及上诉机构认为,使用 W – T 比较方法时禁止归零;但有一位专家组成员对此持异议意见,认为适用 W – T 比较方法时应当允许归零。异议意见认为,禁止“模式”交易范围内的归零将会过分限制调查机构在开展“目标倾销”调查时的监管权力;而且也应当允许调查机构对价格高于正常价值的“模式交易”进行归零,并仅根据定价低于正常价值的“模式交易”计算倾销幅度。这样,通过一个出口商交易的全部价值,将整体倾销数量进行区分,而不是减去非倾销价格后的数量,因而可以全面处理“目标倾销”。①

W – T 比较方法下是否允许归零是针对“目标倾销”而引发的争议,该案最终的裁决虽然体现了之前 DSB 对“归零”的一贯立场,否认美国适用 W – T 比较方法时归零的做法,但专家组少数成员的异议也反映出对待归零问题存有的分歧。

(2)DS471:否定合法

中国作为该案的申诉方,同样对美国商务部使用 W – T 比较方法计算倾销幅度时的归零做法发起挑战。对此,专家组和上诉机构报告基本遵循了美国洗衣机案上诉机构对类似问题的解释,并进行了进一步的补充说明。专家组和上诉机构的裁决保持一致,认为美国使用 W – T 比较方法计

---

① See Panel Report, *US—Washing Machines*, WT/DS464/R, paras. 5.191 – 5.203.

算倾销幅度时归零的做法不符合《反倾销协定》的规定。

（3）DS534：肯定合法

美国差别定价方法案（*US—Differential Pricing Methodology*，DS534）的申诉方加拿大认为，美国商务部采用差别定价方法（DPM）确定倾销幅度时采用归零的做法与《反倾销协定》第 2.4.2 条第二句、第 2.4 条不相符。加拿大在该案中的主张及论证与美国洗衣机案、美国反倾销方法案的主张类似。

但是，对于 W－T 比较方法下计算倾销幅度时采用归零法的合法性问题，本案专家组于 2019 年 4 月 9 日作出的裁决发生重大逆转，专家组多数采纳了被诉方美国的观点，推翻之前上诉机构及专家组的裁决意见，认定美国此类归零做法并不违反 WTO 反倾销规则，并在“数学等价”（mathematical equivalence）等关键问题上与之前多数归零案件的裁决意见不一致。

4. W－T 比较方法之归零违法性证成①

由前述梳理可知，截至目前，关于 W－W 或 T－T 比较方法下的归零做法 DSB 的意见已经趋于一致，认定归零违反 WTO 规则；但对于 W－T 比较方法下的归零，则存在较大争议。其中的主要分歧集中于三个问题：其一，禁止归零的做法，会否出现“数学等价”，损害 W－T 比较方法揭露“目标倾销”功能的实现？其二，《反倾销协定》第 2.4.2 条的文本模糊性是否为归零做法提供了适用空间？其三，归零问题的先前裁决对 W－T 比较方法中的归零问题是否具有普适性？

笔者认为，就这三个问题的解答均可证明 W－T 比较方法下归零做法同样是违反 WTO 规则的。

（1）归零适用前提瑕疵：“数学等价”正当性缺失

W－T 比较方法是作为一种例外的比较方法存在的，其目的在于揭露“目标倾销”。美国认为在适用 W－T 比较方法计算倾销幅度时，如果不允许归零，由于基于相同的正常价值和出口交易数据，会使得使用 W－W

---

① 参见杲沈洁：《W－T 比较方法适用于“目标倾销”问题研究——以 WTO 争端解决案件为例》，东南大学 2018 年硕士学位论文。

比较方法(不归零)计算出的倾销幅度和使用 W－T 比较方法(不归零)计算的倾销幅度具有数学等价的可能性。数学等价的存在,会使 W－T 比较方法丧失其揭露“目标倾销”的功能,使《反倾销协定》第 2.4.2 条第二句的功能归于无效。因而,美国主张,为避免因数学等价使《反倾销协定》第 2.4.2 条归于无效的情况,在使用 W－T 比较方法计算倾销幅度时采用归零的做法,具有正当性。

①“数学等价”正当性争议

在美国针叶木材 V 案中,美国就提出数学等价的主张,该案上诉机构第一次在 WTO 争端解决中否定了美国的该主张。美国继续归零案和美国不锈钢案(墨西哥诉)中,美国同样提出了这样的主张。“目标倾销”案专家组和上诉机构裁决认为,虽然这些案件与本案针对的倾销幅度计算方法不同,前者侧重解决 W－W 或 T－T 比较方法下归零问题,而本案则在解决 W－T 比较方法下是否允许归零问题。撇开差异,其共性在于,数学等价主张本质上在要求专家组审查“W－T 比较方法禁止归零”的裁决是否因数学等价而无效;换言之,数学等价是否真正能够成为 W－T 比较方法揭开“目标倾销”面纱功能实现的阻碍。① 美国洗衣机案和美国反倾销方法案的裁决认为“数学等价”不具有存在的正当性基础,而加美差别定价方法案的专家组认为“数学等价”具有存在的正当性基础,导致裁决差异的主要原因在于加美差别定价方法案的专家组认为调查机构在计算“目标倾销”交易倾销幅度时可采用混合比较方法(mixed methodology)。

美国洗衣机案的专家组和上诉机构以及美国反倾销方法案的专家组认为,“数学等价”存在的正当性基础是,调查机构在计算“目标倾销”交易倾销幅度时可采用混合比较方法,即针对“模式”(pattern)交易使用 W－T 比较方法计算倾销幅度,针对“非模式”(non-pattern)交易使用 W－W 或 T－T比较方法计算倾销幅度。《反倾销协定》第 2.4.2 条第二句规定的

---

① See Panel Report, *US—Anti-Dumping Methodologies (China)*, WT/DS471/R, paras. 7.211－7.213.

W－T比较方法是例外比较方法,在使用其计算“目标倾销”交易倾销幅度时,不允许采用混合比较方法,W－T 比较方法仅适用于“模式”交易,计算“目标倾销”交易倾销幅度时应排除(exclude)“非模式”交易,故而美国“数学等价”的正当性基础并不存在。

然而,与美国洗衣机案和美国反倾销方法案的裁决不同,美国差别定价方法案的专家组却认为,适用 W－T 比较方法计算倾销幅度时不允许归零会存在数学等价的可能性。[①] 专家组认为,“数学等价”的存在正当与否,与 W－T 比较方法的适用范围及调查机构对“非模式”交易的处理有关。关于 W－T 比较方法适用范围,与前述两案相同,美国差别定价方法案的专家组认为 W－T 比较方法应适用于“目标倾销”中的“模式”交易;[②] 关于调查机构对“非模式”交易的处理,与前述两案不同,该案专家组认为“目标倾销”中的“非模式”交易不应直接排除,而是要适用 W－W 或 T－T 比较方法计算倾销幅度,“目标倾销”交易的整体倾销幅度由“模式”交易倾销幅度和“非模式”交易倾销幅度结果汇总。[③]

美国差别定价方法案的专家组认为,第一,对《反倾销协定》第 2.4.2 条第二句的理解应当结合 GATT 1994 第 6.1 条和《反倾销协定》第 2.1 条有关“倾销”的定义。根据定义,计算倾销幅度时应当包含出口商的所有(all)交易。W－T 比较方法虽然是例外方法,但《反倾销协定》第 2.4.2 条并没有规定调查机构在计算倾销幅度时排除某些交易。计算倾销幅度时直接排除“目标倾销”中的“非模式”交易,容易忽视这些交易中以低于正常价值的价格定价的产品,从而影响倾销幅度的计算。[④] 第二,从条文本身来看,《反倾销协定》第 2.4.2 条并没有明文规定是否应当包含或排除“非模式”交易,若条文起草者认为应当排除“非模式”交易的话,则会在条文中直言之。[⑤] 第三,由于人为排除“非模式”交易会影响计算倾销幅度时

① See Panel Report, *US—Differential Pricing Methodology*, WT/DS534/R, paras. 7.100.

② See Panel Report, *US—Differential Pricing Methodology*, WT/DS534/R, paras. 7.79 – 7.84.

③ See Panel Report, *US—Differential Pricing Methodology*, WT/DS534/R, paras. 7.85 – 7.99.

④ See Panel Report, *US—Differential Pricing Methodology*, WT/DS534/R, paras. 7.88 – 7.90

⑤ See Panel Report, *US—Differential Pricing Methodology*, WT/DS534/R, paras. 7.91

的分子,从而难以反映真实的倾销幅度,不符合《反倾销协定》第 2.4.2 条揭开“目标倾销”面纱的目的。[①] 第四,《反倾销协定》第 2.4.2 条第二句规定并未排除 W – W 或 T – T 比较方法适用于“非模式”交易,因为 W – W 或 T – T 比较方法可以适用于所有交易。[②]

②“数学等价”之“伪”正当性

笔者认为,美国的“数学等价”主张表面上看起来言之凿凿,实际上并不具有正当性。

首先,“数学等价”的存在是基于美国的错误假设,即错误地认为确定正常价值的方法必须保持相同。改变正常价值的可能性或对出口价格的调整会打破数学等价。任何等价都只能反映调查机构如何采用倾销幅度计算方法的假设。

其次,美国论证“数学等价”时,仅讨论了 W – W 比较方法和 W – T 比较方法,并没有论证 T – T 比较方法的适用。在美国所展示的数学等价情形中,仅使用 W – W 计算倾销幅度(不归零);实际上,如果采用 T – T 比较方法代替 W – W 比较方法,数学等价的情形就不必然存在。

最后,美国在论证“数学等价”正当性时,将 W – W 和 W – T 比较方法适用于全部出口交易,这并不符合《反倾销协定》第 2.4.2 条对 W – T 比较方法适用范围的限定要求。

中国在美国反倾销方法案中提供了 4 种情形来推翻美国的“数学等价”主张。在中国提供的 4 种情形中,针对目标交易中(模式交易)适用 W – T 比较方法(不归零),针对非目标交易(non-targeted sales)(模式以外交易)适用 W – W 比较方法(不归零),获得的倾销幅度计算结果并不具有数学等价性。[③] 美国的“数学等价”情况仅在特定的情形下发生,而且仅是在 W – W 比较方法和 W – T 比较方法的情况下,并不涉及 T – T 比较方法。一旦调查机构确定了《反倾销协定》第 2.4.2 条第二句意义上的出口价格模式,那么,即使 W – T 比较方法适用于出口价格模式导致了与 W –

---

① See Panel Report, *US—Differential Pricing Methodology*, WT/DS534/R, paras. 7.92 – 7.93.

② See Panel Report, *US—Differential Pricing Methodology*, WT/DS534/R, paras. 7.94 – 7.96.

③ See Panel Report, *US—Anti-Dumping Methodologies (China)*, WT/DS471/R, para. 7.216.

W 比较方法适用于同样模式的等价结果的事实，既不破坏《反倾销协定》第 2.4.2 条第二句的效力，也不会导致针对所有出口交易适用的第一句中的常规比较方法与针对特定范围的"模式交易"适用的 W－T 比较方法之间产生等价结果。所以，美国的"数学等价"主张并不能为归零适用于 W－T 比较方法提供正当的前提条件，"数学等价"本身的正当性就值得探讨。

（2）条约适用空间的缺失：文本约束与冲突

《反倾销协定》第 2.4.2 条规定了计算倾销幅度应当使用的比较方法，并没有对归零问题予以规定，导致该条款在归零问题上具有模糊性。在"目标倾销"案中，美国主张《反倾销协定》第 2.4.2 条并没与明文禁止归零，归零的做法并没有违反该条规定。那么，美国的主张是否具有正当性？《反倾销协定》第 2.4.2 条文本规定的模糊性是否意味着该条为归零的做法提供了适用空间？答案应当是否定的。虽然该条约文具有模糊性，但参照《维也纳条约法公约》第 31、32 条的规定，综合该条条约之用语、联系上下文并综合条约目的及宗旨，可以判定，归零的做法并不符合《反倾销协定》第 2.4.2 条第二句文本规定的内涵，并且归零的做法与《反倾销协定》第 2.4 条的公平比较原则相冲突。《反倾销协定》并未为归零的适用提供空间，故而美国在使用 W－T 比较方法计算倾销幅度时归零的做法应当被禁止。

①第 2.4.2 条第二句文本内涵的约束

首先，依条约之用语。《反倾销协定》第 2.4.2 条第二句在规定 W－T 比较方法时，将该方法的重点放在了"单笔出口交易"上。忽略出口价格是否高于或低于正常价值，模式交易内每一个"单笔"出口交易应当以同等权重考虑。根据《反倾销协定》第 2.4.2 条第二句的文本并无法得出某些单笔交易（如低于正常价值的交易）应该比另一些单笔出口交易（如高于正常价值的交易）具有更重要的意义的结论。[①] 美国在使用W－T 比较方法计算倾销幅度时的归零做法，忽略了负值中间比较结果，并没有充分

---

① See Appellate Body, *US—Washing Machines*, WT/DS464/AB/R, para. 5.141.

考虑每一个“单笔出口交易”，与《反倾销协定》第 2.4.2 条第二句有关“单笔”的要求并不相符合。

美国反倾销方法案的专家组同样指出，根据《反倾销协定》第 2.4.2 条第二句的文本，在 W－T 比较方法下，调查机构将加权平均正常价值与“单笔”出口交易价格进行比较。在《反倾销协定》第 2.4.2 条第二句的语义下，“单笔”一词作为形容词使用，意指“因自身特质可与其他（交易）明显区分开来”。① 在 W－T 比较方法的背景下，每个出口交易的价格应当被认为具有自己的特质。因而，调查机构需要特别关注每一笔此种出口交易价格，特别是由加权平均正常价值与每笔此种出口交易比较产生的中间比较结果，以便不忽视这种交易价格的“单独”的特性。专家组认为，由于采用归零的做法，调查机构忽视了正常价值与特定出口交易之间比较的结果，从而不能适当考虑被认定为高于正常价值的出口交易价格的“单独”的特征。②

其次，联系条约上下文。《反倾销协定》第 2.4.2 条第二句以及整个《反倾销协定》第 2.4.2 条规定本身并没有明确规定归零是否违法，因而应从作为其上下文的《反倾销协定》的其他条款、前言和附件中寻求解释。

一方面，从倾销的概念来看，GATT 1994 第 6 条和《反倾销协定》第 2.1 条将倾销定义为产品以低于其“正常价值”的价格进入另一国市场。因此，当一个产品的出口价格低于其正常价值，也就是低于在正常贸易过程中出口国供消费的同类产品的可比价格时，可以将该产品视为“倾销”。③ “倾销”是一种包含了产品在出口国的成本与价格和它在进口国的价格间关联的国际价格歧视。④ 从欧共体床上用品案开始，上诉机构已经明确“倾销”应当将所有出口交易、出口商视为一个整体。这一结论性解

① A. Stevenson (ed.), *Shorter Oxford English Dictionary*, 6th edn, Oxford University Press, 2007, Vol. 1, p. 1367.

② See Panel Report, *US—Anti-Dumping Methodologies (China)*, WT/DS471/R, para. 7.207.

③ 部长级会议，多哈部长宣言，WT/MIN(O1)/DEC/1，2001 年 11 月 20 日，第 28 页（para. 28）。

④ See Peter Van den Bossche, *The Law and Policy of the World Trade Organization-Text and Materials* (2nd Edition), Cambridge University Press, p. 513.

释贯穿整个《反倾销协定》。上诉机构也曾不止一次否认“倾销”和“倾销幅度”的概念可能发生在特定交易层面。而美国商务部在使用 W－T 比较方法计算倾销幅度时归零的做法,允许在汇总中间比较结果时忽略非倾销交易,是基于特定交易的倾销概念,不符合上诉机构对“倾销”概念的既定解释。

另一方面,虽然 W－T 比较方法是一种例外的比较方法,W－W 和 T－T 这两种比较方法“实现的是相同的功能”,而且两者之间“没有任何等级之分”。从 DSB 对 W－W 或 T－T 比较方法下归零的相关裁决来看,在原审调查和复审中使用归零的做法均不符合《反倾销协定》第 2. 4. 2 条的规定。上诉机构在这些裁决中并未区分调查机构所使用的倾销幅度计算方法。虽然 W－T 比较方法相较于 W－W 或 T－T 比较方法时例外的比较方法,但该例外是相对于 W－W 或 T－T 比较方法的有限例外。适用 W－T 比较方法时归零的做法与适用 W－W 或 T－T 比较方法时归零的做法是不能泾渭分明的。因此,在 DSB 已经认定归零违反《反倾销协定》规定的情况下,W－T 比较方法下归零没有理由享受“特权”。归零在其他反倾销程序中是违法的,在《反倾销协定》第 2. 4. 2 条第二句没有明确规定允许归零的情况下,归零应当是不符合该条规定的。

最后,参照条约之目的及宗旨。“目标倾销”的概念是 1994 年引入《反倾销协定》的,是美国在 1994 年乌拉圭回合协议谈判妥协的产物,其目的在于限制 W－T 比较方法的适用。在《反倾销协定》达成之前,包括美国在内的许多国家主要采取 W－T 比较方法并归零的方法计算倾销幅度。为限制这种做法,《反倾销协定》第 2. 4. 2 条要求调查机构一般采取 W－W 或 T－T 比较方法计算倾销幅度,只有在满足“目标倾销”的条件下,才能采取 W－T 比较方法。《反倾销协定》第 2. 4. 2 条第二句实质上是作为一种倾销幅度计算方法的限制条件而存在的。①

《反倾销协定》第 2. 4. 2 条第二句的目的及宗旨,或者说该条的功能在

① 参见白明:《关于美国的目标倾销制度与思考》,载《中国发展观察》2012 年第 10 期。

于揭露“目标倾销”。欧共体床上用品案的上诉机构报告指出:“这条规定允许成员方进行反倾销调查,处理针对特定购买者、特定地区或特定时间段进行的‘目标倾销’。”①该条允许调查机构识别并解决与特定模式相关联的“目标倾销”,包括所有的高于或低于正常价值的交易,而不仅仅限于低于正常价值的交易。美国采用的归零做法,忽略了高于正常价值的交易,通过这种方法计算出的倾销幅度,并不能揭露符合《反倾销协定》第2.4.2条第二句目的及宗旨的“目标倾销”。

②第2.4条公平比较原则的冲突

《反倾销协定》第2.4条规定,对出口价格和正常价值应当进行公平比较。在《反倾销协定》第2.4.2条的文本中,该条第一句提到了《反倾销协定》第2.4条的公平比较,但第二句并未提出明确的要求。“目标倾销”案中,美国辩称《反倾销协定》第2.4条规定的“公平比较”并非一般性要求,在《反倾销协定》第2.4.2条第二句没有明确要求的情况下,不对“目标倾销”调查具有约束力。

实际上,在“目标倾销”案产生之前的归零案件中,上诉机构已经对“公平比较”进行过解释,但由于案件焦点在《反倾销协定》第2.4.2条第一句上,上诉机构的解释也仅限于第一句。“目标倾销”案的专家组和上诉机构认为,从条约文本来看,《反倾销协定》第2.4.2条第二句约文表达不似第一句,明确规定“在遵守适用于第4款中公平比较规定的前提下”,但《反倾销协定》第2.4条确定了在反倾销调查过程中,调查机构对出口价格和正常价值之间的公平比较原则。《反倾销协定》第2.4条创设的公平比较原则是一项独立的义务,不仅仅适用于价格比较阶段,同时普适于《反倾销协定》第2条确定的整个倾销确定过程。归零发生在倾销幅度确定阶段,应受到公平比较原则的约束。而归零的做法将负值中间比较结果视为零的做法,显然违反了公平比较原则。

《反倾销协定》第2.4条有关公平的规定具有内在模糊性,在出口商眼中的公平与国内生产者眼中的公平可能有所偏差,各国以“自身利益”为

---

① See Appellate Body Report, *EC—Bed Linen*, WT/DS141/AB/R, para. 62.

出发点进行解释，对于公平也有不同的理解。通过美国洗衣机案、美国反倾销方法案上诉机构否定了美国的观点，肯定《反倾销协定》第 2.4 条规定的“公平比较”是反倾销的一项基本要求，无论《反倾销协定》第 2.4.2 条第二句约文是否提出明确要求，“公平比较”普适于《反倾销协定》第 2 条规定的整个倾销确定过程。

(3)先前裁决对归零违法性的认定

在相关“目标倾销”案中，WTO 各成员方对 W – T 比较方法适用时是否允许归零问题，另外一个争议焦点为有关 W – W 或 T – T 比较方法下禁止归零的 WTO 争端解决裁决是否适用于 W – T 比较方法下归零问题。反对归零的多数 WTO 成员方认为，WTO 有关归零问题的先前裁决普适于 W – T 比较方法。DSB 在先前裁决中已经明确调查机构在计算倾销幅度时应当将被调查交易视为一个整体，而归零的做法违反这一要求，故而归零做法不符合《反倾销协定》第 2.4.2 条的规定。美国则持相反的观点，坚持认为 DSB 对归零先前案件的裁决主要针对 W – W 或 T – T 比较方法，对 W – T 比较方法下归零问题没有拘束力。

虽然《反倾销协定》第 2.4.2 条文本没有规定归零，但 WTO 争端中有关 W – W 和 T – T 比较方法下是否允许归零的争端持续不断。处理这些争端的上诉机构已经明确裁定，《反倾销协定》第 2.4.2 条不允许调查机构在适用 W – W 或 T – T 比较方法计算倾销幅度时归零，美国在税务审查程序的行政初审中使用归零的做法与《反倾销协定》第 9.3 条和 GATT 1994 第 6.2 条的规定不一致。上诉机构之所以认定归零是违法的，是因为归零通过将负值比较结果视为零的方式忽略了中间比较值。美国洗衣机案、美国反倾销方法案的专家组和上诉机构认为，虽然在 W – W 或 T – T 比较方法所涉争端解决中，上诉机构并没有直接解决适用 W – T 比较方法时是否允许归零问题，但上诉机构有关归零问题的一般性裁决同样适用于 W – T 比较方法。

首先，美国反倾销方法案的专家组认为虽然 W – T 比较方法相较于 W – W 或T – T 比较方法具有例外属性，但根据《反倾销协定》第 2.4.2 条的规定，这三种比较方法具有确定“反倾销调查中的倾销幅度”的相同目标。上诉机构也已经阐明在《反倾销协定》中“倾销幅度”一词具有相同的含义。中美双方同样认同采用 W–T 比较方法计算倾销幅度时应将被调查产品视为一个整体。因此，专家组认为美国在对中国企业展开“目标倾销”调查过程中，美国商务部采用 W–T 比较方法计算倾销幅度时归零的做法忽视了负值中间比较结果。专家组认为，美国商务部这种忽视负值中间比较结果，将其视为零值的做法，不符合《反倾销协定》第 2.4.2 条所要求的“将被调查产品视为一个整体”的要求。通过这种方法计算出的倾销幅度自然也不符合《反倾销协定》第 2.4.2 条第二句的要求。[①]

其次，专家组并不认同美国的主张，即上诉机构此前的裁决都是解决适用《反倾销协定》第 2.4.2 条第一句规定下两种常规比较方法时是否可以归零的问题，并没有涉及《反倾销协定》第 2.4.2 条第二句所规定的 W–T比较方法。专家组认为，美国的观点“肢解”了上诉机构的裁定，从整个有关是否允许归零的争端解决诉讼过程来看，上诉机构的裁定不仅仅是以《反倾销协定》第 2.4.2 条第一句的文本为依据的；恰恰相反，上诉机构之所以裁定归零的做法是违法的，是因为该做法与调查机构计算倾销幅度时应将被调查产品视为一个整体的义务背道而驰。[②]

美国反倾销方法案的专家组认为，从上诉机构关于美国使用归零的做法与《反倾销协定》第 9.3 条和 GATT 1994 第 6.2 条规定不一致的案件裁决中，可以反证上诉机构的裁决并不是基于《反倾销协定》第 2.4.2 条第一句的文本，因为在《反倾销协定》第 9.3 条和 GATT 1994 第 6.2 条规定中并没有出现与《反倾销协定》第 2.4.2 条类似的文本表述。相反，根据美国归零案(欧共体诉)的上诉机构报告，上诉机构在税务评估程序方面发现归零与《反倾销协定》第 9.3 条和 GATT 1994 第 6.2 条不一致，理由是归零导致调查当局无视负值中间比较结果。上诉机构在裁决中强调这一裁决结果“不仅仅是基于第 2.4.2 条第一句的规定，而是

---

① See Panel Report, *US—Anti-Dumping Methodologies* (*China*), WT/DS471/R, para. 7.203.

② See Panel Report, *US—Anti-Dumping Methodologies* (*China*), WT/DS471/R, para. 7.204.

联系了《反倾销协定》第 2. 1 条的上下文”。因此，对美国有关在《反倾销协定》第 2. 4. 2 条第一句缺位的情况下使用归零是允许的主张，专家组并不认同。[①]

最后，美国反倾销方法案的专家组指出，根据《反倾销协定》第 2. 4. 2 条第二句的文本，也没有发现适用 W－T 比较方法计算倾销幅度时允许归零的规定，更不要说是在 W－W 或 T－T 比较方法下归零已经被明确禁止的情况下。美国针叶木材 V 案的上诉机构在其裁定中明确指出，当某些谈判者意图忽视《反倾销协定》的特定规定时，他们明确表示《反倾销协定》第 2. 4. 2 条第二句不允许调查机构在汇总阶段忽视多重比较结果。该案的上诉机构指出，《反倾销协定》第 2. 4. 2 条没有任何明确的语言表示允许归零，因而其有关 W－W 比较方法下禁止归零的裁定得到了支持。[②] 专家组认为，《反倾销协定》第 2. 4. 2 条第二句中同样没有明确的语言表明允许在适用 W－T 比较方法时归零，因而其观点得以支持。

综上所述，美国在适用 W－T 比较方法时归零的做法，既没有正当的适用前提，又违反了《反倾销协定》第 2. 4. 2 条的文本要求，同时也不符合上诉机构对归零问题的先前裁决。根据 DSB 过去 20 余年的裁决实践，美国的归零做法在 WTO 规则下已然丧失正当性，但美国差别定价方法案的专家组裁决报告的反复，使有关该问题的正当性讨论又重回不确定状态。专家组和上诉机构一方面主张“无充分理由”不得推翻前案的裁决，另一方面在面对相似或是相同的问题时，以类似的论证逻辑和论证方法却得出相悖的裁决结论。在 DSM 面临困境、上诉机构即将“停摆”的背景之下，美国差别定价方法案的专家组作出与“先例”相悖的裁决，不禁让人质疑其是否是在权力的“威胁”下做出的妥协？还是为本身“生死存亡”而采用的“绥靖”？与此同时，反观美国，一方面指责 DSB 的公正性，“威胁”退出 WTO，另一方面又在不断利用 DSM 追求争端的法律解决；一方面指责

---

① See Panel Report, *US—Anti-Dumping Methodologies* (*China*), WT/DS471/R, paras. 7. 205 – 7. 206.

② See Appellate Body Report, *US—Softwood Lumber V* (*Article* 21. 5—*Canada*), WT/DS264/AB/R, para. 100.

DSB裁决的“先例”问题,另一方面又心安理得地享受着“事实先例”的“红利”。美国这种“言行不一”的做法,很难不让人怀疑其搅乱WTO秩序的动机,很难不令人怀疑其意欲在WTO乱局中谋求“权力”主导的利益的目的。WTO可谓是“内忧外患”。

综合上文分析,WTO对归零问题的一贯立场是非常明确的,接连不断的案件也似乎成为DSB重申立场的方式。但是,根据WTO的制度规定,即使两个争端解决案件的结论可能是一样的,DSB通过的关于一个案件的裁决对另一个案件是没有拘束力的。WTO争端解决案件的裁决只对争议当事方有约束力,对其他成员会产生法律的期待。由于有关W-T比较方法适用的争端案件,相较以前的案件略有不同,会让成员方猜测WTO裁决的一贯立场是否会因为《反倾销协定》中关于目标倾销的特殊规则而有所改变。可以说,归零已不仅仅是简单的计算问题和条文解释问题,而是涉及DSM的裁决一致性、权威性和可预期性问题。①

(二)个性争端:“替代国法”的适用与解释

如前所述,因欧美等成员方不承认中国在WTO中的市场经济地位,所以针对“非市场经济”成员适用的特殊倾销价格比较方法——“替代国法”,就成为中国作为当事方涉案的争议焦点之一。

1. WTO规则体系下可适用于中国的“替代国法”

一般情况下,进口国认定来自出口国的某些产品存在倾销,需要将该产品的正常价值(国内价格)与出口价格进行比较,如果出口价格明显低于国内价格则认定存在倾销。但如果出口成员为“非市场经济”国家,则该国国内价格不能作为正常价值,需要采用一种特殊价格比较方法,即替代国法,使用第三国的替代价格作为正常价值。

对于中国而言,WTO规则体系下可能适用的替代国法又可分为两种:一种是根据《中国加入议定书》第15(a)条所规定的“不基于中国国内价格或成本进行严格比较的方法”而选择适用的替代国法。由于这一条款只适

---

① 参见肖军、李丹虹:《WTO目标倾销规则视野下的归零法问题——评韩国洗衣机案》,载《武大国际法评论》2017年第4期。

用于中国,也被称为"中国的特殊协定"(China-specific treaty)条款,故我们将据此而采用的替代国法称作"特殊替代国法"。另一种是根据 GATT 1994 第6条、《反倾销协定》等 WTO 反倾销一般规则,适用于所有"非市场经济"成员的替代国法,可称为"一般替代国法"。如前所述,根据《中国加入议定书》第15条"自动终止条款",2016年12月11日后,因《中国加入议定书》第15(a)(ii)条的效力终止,针对中国的特殊替代国法失去了适用依据,因而其他 WTO 即使不承认中国的市场经济地位,也只能根据 WTO 反倾销一般规则对中国适用一般替代国法。

WTO 争端解决实践中,在上述两种替代国法的适用上,中国作为当事方均有涉案。

2. DS397:特殊替代国法之争

2009年7月中国向 DSB 指控欧盟原《反倾销基本条例》第9.5条适用于中国企业的个别待遇立法以及欧共体对华紧固件反倾销措施,违反了《反倾销协定》《中国加入议定书》的相关规定。该案分别经历了原审和执行两轮争端解决程序,历时长达7年之久。于原审程序,裁决认定欧盟对中国的歧视性个别待遇立法违反了 WTO 规则;于执行程序,裁定欧共体对华紧固件反倾销措施的执行措施亦违反 WTO 规则。欧盟随后撤销了涉案反倾销措施,中国获得全面胜诉。

(1)原审之诉:歧视性"单独税率"立法的合法性

欧盟案涉《反倾销基本条例》规定,当来自非市场经济的 WTO 成员的出口商受到反倾销调查的时候,其产品正常价值的确定和反倾销税的征收存在两种可能性:其一,如果出口商能够通过该法规定的"市场经济测试"(market economy test,MET),则正常价值的确定方法与来自市场经济国家的出口商一视同仁,即倾销幅度的计算方法是将正常价值与出口价格进行对比,并且每个出口商适用单独税率;其二,如果出口商未能通过该法规定的"市场经济测试",正常价值则将依据一种替代方法予以确定,一般是对比类似的第三国价格。此外,用于计算倾销幅度的出口价格是否依据出口商自己的出口价格,这决定于出口商是否通过了另外一个测试,即"单独待遇测试"(individual treatment test,IT)。能够通过则享有单独税率,计算方法是将使用替代方法的正常价值与出口商自己的出口价格进行对比,否则将受制于全国统一税率(country-wide duty),而出口价格的确定将取决于这些出口商全体的合作程度,合作程度高可以使用所有出口交易实际价格的加权平均值,而合作程度低则可以使用其他可获得事实,例如进口统计数据。按照欧盟《反倾销基本条例》的规定,非市场经济国家不同企业在反倾销调查中的处理标准如表 5 – 13 所示。

表 5 – 13 欧盟《反倾销基本条例》确定的非市场经济国家不同企业在反倾销调查中的处理标准

企业类型	正常价值	出口价格	反倾销税率
符合市场经济测试企业	与其他市场经济国家调查作相同处理,即使用企业提供数据		企业单独税率
符合单独待遇测试企业	用替代国价格	用企业提供数据	企业单独税率
不符合上述两类测试的其他企业	用替代国价格	根据企业合作程度用加权平均价格或可得事实	出口国统一税率

欧盟《反倾销基本条例》通过明确列举方式区分“非市场经济国家”和“市场经济国家”。根据相关名单,12 个成员被列为“非市场经济国家”,3 个成员被列为“可有条件获得市场经济待遇”的国家,[①]中国属于“可有条件获得市场经济待遇”的国家。

中国认为,欧盟《反倾销基本条例》违反《反倾销协定》第 6.10 条、第 9.2 条、第 9.3 条和第 9.4 条。中国主张欧盟对“非市场经济国家”的生产者适用单独倾销幅度以满足其“单独处理”标准为条件的规定,不符合《反倾销协定》;但欧盟认为,《中国加入议定书》第 15 条允许进口国调查机构

① 欧盟《反倾销基本法》列出的“非市场经济国家”为阿尔巴尼亚、亚美尼亚、阿塞拜疆、白俄罗斯、格鲁吉亚、朝鲜、吉尔吉斯斯坦、摩尔多瓦、蒙古国、塔吉克斯坦、土库曼斯坦和乌兹别克斯坦 12 个国家。这些国家在欧盟反倾销调查中的待遇因其在调查发起时是否已成为 WTO 成员而不同,如为非 WTO 成员,则使用替代国方法;如为 WTO 成员,则存在文中所述的两种可能性。中国、越南和哈萨克斯坦被单独列出,但是正常价值的确定方法与非市场经济 WTO 成员相同。参见杨国华:《论 WTO 争端解决机制的作用——以中欧紧固件争端和光伏争端为例》,载《北方法学》2018 年第 5 期。

对反倾销规则灵活适用,且根据第 15(a)条,符合市场经济条件的证明责任显然在受调查企业。

上诉机构裁决欧盟《反倾销基本条例》不符合《反倾销协定》的相关规定,上诉机构认为,第一,《中国加入议定书》第 15 条的规定适用于确定正常价值,但不适用于确定出口价格。该条不允许 WTO 成员为其他目的,例如确定出口价格或单独还是统一倾销幅度和倾销税,对中国有不同待遇。第二,《反倾销协定》第 6.10 条规定对受调查企业各自确定单独税率的义务,此义务并非绝对,在特殊情况下可以偏离,《反倾销协定》第 6.10 条和第 6.10.2 条都规定了可以不适用"单独税率"的情况。至于特殊情况的判断以及偏离限度,为每个受调查企业确定单独税率的义务只有在《反倾销协定》有明文规定的情况下,调查机构才可以偏离。欧盟《反倾销基本条例》的规定违反了此项规定。《中国加入议定书》第 15 条也不能作为欧盟确定出口价格时偏离此项义务的依据。第三,对证明责任的分配,根据《反倾销协定》第 9.2 条,调查机构有义务证明某些企业之间的关系足以作为一个整体对待;而欧盟《反倾销基本条例》要求受调查企业证明其符合单独处理条件,否则就将其作为一个整体对待,适用统一税率,不符合该条的规定。

此外,《反倾销协定》第 6.10 条和第 9.2 条是否允许调查机构把国家和企业视为一个整体呢?上诉机构认为,《反倾销协定》规定本身并没有禁止调查机构将国家和企业视为一体,但欧盟被诉的 5 个案件中,仅有一个案件涉及国家和企业的关系,其余 4 个案件都涉及政府对经济活动的干预程度。上诉机构认为,《反倾销基本条例》的单独处理标准不能用于《反倾销协定》第 6.10 条和第 9.2 条中的"把国家和企业视为一个整体",欧盟不能将适用单独处理的企业都作为一个整体。

最终,上诉机构裁定欧盟对非市场经济国家的进口产品以符合单独处理标准作为确定单独税率的条件,其本身及其实施均违反了《反倾销协定》第 6.10 条和第 9.2 条。

(2)执行之诉:"非市场经济待遇"对 WTO 一般反倾销规则的遵循

原审败诉后,欧盟对原紧固件反倾销措施进行复审,作为执行措施,反倾销税率虽然普遍降低了20% ~30%,但平均税率仍高达54%;且其复审过程中仍违反WTO规则,因而中国又发起了执行之诉。

执行之诉争议的焦点集中于欧盟对中国出口商采用非市场经济替代国的方法时,是否应当遵循WTO一般反倾销规则所规定的义务,包括程序透明度、公平比较、产品调整和倾销幅度的计算等。

执行上诉机构的裁决认为,非市场经济反倾销作为常规制度的例外,仍然需要遵守WTO有关程序透明度和公平比较等方面的基本原则,调查机关不得以非市场经济为借口偏离法定要求。由于欧盟执行措施不符合这些义务要求,因而构成违法。

由于执行裁决支持了中国的全部请求,并由此显著加大了对非市场经济国家反倾销的操作难度,调查机关必须耗费大量的时间和精力说服替代国企业充分配合调查,还需要依法对替代国企业提供的数据进行必要调整,以便不同型号和特征的产品在调整之后能够进行公平比较,并且确保倾销幅度的计算涵盖所有的出口交易。因而,乐观者认为,该裁决将迫使欧盟早日放弃替代国反倾销的方法,承认中国的市场经济地位。[①]

3. DS515、DS516:一般替代国法之争

如前所述,由于美国以反倾销调查为目的发布《中国非市场经济报告》,对中国反倾销调查继续使用替代国做法;欧盟通过《反倾销条例和反补贴条例的修正条例》[REGULATION (EU)2017/2321,以下简称2017/2321号条例][②]的方式,不再区分市场经济国家和非市场经济国家,但建立了"市场严重扭曲"这一新概念,引入相关情况下新的正常价值计算方法,形成了欧盟反倾销规则的新方法论。[③] 2016年12月12日,中国就美国、

---

① 参见《德媒:中欧世贸争端中国首战首胜可要求欧盟赔偿》,载http://news.xinhuanet.com/world/2016-01/20/c_128646658.htm,最后访问日期:2018年3月18日。

② Regulation (EU) 2017/2321 of the European Parliament and of The Council of 12 December 2017 Amending Regulation (EU) 2016/1036 on Protection against Dumped Imports from Countries Not Members of the European Union and Regulation (EU) 2016/1037 on Protection against Subsidised Imports from Countries not Members of the European Union.

③ 参见蒋璇芳:《欧盟贸易救济立法修改述评——以WTO改革为背景》,载《武大国际法评论》2019年第2期。

欧盟的做法，先后提出 DSM 下的磋商请求，正式启动争端解决程序。中国认为，《中国加入议定书》第 15（a）条失效后，其他成员反倾销调查继续使用替代国做法不符合 WTO 规则。美欧则不仅主张《中国加入议定书》第15（a）条尚未终止，而且认为，即使没有《中国加入议定书》第 15（a）条的特殊规定，对于“非市场经济”的中国出口产品，仍可根据 WTO 反倾销一般规则适用替代国法。

（1）“市场严重扭曲”情形及替代国法适用根据

根据欧盟 2017/2321 号条例，“市场严重扭曲”是指企业提交的价格或成本，包括原材料和能源成本，因受到政府重大干预，不是自由市场运行的结果。在评估是否存在“市场严重扭曲”时，提出应考虑以下一个或多个因素：第一，在被调查市场中，相当一部分企业在运营中为出口国当局所有、受其控制，或者受其政策监管或指引；第二，国家在企业中的存在使其能够对价格或成本进行干预；第三，公共政策或措施存在差别待遇，有利于国内供应商或影响自由市场运行；第四，破产、公司及物权相关法律缺失、歧视性适用或执法不力；第五，工资成本被扭曲；第六，从执行公共政策目标或非独立于国家的机构获取金融支持。

当认定一国存在“市场严重扭曲”，不宜使用该出口国的国内价格和成本时，正常价值应当基于反映未被扭曲的价格或基准进行构造。构造价格的来源包括：第一，在相关数据可获得的情况下，与出口国具有相似经济发展水平的适当代表国的相应生产及销售成本；如果此类国家不只一个，应当优先考虑有充分社会保障及环境保护水平的国家；第二，未被扭曲的国际价格、成本或基准；第三，国内成本，但仅限于有准确和适当证据证明其未被扭曲的情况。

欧盟认为，“市场严重扭曲”情形适用替代国法符合 WTO 规则，特别是《反倾销协定》第 2.2 条的适用要求。一方面，《中国加入议定书》第 15（a）条并非确定替代国做法使用的唯一依据，确定正常价值的方法是多样的。确定倾销存在的核心是寻找可比价格，即确定正常价值，《反倾销协定》没有正常价值的概念，只描述了确定正常价值的方法，而这些方法是多样的，但并非不可穷尽的。《反倾销协定》第 2.1 条、第 2.2 条和 GATT 1994 第 6 条以及《中国加入议定书》第 15 条都对确定正常价值的方法予以规定。另一方面,《反倾销协定》第 2.2 条规定存在“特殊市场状况”时,允许采取替代国做法。存在政府干预或特殊市场的情况时,如果被调查产品成本难以反映市场合理价格,应该允许调查机构通过替代国方法确定正常价值。在确定“市场严重扭曲”情形下,原材料成本在内的价格或成本受到政府干预而非自由市场力量支配,影响价格的可比性。即“市场严重扭曲”属于《反倾销协定》第 2.2 条“特殊市场状况”并适用替代国法的情形。

(2)WTO 一般替代国法适用的应然解释

首先,《反倾销协定》第 2.2 条并未规定“严重市场扭曲”,也没有为成本替代提供依据。欧盟认为,《反倾销协定》第 2.2.1.1 条规定成本通常应以被调查的出口商保存的记录为基础进行计算。该句话使用了“通常”的表述,同时规定了两种例外情况。该两种例外不能是穷尽的,还包括其他特殊情形。一旦由于政府干预导致成本价格不能反映正常市场价值,则会导致出口商成本数据不真实和不合理,在此情况下,调查机构根据《反倾销协定》第 2.2 条的规定,可以直接使用替代数据结构正常价值。①

欧盟的上述观点表明,《反倾销协定》含有一般性的合理标准以及成本本身必须合理,这与上诉机构在欧盟生物柴油案(*EU—Biodiesel*, DS473)中的裁决不一致。在欧盟生物柴油案中,上诉机构裁定,从《反倾销协定》第 2.2 条文本以及《反倾销协定》的宗旨和目的来看,《反倾销协定》第 2.2 条规定在结构正常价值时必须是“原产国”的生产成本,《反倾销协定》第 2.2.1.1 条中的“合理反映成本”指的是特定生产商或出口商的会计记录是否适当且充分地(suitably and sufficiently)反映了特定被调查产品的生产和销售发生的成本。该成本必须指向《反倾销协定》第 2.2 条所指的“原产国成本”。上诉机构进一步指出,《反倾销协定》第 2.2.1.1 条中“合理地”是副词,限定的是动词“反映”,而非名词

① 参见白明:《“替代国”做法不是世贸组织反倾销规则的一般方法》,载《人民论坛·学术前沿》2018 年第 4 期。

成本。对于成本不存在额外的或抽象的“合理性”标准，只要成本与特定反倾销调查中的被调查产品具有真实关联，调查机构就不享有广泛的自由裁量权而主观确立并适用一个“合理性”基准来评判某生产商或出口商记录中的成本是否不合理。上诉机构同时认为，虽然《反倾销协定》第2.2条和第2.2.1.1条未限制使用原产国外部信息得到原产国的生产成本，但如果使用外部信息来计算原产国的成本，调查机构则必须对该信息进行调整并保证该信息能够还原到原产国成本。① 因此，WTO关于被调查产品成本的确定是严格和明确的，不存在协议没有提及的其他例外情形，如政府干预等，更不允许直接援引第三国的替代数据。因此，美欧所谓的因原产国成本受到政府干预，就认定该成本不合理，并予以替代的做法与WTO规则和上诉机构的裁定并不一致。

其次，WTO规则体系下替代国做法的适用条件是明确的，没有留有法外空间。《反倾销协定》第2.1条、第2.2条和GATT 1994第6条，以及《中国加入议定书》第15(a)条确定了正常价值确定的基本方法，包括一般方法和例外方法，替代国做法是例外做法。《反倾销协定》第2.1条规定了通过正常贸易过程确定国内销售价格的一般方法；《反倾销协定》第2.2条和GATT 1994第6条，以及《中国加入议定书》第15(a)条规定了在特殊情况下确定正常价值的例外方法，例外方法的适用需要严格遵守特定情况并满足条款要求的适用要件。如前所述，一方面，《反倾销协定》第2.2条和GATT 1994第6条规定的例外条件不包括欧盟主张的“严重市场扭曲”；另一方面，《中国加入议定书》第15(a)条于2016年12月11日后已失去效力，依其适用替代国价格作为正常价值的基础已经不存在。所以，在适用例外做法的条件难以成就时，替代国做法没有适用空间。

最后，“严重市场扭曲”标准的设立，与《反倾销协定》目的和宗旨及WTO基本原则不相符。一方面，反倾销作为一种贸易救济措施，必须要在WTO框架中进行，并且在必要的救济范围内行使。根据欧盟生物柴油案上诉机构的裁定，反倾销手段的形式旨在应对致损性倾销，其实施必须符

① See Appellate BodyReport, *EU—Biodiesel*, WT/DS473/AB/R, paras. 6.17 – 6.39.

合规定的实体和程序要件，调查机构自由裁量权必须在救济损害的最低范围内进行。[①] “严重市场扭曲”标准的设定并不符合 WTO 相关替代国做法的适用要求，给予调查机构过大的自由裁量权，会使反倾销的救济属性和本质要求被随意扩大。另一方面，非歧视原则是 WTO 的基本原则之一，欧盟“严重市场扭曲”标准的确定，要求调查机构在适当时候发布关于特定国家或特定产业部门中存在“严重市场扭曲”情况的报告。欧盟的做法已经超越了针对某一产品进行反倾销调查的范畴，上升至对某一国家产业部门的调查，其实质并非进行反倾销调查，反而更像是进行非市场经济定位的确定。这种变相的非市场经济地位认定的做法，在操作中具有歧视性，涉嫌违反 WTO 非歧视原则。[②]

有鉴于本书第三章已就欧盟价格比较方法相关措施案所涉《中国加入议定书》第 15 条 a 款的终止和非市场经济价格可比是否为 WTO 的一般法律原则问题作了详细论证，这里就不再加以赘述。

美国有关价格比较方法措施案尚在磋商之中；欧盟价格比较方法相关措施案在专家组发布裁决之前，中国根据 DSU 第 12.12 条中止了对专家组的授权，因而有关上述诸多法律问题的争议未来还将持续进行下去。

第二节　补贴与反补贴措施争端

一、补贴与反补贴措施争端及其解决概览

补贴具有双重性，补贴既是政府正常的、合法的财政支持手段，又具有扭曲贸易的效果。补贴降低产品的价格，有利于一般消费者及工业用户；同时，补贴扭曲了资源分配，不是根据市场原则进行生产和销售产品。对补贴的处理，涉及政府与企业的关系、政府的作用、政府对企业的干预程度

---

① See Appellate BodyReport, *EU—Biodiesel*, WT/DS473/AB/R, para. 6.25.

② 参见李彦彦：《欧委会反倾销法新提案与 WTO 规则的一致性分析》，载《国际经济法学刊》2018 年第 1 期。

等问题。从国际贸易角度讲，对国内产品的补贴会对外国产品的进口起到排外作用；对出口产品的补贴使出口产品的价格低于国内销售的价格，对商品进口国的国内产品造成了不正当的竞争。

补贴的双重性使WTO对其采取了既允许又限制的政策。目前，WTO规范补贴的规则主要由GATT 1994第6条、第16条和《反补贴协定》共同构成。《反补贴协定》既规范补贴，又约束反补贴措施。《反补贴协定》对补贴本身作了规定，明确了该协定调整的补贴范围，规范补贴的使用，管制反补贴措施的适用，对不同类型的补贴采取不同的救济措施。WTO反补贴规则确立各国政府调整提供补贴的多边纪律，规范反补贴措施的适用。多边纪律就一国是否可以提供补贴作出规定，该纪律通过DSM得以实施。

截至2019年12月31日，由补贴与反补贴措施所引发的争端案件共129件，已结案60件，结案率约为46.5%；其中经专家组或上诉机构裁决结案的53件，约占此类案件总数的41.1%；由当事方和解、撤回等方式了结的7件，占比仅5.4%。其余案件则仍处于程序之中（如表5－14所示）。

表5－14　WTO补贴与反补贴措施案件及其裁决情况

年份	当年案件总数	裁决情况			
		已经DSB裁决结案	未经裁决		
			磋商/和解/中止结案	磋商中	专家组审理中
1995	0	0	0	0	0
1996	8	5	0	3	0
1997	10	3	1	6	0
1998	11	4	0	7	0
1999	3	0	0	3	0
2000	7	5	0	1	1
2001	4	4	0	0	0
2002	7	6	0	1	0
2003	6	5	0	0	1
2004	6	1	1	3	1

续表

年份	当年案件总数	裁决情况			
		已经 DSB 裁决结案	未经裁决		
			磋商/和解/中止结案	磋商中	专家组审理中
2005	2	1	0	1	0
2006	9	5	3	1	0
2007	5	0	2	1	2
2008	5	1	0	4	0
2009	1	0	0	1	0
2010	3	2	0	1	0
2011	2	2	0	0	0
2012	7	2	0	3	2
2013	6	2	0	2	2
2014	3	2	0	0	1
2015	4	2	0	0	2
2016	4	1	0	2	1
2017	5	0	0	2	3
2018	5	0	0	3	2
2019	6	0	0	2	4
合计	129	53(41.1%)	7(5.4%)	47(36.4%)	22(17.1%)

从表5－14中的数据可知,未经DSB裁决的争端案件中,目前仍处于磋商中的案件占比最大,超过案件总数的1/3,其中2015年及以前提起磋商请求的案件占比达29.5%。1996～2005年的10年期间,此类争端案件64件,裁决结案34件,占同期案件数量的53.1%;2006～2015年的10年期间,此类案件45件,裁决结案18件,占同期案件数量的40%。两相比较可知,两个10年间,此类争端在总量下降的同时,以裁决方式结案的数量也有较为明显的下降趋势。

与反倾销措施争端相比,补贴与反补贴措施争端的结案率相对较低,前者为54.9%,后者为46.5%;裁决结案率虽然相近,反倾销裁决结案率略高

(43.6%：41.1%)；但前后两个 10 年相比，后者裁决结案率下降而前者却正相反，由此也反映出争端当事方对于两类争端采取不同处理方式的态度。

二、中国涉案的基本特征

截至 2019 年 12 月 31 日，中国在 DSM 下的补贴与反补贴措施争端中共涉案 65 件，包括申诉 6 件、被诉 16 件和作为第三方参与 43 件（见表 5－15，图 5－6）。

表 5－15　2002～2019 年中国所涉补贴与反补贴案件总体情况

年份	当年案件总数（件）	中国涉案总数（占比）	申诉方涉案数量（占比）	被诉方涉案数量（占比）	第三方涉案数量①（占比）
2002	7	6（85.7%）	0	0	6（85.7%）
2003	6	6（100%）	0	0	6（100%）
2004	6	2（33.3%）	0	0	2（33.3%）
2005	2	1（50%）	0	0	1（50%）
2006	9	7（77.8%）	0	3（33.3%）	4（44.4%）
2007	5	3（60%）	1（20%）	2（40%）	0
2008	5	3（60%）	1（20%）	2（40%）	0
2009	1	1（100%）	0	1（100%）	0
2010	3	3（100%）	0	2（66.7%）	1（33.3%）
2011	2	2（100%）	0	1（50%）	1（50%）
2012	7	7（100%）	3（42.9%）	3（42.9%）	1（14.3%）
2013	6	4（66.7%）	0	0	4（66.7%）
2014	3	3（100%）	0	0	3（100%）
2015	4	4（100%）	0	1（25%）	3（75%）
2016	4	2（50%）	0	0	2（50%）
2017	5	4（80%）	0	1（20%）	3（60%）
2018	5	3（60%）	1（20%）	0	2（40%）
2019	6	4（66.7%）	0	0	4（66.7%）
合计	86	65（75.6%）	6（7.0%）	16（18.6%）	43（50%）

① 中国以第三方身份涉案的案件还包括 DS108 和 DS212，由于该两个案件提请争端解决年份分别为 1997 年和 2000 年，故并未包含在本表格中。

第一,从涉案数量和方式来看,中国不仅是此类争端中最活跃的成员之一,也是中国作为当事方参与各种类型案件中最多的一类。

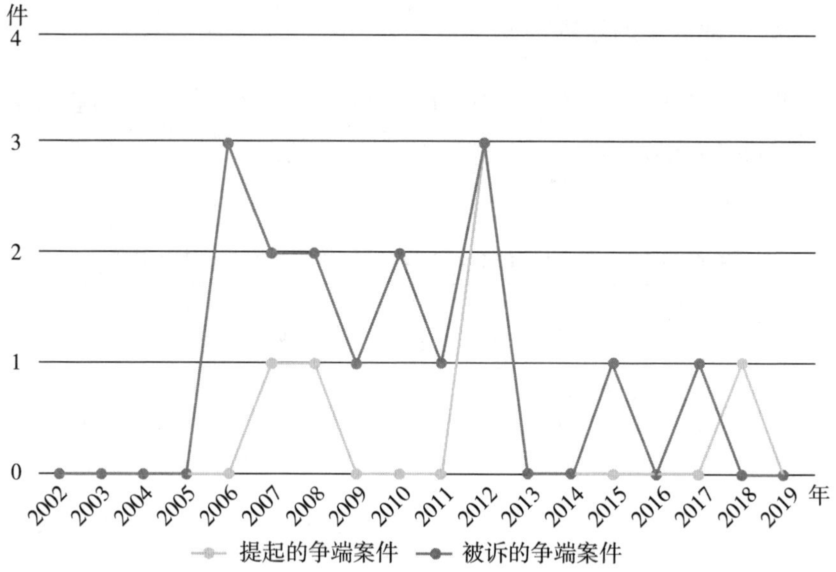

图 5－6 WTO 补贴与反补贴措施争端中国涉案年度情况

作为当事方而言,过渡期后,中国作为当事方涉案显著增加,2007～2012 年每年案件的平均数量占 WTO 同期此类案件的一半以上;2009 年被诉占比 100%;2012 年申诉与被诉均为 42.9%,两者合并达 85% 以上。与 WTO 此类争端数量总体下降的走势相比,[①]中国涉案数量的上升,既有中国自身特殊经济体制因素的影响,也与新兴发展国家成员的情况有相似之处。对比可知,印度和巴西的涉案数量也在 WTO 成员中相对较高,间或还有所增长。当然,中国的情况更为突出,2007～2013 年,无论是申诉还是被诉均居高位。虽然 2014～2019 年数量有所下降,但仍与印度、巴西涉案数量相当(如表 5－16,图 5－7 所示)。

① 1995～2016 年,WTO 此类争端数量整体呈下降趋势,由 2006 年以前的年均 11 件下降至年均 7 件左右。

表 5－16　中国与相关成员作为当事方参与补贴与反补贴措施争端之对比情况

成　员	1995～2001 年		2002～2006 年		2007～2013 年		2014～2019 年	
	数量（件）	比例	数量（件）	比例	数量（件）	比例	数量（件）	比例
美国	29	39.1%	16	28.1%	16	29.6%	14	32.6%
欧盟	12	16.1%	17	29.8%	7	13%	8	18.6%
日本	6	8.1%	1	1.8%	1	1.9%	2	4.7%
韩国	1	1.3%	6	10.5%	1	1.9%	2	4.7%
印度	2	2.6%	1	1.8%	4	7.4%	4	9.3%
巴西	11	15.4%	2	3.5%	2	3.7%	4	9.3%
墨西哥	1	1.3%	4	7%	3	5.6%	0	0
加拿大	12	16.1%	7	12.3%	3	5.6%	4	9.3%
俄罗斯	—	—	—	—	1	1.9%	2	4.7%
中国	—	—	3	5.3%	16	29.6%	3	7%
阶段性总案数	74	—	57	—	54	—	43	—

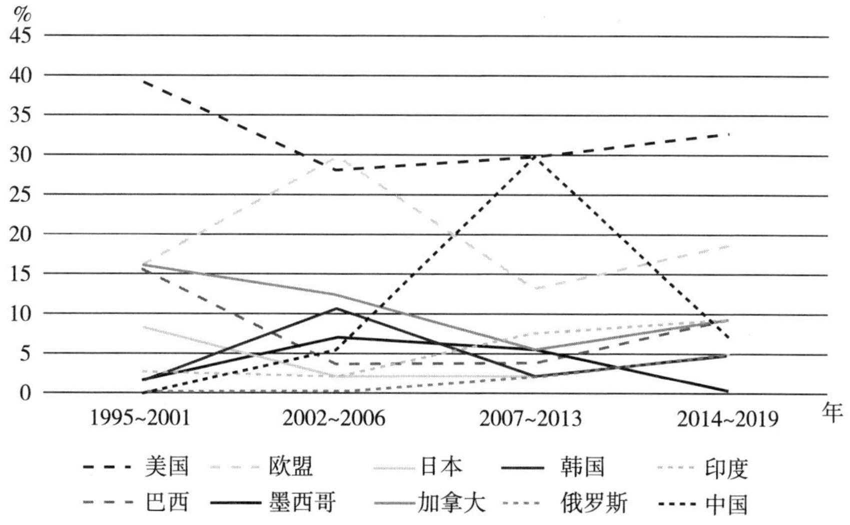

图 5－7　中国与相关成员作为当事方参与补贴与反补贴措施争端案件的阶段性对比

就作为第三方而言，如表 5－17 所示，大多数成员参与的总体情况与反倾销争端类似。从选择参照的相关成员角度来看，尽管不同阶段的数量存在波动，但除美国外，其他成员案件数量总体有所增加。对比表 5－16 可知，各方作为第三方与之作为当事方涉案呈反向态势：作为当事方多，作为第三方就少。因此，在反补贴争端中，作为第三方涉案，美国较少，日本、欧盟相对较多；韩国、巴西、加拿大的涉案数量有上升趋势，但总体参与水平大致相似。中国则随着作为当事方涉案的增加，作为第三方参与的案件数量下降。由此说明成员的不同涉案方式之间存在此消彼长的关系，当一种涉案方式上升时，另一种涉案方式下降的概率增大，中国在作为第三方涉案时呈现的趋势即为一种佐证。

与此同时，中国对于补贴与反补贴措施的 WTO 争端及其裁决进程也很关注，除作为申诉方和被诉方涉案外，作为第三方几乎参与了所有进入专家组审理程序的此类案件。

表 5－17　中国与相关成员作为第三方参与补贴与反补贴措施争端案件对比情况

成员	1995～2001 年		2002～2006 年		2007～2013 年		2014～2019 年	
	数量（件）	比例	数量（件）	比例	数量（件）	比例	数量（件）	比例
美国	8	12.9%	8	9.4%	4	4.7%	8	6.8%
欧盟	10	16.1%	8	9.4%	14	16.3%	12	10.2%
日本	8	12.9%	16	18.8%	14	16.3%	15	12.7%
韩国	9	14.5%	5	5.9%	7	8.1%	11	9.3%
印度	14	22.6%	5	5.9%	11	12.8%	10	8.5%
巴西	4	6.5%	10	11.8%	7	8.1%	15	12.7%
墨西哥	5	8.1%	4	4.7%	7	8.1%	5	4.2%
加拿大	2	3.2%	10	11.8%	10	11.6%	12	10.2%
俄罗斯	—	—	—	—	5	5.8%	13	11%
中国	2	3.2%	19	22.4%	7	8.1%	17	14.4%
阶段性总案数	62	—	85	—	86	—	118	—

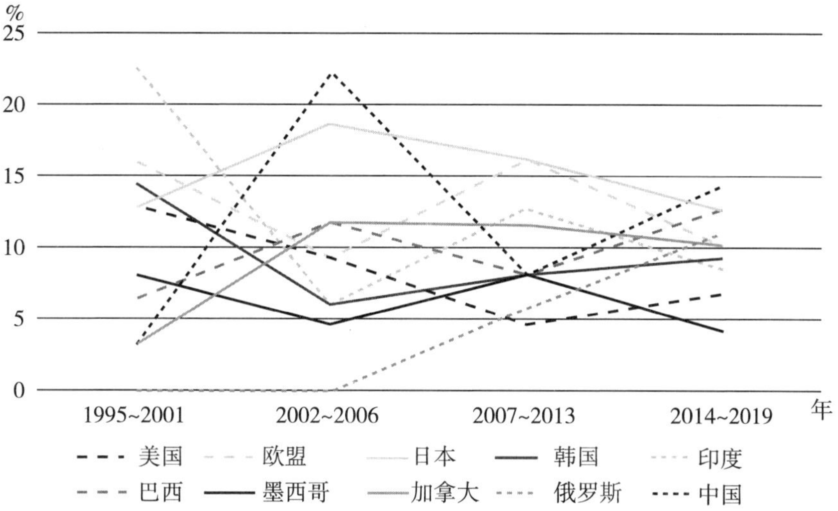

图 5-8 中国与相关成员作为第三方参与补贴与反补贴措施争端的阶段性对比

第二,从中国涉案的当事地位来看,除自身申诉与被诉明显“倒挂”外,申诉对象与被诉相对方亦不成正比。表 5-18 为补贴与反补贴措施争端中中国申诉案件汇总情况。

表 5-18 补贴与反补贴措施争端中中国申诉案件汇总情况

年份	案号	系争措施/事由	被申诉方	案件状态
2007	DS368	美国对中国铜版纸的反措施反补贴初裁决定	美国	磋商中
2008	DS379	美国反倾销和反补贴税案(中国诉)	美国	已经 DSB 裁决结案
2012	DS452	欧盟及某些成员影响再生能源发电部门的特定措施	欧盟、意大利、希腊	磋商中
	DS437	美国对中国某些产品的反补贴措施	美国	审理中
	DS449	美国对中国多种产品的“双反”措施	美国	已经 DSB 裁决结案
2018	DS563	美国有关可再生能源特定措施	美国	磋商中

表 5-19 补贴与反补贴措施争端案件中中国被诉案件

年份	案号	系争措施/事由	申诉方	案件状态
2006	DS339 DS340 DS342	影响汽车零部件进口措施(国家发改委《汽车产业发展政策》、四部委《构成整车特征的汽车零部件进口管理办法》、《进口汽车零部件构成整车特征核定办法》)	欧盟、美国、加拿大	已经 DSB 裁决结案
2007	DS358 DS359	对税收和其他费用的返还和减免措施(中央及地方政府文件之税费减免政策)	美国、墨西哥	和解
2008	DS387 DS388	赠予、贷款和其他刺激措施	美国、墨西哥	磋商中
2009	DS390	赠予、贷款和其他刺激措施	危地马拉	磋商中
2010	DS419	风能设备补贴措施	美国	磋商中
	DS414	对美国的取向电工钢产品的反倾销和反补贴措施(商务部 2010 年 21 号通告)	美国	已经 DSB 裁决结案
2011	DS427	对美国白羽肉鸡产品的反倾销和反补贴措施	美国	已经 DSB 裁决结案
2012	DS451	有关服装和纺织品产品生产和出口措施	墨西哥	磋商中
	DS450	影响汽车零部件进口补贴措施	美国	磋商中
	DS440	对来自美国的某些汽车的反倾销和反补贴措施	美国	已经 DSB 裁决结案
2015	DS489	有关示范基地和公共服务平台项目的措施	美国	审理中
2017	DS519	对原铝生产商的补贴	美国	磋商中

就自身的当事地位而言,中国被诉案件数量达到申诉案件的 3 倍之多。事实上,和其他贸易措施相比,中国的补贴措施也是受到其他成员方关注最多的,被诉数量自然也居于高位。和 WTO 其他成员相比,除美国以外,其他成员方作为申诉方和作为被诉方之间的差距或者大致相当,或者申诉多于被诉。美国除涉诉总量远高于其他成员外,其被诉也多于申诉,但二者之间的差距尚不足 2 倍。

表 5 – 20　补贴与反补贴措施争端案件中中国与相关成员当事角色阶段性对比

单位：件

成员	1995～2001 年		2002～2006 年		2007～2013 年		2014～2019 年		比例①	
	申诉数量	被诉数量	申诉数量	被诉数量	申诉数量	被诉数量	申诉数量	被诉数量	申诉比例	被诉比例
美国	16	13	5	11	8	8	3	11	31.1%	41.7%
欧盟	10	2	9	8	3	4	4	4	29.5%	20.5%
日本	5	1	0	1	1	0	2	0	12.7%	3.2%
韩国	1	0	5	1	1	0	1	1	19%	4.8%
印度	2	0	1	0	2	2	1	3	11.8%	9.8%
巴西	6	5	2	0	1	1	3	1	21.8%	12.7%
墨西哥	1	0	1	3	3	0	0	0	17.2%	10.3%
加拿大	6	6	5	2	1	2	3	1	25%	18.3%
俄罗斯	—	—	—	—	1	0	2	0	14.3%	0
中国	—	—	0	3	5	11	1	2	7%	18.6%
阶段合计	47	27	28	29	26	28	20	23	—	—

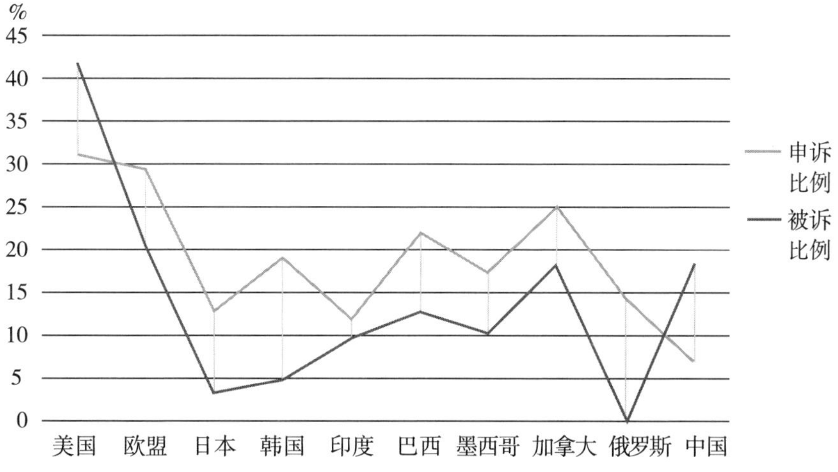

图 5 – 9　补贴与反补贴措施争端案件中国与相关成员的当事角色对比

---

① 该比例为各相关成员在此类案件中的申诉或被诉数量与其涉案总数（包括作为第三方涉案）之间的比例。

从争端的相对方而言,如表 5 - 21、表 5 - 22 所示,其一,从整体走势来看,随着此类争端总量的下降,相关 WTO 成员方的诉讼目标更为集中,其中以美国表现得最为突出。2007 年以后美国作为申诉方参与的案件仅涉及中国和印度两个国家,并且以中国为主要针对对象。相较于美国,欧盟作为申诉方所涉被诉对象较为分散,涉及国家数量多。除美欧之外的其他成员,2006 年以前主要都是针对美国与欧盟的;中国"入世"以后,特别是 2007 年以后,中国逐渐取代了欧盟的主要被诉地位,①与美国一样成为此类争端的主要被诉方。其二,中国申诉对象集中且单一,只涉及欧盟(含意大利、希腊)和美国,又以美国为主。中国以美国为申诉对象的案件数量占其申诉案件的 83.3%。其三,针对中国提起申诉的,除美国和欧盟外,还有加拿大、墨西哥和危地马拉。其中,以美国为主,由美国发起的对中国的此类案件占到六成以上。

表 5 - 21 补贴与反补贴措施争端案件中中国与相关成员作为申诉方的被诉对象数量对比

申诉成员	1995 ~ 2001 年		2002 ~ 2006 年		2007 ~ 2013 年		2014 ~ 2019 年		总计	
	案数(件)	被诉方数(个)	案数(件)	被诉方数(个)	案数(件)	被诉方数(个)	案数(件)	被诉方数(个)	案数(件)	被诉方数(个)
美国	16	11	5	4	8	2	3	2	32	14
欧盟	10	6	9	6	3	3	4	3	26	11
日本	5	4	0	0	1	1	2	2	8	5
韩国	1	1	5	3	1	1	1	1	8	3
印度	2	1	1	1	2	2	1	1	6	2
巴西	6	3	2	2	1	1	3	3	12	5
墨西哥	1	1	1	1	3	1	0	0	5	2
加拿大	6	2	5	2	1	1	3	1	15	3
俄罗斯	—	—	—	—	1	1	2	1	3	1
中国	—	—	0	0	5	4	1	1	6	4

① 2007 年以后欧盟被诉补贴与反补贴措施类案件骤减,仅有 1 起被诉。

表 5 – 22　补贴与反补贴措施争端案件中中国与相关成员作为申诉方的被诉对象及其数量

申诉成员	1995～2001 年		2002～2006 年		2007～2013 年		2014～2019 年	
	案数(件)	被诉方(数)(个)	案数(件)	被诉方(数)(个)	案数(件)	被诉方(数)(个)	案数(件)	被诉方(数)(个)
美国	16	澳 3/法 2/欧 2/菲 1/爱尔兰 1/希 1/荷 1/比 1/加 1/巴 1/印尼 1	5	欧 2/中 1/加 1/墨 1	8	中 7/印 1	3	中 2/印 1
欧盟	10	美 5/印尼 1/巴 1/加 1/阿 1/日 1	9	美 3/墨 2/加 1/中 1/阿 1/韩 1	3	加 1/巴 1/印 1	4	美 2/土 1/印尼 1
日本	5	印尼 2/美 1/加 1/巴 1	0	—	1	加 1	2	巴 1/韩 1
韩国	1	美 1	5	欧 3/美 1/日 1	1	美 1	1	美 1
印度	2	美 2	1	美 1	2	美 1/欧 1	1	美 1
巴西	6	加 3/美 2/秘 1	2	美 1/欧 1	1	美 1	3	美 1/泰 1/加 1
墨西哥	1	美 1	1	美 1	3	中 3	0	—
加拿大	6	美 5/巴 1	5	美 4/中 1	1	美 1	3	美 3
俄罗斯	—	—	—	—	1	欧 1	2	欧 2
中国	—	—	0	—	5	美 4/(欧、意、希)1	1	美 1

仅就被诉而言,首先,其他成员的状况与反倾销措施争端类似,巴西、墨西哥、加拿大已经从被诉的高比例成员中淡出,2007 年及以后,墨西哥未被诉,巴西、加拿大争端数量相较之前锐减;日本、韩国在此类争端中被诉较少,在 20 余年时间内分别仅涉案 2 起,2007 年及之后,日本被诉为零;2007 年及以后,印度涉案则有所增加。其次,美国和欧盟作为此类争端的主要被诉方,相对方来源较广,而且,随着它们被诉案件绝对数量的下降,相对方数量并未等比减少,因而说明其措施影响范围仍

然广泛,并由此成为其他成员的申诉目标。中国“入世”之后,已经超越欧盟,成为此类争端中仅次于美国的主要被诉对象,其被诉案件数量和所涉申诉来源方均有增长态势,但相对而言,申诉来源方分布尚不广泛,仍主要集中于美国(如表 5－23、表 5－24 所示)。

表 5－23　补贴与反补贴措施争端案件中中国与相关成员作为被诉方的申诉来源方数量对比

被诉成员	1995～2001 年		2002～2006 年		2007～2013 年		2014～2019 年		合计	
	案数(件)	申诉方数(个)	案数(件)	申诉方数(个)	案数(件)	申诉方数(个)	案数(件)	申诉方数(个)	案数(件)	申诉方数(个)
美国	13	11	11	6	8	5	11	8	43	13
欧盟	2	1	8	5	4	4	4	3	18	11
日本	1	1	1	1	0	0	0	0	2	2
韩国	0	0	1	1	0	0	1	1	2	2
印度	0	0	0	0	2	2	3	3	5	4
巴西	5	4	0	0	1	1	1	1	7	4
墨西哥	0	0	3	2	0	0	0	0	3	2
加拿大	6	4	2	2	2	2	1	1	11	4
中国	—	—	3	3	11	3	2	1	16	5

表 5－24　补贴与反补贴措施争端案件中中国与相关成员作为被诉方的申诉来源及其数量

被诉成员	1995～2001 年		2002～2006 年		2007～2013 年		2014～2019 年	
	案数(件)	申诉方及案数(个)	案数(件)	申诉方及案数(个)	案数(件)	申诉方及案数(个)	案数(件)	申诉方及案数(个)
美国	13	欧 5/加 5/智 2/印度 2/巴西 2/墨 1/澳 1/印尼 1/韩 1/泰 1/日 1	11	加 4/欧 3/巴西 1/墨 1/韩 1/印度 1	8	中 4/加 1/巴西 1/印度 1/韩 1	11	加 3/欧 2/中 1/印度 1/巴西 1/土耳其 1/韩 1/印尼 1

续表

被诉成员	1995~2001 年		2002~2006 年		2007~2013 年		2014~2019 年	
	案数(件)	申诉方及案数(个)	案数(件)	申诉方及案数(个)	案数(件)	申诉方及案数(个)	案数(件)	申诉方及案数(个)
欧盟	2	美 2	8	韩 3/美 2/泰 1/巴西 1/澳 1	4	俄 1/阿根廷 1/中 1/印度 1	4	俄 2/巴基斯坦 1/印尼 1
日本	1	欧 1	1	韩 1	0	—	0	—
韩国	0	—	1	欧 1	0	—	1	日 1
印度	0	—	0	—	2	美 1/欧 1	3	美 1/澳 1/危 1
巴西	5	美 2/欧 1/日 1/加 1	0	—	1	欧 1	1	日 1
墨西哥	0	—	3	欧 2/美 1	0	—	0	—
加拿大	6	巴西 3/欧 1/美 1/日 1	2	欧 1/美 1	2	欧 1/日 1	1	巴西 1
中国	—	—	3	加 1/美 1/欧 1	11	美 7/墨 3/危 1	2	美 2

第三,从中国参与此类争端的结果情况来看,中国涉案约 36.4% 的裁决结案率与 41.1% 的平均裁决结案率相比较低,而且,无论是作为申诉方还是作为被诉方的裁决结案率均低于平均水平。与此相对应,中国被诉案件通过和解等方式结案的比例为 12.5%,远高于 WTO 此类争端 5.4% 的平均比例。由此表明,与反倾销措施争端不同,中国对于此类争端的处理,更倾向于与争端他方和解而非交由 DSB 裁决解决。

表 5-25 2002~2019 年补贴与反补贴措施争端中国作为当事方的裁决情况

当事地位	总数(件)	裁决情况			
		已经 DSB 裁决结案	未经裁决		
		案数(占总比)	磋商/和解结案	磋商中	专家组审理中
申诉	6	2(33.3%)	0	3(50%)	1(16.7%)
被诉	16	6(37.5%)	2(12.5%)	7(43.8%)	1(6.25%)
合计	22	8(36.4%)	2(9.1%)	10(45.4%)	2(9.1%)

三、中国所涉典型补贴与反补贴措施争端及其问题

(一)DS379、DS437:国有企业 =“公共机构”

WTO 争端解决中,围绕反补贴措施产生的争点之一是“补贴”本身的认定问题。根据《反补贴协定》第 1 条,补贴构成包含两个要件:(1)“存在由政府或任何公共机构提供的财政资助”或存在 GATT 1994 第 16 条意义上的任何形式的收入或价格支持;并(2)因此而授予一项利益。因此,确定所谓资助来源是必需条件。针对中国产品,以美国为代表的成员方将中国国有企业/商业银行均认定为“公共机构”,而中国认为这并不符合《反补贴协定》规则,并产生相应争端。2008 年美国反倾销和反补贴税案(中国诉)(DS379)和 2012 年美国反补贴措施案(中国诉)(DS437)均涉及此问题,而其中的核心争议在于“公共机构”的认定标准问题。

1.“公共机构”认定的立场与方法之争

一般认为,《反补贴协定》第 1 条所涉补贴提供者主要包括政府(government)、公共机构(public body)和私营机构(private body)三类,但由于 WTO 规则本身并无有关“公共机构”的明确定义,其他国际规则似乎也未有对此形成的共识或权威意见,因而在理论和实践中有不同的理解,各国反补贴实践也存在不同的认定标准和做法。其中,因国有企业和银行从事的贷款、控股、贷款担保、提供货物或服务的活动与《反补贴协定》中“财政资助”的行为契合,因此国家或政府全资或多数控股的企业和银行是否构成“公共机构”就成为认定标准的关键。

就立场而言,以欧美为首的发达国家,由于经济体制以私有经济为主导、政府对经济干预程度较小,总是认为由国家或政府控股的企业和银行与政府和公共政策有着千丝万缕的联系,故而主张将其定性为公共机构。与美欧不同,中国、印度等新兴经济体以及韩国、沙特等国家,认为虽然国有经济占比大、政府对经济干预程度较高,但国有企业或银行只要是在商业基础上经营,从事的是商业活动,就与公共权力没有关系,故而反对将其一概地认定为公共机构。

就方法而言,DSB 和各成员的反补贴调查实践均有不同观点,最主要的

争论围绕两种标准展开："政府控制说"(governmental control approach)和"政府权力说"(governmental authority approach)。

在韩国商业船舶案(*Korea—Commercial Vessels*, DS273)、美国反倾销和反补贴税案(中国诉)、美国碳钢案和美国反补贴措施案(中国诉)中，针对公共机构的含义和认定要件，争端当事方及第三方分为"政府控制说"和"政府权力说"两个阵营。前者包括美国、欧盟、加拿大、墨西哥、日本等成员；澳大利亚虽然认同此种认定标准，但同时认为，认定政府控制不能仅依赖政府多数股权，还应考虑其他要素。后者包括中国、印度、巴西、韩国、沙特和挪威等成员。美国反倾销和反补贴税案(中国诉)的专家组及韩国商业船舶案的裁决都采纳了"政府控制说"；但美国反倾销和反补贴税案(中国诉)的上诉机构则首次提出并运用"政府权力说"。"政府权力说"也得到其后美国反补贴措施案(中国诉)裁决的肯定。

2. "政府控制说"vs"政府权力说"

在美国反倾销和反补贴税案(中国诉)中，中国作为申诉方认为，美国商务部将一些国有企业及国有商业银行认定为公共机构，而公共机构应该是得到政府授权、行使政府职能的机构。美国的做法不符合《反补贴协定》第10条、第32.1条和GATT 1994第6条。

(1)DS379专家组："政府控制"基准

该案专家组认为，有关《反补贴协定》第1.1条"公共机构"含义及范围，应当从文本，包括"公共机构"的词典含义，结合《反补贴协定》的法语和西班牙语文本，再结合其上下文和条约宗旨加以综合认定。

首先，《反补贴协定》第1.1条在"政府"和"任何公共机构"之间用了连接词"或"，表明"政府"和"公共机构"是两个概念，而不是一个概念或同义词；同时，"公共机构"前面用了"任何"，表明其范围很广。[①]

其次，《反补贴协定》第1.1条规定私人机构也可以是给予财政资助的

---

① See Panel Report, *US—Anti-Dumping and Countervailing Duties (China)*, WT/DS379/R, para. 8.59.

实体,这表明它没有排除任何实体可能属于其适用范围的可能性。①

最后,从《反补贴协定》的宗旨来看,上诉机构早在美国针叶木材Ⅳ案(*US—Softwood Lumber* Ⅳ,DS257)中就指出,它是要"在承认成员有权在一定条件下实施补贴和反补贴的同时,加强和改善 GATT 1994 在补贴和反补贴方面的纪律",因而是强调要避免对《反补贴协定》作过于狭义的解释,以免成员利用漏洞逃避义务。因此,对《反补贴协定》的解释不能将一整类由政府控制的实体实施的政府非商业行为完全排除在《反补贴协定》的纪律约束之外。

此外,对于中国提及美国商务部在以往调查中对 5 个要素的分析,②主张美国商务部没有分析相关数据,就推定国有企业为公共机构是错误的。专家组认为,这并不是《反补贴协定》的要求,因而需要审查美国的分析是否有依据。专家组在审查了美国商务部的调查资料后认为,美国并没有简单地按照国有所有权确定公共机构,而是审查和分析了许多数据和事实。

所以,专家组不同意中国提出的公共机构是政府机构或行使政府职能的机构的观点,认为把"任何公共机构"解释为由政府控制的任何实体最符合《反补贴协定》的目的和宗旨,这样的解释可以保证不管实体采取什么形式,控制这些实体的政府对其与《反补贴协定》中的相关行为直接负责;而按中国的理解会严重损害《反补贴协定》的作用,也不符合协定的目的和宗旨。据此,专家组认为中国未能证明美国在确定公共机构问题上的做法不符合《反补贴协定》,并支持美国商务部在调查中作出的国有企业和国有商业银行构成公共机构的裁定。

综合起来,专家组把《反补贴协定》第 1.1(a)(1)条中的"公共机构"解读为"任何被政府控制的实体",认为政府所有权是与政府控制高度相关并具有潜在决定性意义的证据。③ 这与美国主张的观点是一致的。美

---

① See Panel Report, *US—Anti-Dumping and Countervailing Duties* (*China*), WT/DS379/R, para. 8. 66.

② 5 个要素的分析方法包括:(1)政府所有权;(2)政府官员在该实体的董事会中担任董事;(3)政府对该实体行为的控制;(4)该实体对政府政策或利益的追求;(5)该实体是否由法律创设。

③ See Panel Report, *US—Anti-Dumping and Countervailing Duties* (*China*), WT/DS379/R, para. 17. 1(a)(i).

国商务部在针对不同产品的反补贴调查中认定，中国国有企业和国有商业银行为公共机构，这一结论主要是基于中国政府拥有国有企业多数股权的事实。

(2)DS379 上诉机构："政府权力"基准

中国对美国反倾销和反补贴税案(中国诉)的专家组报告提起上诉。上诉机构的最终裁决认为，专家组对《反补贴协定》第1.1(a)(1)条中"公共机构"的解读是错误的，专家组关于中国未能证明美国商务部的行为与美国在《反补贴协定》义务不一致的认定是基于前述错误解读导致的结果，因此应当推翻。①

①《反补贴协定》第1.1条之"政府"

上诉机构注意到，《反补贴协定》第1.1条提出了补贴的主要两个要素——财政资助和利益。关于第一个要素，第1.1(a)(1)条既列出了相关的行为，又指出了实施行为的实体。该条区分了两个主要类别的实体：具有"政府性质"的实体和"私营机构"。如果一个实体具有政府性质，且其行为属于第1.1(a)(1)(i)～(iii)或(iv)条第一句的范围，那么便存在财政资助；而当实体是私营机构且其行为落入第1.1(a)(1)(i)～(iii)条的范围时，只有在政府和该行为之间存在委托或指示的必要联系时才存在财政资助。

对此，专家组把集合词"政府"看作"仅仅是方便条约行文的工具"；但上诉机构认为，第1.1(a)(1)条把狭义的"政府"与"公共机构"统称为"政府"，而第1条则明确列出"政府"(包括"公共机构")和"私营机构"两个概念；第1.1(a)(1)条在把"政府"与"私营机构"并列的同时，之下又把狭义"政府"与"公共机构"统称为"政府"，这意味着两者具有某种程度上的共性或其核心特征有重叠，即涉案实体可被恰当地认为具有政府性质。②因此，专家组关于适用集合词"政府"仅为行文方便而无其他意义的说法是不成立的。

---

① See Appellate Body Report, *US—Anti-Dumping and Countervailing Duties* (*China*), WT/DS379/AB/R, para. 317.

② See Appellate Body Report, *US—Anti-Dumping and Countervailing Duties* (*China*), WT/DS379/AB/R, para. 288.

②“政府”与“公共机构”的核心共同点

一个实体需要具备哪些与狭义政府共有的核心特点才能被称为“公共机构”,进而成为广义政府的一部分?上诉机构认为,政府的核心是有权通过实施法律授权的权力调解、控制、监督个体或限制其行为,这包括政府要有公共职能及实施这些职能的权力。这些要素可协助解释“公共机构”的含义,即“行使政府职能或被授权行使政府职能”是政府和公共机构之间的核心共同点。

这引出了一个问题:在《反补贴协定》项下,一个实体需要实施或被授予什么样的权力才能算上是公共机构?上诉机构认为,在任何情况下,哪类实体更经常使用某种特定的财政资助手段,与《反补贴协定》第 1.1(a)(1)条上下文中的“公共机构”的构成元素既无直接关系也无推定关系。相反,放弃或不收取政府财政收入则构成天然的行使政府权力的行为。

根据《反补贴协定》第 1.1(a)(1)条,被授权并行使授权以行使政府职能是“公共机构”的一个核心特点。在确定某些行为是否属于公共机构行为时,专家组或调查机构只有对相关实体的核心特点及其与狭义政府关系进行恰当评估后才能回答这个问题。专家组并未考察各方所依赖的标准之外是否存在可能与该问题相关的其他标准。鉴于上述原因,上诉机构认为专家组对“公共机构”的解读缺乏恰当的法律基础,因此推翻了专家组的相关结论。

③国有企业≠“政府”

涉案国有企业并非狭义政府,那么它们是公共机构还是私营机构?上诉机构指出,要判断特定行为是不是公共机构的行为,必须评估该实体的核心特点及其与狭义政府的关系,还要关注该实体是否被授予或行使政府职权。美国商务部主要依赖所有权的相关信息。上诉机构认为,政府所有权本身不足以证明政府对实体的有意义控制,也无法证明该实体被授权行使政府职能。[①] 因此,美国商务部的方法不符合对“公共机

① See Appellate Body Report, *US—Anti-Dumping and Countervailing Duties (China)*, WT/DS379/AB/R, para. 302.

构”的恰当理解,其在调查中关于国有企业的裁定也不符合《反补贴协定》第 1.1(a)(1)条。

(3)DS437:“政府权力”再诠释

美国反补贴措施案(中国诉)的专家组肯定了美国反倾销和反补贴税案(中国诉)上诉机构的裁决。该案中,针对中国企业的 17 起反补贴调查中,12 起被美国调查机构认定受调查方得到某些资助,确认国有企业是美国关税法 771(5)(B)节意义上的“当局”(authority)。中国认为,美国将国有企业确定为公共机构,不符合上诉机构在美国反倾销和反补贴税案(中国诉)中对公共机构的解释,因此违反《反补贴协定》第 1.1(a)(1)条。①

美国反补贴措施案(中国诉)的专家组认为,美国反倾销和反补贴税案(中国诉)上诉机构的裁决明确认定公共机构最关键的因素是“实施政府职能”,因此调查机构应该分析涉案实体的核心特征及其与政府的关系,以确定其是否实施政府职能。中国提出,一个实体必须拥有规范、控制和管理的权力才可以被看作公共机构。专家组认为中国误读了上诉机构的解释。专家组提出,按照中国的解释,公共机构将等同于政府,这不是美国反倾销和反补贴税案(中国诉)中上诉机构的观点。专家组注意到,上诉机构认为,所有权本身并不足以确认一个实体是不是公共机构,必须进行进一步的分析。② 在美国反倾销和反补贴税案(中国诉)中,上诉机构已经认定国有商业银行并非公共机构。专家组认为,美国在认定中国国有企业为公共机构时,主要是依据企业的国有资产比例,并没有分析上诉机构提出的其他因素。因此,专家组裁定美国针对中国所诉 12 起调查作出的认定不符合《反补贴协定》第 1.1(a)(1)条。美国对此没有提出上诉。③

3. 评述与质疑

就美国反倾销和反补贴税案(中国诉)专家组的解释与认定而言,无疑是延续“政府控制说”标准并作扩大解释。与美国商务部采用的五要素分析法和之前的韩国商业船舶案专家组的裁决不同,美国反倾销和反补贴

---

① See Panel Report, *US—Countervailing Measures (China)*, WT/DS437/R, para. 7.30 – 7.35.

② See Panel Report, *US—Countervailing Measures (China)*, WT/DS437/R, para. 7.64 – 7.72.

③ See Panel Report, *US—Countervailing Measures (China)*, WT/DS437/R, para. 7.75.

税案(中国诉)的专家组认为仅以“政府拥有多数股权”一个要素即可认定某一实体构成政府控制,无须考察其他因素。并且,专家组认为应由被调查国和企业承担证明其企业和银行与政府没有联系的举证责任。专家组对所有权作为政府控制的证据给予过高的权重并不适当地分配举证责任,导致专家组观点与美国所主张的“所有权认定方法”如出一辙。①

美国反倾销和反补贴税案(中国诉)的上诉机构推翻了专家组的认定,首次提出并运用“政府权力说”,认为一实体是否“拥有、行使或被授予政府权力”是认定其是否为公共机构的核心要点。调查机构仅仅通过判断政府拥有某实体的多数股权并不足以认定该实体为补贴提供者,上诉机构并不认同美国的“所有权认定方法”。上诉机构指出,应当综合考量各方面因素,特别注重考察企业与政府的关系、企业是否行使政府职能或被授予政府权力。“政府权力说”强调不仅通过所有权考察某一实体行为是否受政府控制,而且着重考察该实体是否被赋予政府权力。同时,不是反补贴应诉方,而是由进口调查机构承担证明企业被赋予政府权力的举证责任。② 上诉机构的这一认定方法被美国反补贴措施案(中国诉)专家组的裁决所沿用并加强。

从美国反倾销和反补贴税案(中国诉)和美国反补贴措施案(中国诉)的裁决结果来看,中国的部分合理主张得到了认同。而且,相较于“政府控制说”,“政府权力说”更符合处理政府与企业关系的一般国际法规则,更有利于出口方在反补贴调查中的抗辩。恰如美国反倾销和反补贴税案(中国诉)的上诉机构所言,《反补贴协定》的宗旨和目的包含着试图从严使用补贴的纪律和试图从严采取反补贴的纪律之间保持微妙的平衡。对公共机构过于宽泛的解释会破坏这种微妙平衡。如果对公共机构采取过于宽泛的解释,将允许进口调查机构不必分析该实体是否存在受委托或指示的情况,而是把与政府有任何关系的实体认定为公共机构。③ “政府权力说”

---

① 参见陈卫东:《中美围绕国有企业的补贴提供者身份之争:以 WTO 相关案例为重点》,载《当代法学》2017 年第 3 期。

② 参见陈卫东:《中美围绕国有企业的补贴提供者身份之争:以 WTO 相关案例为重点》,载《当代法学》2017 年第 3 期。

③ See Appellate Body Report, *US—Anti-Dumping and Countervailing Duties* (*China*), WT/DS379/AB/R, para. 303.

并非导致进口方(反补贴调查方)和出口方(被调查方)的权利失衡,而是真正有助于在两方之间保持相对更好的权利平衡。①

一方面,采用“政府权力说”以防止将“公共机构”任意扩大到国有企业,这对于中国无疑是有利的;但另一方面,恰如有学者所注意到的那样,“政府权力说”并未彻底否定国有企业构成补贴提供者的可能性,②理由如下。

第一,“政府权力说”并非对“政府控制说”的摒弃,“政府权力说”的判断标准表明,其在某种意义包含政府控制的内容。美国反倾销和反补贴税案(中国诉)的上诉机构认为,政府权力的判断标准可分为两种,其一是法律上授权,其二是事实上授权。前者是指国内法律或相关文件明确授予相关实体以政府权力;后者是指有证据证明该实体在事实上行使政府职能,且这种行为是持续、系统、惯常的。③ 政府权力对政府控制的保留即表现在事实上授权的认定上,即上诉机构在分析中国国有企业和国有商业银行是否为补贴提供者时,多次使用“有意义的控制”这一概念。尽管“有意义的控制”并不等于“政府控制”,但也意味着上诉机构并未完全废弃“政府控制”,而是试图保留“政府控制说”的某些要素并将其包含在政府权力要素的分析中。④

第二,“政府权力说”及相关概念的法律标准模糊。《反补贴协定》并没有出现政府权力的概念,上诉机构也没有对政府权力是什么、如何判断、应考察哪些要素等问题作出解释,而且涉及政府权力的实质要素的含义和认定标准并不明确。

第三,上诉机构否定了美国的“所有权认定方法”,但没有指明除所有

---

① 参见陈卫东:《中美围绕国有企业的补贴提供者身份之争:以 WTO 相关案例为重点》,载《当代法学》2017 年第 3 期。

② 参见陈卫东:《中美围绕国有企业的补贴提供者身份之争:以 WTO 相关案例为重点》,载《当代法学》2017 年第 3 期。

③ See Appellate Body Report, *US—Anti-Dumping and Countervailing Duties (China)*, WT/DS379/AB/R, para. 318.

④ 参见陈卫东:《中美围绕国有企业的补贴提供者身份之争:以 WTO 相关案例为重点》,载《当代法学》2017 年第 3 期。

权要素外,调查机构在认定某一实体是否为公共机构时还应考察哪些要素。在韩国商业船舶案等前案中,美国商务部主张五要素分析法,这是否意味着,在上诉机构没有对认定要素予以明确的情况下,调查机构遵循旧的五要素分析法内容,形式上完成对“政府权力”的认定即符合《反补贴协定》程序上的要求?

美国执行美国反倾销和反补贴税案(中国诉)裁决的实践表明,①由于对“政府权力”的内涵和范围尚未明确的界定,美国反倾销和反补贴税案(中国诉)的上诉机构打开了根据“有意义的控制”这一标准来考察是否赋予政府权力这一缺口,而美国在反补贴实践中利用这一缺口,力图迂回折返到“政府控制说”的老路上。② 2018 年美国反补贴措施案(中国诉)执行合规报告发布,对于中国对美国援引《如何认定公共机构》和《在认定公共机构时中国共产党的相关性》的两个备忘录内容作为认定“政府权力”标准的指控,执行专家组并没有采信。

公共机构的认定方法经历了从“政府控制”到“政府权力”的转变,对于某一特定行为是否为公共机构的行为“必须通过评估该实体的核心特征以及其与政府的关系”来判断。但如前所述,“政府权力”这一认定方法的内涵和范围尚未得到明确,围绕公共机构如何认定的争议并不会就此停止。

---

① 美国在为执行美国反倾销和反补贴税案(中国诉)专家组和上诉机构报告的“129 程序”中,于 2012 年 5 月出台了关于《如何认定公共机构》和《在认定公共机构时中国共产党的相关性》的两个备忘录。在 2012 年之后的多次对华反补贴调查中,美国均运用股权方法以,并考察共产党员在企业董事会中占有席位从而构成对企业的有意义的控制,进而认定构成公共实体。See Office of Policy, Import Administration, Section 129 Determination of the Countervailing Duty Investigation of Circular Welded Carbon Quality Steel Pipe, Light-Walled Rectangular Pipe and Tube, Laminated Woven Sacks, and Off—the-Road Tires from the People's Republic of China: An Analysis of Public Bodies in the People's Republic of China in Accordance with the WTO Appellate Body's Findings in WTO DS379, dated 18 May2012 (Public Body Memorandum). See Office of Policy, Import Administration, The relevance of the Chinese Communist Party for the Limited Purpose of Determining Whether Particular Enterprises Should Be Considered to Be ‘Public Bodies’ within the Context of a Countervailing Duty Investigation, dated 18 May2012 (CCP Memorandum).

② 参见陈卫东、马琳:《国有企业“公共机构”身份问题简议》,载《国际商报》2015 年 8 月 24 日,第 A7 版。

（二）DS379、DS449："双重救济"相关问题

"双重救济"，是指调查机构对同一产品征收反补贴税和按非市场经济方法计算的反倾销税，从而导致对某种产品同时征收反补贴税和反倾销税的情况。中国在美国反倾销和反补贴税案（中国诉）、中美 GPX 案中对美国商务部采取的非市场经济方法，同一产品同时征收反补贴税和反补贴税的做法，提出了"本身"和"适用"之诉。美国反倾销和反补贴税案（中国诉）专家组的裁定认为，中国未能证明美国商务部的做法与《反补贴协定》第 10 条、第 19.3 条、第 19.4 条、第 32.1 条以及 GATT 1994 第 6.3 条规定义务不相符。中国对此提起上诉。上诉机构推翻专家组的上述意见，认定"双重救济"不符合《反补贴协定》相关规定要求；GPX 案也支持了上述裁定。

"双重救济"问题应该从两个方面予以解读，其一，实体上，"双重救济"的合法性问题，即"双重救济"是否符合《反补贴协定》的相关规定；其二，程序上，"双重救济"的举证责任分配问题。现在，面对中国"市场经济地位"存在争议的现状，欧盟、美国采取改变做法的方式企图重现"双重救济"，对此中国应予高度重视。

1. 实体问题："双重救济"的合法性

美国反倾销和反补贴税案（中国诉）案的专家组认为，虽然美国调查机构采取的非市场经济方法可能导致"双重救济"问题的出现，但《反补贴协定》第 19.3 条、第 19.4 条以及 GATT 1994 第 6.3 条、第 6.5 条并没有对此作出规定，故美国的做法没有违反 WTO 规则。①

上诉机构与专家组持不同观点。上诉机构认为，本案争议焦点在于如何解释《反补贴协定》第 19.3 条的"在每个案件中收取适当的反补贴税"，以及是否允许由征收反补贴税导致的"双重救济"。对此，上诉机构从《反补贴协定》第 19.3 条的文本出发，结合上下文及宗旨与目的论证了"双重救济"的违法性。

---

① See Panel Report, *US—Anti-Dumping and Countervailing Duties* (*China*), WT/DS379/R, para. 14. 129 – 130, 14. 128.

(1)前提:“双重救济”的内涵

上诉机构认为,“双重救济”并非简单地对同一产品同时征收反补贴税和反倾销税。“双重救济”或“重复计算”是指对同一产品同时征收反补贴税和反倾销税时,至少在一定程度上两次抵消了同一补贴。使用非市场经济方法计算倾销幅度时有可能发生“双重救济”。正如专家组解释的,按照非市场经济方法计算倾销幅度“不仅仅反映了被调查生产商国内和出口市场间的价格差(倾销)”,也反映了“影响生产者生产成本的经济扭曲”,包括对某产品的具体补贴。因此,按照非市场经济方法计算的反倾销税可能“救济”或“抵消”国内补贴,其额度相当于该补贴导致的出口价格下降额。换言之,补贴已经被计算在整体倾销幅度内。当对同一进口产品征收反补贴税时,同一国内补贴在计算补贴率时又被“算”入其中,由此得到的反补贴税率便第二次抵消了同一补贴。因此,同时征收反补贴税和按照非市场经济方法计算的反倾销税可能导致同一补贴被抵消不止一次,这就造成了“双重救济”。①

(2)“双重救济”与《反补贴协定》第 19.3 条义务的相符性问题

第一,“双重救济”不符合《反补贴协定》第 19.3 条的文义要求。

《反补贴协定》第 19.3 条规定:“如对任何产品征收反补贴税,则应对已被认定接受补贴或造成损害的所有来源的此种进口产品根据每一案件的基本情况,在非歧视基础上收取适当金额的反补贴税,来自已经放弃任何所涉补贴或根据本协定的条款提出的承诺已被接受的来源的进口产品除外。任何出口产品被征收最终反补贴税的出口商,如因拒绝合作以外的原因实际上未接受调查,则有资格接受加速审查,以便调查主管机关迅速为其确定单独的反补贴税率。”②

上诉机构认为,该条第一句包含两个方面的要求,其一,根据每一案件的情况征收适当金额的反补贴税,其二,应当是基于非歧视基础。这两项

---

① See Appellate Body Report, *US—Anti-Dumping and Countervailing Duties (China)*, WT/DS379/AB/R, para. 611.

② 对外经济贸易合作部国际经贸关系司译:《乌拉圭回合多边贸易谈判结果法律文本》,法律出版社 2000 年版,第 225 页。

要求是相互关联的,对宣布放弃补贴或价格承诺的进口征收反补贴税是不适当的。类似的,征收“适当金额”反补贴税的要求暗含着根据情况调整金额的意思,这就表明不应以过于形式或僵化的方式解读非歧视征收反补贴税的要求。① 对第 19.3 条第二句,关于出口商要求快速审查以获得单独税率的,就是允许不予区别对待出口商,以及何时及如何要求这种差别待遇的具体例子。

第二,“双重救济”不符合《反补贴协定》第 19.3 条上下文的要求。

专家组裁定,如果反补贴税“不超过认定存在的补贴金额”就是“适当金额”。该裁定援引第 19.4 条作为确定“适当金额”的主要依据,认为该款对反补贴税设定了数量上的封顶,即不得超过补贴额。②

上诉机构认为,其一,同意专家组将第 19.4 条作为解释第 19.3 条的上下文,但并不认为仅依靠本条就可以界定反补贴税“适当”一词的观点。事实上,如果任何不超过补贴金额的反补贴税都构成第 19.3 条项下的“适当金额”,那么第 19.3 条的规定就成为多余的了,因为第 19.4 条已经规定了不得征收超过认定存在的补贴金额的反补贴税。③ 其二,第 19.2 条更加相关。该条明确规定应由进口成员的调查机构决定征收的反补贴税应等于或小于补贴全额,但同时表示“如反补贴税小于补贴全额即足以消除对国内产业的损害”,则“宜收取该小于补贴全额的反补贴税”。可见,第 19.2 条鼓励调查机构将实际征收的反补贴税与需要消除的损害相联系。④ 其三,《反补贴协定》第 10 条规定,各成员应采取所有必要步骤以保证征收反补贴税符合 GATT 1994 第 6 条和本协定的规定。因此,该条主要有 3 点与需要解释的内容相关:(1)第 10 条规定,《反补贴协定》第五部分与

---

① See Appellate Body Report, *US—Anti-Dumping and Countervailing Duties (China)*, WT/DS379/AB/R, para. 552 – 553.

② See Appellate Body Report, *US—Anti-Dumping and Countervailing Duties (China)*, WT/DS379/AB/R, para. 554 – 555.

③ See Appellate Body Report, *US—Anti-Dumping and Countervailing Duties (China)*, WT/DS379/AB/R, para. 556.

④ See Appellate Body Report, *US—Anti-Dumping and Countervailing Duties (China)*, WT/DS379/AB/R, para. 557.

GATT 1994 第 6 条的适用相关,反补贴税必须符合 GATT 1994 第 6 条和《反补贴协定》;(2)脚注 35 规定,针对补贴影响"仅可采取一种形式的补救",明确了至少在《反补贴协定》范围内不能对同一补贴使用"双重救济";(3)脚注 36 将"反补贴税"定义为"为'抵消'补贴而征收的特别税"。同时,《反补贴协定》第 32.1 条确认了成员有权根据 GATT 1994 采取措施,但并非所有措施都是"适当"的。[①]

由于《反补贴协定》第 10 条、第 19.1 条、第 19.2 条、第 19.4 条、第 21.1 条、第 32.1 条都为第 19.3 条的解释提供了上下文联系,而这些条款明确禁止进口成员对同一补贴采取两种救济措施的两种情况:一是进口成员必须在接受价格承诺或征收反补贴税中作出选择;二是进口成员必须在根据《反补贴协定》第二部分、第三部分采取反制措施或根据《反补贴协定》第五部分采取反补贴税中作出选择。上述条款还表明,反补贴税的宗旨包括抵消损害性补贴及消除对国内产业造成的损害。[②]

此外,GATT 1994 第 6 条也为《反补贴协定》第 19.3 条提供了相关背景,认为这是补贴和倾销两个协定的起源:第 6.3 条明确,征收反补贴税是"为抵消任何津贴或补贴"。其中最为相关的第 6.5 条规定,在任何缔约方领土的产品进口至任何其他缔约方领土时,不得同时征收反补贴税和反倾销税以补贴倾销或出口补贴所造成的相同情况。因此,要恰当理解《反补贴协定》第 19.3 条中反补贴税的"适当金额",就必须充分考虑《反倾销协定》的相关条款,并了解这两个协定项下的法律机制及其授权成员使用的救济是如何运作的。在使用"双重救济"时,只有孤立地看待这些条款,才会认为这些条款各自关于关税的规定得到了遵守。相反,将这两个协定联系起来解读表明,使用"双重救济"会规避两个协定中不同救济分别规定的恰当性标准。如果认可两个协定分别规定了可征收的反倾销税和反补贴税金额,确认为可以征收加起来不适当或超过认定存在的倾销和补贴总

① See Appellate Body Report, *US—Anti-Dumping and Countervailing Duties (China)*, WT/DS379/AB/R, para. 558 - 562.

② See Appellate Body Report, *US—Anti-Dumping and Countervailing Duties (China)*, WT/DS379/AB/R, para. 563, 570 - 572.

额的全额反倾销税和反补贴税,这是违反常规的。[①]

第三,"双重救济"不符合《反补贴协定》的目的和宗旨。

上诉机构认为,《反补贴协定》的目的和宗旨是"抵消损害性补贴",该目的和宗旨并未明确表达协定起草者对于国内补贴情况下"双重救济"问题的意向,但在很大程度上将反补贴税的适用与其目的联系起来,这支持了对第19.3条的理解,即比如同时征收反补贴税和反倾销税超过了补贴的全部金额,那么就是不适当的。上诉机构强调,作此解释并非指《反补贴协定》的宗旨和目的包含了征收反倾销税的纪律,而是说目的和宗旨与"在确定反补贴税金额时,应当考虑针对相同产品征收的、用于抵消相同补贴的反倾销税"的观点具有一致性。[②]

综上所述,上诉机构裁决专家组错误解释了《反补贴协定》第19.3条,进而根据该条,认定反补贴税的适当金额必须适当考虑为抵消同一补贴对同一产品征收的反倾销税。如果反补贴税体现了补贴的全部金额,同时为消除对国内产业造成的同一损害,又征收了在一定程度上基于同一补贴计算的反倾销税,在这种情况下,反补贴税的金额不可能"适当"。据此,上诉机构推翻了专家组对《反补贴协定》第19.3条的解释,认为通过同时征收反补贴税和基于非市场经济方法计算的反倾销税,两次抵消同一补贴的"双重救济"与《反补贴协定》第19.3条不一致。

2. 程序问题:举证责任分配

美国反倾销和反补贴税案(中国诉)的上诉机构认为,《反补贴协定》第19.3条禁止"双重救济",但并不意味着所有同时征收的情况必然导致"双重救济",这取决于国内补贴是否及在何种程度上降低了产品的出口价格,以及调查机构是否采取了必要的调整。

上诉机构的裁决表明,"双重救济"违反《反补贴协定》,但同时征税并不必然导致"双重救济"情况的发生,这就关系到对于此种情形究竟由谁

---

① See Appellate Body Report, *US—Anti-Dumping and Countervailing Duties (China)*, WT/DS379/AB/R, para. 564 – 567.

② See Appellate Body Report, *US—Anti-Dumping and Countervailing Duties (China)*, WT/DS379/AB/R, para. 573 – 574.

来举证的问题,是由调查机构,还是由被调查一方?关于举证责任的分配,中国认为"调查机构有义务进行调查,并确定是否两次抵消了同一补贴",而美国主张"应由中国负责证明存在双重救济"。

对此,上诉机构注意到,由于调查机构负有确定补贴准确金额的义务,因此也负有根据《反补贴协定》第 19.3 条确定适当金额的义务。该义务包括对相关事实进行充分尽职的调查,并收集相关事实,以明确证据作为认定的基础。本案中,美国商务部将利害关系方在涉案调查中提出的"双重救济"主张均予驳回,在按照各被调查生产者被认定获得的补贴的全部金额征收反补贴税时,没有考虑对同一产品征收的反倾销税。美方驳回相关利害关系方"双重救济"请求的理由之一是"没有法定权力在反补贴调查中作出调整"。由此可见,美国商务部没有审查涉案 4 起调查中是否会发生"双重救济",并完全拒绝考虑该问题及与该问题相关的主张。因此,美国的做法不符合第 19.3 条对认定反补贴税"适当金额"的规定。据此,上诉机构裁定,美国商务部在对同一产品同时征收反补贴税和基于非市场经济方法计算的反倾销税时,没有评估同时征收是否会导致"双重救济"的做法与《反补贴协定》第 19.3 条不符。①

综上所述,美国反倾销和反补贴税案(中国诉)的上诉机构认为,调查机关有义务根据《反补贴协定》第 19.3 条确定反补贴税的金额,此过程包括进行充分勤勉调查并收集相关事实,依据积极证据作出裁定的义务。中美 GPX 案中,美国对此项裁决观点提出异议,认为《反补贴协定》第 19.3 条并没有规定此项义务。

中美 GPX 案的专家组同意美国的观点,认为《反补贴协定》第 19.3 条并未明确规定调查机构的此项义务,但是这并不足以支持推翻美国反倾销和反补贴税案(中国诉)上诉机构的裁决。专家组认为,前案上诉机构是从该条款的文字中发现了一种必然的含义,即从评估并以适当数额征收反补贴税义务中可以看出,这必然隐含着要首先确定适当金额是多少。故而

① See Appellate Body Report, *US—Anti-Dumping and Countervailing Duties (China)*, WT/DS379/AB/R, para. 611.

中美 GPX 案的专家组同意美国反倾销和反补贴税案(中国诉)上诉机构的观点,将“双重救济”举证责任分配给了进口国贸易救济调查机构。①

第三节　保障措施争端

一、WTO 保障措施争端及其解决的基本状况

与反倾销税、反补贴税一样,保障措施是约束关税义务的例外,同时也是国内产业的救济或保护措施,不同之处在于保障措施针对的是非倾销和补贴的产品进口造成的国内产业的严重损害,同时保障措施是一种临时救济措施。由于保障措施本质上是一种国内产业保护措施,在一定程度上与市场经济、自由竞争等原则相违背,因而保障措施在性质上与反倾销税、反补贴税不一样,其规制的进口产品本身并不涉及所谓不公平的贸易做法。故而在实施条件上,保障措施比反倾销措施和反补贴措施的实施条件要求更为严格。国内产业的范围比反倾销措施或反补贴措施下的国内产业广,损害程度要求高。保障措施的适用应在最惠国待遇基础上实施的,实施的期限受到限制,且措施应逐渐放松。进口成员对于采取保障措施给产品出口成员造成的损害应予以补偿。②

GATT 1994 第 19 条和《保障措施协定》共同构成了 WTO 规范保障措施的规则。GATT 1994 第 19 条是对成员方采取保障措施的总体性规定,概括规定了成员采取保障措施的权利并规定采取这一措施时的义务及应满足的条件和要求。《保障措施协定》是对 GATT 1994 第 19 条的背书,对该条确立的规则予以进一步澄清。《保障措施协定》明确禁止“灰色区域”措施,并要求成员承诺不对出口或进口采用、维持任何自愿出口限制、有序销售安排或其他任何类似措施。

---

① 参见朱广东:《欧盟贸易救济从低征税规则对我国的启示——兼论贸易救济工具叠加使用的合法性》,载《现代经济探讨》2017 年第 1 期。

② 参见韩立余:《世界贸易组织法》(第 2 版),中国人民大学出版社 2010 年版,第 169 页。

截至 2019 年 12 月 31 日，由保障措施所引发的争端案件有 61 件，已结案 33 件，结案率约为 54%；其中经专家组或上诉机构裁决结案的 26 件，约占此类案件总数的 42.6%；由当事方和解、撤回等方式了结的 7 件，占比约为 11.5%。其余案件仍处于程序之中。表 5－26 为保障措施争端及其裁决情况。

表 5－26　保障措施争端案件及其裁决情况

年份	总数（个）	裁决情况			
		已经 DSB 裁决结案（占总比）	未经裁决		
			磋商/和解/中止结案	磋商中	专家组审理中
1996	—				
1997	2	1	0	1	0
1998	2	1	0	1	0
1999	4	3	0	0	1
2000	3	2	0	0	1
2001	7	1	2	4	0
2002	11	8	0	2	1
2003	1	0	0	1	0
2004	—				
2005	2	0	1	1	0
2006	2	0	2	0	0
2007	—				
2008	—				
2009	—				
2010	4	4	0	0	0
2011	—				
2012	5	3	0	2	0
2013	1	1	0	0	0
2014	—				
2015	2	2	0	0	0

续表

年份	总数（个）	裁决情况			
		已经 DSB 裁决结案（占总比）	未经裁决		
			磋商/和解/中止结案	磋商中	专家组审理中
2016	1	0	0	0	1
2017	—				
2018	14	0	2	1	11
2019	—				
合计	61	26（42.6%）	7（11.5%）	13（21.3%）	15（24.6%）

从表 5－26 中的数据可以发现，从案件处理的整体情况来看，只有 42.6% 的裁决结案率。但需要注意的是，2018 年共有 14 件保障措施争端解决案件，其中有 11 件处于“专家组审理中”的状态。结合专家组审理的期限考察，2018 年提起的案件裁决状态会影响保障措施的整体裁决结案率，2016 年及以前保障措施争端解决整体裁决结案率达 55.3%，裁决结案比例较高。

在未经 DSB 裁决结案的争端案件中，目前仍处于“磋商中”和“专家组审理中”的案件占比较大，分别为 21.3% 和 24.6%；但如果考察 2016 年及以前的数据可以看到，两者大有不同：2016 年及以前的案件总量为 47 件，其中“专家组审理中”的案件仅 4 件，占比约 8.5%；“磋商中”的案件数量为 12 件，占比约 25.5%。结合前述 2016 年及之前的裁决结案率可发现，此类争端裁决结案率有不断提高的势头。

与前述反倾销措施、补贴与反补贴措施争端相比，保障措施争端的特点如下。

1. 案件总量偏低，不足另两类案件的一半，符合保障措施的“例外”定位。

2. 发案点聚集。从此类案件的年度分布可见，有若干年份无一案提起，而某些年份又数量激增，这往往是由某一成员方的特定保障措施引发的。

3. 总结案率与反倾销措施争端相当，均高于反补贴措施争端，但三类争端裁决结案率相当；但从趋势上看，此类案件的裁决结案率和反倾销措施争端一样呈上升之势；补贴与反补贴措施争端则呈下降倾向。

4. 被诉方相对集中且多为“案群”方式。61 件案件中，美国、智利和阿根廷三方分别被诉 27 件、8 件和 8 件，共计 43 件，占比约 70.5%，超过总量的 2/3；而这些案件大多为“案群”方式，即多个申诉方提起的诉讼共同指向同一被诉方的相同或类似保障措施。数据显示，保障措施争端中有六成的案件（共 37 件）是以“案群”方式出现的。“案群”作为保障措施争端案件的一个特色，主要是因为保障措施所针对的是产品而不是国家，因而某一项保障措施都将对出口此类产品的所有出口成员产生影响。表 5－27 为保障措施争端中的“案群”。

表 5－27　保障措施争端中的“案群”

序号	案件数量（件）	年份	案号	申诉方	被诉方	事由	裁决案件状态
1	9	2018	DS564/DS556/DS554/DS552/DS551/DS550/DS548/DS547/DS544	土耳其、瑞士、俄罗斯、挪威、墨西哥、加拿大、欧盟、印度、中国	美国	有关钢铁和铝产品特定措施	DS550/551 和解结案；其他专家组审理中
2	2	2015	DS496/DS490	越南、中国台北	印度尼西亚	有关特定钢铁产品的保障措施	已经 DSB 裁决结案
3	4	2012	DS446/DS445/DS444/DS438	墨西哥、日本、美国、欧盟	阿根廷	影响货物进口的相关措施	DS446 磋商中；其他已经 DSB 裁决结案
4	4	2010	DS418/DS417/DS416/DS415	萨尔瓦多、洪都拉斯、危地马拉、哥斯达黎加	多米尼加	进口聚丙烯袋管织物的保障措施	已经 DSB 裁决结案

续表

序号	案件数量(件)	年份	案号	申诉方	被诉方	事由	裁决案件状态
5	2	2005	DS328/DS326	挪威、智利	欧盟	有关三文鱼的特定保障措施	磋商中
6	9	2002	DS274/DS259/DS258/DS254/DS253/DS252/DS251/DS249/DS248	中国台北、巴西、新西兰、挪威、瑞士、中国、韩国、日本、欧盟	美国	有关特定钢铁产品进口的最终保障措施	DS274 磋商中；其他已经 DSB 裁决结案
7	2	2000 2001	DS207/DS220	阿根廷、危地马拉	智利	有关特定农产品价格体系和保障措施	已经 DSB 裁决结案/磋商中
8	2	1999	DS178/DS177	澳大利亚、新西兰	美国	鲜、冷、冻羊肉进口保障措施	已经 DSB 裁决结案
9	3	1998 1999	DS164/DS123/DS121	美国、印度尼西亚、欧盟	阿根廷	影响鞋类进口的措施	审理中/磋商中/已经 DSB 裁决结案

与此同时，在以“案群”的方式进行的争端案件中，78% 的案件进入专家组审理阶段，排除 2018 年提起的 9 件争端，75% 的案件经 DSB 裁决结案，裁决结案率远高于平均水平。2016 年及以前提起的保障措施争端案件共 47 件，有 26 件经 DSB 裁决结案，其中 21 件是以“案群”的方式提起的。由此，以“案群”方式参与此类争端时，争端各方的矛盾集中、激烈，申诉方（无论实力强弱）获得胜诉的概率也似乎更高。

二、中国涉案及主要特征

（一）涉案方式

自中国加入 WTO 至 2019 年年底，中国参与 WTO 保障措施类争端共

32 件，占此类案件数量的 52.5%。其中，作为当事方涉案 4 件，申诉 3 件，[1]被诉 1 件；作为第三方参与 28 件，如表 5－28 所示。

表 5－28 中国参与保障措施争端案件概况

涉案方式（件）	年份	案号	案件名称	申/被诉方	案件状态
申诉方（3）	2018	DS562	美国光伏产品保障措施案	美国	专家组审理中
		DS544	美国钢铁和铝措施案	美国	专家组审理中
	2002	DS252	美国钢铁保障措施案	美国	裁决结案
被诉方（1）	2018	DS568	中国有关进口糖的特定措施案	巴西	磋商中
第三方（28）	2000	DS207	智利有关特定农产品价格体系和保障措施	阿根廷	裁决结案
	2002	DS248 DS249 DS251 DS253 DS254 DS258	美国钢铁保障措施案	欧盟、日本、韩国、瑞士、挪威、新西兰、巴西、中国台北（地区）/美国	裁决结案
	2010	DS415 DS416 DS417 DS418	多米尼加进口聚丙烯袋管织物的保障措施案	哥斯达黎加、危地马拉、洪都拉斯、萨尔瓦多/多米尼加	裁决结案
	2012	DS438 DS444 DS445	阿根廷影响货物进口的相关措施案	欧盟、美国、日本/阿根廷	裁决结案

---

[1] 严格地说，美国轮胎案（中国诉）也属于保障措施类案件，涉及专门适用于中国的“特殊保障措施”条款——《中国加入议定书》第 16 条“特定产品过渡性保障机制”。专家组裁决驳回了中国的诉请，上诉机构也支持了专家组的裁定。鉴于对该案已有较多的研究文献，也鉴于该第 16 条已于 2013 年 12 月 11 日如期终止适用，因而这里不再论及。

续表

涉案方式（件）	年份	案号	案件名称	申/被诉方	案件状态
	2016	DS518	印度钢铁产品保障措施案	日本/印度	专家组报告上诉中
	2015	DS490 DS496	印度尼西亚钢铁产品保障措施案	中国台北（地区）、越南/印度尼西亚	裁决结案
	2018	DS545	美国进口晶体硅光伏产品的保障措施案	韩国/美国	专家组设立中
		DS546	美国进口大型住宅垫圈的保障措施案	韩国/美国	专家组审理中
		DS547 DS548 DS550 DS551 DS552 DS554 DS556 DS564	美国有关钢铝产品的特定措施案	印度、欧盟、加拿大、墨西哥、挪威、俄罗斯、瑞士、土耳其/美国	DS550/551和解结案；其他专家组审理中
		DS573	空调设备进口额外关税案	土耳其	专家组审理中

1. 作为当事方

就WTO此类争端而言，如前所述，数量总体呈下降趋势，由2006年以前的年均2.8件下降至年均2.3件，特别是2007～2016年的10年间，涉案总量下降明显。2017年随着美国发动的全球贸易战，案件数量又开始回升，因而美国的保障措施是争端焦点。中国作为当事方涉案早，2002年即作为申诉方参与了美国钢铁保障措施案；但之后至2017年间均未涉案；2018年，伴随贸易战的进程，中国作为申诉方集中参与了针对美国保障措施的3起主要案件。同时，中国在由巴西启动的一起糖进口案件中被诉，因而在近两年作为当事方涉案的数量有明显增加，占比也处于高位，目前仅次于美国，位居第二。

表 5-29　中国与相关 WTO 成员作为当事方阶段性涉案状态及其趋势对比(保障措施)

成　员	1995~2001 年		2002~2006 年		2007~2013 年		2014~2019 年	
	数量(件)	比例	数量(件)	比例	数量(件)	比例	数量(件)	比例
美　国	8	29.7%	10	38.5%	1	10%	12	50%
欧　盟	5	18.5%	4	15.4%	1	10%	1	4.2%
阿根廷	6	22.2%	3	11.5%	4	40%	0	0
智　利	6	22.2%	5	19.2%	0	0	0	0
韩　国	2	7.4%	1	3.8%	0	0	2	8.3%
日　本	0	0	1	3.8%	2	20%	1	4.2%
印　度	0	0	0	0	1	10%	2	8.3%
巴　西	0	0	1	3.8%	0	0	1	4.2%
墨西哥	0	0	0	0	1	10%	1	4.2%
加拿大	0	0	0	0	0	0	1	4.2%
中　国	—	—	1	3.8%	0	0	3	12.5%
阶段性总案数	27	—	26	—	10	—	24	—

2. 作为第三方

中国作为第三方参与此类案件总体比较积极,所参与的也都是关注度高、各方对于法律问题争议大的案件,从这些案件的程序进程来看,除新近提出尚在磋商的案件外,全部进入了专家组程序,已经结案的也都采用裁决方式。

表 5-30　中国与相关成员作为第三方参与保障措施案件对比

成　员	1995~2001 年		2002~2006 年		2007~2013 年		2014~2019 年	
	数量(件)	比例	数量(件)	比例	数量(件)	比例	数量(件)	比例
美　国	4	15.4%	2	4%	7	20%	4	4%
欧　盟	5	19.2%	6	12%	7	20%	15	14.9%
阿根廷	1	3.8%	0	0	0	0	0	0

续表

成　员	1995～2001 年		2002～2006 年		2007～2013 年		2014～2019 年	
	数量（件）	比例	数量（件）	比例	数量（件）	比例	数量（件）	比例
智　利	0	0	0	0	1	2.9%	0	0
韩　国	1	3.8%	7	14%	4	11.4%	4	4%
日　本	5	19.2%	7	14%	2	5.7%	15	14.9%
印　度	0	0	0	0	4	11.4%	15	14.9%
巴　西	2	7.7%	7	14%	0	0	13	12.9%
墨西哥	2	7.7%	7	14%	0	0	10	9.9%
加拿大	6	23.1%	8	16%	3	8.6%	11	10.9%
中　国	—	—	6	12%	7	20%	14	13.9%
阶段性总案数	26	—	50	—	35	—	101	—

(二)当事地位

1. 自身的不同角色:申诉 vs 被诉

不同于其他类型争端中成员的申诉与被诉相对保持均衡的一般规律,保障措施争端中,当事成员方大多申诉远多于被诉。数据显示,在其他类型争端中的被诉“大户”欧盟,保障措施争端中只有 4 件被诉,且都于 2006 年之前,近 10 余年均无被诉;日本、巴西、墨西哥、加拿大等国则从未被诉。阿根廷、智利的被诉比例虽然高于申诉,但主要与特殊时期相关,很难认为是常态。唯一的例外是美国,其被诉量,一是占此类争端总数的一半以上;二是自身的诉与被诉相差 5 倍以上。这一失衡状态既有别于 WTO 争端解决中的常态,也有别于美国自身参与 WTO 争端解决的常态。①

中国作为当事方在保障措施争端案件中,申诉高于被诉 4 倍之多,也可堪称其“倒挂”常态下之特例。保障措施争端案件中中国与相关成员的当事角色阶段性对比见表 5－31。保障措施争端中中国与相关成员的当

① 1995～2019 年的 25 年间,WTO 争端案件中,美国作为涉案当事方,申诉 124 件,被诉 155 件。虽在数量上均是第一,但总体尚属均衡,特别是在特定类型案件中,被诉即超过一半的并不多见。

事角色对比见图5－10。

表5－31 保障措施争端案件中中国与相关成员的当事角色阶段性对比

单位:件

成员	1995～2001年		2002～2006年		2007～2013年		2014～2019年		比例	
	申诉数量	被诉数量	申诉数量	被诉数量	申诉数量	被诉数量	申诉数量	被诉数量	申诉比例	被诉比例
美国	2	6	11	9	1	0	0	12	10.8%	54%
欧盟	4	1	1	3	1	0	1	0	18.9%	8%
阿根廷	2	4	3	0	0	4	0	0	13.5%	16%
智利	1	5	2	3	0	0	0	0	8.1%	16%
韩国	1	1	1	0	0	0	2	0	10.8%	2%
日本	0	0	1	0	2	0	1	0	10.8%	0
印度	0	0	0	0	1	0	1	1	5.4%	2%
巴西	0	0	1	0	0	0	1	0	5.4%	0
墨西哥	0	0	0	0	1	0	1	0	5.4%	0
加拿大	0	0	0	0	0	0	1	0	2.7%	0
中国	—	—	1	0	0	0	2	1	8.1%	2%
阶段合计	10	17	21	15	6	4	10	14	—	—

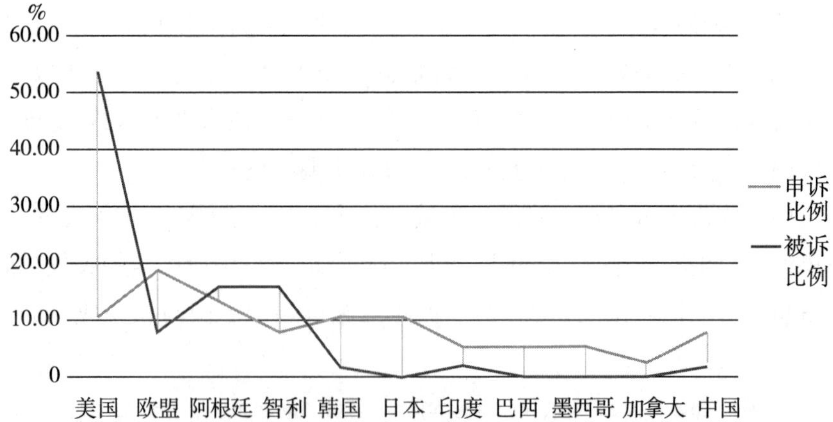

图5－10 保障措施争端中中国与相关成员的当事角色对比

2. 相对方角色定位：告谁 & 被谁告

所有此类争端的申诉对象都高度集中于美国。其中，韩国、加拿大、中国作为申诉方的被诉方仅为美国，欧盟作为此类争端最主要的申诉方，也有半数案件是以美国为被诉方的。与此同时，与反倾销措施、补贴与反补贴措施争端不同，中国并非此类争端的申诉对象，目前仅被诉 1 起（如表 5－32、表 5－33 所示）。

表 5－32　保障措施争端案件中中国与相关成员作为申诉方的被诉对象数量对比

成员	1995～2001 年		2002～2006 年		2007～2013 年		2014～2019 年		合计	
	案数（起）	被诉方数（个）	案数（起）	被诉方数（个）	案数（起）	被诉方数（个）	案数（起）	被诉方数（个）	案数（起）	被诉方数（个）
美　国	2	2	1	1	1	1	0	—	4	2
欧　盟	4	3	1	1	1	1	1	1	7	3
阿根廷	2	1	3	1	0	—	0	—	5	1
智　利	1	1	2	2	0	—	0	—	3	3
韩　国	1	1	1	1	0	—	2	1	4	1
日　本	0	—	1	1	2	2	1	1	4	4
印　度	0	—	0	—	1	1	1	1	2	2
巴　西	0	—	1	1	0	—	1	1	2	2
墨西哥	0	—	0	—	1	1	1	1	2	2
加拿大	0	—	0	—	0	—	1	1	1	1
中　国	—	—	1	1	0	—	2	1	3	1

表 5－33　保障措施争端案件中中国与相关成员的作为申诉方被诉对象及数量

申诉成员	1995～2001 年		2002～2006 年		2007～2013 年		2014～2019 年	
	案数（件）	被诉方及案数（个）	案数（件）	被诉方及案数（个）	案数（件）	被诉方及案数（个）	案数（件）	被诉方及案数（个）
美国	2	欧 1/阿根廷 1	1	欧 1	1	阿根廷 1	0	—
欧盟	4	美 2/阿根廷 1/韩 1	1	美 1	1	阿根廷 1	1	美 1

续表

申诉成员	1995～2001 年		2002～2006 年		2007～2013 年		2014～2019 年	
	案数(件)	被诉方及案数(个)	案数(件)	被诉方及案数(个)	案数(件)	被诉方及案数(个)	案数(件)	被诉方及案数(个)
阿根廷	2	智 2	3	智 3	0	—	0	—
智利	1	阿根廷 1	2	欧 1/厄 1	0	—	0	—
韩国	1	美 1	1	美 1	0	—	2	美 2
日本	0	—	1	美 1	2	乌克兰 1/阿根廷 1	1	印度 1
印度	0	—	0	—	1	土耳其 1	1	美 1
巴西	0	—	1	美 1	0	—	1	中 1
墨西哥	0	—	0	—	1	阿根廷 1	1	美 1
加拿大	0	—	0	—	0	—	1	美 1
中国	—	—	1	美 1	0	—	2	美 2

从被诉相对方的角度来看，美国作为最大的被诉方，其申诉来源方数量最多，大于其他相关成员作为被诉方的申诉来源方总量，也由此说明美国保障措施对国际贸易影响范围的广泛性。相较于美国，智利被诉数量位居第二，但申诉来源方主要集中于阿根廷等南美洲成员；阿根廷与智利被诉涉案数量相同，其申诉来源方较智利更广，涉及美洲、欧洲和亚洲的地区成员。相较于反倾销措施、补贴与反补贴措施的涉案成员，保障措施争端中，南、北美洲地区的成员参与程度明显更高。中国目前唯一的被诉相对方是巴西。

表 5－34　保障措施争端案件中中国与相关成员的被诉相对方数量对比

成员	1995～2001 年		2002～2006 年		2007～2013 年		2014～2019 年		总计比例	
	案数(件)	申诉方数(个)	案数(件)	申诉方数(个)	案数(件)	申诉方数(个)	案数(件)	申诉方数(个)	案数(件)	申诉方数(个)
美国	6	5	9	9	0	—	12	10	27	16
欧盟	1	1	3	3	0	—	0	—	4	3
阿根廷	4	4	0	—	4	3	0	1	8	6
智利	5	3	3	1	0	—	0	—	8	3

续表

成员	1995~2001年		2002~2006年		2007~2013年		2014~2019年		总计比例	
	案数(件)	申诉方数(个)	案数(件)	申诉方数(个)	案数(件)	申诉方数(个)	案数(件)	申诉方数(个)	案数(件)	申诉方数(个)
韩国	1	1	0	—	0	—	0	—	1	1
日本	0	—	0	—	0	—	0	—	0	—
印度	0	—	0	—	0	—	1	1	1	1
巴西	0	—	0	—	0	—	0	—	0	—
墨西哥	0	—	0	—	0	—	0	—	0	—
加拿大	0	—	0	—	0	—	0	—	0	—
中国	—	—	0	—	0	—	1	1	1	1

表5-35 保障措施争端案件中中国与相关成员的被诉相对方来源及数量

申诉成员	1995~2001年		2002~2006年		2007~2013年		2014~2019年	
	案数(件)	被诉方数(个)	案数(件)	被诉方数(个)	案数(件)	被诉方数(个)	案数(件)	被诉方数(个)
美国	6	欧2/韩1/澳1/新西兰1/哥1	9	欧1/新西兰1/挪1/瑞士1/中1/韩1/日1/中国台北1/巴1	0	—	12	中2/韩2/欧1/瑞士1/俄1/挪1/墨1/加1/印1/土1
欧盟	1	美1	3	美1/挪1/智1	0	—	0	—
阿根廷	4	智1/美1/欧1/印尼1	0	—	4	欧1/美1/日1/墨1	0	—
智利	5	阿2/哥2/危1	3	阿3	0	—	0	—
韩国	1	欧1	0	—	0	—	0	—
日本	0	—	0	—	0	—	0	—
印度	0	—	0	—	0	—	1	日1
巴西	0	—	0	—	0	—	0	—
墨西哥	0	—	0	—	0	—	0	—
加拿大	0	—	0	—	0	—	0	—
中国	—	—	0	—	0	—	1	巴1

三、中国所涉典型保障措施争端及其问题

中国诉美国的三起保障措施案件都是关于美国商务部根据其国内法所采取的保障措施是否符合 WTO 保障措施规则的问题。美国钢铁保障措施案(中国诉)(DS252)和美国光伏产品保障措施案(*US—Safeguard Measure on PV Products*,DS562)的国内法律依据是美国《1974 年贸易法》"201 条款";美国钢铁和铝措施案[*US—Steel and Aluminium Products (China)*,DS544]的国内法律依据是美国《1962 年贸易扩展法》第 232 条款("国家安全"条款)。因此,对涉案措施以下分别简称为"201 措施"和"232 措施"。

(一)DS252、DS562:"201 措施"的合法性问题

1. 争端缘起

"201 条款"是美国《1974 年贸易法》第 201 ~ 204 节条文内容的统称(收录于《美国法典》第 19 编第 2251 ~ 2254 节),是美国实施保障措施的国内法律依据。其核心内容是:如果美国认为从外国进口的某项物品,其数量增长到足以对美国国内生产同类物品的产业造成严重损害,或使其面临严重的威胁,则美国总统有权采取一切措施,包括在一定时期内对该有关进口物品加征额外关税或限制进口数量,借以帮助美国国内产业针对此项进口产品开展竞争。其中,第 201 条为协助产业因应进口竞争而做积极调整的措施;第 202 条是规定美国国际贸易委员会(以下简称 USITC)的调查、认定及建议程序;第 203 条为进口损害裁定后的总统措施;第 204 条为监督及修改或终止措施。根据"201 条款",USITC 拥有调查权和作出裁决权,美国总统对是否采取保障措施享有最终决定权。

美国钢铁保障措施案(中国诉)和美国光伏产品保障措施案分别针对美国根据"201 条款"所启动的两次全球保障措施进行调查,即所谓"201 调查",及随后以加征关税方式实施的保障措施。

2001 年 6 月 USITC 依据"201 条款",就外国进口钢铁对美国行业的影响和损害进行调查,并最终于 3 月 20 日起对某些外国进口美国的 20 类钢铁产品采取"保障措施",分别加征从 8% ~ 30% 的关税,为期 3 年。首

先,本项措施不适用于约旦和以色列,以及作为北美自由贸易协定成员的加拿大和墨西哥;其次,根据美国普惠制和《保障措施协定》,本项措施不适用于发展中国家,但是中国不在美国所列的发展中国家之列。中国于2002 年 3 月向美国提起磋商请求,即美国钢铁保障措施案(中国诉),这是中国"入世"后的第一起申诉案件。

2017 年 5 月 USITC 发布公告,称应国内光伏企业 Suniva 申请,对全球光伏电池及组件发起保障措施调查,并于 2018 年 1 月公布了最终结果,对进口光伏电池和组件征收为期 4 年的保障关税,首年税率为 30%,随后每年下降 5%。中国于 2018 年 8 月向美国提起磋商请求,即美国光伏产品保障措施案。中国主张,美国对进口光伏产品采取全球保障措施,最高加征30% 的关税,美方采取的措施,无论在程序上还是在实体上,均涉嫌违反《保障措施协定》;这种滥用保障措施的行为,不仅损害了中方的合法权益,也影响了 WTO 的严肃性与权威性。[①] 2019 年 8 月该案进入专家组程序。

2. WTO 保障措施规则的合法边界

鉴于"201 措施"的保障措施属性,于 WTO,除 GATT 的一般法律原则外,主要应当受制于 GATT 1994 第 19 条和《保障措施协定》。美国钢铁保障措施案(中国诉)经历专家组和上诉机构的全部程序后,2003 年 11 月 10日上诉机构报告最终裁定:美国的保障措施违反《保障措施协定》和 GATT 1994 相关规定,建议美国迅即取消措施。在上诉机构报告通过前,美国宣布终止此项保障措施。

鉴于美国钢铁保障措施案(中国诉)的裁决论及了"201 措施"所涉及的主要法律之争,专家组和上诉机构对 WTO 保障措施规则的详细解释,也将影响包括美国光伏产品保障措施案在内的之后的类似争端解决。因而以下就其中主要争点略加阐述。

根据 WTO 保障措施规则,成员方采取保障措施需满足三个法定条件

---

① 商务部新闻办公室:商务部新闻发言人就中国在世贸组织起诉美国光伏保障措施和可再生能源补贴措施发表谈话,载商务部网:http://www. mofcom. gov. cn/article/ae/ag/201808/20180802775695. shtml,最后访问日期:2019 年 3 月 30 日。

并遵守五项原则。美国钢铁保障措施案(中国诉)裁决报告亦即围绕以上几点展开,主要包括“进口增长”“因果关系”“平行性”和“未预见的发展”4 个方面,裁定“201 措施”不符合 WTO 规则。重点涉及以下规则义务的解释问题。

(1)GATT 1994 第 19.1(a)条“未预见的发展”之审查标准

GATT 1994 第 19.1(a)条规定:“如因不能预见的情况和一缔约方在本协定项下负担包括关税减让在内义务的影响,进口至该缔约方领土的产品数量增加如此之大且情况如此严重,以致对该领土内同类产品或直接竞争产品的国内生产者造成严重损害或严重损害威胁,则该缔约方有权在防止或补救此种损害所必需的限度和时间内,对该产品全部或部分中止义务或撤销或修改减让。”

根据新西兰和澳大利亚诉美国羊肉案(*US—Lamb*,DS177、DS178)[①]的上诉机构报告,WTO 成员方实施保障措施之前,需首先证明 GATT 1994 第 19.1(a)条规定的“如因不能预见的情况”事实的存在,即证明“未预见的发展”事实的存在是实施保障措施的先决条件。同时,未预见的发展与造成严重损害和严重损害威胁的进口增加之间必须有因果关系;进口调查主管机关的报告必须包含对未预见发展的观点和合理结论。

美国钢铁保障措施案(中国诉)的争端双方就“未预见的发展”问题的争议焦点在于:GATT 1994 第 19.1(a)条主张的适当审查标准究竟为何?

专家组认为,“未预见的发展”问题的审查标准至少在部分意义上是主观的。然而,该标准的主观性并不减损这样的事实,即进口成员方必须对于发展的未预见性进行“合理且充分”的解释。专家组指出,“未预见的发展”必须和措施所覆盖的特定产品相关联。

上诉审中,美国主张“合理且充分”的解释不适用于 GATT 1994 第 19 条规定“未预见的发展”,进口调查机构只有对《保障措施协定》第 2 条和第 4 条做出解释时才需要具备该要件。上诉机构认为,GATT 1994 第 19 条和《保障措施协定》是不可分割的集合体,没有理由把实施针对《保障措

---

① See Appellate Body Reports, *US—Lamb*, WT/DS177/AB/R, WT/DS178/AB/R.

施协定》下义务的标准同样实施于 GATT 1994 第 19 条。上诉机构指出，《保障措施协定》第 3. 1 条要求对事实和法律问题应提供“合理且充分”的解释，“未预见的发展”即事实问题，应提供“合理且充分”的解释。

同时，“未预见的发展”的审查和证明范围包括“未预见的发展”与“导致进口增长”之间的因果关系。GATT 1994 第 19 条不仅要求进口增长是未预见的发展的结果，同时需要指明其中的逻辑关系。上诉机构指出，证明每种产品的增长非常重要，否则会出现即便某种产品没有增长，但进口调查机构仍然对该产品实施保障措施。

（2）《保障措施协定》第 2. 1 条“进口增长”及因果关系的判断标准

《保障措施协定》第 2. 1 条规定：“一成员在根据下列规定确定正在进口至其领土的一产品的数量和国内生产相比绝对和相对增加，且对生产同类或直接竞争产品的国内产业造成严重损害或严重损害威胁，方可对该产品实施保障措施。”

首先，关于该条之“进口增长”的判断标准。

根据上诉机构对阿根廷鞋案（欧共体诉）的裁决可知，对于“进口增长”的判断，一是调查机构需要考察调查期间的进口趋势，并且不能将其结论建立在仅对调查期间终点的比较上；二是进口增长在质量上和数量上必须是足够近期、足够突然、足够急剧并足够重大的，并造成严重损害或严重损害威胁；三是保障措施是具有特别性质的措施，如果在较长的时期内存在一个稳定且逐渐的增加进口，并且国内产业可以对此作出调整，则这些“紧急措施”不能针对进口增加采取。

对此，中国认为，上诉机构之前裁决所确定的标准具有适当性，而“点对点”的判断并不正确。美国则主张，《保障措施协定》并没有涵盖“足够近期、足够突然、足够急剧并足够重大的”的内容，即使涵盖该内容，对其解释也不是在确定“进口增长”时予以判断，应由进口调查机构在认定损害问题时予以解决。

上诉机构认为，“点对点”的比较是不够的，进口调查机构应当考虑整个调查期的趋势。如果只是点对点的比较，调查机构可以在调查期进口增长少的时候确定开始调查，这样进口增长很容易就表现出来了。上诉机构同意专家组的裁决,遵循阿根廷鞋案(欧共体诉)的上诉机构有关进口增长判断标准的裁决,认为《保障措施协定》第 2.1 条中的“进口增长”一词的英文版本为“is being imported”,是进行时态,表明进口增长应当是最近的。保障措施是针对未预见的发展实施的,因而必须是突然的进口增长才行。

其次,关于“进口增长”与国内产业严重损害或严重损害可能的因果关系判断。

《保障措施协定》第 4.2(b)条规定:“除非调查根据客观证据证明产品增加的进口与严重损害之间存在因果关系,否则不能做出(a)项所指的确定。如增加的进口之外的因素正在同时对国内产业造成损害,则此类损害不得归因于增加的进口。”

美国小麦面筋案(*US—Wheat Gluten*,DS166)的上诉机构认为,《保障措施协定》第 4.2(b)条表明,作为调查机构因果关系调查的第一步,增加的进口对国内产业造成的损害与其他因素之间的损害具有区别。认定这种区别之后,调查机构可以一方面将这种损害归因于进口增加,另一方面也可以将其归于其他因素。通过前两个阶段,调查机构确认如果不是由进口增加造成的损害,任何实际上是由进口增加之外的因素造成的国内产业损害未被归因于进口增加,故而不必依据《保障措施协定》第 4.2(b)条规定的损害来处理。这种做法能够保证进口增加与严重损害之间具有真正且实质的因果关系。① 美国羊肉案的上诉机构另外指出,如果存在多种因素“同时”引起损害,只有当所有不同因素造成的有害影响相互区别且相互独立时才能作出关于进口增加与损害之间具有因果关系的最终裁定。② 美国线材和管材案③的上诉机构进一步补充认为,确定因果关系,调查机构需要提供合理且充分的解释。

---

① See WTO, WTO Dispute Settlement: One-Page Case Summaries 1995 – 2016, World Trade Organization, 2017, p. 70.

② See WTO, WTO Dispute Settlement: One-Page Case Summaries 1995 – 2016, World Trade Organization, 2017, p. 74.

③ See Appellate Body Report, *US—Wire Rod and Line Pipe*, WT/DS214/AB/R.

本案专家组和上诉机构遵循先前裁决,认为对于因果关系的判断:①在增加的进口与严重损害之间必须存在真正且实质的原因和结果联系;②进口的波动(数量和市场份额)与损害因素的波动应当有一致性;③因果关系调查的第一步,调查机构应当分离增加的进口对国内产业造成的有害影响与其他因素造成的有害影响;第二步,必须将所有这些不同因素造成的损害分别归因于增加的进口或其他相关因素;④通过合理且充分的解释,明确地确定由增加的进口之外的其他因素造成的损害未被归因于增加的进口。

(二)DS544:"232 措施"的合法性问题

1. 贸易战背景下的争端

如前所述,"232 措施"指美国商务部以其 1962 年《贸易扩展法》第 232 条"保障国家安全"条款为根据发起的调查和采取的相应措施。美国"232 条款"(收录于《美国法典》第 19 卷第 1862 节)主要涵盖以下内容:(1)禁止关税或其他进口限制措施的减少或取消,若此类减少或取消威胁到国家安全;(2)商务部长发起调查并决定进口产品对国家安全的影响,与国防部长以及其他政府人员协商,并向总统报告等;(3)总统做出决定,向国会报告;(4)国内产品的国家防御以及外国竞争对国内产业经济福利的影响等。

2017 年 4 月美国商务部对进口钢铁、铝启动"232 调查",[①]正式发起了全球贸易战。2018 年年初,美国商务部完成调查报告,认为进口钢铁、铝冲击了美国的相关生产企业,而这些企业占据着美国军工的主要份额,为美国军舰、坦克生产提供所需的钢铁、铝制品,建议总统对进口钢铁、铝采取关税或配额措施。特朗普 3 月 8 日即宣布,美国将对进口钢铁征收 25% 的关税,对进口铝产品征收 10% 的关税;关税措施在 15 天后正式生效。

2018 后 4 月 5 日,中国就美国上述"232 措施"启动 WTO 争端解决程序,即美国钢铁和铝措施案。中国认为,美国的关税措施违反了《保障措施协定》和 GATT 1994 的相关条款。随后先后就此措施提起申诉的还有印

---

① 历史上,美国共发起过三次"232 调查",但均没有采取任何措施。

度、欧盟、加拿大、墨西哥、挪威、俄罗斯、瑞士和土耳其 8 个 WTO 成员。[①]除 DS550、DS551 已经和解结案外，其他案件目前均处于专家组审理阶段。[②]

2. “232 措施”的法律属性之争：“安全例外”vs“保障措施”

中国、欧盟等申诉方认为，“232 措施”的本质是保障措施，其曾依据《保障措施协定》与美国进行磋商，在被拒绝的情况下采取了限制美国进口的措施，[③]并同时在 WTO 发起申诉。

美国则认为，该措施并非对钢铁或铝提出“实施或延长保障措施”，中国的磋商请求在《保障措施协定》中没有任何依据。“232 措施”的国内法根据是“232 条款”之国家安全而非“201 条款”之保障措施。相应地，“232 措施”是为了维护美国国家安全所必需的措施，国家安全问题是不易审查的政治问题，不能通过 DSM 来解决。美国同时强调，每个 WTO 成员都有权自行确定其认为保护 GATT 1994 第 21 条所规定的基本安全利益所必需的事项。

（1）美国：国家安全例外

WTO 规则中的国家安全例外条款分别规定于 GATT 1994、GATS 和《TRIPs 协定》中，货物贸易的国家安全例外规定于 GATT 1994 第 21 条，与“232 措施”相关的主要是其中 b 款的规定。该条规定，“本协定的任何规定不得解释为：……（b）阻止任何缔约方采取其认为对保护其基本安全利益所必需的任何行动：（i）与裂变物质或衍生裂变物质的原料有关；（ii）与武器、弹药和军火贸易或直接或间接提供军事机构用的其他货物和物质的贸易有关；（iii）战时或国际关系中的其他紧急情况时采取；或……”

---

① 土耳其：DS564（2018 年 8 月 15 日提起），瑞士：DS556（2018 年 7 月 9 日提起），俄罗斯：DS554（2018 年 6 月 29 日提起），挪威：DS552（2018 年 6 月 12 日），墨西哥：DS551（2018 年 6 月 5 日提起），加拿大：DS550（2018 年 6 月 1 日提起），欧盟：DS548（2018 年 6 月 1 日提起），印度：DS547（2018 年 5 月 18 日）。

② 载 WTO 官网，https://www.wto.org/english/tratop_e/dispu_e/dispu_current_status_e.htm，最后访问日期：2020 年 4 月 26 日。

③ 参见中国等在 WTO 货物贸易理事会的发言：https://www.wto.org/english/news_e/news18_e/good_23mar18_e.htm；WTO 文件：铝（G/SG/161）；钢铁（G/SG/162）；WTO 文件：G/SG/161/Suppl.1；G/SG/162/Suppl.1；G/SG/167；WTO 文件 WT/DS544/2。

GATT 1994对于“国家安全”并没有明确的定义,但从上述第21(b)(iii)条的规定可以看出,GATT 1994中的“国家安全”主要是指军事安全。美国在《进口铝国家安全影响报告》中指出,“232条款”中的“国家安全”包括但不限于“国防”要求,除了满足国防要求之外,“国家安全”被更广泛地解释为包括超出满足国防要求所必需的某些产业的一般安全和福利。也就是说,美国“232调查”的本质在于保护国内钢铁和铝产业,其中所指的国家安全不但包括了WTO安全例外条款中的军事安全,还涵盖了产业安全。然而,WTO安全例外条款在制度设计时就有意区分了国家安全和产业安全,安全例外条款只能是为了保护成员的基本国家安全利益,在产业损害的紧急情况下的救济应由《保障措施协议》和GATT 1994第19条调整。①

单纯从上述解释来看,“232措施”并不属于GATT 1994规定意义中的“国家安全”,但是不排除通过演进解释的方式,扩大“国家安全”的范围。美国在2017年发布的《国家安全战略》报告中指出,经济安全、网络安全等非传统安全已经成为美国国家安全战略中的重要部分。特朗普甚至指出,经济安全就是国家安全。上诉机构在美国虾案中对“可用竭自然资源”的解释以及中国出版物及音像产品案中对“录音制品分销”承诺的解释,都为此种假设提供了依据。在演进解释语境下,国家安全作为一般性术语,已经包括传统的军事安全和非传统安全。②

(2)中国、欧盟等:保障措施

理论上,对于国内措施的国际定性存在国内标准和国际标准,主观论和客观论之分。③ 印尼铁钢产品保障措施案(DS490/496)的专家组采取客观国际标准,认为尽管印度尼西亚根据本国保障措施立法就镀铝锌板征收关税,但该措施未能满足所有《保障措施协定》关于施加保障措施的条件,故不构成保障措施。上诉审中,美国主张采取主观国内标准——如果行为

① 参见谭观福:《论美国232措施的WTO规则依据》,载《中国物价》2018年第9期。

② 参见谭观福:《论美国232措施的WTO规则依据》,载《中国物价》2018年第9期。

③ 参见彭岳:《中美贸易战中的安全例外问题》,载《武汉大学学报》(哲学社会科学版)2019年第1期。

国宣称某项措施是保障措施,则该措施只能是保障措施。上诉机构同意专家组的观点,认为一项措施是否为保障措施,不能依据成员自己的国内法加以确定,而是应该依据《保障措施协定》的标准进行衡量。

根据印尼铁钢产品保障措施案上诉机构的裁决,一项措施构成保障措施,需要具备两个基本条件:其一,该措施是中止 GATT 义务或者撤销、修改 GATT 减让;其二,中止、撤销或修改是为了防止国内产业受到严重损害或者给予补救。而且,判断一项措施是否为保障措施,还应该考虑措施的设计、结构和运作,具体包括国内法的归类、国内程序以及向 WTO 保障措施委员会通报情况等因素。但是,没有任何一个因素本身对是否构成《保障措施协定》第 1 条意义上的保障措施起决定性作用。据此,美国国内法如何界定“232 措施”并不重要,重要的是该措施是否整体构成 GATT 1994 第 19 条意义上的保障措施。而一旦构成保障措施,中国、欧盟等 WTO 成员自然可依据《保障措施协定》第 8. 2 条的规定进行义务的再平衡。

问题在于,《保障措施协定》第 11(c)条似乎为美国的主张——“232 措施”构成安全例外——提供了依据。根据该条,“本协定不适用于一成员根据除第 19 条以外的 GATT 其他条款……所寻求、采取或维持的措施”。显然,GATT 1994 第 21 条恰恰属于这一例外。一旦美国坚持的“232 措施”构成安全例外的观点被认可,则问题将转化为《保障措施协定》可否与 GATT 1994 第 21 条并存。如果答案为是,则中国、欧盟等 WTO 成员所采取的诉讼策略依然奏效,它们仍可利用《保障措施协定》第 8 条项下的再平衡机制维护自身利益;如果答案为否,则争议回到了未决原点——美国“232 调查”是否符合 GATT 1994 第 21 条,进而可以排除《保障措施协定》的适用。①

3. “232 措施”在 WTO 体系中的合法边界

鉴于“232 措施”的不同法律属性之争,对其合法性的判断需要根据不同的规则分别进行。

---

① 参见彭岳:《中美贸易战中的安全例外问题》,载《武汉大学学报》(哲学社会科学版)2019 年第 1 期。

(1)GATT 第 21 条:国家安全措施的合法边界

国家安全问题是较为敏感的政治话题,长期以来,WTO 争端解决中成员方多避免引用“国家安全”例外条款,专家组和上诉机构也回避对此类问题的解释。从 GATT 时期到 WTO 时期,涉及国家安全的案件一共有 10 件,其中 WTO 时期仅有 3 件,并且这 3 件案件并未进入专家组审理阶段。[①] 比如,在美国古巴自由和团结法案中,欧美双方最终通过非正式协议的方式解决了美国法的域外效力问题,而非继续授权专家组审理案件。[②] 2019 年 4 月俄罗斯交通转运案(*Russia—Traffic in Transit*,DS512)的专家组首次适用 GATT 1994 第 21 条作出裁决,其中也涉及与美国钢铁和铝措施案美国主张的相同问题。该裁决已经生效,其观点对美国钢铁和铝措施案无疑具有示范性影响。

①DSB 对国家安全措施的管辖问题

如前所述,在美国钢铁和铝措施案中美国认为,“232 措施”是关乎国家安全的措施,属于政治问题,不宜受 DSB 管辖。对此,俄罗斯交通转运案的专家组认为,DSU 没有规定任何关于 GATT 1994 第 21 条的特殊程序,因此专家组有权对成员方援引第 21 条安全例外条款行使管辖权。

②GATT 1994 第 21(b)条“其认为……基本国家安全利益所必需”之标准

在美国钢铁和铝措施案中,美国认为,根据 GATT 1994 第 21(b)条“任何缔约方采取其认为对保护其基本安全利益所必需的任何行动”意味着,每个 WTO 成员都有权自行确定其认为保护 GATT 1994 第 21 条所规定的基本安全利益所必需的事项。

从文本出发,GATT 1994 第 21(b)条中“其认为”的表述为成员方适用该条款提供了较大的弹性空间。考察 GATT 的谈判历史,发现谈判方引用该表述的目的在于:“一方面,我们不能限制太严,因为我们不可能禁止

---

① 参见彭岳:《中美贸易战中的安全例外问题》,载《武汉大学学报》(哲学社会科学版)第 72 卷第 1 期。

② See WTO, *US—The Cuba Liberty and Democratic Solidarity Act*, Request for Consultations by the European Communities, WT/DS38/1.

纯粹基于安全原因而需要的措施。另一方面,我们不能放得过宽,因为在安全名义下,一国可能会施加实际上具有商业目的的措施。”①

对于基本安全利益的界定,各国也存在分歧,这也回归到上述对于“国家安全”的争议之上。在中国稀土案中,针对 GATT 1994 第 11.2(a)条“为防止或缓解出口缔约方的粮食或其他必需品的严重短缺”的规定,专家组和上诉机构在考察分析“其他必需品”时涉及对“基本、必需”(essential)的解释,对此上诉机构主要参照字典,采用了文义解释。② 当然,随着时代的发展,“安全利益”的外延不断扩展,当前各国对“安全利益”,尤其是国家安全的界定都相对广泛,例如,中国提出总体国家安全观包括人民安全、政治安全、经济安全和社会安全等。③ 因此,有学者认为,就美国“232 调查”所主张的国家经济安全被纳入基本“安全利益”范畴的可能性仍然较大。④ 但也有观点认为,GATT 1994 第 21 条的谈判背景是“二战”结束不久,从其上下文的表述看,其主要目的是战争防御或应对国际关系中的紧急情况,而本案对钢铁和铝的征税很难说是与此相关。一方面,该条“其认为”赋予了主权国家在采取措施时很强的主观性,这体现出谈判者对主权国家的尊重;但另一方面,这种主观的“其认为”并非没有限制,条文中的“所必需”便是对主权国家措施的限制。在俄罗斯交通转运案中,欧盟关于“安全例外”的第三方意见很好地表达了这一思想。首先,原则上每个成员可以自身评估其措施是否是“所必需”,但是这并不意味着成员完全享有无拘无束(unfettered)的决定权,对此专家组需要对措施的必要性进行审查。其次,需要确保该例外规则的适用是基于诚实信用的原则,不能被滥用。最后,援引该例外规则的成员对此负有举证责任,并由

---

① Petros C. Mavroidis, *Guide to GATT Law and Practice*: *Analytical Index*, Maryland: Bernan Asscoc, 1995, p. 600.

② See Appellate Body Report, *China—Raw Materials*, WT/DS394/AB/R, WT/DS395/AB/R, WT/DS398/AB/R, para. 326.

③ 参见《中华人民共和国国家安全法》第 3 条:“国家安全工作应当坚持总体国家安全观,以人民安全为宗旨,以政治安全为根本,以经济安全为基础,以军事、文化、社会安全为保障,以促进国际安全为依托,维护各领域国家安全,构建国家安全体系,走中国特色国家安全道路。”

④ 参见彭德雷、周围欢、杨国华:《国际贸易中的“国家安全”审视——基于美国“232 调查”的考察》,载《国际经贸探索》2018 年第 5 期。

此承担举证不能的法律后果。[①]

对此,俄罗斯交通转运案的专家组认为,首先,“其认为”可以解释为修饰“必需的”,即“基本国家安全利益的行动”的必要性,也可以解释为修饰“基本国家安全利益”,或者修饰第 21(b)条项下(i)(ii)(iii)事项。由于第 21(b)条项下的三种情形都是限制性的,即限制成员国行使该款序言所赋予的裁量权,因而如果将这些情形认定的裁量权完全归于成员方,则这三种情形的规定就没有存在的意义。而结合上下文,(iii)要求措施之采取以“国际关系中的紧急情况”为要件,这是一个客观问题,需要依客观而认定。由此表明,一个行为是否符合第 21(b)条应当通过客观分析来看是否满足这三种情形中所规定的要求。

其次,“基本安全利益”可以被理解为与国家标志性功能相关的利益,如对外保卫领土和人民免受威胁;对内维持法律和公共秩序等。保护国家免受内、外部威胁的利益取决于具体情形和国家的认知,并且会不断变化。由此而言,应由各成员方对其基本安全利益作出界定。换言之,WTO 成员对于基本安全利益和所采取贸易限制措施的必要性具有主观判断权。

最后,成员方解释和援引第 21(b)条应基于善意原则,即不应将第 21 条作为其规避 GATT 1994 义务的手段。因此,援引第 21 条为例外的成员,应当证明国际关系的紧张情形与基本安全利益之间具有足够的关联;关联的程度取决于紧急程度,比如武装冲突、法律和公共秩序遭破坏的情形。

③第 21(b)(iii)条“战时或国际关系中的其他紧急情况”

战时或其他紧急情况涉及采取国家安全措施的适当时机。如果某一缔约方采取的时机明显与常识相违背,则很可能遭受其他缔约方的普遍反对。如 1975 年瑞典曾经就特定鞋类设置全球进口配额。瑞典政府认为,该体系之所以符合 GATT 1947 第 21 条的精神,是因为“国内生产的减少将对正在形成的、构成国家安全政策的一部分的瑞典经济防卫计划造成重大威胁。基于该政策,必须维持至关重要工业之最低国内生产能力。该能

---

① See European Union Third Party Written Submission, *Russia—Traffic in Transit*, paras. 61 – 63. 转引自彭德雷、周围欢、杨国华:《国际贸易中的“国家安全”审视——基于美国“232 调查”的考察》,载《国际经贸探索》2018 年第 5 期。

力对于确保提供基本产品,满足战时或其他国际关系中其他紧急情况时的基本需求不可或缺”。[①] 对此,GATT 理事会诸多成员对于瑞典的措施是否符合总协定的规定表示关切。最终,瑞典撤销了相关措施。

但是,如果某些措施的采取与特定国际事件有关,则很难从字面判断时机的适当性。如 1986 年美国对尼加拉瓜贸易限制案有明确的国际背景,尼加拉瓜认为,该措施违反了 GATT 1947 的基本原则,它并不涉及国家安全问题,而是一种制裁。美国则认为,其措施是基于国家安全理由而采取的,受 GATT 1947 第 21(b)(iii)条的调整,缔约国有权自我决定何种行为属于其认为保护基本安全利益所必需的行为。[②]

对此,俄罗斯交通转运案的专家组认为,GATT 1994 第 21(b)(iii)条的例外情形具有特殊性。该条款承认战争或者其他国际关系的紧张情势会使分析涉案措施的 WTO 合法性的事实背景发生根本性改变。作为 GATT 1994 第 21(b)(iii)条例外的措施并不需要事先证明如果在正常时期该措施会违反 WTO 规则,这是因为,并不需要考虑措施违背的程度来确定措施的必要性。也就是说,没有合理、可能的备选措施来实现 GATT 1994 第 21(b)(iii)条所保护的正当利益。所以,具体到不同的案件,需要根据具体情形分析争端措施是否构成 GATT 1994 第 21(b)(iii)条规定的情形,才能确定措施的合法性问题。

单纯从现在的中美关系来看,中美之间并非处于战争状态,故不符合“战时”的要求,那么是否属于“国际关系中的其他紧急情况”呢?“国际关系中的其他紧急情况”应当与战争具有同等严重的性质,具体应该指国家间极端的现实冲突,而非冲突的可能性。中美贸易战虽然有愈演愈烈之势,但中美两国的外交关系仍然正常。在现行的 WTO 安全例外条款框架下,“232 措施”并不符合该条款的适用情形。[③]

---

① 彭岳:《中美贸易战中的安全例外问题》,载《武汉大学学报》(哲学社会科学版)2019 年第 1 期。

② See Panel Report, *US—Trade Measures Affecting Nicaragua*, Nicaragua v. United States, L/6053, para. 1. 2.

③ 参见谭观福:《论美国 232 措施的 WTO 规则依据》,载《中国物价》2018 年第 9 期。

(2)WTO 保障措施规则:保障措施的合法边界

根据《保障措施协定》第 8.1 条,提倡实施保障措施或寻求延长保障措施的成员,应按照第 12.3 条的规定,努力在它与可能受该措施影响的出口成员之间维持针对 GATT 1994 的实质相当的减让和其他义务水平。根据《保障措施协定》第 8.2 条,如果磋商未能达成协议,则受影响的出口成员有权对实施保障措施成员的贸易中止实施 GATT 1994 项下实质相等的减让或其他义务。《保障措施协定》第 12.3 条要求,实施或延长保障措施的成员应当向出口方提供事先磋商的充分机会。

在实践中,如何认定"提供事先磋商的充分机会"往往成为案件成败的关键。根据争端解决实践,在美国小麦面筋案中,专家组和上诉机构认为,美国未能按照《保障措施协定》第 12.3 条要求,在实施保障措施之前,给予其他成员方事先磋商的充分机会。因此,美国未能努力在它和出口成员之间维持实质相等的减让和其他义务水平。① 其后,乌克兰客车案②的被诉方均因相同理由而败诉。

在中美贸易战的背景之下,美国并不承认"232 措施"的保障措施性质,自然不会按照《保障措施协定》第 8.1 条的要求与其他成员进行磋商。例如,中国依据《保障措施协定》第 8.1 条要求美国提供贸易补偿,但美国拒绝与中国磋商。中国向 WTO 提交的磋商请求中提到,美国未能对"未预见的发展""数量增加"和"在此类条件下"的进口"导致国内生产者受到严重损害或严重损害威胁"做出适当决定并提供合理和充分的解释。如果"232 措施"能够被认定为保障措施,则中国、欧盟等 WTO 成员可依据《保障措施协定》第 8.2 条对美国实施实质相等的减让或其他义务。这样相关法律争议就转化为如何认定一项措施是保障措施的问题,对此上文已有讨论,不再赘述。

(三)美国系列单边措施冲击国际法治根基

近年来,特朗普政府高举"美国优先"的大旗,积极奉行单边主义,在国

---

① See WTO, WTO Dispute Settlement: One-Page Case Summaries 1995 – 2016, World Trade Organization, 2017, p. 60.

② *Ukraine—Passenger Cars*, DS468.

际经济领域的一个重要表现就是重启尘封已久的一系列单边措施——"201""301""232"等,而这些措施多数已经 DSB 裁决为违反多边贸易规则的保护主义措施。例如,前述美国钢铁保障措施案(中国诉)中,美国依据"201 条款"采取的保障措施调查实质是美国政府在本国钢铁产业不景气的情况下,通过采取单边主义国内保障措施,对多国多种进口钢铁产品大幅度加征额外关税,为国内钢铁产业提供喘息之机。至于"301 措施",DSB 早在 2000 年 1 月通过的《美国贸易法》第 301 节案(*US—Section* 301 *Trade Act*,DS152)①裁决中即已认定"301 条款"违反多边规则。美国政府也被迫对此作出以符合 WTO 规则的方式实施"301 条款"的行政声明。在此后的十几年里,"301 条款"偃旗息鼓。

在贸易战背景下,美国政府罔顾 WTO 多边规则与自身承诺,又重启已经撤销或被搁置的"201""301""232"等系列措施,蓄意严重违反 WTO 最基本、最核心的最惠国待遇、关税约束等规则和纪律,是典型的单边主义和贸易保护主义行径,也违反了"条约必须信守"等国际法一般原则。

多边主义被定义为"一种在广义的行动原则基础上协调三个或者更多国家之间关系的制度形式,也就是说,这些原则是规定合适的行动的,它们并不考虑在任何特定事件下各方特殊的利益或者战略紧急情况"。② 从规则角度讲,不顾及既存的国际规则,肆意地采取损害其他国家利益的行为,即便为了行为国的利益,也被认为是单边主义或具有单边主义倾向;一国采取的措施,顾及既存的国际规则,适当顾及其他国家的利益,即便是为了本国利益,也可被认为是多边主义或具有多边主义倾向。还需要指出的是,单边主义和多边主义的说法,主要针对具有一定影响力和引领能力的国家。实力、影响都很小的国家的行为,少有被冠之以单边主义或多边主义这类头衔的。③ 美国作为大国,依据其国内法所采取的加征关税做法无疑是单边主义做法。

---

① *US—Section* 301 *Trade Act*,DS152.

② [美]约翰·鲁杰主编:《多边主义》,苏长和等译,浙江人民出版社 2003 年版,第 12 页。

③ 参见韩立余:《当代单边主义与多边主义的碰撞及其发展前景》,载《国际经济法学刊》2018 年第 4 期。

条约必须信守源于罗马法,被视为是条约和习惯国际法的一项基本规范。[①] 条约必须信守被视为善意原则的派生物之一,“善意”是条约必须信守的基础,而条约必须信守是驱使国家善意履行条约的工具。[②]《维也纳条约法公约》第 26 条直接规定了条约必须信守:“凡有效之条约对其当事国有约束力,必须由各该国善意履行。”郑斌援引委内瑞拉——美国联合索赔委员会案(Venezuela-US Mixed Claims Commission)裁决,认为如果没有条约必须信守原则的存在,国际法将徒有其表(a mere mockery)。[③]

条约必须信守意味着在条约生效(in force)期间,缔约方不能轻易地修改约文或随意摆脱条约的拘束力。[④] 李浩培先生认为,善意履行条约也就是诚实地和正直地履行条约,从而要求不仅按照条约的文字,而且按照条约的精神履行条约,要求不仅不以任何行为破坏条约的宗旨和目的,而且予以不折不扣地履行。[⑤] ICJ 在 Gabcikovo-Nagymaros 案中指出,缔约方需按照善意原则的要求以合理的方式适用它,并且该适用行为有利于善意目标之实现。[⑥] 在多个 WTO 争端解决中,DSB 也从条约必须信守出发,假定 WTO 成员方已经善意履行其义务。[⑦] 申言之,依条约必须信守,履行条约仅仅做到“形式”上符合是远远不够的,必须“实际”履行从而实现条约的目的和效果。

---

① See Andrew Mitchell, “Good Faith in WTO Dispute Settlement”, 7 *Melb J Intl L*, 346 (2006); Marion Panizzon, *Good Faith in the Jurisprudence of the WTO: The Protection of Legitimate Exceptions, Good Faith Interpretation and Fair Dispute Settlement*, Hart Publishing, 2006, p. 27.

② See Marion Panizzon, *Good Faith in the Jurisprudence of the WTO: The Protection of Legitimate Exceptions, Good Faith Interpretation and Fair Dispute Settlement*, Hart Publishing, 2006, p. 28.

③ See Bin Cheng, *General Principles of Law as Applied by International Court and Tribunals*, Stevens and Sons, 1953, p. 113.

④ See Bin Cheng, *General Principles of Law as Applied by International Court and Tribunals*, Stevens and Sons, 1953, p. 113.

⑤ 参见李浩培:《条约法概论》,法律出版社 1988 年版,第 329 页。

⑥ Gabcikovo-Nagymaros Project (Hungary v. Slovakia) (Merit) [1997] ICJ Rep 7, 78 – 79.

⑦ See Appellate Body Report, *Chile—Taxes on Alcoholic Beverages*, WT/DS87/AB/R, WT/DS110/AB/R, para. 74; See Appellate Body Report, *EC—Sardines*, WT/DS231/AB/R, adopted 26 September 2002, para. 278; See Appellate Body Report, *US—Oil Country Tubular Goods Sunset Review*, WT/DS268/AB/R, para. 173.

WTO 规则是经乌拉圭回合的长期谈判，美国同意并最终放弃其单边主义行动的长期政策，最终才达成关税互相减让共识，并形成的关税互相减让、关税减让例外、关税减让例外的控制等制度。WTO 的成立和 WTO 各项协定的生效使各成员的利益达成了新的平衡。20 多年来，虽然也有许多贸易纠纷，有不遵守规定的情况出现，但通过 DSM，纠纷最终得以解决。[①] 维护多边主义贸易体制，需要各成员方在共同利益与长远利益之间进行取舍，需要各成员方在国家利益与国际利益之间进行权衡，作出适当的国家经济主权让步。美国在《美国贸易法》第 301 节案、美国钢铁保障措施案（中国诉）等案件败诉后，承诺撤回或宣布取消不符合 WTO 规则的"301 措施""201 措施"，便是 WTO 多边主义对美国单边主义的胜利。[②] 美国近期重拾"201 措施""301 措施"和"232 措施"等，大打贸易战争，不仅公然违反其在 WTO 多边贸易体系中作出的承诺，也严重动摇了 WTO 多边贸易体制的根基并致其面临空前险境。

四、WTO 保障措施争端的新延展：反制措施争端[③]

美国"232 措施"实施以来，利益由此遭受侵害的相关 WTO 成员在将"232 措施"诉诸 WTO 争端解决的同时，也相继采取了针对美国相关出口产品的反制措施（以下简称"232 反制措施"）。中国根据《对外贸易法》和国际法原则，对美输华产品采取了同等力度、同等规模的对等措施，并称之为"应对紧急情况的必要措施，是遏制贸易保护主义蔓延的正义之举"。[④] 但与此同时，在 WTO 争端解决中，也引发了有关反制措施合法性的争端。

中国、欧盟、加拿大、墨西哥、土耳其和俄罗斯均针对美国"232 措施"采取了相应的反制措施，五国采取反制措施的目的一方面是减轻美国"232

---

① 参见朱榄叶：《美国的单边主义行动违反国际法》，载《国际经济法学刊》2018 年第 4 期。

② 参见陈安：《十年来美国单边主义与 WTO 多边主义交锋的三大回合（上）——"201 条款"争端之法理探源与展望》，载《世界贸易组织动态与研究》2005 年第 5 期。

③ 参见周艳云：《美国"232 措施"的合法性问题研究》，东南大学 2019 年博士学位论文。

④ 《中国驻 WTO 大使回应美公布"301 清单"：蓄意严重违反 WTO 规则》，中国新闻网，环球时报 2018 年 4 月 4 日。

措施”对本国利益的损害,另一方面是敦促美国尽快终止其背离 WTO 义务的“232 措施”。

各国反制的方式是相同的,均采取对美国进口本国产品加征关税的方式进行反制。反制中加征关税的进口产品范围广泛,被加征关税的进口产品并不限于从美国进口本国的钢铝产品。反制措施均未明确规定停止的时间,视美国“232 措施”终止时间而定。鉴于各国国情的不同,因而被加征关税的进口产品的种类及数额各不相同,加征的税率也各不相同。

2018 年 7 月开始,美国陆续对加拿大、中国、欧盟、墨西哥、土耳其和俄罗斯的“232 反制措施”在 DSM 下提出磋商请求。美国称其“232 措施”无论是依据美国国内法还是国际贸易规则均完全合理合法,但中国等成员没有选择合作共同解决问题,反而采取报复性关税,其反制措施违反了 GATT 1994 第 1.1 条和第 2.1 条之(a)、(b)项,采取反制措施加征关税未给予美国产品最惠国待遇和国民待遇,使得美国在 GATT 1994 之下直接或间接获得的利益正在丧失或减损。①

反制措施采取国认为,美国“232 措施”借保障美国国家安全的名义施行贸易保护主义的单边措施。美国“232 措施”背离 WTO 规则,违反其应尽的义务,严重损害反制措施采取国的国家利益。反制措施采取国在 DSM 下提出与美国就“232 措施”进行磋商的要求,美国消极磋商,导致争端未获有效解决,反制措施采取国系依据《保障措施协定》第 8.2 条采取反制措施具有合法依据。

(一)“232 反制措施”的法理依据

笔者认为,“232 反制措施”具有合法的法理依据且契合 WTO 规则的价值追求。

1. 自然法之正当权利

反制是国家的自助行为。任何国家无论强弱均享有防卫国际不法侵害的自助权利。当国家正在遭受国际不法侵害,且无法及时获得国际组织等力

---

① Canada/China/Eu/Mexico/Turkey/Russian-Additional Duties on Certain Products from the United States,案号分别是 DS557、DS558、DS559、DS560、DS561、DS566。

量的保护时,则应拥有及时反制国际不法侵害的自然权利。若国家面临国际不法侵害却不能拥有及时反制的权利,无权进行及时的自力救济,而任国际不法侵害行为持续和其所致损失的扩大,这无疑背离了法律的公平、正义的理念,违背国际社会权利义务应保持均衡的诉求。反制是对国际社会权利义务非均衡状态的再平衡,符合公平、正义的自然法理念,契合自然法的理性诉求和善恶标准。依据自然法,所有国家都应该践行自己的承诺与义务,任何违法行为均应受到处罚,受害方有自我防卫的权利。反制是受害国针对对方国家实施违反其义务的违法行为的自助与防卫行为,系自然法所赋予的权利。故而反制是国家应当具有的自然权利。[①]

正义是自然法的基本理念与价值诉求。不仅国际社会的运转需要符合正义,国家的行为也需要符合正义。正义如同普洛透斯的脸在不同的状况下有着不同的外在表现形式与要求一样。[②] 遵照正义的内在诉求,国际组织的存在价值在于保障国家的合法利益,当国家的合法利益遭受侵害时,国际组织应提供救济。但当国际组织救济滞后,为避免受害国损失的扩大,受害国应拥有采取反制措施的自力救济的权利。对国家权利和国家利益的不法侵害行为为非正义行为,国家的反制行为是抵抗侵害国家权利的行为,是符合正义要求的行为。国家的反制行为是不具有国际危害性的符合正义要求的行为。[③] 因此,从正义相符性的维度而言,反制具有正当性。

一般认为,国家的合法权益受到他国的国际不法侵害时,其可以要求不法侵害国遭受同等程度的损害。该制裁措施原则上应由对此享有管辖权的国际组织裁定授权实施,但是,当国际组织不能及时有效地制裁不法侵害国以保护受害国的合法权益时,受害国应当享有"惩罚权",也即反制

---

① 参见杨国华:《中国贸易反制的国际法依据》,载《经贸法律评论》2019 年第 1 期。

② 参见[美]埃德加·博登海默:《法理学:法律哲学与法律方法》,邓正来译,中国政法大学出版社 2004 年版,第 238 页。

③ 参见邓安庆:《国家与正义——兼评霍耐特黑格尔法哲学"再现实化"路径》,载《中国社会科学》2018 年第 10 期。

的权利。[①] 不法侵害国应当接受受害国反制措施带来的损失，而且不能就受害国的反制措施再进行反制。

WTO 成立以后，由组织行使权力来保护成员国利益成为常态。然而，DSB 的救济往往只能在国际不法侵害持续较长时间之后才能正式实施与生效，对阻止正在进行的侵害国家合法权利与正当利益的国际不法行为往往显得无能为力。即使 WTO 经过漫长的争端处理程序授权受害成员国对实施不法侵害的成员国进行报复和制裁，但是此裁决对于已经被不法侵害的权益而言却无溯及力，受害国在漫长的 WTO 争端处理期间所遭受的巨额损失无法挽回。既然 WTO 无法及时阻止美国不法侵害的行为，为何不赋予受害国及时反制的权利，来防止受害国自身权益受到美国不法行为的侵害？反制具有救济性、补充性的特征。因此在特定情境下，应赋予国家通过反制等国家自助救济的方式来避免更大的损害的发生。

反制是国家在维护本国权益时的必然反应和选择。每个国家同个人一样享有自我保卫的权利，每个国家均有为维护本国的合法利益而采用各种必需措施的权利。国家有权判定其所采取的措施对维护国家利益的必要性。只要此措施对国家的自我保护是必要的，国家就有权采取此措施。[②] 国家反制行为存在的历史本身已经证明了它的正当性和必要性。

综合起来，国家在特定情况下的贸易反制的权利系自然法所设定的国家的应有权利，是法律应当在目前或将来确认的权利；是国家生存所必需的权利，表征着国家本身及其目的性的价值追求；当现行的成文法在调整社会关系而无法有效维护公正时，当现行的成文法只维护强者的利益而侵害其他大多数主体的尊严和权利时，应有权利就是反抗不公正法律和维护绝大多数主体正当利益的强有力武器。[③]

---

① 参见廖诗评：《中美贸易摩擦背景下中国贸易反制措施的国际法依据》，载《经贸法律评论》2019 年第 1 期。

② 参见［英］霍布斯：《论公民》，应星等译，贵州人民出版社 2004 年版，第 12 页；贺海仁：《从私力救济到公力救济——权利救济的现代性话语》，载《法商研究》2004 年第 1 期。

③ 参见程燎原、王人博：《权利及其救济》，山东人民出版社 1998 年版，第 187 页。

2. WTO 法治价值的契合性

WTO 规则所追求的秩序、正义和效率价值是建构 WTO 法律体系的基石,也是 WTO 规则解释和适用的重要理据。

(1)秩序

秩序是 WTO 规则的最为基础之价值诉求。秩序系指在人与物的存续之中具有确定性、连贯性与统一性的模式、结构与过程。① 秩序是自由、正义、效益等其他法的内在价值的基石。WTO 管控国际贸易之目标在于构筑稳健的国际自由贸易模式,形塑良性运转的国际贸易秩序,促进国际自由贸易优化功能的发挥。贸易反制是救济国家合法权利的重要途径,反制的主要价值亦为秩序。贸易反制存在的价值就是维护成员之间权利义务和国家利益的均衡秩序,防止国际贸易秩序的混乱,维护 WTO 整体法律秩序的稳定。

WTO 所制定的诸多法律制度的核心功能在于平衡各成员在自由贸易中的权利与利益,进而构筑自由、公平、公正的国际经济新秩序。人类可以缺失自由,但不能缺失秩序。② 若成员国的经济权利和成员国利益的平衡态势被打破,则 WTO 所致力于追求的自由公平的国际贸易新秩序亦会遭到破坏。受损害成员首先选择的是依靠 WTO 将失衡的秩序恢复至均衡与稳定的状态。若 WTO 由于其制度的安排导致难以尽快或妥善解决贸易争端时,国家则有权进行自力救济,采取反制措施避免损失的扩大。因此,反制是受损害成员行使其应有权利保障自身合法利益,修复失衡的国际经贸秩序以致均衡,从而更好地维护国际经济秩序。

(2)正义

正义是 WTO 规则致力于实现的目标。WTO 规则内含的实质性价值诉求即为实现 WTO 规则的正义。正义是 WTO 规则的基本理念。罗马法学家认为,正义是法律的根源,法律来自正义,法律与正义等同。亚里士多德指出,正义的法才是良法,为实现正义,人们对法律的内容进行不断的修

---

① 参见卓泽渊:《法的价值论》,法律出版社 1999 年版,第 177 页。

② 参见[美]塞缪尔·P. 亨廷顿:《变化社会中的政治秩序》,王冠华、刘为等译,上海人民出版社 2008 年版,第 8 页。

改和完善,以期法的内容无限趋近于正义的完全实现。[①]

国家贸易反制所追求的目标即为倚仗国家自力救济修复被毁损的正义或恢复遗失的正义。法学家波斯纳指出,当合法权益受到侵害时,受害方的首要诉求就是正义。[②] WTO 成员也是如此,当自己在 WTO 体制下所拥有的合法权益因其他成员违反 WTO 规则而致损害时,反制以应对具有正当性。如若只能依靠和等待 DSB 裁决,则无疑既是放弃了能够维护正义和保障自身合法权益的第一重有利途径,所致损失及其扩大往往无法挽回;也同时是对违反规则成员非正义、不公平的不法行为的放纵。

(3)效率

效率是 WTO 规则致力于实现的法律价值。[③] 法学家波斯纳指出,具有效率的法律规则会激励当事方实施有效率的行为或措施。任何主体均以"理性人"的角色而存在,其在保障自身权益和获取自身利益方面均会进行成本与效益分析,均会采取以最小付出获得最大收获的行动或措施。[④]

当一成员国采取违反 WTO 规则的行为而肇致诸多其他成员国的国家利益遭受损害时,受害国必然会采取相应的经济型措施以减少或避免损失和损失的扩大。权益受损的成员国通常最先通过 DSM 来保障和维护自身的正当利益。但在紧急情形下,鉴于 DSB 处理争端耗时冗长的缺陷,DSM 不能及时保障和维护受害国的正当国家利益,国家将立即启动反制等自力救济措施以便最有效率地维护本国合法利益。

国家贸易反制措施是国家采用自力救济以减少或避免本国利益的损失或损失的扩大的措施。节约成本系国家采取贸易反制措施的初衷与动因,受损国采取反制措施可通过付出较低成本以便公平和正义的尽快恢

① 参见[美]埃德加·博登海默:《法理学:法律哲学与法律方法》,邓正来译,中国政法大学出版社 2004 年版,第 3 页。

② 参见[美]理查德·A. 波斯纳:《法理学问题》,苏力译,中国政法大学出版社 2002 年版,第 199 页。

③ 参见衣淑玲:《试论 WTO 法的正当性问题》,载《甘肃政法学院学报》2007 年第 2 期。

④ 参见[美]理查德·A. 波斯纳:《法理学问题》,苏力译,中国政法大学出版社 2002 年版,第 173 页。

复。受害国的及时反制可降低司法负担，节省公共惩罚资源，减轻单边贸易保护措施对世界自由贸易的破坏程度，维持国际自由贸易秩序的稳定。反制是避免 DSM 繁复性和冗长性的最为简捷与灵便的国家利益保障方法，能尽快减少和避免因他国不法侵害所致损失和损失的扩大，能在最大限度上保障国家的合法权益。总之，反制措施能够减少司法资源的消耗，缩减解决争端所付成本，契合 WTO 规则对效率价值的追求。

（二）"232 反制措施"的 WTO 规则依据

若要判断"232 反制措施"是否具有 WTO 规则依据，主要应当厘清以下两个问题。

1. DSB 事先授权问题

主张"232 反制措施"不符合 WTO 规则的主要理由，是根据 DSU 第 22 条和第 23 条的规定，采取措施应当经 DSB 事先授权。而反制成员认为，其措施根据在于《保障措施协定》第 8 条。笔者认为，对于"232 措施"的保障措施性质，应当根据《保障措施协定》的规定予以确定。

（1）DSU 与《保障措施协定》在中止减让上的区别

首先，适用情形不同。《保障措施协定》第 8 条规定，受保障措施影响的成员国和保障措施实施国之间就此措施相关问题的磋商未能在磋商之日起的 30 天内达成解决协议，受保障措施影响的成员国在保障措施采取国正式实施保障措施之日起 90 天后，WTO 货物贸易理事会收到受保障措施影响的成员国的对保障措施实施国中止关税减让的书面通知之日起 30 天后，货物贸易理事会不表示反对的情况下，受保障措施影响的成员国有权正式实施对保障措施实施国中止在 GATT 1994 项下实质相等的关税减让或其他义务。

DSU 的中止减让规则适用情形主要规定在 DSU 第 22.2 条和第 22.6 条。其中第 22.2 条规定中止减让规则的适用情形是，争议双方在合理期限截止之日起 20 天内未达成符合双方要求的补偿合意，则胜诉的申诉方可向 DSB 申请其授权对未执行 DSB 裁定与决议的败诉方采取制裁措施；第 22.6 条对中止减让规则适用情形进行了专门的规定，胜诉方欲对败诉方中止其应承担的 WTO 协定项下的关税减让或其他义务，需获得 DSB 的先行授权。胜诉方需在合理期限届满之日起 30 天内获得 DSB 允许其中止对败诉方所承担的关税减让或其他义务,DSB 也可经全体同意后驳回胜诉方的授权申请。

可见,DSU 第 22 条、第 23 条中的中止减让主要针对的是败诉方不履行或履行不符合 DSB 的建议和裁决,其性质上相当于针对诉讼裁决消极执行的强制执行措施。DSU 第 22 条、第 23 条中的中止减让主要针对的是败诉方先前的违反 WTO 规则的行为。而保障措施反制所针对的则并不一定要求保障措施实施国先前的行为违反 WTO 规则。

其次,性质不同。《保障措施协定》授权保障措施受害国可实施对等中止减让等反制措施以维护本国的合法利益。此种反制类似于紧急措施,而非执行措施。而 DSU 第 22 条、第 23 条中的中止减让规则实质属于 WTO 裁决的执行措施,类似于强制执行的效果,只不过其采用了与其他诉讼强制执行所不同的中止减让方式而已。

最后,目的不同。针对保障措施的反制的主要目的是减少因对方国家实施保障措施所造成的本国国家利益的损害,其最终目的是恢复对等贸易利益的平衡。DSU 第 22 条、第 23 条的中止减让的主要目的是对败诉方不执行 DSB 裁决或建议的制裁,具有一定的强制性和制裁性,此种中止减让义务的主要功能是引导违反 WTO 规则的成员遵守 WTO 法律义务,恢复对等贸易利益的平衡只是手段,强制履行义务才是目的,最终目的是维持 WTO 成员权利义务的平衡。

(2)《保障措施协定》与 DSU 的适用关系

根据《保障措施协定》第 8 条,并不要求受保障措施影响的出口成员的反制必须要获得 DSB 的授权才能采取对等中止减让措施,只规定在满足本条款时限的条件下,货物贸易理事会对此中止不持异议即可。

DSU 第 22 条、第 23 条的授权中止减让的规定在 DSU 第 22 条第 1、2、4、6 款和第 23. 2(C)条中,争议双方在合理期限截止之日起 20 天内未达成符合双方要求的补偿合意,则胜诉的申诉方可申请授权制裁,即需获得 DSB 的先行授权。

就二者的关系而言,《保障措施协定》第 8 条具有优先性。DSU 适用于所有的 WTO 涵盖协定所涉争端,相当于 WTO 中的一般法。而《保障措施协定》只适用于保障措施领域,应属于 WTO 法律体系中的特别法,根据特别法优于一般法的原则,《保障措施协定》第 8 条在适用上具有优先性,当其第 8.2 条与 DSU 第 22 条、第 23 条发生冲突时,前者应优先适用。故而,当"232 反制措施"符合《保障措施协定》第 8.2 条的规定时,即使反制措施违反 DSU 第 23 条的授权规定,因为《保障措施协定》第 8 条优先于 DSU 第 22 条、第 23 条进行适用,故"232 反制措施"在 WTO 法律体系项下亦具有合法性和正当性。

总之,《保障措施协定》第 8 条与 DSU 第 22 条、第 23 条两者虽然均规定的是中止减让,但两者的性质、目的、适用的前提情况均并不相同。《保障措施协定》第 8.2 条和第 8.3 条提供了一种部分偏离 DSU 第 21.3 条的程序安排,并允许无须 DSB 事先授权就可立即中止关税减让。[①]

2. "232 反制措施"的权利边界问题

根据《保障措施协议》第 8 条的规定,中止减让权利的行使应当符合:(1)前置条件:实施保障措施的成员未依规履行磋商义务;(2)规定期间内的通知义务;(3)获得货物贸易理事会的认可;(4)符合规定的行使条件:基于特定进口的绝对增长而采取且不得在保障措施有效的前 3 年内行使中止减让权利。

具体到"232 反制措施"争端,首先,美国未向"232 措施"对实质利益有影响的钢铝产品出口国的当事方提供事先磋商的充分机会,也没有依规定提供所需资料供特定产品的出口方审议,且未与造成损害的进口方就补偿问题交换意见和达成协议。可见,反制措施行使的前提条件已经成就。

其次,反制成员均在不迟于该"232 措施"实施后 90 天内履行了对拟采取反制措施的通知义务,欧盟、中国等成员也书面通知货物贸易理事会其对美国的相关中止减让事宜。货物贸易理事会对此未表示反对。

最后,关于反制措施的行使条件问题,由于美国"232 调查"认为钢铝进口

---

① 参见余敏友:《论世贸组织争端解决机制的强制执法措施》,载《暨南学报》(哲学社会科学版)2008 年第 1 期。

美国的增加既包括绝对增长，也包括相对增长，共同导致美国国内钢铝产业的萧条；而“232 措施”本身并无 WTO 规则依据。对于违反 WTO 规则的保障措施，笔者认为，反制措施不受“前 3 年不得采取中止减让”条件的限制。

（三）“232 反制措施”的一般国际法根据

1. 一般国际法作为反制措施法律根据的理论争议

在“232 反制措施”的法律依据上，存在两种相异的观点。一种观点认为，WTO 规则是其唯一的法律依据；另一种观点则认为，WTO 规则之外的国际公法原则和其他相关国际条约规则也可以成为反制措施的法律依据。

第一种观点即所谓“自足说”。该观点认为，WTO 规则也是国际贸易的特殊规则，属于“特别法”（lex specialis）；国际公法原则和国家责任法规则属于“一般法”，根据“特别法优于一般法”的原则，在与“一般法”之间存在冲突的情况下，WTO 规则作为“特别法”应优先适用。WTO 体制作为一个体系严密的条约群，是一个自足的法律体系（self-contained system），WTO 规则作为自足的体系，不可用 WTO 规则之外的国际法规则代替 WTO 法律体系的特定条约规则，除非条约明确排除。自足的制度是一系列特殊法的集合，①是由一套针对特定领域的行为规则、程序规则和地位条款所建立的一个法律闭环。② 依据“特别法优于一般法”的原则，如果有两套规则调整同一事项，那么规定更明确、更具体的规则优先适用。自足的制度自然也对其所调整的事项优先于一般国际法而适用。WTO 之外的国际法只有在 DSB 解释和澄清 WTO 涵盖协定条款的具体含义时才有可能得到适用。DSB 只适用于 WTO 涵盖协定。一般实体国际法或其他习惯性国际法均不得适用。③ 所以，应依据 WTO 法规则判断反制的合法性。国际公法及其一般原则不能成为判断反制的合法性的法律依据。④

---

① See Bruno Simma & Dirk Pulkowski, “Planets and the Universe: Self-contained Regimes in International Law”, 17(3) *EJIL*, 490(2006).

② Year Book of the International Law Commission, 1982, Vol. I, 1731st meeting, para16.

③ See Joel P. Trachtman, “the Domain of WTO Dispute Resolution”, *Harvard International Law Review*, 347(1999). 转引自贺小勇等：《WTO 法专题研究》，北京大学出版社 2010 年版，第 54 页。

④ 参见廖诗评：《黎明前的黑暗？——评杨国华教授〈反制措施采取国贸易反制的国际法依据〉》，2018 年国际经济法年会论文。

第二种观点即所谓“并入说”。该观点认为,WTO 规则并非绝对自洽的体系,当 WTO 规则内部缺乏对其某条款的解释依据时,应依据 WTO 之外的国际法对 WTO 规则予以解释。《维也纳条约法公约》第 31.3(c)条明确指出,国家间有效的国际法规则可成为条约解释的依据,即可以采用其他国际法规则对 WTO 规则进行解释。[①] 在 WTO 体系外,一般法律原则与国际习惯法对全体国际法主体均具有约束力。在有规则明确规定的前提下就要适用规则而不可能优先适用原则;但是原则可以弥补规则的空白,填补规则的漏洞,当 WTO 规则存在“制度缺失”(system deficiency)或“制度失灵”(regime failure)的规则漏洞的情况下,WTO 法之外的国际公法的原则和其他相关国际条约规则也是可以适用的。杨国华教授认为,在特定情况下,“一般法”可以替代“特别法”。在 WTO 规则这一“特别法”出现“制度缺失”的法律漏洞时,国际公法中的普遍性规则等“一般法”成为解释“特别法”和弥补“制度缺失”的工具和依据。若 WTO 规则这一“特别法”出现 WTO 规则无法解决现实问题的“制度失灵”情况时,国际公法中的普遍性规则等“一般法”可成为解决现实问题的法律依据。“一般法的调整范围较特别法宽泛,故当某现实问题依据特别法无法妥善解决的情况下,应采用一般法调整。”[②]“由于 DSB 处理争端的程序冗长与烦琐,导致 DSB 无法及时阻止不法侵害的继续和损害的持续扩大,肇致受损害成员对依靠 DSB 公正与及时的保障自身合法利益已不抱希望。此种状况可视为制度失灵,受损害成员因此有权求助于一般国际法的机构和机制。”[③]

2. 一般国际法作为反制法律根据的理据

笔者认为,WTO 规则和 WTO 规则之外的其他国际公法规则均可作为反制的法律根据。WTO 规则主要赋予其成员权利,在初级规则层面上

---

① 参见范笑迎:《WTO 法解释援引外部国际法的理论与实践批判》,载《安徽大学学报》(哲学社会科学版)2018 年第 2 期。

② 2006 年联合国国际法委员会报告《国际法不成体系问题:国际法多样化和扩展引起的困难》附录第 15 段。

③ 2006 年联合国国际法委员会报告《国际法不成体系问题:国际法多样化和扩展引起的困难》(《报告》)第 187 段。另见《报告》附录第 16 段。

为反制提供合法性依据;其他国际公法规则可以排除反制非法性,在次级规则层面上证成反制的合法性。当 DSB 对于依据 GATT 1994 第 21 条基于国国家基本安全而采取的反制措施不能提供支持时,采取反制措施的成员可以援用国际公法的相应规则来证明其行为的正当性。鉴于 DSU 程序设计存在“制度失灵”风险并可能导致成员之间的巨大利益失衡,从而以具有一般性、普适性的国际公法规则或原则来解决争端将是一种合理和有效的选择。就当下情势而言,美国一系列违反 WTO 的单边措施已严重损害其他成员利益,DSB 又面临着上诉机构瘫痪所带来的重大危机,WTO 成员必然更多地将国际公法规则及原则作为其反制的合法理据,以更大限度地维护自身合法利益并避免损失的不断扩大。

(1)WTO 规则是国际法的组成部分

WTO 法律体系本身就是国际法的一部分,并非绝对闭合的法律体系。认为 WTO 法律体系为纯封闭的自决性体系的观点是令人质疑的,此观点缺乏具有说服力的法理依据的支撑,也未演化成具有广泛约束力和法律确信的国际习惯。

WTO 规则为系列条约规则,条约构成国际法的主体,因此,WTO 规则是国际法的组成部分。① 条约必守原则系国际法的基本原则,国家必须自觉信守其所签订的条约,善意履行条约义务。故而 WTO 规则的解释与适用必须遵从国际法的普遍原则和规则。所以,在 WTO 争端解决实践中,若专家组和上诉机构仅依据涵盖协定的规则无法妥善解决争端,无法用涵盖协定准确判断反制的合法性和正当性时,或采用涵盖协定判断反制的结果与国际社会的实际诉求完全背离时,则其可以将判断反制的合法性和正当性的法律扩大至涵盖协定范围以外的非 WTO 国际法渊源。

虽然 WTO 规则属于国际法中的特别法的范畴,但并非指 WTO 法律体系是绝对自洽的体系,并非完全游离于国际法的普遍性规则的统辖之外。此为 WTO 法所内含的规则,国际法的普遍性规则实质上可以直接用

---

① 参见[比]约斯特·鲍威林:《国际公法规则之冲突——WTO 法与其他国际法规则如何联系》,周忠海等译,法律出版社 2005 年版,第 47 页。

于解释 WTO 规则,此做法无须 WTO 规则明示。WTO 规则应遵循"法无明文禁止即可为"的规则,只要 WTO 规则未明示排除,WTO 之外的国际法即可适用。而且,当 WTO 规则部分规则存在制度缺失或制度失灵的情况下,国际公法的原则和其他相关国际条约规则也应是反制的法律依据。基于 WTO 规则的国际法属性,其制度本身必须受国际法普遍原则与规则的统辖,WTO 规则的解释与适用均需在国际条约解释的语境中进行。

从 WTO 争端解决实践观之,专家组与上诉机构在争端处理过程中的确援用了 WTO 之外的国际法渊源,诸多案例中均有印证。而且,持"自足说"理论的学者也承认这个事实。然而,持"自足说"理论的学者们认为 WTO 之外的国际法渊源仅限于 WTO 法律解释领域的观点则过于狭隘。在 WTO 争端解决实践中,WTO 之外的国际法不仅适用于解释 WTO 规则的模糊之处,也适用于明确争端双方的实体权利义务。

(2)WTO 法的非完全自足性

从自足制度的维度而言,自足的法律制度之所以得以存在就是因为它能更好地保护成员方的利益。自足的法律制度作为特别法比一般法更行之有效。此为自足的法律制度得以存在的必然逻辑。当这一前提得不到满足,自足的制度不能达至其本身追求的目的、不能保障和及时救济 WTO 成员的核心权利和基本利益时,那么,权益受损的 WTO 成员国即可以寻求 WTO 法之外的相关国际法规则作为反制救济的依据。

并且,WTO 法制并非完全的自足,其法律闭环也并非绝对的闭环。"没有条约能在一个规则的真空中运行,无论是其所涉事项多么特殊,或其成员多么有限,条约的生效、解释和适用还是要求诉诸大量的一般的、经常是不成文的国际习惯法原则。"①上诉机构也强调,WTO 协定并非超然独立于国际公法的体系。② 所以在一定条件下,对于 WTO 法制所无法妥善

① Simo, Regis Yann, "The Law of International Responsibility: The Case of the WTO as a 'Lex Specialis' or the Fallacy of a 'Self-contained' Regime", *African Journal of International & Comparative Law* 22.2(2014):184 - 207.

② See Appellate Body Report, *US—Gasoline*, WT/DS2/AB/R, para. 17; Appellate BodyReport, *US—Shrimp*, WT/DS58/AB/R, paras. 154 - 157.

调整的反制事项,可以援用一般国际法。

其实,“当国家采纳特殊的规则来规制违反的后果时,它们的目的不是排除国家责任的一般规则的适用,而是通过建立制度,或退而求其次通过更精确的约定,加强普通的、无秩序的、有时不够用的一般法下的承诺,使其更可靠,更有效”。[①] 因为反制措施采取国加入 WTO 时已经对所涉及的权利和义务做通盘的考虑,并将 WTO 法律制度作为“良法”(bien juridique)看待。所以只有在非常极端的情况下,WTO 法律制度无法对受损害国提供及时救济时,才会诉诸 WTO 法律制度外的单边措施,即只有当不法行为极其严重以至于危及“良法”的时候,才能采取反制措施,[②]因为在这时,WTO 法律制度内的措施对于不法行为是不合比例的。

而且,不能轻易推断一个国家通过加入一个 WTO 就意图放弃其在一般国际法下所享有的采取合法单边措施的正当权利。[③] 它们只是在特别的制度行之有效的限度内放弃一般国际法中的规则。[④] 当美国凭借其国内法制公然违背 WTO 规则,违反其应承担的 WTO 义务,而 WTO 法律体系中不存在完善的法律规定来及时保障和救济受害国正当的合法利益时,即 WTO 法律制度失效时,受害国便可以援用和依据其他相应国际法规则采用反制措施来保障和救济其利益。[⑤]

美国单边贸易措施在诸多方面违反 WTO 规则,虽然 WTO 法律规则被视为特别法,国际法规则为一般法。但当 WTO 法律规则本身存在缺陷或漏洞,WTO 某部分规则失灵,无法呼应现实的需求时,国际法作为 WTO 法建构和完善的依据和基础应当被允许援用。

---

① G Arangio-Ruiz, Fourth Report on State Responsibility, in ILC Yearbook (1992), Vol. Ⅱ, Part One, 42, para124.

② G Arangio-Ruiz, Fourth Report on State Responsibility, in ILC Yearbook (1992), Vol. Ⅱ, Part One, 41, para 116.

③ G Arangio-Ruiz, Summary Records of the Meetings of the Forty-fourth Session, in ILC Yearbook(1992), Vol. Ⅰ, 77.

④ See Bruno Simma & Dirk Pulkowski, “of Planets and the Universe: Self-contained Regimes in International Law”, 17(3) *EJIL*, 508 – 509(2006).

⑤ 参见潘隽吉:《自足的制度和反求诸一般国际法的方法——反制措施采取国对美贸易反措施的法律依据》,2018 年国际经济法年会论文。

3."232反制措施"性质的一般国际法界定

为实现在极特殊情况下对受害成员国合法利益的救济,在WTO规则出现"制度缺失"的情况下,则应从WTO外部法律中寻求反制的合法性依据。[①] 至于专家组和上诉机构可以援引或适用哪些不属于涵盖协定的非WTO国际法渊源,《建立WTO协定》第16条规定:"除本协定或多边贸易协定另有规定者,WTO应接受GATT 1947缔约方全体及GATT 1947框架内各机构所遵循的决定、程序及习惯做法的指导。"此处的"习惯做法"应为反映全体WTO成员方的共同意图和法律确信的"国际习惯"的国际法规则。

基于"232反制措施"的特征,笔者认为,反制属于国际法上的反措施范畴。联合国国际法委员会在其一读与二读通过的《国家对国际不法行为的责任条款草案》(以下简称《国家责任条款草案》)中将反措施定义为一国因另一国的某项国际不法行为所引起的、对抗该另一国的、不符合该国对另一国所负义务的国际法上合法的措施。[②] 而该措施合法的前提在于其符合该草案中关于反措施的限制性规定,包括使用的目的及限制、相称原则等。反措施针对的在先行为是国际不法行为,[③]该行为本身虽然是违法的,然而其行为的性质因符合反措施的构成而排除行为不法性,[④]不采取武力手段,[⑤]不具有惩罚性。[⑥]

反措施的基本构成要件是:(1)国家权利受到它国不法侵害;(2)针对违法国单独实施的措施,其他国家未给予支持或帮助;(3)无须措施针对国同意的强制措施,即使措施针对国反对也不能阻止反措施的实施;

---

① 假设DSB未认定"232措施"为保障措施,也不认可GATT 1994第21条基本安全例外条款能够证成"232反制措施"的合法性时,则应从WTO外部法律中寻求反制的合法性依据。

② 参见贺其治:《国家责任法及案例浅析》,法律出版社2003年版,第305页。

③ 二读条款第49.1条:"受害国只在为促使一国际不法行为的责任国依第二部分履行其义务时,才可对该国采取反措施。"

④ 二读条款第22条:"一国不遵守其对另一国国际义务的行为,在并且只在该行为构成按照第三部分第二章针对该另一国采取的一项反措施的情况下,其不法性才可解除。"

⑤ 二读条款第50.1(a)条:"反措施不得影响下列义务:(a)《宪章》中规定的不得实行武力威胁或使用武力的义务"。

⑥ ILC Report, A/56/10, 2001, chp. Ⅳ, p.331.

(4)国家权利受侵犯的事实并仅由受害国自行确定,无须由受害国以外的任何独立机构判定;(5)实施的主要目的是为恢复受害国被侵犯的权利,不能用于违反国际法的目的,否则构成国际不法行为。①

“232反制措施”与国际法上的反措施在内涵和外延上完全契合,是国家在其权利受到侵犯时为恢复其被侵犯的权利而单方面决定并单独采取的强制性措施。

4.“232反制措施”符合一般国际法

基于“232反制措施”之“反措施”性质,其合法性可以根据《国家责任条款草案》中有关反措施的一般国际法加以判断。

“232反制措施”符合《国家责任条款草案》第49~54条有关反措施的相关规定,包括(1)“以促使责任国履行其应尽国际法义务”为目的和“尽量采取能恢复义务履行的措施”;(2)不影响反制措施采取国应尽的其他国际义务;(3)措施控制在“弥补本国所遭受的损害”限度内;(4)履行了措施采取所必需的前置义务,②如通知、磋商等,并;(5)承诺于不法行为终止时亦予终止,因而具有合法性。

第四节 知识产权类争端

知识产权是当前多边体系中的又一焦点问题,于中国有着特殊的意义和影响。我国经济和社会发展要完成从增量向提质的转变,知识产权问题举足轻重。《TRIPs协定》已实施20年有余,无论之前是主动还是

---

① 参见温树斌:《论国际法强制执行的法理基础》,载《法律科学》(西北政法大学学报)2010年第3期。

② 《国家责任条款草案》第52条规定了采取反措施必需的条件:1. 一受害国在采取反措施以前应:(a)根据第43条要求责任国按照第二部分的规定履行其义务;(b)将采取反措施的任何决定通知责任国并提议与该国进行谈判。2. 虽有第1款(b)项的规定,受害国可采取必要的紧急反措施以维护其权利。3. 在下列情况下不得采取反措施,如已采取,务必停止,不得无理拖延:(a)国际不法行为已经停止,并且(b)已将争端提交有权做出对当事国具有约束力之决定的法院或法庭。4. 若责任国不真诚履行解决争端程序,第3款即不适用。

被迫,包括中国在内的 WTO 成员的整体知识产权保护水平已经被提升到了一定的水准。中国作为发展中国家群体的主要成员之一,无论是技术革新能力还是知识产权法律制度都已今非昔比。2017 年中国的专利申请量已创纪录地占当年世界总量的 43.6%,而同期美国占比为 19.2%;就分布的领域而言,中国专利局受理的申请量居于前三位的领域是计算机与电子设备等、能源以及测量,美国居于前三位的是计算机、医疗技术和数字传播。[①] 可见,中国技术创新的主要领域也涵盖部分新兴技术领域。在知识产权法律制度层面,中国的专利法、商标法、著作权法等都已进行了多次修改;[②]与知识产权法律联系密切的反不正当竞争法、反垄断法等规范体系也在不断修订完善。

然而,从美国近几年的贸易政策来看,中国仍然是其知识产权问题打击的重点目标。譬如,美国于 2018 年 3 月就中国的专利许可制度向 DSB 提起了申诉。[③] 在 USTR 发布的《2019 贸易政策议程与 2018 年度工作报告》中,仍然认为知识产权侵权活动在中国广泛存在,包括窃取商业秘密、猖獗的在线侵权和假货贸易,以及将高仿的假货出口到全球各地市场等;中国要求美国公司的研发活动本地化;其民事和刑事法律责任的执行仍然存在问题,对医药发明构成了障碍。[④] 并且在该报告中,美国首次提出将强制技术转让列入未来 WTO 改革的内容中。在其后的《2019 年特别 301 报告》中,美国更是坚持将中国列为重点观察对象,并对专利、商标、著作权等法律,以及技术转移等一系列制度继续提出若干质疑。[⑤] 在 USTR 发布的《2020 年贸易政策议程和 2019 年年度报告》中,美国细化了上一年度有

---

① WIPO, WIPO IP Facts and Figures 2018, pp. 11 – 13, https://www.wipo.int/edocs/pubdocs/en/wipo_pub_943_2018.pdf, last visited at Aril 4, 2019.

② 截至 2019 年 4 月 20 日,我国专利法第四次修改草案已于 2018 年 12 月 5 日由国务院常务会议通过,正式交全国人大常委会审议。著作权法第三次修改也早已启动并形成了草案,仍在征求意见讨论修订中。

③ DS542, *China—Intellectual Property Rights* Ⅱ, 23 March 2018.

④ USTR, 2019 *Trade Policy Agendaand* 2018 *Annual Report of the President of the United States on the Trade Agreements Program*, p. 63, available at https://ustr.gov/sites/default/files/2019_Trade_Policy_Agenda_and_2018_Annual_Report.pdf.

⑤ USTR, 2019 *Special* 301 *Report*, April 2019, available athttps://ustr.gov/sites/default/files/2019_Special_301_Report.pdf.

关将强制技术转让列入 WTO 改革的意见,认为 WTO 应该认识到强制技术转让造成的损害;强制性技术转让与基于市场原则的国际贸易体系不符等。① 上述这些争议在诸如人工智能、新一代通信和信息网络技术等新技术革命呼之欲来的背景下变得更加尖锐。中国的华为、中兴等高新技术企业的投资与贸易活动在美遭遇罕见且严厉的调查和阻碍,甚至涉及国家安全问题,②足以说明当下知识产权问题对于国际经济秩序,对于中美两个贸易大国,对于发达与发展中成员之间的关系举足轻重。

另外,中美之间的博弈也再次充分证明:与 20 多年前《TRIPs 协定》谈判前及谈判中的情景类似,多边体系内的知识产权问题绝非单一维度的纯粹知识产权问题;如果说在过去,多边之下的《TRIPs 协定》及其他"一揽子"协定安排勉强填平了国际经济关系中知识产权问题的一些沟壑,那么,在当下,随着国际政治经济形势的变化,一些问题又重新露出水面,而且较之过去联结了更多更为复杂的问题,有成为多边贸易体系规则海洋中的冰山之势,构成当下成员共同面临着的严峻挑战,亟待提供解决思路或方案;而中国在其中,因特殊的主体地位,难免涉及更多的个性问题。

一、WTO 争端解决中 TRIPs 案件总览及中国涉案

(一)TRIPs 案件总览

与 WTO 其他领域相比,TRIPs 涉案数以及成案数量都呈现显著的落

---

① See Office of the United States Trade Representative, The World Trade Organization at Twenty-Five and U. S. Interests, in 2020 Trade Policy Agenda and 2019 Annual Report of the President of the United States on the Trade Agreements Program.

② 先是我国中兴通讯公司遭遇调查和处罚。2018 年 4 月 16 日,美国商务部工业与安全局(BIS)以中兴通讯对涉及出口管制违规行为的某些员工未及时扣减奖金和发出惩戒信,并在提交给美国政府的函件中对此做了虚假陈述为由,拒绝给予中国电信设备制造商中兴通讯公司出口许可,禁止美国公司向中兴通讯出口电讯零部件产品,期限为 7 年。此外,执法部门还对中兴通讯处以 3 亿美元的罚款。至 2018 年 7 月,双方达成和解,中兴公司缴付了 4 亿美元保证金,禁令得以解除。接着,美国又指责我国另一通信行业巨头华为公司涉嫌侵犯商业秘密,违反对伊朗制裁法案等,欲将已被加拿大扣留的华为首席财务官孟晚舟女士引渡,并于 2019 年 1 月向美国法院对华为及相关公司、孟晚舟女士正式提起诉讼,提出多达 23 项刑事指控。目前,该事件仍在进行中。

差态势。截至 2019 年 12 月 31 日,DSB 受理的 TRIPs 案件只有 42 起,与货物贸易领域几百起案件数相比差距明显。其中,成案 13 起,占比 31%;以撤销或和解结案 14 起,占比 33%,如表 5 – 36、图 5 – 11 所示。

表 5 – 36　TRIPs 案件年度数量

单位:起

年份	1995	1996	1997	1998	1999	2000	2001	2002	2003	2004	2005	2006	2007
案件数	0	6	5	4	5	3	1	0	1	0	0	0	1
年份	2008	2009	2010	2011	2012	2013	2014	2015	2016	2017	2018	2019	—
案件数	1	0	2	0	3	2	0	0	0	3	3	2	—

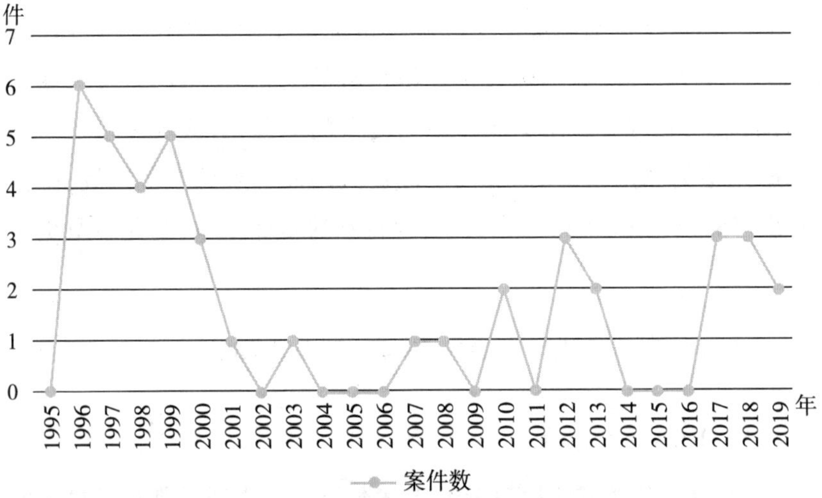

图 5 – 11　TRIPs 案件年度数量

数据显示,在 WTO 成立后的最初五六年里,TRIPs 案件相对较多。这一时期发达国家主动申诉的案件占据绝对多数,美国、欧盟、加拿大是主要的申诉方,或是相互之间提起,或是针对印度、印度尼西亚、巴基斯坦等发展中成员提起,内容主要涉及专利、著作权以及整体的知识产权执行措施,涵盖农业、汽车产业、化学品行业、药品产业。因而对于 TRIPs,发展中国家总体上呈现完全被动适应的状态。

此后约十年期间整个 TRIPs 争端很少,步入较长时间的沉寂期;但到 2012 ~ 2013 年、2017 ~ 2018 年又进入两个相对小高峰时期。前一小高峰期主要是澳大利亚烟草白板包装法案对一些严重依赖烟草出口的成员造成影响，引发贸易争端；后者则主要是美国、欧盟对中国等发展中国家成员的知识产权保护、执行措施提起申诉。从所涉措施的领域和行业来看，关税、知识产权执行措施较多，药品行业、音像出版行业、烟草行业等领域较为集中。从涉及的具体知识产权种类来看，专利、商标、著作权、商业秘密、地理标志为主导，尤其是前四类，集中性显著。从涉及的环节来看，权利归属、许可使用、执法领域等均有覆盖。从当事各方的情况来看，既有发达国家与发展中国家之间的申诉，也有发达国家之间的案件。但是发达国家和发展中国家在 TRIPs 案件中关注的焦点、争议的核心问题呈现显著差别：发达国家对于发展中国家的申诉案件多集中于出版物著作权问题、部分行业的商标问题、专利问题，以及整体性的执行措施等；而发展中国家对于发达国家的申诉主要聚焦的是医药等与公共政策紧密相关的问题，多主张的是知识产权保护的例外问题、限制问题。

（二）中国涉案

中国加入 WTO 至今涉案共 14 件，尚无申诉案件，被诉 4 件；作为第三方参与 10 件。其中被诉案件主要涉及知识产权执行措施、著作权保护、专利权保护、技术转移方面，涉及著作权、专利许可、商业秘密等知识产权类型；第三方参与的案件则涉及商标、地理标志以及执行措施等，如表5 – 37 所示。

表 5 – 37　中国参与 TRIPs 争端概况

涉案方式（数）	年份	案号	案件名称	申/被诉方	案件状态
被诉方（4）	2007	DS362	知识产权案	美国	裁决结案
	2008	DS372	影响金融信息服务和外国金融信息提供者案	欧盟	和解
	2018	DS542	知识产权保护措施Ⅱ案	美国	专家组审理中
		DS549	技术转让措施案	欧盟	磋商中

续表

涉案方式（数）	年份	案号	案件名称	申/被诉方	案件状态
第三方（10）	1999	DS174	欧共体商标和地理标志案	美国;欧盟	裁决结案
	2003	DS290			
	2012	DS434 DS435 DS441	澳大利亚适用于烟草产品和包装的有关商标、地理标志和其他白板包装要求措施案	乌克兰、洪都拉斯、多米尼加;澳大利亚	撤案
	2013	DS458 DS467	澳大利亚适用于烟草产品和包装的有关商标、地理标志和其他白板包装要求措施案	古巴、印度尼西亚;澳大利亚	裁决结案
	2017	DS526	沙特阿拉伯货物、服务和知识产权案	卡特尔;沙特阿拉伯	专家组审理中
	2018	DS567	沙特阿拉伯知识产权保护措施案	卡塔尔;沙特阿拉伯	专家组审理中
	2019	DS583	土耳其药品措施案	欧盟;土耳其	专家组审理中

从表 5 – 37 中可以看到，中国被诉的 4 起案件中，结案 2 起，裁决结案与和解各一起；其余磋商中和进入专家组审理各一起。对照 WTO 争端解决中 TRIPs 案件的总体情况，中国和美国、欧盟等的知识产权争端占据了同期整个多边体系中的 TRIPs 案件绝对多数：2007 ~ 2008 年中美、中欧之间的 TRIPs 案件是同期多边体系下仅有的 2 起知识产权争端；2018 年多边体系 DSB 受理的 TRIPs 申诉案件中中国案件占据了 2/3。从这些数据可以看出，中国是目前 TRIPs 案件的主要当事方之一。结合中国的特殊主体地位考虑，事实上，涉中国的 TRIPs 案件集中反映了当前发展中新兴大国与发达国家之间在知识产权问题上的矛盾与冲突，具有极强的代表性。而且，因为知识产权问题目前集合了国家战略、技术革命、经济和社会发展的保障及动力这些特殊的问题及利益考量，在整个多边体系中也表现出极其特殊的影响力和作用。对于中国这样正在技术赶超征途上跑步前进的成员而言，知识产权问题尤为特别。

二、知识产权多边体系进程及"中国问题"

(一)知识产权与多边体系

通过多边谈判缓解乃至解决知识产权问题事实上在 GATT、WTO 诞生之前就有范例。自 1883 年的《保护工业产权巴黎公约》(以下简称《巴黎公约》)、1886 年的《伯尔尼公约》开始,至之后作为联合国内一专门机构的"世界知识产权组织"(World Intellectual Property Organization,WIPO)的建立,知识产权的多边调整一直在进行之中。然而,这些公约或条约的成员参差不齐:有的完全没有知识产权的概念,[①]有的则已经达到了较高保护水平的程度;有的只是小范围成员的缔结,未能同时容纳存在巨大差别的发展中国家和发达国家群体。而且,多数条约并没有建立有效的监督执行机制,从内容上看,也多为合作与协调,[②]并未对实体性权利的统一发挥重大作用。因而,国际社会在 WTO 之前进行的知识产权多边调整成效并不十分显著。因此,在成立 WTO 的乌拉圭回合谈判中,发达国家竭力将知识产权问题纳入议程,试图建立一种新机制。为了获得各方成员的同意和支持,发达国家以农产品和纺织品贸易上的让步,来换取并补偿发展中国家因知识产权纳入"一揽子"协定而带来的损失,并接受了发展中国家"不把知识产权措施变成合法的贸易障碍"的主张。[③] 可见,从最初纳入多边体系开始,知识产权问题即背负着发展中国家和发达国家之间的矛盾与冲突。

就 WTO 多边体系中的知识产权制度安排而言,主要表现为以下几个方面的特点。

1. 保护标准得到了广泛的、较高水准的统一

在 TRIPs 之前,WIPO 之下虽然有若干多边条约,但自《巴黎公约》《伯尔尼公约》之后,多为合作、协调性质的内容,比如《专利合作条约》《商标国际注册马德里协定》等,在统一实体权利方面并没有十分突出的建树。

---

① 参见赵维田:《世贸组织(WTO)的法律制度》,吉林人民出版社 2000 年版,第 395 页。

② 参见赵维田:《世贸组织(WTO)的法律制度》,吉林人民出版社 2000 年版,第 395 页。

③ 参见赵维田:《世贸组织(WTO)的法律制度》,吉林人民出版社 2000 年版,第 397 页。

即便是《巴黎公约》与《伯尔尼公约》成员，因为缺乏有效的约束机制，仅凭善意原则、条约必须遵守等国际法一般原则约束，实效性欠佳。而且，对于一些知识产权新领域，国际社会仍然缺少共识。TRIPs 在结构上，既吸收了《巴黎公约》《伯尔尼公约》《罗马公约》等的内容，[①]又有新的突破。比如《TRIPs 协定》第 10 条关于计算机程序和数据汇编，第 11 条关于出租权的规定，第 3 节关于地理标志保护方面的规定。因而，整体而言，《TRIPs 协定》的成功缔结至少使国际社会知识产权保护标准达成了形式上的统一。虽然其中包含若干例外和 SDT，以及发展中国家所批评的“各种交换”，但毕竟形成了基本方案。对比过去的“千沟万壑”，纵然不够理想，也仍然具有突出的进步意义，尤其是在允许发展中国家存在部分差别待遇的条件下实现缔约成功，在国际经贸和知识产权法律制度史上确实具有突破性。

2. 商业属性国际认同不断提升的同时，争端解决机制的开放性得以增强

多边体系将知识产权作为一个重要的贸易联结（trade-linked）问题进行谈判，最终形成 TRIPs 目前的各种安排，具有两个重要的示范意义。其一，强化了知识产权商业属性的国际认同，使多边成员，无论原本国内法层面对于知识产权问题的理解如何，均事实上承认了知识产权在现代社会具有较强的商业属性，知识产权法相当一部分内容也是有关其权利如何进行商业流通的规范。这也意味着多边成员不得不依照统一的标准去建构保障知识产权国际流通的规范，从而抑制了知识产权传统上的地域性特征。其二，《TRIPs 协定》为多边体系之下贸易联结性问题的处理提供了参照，具有强烈的示范意义，因而增强了多边体系的开放性。知识产权与贸易原本是两个独立平行的领域，由零散的区域贸易规则和 WIPO，加上国际公法规则分别调整，但是经由 TRIPs，与贸易问题紧密联系在了一起，而且适用同一套争端解决机制。这使 TRIPs 案件虽然有不同于 GATT、GATS 纠纷的许多特点，但其争端解决方案仍然服从于多边体系的基本原则和目标。

3. 立法、执法和司法均受到制度化的监督与约束

与 WIPO 体系下的条约相比，《TRIPs 协定》极为突出的成就之一在于同

---

① 参见 TRIPs 第 2 条、第 9.1 条。

时覆盖了知识产权的立法、执法和司法问题,对成员的立法、执法和司法活动建立了全面的制度化的监督和约束机制。而且,基于整个WTO多边体系的运行,这种监督和约束是持续的、长期的和全方位的。DSM为这一监督和约束的有效性提供了保障。WIPO平台之上也有争议解决中心,但其解决的是私人之间的知识产权纠纷,而且是通过调解和仲裁的方式。其裁决既不能直接对成员国内法产生作用,而且执行也受成员国内法的重重限制,[①]具有很大局限性。因而,《TRIPs协定》在此方面的突破确实意义非凡。

4. 与公共政策的协调以制度化的方式得到一定程度缓解

自知识产权制度为国际社会成员所接受以来,其与公共健康等公共政策之间的矛盾和冲突一直就是各成员国内法和国际知识产权条约中的棘手问题。《TRIPs协定》尽管提升了知识产权保护水平,但同时也提供了一些具有一定作用的"灵活性"机制,使各成员能够适当顾及自身的基础和特别情况。譬如过渡期条款、例外条款、有关公共健康的多哈宣言、强制许可、平行进口、目标与原则条款等。尽管其作用范围、时间、对象等都存在明显局限,但确实提供了成员实施一定公共政策的空间。与多边形成之前双边、区域范围内的谈判和安排相比,这些"灵活"安排提供了更广阔范围内的、相对稳定的政策协调机制。虽然其实效性也常受质疑,但其在一片"杂乱"强调地域性的知识产权制度世界之中的破冰意义和作用非常显著。譬如,有关药品强制许可问题的《TRIPs协定》第31(f)条的修改,虽漫长艰苦,但终究基于《TRIPs协定》下已有的限制和例外条款以及谈判与磋商平台,获得成功。整个多边体系规则导向的引导和约束机制、《TRIPs协定》已有的例外安排是十分重要的基础。

---

① 在承认和执行国外仲裁裁决和调解协议方面,虽然存在相应国际协调机制,但均受成员国内法的限制,尽管有统一化的努力,但差异性仍然显著。比如,对于国外仲裁裁决的承认和执行,《纽约公约》第5条虽然一定程度上统一了各国的审查标准,但是该条第2款仍然规定,依该国法律,争议事项系不能以仲裁解决者;抑或承认或执行裁决有违该国公共政策者,均可以拒绝承认和执行。因而,事实上成员国仍然享有较大的自我管理空间。在调解领域,2019年6月,联合国国际贸易法委员会组织草拟的《联合国关于调解所产生的国际和解协议公约》(简称《新加坡调解公约》)得以完成,并于2019年8月开放签署。尽管该公约拟为商事调解协议的执行提供保障,但其条款的适用仍然需解决与成员国国内法上执行程序的衔接,以及公共政策审查、虚假调解的甄别等国内法上的实体性问题。

尽管呈现上述显著特色,也必须看到,TRIPs 同其他 WTO 领域一样,本身也充斥着许多矛盾。比如对于最不发达国家适用《TRIPs 协定》的问题,TRIPs 理事会目前的做法非常消极,多次延长过渡期。① 这也从一个侧面说明,在过去 25 年的时间里,最不发达国家的技术发展问题并没有得到根本性的缓解。这一状况将影响整个发展中国家群体对于知识产权问题的认识与理解。又如,根据《TRIPs 协定》第 64 条,GATT 1994 中的非违反之诉也同样适用于知识产权领域。② 但事实上,直至目前,该机制在 TRIPs 领域一直处于冻结状态。③ 尽管其法律文本存在语义模糊等明显的缺陷,但其独特的机制的确给许多国际贸易问题的处理提供了利益平衡的工具。本来知识产权作为兼具人身和财产性质的特殊权利,地域性突出。许多 TRIPs 措施也兼涉人身和财产权利保护问题。此外,特定领域的知识产权问题还会关涉国家安全、公共健康、教育普及等重要的公共政策。非违反之诉条款中的概括性和所谓"语焉不详"恰恰提供了协调多重不同性质利益的可能。倘若 DSM 在此领域的确具有较强的实效性,那么该条款理应得到适用。然而,现实却是该条款被 WTO 成员长期拒绝在 TRIPs 领域使用。这一状况集中反映出多边成员对于知识产权问题多重属性多方面影响的担忧。如果进一步探察不同成员的态度,可以发现,发达国家美国、瑞

---

① 根据 TRIPs 第 66.1 条,最不发达国家对于 TRIPs 除第 3 条、第 4 条、第 5 条之外的内容拥有 10 年的过渡期,TRIPs 理事会于 2005 年、2013 年作出决定予以延长,目前延至 2021 年 7 月 1 日或某个成员不再是最不发达国家之时。对于药品专利保护,理事会也同样多次延长豁免适用 TRIPs 的期限。根据 TRIPs 2015 年的决定,药品专利对最不发达国家将豁免至 2033 年或某成员从最不发达国家毕业时止,详见 IP/C/73,6 November 2015。

② "非违反之诉",是指依据 GATT 1994 第 23.1(b)条提起的一类特殊争议。根据该条款的规定,一成员的措施使另一缔约方在本协定项下直接或间接获得的利益丧失或减损,或本协定任何目标的实现正在受到阻碍,无论该措施是否与本协定的规定产生抵触,则该缔约方为使该事项得到满意的调整,可向其认为有关的另一缔约方提出书面交涉或建议。DSU 第 26 条对此进一步做了规定。

③ 根据《TRIPs 协定》第 64.2 条,非违反之诉在 WTO 协定生效之日起 5 年内不适用于 TRIPs 领域。此后在多哈回合有关决议中,TRIPs 理事会决定继续对有关 GATT 1994 第 23.1 条(b)(c)项的范围和类型进行探索,但与此同时,各成员不在《TRIPs 协定》之下提起非违反之诉。参见 The Doha Decision on Implementation-Related Issues and Concerns, WT/MIN(01)/17,2001 年 11 月 20 日,第 11.1 段。在多哈公共健康宣言第 10 段,各成员方同样承诺,不针对 GATT 1994 第 23.1 条(b)(c)项下的措施提起申诉。历次部长级会议都对其作出延长冻结期的决定。最近的一次延长是自 2017 年布宜诺斯艾利斯部长级会议到 2019 年部长级会议之时,详见 WT/L/976,2017 年 12 月 13 日。

士等认为应当适用该条款，以遏制成员通过“创造性的立法活动”规避协定中的承诺；但是，多数成员（显然是发展中国家）还是赞成永久冻结，还有的提出特别保障措施。[①] 2003 年 TRIPs 理事会主席列举了几种方案，或者全面禁止其适用，或者像在货物与服务贸易领域里那样加以适用，或规定特别的形式，或者延长冻结期。最终的结果也是大多数成员仍然选择要么全面冻结，要么延长冻结期。[②] 显然，这是多数发展中国家的主张。因此，可以看出，目前在知识产权领域，发展中国家和发达国家之间的矛盾仍然非常突出，TRIPs 现有机制并没有发挥应有的作用。基于过去谈判时“裹挟带入条款”[③]的阴影，以及实效性长期欠缺的现状，发展中成员对于过去设计的“灵活性”机制能否解决现实问题信任度较低。

（二）知识产权多边体系中的中国特色与挑战[④]

于中国而言，知识产权毫无疑问是非常重要的领域。中国作为特殊的发展中国家，其经济发展的速度和程度，以及发展的平衡性等存在诸多特别之处，影响国际贸易中知识产权问题的处理。

1. 中国模式之于多边体制的利益平衡问题

中国市场经济体制改革在取得巨大成就的同时，目前在部分环节、部分地区仍然存在管理方式、程序等方面的问题，有的问题还比较突出。其中，有一些是发展中国家普遍性的问题，如行政程序繁冗、行政许可条件透明度不

---

① See the introduction about the Non-violation complaints on the official website of WTO, https://www.wto.org/english/tratop_e/trips_e/nonviolation_background_e.htm.

② See the introduction about the Non-violation complaints on the official website of WTO, https://www.wto.org/english/tratop_e/trips_e/nonviolation_background_e.htm.

③ TRIPs 本身是发达国家用以“胡萝卜加大棒”软硬兼施的策略，以农产品和纺织品贸易的让步换取发展中国家成员同意而缔结。事实上，在发起乌拉圭回合谈判的埃斯特角宣言中，对知识产权保护只是表明澄清 GATT 规则，视情况制定新规则，直至谈判中期，各方仍没有共识。参见赵维田：《世贸组织（WTO）的法律制度》，吉林人民出版社 2000 年版，第 396 ~ 397 页。至《TRIPs 协定》达成后，在其实施中，发展中成员发现原本寄予厚望的第 31（f）条项关于强制许可的规定完全是一个摆设，许多发展中国家完全缺乏相应的生产能力，无法实施该条款。因而，该条款是事实上完全不对等的“裹挟带入”的条款。

④ 吴汉东教授在其《知识产权理论的体系化与中国化问题》一文中认为，知识产权“中国问题”的独特性在于超大型崛起、差异性发展、跨越式发展三个方面。参见吴汉东：《知识产权理论的体系化与中国化问题研究》，载《法制与社会发展》2014 年第 6 期。笔者以此概括为基础，进一步展开。

够;还有一些几乎是中国独有的或是尤为突出的特殊政策措施。比如,过去实施的自主创新产品优先采购,种类繁多的专利申请补贴以及许多创业补贴、人才特别补贴等。这些问题,尤其是后一类中国独有或尤为突出的措施实施于集多重复杂利益于一体的知识产权领域,大大增加了利益平衡的难度。

对中国而言,面临如何才能将中国的特殊需求置于 TRIPs 框架之下进行解释,进而设计出合规的知识产权措施的问题;对 DSB 而言,则面临在几乎没有可参照范例的情况下,如何在 TRIPs 框架下判断中国特殊社会发展状态下特殊措施的正当性问题。此类判断对 TRIPs,乃至整个 WTO 体制的包容性都会产生重大而深远的影响。

中国并没有实际参与《TRIPs 协定》形成之初的谈判,中国自身的贸易制度及其实施是在独立运行多年以后直面国际规则体系的多维检测和评判。中国特殊发展中国家的境况考验着多边体系条款和机制的张力;与此同时,中国自身也需审慎判断长期惯常使用的机制和措施哪些是合规性问题,哪些是真正的特殊性问题。因而,对中国与多边体系双方而言,中国加入 WTO 和 DSB 对涉中国案件的审查与裁判都属于完成型对接模式,而非自始互融互动的成长型模式。另外,即便中国参与了《TRIPs 协定》诞生之前的所有 TRIPs 问题的谈判,仍然会存在较大的挑战。我国社会主义市场经济体制确立于宪法是在 1993 年,[①]伴随这一国家总纲性经济制度和全面而深入的对外开放政策的推行,社会状况、行政管理模式都发生了重大变化。而且,这种社会整体性的变化至少目前来看,在世界范围内,其宽度、深度及影响力,均具唯一性。《中国加入议定书》及其工作组报告中对于知识产权问题的承诺在如此宏大的变化之中予以展开,其难度和挑战均前所未有。

2. 高质量发展需求下的保护与限制冲突

知识产权问题对中国当下的经济结构、发展模式调整至关重要,两者间的关系非常独特。尽管知识产权在许多国家的发展中都发挥了重要作用,但是都没有像在当下中国这样,在规模如此庞大的经济和社会发展之

---

① 1993 年 3 月,八届全国人大一次会议通过宪法修正案第 7 条,将《宪法》第 15 条关于国家实行计划经济的规定修改为:“国家实行社会主义市场经济。”1999 年 3 月,九届全国人大第二次会议通过宪法修正案第 12 条,在《宪法》序言第 7 自然段增加了“发展社会主义市场经济”的内容。

中居于关键性、决定性的地位，保护和限制之间的矛盾非常突出。事实上，我国经济发展模式早已启动从高速增长向高质量发展的转变。根据党的十九大报告和政府工作报告，产业发展要优化升级，以迈向全球价值链的中高端为目标。这些目标的实现离不开知识产权制度的有效实施。一方面，需要给予知识产权有效的保护，使真正有价值的新技术能够被广泛采用，从而确保产业升级、经济结构调整的质量；另一方面，目前来看，合理的知识产权限制性条款也十分重要。即如何在保障知识产权所有权人各项利益的同时，不损害公共政策的目标，提升整个社会的福祉。相关知识产权立法、执法和司法措施对于这一终极目的的实现至关重要。

中国目前兼具知识产权许可方和被许可方的角色：自身技术创新水平在部分行业领域具备一定的领先性，专利申请量也跃居世界前列多年，但也仍然存在若干关键性领域长期受制于人或是亟须进行技术占位的问题。因而，对于中国目前的知识产权法而言，保护和限制是并行不悖的两个支柱，急需高质量的能够服务于社会发展综合需求的创新性成果，既需要建立能够有效甄别技术价值的创新孵化机制，以及商业化扶持机制，提高对知识产权侵权的执法频率，加大打击力度；又需要体系化地考虑有关知识产权措施与公共政策的协调问题，并落实在国内知识产权立法、执法和司法的具体制度与RTAs机制安排之中。

3. 不平衡因素所致法治困难

中国社会的发展仍然表现出较强的不平衡性特征，地区不平衡、产业结构和产业链环节不平衡、技术领域不平衡等非常突出，这给知识产权立法、司法和行政执法均带来难题。以与知识产权密切相关的创新指数为例，自2001年以来，中国创新指数的进步表现突出。在2016年，中国的科学研究与试验发展（Research and Development，R&D）经费已经跃居世界第2位，位居美国之后；R&D强度[①]已达2.11%，首次超过欧盟15国的平均水平（2.09%），并且有8个省市的R&D经费投入强度突破2%；其中，北京高

① R&D强度指R&D经费与GDP之比（R&D经费/GDP），用以反映研发投入与经济发展之间的关联度。

达 5.96%，上海达到 3.82%。[①] 显然，一部分地区的部分创新指标已经达到或接近，乃至超过发达国家水平，但是仍然还有相当一部分地区，其经济仍然处于发展中国家的一般水平，甚至有的还未完全摆脱贫困，[②]遑论各类创新指标。在创新指数排名中，中国整体位列 17，是唯一进入前 20 名的发展中国家。

但是，在具体的创新指数中，不平衡性也较为明显。例如，在反垄断政策的效果一项，中国的排名由 2011 年的第 28 名提升至 2016 年的第 22 名，企业创新项目获得风险资本支持的难易程度由 2011 年的第 12 名上升至第 7 名。[③] 据此，相关产业集群理应有较大发展。然而，自 2011 年以来，产业集群的发展状况排名却一直在 16、18、19 之间徘徊，[④]并没有明显的改观。这样的社会现状使知识产权立法、执法和司法颇为困难：其一，不得不广泛协调公共政策与知识产权相关立法。如在著作权领域，我国《信息网络传播保护条例》第 9 条规定的"扶贫目的"的特殊许可制度。[⑤] 其二，在知识产权行政执法领域，城乡差距巨大。大量城乡结合部的批发市场、电商交易难以严格约束，如拼多多、淘宝等。现实的就业、不同层次消费需求之满足等问题同样亟待解决。其三，基于多方面的不平衡

---

① 参见科技部所辖中国科学技术发展战略研究院：《国家创新指数报告 2018》，科学技术文献出版社 2018 年版，第 4、6 页。该报告自 2011 年起连续发布，选取 40 个科技创新活动活跃的国家（其 R&D 经费投入之和占全球总量 95% 以上）作为研究对象，采用国际上通用的标杆分析法测算国家创新指数，所用数据均来自各国政府或国际组织的数据库和出版物。

② 根据国家统计局《2018 年国民经济和社会发展统计公报》，按照每人每年 2300 元（2010 年不变价）的农村贫困标准计算，2018 年年末农村贫困人口 1660 万人，比上年末减少 1386 万人；贫困发生率 1.7%，比上年下降 1.4 个百分点。详见 http://www.stats.gov.cn/tjsj/zxfb/201902/t20190228_1651265.html。

③ 参见中国科学技术发展战略研究院：《国家创新指数报告 2018》，科学技术文献出版社 2018 年版，第 34 页。

④ 参见中国科学技术发展战略研究院：《国家创新指数报告 2018》，科学技术文献出版社 2018 年版，第 34 页。

⑤ 《信息网络传播权保护条例》第 9 条规定，为扶助贫困，通过信息网络向农村地区的公众免费提供中国公民、法人或者其他组织已经发表的种植养殖、防病治病、防灾减灾等与扶助贫困有关的作品和适应基本文化需求的作品，网络服务提供者应当在提供前公告拟提供的作品及其作者、拟支付报酬的标准。自公告之日起 30 日内，著作权人不同意提供的，网络服务提供者不得提供其作品；自公告之日起满 30 日，著作权人没有异议的，网络服务提供者可以提供其作品，并按照公告的标准向著作权人支付报酬。网络服务提供者提供著作权人的作品后，著作权人不同意提供的，网络服务提供者应当立即删除著作权人的作品，并按照公告的标准向著作权人支付提供作品期间的报酬。依照前款规定提供作品的，不得直接或者间接获得经济利益。

现状，对于知识产权侵权损害赔偿酌量裁判的标准难以统一，往往地区之间、不同技术领域、不同产业链环节，甚至不同审判人员之间差距过大。

4. 两极化倾向下的制度性矛盾

当下中国社会对于知识产权的理解仍然存在两个极端，给立法、执法和司法带来困难。一方面，中国社会传统上并没有很强的知识产权观念，相关法律制度过去也以粗线条调整居多；而且，现代知识产权法所强调的私权性质、市场化主张与我国社会长期的计划式调整并不完全贴合，存在一定的冲突。“实现智力成果的市场化是知识产权制度的一大目标。”[①]但是，当下我国社会主义市场经济建设在主体培育、调节路径等方面还未达到非常成熟的阶段，智力成果市场化的法律制度更是欠发达。另一方面，当前也存在权利人滥用知识产权权利，公共政策与知识产权调整机制不充分，部分领域利益失衡的现象，也给知识产权立法、执法和司法带来挑战。比如，我国也出现了“专利诱饵”（Patent Troll）纠纷。[②] 又如，对于药品知识产权的保护，尽管专利法中“Bolar 例外”为仿制药上市提供了方便，但是我国也仍然存在一些领域仿制能力有限、仿制资源分布不合理的问题。

---

① ［日］富田彻男：《市场竞争中的知识产权》，廖正衡等译，商务印书馆2000年版，第3页。

② 专利诱饵，也被称为专利流氓、专利蟑螂、专利海盗等，指一些个人或组织专门购买、囤积大量专利，却并不实施，等待目标企业发展至一定阶段后，以提起诉讼相威胁，从而获取巨额许可使用费、和解费等。专利购买行为本身并无可责性，但是其有意囤积、长期不予实施专利，专门攻击目标企业（一般为大型企业且处于获利丰厚之时）的主观状态及行为，在现代技术革新速度飞快，产品或服务专利聚集度很高的情境之下，对重大革新创造的产生造成巨大障碍。换言之，现代技术的爆炸式发展使新技术要安全地穿越密集的专利丛林非常困难，专利诱饵在其中筑造了陷阱。早期是美国等发达国家深受专利诱饵困扰，出台一系列法律规范予以规制。我国随着经济和社会发展，专利申请量、授权量井喷，也逐渐出现此类纠纷。如江苏省南京市中级人民法院2016年就审理了全国首起专利诱饵案件“加拿大无线未来科技公司诉索尼公司等标准必要专利侵权纠纷案”。本案原告无线未来科技公司系加拿大老牌专利许可公司Wi-LAN旗下的子公司，是“通信网络系统中控制信道”发明专利的专利权人，该专利技术涉及LTE（4G）网络中控制信道的分配和解码。无线未来科技公司主张索尼公司制造的手机使用了LTE技术，要求索尼公司及销售商停止侵权行为，并赔偿经济损失等共计800万元。随后，被告向国家知识产权局专利复审委提起宣告涉案专利无效的请求，最终大部分请求获得了支持，原告撤诉。参见《江苏省高级人民法院工作报告》（2017）第3页，以及“无线未来科技公司与索尼移动通信产品（中国）有限公司、南京京启承信息科技有限公司等侵害发明专利权”一案江苏省南京市中级人民法院一审民事裁定书（2016）苏01民初1133号。

而且,药品行业的“Bolar 例外”事实上调整的是专利权人和仿制者,即不同类型生产者与生产者之间的关系,并没有直接涉及消费者公共卫生方面的公共政策问题。因此,一些案件凸显知识产权法中公共政策因素考量的缺失。[①] 总体来看,中国不得不同时直面知识产权保护水平的国际高标准要求以及医药卫生领域公共政策的迫切需求。在社会整体的知识产权观念、意识得到进一步提升和相应法律规范体系得到完善之前,执法和司法仍然存在困境。

此外,知识产权问题基于其重要性,早已被纳入了国家发展战略。[②] 为了实施这一重要战略,各级政府推行的刺激措施数量繁多、类型多样。基于中国目前的经济规模以及仍然一定程度存在的“运动式”行政执法的现状,对相关贸易对象极易产生短期内集中性的显著影响。因此,在今后较长一段时间内,国际贸易中知识产权领域产生矛盾和冲突的概率和频率仍然较高。

三、中国所涉典型 TRIPs 争端与问题聚焦

(一)TRIPs 争端的规则援引:现象透视

TRIPs 案件虽然整体偏少,但是基于目前多边贸易体制中知识产权规

---

① 如引发热议的电影《我不是药神》事件原型“陆勇销售假药、妨害信用卡管理”一案。被告人利用他人身份证办理多张借记卡,用以从境外购入大量未在境内获得合法生产、销售许可的抗癌仿制药,低价出售给境内患者。本案公诉机关湖南省沅江市人民检察院从被告人行为的目的和用途分析,认定情节显著轻微,危害不大,不认为犯罪,最终做出不起诉决定。详情参见沅检公刑不诉 2015 年第 1 号决定书。笔者认为,若要从根源上解决此类问题,并强化不同法律之间的衔接,完善整个法律体系,应重视专利法中药品专利权利限制条款的设计,给予公共政策相应考量空间,而不是完全交由刑法进行调控。刑法基于其谦抑性及罪刑法定原则的要求,给予公共政策的调适范围极为有限。事实上,本案公诉机关为平息若干争论,还专门制作了诉讼法上并无明确法律地位的《释法说理书》,似有进一步增强不起诉说服力之考虑。

② 早在 2006 年,国务院就颁布了《国家中长期科学和技术发展规划纲要(2006~2020 年)》(国发 2005〔44〕号)。随后,一系列有关创新的机制体制改革方案出台。至 2016 年 5 月,中共中央、国务院又印发了《国家创新驱动发展战略纲要》。党的十八大报告随即提出了“加强知识产权保护”的重要方针和思想,十九大报告又进一步提出“加快建设创新型国家”,并指出创新是引领发展的第一动力,是建设现代化经济体系的战略支撑。这一系列文件都表明知识产权具有国家战略层面的重要地位。

则的唯一性，其争端案件的规则援引状况便成为发现问题的关键视角。换言之，涉案条款的聚集领域、专家组和上诉机构的分析视角及其基本评价均能反映出该机制对现实问题的调整方式、调节程度等方面的情况，以及未来所需改善之方向。

TRIPs 共 73 个条款，争端解决援引情况如表 5－38 所示。

表 5－38　TRIPs 争端所涉协定条款①

单位：件

《TRIPs 协定》条款	数量	案件编号
第 1 条	2	DS290、DS434
第 1.1 条	3	DS174、DS409、DS434
第 2 条	6	DS174、DS176、DS186、DS290、DS408、DS409
第 2.1 条	6	DS174、DS176、DS434、DS435、DS441、DS467
第 3 条	11	DS28、DS59、DS174、DS176、DS186、DS290、DS526、DS527、DS528、DS542、DS549
第 3.1 条	11	DS174、DS176、DS362、DS434、DS435、DS441、DS458、DS467、DS567、DS583、DS590
第 4 条	9	DS28、DS174、DS176、DS290、DS526、DS527、DS528、DS567、DS590
第 7 条	1	DS408
第 8 条	1	DS408
第 9 条	4	DS82、DS115、DS186、DS567、
第 9.1 条	2	DS160、DS362
第 10 条	3	DS82、DS115、DS290
第 11 条	2	DS82、DS115
第 12 条	2	DS82、DS115
第 13 条	2	DS82、DS115
第 14 条	4	DS28、DS82、DS115、DS362

① 根据 WTO 网站公布的信息整理，载 https://www.wto.org/english/tratop_e/dispu_e/dispu_agreements_index_e.htm，最后访问日期：2020 年 4 月 25 日。

续表

《TRIPs 协定》条款	数量	案件编号
第 14.3 条	1	DS567
第 14.6 条	1	DS42
第 15 条	2	DS176、DS434
第 15.1 条	1	DS434
第 15.4 条	5	DS434、DS435、DS441、DS458、DS467
第 16 条	4	DS174、DS176、DS290、DS434
第 16.1 条	8	DS174、DS176、DS434、DS435、DS441、DS458、DS467、DS567
第 16.3 条	2	DS434、DS467
第 17 条	1	DS176
第 18 条	1	DS176
第 19 条	1	DS176
第 20 条	9	DS59、DS174、DS176、DS290、DS434、DS435、DS441、DS458、DS467
第 21 条	1	DS176
第 22 条	2	DS174、DS290
第 22.1 条	1	DS174
第 22.2 条	2	DS174、DS290
第 22.2(b)条	4	DS435、DS441、DS458、DS467
第 24 条	2	DS174、DS290
第 24.3 条	4	DS435、DS441、DS458、DS467
第 24.5 条	2	DS174、DS290
第 27 条	10	DS36、DS50、DS79、DS114、DS171、DS186、DS196、DS199、DS224、DS434
第 27.1 条	4	DS114、DS153、DS199、DS583
第 28 条	6	DS114、DS196、DS199、DS224、DS408、DS409
第 28.1 条	1	DS199
第 28.1(a)条	2	DS542、DS549
第 28.1(b)条	2	DS542、DS549

续表

《TRIPs 协定》条款	数量	案件编号
第 28.2 条	4	DS542、DS549、DS583、DS590
第 31 条	3	DS196、DS408、DS409
第 33 条	4	DS37、DS114、DS170、DS549
第 34 条	1	DS196
第 39 条	1	DS196
第 39.1 条	2	DS549、DS583
第 39.2 条	4	DS171、DS372、DS549、DS583
第 41 条	8	DS82、DS115、DS124、DS125、DS176、DS186、DS290、DS408
第 41.1 条	4	DS174、DS362、DS409、DS567
第 41.2 条	2	DS174、DS409
第 41.4 条	1	DS174
第 42 条	9	DS82、DS115、DS174、DS176、DS186、DS290、DS408、DS409、DS567
第 43 条	2	DS82、DS115
第 44 条	2	DS82、DS115
第 44.1 条	1	DS174
第 45 条	2	DS82、DS115
第 46 条	3	DS82、DS115、DS362
第 47 条	2	DS82、DS115
第 48 条	2	DS82、DS115
第 49 条	2	DS186、DS409
第 50 条	4	DS83、DS86、DS186、DS196
第 50.3 条	1	DS409
第 50.7 条	1	DS40
第 50.8 条	1	DS409
第 51 条	2	DS186、DS409
第 52 条	1	DS409

续表

《TRIPs 协定》条款	数量	案件编号
第 53.1 条	1	DS409
第 53.2 条	1	DS409
第 54 条	1	DS409
第 55 条	1	DS409
第 58 条	1	DS409
第 59 条	2	DS362、DS409
第 61 条	7	DS28、DS82、DS115、DS124、DS125、DS362、DS567
第 62 条	2	DS176、DS196
第 63 条	6	DS82、DS83、DS86、DS115、DS174、DS290
第 63.1 条	2	DS174、DS290
第 63.3 条	2	DS174、DS290
第 65 条	15	DS28、DS36、DS37、DS50、DS59、DS79、DS82、DS83、DS86、DS115、DS170、DS171、DS174、DS196、DS290
第 65.1 条	2	DS174、DS290
第 65.5 条	1	DS59
第 70 条	10	DS28、DS36、DS37、DS50、DS79、DS82、DS115、DS170、DS171、DS196
第 70.2 条	1	DS42
第 70.8 条	1	DS79
第 70.9 条	1	DS79

截至目前涉案条款约 50 个，占比近 70%。考虑到协定中一些条款本身即无可争议或争议性较弱，如第 68、69 条有关机构安排的规定；第 71 条审议和修订、第 72 条保留之规定，协定条款的适用率并不低。但与此同时，高频率援引的条款并不多，不到援引条款的 1/3。首先，援引最多的是第 3 条有关国民待遇的规定，总计约有 50% 的案件涉及；其次是第 65 条有关过渡期的规定，将近 40% 的案件涉及；最后为第 2 条，涉及《TRIPs 协定》与其他知识产权公约的关系。其余适用频次较高的有第 27 条可专利范

围、第 70 条对现有客体的保护、第 20 条关于商标的其他要求、第 42 条民事和行政程序中有关公平和公正的要求、第 4 条最惠国待遇、第 16.1 条商标专有权等，也由此呈现聚焦的争端问题，如表 5－39 所示。

表 5－39　TRIPs 争端中援引的高频度条款

《TRIPs 协定》条款	援引案数	占比
第 3 条(含第 3.1 条，国民待遇)	22	52.4%
第 65 条(过渡安排)	15	35.7%
第 2 条(含第 2.1 条，知识产权公约——巴黎公约)	12	28.6%
第 27 条(专利——可授予专利的客体)	10	23.8%
第 70 条(对现有客体的保护)	10	23.8%
第 20 条(商标——其他要求)	9	21.4%
第 42 条(公平和公正的程序)	9	21.4%
第 4 条(最惠国待遇)	9	21.4%
第 16.1 条(授予的权利——商标专有权)	8	19%
第 41 条(知识产权的实施——一般义务)	8	19%
第 61 条(刑事程序)	7	16.7%
第 28 条(专利——授权的权利)	6	14.3%
第 63 条(透明度)	6	14.3%

然而，若将这些数据置于整个涵盖协定背景之下比较，案件总数和成案总数差距巨大，难免令成员方质疑《TRIPs 协定》的规制功能。

迄今为止尚未被援引或被适用的《TRIPs 协定》条款，有的是相同或类似的规则在其他协定案件中已被当事方援引，被专家组或上诉机构所适用。但是，仅有这些适用也并不能直接导出《TRIPs 协定》这些条款的适用规则。因此，也使《TRIPs 协定》的适用难度增加。对于这一问题，DSB 事实上存在两难困境：一方面，尽管 DSB 迄今对于 WTO 协定体系内各协定之间的关系并没有十分一致的清晰明了的结论，但是基于共存于同一法律体系的事实，相互间存在一定类似于“判例”的效应，尤其是那些语词表述相同或近似，在 GATT 1994 之中早已存在的条款，其适用对于《TRIPs 协定》条款的内涵理解和功能发挥事实上存在影响，而且逻辑上也必须无隙。另一方面，无论是基于条约解释的善意原则，还是规制对象的实际差异，相互间又的确存在非常明显的差别，不能互相替代。例如，《TRIPs 协定》中第 13、17、30 条等也包含了例外的规定，第 73 条安全例外与 GATT 1994 第 21 条更是几乎完全一致。对这些例外内容如何进行解释，专家组在欧共体商标和地理标志案（*EC—Trademarks and Geographical Indications*，DS174、DS290）中就指出，《TRIPs 协定》与 GATT 1994 各为 WTO 协定独立的附件，不能互相覆盖，对涵盖协定应进行“和谐地解释”，累进地适用，但连续地适用并不是必然要连续适用全部的附件。① 据此，本案专家组最终认为，《TRIPs 协定》中没有包含类似 GATT 1994 中的一般例外条款，对第 3 条国民待遇的理解没有影响。换言之，多边体系目前的体系结构决定了在争端解决方面，《TRIPs 协定》能否被积极适用仍然取决于协定本身的条款是否能被再度挖掘、激活，是否自身提供了能够平衡成员自主管理权与知识产权保护标准一致性要求的工具。知识产权争端尽管在多边贸易平台之上产生，其独特性和独立性决定了 DSB 其他领域的“繁荣”并不能直接推动知识产权争端的解决。就现实而言，在新的技术革命的背景下，关税等传统的贸易壁垒反而变成久滞的知识产权问题的挡箭牌。若要推动知识产权问题的争端解决，其主要着力点仍然在于《TRIPs 协定》本身。

（二）中国涉案的规则援引

在中国被诉的 4 起案件中，有关专利的第 28.1 条、第 28.2 条均有 2 起案件涉及，其余第 3、3.1、39.1、39.2、9.1、41.1 条等各有 1 起案件涉及。在中国作为第三方的 10 起案件中，由于有 5 起案件都是关于澳大利亚适用于烟草产品和包装的有关商标、地理标志和其他白板包装要求措施案（DS434、DS435、DS441、DS458、DS467），实际比较的就是欧共体商标和地理标志案、沙特阿拉伯保护知识产权案（*Saudia Arabia—Measures concerning*

---

① See Panel Report, *EC—Trademarks and Geographical Indications*, WT/DS174/R, para. 7.208.

the Protection of Intellectual Property Rights,DS567)、土耳其药品措施案以及烟草产品措施案。这些案件主要涉及的条款包括第 2 条、第 3 条、第 4 条、第 16 条、第 28.2 条、第 39.1 条、第 41 条、第 42 条等,涉案频率均大于等于 2 次,其余涉案条款还包括第 22、63、65 条等,如表 5-40 所示。

表 5-40　中国参与 TRIPs 争端的规则援引

涉案方式	案号	《TRIPs 协定》条款
被诉	DS362	第 3.1 条;第 9.1 条(与《伯尔尼公约》的关系);第 14 条[对表演者、录音制品(唱片)制作者和广播组织的保护];第 41.1 条;第 46 条(知识产权实施——其他补救);第 59 条(有关边境措施的特别要求——补救);第 61 条
	DS372	第 39.2 条(对未公开信息的保护)
	DS542	第 28.1 条 a、b 款(专利——专利专有权);第 3 条
	DS549	第 28.1 条 a、b 款、第 28.2 条(专利权转让/转移);第 39.1 条
第三方	DS174 DS290	第 1 条(义务的性质和范围);第 2 条;第 3 条;第 4 条;第 10 条(版权和相关权利——计算机程序和数据汇编);第 16 条;第 20 条;第 22 条(地理标识的保护);第 24 条(地理标识——国际谈判例外);第 41 条;第 42 条
	DS434 DS435 DS441 DS458 DS467	第 1 条、第 2 条、第 3 条、第 15 条、第 16 条、第 20 条、第 22 条、第 27 条
	DS526	第 3 条、第 4 条
	DS567	第 4 条、第 9 条、第 14 条、第 16 条、第 41 条、第 42 条、第 61 条
	DS583	第 3.1 条、第 27.1 条、第 28.2 条、第 39.1 条、第 39.2 条

上述援引条款反映出中国在 TRIPs 争端中的以下几个特征:

首先,从涉案条款的内容来看,与前述 TRIPs 整体涉案条款有相同之处,大多涉及国民待遇问题、最惠国待遇问题,以及多数涉发展中国家的 TRIPs 案件都会包括的透明度问题、协定第三部分的执行措施问题,尤其是民事和刑事执行措施,以及过渡性安排问题等。事实上,中国是美欧等发达成员对发展中成员提起知识产权问题申诉的主要对象,上述问题除是中国被诉的主要争议点外，也是中国作为第三方参与案件中的主要争议条款。

其次，从案件涉及的知识产权种类来看，专利案件居首，也包括著作权和地理标志保护措施争议，并且有成案产生；对于未披露信息也有案件涉及。从知识产权制度的具体环节来看，既包括专利、著作权等实体权利内容本身，也涵盖知识产权实施所涉民事、刑事等重要救济程序。

最后，从这些条款的触案时间来看，表现出明显的重心转移。在早期的案件中，申诉方主要关注中国知识产权制度的国民待遇问题、一般救济制度安排。在近期的案件中，中国有关未披露信息、专利权范围、专利许可制度则受到前所未有的重视。在中国作为第三方的案件中，基于第三方与所涉案件利益关系之要求，其争议点事实上也反映出中国自身对于知识产权问题关注点的变化。早期的第三方案件（DS290）涉及国民待遇、地理标志、救济措施、透明度、过渡期安排等，几乎涵盖全部发展中国家知识产权保护的热点问题。但是，较近的第三方案件，在争议点方面则表现出一定的集中性，主要涉及与《伯尔尼公约》关系、司法救济程序等问题。

（三）DS362：中国民事、行政和刑事执行措施问题

1. 案涉问题的成案回顾

知识产权执行措施是中国知识产权案中争议的核心内容。中国知识产权案是目前中国所涉 TRIPs 争端唯一的成案。在该案中，对于执行措施，申诉方美国称对于具有商业规模但未达到一定门槛的蓄意假冒商标和盗版侵权案件，中国没有规定相应的刑事程序和刑事处罚，与中国在《TRIPs 协定》第 61 条以及第 41.1 条项下义务不符；中国海关针对知识产权侵权货物的处理措施与《TRIPs 协定》第 46 条、第 59 条下的义务不符。另外，被诉措施也不符合《TRIPs 协定》第 46 条、第 50.1 条等的规定。专家组就这些焦点问题进行了详细的分析。

（1）侵权者及其行为的商业规模（commercial scale）问题

《TRIPs 协定》第 61 条规定，成员应当规定至少适用于具有商业规模的蓄意假冒商标或盗版侵权案件的刑事程序和处罚。双方就其中“商业规模”的含义展开论辩。专家组通过语词的通常含义、上下文、谈判资料、其

他知识产权条约等进行考察。专家组认为,商业规模并不等同于商业目的,TRIPs谈判记录表明,美国初期曾经提议过这种表述;谈判者在规定某些种类知识产权的保护范围时也曾在有的条款中使用了“商业目的”的表述,《伯尔尼公约》(1971)的附件在可能限制特定权利的规定中也以单数形式使用了“商业目的”一词,协定文本并没有采用该表述,没有涵盖所有为了获取经济利益或利润的活动的意思。[①] 另外,商业规模不仅仅用于定性,也有相对大小的含义,整体作为一个市场基准加以考察,才与第61条的上下文相匹配。[②] 据此,“具有商业规模”指的是在特定市场中,针对特定产品,具有典型或通常商业活动的数量或规模;这一数量或规模可大可小;从长远看,典型或通常商业活动的数量或规模,涉及其收益性。[③] 最终认定,美国并未能证明中国此项措施违反了协定义务。

(2)执法机构的权力问题

《TRIPs协定》第59条规定,适格的主管机关应当有权责令根据第46条的原则销毁或处置侵权货物。彼时中国《知识产权海关保护条例》第27条规定,被没收的侵犯知识产权的货物无法用于社会公益事业且知识产权权利人无收购意愿的,海关可以在消除侵权特征后依法拍卖。美国认为,中国的这一规定不符合《TRIPs协定》第59条的规定,因为要求在前三种处置方式均不可行时,海关才可以销毁。[④] 中国则抗辩该条例规定的拍卖、卖给权利人是选择性的,条文并未规定海关在其他情况下不得销毁货物。[⑤] 专家组认为第59条的义务同样适用于强制性和任意性措施;美国的诉请针对海关是否“有权”责令销毁而非是否实际行使了销毁权,无争议的数据表明,拍卖事实上没有排除销毁;条文也没有规定在侵权特征并非无法消除的时候,海关没有责令销毁的权力。[⑥] 最终认定,条例使中国海

---

① See Panel Report, *China—Intellectual Property Rights*, WT/DS362/R, paras. 7.541, 7.542.

② See Panel Report, *China—Intellectual Property Rights*, WT/DS362/R, paras. 7.543 – 7.545.

③ See Panel Report, *China—Intellectual Property Rights*, WT/DS362/R, para. 7.577.

④ See Panel Report, *China—Intellectual Property Rights*, WT/DS362/R, para. 7.355.

⑤ See Panel Report, *China—Intellectual Property Rights*, WT/DS362/R, paras. 7.334 – 7.335.

⑥ See Panel Report, *China—Intellectual Property Rights*, WT/DS362/R, paras. 7.333, 7.336, 7.347, 7.349.

关有权责令销毁或处置货物。但是,根据《TRIPs 协定》第 51 条的上下文理解,成员没有义务将第 59 条的要求适用于意在出口的货物。[①] 因而,所争议的本条措施并不能适用第 59 条。

(3)执法例外的问题

《TRIPs 协定》第 46 条规定,为有效制止侵权,司法机关有权在不给予任何补偿的情况下,责令将已发现侵权的货物清除出商业渠道。该条第 4 句话还要求,对于冒牌货,除例外情况外,仅除去非法加贴的商标并不足以允许该货物放行进入商业渠道。美国认为,中国《知识产权海关保护条例》允许执法机关对侵权物在消除侵权特征后拍卖不符合上述义务。中国则认为措施不是“仅”摘标,还为权利人提供了拍卖前发表意见的机会。[②] 专家组认为“仅”字的意思是“不增加任何东西;不多不少;只,单纯的”。[③] 从货物上去除商标而不采取任何其他行动构成第 46 条第 4 句话所述的“仅”去除商标。专家组还指出,第 46 条第 4 句话还提及了例外,其理解必须根据第 46 条的目的“为有效制止侵权”来理解,例外不能变成常规或常见的情况。[④] 常规下仅去除商标并不能实现上述目的。因而,专家组认为中国上述条例中的这一规定超过了仅在“例外情况”下的要求。

2. 中国知识产权执行措施的延伸思考

中国知识产权案专家组有关执行措施的分析,笔者认为对中国自身以及 WTO 体系均具有突出的价值和意义。《TRIPs 协定》之前的知识产权条约除了规定国民待遇和一些选择性条款外,有关实施的规定仅限于法律救济和扣押侵权货物的一般义务,引入执行部分是乌拉圭谈判的重大成就之一。[⑤]《TRIPs 协定》第 59、61 条等规定为多边体系成员的知识产权保护执行措施设定了最低的标准。在这一案件中,就中国而言有关执行措施有几点特别需关注。

---

① See Panel Report, *China—Intellectual Property Rights*, WT/DS362/R, para. 7. 224.

② See Panel Report, *China—Intellectual Property Rights*, WT/DS362/R, para. 7. 368.

③ See Panel Report, *China—Intellectual Property Rights*, WT/DS362/R, para. 7. 369.

④ See Panel Report, *China—Intellectual Property Rights*, WT/DS362/R, para. 7. 391.

⑤ See Panel Report, *US—Section 211 Appropriations Act*, WT/DS176/R, adopted 2 January 2002, para. 8. 97.

(1)管制性规范的语言表述

从中国知识产权案争议的内容来看,有的问题实际主要是由管制性规范的表述模糊、不准确所引发。比如,有关海关处理侵权货物的几种方式之间的关系,是任择性的还是强制性的,是"shall",还是"may",根据笔者了解的目前一些行政立法实践的现状,在制定有关规范之时,可能考虑甚少。一些行政立法部门及规范本身仍然存在较多的"政策性"思维,规范中宏观描述多,精准界定少,"法"属性没有得到足够的重视。在本案的抗辩中,中国提出一些实践数据,试图以此证明处理方式的非强制性。比如,销毁侵权物占其没收的全部侵权货物金额的 58%,拍卖在实践中使用率很低,仅占统计区间内处置结果的 2%。[①] 但是这样的抗辩明显说服力不够,数量多少与强制还是任择并不存在必然联系。在技术贸易全球化高速发展的今天,涉知识产权行政立法在表达方面,需加强与国际条约、全国人大及常委会制定的法律规范之间的统一对接,提升开放性、国际化和体系化程度。事实上,包括中国对外缔结的有关协定中的表述,也需注意与《TRIPs 协定》等重要国际条约表达的一致性问题,此举影响着条约法解释中特别重要的有关"嗣后实践"的认定。中国自身也是有关"实践"推动和形成的重要力量。本案专家组对中国提交的某些材料认为不够广泛,不构成一种共同、持续和可以辨别的行为方式或声明。[②]

(2)执法数据的统计和规范化

在知识产权案的抗辩中,中国提供了不少与执法相关的数据。但是,仍然存在一些无法提交有说服力的数据的情形,虽然这种情形在本案中没有造成根本性的影响,但也给予了警示,需要完善执法数据信息,其统计和规范化问题需进一步提升。比如,中国提出如果对犯罪的门槛规定过低,将导致大量的自诉行为,从而给司法系统带来非常沉重的负担,但是中国并没有任何数据证明其顾虑,对于其在 2004 年降低知产犯罪门槛后情况的变化没有任何数据能够说明这一问题。[③] 时至今日,尽管本案从提起至

---

① See Panel Report, *China—Intellectual Property Rights*, WT/DS362/R, paras. 7.198, 7.202.

② See Panel Report, *China—Intellectual Property Rights*, WT/DS362/R, para. 7.581.

③ China's Response to Question No. 14.

今已过去 10 余年,执法统计信息化方面随着信息技术的发展推进较快,但是信息孤岛、统计参数的科学化、有效数据的保存、不同部门间信息的交流、核查、发布和分析等仍然有待进一步提升。

(3)民事执行及其有效性

中国知识产权案虽然没有涉及《TRIPs 协定》第三部分第 2 节第 42 ~ 45 条等民事执行方面的争议,但是就目前我国知识产权纠纷民事判决的情况来看,民事赔偿的标准、禁令的有效执行等方面仍需关注。民事赔偿标准方面,虽然专利法、商标法等都规定了法定赔偿额,但是法定赔偿的范围较大,目前就实践来看裁定的法定赔偿额整体仍然较低,[①]目前尚未得到根本性改观,司法机关如何合理地行使对于法定赔偿金额的自由裁量权仍然有待进一步探究。2018 年 12 月专利法第四次修改草案审议稿第 18.2 条对现行《专利法》第 65 条作出了修改,将专利侵权的法定赔偿额规定为 10 万元以上 500 万元以下,进一步提高了最高限额。该方案若成为最终的法律文本,实践中这一问题将更为突出,亟待解决。《TRIPs 协定》第 45.1 条要求,司法机关有权(shall have the authority)责令侵权人向权利人支付足以补偿(adequate to compensate for)其从事侵权活动知道或有合理理由知晓的对权利人造成损害之赔偿。因而,这一问题仍将是专利侵权案件审判中需特别关注的问题之一。在禁令的有效执行方面,及时性和准确性待提升。从实践来看,尽管随着最高人民法院强力推进解决执行难问题的各项举措的出台,知识产权案件的执行也得到了各级司法部门的高度重视。但是,整体而言,对判决结果的执行的重视超过对诉前以及诉讼中各类强制执行措施的及时和有效执行的重视。然而,《TRIPs 协定》第 44 条对于禁令包含了“立即”(immediately)的要求。我国的有关执行规范及实践有待进一步完善。

---

① 根据中南财经政法大学知识产权研究中心发布的《知识产权侵权损害赔偿案例实证研究报告》,通过对 2008 ~ 2013 年的法定赔偿判决研究表明,在专利权侵权纠纷案件中,适用法定赔偿的比例为 97.25%,但是整体赔偿额偏低,专利法定赔偿平均判赔金额才 8 万元人民币,通常只占起诉方请求金额的 1/3,甚至更低。转引自陈志兴:《专利侵权诉讼中法定赔偿的适用》,载《知识产权》2017 年第 4 期。

(四)DS542、DS549：中国最新涉案动态

中国知识产权Ⅱ案(*China—Intellectual Property Rights* Ⅱ,DS542)、中国技术转让措施案(*China—Certain Measures on the Transfer of Technology*,DS549)是2018年贸易战背景下美欧在知识产权领域对中国提出的新挑战。截至2020年4月底,中国技术转让措施案仍在磋商中;中国知识产权Ⅱ案处于专家组审理阶段,均无最终定论,故此就案涉措施所聚焦的中国知识产权法律制度问题,笔者重点围绕《TRIPs协定》的义务内容作出分析。

1. 专利授权范围以及许可合同制度

2018年3月和6月,美国和欧盟先后向DSB提起申诉,①称中国有关外国技术转让的措施与其WTO义务,主要是《TRIPs协定》第28条的要求——专利授权范围和专利许可合同规则——不符。美国和欧盟认为,中国国内法对技术进口,包括工业产权、其他知识产权和未披露信息实施一整套与国内技术交易不同的规则;这些措施对外国知识产权权利人构成歧视,并且限制了外国权利人保护中国境内自身知识产权的能力;中国限制外国知识产权权利人根据市场情况就向中国转让技术自由地谈判许可合同和其他技术相关合同的条款;中国规定技术进口合同中的强制性条款对外国权利人构成歧视,也限制了他们保护自身权利的能力;合资企业合同中的强制性条款也对外国权利人构成歧视,也同样限制了他们保护自身权利的能力。前述两案争端措施所涉及的中国国内法规主要包括:中国的《技术进出口管理条例》第18~21条、第24、27、29条②以及《中外合资经

---

① See *China—Intellectual Property Rights* Ⅱ, WT/DS542/1, 23 March 2018; Also see *China—Certain Measures on the Transfer of Technology*, WT/DS549/1, G/L/1244, IP/D/39, 6 June 2018.

② 2019年3月修改前的《技术进出口管理条例》第29条规定:"技术进口合同中,不得含有下列限制性条款:(一)要求受让人接受并非技术进口必不可少的附带条件,包括购买非必需的技术、原材料、产品、设备或者服务;(二)要求受让人为专利权有效期限届满或者专利权被宣布无效的技术支付使用费或者承担相关义务;(三)限制受让人改进让与人提供的技术或者限制受让人使用所改进的技术;(四)限制受让人从其他来源获得与让与人提供的技术类似的技术或者与其竞争的技术;(五)不合理地限制受让人购买原材料、零部件、产品或者设备的渠道或者来源;(六)不合理地限制受让人产品的生产数量、品种或者销售价格;(七)不合理地限制受让人利用进口的技术生产产品的出口渠道。"

营企业法实施条例》第 43 条。①

首先,《技术进出口管理条例》第 18 ~ 21 条,对于属于自由进口类别的技术,也要求进行技术进出口合同登记,欧盟认为,此举减损了外国权利人保护自身知识产权的能力。《TRIPs 协定》第 28.1 条(a)项和(b)项分别规定了产品专利和方法专利权利的范围,包括制造、使用、销售、许诺销售、进口方面的独占性权利。我国有关登记措施的要求是否导致外国权利人不能行使或不能充分行使上述权利,从而违反了《TRIPs 协定》第 28 条之规定?事实上,《技术进出口管理条例》作为行政法规其目的和任务是对技术进出口的公共秩序进行管理,与以市场为基础的(market-based)合同条款安排并不冲突。在货物、服务贸易中,对自由进出口的贸易对象进行数量和类别的登记与统计在进出口管理环节也同样存在。技术的无形性、公共安全方面的高风险性等特征也要求成员进行必要的信息登记,进而为有效的行政管理提供依据。这是成员自我管理权的重要体现。

笔者认为,中国上述措施并不是完全不合规,但是在技术进出口实践环节,的确存在部分从业者和执法部门的一些不当做法,并且也确实有部分法律规范不够准确明晰,从而阻碍了权利人实现《TRIPs 协定》第 28 条所述的权利内容。事实上,整个法律规范体系中的"登记"有效力性登记与管理性登记之区分。相关规范中的登记含义并不相同。但是在实践中,部分从业者和执法部门的理解和执行有误。我国《专利法》第 10 条第 1 款规定,专利申请权和专利权可以转让,第 10 条第 2、3 款接着分别规定了中国单位或个人向外国人、外国企业或组织转让,以及主体没有特别限制的转让情形,即所谓"内转外"与"内转内""外转内"的情形。根据第 10 条第 2 款之规定,"内转外"需要依照《技术进出口管理条例》办理相应的登记手续;根据第 10 条第 3 款,无论是"内转外""内转内",还是"外转内"均需登

---

① 在本案的磋商环节,我国修改了相应的法规内容。已通过 2019 年 3 月颁布的国务院第〔709〕号令删除了所争议的《技术进出口管理条例》第 24 条第 3 款,第 27、29 条以及《中外合资经营企业法实施条例》第 43 条第 3、4 项。此处所述为修改前的条文编排。相关条文修改详见 http://www.gov.cn/zhengce/content/2019-03/18/content_5374723.htm。

记并公告,并且第 10 条第 3 款最后还明确规定了,专利申请权或专利权的转让自登记之日起生效。这两款规定所述登记的性质和程序完全不同。根据第 10 条第 2 款授权实施的《技术进出口管理条例》第 18 ~ 21 条登记程序的登记机关是国务院外经贸主管部门。从性质上看,《技术进出口管理条例》是行政法规,其条文也并没有规定登记与合同及转让行为的效力有关。该条例第 17 条第 2 款对于此种登记,明确规定:"进口属于自由进口的技术,合同自依法成立时生效,不以登记为合同生效的条件。"因而,该条例所述登记是根据《专利法》第 10 条第 2 款授权产生的管理性登记规范。《专利法》第 10 条第 3 款所述的登记则与此不同,登记机关是国务院专利行政部门,是明确规定的效力性登记。此种效力性登记是专利权的法律特征之一,德国、英国、美国、日本等的专利法中都有相应规定。①

尽管对于登记存有上述不同含义,就技术进出口实务来看,同一条款中的同一语词却有不同含义造成了一定困扰:有从业者在与外方进行谈判时将上述对外贸易主管部门的管理性登记要求误解为是一项效力性登记要求,并按效力性登记的要求在合同中加以表述,从而引发外方的误解;有的海关、税务、银行、业务主管部门等在相关业务程序中也错误地将其按照效力性登记的性质进行要求,比如将登记手续作为信息系统内或提交书面材料的必选项目,认为如果欠缺将导致报关、外汇管理、税务等一系列手续无法及时办理,对合同的履行造成实质性影响,从而影响了专利权等知识产权的制造、销售、许可等一系列行为。综上所述,有关《技术进出口管理条例》中的登记措施要求,立法措施并不违规,但是在具体执行层面,部分存在问题,有待改进。

其次,2002 年修改前的《技术进出口管理条例》第 24 条第 3 款、第 27 条、第 29 条有关合同条款的规定,部分违反合同意思自治的原则,也忽视了知识产权的地域性特征。其一,第 27 条规定在技术进口合同有效期内,改进技术的成果属于改进方,剥夺了技术合同双方意思自治的权利。事实

---

① 例如,《德国专利法》第 15 条、第 30 条,参见中国人民大学知识产权学院组织翻译:《十二国专利法》,清华大学出版社 2013 年版,第 131、136 页;《英国专利法》第 30 ~ 38 条,前书第 548 ~ 555 页;《日本专利法》第 98 条,前书第 261 页;《美国法典》第 35 章第 261 条,前书第 711 页。

上,如果改进的技术成果与原先转让或许可使用的技术构成从属专利关系,《专利法》第 51 条提供了强制许可通道可供使用;如果都没有申请专利,就呈技术秘密的状态,则更是属于双方意思自治的范畴,如果没有约定或约定不明,完成该改进技术成果的人是相应的知识产权权利人。显然,条文只机械地规定了一种情形。该条款可以删去,留由合同法解决该问题,或者替换为联合国《国际技术转让行动草案》中的表述,即不得设置条款限制受让人按当地情况吸收和更改所转让技术,从事该方面的研究和发展。实践中,合同中允许受让方就改进的技术成果申请专利和不允许其申请专利不仅在转让费或许可使用费上差别大,而且强制规定改进技术成果属于受让方反而使受让方难以获得真正高价值的先进技术,出让方宁愿将一些濒临淘汰的或是边缘性技术出让以确保自身的独占性和领先性。其二,第 24 条有关技术进口合同让与人承担技术侵权责任、第 29 条有关限制性技术条款的规定一定条件下也限制了当事人之间的意思自治。技术转让合同中让与人本来就有权利担保的义务,但是因为知识产权的地域性特征,这种权利担保显然也应建立在"买者当心"原则之上。如果合同明确约定技术的使用范围为买方所熟知的市场领域(无论是其本国还是域外),外方并不熟知该市场领域的行业内技术使用情况,那么买方应当承担技术引进后可能的侵权风险。尤其是在平行进口等问题还没有形成国际统一规范的情况之下,机械地要求在任何情况下由出让方承担全部不侵权担保义务并不符合技术贸易的实际。该问题也留给合同双方约定为佳,没有约定或约定不明的按照合同法的规定处理。但该条款可以修改为要求卖方对明知或应知的侵权承担责任。对于第 29 条所列的限制性技术条款,事实上早已被反不正当竞争法和反垄断法所覆盖,是否属于法律所禁止的情形也需进行个案审查,并不能一概而论。

最后,对于《中外合资经营企业法实施条例》第 43 条第 3、4 款,要求技术转让协议的期限一般不超过 10 年,以及技术转让协议期满后,技术输入方有权继续使用该项技术的规定的确损及权利人《TRIPs 协定》第 28 条项下的权利,也侵犯了技术合同双方意思自治的权利。事实上,这两条规定带有鲜明的时代烙印,反映出条例颁布之时我国既迫切需要引进技术又担心中方合营者不熟稔规则,合作期过长过度依赖外资的矛盾心理。与前述条款问题类似,条文中虽是倡议性的“一般不超过”之要求,但在执行中变成具有一定强制性的要求,超过 10 年的技术合同成为很难批准的例外,有的电子登记系统甚至直接设定一般权限最大选项 10 年。对于协议期满后如何处理该项技术本系合同当事人意思自治的内容,但在条例中变成了强制性规定。尽管就实践来看,如果允许协议期满后受让方继续使用该项技术,转让费一般较高,最后双方的合同条件也是在此基础上谈判达成,出让方的权益并非必然受减损,但是此种强制性规定的确侵蚀了意思自治的范围,而且不利于一些知识产权交易的达成。比如,如果是剩余保护期长于 10 年的专利技术,抑或是可以获得法律永久保护的商业秘密,在上述规制框架下则难以成为交易标的。而大量的高精尖前沿技术恰恰是新颖性创造性较高,保护期较长的发明专利,或是采用商业秘密的方式加以保护。因而,上述规制方式也不利于形成高层次的技术交易。

2. 技术交易的国民待遇问题

中国知识产权Ⅱ案和中国技术转让措施案均提出了国民待遇的问题,申诉方认为要求技术进口进行登记,技术转让协议期限一般不超过 10 年等构成一系列与国内交易不同的待遇,使外方权利人无法有效行使《TRIPs 协定》下的权利。[①] 中国被诉的中国知识产权案也涉及该项争议。[②]

如前所述,国民待遇条款是目前整个《TRIPs 协定》中涉案数最多的条款,也是发展中国家最易被申诉的条款之一。截至目前,《TRIPs 协定》第 3 条成员涉案数如表 5 -41 所示。其中,澳大利亚 5 个烟草包装案是诉求基本一致的类案。从表 5 -41 中可以看出,发达国家在国民待遇方面也并非没有问题。有关《TRIPs 协定》第 3 条的成案有 7 个,占据 TRIPs 全部成案数过半,即便是考虑到烟草包装成案为系列案件,将其合并列为一起,国民

---

① WT/DS549/1, p. 3; WT/DS542/8, p. 2.

② 在该案开始阶段,美方提出当时的中国《著作权法》第 4 条对中国与外国的作品、表演及录音作品规定不同的批准、发行前审查程序,导致《中国作者》作品的著作权享有更为优越的保护或实施措施,该规定违反了《TRIPs 协定》第 3. 1 条国民待遇条款,但是之后,又放弃了该条诉求。See Panel Report, *China—Intellectual Property Rights*, WT/DS362/R, paras. 7. 186 – 7. 190。

待遇案件成案也有 4 起,占 TRIPs 全部成案比例也近 31%。其中,美国和欧盟各为一起案件的被诉方,澳大利亚是烟草产品白板包装系列案件的被诉方,还有一起案件就是前述中国影响知识产权保护和执行措施案。尽管中国成案中国民待遇问题在后续并没有成为双方及 DSB 辨析的重点,但是在目前中国新涉及的案件中国民待遇也是申诉方的主要诉求之一,因而仍然需要关注 DSB 在已有成案中对相关条款的分析。这将有助于理解中国目前知识产权措施在国民待遇方面面临的挑战和问题,故以下将其他成员的国民待遇成案也纳入考察范围。

表 5 - 41　TRIPs 涉国民待遇争端案件的成员分布

单位:起

成员	欧盟	美国	中国	日本	印尼	澳大利亚	沙特	阿联酋	土耳其	巴林
案件数	2	2	3	1	1	5	2	1	1	1

(1)《TRIPs 协定》第 3 条:法律基础定位

TRIPs 争端中,国民待遇条款一般作为申诉方具体诉求的法律基础(legal base)而呈现。如果相关具体措施触及其他条款或协议,则各方争议将围绕这些具体条款或协议而展开,但《TRIPs 协定》第 3 条,尤其第 3.1 条是所有诉求的起点或最终的落脚点;如果案件争议措施本身极为概括,无其他具体条款或协议支撑,则第 3 条是重点。这一做法正体现出国民待遇作为 TRIPs 基本原则之一的定位和补充功能。① 如在澳大利亚烟草白板包装案中,申诉方虽然提出被诉方涉嫌违反《TRIPs 协定》第 3 条和《TBT 协定》第 2.1 条国民待遇条款的诉求,②但在后续的论辩之中,重点还是就本案措施所涉《TBT 协定》第 2.2 条展开,③其内容实质是国民待遇问题的例外。

---

① 《TRIPs 协定》第 3 条规定在协定第一部分,总则和基本原则(General Provisions and Basic Principles)之中。

② See Panel Report, *Australia—Australia—Tobacco Plain Packaging (Honduras)*, WT/DS435/1, 10 April 2012, p. 2.

③ See Panel Report, *Australia—Tobacco Plain Packaging (Honduras)*, WT/DS435/R, 2734th footnote.

(2)与其他知识产权公约的关系

《TRIPs 协定》中的国民待遇原则涉及多份条约和协定,从案件中各方的争议来看,彼此间的关系需厘清。就条文内容而言,《TRIPs 协定》第 1、2、3、35 条都包含国民待遇原则。但是,这几个条文因吸收了《巴黎公约》《伯尔尼公约》《罗马公约》《关于集成电路的知识产权条约》的内容,使对 TRIPs 国民待遇问题的理解不得不延伸到这些条约内部的规定。

①“国民”的标准问题

在欧共体商标和地理标志案中,①专家组对国民待遇中“国民”(national)一词进行了分析。根据《TRIPs 协定》第 2.1、3.1 条,《TRIPs 协定》下商标和地理标志的国民待遇标准吸纳了《巴黎公约》的标准,其内容也就成为 WTO 成员的义务。②《巴黎公约》第 2 条、第 3 条规定了有关国民待遇的三种情形:其一,本联盟任何国家的国民在联盟所有其他国家内享有国民待遇;其二,对本联盟国家的国民不得规定在寻求保护的国家须有住所或营业地才能享有工业产权;其三,本联盟以外国家的国民,在联盟成员内有住所或真实和有效的工商营业场所的,享有联盟内国家的国民待遇。上述条款并没有对“国民”进行界定,整个《巴黎公约》(1967)文本也没有对此提供通用的规则。经援引条约的经典评注,专家组认为,WTO 成员在 TRIPs 中使用的“国民”这一名词的含义与国际公法层面的理解一致,每个成员的国内法有自己认定国民的标准。③因此,就这一点而言,“国民待遇”原则统一的是待遇参照系,并不是具体的“国民”标准和待遇内容。

在著作权及邻接权方面,存在类似的情形。《伯尔尼公约》第 5 条也规定了三种情形的国民待遇:一是人身标准,即作品的作者是缔约国国民,无论作品是否已经出版,在哪里出版,均享有国民待遇;二是地理标准,即非缔约国国民,如果其作品首次在一缔约国出版或在一缔约国和非缔约国同

---

① See Panel Report, *EC—Trademarks and Geographical Indications*, WT/DS174/R.

② See Appellate Body Report, *US—Section* 211 *Appropriations Act*, WT/DS176/AB/R, adopted 2 January 2002, para. 125.

③ See Panel Report, *EC—Trademarks and Geographical Indications*, WT/DS174/R, paras. 7.146 – 7.150.

时出版的,也享受公约的保护;三是特殊作品的国民待遇,即电影作品只要制作者在联盟成员国有总业务部或惯常居所,建筑和其他艺术作品只要建筑作品建造在联盟成员境内或该其他艺术品与位于本联盟成员境内的建筑物或其他构筑物结合为一体。根据《TRIPs 协定》第 9.1 条,这些标准也被纳入 TRIPs 中,WTO 成员著作权方面国民待遇资格的认定遵循该标准。但同样需注意的是,“国民”的具体标准由成员国内法确定。《罗马公约》第 4 ~6 条规定了表演者和录音制品,以及广播电视组织的国民待遇资格要求。对于表演者,要求表演在另一缔约国进行,或被录制在公约第 5 条保护的录音制品中,或未被录制,但通过受公约第 6 条保护的广播电视节目播放。对于录音制品制作者,要求制作者属于另一缔约国国民,或首次录制品在另一缔约国制作,或首次在另一缔约国发行。对于广播组织,要求广播组织的总业务部设在另一缔约国,或广播电视节目从设在另一缔约国的发射台发送。可见,《罗马公约》也是将国民的具体内涵交由成员国内法规定,非国民若要享受国民待遇需满足连接点要素条件。

在《关于集成电路的知识产权条约》中,也做了同样的安排。根据第 5 条的规定,在与先前第 3.1(A)条义务不冲突的情况下,任何其他缔约方国民或在任何其他缔约方的领土内有住所的自然人,以及在任何其他缔约方领土内为创作布图设计(拓扑图)或生产集成电路而设有真实的和有效的单位的法人或自然人,就缔约方领土范围内的布图设计(拓扑图)的知识产权享有国民待遇。比较特别的是,该条第 3 款进一步规定,如果缔约方是政府间组织的,“国民”是指该组织任何成员国的国民。

综合以上,在 TRIPs 之下,成员“国民”的具体条件要求由自身的国(域)内法确定,但是对于非国民能否享受国民待遇,在不同种类的知识产权领域,其资格须根据上述不同领域条约所规定的连接点确定。为便于比较,相关条件可简化为表 5 - 42 所示内容。从表 5 - 42 中可以看出,不同类型的知识产权,其国民待遇连接点存在一定区别。有的国民待遇连结点是对知识产权权利人提出要求,比如要求国民在联盟成员境内有住所或工商营业单位。有的是对知识产权载体提出要求:比如,对表演者,要求其表演录制在受保护的录音制品中或是通过受保护的广播电视节目播放,方才能享受国民待遇保护;对建筑和其他艺术作品的著作权保护给予国民待遇,情形之一是要求该作品与成员境内的其他建筑或艺术作品合为一体。还有的连接点系对知识产权载体相关行为的要求,比如出版、发行、录制、节目信号发射地点、建筑建造地点等。比较特殊的是对于集成电路布图的保护,要求联盟内所设单位之目的和营业内容与保护对象相关,方才能享受国民待遇,但是在《巴黎公约》中,对于联盟外国家的国民,只要求在联盟内有住所或工商营业场所,并没有强调与保护对象的相关性。这也从一侧面反映出《巴黎公约》所保护的工业产权应用范围的广泛性和集成电路布图的特殊性。成员国内法或域内法在制定相关管理性规范时应注意到这些方面的差别。

表 5-42　TRIPs 纳入条约国民待遇资格条件

条约名称	国民待遇资格条件
巴黎公约	联盟内成员的国民,不以联盟内有住所或营业地为条件
	联盟外国家的国民,在联盟内国家有住所或真实和有效的工商营业场所
伯尔尼公约	作者是缔约国国民
	作者是非缔约国国民,其作品首次在缔约国出版或在缔约国和非缔约国同时出版
	电影作品:制作者总部或惯常居所在联盟成员内 建筑和其他艺术作品:成员境内建造或与境内他物合体
罗马公约	受保护的表演者:另一缔约国境内的表演
	录制在受保护的录音制品中或通过受保护的广播电视节目播放
	录音制品制作者是缔约国国民;或首次录制品在另一缔约国制作;或首次发行在另一缔约国
	广播组织总部设在另一缔约国;或是节目从设在另一缔约国的发射台发送
关于集成电路布图的知识产权条约	缔约方国民;或在缔约方境内有住所;或为创作布图设计(拓扑图)或生产集成电路在缔约方内设有真实有效单位;或为缔结该条约的政府间组织成员的国民

②“待遇”的标准问题

《TRIPs 协定》使贸易范畴内的专利、商标、著作权、地理标志等的保护水平得到较广范围和较高程度的统一。仅靠前述统一待遇参照系的方式并不能解决实质保护水平的提升。因而,《TRIPs 协定》事实上还通过纳入前述各条约的部分实体性条款、新增加实体性条款的方式,统一并提升全体 WTO 成员的知识产权保护水平。譬如,根据《TRIPs 协定》第 9.1 条,《伯尔尼公约》(1971)第 1 ~ 21 条及其附录的规定被纳入,则即便不是伯尔尼成员的 WTO 成员也应实施其内容,但精神权利条款除外。① 对于这些统一的实体性权利以及那些允许成员自治的部分,无论实体和程序,通过国民待遇条款又进一步保证了其实施。但是,在考察是否符合国民待遇标准时比较的具体标准到底是什么?

在欧共体商标和地理标志案中,专家组提到了和《TRIPs 协定》第 3 条中具有类似表述的 GATT 1994 第 3.4 条。两个条款都包含了不得低于/不得使其居于更不利地位(no less favorable)的表述,专家组认为相关的推理可以同样适用,并据此提出了"机会的有效平等"(effective equality of opportunities)这一标准。② 而且,强调在考察《TRIPs 协定》第 3.1 条国民待遇的内涵之时,相关"国民"应是那些就同一种知识产权在可比之情况下寻求机会者。③ 这就排除了那些就不同种类知识产权寻求机会的国民。另外,各方也没有提出任何理由,表明应将机会平等与否的考察限制在给予具有地域联系的特定成员以优先权的范围内。④

③ 纳入条约中国民待遇条款与《TRIPs 协定》国民待遇条款间的关系

在具体个案中,成员参加不同条约的情况会对待遇的具体内容有影响。以《巴黎公约》为例。在欧共体商标和地理标志案中,专家组特别指出,《TRIPs 协定》第 1.3 条要求,就相关知识产权而言,假设所有 WTO 成员都是《巴黎公约》等条约的成员,则其他成员的国民应当被理解为是符合这些条约保护资格

---

① 参见汤宗舜:《知识产权的国际保护》,人民法院出版社 1999 年版,第 75 页。

② See Panel Report, *EC—Trademarks and Geographical Indications*, WT/DS174/R, paras. 7.173, 7.176.

③ See Panel Report, *EC—Trademarks and Geographical Indications*, WT/DS174/R, para. 7.181.

④ See Panel Report, *EC—Trademarks and Geographical Indications*, WT/DS174/R, para. 7.181.

标准的自然人或法人；据此，在 WTO 成员内有住所或真实和有效的工商营业场所的未必就是 WTO 成员的“国民”，因为《巴黎公约》中国民待遇的第 3 种情形只适用于联盟外的成员。[①]《巴黎公约》目前有 177 个成员，WTO 成员目前有 164 个，仍然有可能发生互不重叠的情形。[②] 具体如图 5－12 所示。

A	B	C
仅是WTO成员	巴黎公约、WTO共有成员	仅是巴黎公约成员

图 5－12　WTO 与《巴黎公约》成员重叠情况

详细考察国民待遇给惠方和受惠方之间的入约情况，可得出如图 5－13 所示的 9 条线段关系：G1R1、G1R2、G1R3、G2R1、G2R2、G2R3、G3R1、G3R2、G3R3。其中，能够通过 DSM 解决的是 G1R1、G1R2、G2R1、G2R2 四种情形。分析可以得出，在这四种情况下给惠方都应当依据《TRIPs 协定》给予受惠方国民待遇，且以《TRIPs 协定》中被纳入条约的实体权利和新增加的实体权利等为最低标准；并且，如果给惠方同时是 WTO 和《巴黎公约》的成员，则按照多边体系最惠国待遇原则的要求，对于 WTO 成员（是且仅是）的请求，也应给予给惠方自身国民在《巴黎公约》中享有的全部待遇，即表中 G2R1 的情形。但是，如果给惠方仅为 WTO 成员，按国际公法原理，其给予的国民待遇内容限于《巴黎公约》中被吸收进《TRIPs 协定》的那部分内容加上《TRIPs 协定》在前述公约基础上新增加的内容，即

---

① See Panel Report, *EC—Trademarks and Geographical Indications*, WT/DS174/R, para. 7.144.

②《巴黎公约》成员和 WTO 成员名单分别见 https://www.wipo.int/treaties/en/ShowResults.jsp?search_what=N&treaty_id=2，以及 https://www.wto.org/english/thewto_e/whatis_e/tif_e/org6_e.htm，并不完全相同。譬如，圣马力诺（San Marino）、科摩罗（非洲，Comoros）、塞尔维亚（Serbia）、安道尔（Andorra）是《巴黎公约》成员，但截至统计日并不是 WTO 成员。其中，后三个国家目前是 WTO 观察员身份。所罗门群岛（Solomon Islands）、坦桑尼亚（Tanzania）是 WTO 成员，但至统计日前也没有加入《巴黎公约》。

表中 G1R1、G1R2。显然,其中 G1R2 情况之下,尽管成员双方相互给予的待遇都是国民待遇,但其实质内容是不对等的。

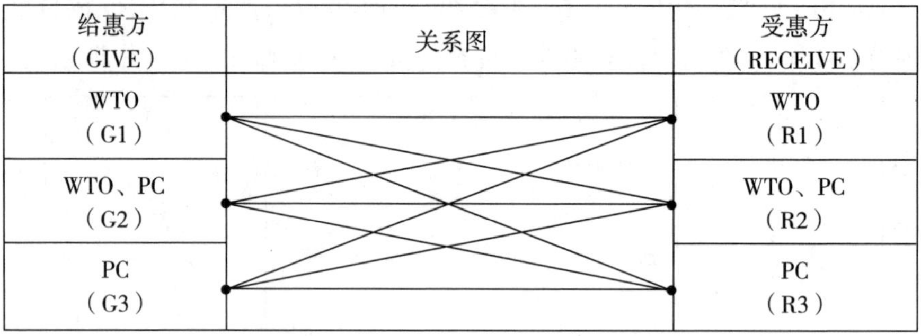

图 5－13 WTO 与《巴黎公约》(PC)国民待遇给惠方和受惠方 9 条线段关系

(3)《TRIPs 协定》国民待遇条款与 GATT 1994 第 3.4 条之间的区别与联系

尽管在《TRIPs 协定》国民待遇条款中没有提及 GATT 1994 第 3.4 条的规定,但是《TRIPs 协定》的导言部分提及:认识到,为此目的(减少对国际贸易的扭曲和阻碍,促进知识产权有效和充分保护,并保证实施知识产权的措施和程序本身不成为合法贸易的障碍),需要制定有关下列问题的新的规则和纪律,其中(a)项即提及 GATT 1994 及相关国际知识产权协议或条约的基本原则的适用性。而国民待遇正是 GATT 的基本原则之一。在前文所述欧共体商标和地理标志案中,专家组对此指出,GATT 1994 与《TRIPs 协定》并不存在地位高低,都是 WTO 协定的独立附件,将它们的文本以及《建立 WTO 协定》第 2.2 条一起考察,两者的义务是可以共存的,互不替代;并且,GATT 1994 第 3.4 条的有关分析论证方法可以为《TRIPs 协定》国民待遇案件借用,比如对于不得低于(no less favorable)的判断、有关根本的动因与效果的(fundamental thrust and effect)分析。①

但是,在适用相关条款时应当注意:其一,《TRIPs 协定》第 3.1 条国民待遇强调的是对国民有关知识产权保护方面机会有效平等(effective

① See Panel Report, *EC—Trademarks and Geographical Indications*, WT/DS174/R, paras. 7.716,7.208,7.226.

equality of opportunities)的保障,而 GATT 1994 是对产品之间平等竞争条件(equality of conditions of competition)的保障。① 其二,GATT 1994 第 3.4 条国民待遇还要求是对同类产品(like products)间待遇的比较,而《TRIPs 协定》强调的则是就同类知识产权寻求保护的人所享受的待遇,而非产品。其三,GATT 1994 下国民待遇的比较与产品的来源地有关,而《TRIPs 协定》下除了地理标志之外,其他的知识产权与产品的来源地并无固有的联系。事实上,这也是导致一项有关地理标志的措施既可以提起《TRIPs 协定》下的申诉,也可以提起 GATT 1994 下的申诉的主要原因。GATT 1994 和《TRIPs 协定》分别从不同层面对措施进行规制。② 但是,并不是所有种类的知识产权都会如此。

(4)GATT 1994 中的国民待遇有 GATT 1994 第 20 条的一般例外和第 21 条的安全例外,而《TRIPs 协定》中并没有此种一般性例外,在《TRIPs 协定》第 3.1、3.2、5、24.9 条以及第Ⅱ部分、第Ⅶ部分第 73 条等零散规定了各类不同类型的例外

国民待遇问题在中国知识产权Ⅱ案和中国技术转让措施案也是美国和欧盟的诉求之一。③ 就我国国内技术管理法律规范演变的过程来看,一方面,超国民待遇随着社会的发展以及国内技术水平的整体提升大幅度减少,④另一方面,长期以来,在技术贸易方面,从交易的启动到实施,“家长式”管理模式仍然存在。有关《中外合资经营企业法实施条例》中要求技术转让期限“一刀切”地规定为 10 年,以及不分具体情况,要求转让后技术继续由受让方使用技术等问题明显。在保证国家安全利益的前提下,保障技术贸易中的机会平等需一系列法律制度的整体性完善。比如,不正当竞

---

① See Panel Report, *EC—Trademarks and Geographical Indications*, WT/DS174/R, para. 7.181.

② 这一问题在澳大利亚烟草白板包装案中也同样凸显。一般情况下,涉及《TBT 协定》的措施并不涉及知识产权,但是在烟草白板包装案中,有关产品包装的措施却影响了知识产权,故本案也涉及 TRIPs。TRIPs 和 TBT 事实上是从不同的层面对一项措施提出要求。

③ See *China—Intellectual Property Rights* Ⅱ, WT/DS542/8.

④ 事实上是享受超国民待遇的一般性条件在提升,但在特定区域内门槛变低,比如自贸区内的贸易和投资主体及相关商业实体享有许多极为优惠的超国民待遇。

争和反垄断法律中执法标准的细化，安全审查制度的合理强化、行政许可条件和程序的透明度建设等。

事实上，我国对于技术进出口的管理规范在“入世”后进行过相应的调整。原先主要的依据是相关合同法律、国务院制定的《技术引进合同管理条例》及其审批办法、《技术引进和设备进口工作暂行条例》，以及当时的外经贸部制定的《技术引进合同管理条例施行细则》《技术引进和设备进口贸易工作管理暂行办法》等。此外，科学技术部等相关部委也有专门针对技术进出口的规定。在加入 WTO 之后，《技术进出口管理条例》取代了《技术引进合同管理条例》及其审批办法，外经贸部原先的一些规定也随即废止。与过去相比，在规制范围上，涵盖进口和出口双向的技术转移，在规制方法上，也进一步细化了鼓励、限制和禁止的分类管理方式。可见，就法律文本的合规性工作而言，我国相关部门曾经付出过许多努力，但目前尤其是位阶较低的行政规章和其他规范性文件，仍有待完善之处。

3. 对未披露信息的保护问题

《TRIPs 协定》第二部分第 7 节第 39 条规定了对未披露信息的保护。中国技术转让措施案涉及该部分内容。欧盟认为，中国的《技术进出口管理条例》第 18 ~ 21、24、27、29 条等规范不仅违反《TRIPs 协定》中的国民待遇原则以及有关专利权的第 28 条，综合起来实施的效果未能使未披露信息得到有效保护，从而违反《TRIPs 协定》第 39. 1、39. 2 条。①

该案所涉《技术进出口管理条例》的条款分别涉及外国知识产权权利人及其技术信息的登记、要求技术出让方承担所出让的技术侵权的法律责任，以及一系列限制竞争的技术合同条款要求。《TRIPs 协定》第 39. 1 条要求在保证针对《巴黎公约》(1967) 第 10 条之二规定的不公平竞争而采取有效保护的过程中，依照本条第 2、3 款保护未披露信息；第 2 款规定了商业秘密的条件；第 3 款则是对于药品和农业化学物质产品未披露数据保护的要求。

《TRIPs 协定》第 39. 1 条要求成员在对知识产权领域不正当竞争行为

---

① See *China—Certain Measures on the Transfer of Technology*, WT/DS549/1, G/L/1244, IP/D/39, p. 3.

进行规制之时应保护未披露信息。我国修订前的《技术进出口管理条例》第 18～21 条要求的信息登记并不损及商业秘密保护。登记信息一般只涉及技术交易双方的基本信息、交易标的、合同金额、期限等，均为政府部门履行监管职责必须之信息。该条例第 24 条有关技术合同出让方承担权利担保责任的要求，实际是对合同法中卖方义务的部分强调，也没有损及未披露信息的保护。第 27 条关于改进技术成果知识产权的归属没有考虑从属专利等知识产权领域的特殊情形，过度干涉了技术合同缔约方意思自治的权利。这与条例最初制定之时"家长式"管制的理念以及对外资的担心有关。但事实上从实践来看，基于中国专利法中已有相应规定，行政法规和规章都必须遵循人大及其常委会制定的法律的规定，在司法程序中并不会给权利人造成实际太大的阻碍。当然，行政规范的合规性的确有待进一步加强。第 29 条列举的限制性条款也并不违反《TRIPs 协定》之下保护未披露信息的义务。第 29 条第 1 项禁止的是"并非必不可少"的附带条件，实质是禁止强制搭售；第 2 项禁止的是合同欺诈；第 3 项、第 4 项对合同双方的意思自治干预过多；第 5、6、7 项都包含了"不合理地"限制的条件。因而，总体上，除了第 3、4 项之外，其他各项都是限制性商业惯例中的一般性规范，许多国家和地区都有类似的规定。禁止或限制这些限制性条款的使用并不是限制竞争，而是因为这些条款的目的、手段或后果是排除、限制竞争。事实上，《欧共体条约》第 81 条也规定了类似的禁止或限制情形。①

---

① 《欧共体条约》第 81 条［Treaty establishing the European Community（Nice consolidated version），Official Journal C 325，24/12/2002 P. 0033—0184］规定：1. 下列与共同市场不符的行为应当禁止：所有可能影响成员国之间的贸易，且以其为目的或在共同市场内有阻碍、限制或扭曲竞争效果的企业之间签订的协议、企业联盟的决定以及具体实践，尤其下列情形：（a）直接或间接限定采购或销售价格或其他交易条件；（b）限制或控制生产、市场、技术发展或投资；（c）划分市场或供货来源；（d）对同样交易与其他贸易方适用不同条件，从而使其居于竞争劣势；（e）以对方当事人接受附加义务为条件，以此为缔约条件，而其性质或商业用途与合同标的无关。2. 本条禁止的任何协议或条款应自动无效。3. 然而，第 1 段条款在下列情况下可宣布不予适用：企业间订立的任何协议或某一类别协议；企业联盟订立的任何协议或某一类别的协议；某一具体实践或实践类别。上述协议促进商品的生产、分销或促进技术或经济进步，并使消费者可以公平分享此间收益，且不会：（a）对企业施加于实现相关目标而言并非必不可少的限制措施；（b）为这样的企业提供可能性，使其能就争议产品的实质部分消除竞争。参见 https://eur-lex.europa.eu/legal-content/EN/TXT/HTML/?uri=CELEX:12002E/TXT&from=EN。

《TRIPs协定》第39.2条事实上规定了商业秘密的要件,秘密性、经济性和采取保密措施。对此,我国《反不正当竞争法》已经做了基本相同的规定,因而,也不能得出违反之结论。

《TRIPs协定》第39.3条规定了化学品和农业化学物质产品在申请销售行政许可时需提交的未披露数据应受保护,防止不当的商业使用。对此,中国国内相关制度也已经实施。比如,我国《农药管理条例》(1997年国务院令第216号发布,2017年2月修订)规定我国实行农药登记制度。农药生产企业、向中国出口农药的企业应当依照条例规定申请农药登记,新农药研制者可以依照条例规定申请农药登记。登记要进行登记实验,并向省级农业主管部门备案。登记实验结束后,申请人申请登记。就登记的内容来看,要求登记农药名称、剂型、有效成分及其含量、毒性、使用范围、使用方法和剂量、登记证持有人、登记证号以及有效期等事项,并不损及未披露信息的保护。该条例第15条更是规定国家对取得首次登记的、含有新化合物的农药的申请人提交的其自己所取得且未披露的试验数据和其他数据实施保护。自登记之日起6年内,对其他申请人未经已取得登记的申请人同意,使用前款规定的数据申请农药登记的,登记机关不予登记;但是,其他申请人提交其自己所取得的数据的除外。除公共利益需要、已采取措施确保该类信息不会被不正当地进行商业使用之外,登记机关不得披露登记程序中未披露的实验数据和其他数据。上述制度安排与《中国加入议定书》中的相关承诺也是相符的。①

4. 其他应予关注的问题

尽管此次欧盟诉中国的TRIPs案件主要申诉的是上述规则,但结合我国立法现状,笔者认为由本案延伸还需注意几个问题。

第一,《中国加入议定书》TBT承诺部分,第196(a)段提及了化学品首次登记的国民待遇问题,也可能涉及《TRIPs协定》中未披露信息保护和国民待遇条款。以农药登记为例,其登记申请须经评审机构的评定程序审查。但是,化学品登记涉未披露信息的保护,若有争议,事实上可能同时涉

① 参见《中国加入议定书》第282~284段。

及《TRIPs 协定》和《TBT 协定》，中国相关规范应注意两个协定之间内容的区别，恰当表述不同协定下的权利与义务。

第二，对于危险化学品、易制毒化学品等，具有特别管制要求，需注意与《TRIPs 协定》各类例外条款的关系。我国目前的《危险化学品安全管理条例》（2013 年修订）、《易制毒化学品管理条例》（2018 年修正）、《监控化学品管理条例》（2011 年修订）等规定，进行化学品经营，尤其是易制毒化学品的经营需按法律法规的规定提交相应材料办理审批登记。但这些行政规范中并没有关于如何对待产品涉公共安全的未披露信息的规定，没有例外条款，尤其是安全例外的规定。根据《易制毒化学品管理条例》第 8、10 条，生产、经营可以用于制毒的主要原料中的药品类易制毒化学品，由国务院食药监管部门审批，国务院食药监管部门在审查其生产、经营许可材料时，根据需要可以进行现场核查，其中生产许可审查还包括专家评审程序。在此过程中，时常会涉及较多未披露数据信息问题，其保护与安全例外之间的关系需予以重视。目前我国《安全生产法》《生产安全事故应急条例》以及应急管理部新发布的《生产安全事故应急预案管理办法》（应急管理部 2019 年第〔2〕号令）中也没有明确涉及未披露信息的保护与安全例外问题。相关法律法规侧重于生产安全事故预案的制备、审查、实施等，强调事故发生后不同部门间的协助等义务，对于生产经营企业在报告、协助等义务中涉及的信息和数据处理问题未予明确。比如，《生产安全事故应急条例》第 16 条只规定，国务院负有安全生产监督管理职责的部门应当按照国家有关规定建立生产安全事故应急救援信息系统，并采取有效措施，实现数据互联互通、信息共享；生产经营单位可以通过生产安全事故应急救援信息系统办理生产安全事故应急救援预案备案手续，报送应急救援预案演练情况和应急救援队伍建设情况；但依法需要保密的除外。结合上下文，此处的保密应为涉及国家和公共安全的国家秘密之含义。在处理应急事故中，这些信息的使用遵循《保密法》的规定，但是涉及化学品等《TRIPs 协定》中提及的未披露信息如何处理未予明确，相关生产经营单位或主要责任人怠于提供涉及重大安全事项的未披露信息又承担何种法律责任，也没有规定。《生产安全事故应急条例》第 17 条第 5 项规定，在发生事故时,生产经营单位根据需要请求邻近的应急救援队伍参加救援,并向参加救援的应急救援队伍提供相关技术资料、信息和处置方法。此处的“技术资料、信息和处置方法”是否包括非紧急状态之下法律予以特别保护的未披露信息,相关部门或机构、组织、个人在应急处理中经何种程序使用这些未披露信息,事后如何处理等也没有规定。

四、TRIPs 中的公共政策问题之于中国

在整个《TRIPs 协定》中,除了保护各类知识产权的条款之外,有关各类公共政策与知识产权保护矛盾与冲突的调适是另一并行的重要议题。事实上,自 WTO 成立之后,多边体系通过《TRIPs 协定》20 多年的实施,无论成员是主动融入还是被动接受若干规定,已经将国际知识产权保护的整体水平提升到一定高度。对于中国等广大发展中国家成员而言,当下如何保障自身急需的公共政策顺利实施,拟定有关知识产权的合理限制与例外问题反而更为尖锐。多边体系停摆危机中有关知识产权问题的争议也非常突出:无论是自新世纪初开始的有关公共健康问题的争议,还是新近 TRIPs 理事会有关继续延长非违反之诉不予适用的期限直到 2020 年部长会议、推动发达国家根据《TRIPs 协定》第 66.2 条向最不发达国家转让技术等议题,[①]在国际政治和经济秩序中遭遇重大挑战,新的一轮技术革命似乎又即将快速登场之际,相关矛盾和冲突有升级之势。因而需要考察 TRIPs 现行机制中有关公共政策通道安排的基本情况以及对于中国的特殊意义和功能。

(一)协调知识产权与公共政策矛盾的 WTO 规范路径

《TRIPs 协定》在保护知识产权的同时,仍然留有相应的公共政策通道用以解决成员自身公共政策需求与知识产权保护统一标准之间的矛盾与冲突。相关路径主要体现为以下几个。

---

① See the news of TRIPs, 9 June 2019, https://www.wto.org/english/news_e/news19_e/trip_06jun19_e.htm.

1. 目标与原则设计

《TRIPs 协定》第 7、8 条规定了协定的目标和原则,相关公共政策的目的、内容、程序等可以通过这两个条款的法律解释获得正当性。第 7 条规定,知识产权的保护和实施应当有助于促进技术革新与技术转让、传播,促进生产者和使用者的相互利益,并有助于社会和经济福利,以及权利与义务的平衡。第 8 条分为两款:第 8.1 条规定,在制定或修改法律法规时,各成员可采用对保护公共健康和营养,促进对社会经济和技术发展至关重要部门的公共利益所必需的措施,只要此类措施与《TRIPs 协定》的规定一致;第 8.2 款允许成员在与《TRIPs 协定》一致的前提下,采取适当措施防止权利人滥用知识产权或对贸易、技术转让进行不合理的限制或造成不利影响。基于目的和原则条款的法律性质,其功能主要是在法律解释中补充、补白对争议条款或问题的解释。目前,这两个条款只有印度对欧盟提起的"European Union and a Member State—Seizure of Generic Drugs In Transit"一起案件,[①]且仍处于磋商环节。在该案中,印度对欧盟及其成员荷兰扣押过境仿制药措施提起申诉,认为欧盟及荷兰不仅违反了 GATT 1994 的相关条款,还违反了《TRIPs 协定》第 2、28、31、41、42 条,所有这些整体上又必须依照第 7、8 条以及多哈公共健康宣言进行解释。所以,总体而言,《TRIPs 协定》中目标与原则条款在以往的实践中并未得到成员及 DSB 的充分重视,其功能发挥有限。

2. 概括性的限制与例外安排

知识产权作为一种法律上的权利,其行使也存在一些限制与例外的情形。《TRIPs 协定》中也包含了一些概括性的限制与例外条款。例如,第 13、17、26.2、30 条,分别规定了著作权、商标权、工业设计、专利权授予权利的例外情形,允许成员在不对权利的正常利用发生不合理的抵触,不会不合理地损害专利所有权人合法权益,并考虑第三方合法权益的情况下,对相应权利规定有限的例外。该类条款在既往 TRIPs 案件中得到相对较

① See *European Union and a Member State—Seizure of Generic Drugs in Transit*, WT/DS408/1, G/L/921, IP/D/28, 19 May 2010.

多的适用。目前的 13 个成案(4 起为澳大利亚被诉的烟草产品白板包装案)中有 3 起案件均是主要围绕这些“三步测试”(three-steps test)展开的。[①] 若按争议措施统计,事实上 10 个成案有 30% 涉及这类概括性的限制与例外条款。专家组报告在这些案件中分析了条款所规定的构成合法例外的基本条件,“不合理的抵触”“不合理的损害”“有限的”“第三方”等的含义和判断方法。就实效性而言,该路径作用相对明显。

3. 特别议题考虑

除前两种路径之外,有的公共政策议题经由多边成员谈判形成特别条款或特别文件,进而实现对相关利益一定程度的平衡。比如公共健康问题,在 TRIPs 谈判之初即是发展中国家群体与发达国家群体争议的焦点问题之一。之后,发达国家通过不同协定的利益交换使发展中国家同意了《TRIPs 协定》的基本条款,并也将体现发展中国家诉求的强制许可在协定中予以规定,才使协定得以通过。但在《TRIPs 协定》实施中,发展中国家才发现有关强制许可的种种限制在实践中作用甚微,进而引发多哈公共健康宣言的产生以及《TRIPs 协定》第 31(f)条的修改。尽管业界对于多哈公共健康宣言的法律性质仍存争议,其并不等同于《TRIPs 协定》本身,且系“宣言”性质,实际作用也有限,但并不妨碍 DSB 在分析《TRIPs 协定》涉公共健康政策案件时,或是成员在 TRIPs 理事会以及多边其他平台中援引其作为法律解释的补充说明资料。从既往的实践来看,该条路径虽然进展缓慢,但也有一定成效。比如最终还是推动了相关议题宣言的达成以及《TRIPs 协定》历史上首次有关条文的修改。

在特别议题中,《TRIPs 协定》还有一安全例外条款,即第 73 条需予以特别关注。该条款与 GATT 1994 第 21 条如出一辙。相关条文也为《TRIPs 协定》与众多国家安全、公共安全方面的公共政策、其他领域国际条约的衔接留下了许多空间。特别是第 73(c)条,提及了《联合国宪章》这一个“二战”之后确立国际秩序的根本性的重要法律文件。但至目前,该

---

① 该 3 起主要涉及“三步测试”条款的案件为:DS114, *Canada—Pharmaceutical Patents*; DS160, *US—Section 110 (5) of Copyright Act*; DS174, *EC—Trademarks and Geographical Indications*。

条款并没有被适用过。

4. 一般议题之下的特别子项目

《TRIPs 协定》本身没有如同 GATT 1994 第 20 条那样的一般例外条款，但是在个别条款中为成员自身管制权的行使留下了余地。比如，第 3.2 条国民待遇条款允许各成员在遵守协定以及不会对贸易构成变相限制的前提下规定司法和行政程序方面的例外，包括在一成员管辖范围内指定送达地址或委派代理人。又如，第 27 条对于可授予专利范围的规定，其第 2 款允许各成员可拒绝对某些发明授予专利权，如在其领土内阻止对这些发明的商业利用是维护公共秩序或道德，包括保护人类、动物或植物的生命或健康或避免对环境造成严重损害所必须，只要此种拒绝授予并非仅因为此种利用为其法律所禁止。类似这样的条款适用频率随其主条款，总体上也非常低。有关国民待遇例外的第 3.2 条、有关专利权的第 27.2 条目前也都没有被单独适用过。但是，对于第 27.2 条的情形，笔者认为与目前《TRIPs 协定》实施使主要涉案国家的知识产权法在基本制度方面的差别大大缩小有关，少有在此方面再主张例外，更多的则是来自其他方面的公共政策需求。

综合以上，对于公共政策方面的措施，更为集中适用更广的路径都是涉及《TRIPs 协定》第 13、17、30 条等“三步测试”条款之适用，某些特别议题，可同时援引其他相关条款或文件论证其正当性。

（二）中国的公共政策与安全例外问题

于中国而言，TRIPs 现有机制中上述可能的公共政策通道需予以特别关注，以选择合适路径应对可能出现的知识产权争端。中国特殊的发展中国家地位受质疑的主要原因之一就来自技术领域，促进技术创新和转让、传播的知识产权制度自然也备受关注。尽管中国“入世”之时知识产权方面承担了许多超 WTO 义务，比如对于为申请使用新化学成分的药品或农业化学品的销售许可而提交中国主管机关的未披露实验数据或其他数据，中国政府向数据提供者授予自销售许可之日起至少 6 年的独占保护期，即在此期间内，除数据提供者外，未经数据提供者允许，任何人不得以该数据为基础申请产品销售许可。[①] 事实上,《TRIPs 协定》第 39.1 条并未有此独占保护期限的要求。又如,根据《TRIPs 协定》第 4 节,一些知识产权边境措施一般只适用于进口环节,但我国《知识产权海关保护条例》(2018 年修正)大部分措施都同时适用于进口与出口,其总体保护水平超出《TRIPs 协定》的一般要求。在近 20 年的高水平保护之后,我国主要的知识产权法如专利法、商标法、著作权法的基本内容事实上已经达至世界较为先进的水平,在发展中国家群体中更是居于领先地位。但是,另外,基于本身发展的严重不平衡性,依据综合标准仍然属于发展中国家,我国当前仍然亟须实施许多方面的公共政策,以巩固发展成果,实现整体的高质量发展。知识产权法律制度本身的目的即在于促进社会整体之福祉,并非为了保护而保护。[②] 当下中国的一些产业发展也已进入了新阶段,需要恰当调适公共政策与知识产权保护之间可能的矛盾。其中,公共健康政策与安全例外问题则是目前亟待解决的两个热点议题。

1. 公共健康政策

我国目前正在进行医药卫生领域的重要改革,对药品流通、定价等影响重大。就具体的产业而言,长期以来制药行业在专利药领域外国企业、外资企业占据优势,尤其是一些流行性疾病、重大疾病用药,国内整体研发能力与美欧等仍有较大差距。目前鉴于制药技术的整体发展,原先行业内广为使用的一大批专利药保护期陆续届满,[③]国内许多生产企业、研发机构正在展开仿制药研发、生产以及市场的争夺。对此,国务院于 2018 年 3 月颁布了《国务院办公厅关于改革完善仿制药供应保障及使用政策的意见》(国办发〔2018〕20 号),旨在促进中国药企仿制药研发和生产能力的提升。其中一些措施需注意具体的实施方式,包括具体的申请者资格、审批程序、采购措施的条款设计等,以防利益相关成员提出申诉。比如,该意

---

① 参见《中国加入议定书》第 284 段。

② 《TRIPs 协定》导言部分即规定,“认识到各国知识产权保护制度的基本公共政策目标,包括发展目标和技术目标”。

③ 参见美国 FDA 仿制药办公室年度报告,2018 年该部门发放了 1000 多项仿制药许可,11 月和 12 月的批准量均破纪录,详见 https://www.fda.gov/drugs/2018-office-generic-drugs-annual-report。

见第7项要求,在进行一致性评价方面,对国家实施专利强制许可的仿制药、列入鼓励仿制药品目录的药品、国家科技重大专项支持的仿制药等注册申请优先审评审批。其中,强制许可的药品、鼓励类药品、重大专项支持的药品若多数知识产权权利人都为国内投资者、生产者,则可能涉及《TRIPs协定》国民待遇及其例外的问题。又如,该意见指出,鼓励仿制临床必需、疗效确切、供应短缺的药品,鼓励仿制重大传染病防治和罕见病治疗所需药品、处置突发公共卫生事件所需药品、儿童使用药品以及专利到期前一年尚没有提出注册申请的药品;对临床必需、价格低廉的品种,通过完善采购使用政策等方式给予支持;在按规定向艾滋病、结核病患者提供药物时,优先采购使用仿制药;通过医保支付激励约束机制,鼓励医疗机构使用仿制药。[①] 该系列措施需注意,目前我国仿制药的整体水平有待提升,一致性评价程序本身仍然有待进一步完善,而且,在治疗效果方面,仿制药一般也并不能完全替代原研药,对于危急病人、重症病人并不适宜采取绝对的仿制药优先政策。因而,建议对其设置一定的条件,避免过度泛化,有违《TRIPs协定》第17、30条之嫌;否则,既不能真正解决公共健康问题,也不利于促进那些研发、生产真正意义上的仿制药的企业发展。

2. 安全例外问题

安全例外问题目前在中国诸多领域技术的发展中较为突出。早在2014年,欧盟中国商会就在《欧盟企业在中国建议书》中指出,我国有关信息产品审查的透明度问题有待加强,否则与WTO相关义务存在冲突;对软件实施强制性安全审查,但在这一过程中会涉及不必要的信息的披露,建议只审查产品的核心部分特征。[②]

我国目前软件产品的安全性审查由公安部主管。根据《信息安全等级保护管理办法》(公通字2007第〔43〕号)的规定,基于安全方面的考虑,信

---

① 参见《国务院办公厅关于改革完善仿制药供应保障及使用政策的意见》(国办发〔2018〕20号)第1、4、10、11条。

② See European Chamber, European Business in China Position Paper (2014 – 2015), 9 September 2014, https://www.europeanchamber.com.cn/en/publications-archive/313/European_Business_in_China_Position_Paper_2014_2015, pp. 312, 317 – 318.

息系统分为五级,级别较高的信息系统(一般三级以上)需接受特别评审程序以及更多频次的检查,在产品采购方面也有特别要求。根据该规定第21条,第三级以上信息系统所使用的产品应当符合研制、生产单位是由中国公民、法人投资或者国家投资或者控股的,在中华人民共和国境内具有独立的法人资格,产品的核心技术、关键部件具有我国自主知识产权等条件。该规定第22条要求,第三级以上信息系统的等级保护测评机构应当符合:在中华人民共和国境内注册成立(港澳台地区除外);由中国公民投资、中国法人投资或者国家投资的企事业单位(港澳台地区除外);工作人员仅限于中国公民;对国家安全、社会秩序、公共利益不构成威胁等条件。上述条件显然都体现出安全例外之考虑与安排。但是有关投资主体、生产者、产品自主知识产权采购限制的规定,在信息技术产品境内外权利人众多、相互交叉的专利丛林愈加密集的情况下,既难符合"三步测试"条款的规定,也难以通过《TRIPs 协定》第73条安全例外规定豁免国民待遇义务。

在公安部2019年6月发布的《网络安全等级保护条例》征求意见稿中,①基本延续了上述五级分级管理的内容,但在具体内容上有差别。意见稿第28条规定,第三级以上网络运营者应当采用与其安全保护等级相适应的网络产品和服务,对"重要部位"使用的网络产品,应当委托专业测评机构进行专项测试,根据测试结果选择符合要求的网络产品;采购网络产品和服务,可能影响国家安全的,应当通过国家网信部门会同国务院有关部门组织的国家安全审查。与前述规定相比,缩小了强制测试的范围,也删去了"自主知识产权"以及测试人员国籍等的要求,提升了合规性。在技术维护方面,意见稿第29条只要求三级以上网络一般应当在境内实施技术维护,不得实施境外远程技术维护。因业务需要,确需进行境外远程技术维护的,应当进行网络安全评估,并采取风险管控措施。

与知识产权领域的安全例外,还需特别关注与数据及其他信息安全有

---

① 全文详见 http://www. djbh. net/webdev/web/HomeWebAction. do? p = getGzjb&id = 8a818256641b29b9016440925032 0021。

关的管制规范的迅速发展动态。一些成员加强了个人数据信息保护。如中国主要贸易地区之一的欧盟颁布的新的数据信息保护规范《通用数据保护条例》(General Data Protection Regulation,GDPR),已于 2018 年 5 月 25 日开始实施。根据该条例第 3 条地域范围的规定,条例不仅适用于欧盟内部设立的数据控制者或处理者对个人数据的处理,还适用于数据控制者或处理者虽然不在欧盟设立,但为欧盟内的数据主体提供商品或服务,或对发生在欧洲范围内的数据主体的活动进行监控的情形,以及在欧盟之外设立,但是基于国际公法、成员国法律对其具有管辖权的数据控制者的个人数据处理。据此,包括中国公司、监管机构在内的相当多的非欧盟数据控制者或处理者对欧盟数据主体的数据处理行为也将受其约束。其中可能会涉及许多非欧盟企业商业秘密保护与欧盟消费者个人信息数据保护之间的协调问题,以及中国境内公安部等发布的数据信息安全管制规范与 GDPR 规范之间的管辖权冲突问题。对此,笔者认为,《TRIPs 协定》目前现有的限制与例外安排无法解决相关问题。无论是先前一般案件适用较多的“三步测试”条款,还是第 73 条安全例外的规定解决此类问题均显乏力。“三步测试”并没有明确的公共安全指向,第 73 条安全例外规定从条文上看,(a)项要求是披露必须会违背其根本安全利益,(b)项列举了几项特殊行动,(c)项要求关涉《联合国宪章》之下维持国际和平与安全,均设定了极高的适用标准,一般的信息安全事件根本无法满足这些条件。而且,从第 73 条三项的表述来看,一旦涉案,DSB 势必对什么是根本安全利益、维持国际和平与安全的义务之范围等背景因素极为复杂的语词概念进行界定,贸易争端平台是否具有相应的能力,是否超越了其职责?这恐怕也是第 73 条迄今为止没有被适用的最主要原因。但目前,在 2017 年卡塔尔经济封锁案中,[①]尽管申诉方在知识产权方面围绕《TRIPs 协定》第 3 条

---

① DS528, *Saudi Arabia, Kingdom of—Measures Relating to Trade in Goods and Services, and Trade-Related Aspects of Intellectual Property Rights*; DS527, *Bahrain, Kingdom of—Measures Relating to Trade in Goods and Services, and Trade-Related Aspects of Intellectual Property Rights*; DS526, *United Arab Emirates—Measures Relating to Trade in Goods and Services, and Trade-Related Aspects of Intellectual Property Rights*.

和第 4 条提出申诉,但被诉方提出了事关安全利益的问题,[①]其抗辩的具体思路和内容及专家组如何裁决尚不得知。在当前全球互联网关联如此紧密的情况下,重大的网络安全事件频发,第 3 条和第 4 条这样的诉求解决不了根本性的问题,TRIPs 理事会有必要考虑第 73 条在全球高度信息化背景下的解释问题,或是另行达成类似公共健康宣言的针对信息安全问题的倡议或补充性协定。事实上,与《TRIPs 协定》第 73 条约文几近相同的 GATT 1994 第 21 条在沉寂了许多年以后,在 2019 年 4 月 5 日的俄罗斯交通转运案中,专家组在 GATT/WTO 争端解决历史上第一次对其进行了分析。[②] 可见,针对该问题,仍然可以在 WTO 规则中找寻到合适的分析框架并对各成员实践施以规则导向之影响。相关思路与结论可资借鉴。在当下 TRIPs 以及整个的多边谈判中,该问题有待进一步关注。

五、知识产权:中美贸易争端的长期关注

(一)基本动因

在中美贸易争端中,知识产权领域将始终是双方高度关注的重点。这主要有三方面原因:

其一,中国市场规模庞大,其经济和社会发展对各类知识产权相关商品和服务的需求量巨大。

其二,中美两国相互间的贸易结构以及多边体系自身的发展决定了知识产权问题的重要性。多边体系自 GATT 以来 70 余年,在削减及消除关税贸易壁垒方面取得了相当大的成就,知识产权等非关税贸易壁垒自然成为当下成员关注的新的重点。在贸易结构方面,过去相当长的时期内,中国与其他许多发展中国家一样,出口以低附加值产品居多,来料加工、补偿贸易等形式较多;进口环节则是技术、设备等相对较多。因而,对于美方而言,长期以来,确保其在中国的知识产权获得高水平保护是其贸易政策的重要内容。以此为纲,在中国"入世"谈判中,知识产权是美方反复纠葛加

---

① See WTO news, https://www.wto.org/english/news_e/news17_e/dsb_22nov17_e.htm.

② See *Russia—Traffic in Transit*, WT/DS512/7, 29 April 2019.

价的重要部分。在加入 WTO 之后,基于双方的经济规模、贸易量以及各自的影响力,中国也很快成为 TRIPs 案件中的主要当事方之一。中国的著作权法、知识产权海关保护条例、刑事执行程序相关条款在美方提起的中国知识产权案中成为争议焦点。现今,伴随中国自身经济和社会的发展,商品与服务出口中知识产权保护需求也增长迅速。因而,于中国目前而言,在继续根据《TRIPs 协定》以及加入议定书承诺保护进口商品和服务中的知识产权的同时,如何保障对美贸易中中方相关的知识产权利益也是重要议题。

其三,国际政治和经济秩序面临重大变革。美方长期的霸权主义行径以及在部分领域的领先地位受到了中国等新兴国家的挑战。作为最具实力的发达国家和发展迅速的发展中大国,中美双方对国际经济秩序所秉持的态度、立场不同。尤其在区块链、人工智能等新技术呼之欲出之时,抢占技术高地,争取话语权均系各方至关重要的国家利益,在中国提出变制造大国为制造强国的国家战略背景下,美国对中国频频施压。从近期的情况来看,美方继续奉行打压政策,而非共同协作,使双方贸易关系趋于紧张。

(二)美国关注的重点

2019 年 4 月,USTR 发布了《2019 特别 301 调查报告》,①继续将中国列入“优先观察名单”。对于中国的知识产权工作,美方认为虽然中国对政府机构进行了重组,修订了相关知识产权法,但缺乏基础性的结构变化来强化知识产权保护,使美国知识产权权利人在中国遭遇严峻的商业环境;中国政府在知识产权和创新方面的高调声明,不能代替真正的结构性改革,以解决中国知识产权保护系统的弱点。②

该报告系 USTR 根据美国 1974 年贸易法第 182 节第 301 条而实施。尽管是其单方进行的调查,但报告的结果是美国对外贸易管理部门及其他政府机构对贸易对象实施相关措施的重要依据。多年来,该报告事实上成

① Office of United States Trade Representative, 2019 Special 301 Report, April 2019, https://ustr.gov/sites/default/files/2019_Special_301_Report.pdf.

② Office of United States Trade Representative, 2019 Special 301 Report, April 2019, https://ustr.gov/sites/default/files/2019_Special_301_Report.pdf, pp. 40 – 41.

为美国政府针对其认为“损害”美国知识产权利益及其他商业性利益的外国政府的措施进行调查、报复和制裁的重要工具。

从美国历年此类报告来看，以下方面是当下及今后技术贸易中应特别关注的重点。

1. 商业秘密保护

美国 2017 年、2018 年、2019 年的“301”报告都将商业秘密保护作为几大突出问题之一。2018 年 11 月，在 2018 年 4 月出台年度报告之后，USTR 又发布了更新版本，对中国的技术转让、知识产权和创新的行为、政策及做法再度进行调查和指责。①

2. 药品和化学品的知识产权问题

在“301”报告中，美方认为中国的专利法存在一些关键性问题，尤其是修改后的《专利审查指南》，给美方知识产权权利人造成不利影响。但是，我国的《专利审查指南》对于申报专利的数据方面的要求，是内外一致的。事实上，强化专利申请中的信息公开问题是各国专利法秉持的基本原则。唯有如此，才能实现专利权保护与使用人利益、公共利益的平衡。修改后的《专利审查指南》规定，判断说明书是否充分公开，以原说明书和权利要求记载的内容为准；对于申请日之后补交的实验数据，所证明的技术效果应当是所属技术领域的技术人员能够从专利申请公开的内容中得到的。② 这一修改进一步强化了专利申请中的“禁止反悔原则”，体现了民事法律中诚实信用原则的具体要求。修改方案对于制药行业专利会产生明显影响，对专利药的申请数据要求更为严格。在当前全球制药行业步入相对的专利断崖期，多边成员基于公共健康政策之需亟待提升自身仿制药产业水平之背景下，这一修改具有积极的推动意义。

另外，从 2018 年 11 月的 G20 会议到 2019 年 7 月 31 日结束的中美第

---

① See USTR, Update Concerning China's Acts, Policies And Practices Related to TechnologyTransfer, Intellectual Property, And Innovation, November 20 2018, https://ustr.gov/sites/default/files/enforcement/301Investigations/301%20Report%20Update.pdf.

② 参见 2017 年 2 月 28 日国家知识产权局发布的《关于修改〈专利审查指南〉的决定》第 5 条，《专利审查指南》自 2017 年 4 月 1 日起施行。

十二轮经贸磋商,美国总统特朗普都提到芬太尼(Fentanyl)的管制问题。[①]尽管其指责毫无根据,但结合当下毒品犯罪形式多样的特别情势,应当进一步强化对药品和化学品的登记管理,细化其生产与销售许可中的审查程序等。总体上,美国仍然在药品和化学品的研发、生产领域居于世界领先地位,结合上述情况,药品和化学品相关的知识产权执法问题、专利保护问题、未披露信息保护问题等也会成为中美贸易较长时期内关注的热点。

3. 高技术领域的技术转让、投资等一系列法律问题

在近几年的“301”报告中,除了商业秘密之外,另一高频词就是技术转让,在实践中技术转让是通过贸易或投资实现的。该报告内容,与20世纪90年代不同,列举的许多技术转让、投资方面的知识产权问题与案例都集中在高技术领域,如航空航天、生物制药、新能源汽车、人工智能等,凸显美方对这些领域的高度关注。相关领域还具有一突出的特点,即易涉及国家安全、公共安全问题,从而使相关法律规制更为复杂。于中国而言,首先,正确定位自身整体技术水平和社会发展水平,坚持全面发展观和发展中国家立场,并争取最大的国际支持。其次,需进一步加强这些领域法律规范的合规性审查,需特别关注行政规范性文件的合规性问题,避免明显违规的措施而引发不必要的贸易摩擦。同时,对于涉及国家安全、公共安全问题,一方面,需进一步细化这些领域安全审查法律规范的实施程序、审查标准等,为各种形式的高新技术合作提供安全的制度环境;另一方面,需尽快建立并完善能源、航空、公共卫生、环境保护等领域一系列的安全预警及应急制度体系。最后,结合国内相关行业技术的发展,进一步完善标准等方面的法律制度,为新技术标准保驾护航。

应当注意的是,美国“特别301”报告依其国内法做出,这就意味着,即便中国符合《TRIPs协定》也可能仍然被列为其“优先观察国家”,并给予不公平待遇。基于美国过去多年来“301”报告在多边关系和双边关系中的

---

① See news of G20 in *Economic Times*, https://economictimes.indiatimes.com/news/international/business/trump-hits-china-with-more-tariffs-says-xi-moving-too-slow-on-trade/articleshow/70491237.cms.

不光彩作用,中国对此需高度警惕:对报告中提及的若干措施进行分析,哪些是中美独有的问题,哪些是涉及多边全体的普遍性问题,哪些是真正知识产权领域的问题,哪些是关涉其他领域的系统性问题,以为未来美方在涉知产问题谈判中的要价做充分准备。就报告提及的有关《反不正当竞争法》在举证责任方面的问题而言,已经毫无意义。中国在 2019 年 4 月修改后的法律文本中包含了相应的条文,[①]与特别 301 报告几乎同时发布。电子商务平台的假货问题,与中国政府加强市场监管和规范化的目标一致,也不存在法律障碍。

中美两国于 2020 年 1 月 15 日正式签署《中美第一阶段经贸协议》,协议充分关注知识产权问题,其中涵盖第一章(知识产权)和第二章(技术转让),对美国上述关切予以回应。随着《中美第一阶段经贸协议》的履行,中国知识产权的国内立法、司法和执法体系都将面临调整与修改。同时,关于强制性技术转让还有两个需予以关注的问题:第一,在未来中美第二阶段谈判中,中美双方可能会就第一阶段协议尚未涉及的,诸如美国关注的所谓网络知识产权盗窃问题等,进行进一步谈判;第二,如前所述,鉴于美国在《2020 年贸易政策议程和 2019 年年度报告》中提出将会在未来 WTO 改革中关注强制技术转让问题,中美双方有关技术转让的相关谈判成果,可能会成为未来 WTO 改革中相关问题解决的重要基础和蓝本,因而也需予以关注。

由上观之,《TRIPs 协定》从开始实施至当下,都不仅仅是“知识产权”的协定,而是借知识产权之器,将贸易需求、技术发展、公共健康、环境保护、国家安全、公共安全等按多边成员同意的方法和规则糅合,以推动整体福祉之实现。其作用恰如动力集合器,集所有可能之合力,推动

① 《反不正当竞争法》(2019 年修订)第 32 条规定:“在侵犯商业秘密的民事审判程序中,商业秘密权利人提供初步证据,证明其已经对所主张的商业秘密采取保密措施,且合理表明商业秘密被侵犯,涉嫌侵权人应当证明权利人所主张的商业秘密不属于本法规定的商业秘密。商业秘密权利人提供初步证据合理表明商业秘密被侵犯,且提供以下证据之一的,涉嫌侵权人应当证明其不存在侵犯商业秘密的行为:(一)有证据表明涉嫌侵权人有渠道或者机会获取商业秘密,且其使用的信息与该商业秘密实质上相同;(二)有证据表明商业秘密已经被涉嫌侵权人披露、使用或者有被披露、使用的风险;(三)有其他证据表明商业秘密被涉嫌侵权人侵犯。”

经济和社会发展的巨轮不断前行。未来的谈判需更多智慧以解决不同技术发展阶段、不同经济发展水平和不同社会公共政策需求之下动力集合之问题。

第六章　争端解决机制改革：WTO和中国的双重维度

WTO运行20多年来，DSM作为为多边贸易体制提供可靠性和可预定性方面的一个重要因素，在解决成员之间的争端，保护成员在WTO规则下的权利和义务，以及澄清WTO规则的现有规定方面都作出了重大贡献，其成就和作用均有目共睹；但与此同时，DSM存在的问题也逐渐暴露，特别是在当前世界经济格局深刻调整，单边主义、保护主义抬头，经济全球化遭遇波折，多边贸易体制的权威性和有效性受到严重挑战的大背景下，为解决当前危机、回应时代发展，改革势在必行。

第一节　不断积淀的体制性问题

事实上，DSM改革并不是刚刚提出的事项，早在WTO设立之初，即有此动议。GATT缔约方1994年在摩洛哥马拉喀什举行的部长级会议上通过了一项决定，拟在《建立WTO协定》生效后4年内，完成对WTO争端解决规则和程序的全面审查。但之后没有如期完成审查；1999年西雅图部长级会议之后，有关此项议题的谈判也没有取得进展，因而又被纳入多哈回合的谈判事项。

一、多哈回合中议而不决的 DSU 改革

2001 年多哈部长级会议上,DDA 谈判开始,各成员同意继续审查对 DSU 的改进和澄清。各成员还同意,审查不属于 DDA“一揽子”承诺的一部分,即审查不与正在谈判的其他问题挂钩,也不受 DDA 结论的制约。这意味着,它们与《多哈宣言》规定的其他谈判的成败没有法律联系,明确规定结束审查的最后期限是 2003 年 5 月。2003 年 7 月,WTO 总理事会将最后期限延长至 2004 年 5 月;2004 年 8 月 1 日总理事会同意再次延长,但没有设定新的最后期限。

从 2002 年 2 月贸易谈判委员会建立争端解决机构特别会议至 2003 年 6 月,争端解决机构特别会议召开了 13 次处理 DSU 问题会议。虽然与会成员普遍认为 DSU 迄今为止运行良好,但仍提交了 42 份具体提案以澄清和改进 DSU。这 42 分提案代表了 WTO 大部分成员的意见,几乎涉及 DSU 的所有条款。① 在谈判过程中,与会者强调,该争端解决制度作为整个多边贸易体系的支柱发挥了重大作用。尽管如此,该制度仍存在一些有待改进的领域。讨论所涉的问题包括:第三方权利、专家组组成、案件的发回、双方合意解决、严格保密信息、适用顺序、报复、透明度和法庭之友意见、时间表、包括 SDT 在内的发展中国家利益、灵活性和成员控制,以及有效遵守等。由于涉及的具体建议数量繁多,以下选择经常被提及的主要关注议题予以阐述。

(一)欧共体/欧盟

1. 专家组供求矛盾问题②

欧共体/欧盟及其成员国提出了专家组成员供需失衡问题:需求上,从案件的发生看,随着新案件的增多,对专家组的需求也在增加。此外,由于

---

① See Dispute Settlement Body, *Report by the Chairman, Ambassador PéterBalás, to the Trade Negotiations Committee*, TN/DS/9, 6 June 2003, para. 3.

② See Dispute Settlement Body, *Contribution of the European Communities and its MemberStates to the Improvement of the WTO Dispute Settlement Understanding: Communication from the European Communities*, TN/DS/W/1, 13 March 2002, pp. 2 – 3.

越来越多的案件经常诉诸第 21.5 条专家组程序就中止减让进行仲裁,而这些程序现在通常由原专家组成员处理,因此案件的总持续时间正在增加。这也进一步加大了对专家组的需求。但供应上,事实证明,越来越难找到非有关成员国民的合格专家组成员,无论是作为申诉人、被告人还是第三方。

失衡的主要原因在于,其一,对专家组成员的需求和特设专家组成员的可用性之间的数量差异越来越大。在需求方面,现在很明显,WTO 的专家组比 GATT 下的专家组多。其二,专家组成员的压力大。专家组成员的工作量大大增加,不仅是因为程序的发展,如初步裁定和商业机密信息的处理,案件需要更多的时间来处理,从事实和法律的角度来看,这也是由于提交给专家组的案件本身日益复杂,而且专家组所进行的评估日益复杂。其三,发展中国家在专家组组成中的参与不足。在现行制度下,自 1995 年以来任职的专家中,只有 35% 来自发展中国家,这与 WTO 的广泛代表性要求不符。

鉴于上述原因,欧共体/欧盟及其成员国认为,改变选择专家组成员的方式,为他们的工作提供更为永久的基础,能够加快专家组程序和提高专家组报告的质量。为此,欧共体提出建立常设专家组制度的建议。欧共体认为,常设专家组制度的建立很可能会导致上诉机构对专家组报告的撤销少于目前的情况,从而减少程序的总时限、上诉机构的工作量和所有缔约方的费用。此外,由于专家组供需失衡,选择专家的时间越来越晚,专家组的组成越来越多地依赖总干事的任命。常设专家组制度可以在组成小组时节约时间。欧共体还认为,常设专家组制度不仅可以解决发展中国家的代表性问题,还可以提高专家组程序在公众眼中的合法性和可信性。常设专家组制度可以消除利益冲突的可能性,专家组成员的独立性将得到保护。

然而,许多成员并不认为现有的专家组制度已具备向常设专家组制度过渡的条件。鉴于这一点,欧共体又提出了一个混合制度的想法,即建立一个由大约 20 名兼职小组成员组成的名册,在特定情况下至少从其中选出一名小组成员。

2. DSU 相关执行规则的适用顺序问题

该问题可以被视为“经典的”DSU 审查问题,问题产生始于 1998 年发生的欧共体香蕉Ⅲ案所涉及的 DSU 第 21.5 条和第 22.6 条之间的适用顺序问题。[①] DSU 第 21.5 条规定:“如在是否存在为遵守建议和裁决所采取的措施或此类措施是否与适用协定相一致的问题上存在分歧,则此争端应通过援用这些争端解决程序加以决定……专家组应在此事项提交其后 90 日内分发其报告。”第 22.6 条规定,对于胜诉方的授权报复请求,“DSB 应在合理期限期满后 30 日内,给予中止减让或其他义务的授权”。此两条规定的时间形成了错位。一方面,在执行存在争议的情况下,当事方可选择第 21.5 条专家组程序,专家组需在 90 内作出关于执行问题的裁决;但另一方面,根据 DSU 第 22.2 条,成员方之间可在合理期限结束后 20 日内进行补偿谈判。如果 20 日内谈判未果,胜诉方可请求 DSB 授权中止减让。根据第 22.6 条,DSB 合理期满后 30 日内授权报复。据此,DSU 在 30 日内授权报复的情况下,第 21.5 条所规定的 90 日尚未届满,专家组判断执行情况的裁决程序仍在进行中。而从另外一个角度看,专家组对执行的判断可能尚在进行中时,授权报复的 30 日期限已经届满。由此,在适用顺序上,第 22.6 条与第 21.5 条形成了竞争关系。

实践中成员方逐渐形成了这样一种做法,即在缔约方之间就执行问题存在分歧的情况下,完成第 21.5 条 DSU 规定的程序是援引第 22 条 DSU 规定的先决条件。但为求得体制的确定性和可预见性,澄清二者的关系仍有必要。

(二)美国、智利:强化争端解决弹性和成员的控制问题

美国和智利的提案指出,在某些情形下,WTO 裁决机构(专家组、上诉机构和仲裁员)会采用不适当的解释性方法或法律推理,而 DSU 现行程序中的一些限制性规定却导致无论是在诉讼过程中,还是在报告通过过程

---

① See Dispute Settlement Body, *Contribution of the European Communities and its MemberStates to the Improvement of the WTO Dispute Settlement Understanding*: *Communication from the European Communities*, TN/DS/W/1, 13 March 2002, pp. 5 – 6.

中,相关成员均没有充分机会确保裁决机构的认定结果有助于解决争端。一方面,专家组和上诉机构的法律演绎和认定结果不应超出争端当事方提交解决争端的范围领域;另一方面,既有的报告的推理和结果或有超越争端范围的嫌疑,或者在某些情况下甚至可能对争端解决产生反作用。[①] 对此,美国专门就既有报告中的司法经济、国际公法的适用、填补空缺的解释方法以及审查的措施等问题提出诸多质疑。[②] 因此,美国等国建议,应建立一些机制,以增强成员方解决争端的灵活性和成员对裁决报告通过过程的控制。

(三)非洲集团、最不发达国家集团:发展中国家充分参与与权利实现能力问题

随着时间的推移,发展中国家越来越多地参与争端。然而,这只适用于少数发展中国家。虽然设立 WTO 法律咨询中心肯定有所帮助,非洲国家集团和最不发达国家集团声称,它们目前在积极参加 DSM 方面面临几乎无法克服的障碍。这通常是由于各国首都和日内瓦缺乏财政和人力资源,[③]对适用的规则了解不足,以及对使用该机制可获得的收益不确定。

就报复而言,一方面,报复问题只有在 DSB 就违反 WTO 规则授权采取中止减让措施的情况下才会出现。如果原诉讼中的被申请人声称自己已经遵守,但申诉方不同意,就会产生如何解决这种分歧的问题,以及 DSB 的报复授权如何被撤销的问题。在这一点上,DSU 当前的规则并不明确。另一方面,随着 DSU 的运行,预计会有更多的案件会进入报复阶段。而报复即存在报复能力问题,即一些国家,特别是不发达国家缺乏对发达国家

---

① See Dispute Settlement Body, *Negotiations on Improvements and Clarifications of the Dispute Settlement Understanding on Improving Flexibility and Member Control in WTO Dispute Settlement—Contribution by Chile and the United States*, TN/DS/W/28, 23 December 2002, para. 1 - 4.

② See Dispute Settlement Body, *Contribution by the United States*, TN/DS/W/74, 15 March 2005, pp. 1 - 4.

③ See Dispute Settlement Body, *Negotiations on the Dispute Settlement Understanding-Proposal by the African Group*, TN/DS/W/15, 25 September 2002, para. 3, 8; also see Dispute Settlement Body, *Negotiations on the Dispute Settlement Understanding-Proposal by the LDC Group*, TN/DS/W/17, 9 October 2002, para. 3.

的报复能力。

由于报复能力的缺乏,授权报复形同虚设。非洲集团在其关于争端解决谈判的提案中认为,中止减让的设想是鼓励缔约方撤销违法措施,并恢复权利和义务的平衡。然而,现实情况是,发展中国家成员实际上不能单独对发达国家成员使用这一制裁措施。如果采取报复措施,它们可能会遭受进一步的伤害。由于 DSM 是多边贸易体系的关键,发展中国家成员的这种障碍意味着该体系对它们产生了不利影响。因此,非洲国家集团建议,在诉诸中止减让的过程中,对采取违反 WTO 对发展中国家义务措施的发达成员,应授权所有 WTO 成员集体中止减让,集体中止减让的程度应当发展中国家利益丧失或减损的程度相当。① 最不发达国家集团在其提案中认为,考虑到采取报复措施对贫穷经济体可能产生的负面影响,解决这一障碍的一个办法是采用类似于《联合国宪章》所规定的"集体责任原则"。根据这一原则,所有 WTO 成员都有权利和责任执行 DSB 的建议。如果一个发展中国家或最不发达国家成员是胜诉方,集体报复作为一种 SDT 应该是自动进行的。并且,在决定是否授权集体报复时,DSB 不应受到基于利益丧失或减损程度的量化限制。② 墨西哥则引入了经济学中的"可转让权利"概念,提出中止减让的授权使胜诉方获得了"可转让权利",胜诉方可将其中止减让的权利转让给第三方以获得对价。墨西哥认为,这种方案一方面可以激励败诉方对义务的遵守,另一方面也可使胜诉方获得可见利益。③

二、功能性结构失衡

谈判、政策审议和争端解决是维系 WTO"规则导向"体制运转的三大功能性机制,谈判机制制定规则,TPRM 和 DSM 分别从日常监督执行和争

---

① See Dispute Settlement Body, *Negotiations on the Dispute Settlement Understanding-Proposal by the African Group*, TN/DS/W/15, 25 September 2002, para. 6.

② See Dispute Settlement Body, *Negotiations on the Dispute Settlement Understanding-Proposal by the LDC Group*, TN/DS/W/17, 9 October 2002, para. 6.

③ See Dispute Settlement Body, *Negotiations on Improvements and Clarifications of the Dispute Settlement Understanding-Proposal by Mexico*, TN/DS/W/23, 4 November 2002, p. 6.

端解决中的规则适用以保障 WTO 规则的实施。然而,由于 WTO 谈判机制长期停滞、TPRM 监督不力,从而将 WTO 体制运转的压力越来越多地传导至 DSM,并由此致其不堪重负。

（一）谈判功能弱化:规则供给严重不足

自 1995 年 WTO 运行以来,谈判机制总体运行艰难,①最主要的表现是多哈回合长期陷入僵局之中。如前所述,多哈回合的基本目标之一是解决发展中国家所面临的贸易问题,也因此被称为 DDA。然而,谈判本身却"发展"得并不顺利。

导致多哈回合谈判陷入僵局的一个饱受诟病的原因是 WTO 实行的协商一致的谈判决策机制。《建立 WTO 协定》第 9.1 条规定:"WTO 继续遵循 GATT 1947 协商一致作出决定的做法。"所谓协商一致,根据第 9.1 条的注释,如果出席会议的成员没有一个正式反对一项拟议的决定,则该决定被视为经协商一致通过。换言之,任何一个出席会议的 WTO 成员方均可通过正式反对而阻止一项拟议决定的通过。基于此,协商一致得到小国的拥护,这是因为否决权的赋予增加了小国在谈判中讨价还价的能力。与此同时,协商一致也得到大国的支持,这是因为,一方面在充分协商的基础上,大国实力得到尊重,大国意志得以贯彻。事实上,一些条款对协商一致的强调可以被视为给一些最强大的贸易实体提供了"事实上的否决权";②另一方面在大国意志相左的情况下,否决权可为特定的大国保护其自身利益提供机会。然而,协商一致的决策机制有其弊端。"随着成员方的数量越来越多,协商一致的取得变得愈加困难,即便一项措施为大多数

---

① WTO 成立之初的延续谈判尚属顺利:1996 年通过了《信息技术协定》(又被称为"后 1994 货物协定");1995～1997 年先后通过了 GATS《第二议定书:金融服务》《第三议定书:自然人移动》《第四议定书:基础电信》《第五议定书:金融服务》(被称为"后 1994 GATS 议定书")。这几个法律文件之所以被冠以"后 1994",盖因其是 1994 年结束的乌拉圭回合谈判的延续。由于这些"后 1994"文件的谈判是成员方根据 WTO 成立时相关协定的授权而开展的谈判,故又称为内设议程谈判。参见赵宏:《论世界贸易组织的谈判机制》,载《国际贸易》2016 年第 12 期。

② 例如,《建立 WTO 协定》第 9 条和第 10 条中所规定的关于修改《建立 WTO 协定》的动议、附件二的修订以及在附件四中增加诸边协定等。参见 John H. Jackson,"the Great 1994 Sovereignty Debate: United States Acceptance and Implementation of the Uruguay Round Results",36 (1&2) *Columbia Journal of Transnational Law*,174(1998).

成员所期望。"[①]因此,这种决策机制极大地制约了 WTO 法律制度的更新。[②]

在多哈回合的艰难推进中,自 2005 年以来,仅有 3 项新协定或修正案在 WTO 框架下达成:2005 年 12 月 WTO 第六次部长级会议通过的《TRIPs 协定第 31 条修正案》于 2017 年 1 月生效;2013 年 12 月 WTO 第九次部长级会议通过的《贸易便利化协定》(Trade Facilitation Agreement)于 2017 年 2 月生效;2015 年 12 月 54 个成员方达成扩大《信息技术协定》产品范围的全面协议。但即便如此,《TRIPs 协定第 31 条修正案》从通过到生效也耗时 10 多年之长;《贸易便利化协定》的达成和实施则经历了一条漫长而曲折的道路(the long and winding road)。[③] 与多哈回合近 20 个谈判领域的规则需求相比,2005 年以来仅通过的 3 个专门领域的成果不仅数量偏少,而且并未涉及诸多存在重大分歧且亟须发展或更新的规则领域。在当前逆全球化抬头、区域主义兴起的背景下,新协定或修正案的达成前景并不乐观,成员方对规则发展或更新的巨大需求与规则谈判难以达成的矛盾将长期存在。

(二)审议监督功能不足:矛盾重重

根据 TPRM 第 A 条,TPRM"对各成员的全部贸易政策和做法及其对多边贸易体制运行的影响进行定期的集体评价和评估"。与 DSM 对规则实施的个案监督相比,TPRM 的监督功能应当是常态化的,是针对成员实施 WTO 规则定期的、普遍性的、全面性的监督。根据第 C(ii)条,第一,贸易政策评审要"定期"举行;第二,"所有成员"要定期接受贸易政策评审;第三,评审的不仅是成员方的全部贸易政策,还包括各种贸易做法,而且是

---

① Peter Sutherland et al., The Future of the WTO: Addressing Institutional Challenges in the New Millennium. Report by the Consultative Board to the Former Director-General Supachai Panitchpakdi, WTO 2004, para. 283.

② 参见张乃根:《反思 WTO 法:二十年及未来——兼评"WTO 法是模范国际法"》,载《国际经济法学刊》2015 年第 3 期。

③ Nora Neufeld, *The Long and Winding Road: How WTO Members Finally Reached a Trade Facilitation Agreement*, Staff Working Paper ERSD – 2014 – 06, Economic Research and Statistics Division of World Trade Organization.

全方位的评审，而非针对某一项 WTO 规则。[①] 尽管 TPRM 在监督 WTO 规则实施上发挥了重要作用，但其监督的威慑功能发挥得并不理想。该机制运行的 20 多年间，贸易限制或歧视措施并没有得到有效遏制，甚至有愈演愈烈之势。

首先，从 DSM 的裁决结果来看，迄今有 200 多个案件被裁定违反 WTO 规则，构成裁决结案的绝大部分，而这些败诉案件集中于 20 多个成员。

其次，根据 TPRM 第 C(ii) 条，各成员受评审的频率是依据其“在一最近代表期所占世界贸易中的份额确定”。据此，评审频率分为 4 种情形：贸易份额占前四的成员的评审周期为两年一次；其后的 16 个成员为 4 年一次；其他成员为 6 年一次；最不发达国家成员可突破 6 年一次，适用更长的周期。可见，世界贸易份额越大的成员越经常受到评审。换言之，这些成员是监督的重点对象。然而，两年一评审的重点监督似乎力度很大，但对于某些成员而言实为外强中干，甚至在某些方面的监管威慑力微乎其微。例如，美国贸易政策向来奉行国家利益至上原则，具有较强的自主性，贸易政策评审的结果对美国的影响有限。[②] 以反倾销措施为例，尽管秘书处多次指出美国反倾销措施的违法性，美国却无动于衷。《2015 年贸易优惠拓展法》(Trade preference Extension Act) 的出台被认为方便了美国对其他成员方实施反倾销措施，[③]但该法案在个案救济上采取了不同于 WTO 的反倾销标准。[④]

再次，除了对某些占世界市场份额较大的国家监管乏力外，对一些尽管没有占到较大世界贸易份额，但对多边贸易产生一定影响的新兴市场国家，TPRM 也未做到有效监督。例如，巴西、印度、韩国、印度尼西亚等，它们不仅

---

① See Sam Laird, “The WTO's Trade Policy Review Mechanism—From through the Looking Glass”, 22(6) *The World Economy*, 741(1999).

② 参见曲延英、张磊、冯陆炜：《WTO 贸易政策审议机制：功能与运行》，法律出版社 2012 年版，第 186 ~ 188 页。

③ See Alexander V. Sverdlov, “Change is Coming: What to Expect from the Recent Amendments to the Trade Remedy Laws”, 47 *GEO. J. INT'L L.* 161, 162 – 63 (2015).

④ See Christopher Paul, “Resisting Protectionism in the Era of Trump: A Role for the Courts in Anti-Dumping and Countervailing Duty Law”, 27 *Fed. Cir. B. J.* 123, 127 (2017).

是国际贸易的主要角色，而且频繁地制定或修改自身的贸易政策。因此，每4年的评审并不能足够及时和有效地监督其贸易政策的发展和变化。[①]

最后，也是特别重要的，在2009~2014年，除了美国、欧盟、加拿大以及中国之外，WTO的大多数成员对于参加评审会议并不热情。在此期间，20%的成员未直接参加过评审会议，7%的成员既未直接参加、也未通过代表其利益的所属集团间接参加。这些未参加的主要是一些非洲和非加太地区的国家。[②] 大多数成员参加评审会议的数量不到所有会议总数的一半。这些国家主要是发展中国家。1995~2007年共有190场评审会议，平均每个发展中国家仅参加3场会议。[③]

由上可见，TPRM对于贸易大国、新兴市场国家以及发展中国家的监督均不理想。随着WTO成员数量的增加，其对监督的控制愈加乏力。在2009年度报告中，贸易政策评审机构已认识到，WTO成员数量的增加使得其工作负荷加重。[④] 另外，在工作负担增加的同时，可供TPRM所用的资源，即工作人员和预算却未能相应增加。在当前的评审周期下，评审机构每年要完成24件评审，这已超出评审机构的承受范围。案件积压已经形成。[⑤] 由于贸易政策评审机构的能力和效力受制于工作人员的数量和能力以及预算的支持，工作负担的增加以及可供评审所用的资源的有限性，已影响到TPRM的有效运行。[⑥]

---

① Ministry of Economy, Trade and Industry of Japan, 2014 Report on Compliance by Major Trading Partners with Trade Agreements-WTO, EPA/FTA and IIA, p. 701, available athttp://www.meti.go.jp/english/report/downloadfiles/2014WTO/02_18.pdf, accessed 24 January 2018.

② Jan Karlas & Michal Parízek, Peer-reviewing in International Institutions: States' Activity in WTO Trade Policy Review Mechanism, Paper submitted for consideration for the PEIO 2017 Conference, Bern, 12 - 14 January 2017, pp. 15 & 20, available at http://wp.peio.me/wp-content/uploads/2016/12/PEIO10_paper_28.pdf, accessed 24 January 2018.

③ Arunabha Ghosh, "Developing Countries in the WTO Trade Policy Review Mechanism", 9 (3) *World Trade Review* 419, 443 - 444 (2010).

④ See Trade Policy Review Body, *Trade Policy Review Mechanism—Report of the Trade Policy Review Body for* 2009, WT/TPR/249, 29 October 2009, para. 21.

⑤ See Trade Policy Review Body of WTO, *Sixth Appraisal of the Operation of the Trade Policy Review Mechanism*, WT/TPR/389, 22 December 2016, para. 2. 3.

⑥ See Trade Policy Review Body of WTO, *Trade Policy Review Mechanism—Report of the Trade Policy Review Body for* 2009, WT/TPR/249, 29 October 2009, para. 21.

(三)集重负于一身的争端解决

谈判机制、TPRM 功能性失灵的一个明显结果,是将成员间难以调和的矛盾和 WTO 体制运行压力都向 DSM 转移。

1. 谈判停滞下的矛盾转移与转化

谈判机制长期停摆导致 WTO 体制的结构性矛盾不断加深。多哈回合近 20 个领域的议题需要通过谈判制定或更新规则,而这些领域无不是关系到成员方贸易政策和交往过程中的重要利益,亟须多边体制提供规则标准。但是,由于规则发展的谈判进程无法推进,国际政治经济和社会的快速变化与僵化的规则之间的矛盾愈发明显。这些矛盾有很大部分转化为成员方之间的贸易争端提交给 DSM,并由此使其面临规则适用的极大难题:不能拒绝裁判,但又无"法"可依;恪守现有规程,或将助长或纵容成员投机;创造新规则,则将遭受"僭越"质疑,而无论恪守或创造,都又必然把原本属于成员之间的矛盾转化并上升为成员与 WTO 体制之间的矛盾。

2. 贸易政策评审机制控制不力下的矛盾转移

首先,就 TPRM 本身而言,其评审结果不具有约束力。WTO 部长会议强调,TPRM 曾被视为一种政策演习(policy exercise),因此其无意作为执行 WTO 特定义务的基础,或者作为争端解决程序的基础,或者对成员方施加新的政策承诺。该机制应继续致力于促进所有成员遵守规则、纪律以及多边协定和可适用的诸边协定下的承诺。① TPRM 促进遵守的力量主要源于引发诉讼的顾虑或者其他成员方的外交压力,因而一些国家根据评审结果修改本国立法以适应 WTO 规则。在此意义上,TPRM 被誉为 WTO"纪律实施的武器、DSM 的延伸翼"。② 此处的"延伸翼"并非 DSM 的延伸或 DSM 运作之后的介入,相反,TPRM 在之前即介入,通过协商和谈判避免诉讼的发生。③ 然

---

① See Ministerial Conference of WTO, *Appraisal of the Operation of the Trade Policy Review Mechanism*, WT/MIN(99)/2, 8 October 1999, para. 3.

② Kumar Ratnesh, WTO (World Trade Organization): Structure, Functions, Tasks, and Challenges, New Delhi: Deep & Deep Publications Pvt. Ltd., 2000, p. 42.

③ Julien Chaisse & Debashis Chakraborty, "Implementing WTO Rules through Negotiations and Sanctions: The Role of Trade Policy Review Mechanism and Dispute Settlement System", 28 *U. Pa. J. Int'l Econ. L.* 153, 179 (2007).

而，在成员国不甚重视评审结果、无视其他成员方评价的情况下，如美国在反倾销问题上；或者因固有评审周期和可用资源限制不能有效地对某些成员方作出评审的情况下，如巴西、印度、韩国、印度尼西亚等；或者因成员方缺席而不能有力和有效地辩论情况下，如诸多发展中国家，TPRM 对贸易政策的监督则乏善可陈。最终，理想中原应由 TPRM 解决的问题将可能被转移给 DSM。

其次，由于部门资源已经紧张，年工作量的增加放大了 TPRM 已有问题。例如，TPRM 在贸易政策的某些方面保持沉默，或者至少在所有的评审中对于贸易政策的覆盖并未保持一致性；[①]机构秘书处需要收集和核对大量的信息，鉴于有限的资源，评审报告只能作综合性的、一般性的处理，而不能做到对成员方政策的关键方面、与其他成员方可能相关的方面作出突出强调。[②] 这些问题随着 WTO 成员的增加，不仅不能解决，反而将进一步加重。仍然，本应由 TPRM 解决的问题将可能被转移给 DSM。

最后，就发展中国家问题而言，如前所述，发展中国家成员的贸易评审会议参加率较低，即便一些较大的发展中国家也是如此。形成这种现象的原因涉及发展中国家在日内瓦的代表团的力量、会议的安排以及发展中国家分析问题的能力。更大的问题则是发展中国家对评审兴趣不高，以及不愿意问彼此尴尬的问题。[③] 即便参加了会议，发展中国家代表的发言通常是对被评审国进行一番赞美，或者对双方的历史和文化关系作长篇陈述，顾左右而言他，很少涉及贸易政策问题。即便涉及，也是对秘书处报告已有内容的重复。[④] 可见，其一，在发展中国家参加评审会议的情况下，一团和气的交流会不能解决重要的贸易政策问题；其二，在发展中国家未参加会议的情况下，贸易政策问题则在双方之间自始未涉及，因而问题依旧。

---

① See Donald B. Keesing, "Improving Trade Policy Reviews in the World Trade Organization", *Institute for International Economics*, 1998, p. 33.

② See Arunabha Ghosh, "Developing Countries in the WTO Trade Policy Review Mechanism", 9(3) *World Trade Review* 419, 442(2010).

③ See Arunabha Ghosh, "Developing Countries in the WTO Trade Policy Review Mechanism", 9(3) *World Trade Review* 419, 443(2010).

④ See Arunabha Ghosh, "Developing Countries in the WTO Trade Policy Review Mechanism", 9(3) *World Trade Review* 419, 443(2010).

于是,无论发展中国家是否参加会议,都不能解决双方之间可能存在的重要的贸易政策问题。纠纷一旦爆发,则将提交 DSM 解决。

三、体制性危机凸显

(一)审限超期情形的恶化

DSU 第 3.3 条规定:"争端的迅速解决对世界贸易组织功能的有效发挥以及保持成员间权利和义务的平衡至关重要。"因而,争端解决的及时性已成为 WTO 争端解决系统的一个重要目标。[①] 为此,DSU 为争端解决程序各阶段设置了时间表,如第 4.7 条、第 12.9 条、第 17.5 条等。实践中,时间表并未得到严格遵守,拖延现象较为严重。[②] 以上诉机构阶段为例,根据第 17.5 条,上诉机构程序的通常限期为 60 天,特殊情况下无论如何不得超过 90 天。然而,在 1995 ~ 2016 年的上诉案件中,上诉程序的平均用时为 3.3 个月,[③]超过了 3 个月的最长期限要求。

1. 上诉超期:"常态化"状况

近年来,上诉机构拖延问题愈发严重。表 6 - 1 统计了 2014 年以来上诉的已决案件平均用时。从表 6 - 1 中可见,在 31 个案件中,只有 DS449 案在期限届满之日分发了报告,其余 30 个案件用时均超过了 90 日的最长期限。31 个案件平均用时为 149.5 天,用时是最长期限的 166% 。

表 6 - 1 2014 年以来上诉的已决案件平均用时

单位:天

序号	案号	上诉日期	上诉报告分发日期	用时
1	DS400	2014 年 1 月 24 日	2014 年 5 月 22 日	118
2	DS401	2014 年 1 月 24 日	2014 年 5 月 22 日	118

① See Donald McRae, "Measuring the Effectiveness of the WTO Dispute Settlement System", 3(1) *Asian Journal WTO & International Health & Policy*, 4 (2008).

② See Arie Reich, "The Effectiveness of the WTO Dispute Settlement System: A Statistical Analysis", *EUI Working Paper LAW* 2017/11, 2017, pp. 22 - 24.

③ See Johannesson, Louise & Mavroidis, Petros C., "The WTO Dispute Settlement System 1995 - 2016: A Data Set and Its Descriptive Statistics", 51(3) *Journal of World Trade*, 367(2017).

续表

序号	案号	上诉日期	上诉报告分发日期	用时
3	DS449	2014 年 4 月 8 日	2014 年 7 月 7 日	90
4	DS431	2014 年 4 月 8 日	2014 年 8 月 7 日	121
5	DS432	2014 年 4 月 25 日	2014 年 8 月 7 日	104
6	DS433	2014 年 4 月 25 日	2014 年 8 月 7 日	104
7	DS436	2014 年 8 月 8 日	2014 年 12 月 8 日	122
8	DS437	2014 年 8 月 22 日	2014 年 12 月 18 日	118
9	DS438	2014 年 9 月 26 日	2015 年 1 月 15 日	111
10	DS444	2014 年 9 月 26 日	2015 年 1 月 15 日	111
11	DS445	2014 年 9 月 26 日	2015 年 1 月 15 日	111
12	DS384	2014 年 11 月 28 日	2015 年 5 月 18 日	171
13	DS386	2014 年 11 月 28 日	2015 年 5 月 18 日	171
14	DS429	2015 年 1 月 6 日	2015 年 4 月 7 日	91
15	DS430	2015 年 1 月 26 日	2015 年 6 月 4 日	129
16	DS457	2015 年 3 月 25 日	2015 年 7 月 20 日	117
17	DS454	2015 年 5 月 20 日	2015 年 10 月 14 日	147
18	DS460	2015 年 5 月 20 日	2015 年 10 月 14 日	147
19	DS381	2015 年 6 月 5 日	2015 年 11 月 20 日	168
20	DS397	2015 年 9 月 9 日	2016 年 1 月 18 日	131
21	DS453	2015 年 10 月 27 日	2016 年 4 月 14 日	170
22	DS461	2016 年 1 月 22 日	2016 年 6 月 7 日	137
23	DS464	2016 年 4 月 19 日	2016 年 9 月 7 日	141
24	DS456	2016 年 4 月 20 日	2016 年 9 月 16 日	149
25	DS473	2016 年 5 月 20 日	2016 年 10 月 6 日	139
26	DS475	2016 年 9 月 23 日	2017 年 2 月 23 日	153
27	DS471	2016 年 11 月 18 日	2017 年 5 月 11 日	118
28	DS487	2016 年 12 月 16 日	2017 年 9 月 4 日	262
29	DS442	2017 年 2 月 10 日	2017 年 9 月 5 日	207
30	DS477	2017 年 2 月 17 日	2017 年 11 月 9 日	265
31	DS479	2017 年 2 月 20 日	2018 年 3 月 22 日	395

2. 上诉机构的负荷压力

事实上,WTO 中的案件数量近年总体呈上升趋势。DSB 新设专家组的数量 2010 年为 6 个,2011 年为 9 个,2012 年为 11 个,2014 年为 13 个,2015 年截至 9 月则为 15 个。[①] 其中,平均 2/3 的专家组案件将上诉至上诉机构。总干事阿泽维多在 2014 年 9 月 26 日声称,在上诉机构 7 人满员的情况下,如果当天 DSB 关门不接收新的案件,现有工作量足够专家组和上诉机构忙碌两年。为此,阿泽维多建议增加上诉机构人数至 9 人。[②] 可见,在上诉机构满员的情况下,案件积压已不可避免,遑论严重缺员的情形。

负荷过重而导致案件审理超期问题一直困扰着上诉机构。上诉机构在其 2013 年度报告[③]中指出,负荷增加的原因主要在于下列因素的增长:①争端的大小(size);②上诉中提起的问题数量;③上诉中的参与者数量;④上诉中所提交材料的平均长度。上诉机构通过对 WTO 成立初期的 10 个上诉案件(以下简称前十案)和 2012 年年底前的 10 个上诉案件(以下简称后十案)中的相关数据比较,揭示了前述因素的增长。[④]

就争端大小而言,争端的大小和复杂性可通过专家组所审查案件的情况得以反映。在前十案中,争端方提交专家组审查的平均材料数是 62 件,

---

① Giorgio Sacerdoti, The WTO Dispute Settlement System: Consolidating Success and Confronting New Challenges, Bocconi Legal Studies Research Paper, 13 July 2016, p. 7. available at http://xueshu.baidu.com/s?wd=paperuri%3A%28759108a14d41115674fc4c867dd923a4%29&filter=sc_long_sign&tn=SE_xueshusource_2kduw22v&sc_vurl=http%3A%2F%2Fpapers.ssrn.com%2Fsol3%2Fpapers.cfm%3Fabstract_id%3D2809122&ie=utf-8&sc_us=6699233863878350506.

② See Dispute Settlement Body, Minutes of Meeting on 26 September 2014, WT/DSB/M/350, 21 November 2014, para. 1.2. 事实上,相较于 ICJ 或其他法庭,WTO 上诉机构成员数量较少。例如,ICJ 法官数量是 15 人,国际刑事法院法官是 16 人,国际海洋法法庭是 21 人。此外,这些法院或法庭所审理的案件数量也远少于 WTO 上诉机构。鉴于上诉案件数量的增加以及所须解决的法律问题的困难性,欧盟、泰国和日本建议增加上诉机构的成员数量。See DSB Meeting, TN/DS/M/5, 27 February 2003, para. 13. 从而,在保持上诉机构报告质量的前提下,上诉机构可以防止报告的拖延问题。See TN/DS/W/22, 28 October 2002. Proposal by Japan.

③ See Communication from the Appellate Body, the Workload of the Appellate Body, Annex 1 to Appellate Body Annual Report, WT/AB/20, 14 March 2014.

④ See Communication from the Appellate Body, the Workload of the Appellate Body, Annex 1 to Appellate Body Annual Report, WT/AB/20, 14 March 2014, pp. 33 - 37.

后十案中平均数则增长到 552 件。专家组报告的长度也相应翻倍,后十案的平均页数达到 364 页。为完成上诉工作,上诉机构成员和秘书处的律师必须通读专家组的报告和相关材料,因而,专家组的工作量增加也意味着上诉机构工作量的增加。

就上诉问题的数量而言,前十案提起的问题平均约 8 个;后十案的平均问题数则增长至 13 个,增长率超过 60%。

就上诉参与者而言,与 WTO 初期相比,当前案件中第三方的数量显著增加,而且多数第三方都提出问题或意见供上诉机构审查,上诉机构的工作量也因此而增加。

就上诉材料而言,与前十案相比,后十案中提交给上诉机构的材料已经翻倍。

3. 上诉超期的体制性危害

实际上,成员方当前似乎已将拖延问题接受为一种不可避免的事实。然而在上诉机构违反第 17.5 条成为常态时,这本身即成为一个严重的体制问题。

首先,拖延将直接导致不可补救的经济损害。例如,对于一成员方对他方产品采取的诸如反倾销税等临时措施,即便 DSB 最终裁定该措施与 WTO 纪律不符,但长时间的拖延对他方而言损害已经形成,之后其所进行的任何补救措施可能都无法弥补已经受到的损害。可见,"WTO 争端不是抽象的分歧。每一场争端之下都存在着现实世界的经济利益。当争端悬而未决时,确实有人在遭难"。[①]

其次,拖延将导致更多的拖延。拖延使一些违反 WTO 纪律的措施几年未受 DSB 审查,一些采取保护主义措施的成员方因而受益。于是,更多的保护主义措施接踵而来。相应地,更多的争端被诉至 WTO,进而导致更多的拖延,形成恶性循环。[②]

---

① See Dispute Settlement Body, Minutes of Meeting of 31 August 2015, WT/DSB/M/367, 30 October 2015, para. 13. 3.

② See Dispute Settlement Body, Minutes of Meeting of 31 August 2015, WT/DSB/M/367, 30 October 2015, para. 13. 4.

最后,拖延将危害 DSM 的运作。拖延直接减损了 DSU 第 3.3 条所设置的及时性目标,使其形同虚设。当拖延问题所导致的违法成为常态时,WTO 规则导向的体制将受到质疑,成员方可能转向其他机制以求解决贸易问题。这将严重损害 DSM 的有效性和可信性。①

(二)规范体系性缺失之囹境

上诉机构可以通过司法造法活动填补法律漏洞和澄清其模糊性,从而完善 WTO 法。但受制于上诉机构的组织性规则、法律推理或者政治因素,上诉机构造法的战略空间有限。② 对于源自 WTO 法律规范本身的体系性漏洞或冲突,无论是程序上的,还是实体上的,裁决机构往往无力应对,也由此使 WTO 法律体制的有效性受到质疑。鉴于在争端案件中反映的此类难题较多,因此仅以欧盟海豹案(*EC—Seal Products*, DS400、DS401)为例加以说明。

该案诉争措施是欧盟针对海豹产品的进口与市场销售禁令(以下简称欧盟海豹措施)。欧盟海豹措施为一般禁止欧盟市场进口或投放海豹产品,但同时设有多种例外,包括海豹由因纽特人或土著族群(inuit or indigenous communities, IC)狩猎的例外以及为海洋资源管理(marine resource management, MRM)目的而狩猎的例外。申诉方加拿大和挪威认为这些措施与 GATT 1994 与《TBT 协定》的相关条款不符。上诉程序中,上诉机构发现,该案涉及《TBT 协定》和 GATT 1994 的适用,而无论是《TBT 协定》、GATT 1994 还是二者彼此之间,都存在一系列裁决机构无法解决的规范间的体系性冲突。

1.《TBT 协定》:PPMs 纳入规制范围的界限问题

要回答欧盟海豹措施是否违反《TBT 协定》的相关规定,首先需要解决的是,欧盟海豹措施是否属于《TBT 协定》附件第 1.1 条所规定的“技术

---

① See Dispute Settlement Body, Minutes of Meeting of 31 August 2015, WT/DSB/M/367, 30 October 2015, para. 13.9.

② 参见[美]约翰·H. 巴顿、朱迪思·L. 戈尔斯坦、蒂莫西·E. 乔思林、理查德·R. 斯坦伯格:《贸易体制的演进——GATT 与 WTO 体制中的政治学、法学和经济学》,廖诗平译,北京大学出版社 2013 年版,第 82 页。

法规”。[①] 根据欧共体石棉案(*EC—Asbestos*,DS135)上诉机构的裁决,判断一项技术法规,应当符合以下三个条件:①适用于一个可辨别的产品类别;②规定了一个或多个产品特性或其生产过程与生产方法(Process and Production Methods,PPMs),含适用的管理规定;③强制执行。

对于欧盟海豹措施而言,裁决分歧主要集中于第二项。对此,申诉方认为,措施从正反两个方面规定了产品特性,其 IC 和 MRM 例外符合与否,以是否含有海豹成分为条件。即是否含有海豹这一因素,其“例外”规定了产品特征。[②] 挪威进一步指出,欧盟海豹措施规定了《TBT 协定》附件第 1.1 条意义上的与产品特征相关的 PPMs,特别是其例外规定。关于 IC 例外,挪威认为术语“生产过程”涉及特定的做法(特定人进行的传统式狩猎),并伴有明确的目的(海豹产品的生产用于族群的生存);关于 MRM 例外,挪威认为该措施规定了与狩猎目的(可持续海洋管理)有关的特别的做法:狩猎进行的方式(根据资源管理计划规制于国家层面)以及海豹产品的销售方式(非营利性、性质和数量的非商业性)。同样,这些活动具有明确的目的(MRM 副产品的销售)。[③] 可见,IC 和 MRM 例外规定了生产过程,只要满足这些例外,海豹产品即可在欧盟市场销售。在此意义上,通过这些例外所规定的生产过程与海豹产品的特性相关。由此可知,此处的生产过程即是与产品相关的 PPMs。

专家组裁决认为,欧盟海豹措施规定了产品特性,是《TBT 协定》意义上的技术法规;[④]至于是否也规定了与产品特性有关的 PPMs 则没有必要再作分析。[⑤]

---

① 该条规定:“规定强制执行的产品特性或其相关工艺和生产方法、包括适用的管理规定在内的文件。该文件还可包括或专门关于适用于产品、工艺或生产方法的专门术语、符号、包装、标志或标签要求。”

② See Panel Report, *EC—Seal Products*, WT/DS400/R, WT/DS401/R, adopted 25 November 2013, para. 7. 88.

③ See Panel Report, *EC—Seal Products*, WT/DS400/R, WT/DS401/R, adopted 25 November 2013, para. 7. 90.

④ See Panel Report, *EC—Seal Products*, WT/DS400/R, WT/DS401/R, adopted 25 November 2013, paras. 7. 11 – 7. 12.

⑤ See Panel Report, *EC—Seal Products*, WT/DS400/R, WT/DS401/R, adopted 25 November 2013, para. 7. 12.

上诉机构认为，专家组依据措施单一成分的评估就得出结论，却没有对每一项有关因素的分量和关联进行体系性的评估。综合评估后发现，欧盟海豹制度作为一个整体没有规定产品特性，不属于技术法规。[①] 同时，由于专家组对 PPMs 问题未作调查和探讨，上诉机构无法就此完成分析。[②]

关于《TBT 协定》附件第 1.1 条，上诉机构认为，判断一项措施是否符合其规定的 PPMs，专家组需审查措施所规定的 PPMs 是否与产品特征有"足够的联系"（sufficient nexus）。[③] 联系的方式有多种，可以是对产品产生物理性影响的因素，如牛肉中含有荷尔蒙和产品中含有石棉纤维等；也可以是对产品产生非物理性影响的因素，如金枪鱼的捕捞方法、海豹的狩猎者和牛肉的原产地标签等。由于联系因素过于宽泛，需要作出限定。然而，用"足够"一词限定"联系"似乎对联系因素作了限制，但由于"足够"一词本身具有主观性，这样的限定将引起一系列问题。特别是，"足够"表明了联系的程度，但"足够"本身则需要解释和限定，因此联系的程度并不清楚。此外，联系的本质也不能通过"足够"一词予以揭示。[④]

从《TBT 协定》的角度看，就本质而言，其"联系"应当体现技术因素。在欧盟海豹案中，上诉机构认为，根据与产品得以产生的狩猎人的身份，或者狩猎的类型，或者狩猎的目的三者有关的标准，IC 和 MRM 例外规定了产品投放欧盟市场的条件。上诉机构认为这是措施的主要特性。所以，争议措施规定的是产品投放市场的条件，并非产品特性，[⑤]所以不是技术法规。

---

① See Appellate Body Report, *EC—Seal Products*, WT/DS400/AB/R, WT/DS401/AB/R, adopted 22 May 2014, para. 5. 58.

② See Appellate Body Report, *EC—Seal Products*, WT/DS400/AB/R, WT/DS401/AB/R, adopted 22 May 2014, para. 5. 69.

③ See Appellate Body Report, *EC—Seal Products*, WT/DS400/AB/R, WT/DS401/AB/R, adopted 22 May 2014, para. 5. 12.

④ See Gabrielle Marceau, "A Comment on the Appellate Body Report in EC—Seal Products in the Context of the Trade and Environment Debate", *Review of European*, 23 (3) *Comparative & International Environmental Law*, 237 (2014).

⑤ See Appellate Body Report, *EC—Seal Products*, WT/DS400/AB/R, WT/DS401/AB/R, adopted 22 May 2014, para. 5. 58.

就技术因素而言,狩猎人的身份和狩猎的目的缺乏技术性;狩猎的类型则因狩猎方式的不同而体现不同的技术,因此可以满足联系的技术本质要求,因而有可能构成《TBT 协定》意义上的 PPMs;但与此同时,从狩猎海豹的方式而言,其技术因素可能使其满足附件第 1.1 条下与产品特性有关的 PPMs 之要求。如果技术因素与产品特性达到足够的程度,则是《TBT 协定》意义上的 PPMs;反之,如果没有达到足够的程度,则不是《TBT 协定》意义上的 PPMs。前者措施适用《TBT 协定》;后者则适用 GATT 1994,即不同的认定可能导致不同的甚至迥异的结果。由于二者之间的界限属于《TBT 协定》及 GATT 1994 悬而未决的立法问题,[①]裁决缺乏明晰的标准。

2. GATT 1994 与《TBT 协定》之间:适用与解释标准的差异问题

在欧盟海豹案中,解释和适用 GATT 1994 第 1.1 条和第 3.4 条过程中涉及《TBT 协定》第 2.1 条的适用问题。由于上诉机构否定了欧盟海豹措施属于《TBT 协定》之"技术法规"的认定,因而回避了适用《TBT 协定》的适用,但与此同时,上诉机构仍然认识到,同一争端措施在分别适用 GATT 1994 与《TBT 协定》时将可能产生不同的结果,构成了规范之间的体系性冲突。

首先,鉴于《TBT 协定》第 2.1 条与 GATT 1994 第 3.4 条相似的表述以及二者在技术法规上调整范围的重叠,上诉机构认为,对于第 2.1 条下义务的解释应考虑到第 3.4 条的相关背景。因此,《TBT 协定》下贸易自由化和国内管制自主权之间的平衡与 GATT 1994 下二者的平衡原则上不应当不同。[②] 此外,《TBT 协定》引言第二段指出其"期望促进 GATT 1994 目标的实现",上诉机构重申"这两个协定应以协调和一致的方式加以解释"。[③] 然而,另外,协调和一致解释原则并不意味着相似的法律义务标

① See Appellate Body Report, *EC—Seal Products*, WT/DS400/AB/R, WT/DS401/AB/R, adopted 22 May 2014, para. 5. 69.

② See Appellate Body Report, *EC—Seal Products*, WT/DS400/AB/R, WT/DS401/AB/R, adopted 22 May 2014, para. 5. 122.

③ See Appellate Body Report, *EC—Seal Products*, WT/DS400/AB/R, WT/DS401/AB/R, adopted 22 May 2014, para. 5. 121.

准,如 GATT 1994 第 1.1 条和第 3.4 条与《TBT 协定》第 2.1 条的非歧视标准,必须具有相同的含义。[①]

其次,对于相似的进口产品在不改变竞争条件下,GATT 1994 第 3.4 条允许在进口产品和国产产品的管制差异存在。因此,平等的竞争条件成为评估是否对进口产品给予"不低于"国产产品待遇的决定因素。如果对相似进口产品的竞争条件带来"不利影响",则意味着构成 GATT 1994 第 3.4 条下的"低于待遇"。[②] 换言之,GATT 1994 第 3.4 条"不低于待遇"的判断依据是"不利影响"是否可能发生。如果发生,相关措施则违反"不低于待遇"义务。但是,根据《TBT 协定》引言第 6 段和第 2.2 条,在不构成恣意或不合理歧视,或构变相限制国际贸易的情况下,成员方可采取必要的措施以实现某些合理社会目标。因此,《TBT 协定》第 2.1 条并不禁止限制贸易措施的采取,[③] 允许完全源于"合理监管区分"(legitimate regulatory distinctions)所产生的"不利影响"。[④] 从第 2.1 条的功能和范围看,第 2.1 条的非歧视性只关涉技术法规。因此,只能从技术的管制差异角度解释进口产品的不利影响,即这种不利影响是否因对技术的"合理监管区分"所造成。[⑤] 二相对比可知,《TBT 协定》第 2.1 条下的"不利影响"与 GATT 1994 第 3.4 条不同,即便"不利影响"发生,如果构成"合理监管区分",相关技术措施也并不构成违反。

最后,对于"不利影响",在 GATT 项下,成员方在违反第 1 条和第 3.4 条时,尚可援引 GATT 1994 第 20 条一般例外以证明其措施的合法性。专家组需审查的问题是争议措施是否事实上构成"恣意或不合理的歧视",

---

① See Appellate Body Report, *EC—Seal Products*, WT/DS400/AB/R, WT/DS401/AB/R, adopted 22 May 2014, para. 5. 123.

② See Appellate Body Report, *EC—Seal Products*, WT/DS400/AB/R, WT/DS401/AB/R, adopted 22 May 2014, para. 5. 116.

③ See Appellate Body Report, *EC—Seal Products*, WT/DS400/AB/R, WT/DS401/AB/R, adopted 22 May 2014, para. 5. 124.

④ See Appellate Body Report, *EC—Seal Products*, WT/DS400/AB/R, WT/DS401/AB/R, adopted 22 May 2014, para. 5. 310.

⑤ See Appellate Body Report, *EC—Seal Products*, WT/DS400/AB/R, WT/DS401/AB/R, adopted 22 May 2014, para. 5. 312.

且无论是否存在“合理监管区分”。如果“不利影响”是在违反《TBT 协定》第 2. 1 条的情况下造成,成员方可以以“合理监管区分”为由证明其合理性。专家组需审查的问题是“不利影响”是否“合理管制区分”所致,但无须审查是否构成“歧视”。[①] 因此,对于“不利影响”的审查,上诉机构在此采取了不同的标准:GATT 1994 第 20 条引言下的“恣意或不合理的歧视”与《TBT 协定》下的“合理监管区分”。[②]

由此可见,不同的标准将可能产生 GATT 1994 与《TBT 协定》间适用与解释冲突的体制问题。假设欧盟海豹措施规定了强制性认证和标签制度,要求欧盟市场上销售的海豹产品符合某些人道的捕猎方法。由于强制性认证和标签制度规定了海豹的狩猎技术因而是一种技术法规,故受《TBT 协定》调整。与此同时,欧盟海豹措施规定了一种 IC 例外,即根据《联合国土著民族权利宣言》允许 IC 狩猎的海豹产品在欧盟市场销售以保护其文化传统和生存。原则上,假设的情况可能受《TBT 协定》第 2. 1 条和 GATT 1994 第 1 条中最惠国待遇义务的共同调整。同时,“不利影响”产生:IC 例外下进口产品的待遇将不利于其他竞争进口产品。一方面,根据“合理监管区分”标准,保护 IC 文化传统和生存将排除“不利影响”的不合理性,从而使该措施符合《TBT 协定》第 2. 1 条的要求;另一方面,鉴于保护 IC 文化传统和生存与欧盟海豹制度的首要目标——动物福利保护——不相关,因此,以保护 IC 文化传统和生存为由的 IC 例外不能作为排除其“不利影响”的合理理由,措施的歧视性依然存在,且构成 GATT 1994 第 20 条引言下“恣意或不合理的歧视”。[③] 由此可见,采用不同的标准判断该措施,将导致适用《TBT 协定》与 GATT 1994 的结果不一致:前者结果符合《TBT 协定》,后者结果违反 GATT 1994。

---

① See Appellate Body Report, *EC—Seal Products*, WT/DS400/AB/R, WT/DS401/AB/R, adopted 22 May 2014, para. 5. 311.

② See Appellate Body Report, *EC—Seal Products*, WT/DS400/AB/R, WT/DS401/AB/R, adopted 22 May 2014, para. 5. 311.

③ See Gracia Marín Durán, "Measures with Multiple Competing Purposes after EC—Seal Products: Avoiding a Conflict between GATT Article XX-Chapeau and Article 2. 1 TBT Agreement", 19(2) *Journal of International Economic Law*, 489 - 490(2016).

然后，对于这种有违二者协调、一致解释的问题，上诉机构认识到，如果《TBT 协定》和 GATT 1994 中的权利和义务存在不平衡，则只能交由 WTO 成员方负责解决这种不平衡。[①] 对此，上诉机构自身无能为力。

3. GATT 1994 第 20 条：隐含的管辖权限制问题

欧盟海豹案的上诉机构认为，欧盟海豹措施意在应对欧盟内、外发生的海豹狩猎活动以及欧盟成员国内"公民和消费者"对海豹福利的关注，[②] 属于 GATT 1994 第20(a)条的调整范围。[③] 从实施范围看，欧盟海豹措施实施于欧盟域内，但同时意在解决欧盟域外的海豹狩猎活动，因此首先提出的问题是：该措施是否可以管辖域外的海豹狩猎活动？其次，该措施被纳入 GATT 1994 第20(a)条调整范围时，是否意味着第20(a)条具有默示的域外管辖权限制问题？

关于第一个问题，问题的关键在于欧盟是否可以对来自域外的海豹产品实施消费禁令以保护海豹福利。答案是肯定的。专家组通过考察欧盟海豹制度的法律文本、立法史以及欧盟公众对海豹福利问题关注的其他证据，确认了欧盟公众对海豹福利的关注。[④] 在此基础上，专家组认定，欧盟海豹措施的目标是"解决欧盟公众对海豹福利的道德关注"。这种道德关注包括两个方面：一是非人道杀害海豹的发生；二是作为消费者的欧盟公民"个体和集体参与或面对源自非人道捕杀的海豹产品市场销售"的经济活动。[⑤] 为此道德关注，欧盟颁布实施海豹产品消费禁令，无论产品来自国内还是国外，或者来自某些特定地区，如申诉方加拿大和挪威。即便禁令首要或主要地对加拿大和挪威带来了不利影响，也不妨碍欧盟行使管制

---

① See Appellate Body Report, *EC—Seal Products*, WT/DS400/AB/R, WT/DS401/AB/R, adopted 22 May 2014, para. 5. 129.

② See Appellate Body Report, *EC—Seal Products*, WT/DS400/AB/R, WT/DS401/AB/R, adopted 22 May 2014, para. 5. 173.

③ See Appellate Body Report, *EC—Seal Products*, WT/DS400/AB/R, WT/DS401/AB/R, adopted 22 May 2014, para. 6. 1(c)(ii).

④ See Panel Report, *EC—Seal Products*, WT/DS400/R, WT/DS401/R, adopted 25 November 2013, paras. 7. 373 – 7. 398.

⑤ See Panel Report, *EC—Seal Products*, WT/DS400/R, WT/DS401/R, adopted 25 November 2013, para. 7. 410.

自主权颁布法令在其域内实施。同时,禁令没有直接对域外实施,即便产生了域外效果,既保护了加拿大和挪威的海豹福利,也不构成对加拿大和挪威国内事务的不当干涉。因此,第一个问题的答案是欧盟可以行使管制自主权、颁布措施管辖域外的海豹猎杀活动以满足欧盟公众的道德关注,但方式是域内实施。

第二个问题涉及的是管制自主权与贸易自由的平衡问题。然而,援引 GATT 1994 第 20 条解决措施的域外效力问题将引起严重的体制问题。成员方的管制措施属于体现国家权力的公法范畴,承认措施的域外效力即是承认国家权力的域外行使。这不仅违反国际法上的主权平等原则,也超出了 WTO 成员方建立 WTO 制度的意图以及可接受范围,可能会引发 WTO 制度本身的合法性危机。尽管有学者认为,"考虑到 WTO 专家组和上诉机构都支持了欧盟援引公共道德例外条款,可以推断该条款的域外适用不是一个不可逾越的障碍"。[①] 但基于前述理由,即便在适用 GATT 1994 第 20 条的情况下,裁决机构也不可能对域外管辖问题进行审查,已有成案无不如此。在美国虾案中,上诉机构表示,"对于第 20(g)条是否存在默示的管辖权限制,以及如果存在限制,限制的性质或程度等问题,上诉机构不会发表意见"。[②] 在欧盟海豹案中,上诉机构也表示其不会审查这一问题。[③]

此外,美国虾案的上诉机构解释其不发表意见的理由是"涉案迁徙性濒危海洋种群与美国存在足够的联系"。[④] 由此引发的问题是,如果"足够的联系"存在,即便一成员方实施的贸易限制措施所涉范围超出其域内,是否也不涉及措施的域外适用问题?与其不同的是,欧盟海豹案的上诉机构在申诉方未就措施的域外性问题提起上诉的情况下,主动提及这一问题,

---

① 杜明:《WTO 框架下公共道德例外条款的泛化解读及其体系性影响》,载《清华法学》2017 年第 6 期。

② See Appellate Body Report, *EC—Seal Products*, WT/DS400/AB/R, WT/DS401/AB/R, adopted 22 May 2014, para. 5. 173.

③ See Appellate Body Report, *US—Shrimp*, WT/DS58/AB/R, adopted 12 October 1998, para. 133.

④ See Appellate Body Report, *EC—Seal Products*, WT/DS400/AB/R, WT/DS401/AB/R, adopted 22 May 2014, para. 5. 173.

并认为这是一个重要的体制问题,[①]因而不予审查。

（三）"一票否决":难以避免的危机

如前所述,近几年来,美国连续阻挠上诉机构成员选任,以致上诉机构成员严重缺位,并于2019年12月彻底停止运转,也使WTO体制陷入生死存亡的空前危机之中。

1. 美国阻却上诉机构成员选任的系列动作

美国贸易政策导向近年来变化较大,进而影响了美国在WTO中的行为。为增加其在WTO的影响力,加大对上诉机构的控制,美国在上诉机构成员选任问题上采取了系列操作。从推动上诉机构成员连任前非正式会议的产生,到阻却上诉机构成员连任,再到阻却新成员遴选程序的启动,美国以其大国实力为后盾,成功地挑战了上诉机构的司法权威,进而导致WTO体制司法功能的严重减损。

（1）上诉机构成员连任前非正式会议的产生

早在2015年,美国即开始借上诉机构成员任命问题对WTO争端解决的现有体制发起挑战。上诉机构来自美国的成员托马斯·格雷厄姆（Thomas Graham）和来自印度的成员乌扎尔·辛格·巴蒂亚（Ujal Singh Bhatia）第一任任期在2015年年末即将到期,DSB主席就二人的连任问题提起通常的磋商。尽管连任不是自动的,但一般而言,如果没有明确的反对,DSB将正式同意连任。此前明确反对连任的情况也从未发生过。在美国的推动下,[②]上诉机构前所未有地在连任会议之前特别安排了一个非正式会议,为感兴趣的成员方代表提供向两位成员提问的机会。[③]上诉机构的这个决定引起了广泛的关注。由于成员的连任可能取决于其对问题的回答,因而可能发生的情况是,为谋求连任,其独立性和公正性将受到成

① See Appellate Body Report, *US—Shrimp*, WT/DS58/AB/R, adopted 12 October 1998, para. 133.

② Giorgio Sacerdoti etc., The WTO in 2015: Systemic Issues of the Dispute Settlement System and the Appellate Body's Case Law (16 May 2016), Italian Yearbook of International Law, 2016; Bocconi Legal Studies Research Paper, available at https://ssrn.com/abstract=2780365.

③ See Dispute Settlement Body, Minutes of meeting on 28 October 2015, WT/DSB/M/369, 20 January 2016, para. 13.1.

员方代表提问的影响,成员方也可借此机会通过影响上诉机构成员进而对某些案件施加影响和干预。

2015 年 11 月 12 日,该非正式会议召开,DSB 主席对会议的提问内容作了诸多限制。① 2015 年 11 月 25 日,两位成员的连任会议召开。在这次会议上,各方对 11 月 12 日的非正式会议表达了自己的观点。巴西提出,其对此不作反对的前提是会议是透明的、包容性的,且不会损害上诉机构成员的独立性和公正性。巴西同时质疑这种会议是否有必要在连任会议前召开。② 欧盟也认为,这种上诉机构成员谋求连任的非正式会议并无必要。③ 加拿大一方面肯定了非正式会议为感兴趣的代表团提供了从上诉机构成员处了解其工作量和其他上诉机构程序问题的一个难得的机会,另一方面建议 DSB 进一步思考是否值得组织这种与连任程序独立且不相关的会议。④ 美国认为,在连任可能发生的情况下,这种会议有助于 WTO 成员根据 DSU 履行其职能。美国认为,就未来可能的连任而言,类似的会议将证明对成员方有用。⑤

从各方的反映看,巴西、欧盟和加拿大从 DSB 体制性的视角质疑“这种与连任程序独立且不相关的会议”存在的必要性。美国则从成员方的视角断言这类会议对成员方的有用性,尽管其承认会议的有用程度有待证明。可见,在成员方有待证明的利益和 DSB 体制行问题之间,美国与其他诸多国家选择了不同的立场。

虽然通过 DSB 的努力使会议对其体制性影响降到了最低,但会议的

---

① 提问不得触及当前处于磋商阶段、专家组和上诉机构程序中的争端所涉法律问题。此外,提问不得涉及上诉机构法官谋求连任期间上述机构所处理的争端;也不得涉及上述机构尚未解决的法律问题。See Dispute Settlement Body, Minutes of Meeting on 25 November 2015, WT/DSB/M/370, 12 February 2016, para. 7. 2.

② See Dispute Settlement Body, Minutes of Meeting on 25 November 2015, WT/DSB/M/370, 12 February 2016, para. 7. 5.

③ See Dispute Settlement Body, Minutes of Meeting on 25 November 2015, WT/DSB/M/370, 12 February 2016, para. 7. 6.

④ See Dispute Settlement Body, Minutes of Meeting on 25 November 2015, WT/DSB/M/370, 12 February 2016, para. 7. 7.

⑤ See Dispute Settlement Body, Minutes of Meeting on 25 November 2015, WT/DSB/M/370, 12 February 2016, para. 7. 10.

召开本身即说明，美国通过这次机会成功地对 DSB 体制进行了挑战，而 DSB 对美国的挑战有所妥协。

（2）阻却韩国籍上诉机构成员连任

如果说提议召开法官连任前的非正式会议是美国挑战 DSB 体制的小插曲，那么，美国阻却韩国法官张胜和（SeungWha Chang，以下称张法官）连任则正式拉开了破坏 DSB 体制的大幕。在张法官与成员方代表见面会召开后的次日，即 2016 年 5 月 11 日，美国通知 DSB 主席，其反对张法官连任。连任前的非正式会议似乎成为美国反对张法官连任的触发点。

在 2016 年 5 月 23 日 DSB 召开的会议上，美国陈述了其反对张法官连任的理由。首先，美国引用 DSU 第 17.2 条规定，法官"可以（may）"连任一次，而非自动连任。根据 DSU 第 2.4 条，DSB 作出连任的决定应以协商一致方式作出。此外，美国提出，从 WTO 初期开始，许多成员方以及前 DSB 主席都提及连任不是自动的。[①] 其次，美国认为，根据 DSU 第 2.4 条，DSM 的目的是求得争端的积极解决（positive solution），但张法官所参加的报告与上诉机构的角色不符。美国列举了 4 个相关报告予以说明。美国认为，在阿根廷金融服务案（*Argentina—Financial Services*，DS453）中，上诉机构报告中 2/3 的分析是法律问题的咨询意见，其目的不是解决争端，而是造法；在印度农产品案（*India—Agricultural Products*，DS430）中，上诉机构作了冗长的抽象讨论却未将其与上诉问题相联系，或者转移话题，将资源用于没有提交的、且无助于争端解决的事项；在阿根廷金融服务案中，上诉机构报告的意见明显地偏离了 DSU 的规定以及许多以前的报告所持的观点，这表明上诉机构在进行独立调查并采用新的法律标准；在阿根廷金融服务案中，上诉机构的报告采取了一个非常有问题、错误的做法，即上诉机构根据成员方的国内法审查其国内措施是否合法。[②] 最后，除了张法官参加的上诉机构报告所反映的问题之外，美国还批评了张

① See Dispute Settlement Body, Minutes of Meeting on 23 May 2016, WT/DSB/M/379, 29 August 2016, para. 6. 2.

② See Dispute Settlement Body, Minutes of Meeting on 23 May 2016, WT/DSB/M/379, 29 August 2016, paras. 6. 3 – 6. 6.

法官在听证会上的做法,认为在听证会上张法官花费了大量时间用于考虑与上诉无关的问题,或者未集中用于争端方之间问题的解决。美国认为,就同样的问题,可以确定法官在听证会上的回答与其所参加的上诉机构报告所持的观点之间的关系。综合以上,美国认为,张法官不愿意遵守其在上诉机构中应有的角色定位。①

针对美国的发难,时任其他 6 位上诉机构成员通过联名信予以评判。联名信认为,上诉机构任何一个案件的报告都是上诉机构的决定,而非署名成员中某个人的意见。将上诉机构连任与该成员对具体案件的解释相联系,将影响对上诉机构成员的公正性和独立性的信任。② 其后,13 位前上诉机构成员也联名表示,如果某位上诉机构成员的连任会因为对某个具体法律问题或争端的处理结果而受到影响,那么过去多年来为维护 DSM 的信誉作出的诸多努力都会受到损害。削弱上诉机构的公正与独立,不仅会令上诉机构的完整性遭受质疑,还会将整个 WTO 贸易体系的未来置于危险境地。WTO 基于规则的裁决体制必须保持公正的法律判断,不得对任何政治干预开放。③ 其他诸多成员方也各自发表意见批评美国的阻却理由和阻却行为。④ 此外,美国的决定还引起了媒体的关注,受到强烈而广泛的批评。批评声称美国的决定对 WTO 争端解决体系和全球贸易体系的存续构成了巨大威胁。⑤

事实上,这已经不是美国第一次对上诉机构成员的连任发难了。在此之前,美国于 2007 年以及 2011 年分别成功阻却了两位上诉机构成员梅里特·贾诺(Merit Janow)和詹尼弗·希尔曼(Jennifer Hillman)的连任。⑥ 阻却的

---

① See Dispute Settlement Body, Minutes of Meeting on 23 May 2016, WT/DSB/M/379, 29 August 2016, para. 6. 7.

② See Appellate Body, Annual Report for 2016, WT/AB/27, 16 May 2017, p. 102.

③ See Appellate Body, Annual Report for 2016, WT/AB/27, 16 May 2017, p. 103.

④ See Dispute Settlement Body, Minutes ofMeeting on 23 May 2016, WT/DSB/M/379, 29 August 2016, paras. 6. 11 – 6. 48.

⑤ See Jeffrey L. Dunoff & Mark A. Pollack, "the Judicial Trilemma", 111 *AJIL* 225, 226 (2017).

⑥ See Gregory Schaffer, Manfred Elsig & Sergio Puig, "The Extensive (but Fragile) Authority of the WTO Appellate Body", 79 *LAW & CONTEMP. PROBS.* 237, 271 (2016).

原因是作为美国人,二人在特定案件中未能“勇敢地捍卫”美国利益。① 但正是因为二人皆为美国人,美国的阻却行为并未引起如此广泛的关注。但不可否认,将上诉机构成员连任与具体案件联系起来本身即是在挑战司法的独立性。将这些事件联系起来,正如韩国所持之批评:阻却事件传递了一个响亮而明确的信息,即如果上诉机构成员作出的决定不符合美国的观点,他们则不可能连任。② 而这场被欧盟视为“危机”和“令人担忧的事件”所造成的影响却未就此结束。③

(3)阻却启动新法官的遴选程序

墨西哥籍上诉机构成员里卡多·苏亚雷斯·埃尔南德斯(Ricardo Ramírez-Hernández)和比利时籍成员范登博斯(Van den Bossche)的第二任期分别在 2017 年 6 月 30 日和 2017 年 12 月 11 日到期。上诉机构主席在 2017 年 1 月 25 日的 DSB 会议上即着手此事,并提供两种方法供成员方讨论。一种是分开选举,在每个成员任期结束前选举完成;另一种是合并选举,一次性选出两名成员。④ 但成员方对此一直难以达成一致。

然而,在 2017 年 8 月 31 日的 DSB 会议上,风向突然转变。由于第三位成员于 2017 年 8 月 1 日辞职,⑤上诉机构成员将有三个空缺,因而欧盟代表提议在该会议上启动三个选任程序。美国代表继而发言表示不同意欧盟的意见。由于墨西哥成员苏亚雷斯任期已届满,但仍在处理未完成的上诉机构工作,⑥对此,美国认为,优先考虑的问题应是让 DSB 讨论并决定

---

① See Robert Howse, "The World Trade Organization 20 Years On: Global Governance by Judiciary", 27 *European Journal of International Law* 9, 71 (2016); also see Jennifer Hillman, "Independence at the Top of the Triangle: Best Resolution of the Judicial Trilemma?" 111 *AJIL* 364, 367 (2017).

② See Dispute Settlement Body, Minutes of Meeting on 23 May 2016, WT/DSB/M/379, 29 August 2016, para. 6. 12.

③ See Dispute Settlement Body, Minutes of Meeting on 23 November, WT/DSB/M/389, 23 January 2017, para. 13. 26.

④ See Dispute Settlement Body, Minutes of Meeting on 25 January 2017, WT/DSB/M/391, 27 February 2017, para. 8. 1.

⑤ See Dispute Settlement Body, Resignation of Appellate Body Member, WT/DSB/73, 1 August 2017, p. 1.

⑥ 2017 年 6 月 30 日,根据《上诉审议工作程序》第 15 条规定,上诉机构通知 DSB 主席,其已经授权苏亚雷斯完成他在任期届满日之前被分配的上诉的处理。

如何处理不再属于上诉机构成员的人员出具报告的问题（以下简称过渡问题）。巴西、加拿大、中国以及澳大利亚代表反对美国代表的意见，认为过渡问题是体制问题，不可将其与选任新成员挂钩。美国反驳认为，过渡问题是最需要 DSB 迫切关注的、未得到解决的问题，上诉机构成员空缺填补的简单推进是冒着延续和留下该问题的风险。① 随着比利时籍成员的任期届满，上诉机构 7 个成员职位已空缺 3 个。由于美国坚持应优先解决过渡问题，其他成员方则认为当务之急是解决法官选任问题，反对将法官选任与过渡问题挂钩，因而成员方不能协商一致，新成员选任问题至今悬而未决。

过渡问题之所以此刻成为一个重要的话题是因为涉及对 DSU 第 17.2 条和《上诉复审的工作程序》（以下简称《工作程序》）第 15 条的解释冲突。对于上诉机构成员的任命权限问题，DSU 第 17.2 条和《工作程序》第 15 条分别作了规定。对于这两个规定的理解在美国和上诉机构及多数成员方之间存在分歧。《工作程序》第 15 条规定："不再担任上诉机构成员的人员，经上诉机构授权并通知 DSB 后，可以完成该人员担任成员期间被分配的任何上诉的处理，且该人员，仅就此而言，应被视为仍属于上诉机构成员。"据此，当前两名任期已经届满的上诉机构成员经上诉机构授权并通知 DSB 后仍在继续以上诉机构成员的身份工作；换言之，这种过渡期的成员工作任命乃是由上诉机构完成。然而，DSU 第 17.2 条规定："由 DSB 任命上诉机构的审理人员。"因此，以美国为代表的一部分成员方认为，根据 DSU 第 17.2 条，任命上诉机构成员是 DSU 规定的 DSB 责任，因而决定成员任期届满后是否可以继续其工作应由 DSB 决定。美国认为，即便有《工作程序》，上诉机构也不能单方面地废除或取消 DSB 的权力，也没有权力将一个不是上诉机构成员的人认作其成员。因此，美国要求在启动新成员选任程序之前先解决该两名成员的过渡期问题。但是，自从 1996 年以来，第 15 条已经被适用于 16 例争端，之前一直从

---

① See Dispute Settlement Body, Minutes of Meeting on 31 August 2017, WT/DSB/M/400, 31 October 2017, paras. 7.2 – 7.11.

未有成员质疑。美国自己也涉及多个适用第 15 条的案件，如美国持续中止案（*US—Continued Suspension*，DS320）、[①]美国虾案（泰国诉）［*US—Shrimp*（*Thailand*），DS343］、[②]美国海关保税指令案（*US—Customs Bond Directive*，DS345），[③]以及印度太阳能元件案（*India—Solar Cells*，DS456），[④]美国均同意第 15 条的适用。更何况，《工作程序》本身的通过也经过了美国的同意。据此，多数成员方对美国利用第 15 条阻却法官选任表达了不满。日本提出，决定过渡期上诉机构成员的法律地位是上诉机构还是 DSB 的责任，尚需成员方讨论。[⑤] 为缓和这一争议，多数成员方表示，已经准备就第 15 条以及其他程序问题进行讨论，但不应将这些问题的讨论与启动选任程序挂钩。[⑥] 但美国仍不同意这一提议。

事实上，在新成员遴选问题上美国发力阻却在历史上也曾有过。2014 年，美国拒绝支持肯尼亚候选成员詹姆士·加特伊（James Gathii）选任，尽管后者得到了绝大多数成员方的支持。[⑦] 与 2014 年的阻却相比，2017 年以来美国持续阻止上诉机构成员遴选程序启动已经造成了实质性的损害。

2. 上诉机制坍塌

上诉机构成员空缺已使上诉机构名存实亡。直接而显性的结果是上

---

① See Appellate Body Report, *US—Continued Suspension*, WT/DS320/AB/R, adopted 16 October 2008, para. 27.

② See Appellate Body Report, *US—Shrimp* (*Thailand*), WT/DS343/AB/R, adopted 16 July 2008, para. 16.

③ See Appellate Body Report, *US—Customs Bond Directive*, WT/DS345/AB/R, 16 July 2008, para. 16.

④ 韩国张法官于 2016 年 5 月 31 日任期届满，但作为上诉机构成员参与到案件中，并于 2016 年 8 月 22 日签署了报告。上诉机构于 2016 年 9 月 16 日分发了报告。See Appellate Body Report, *India—Solar Cells*, WT/DS456/AB/R, adopted 16 September 2016, p. 59.

⑤ WTO, WTO Sets up Panel to Review UAE Measures on Goods, Services, IP Rights, WTO News, 22 November 2017, available at https://www.wto.org/english/news_e/news17_e/dsb_22nov17_e.htm.

⑥ WTO, Korean Request for Retaliation Against US in Washers Dispute Referred to Arbitration, WTO News, 22 January 2018, available athttps://www.wto.org/english/news_e/news18_e/dsb_22jan18_e.htm.

⑦ See Gregory Shaffer, Manfred Elsig & Sergio Puig, "the Extensive (but Fragile) Authority of the WTO Appellate Body", 79 *Law and Contemporary Problems*, 271 (2016).

诉机制因缺失主体成员而形同虚设,[①]不仅危害 DSM 的及时性价值目标,而且导致 WTO 体制的合法性危机,进而危害 WTO 的整体制度。

从表面来看,上诉机制的坍塌是美国一个成员的持续阻挠所导致的,或可称为是以美国为中心的问题,[②]但本质上,由争端解决程序(包括但不限于上诉机构成员选任程序)中"正向协商一致"的"一票否决"的决策机制所决定,其司法机制,包括上诉机构成员的独立性制度价值在每一次决策中都要经受考验。[③] 即使 WTO 其他 163 个成员都反对,美国仍然可以无所顾忌并"合法地"行使其否决权。换言之,无论美国对于上诉机构成员选任问题上所挂钩的事项何其不韪,但只要美国坚持,上诉机制就无法正常运转。而且,不仅是美国,164 个成员方任何一方都拥有这样的法定权利。

WTO 是一个成员驱动的组织,自成立以来,尽管其 DSM 的运转及其司法功能的发挥都得到成员方广泛的认可和好评,但在本质上,该机制本身是由成员方创造的。就具有最高裁决权的上诉机构而言,成员方可以创造它,也可以以一己之力就摧毁它。因而,DSM 的司法独立与权威在成员利益和权力面前显得如此脆弱和不堪一击,而这恰恰是 WTO 制度设计本身所决定的。这也意味着,DSM 所遭遇的当下危机无可避免。

3. 不同的改革诉求

尽管上诉机构成员选任问题已成为除美国之外其他大多数 WTO 成员所认为的解决 WTO 当下危机最迫切和最首要的问题,但考察各方有关 WTO 改革的提案却发现,各方对于 WTO 当下危机根源的认知却有着很大的差异。

一方面,以中国为代表,在支持对 WTO 进行必要改革和强调坚持三

---

① 截至 2018 年 9 月 30 日,上诉机构只剩 3 名成员;2019 年 12 月 10 日后,只剩 1 名。根据 DSU 第 17.1 条,上诉机构受理案件需有 3 名成员,且人员需轮流执勤。可见,在 3 名成员的情况下,也不能满足轮流执勤之要求,上诉机构的合法性基础已然丧失。

② See Jennifer Hillman, "Independence at the Top of the Triangle: Best Resolution of the Judicial Trilemma?", 111 *AJIL* 364, 367 (2017).

③ See David Unterhaler, Farewell Speech of Appellate Body Member, 22 January 2014, available at http://www.wto.org/english/tratop_e/dispu_e/unterhalterspeech_e.htm.

项基本原则①的基础上,认为改革的重点:一是解决危及 WTO 生存的关键和紧迫性问题;二是增加 WTO 在全球经济治理中的相关性;三是提高 WTO 的运行效率;四是增强多边贸易体制的包容性。其中,有关“解决危及 WTO 生存的关键和紧迫性问题”之首就是“打破上诉机构成员遴选僵局”,同时要求“加强对滥用国家安全例外的措施的纪律”和“加强对不符合 WTO 规则的单边措施的纪律”。这也符合绝大多数成员的立场,因为上诉机构成员缺位对 WTO 以规则为基础(rules-based)的多边贸易体制造成危害,②呼吁成员方对维护上诉机构、DSM 和多边贸易系统负起责任,③以有危机感和紧迫感的精神来寻求具有建设性和创造性的方式解决当前危机。④ 总干事阿泽维多也在多个场合呼吁成员方努力维护基于规则的多边贸易体系,尽快就 WTO 改革达成一致。基于此,2018 年 11 月 23 日,中国、欧盟、加拿大、印度、挪威、新西兰、瑞士,澳大利亚、韩国、冰岛、新加坡和墨西哥 12 国就 WTO 改革问题作出了联合提案,⑤目的是改进 DSU,并解决上诉机构成员空缺等诸多问题。具体而言,这些问题涉及上诉机构离任成员的过渡性规则、DSU 第 17.5 条中的 90 天规则、国内法作为事实问题的意义、非争端解决所必须的裁决以及先例问题 5 个问题。2018 年 9 月 18 日,欧盟发布关于 WTO 改革的概念性文件《WTO 现代

① 中国分别于 2018 年 11 月和 2019 年 5 月发布《关于世贸组织改革的立场文件》和《中国关于世贸组织的改革建议文件》,强调应当坚持的改革原则是:(1)维护非歧视、开放等多边贸易体制的核心价值,为国际贸易创造稳定和可预见的竞争环境;(2)保障发展中成员的发展利益,纠正世贸组织规则中的“发展赤字”,解决发展中成员在融入经济全球化方面的困难,帮助实现联合国 2030 年可持续发展目标;(3)遵循协商一致的决策机制,在相互尊重、平等对话、普遍参与的基础上,共同确定改革的具体议题、工作时间表和最终结果。参见 http://sms.mofcom.gov.cn/article/cbw/201812/20181202817611.shtml;也参见 http://images.mofcom.gov.cn/sms/201905/20190514094326062.pdf.

② See Dispute Settlement Body, Minutes of Meeting on 27 April 2018, WT/DSB/M/412, 1 August 2018, paras. 9.19, 9.26.

③ See Dispute Settlement Body, Minutes of Meeting on 27 April 2018, WT/DSB/M/412, 1 August 2018, para. 9.2.

④ See Dispute Settlement Body, Minutes of Meeting on 28 February 2018, WT/DSB/M/409, 26 June 2018, para. 7.34; see Dispute Settlement Body, Minutes of Meeting on 27 March 2018, WT/DSB/M/410, 26 June 2018, para. 9.31.

⑤ WT/GC/W/752/Rev.2, WT/GC/W/753/Rev.1.

化》(WTO Modernisation)。[①] 其中,就 DSM 改革,建议分为两个阶段,第一个阶段是通过修改 DSU 第 17 条,打破上诉机构成员选任僵局,第二阶段解决 WTO 规则适用的实体性问题。从文件的内容可见,欧盟建议的每一部分无不涉及规则的调整问题,其最终的目标乃是通过改革解决当前危机并提高 WTO 的体制效率,维护这一基于规则的多边贸易体制。

另一方面,如前所述,美国、欧盟和日本 2017 年年底至 2020 年 2 月接连发布了有关 WTO 改革的 7 个联合声明,其重点关注的是透明度、发展中国家成员身份认定和“非市场经济”等问题,对上诉机构瘫痪却只字未提。

由此可知,尽管 WTO 改革本身已有共识,但各方关注重点却存在重大差异;而且,即使是同一国家或地区,在改革的不同问题上,又有着不完全相同的立场和观点。例如,欧盟与美国在发展中国家、“非市场经济”问题上立场相同,在启动上诉机构遴选问题上又与中国有一致的观点。

站在多边维度,基于 WTO 在促进和保护贸易方面所发挥的不可或缺的作用,笔者赞成中国提出的“打破上诉机构成员遴选僵局”是当务之急,但与此同时,鉴于 WTO 主要成员在改革立场上的显著差异,也鉴于诸多 WTO 成员为挽救上诉机构于危难,更为维护和捍卫以规则为基础的自由贸易和多边贸易体制,已经提出了一系列 WTO 改革方案。[②] 其中,既有体制原则方面的建议,也有规则技术层面的对策,不乏真知灼见。理论和实务界亦有比较详尽的讨论,故本书没有多加赘述的必要;更为重要的是,笔者认为,陷上诉机构于危亡境地并非出自偶然,既有 WTO 体制,特别是 DSM 本身的现实问题,更关涉国际政治“权力”与“规范”博弈关系的永恒

---

① 在这份文件中,欧盟认为,WTO 当前体制的低效导致了当前的危机和持续边缘化。这种低效体现在三个方面,即 WTO 谈判制度陷入困境,监督职能受到削弱,以及 DSM 的核心正受到挑战并可能瘫痪。因而,WTO 的现代化已成为迫切需要。为此,欧盟建议从三个方面作出可能的现代化努力:规则制定和发展、日常工作和透明度以及争端解决。就规则制定和发展而言,其目标是从程序和实体两个方面更新规则以及为更新规则创造条件;就日常工作而言,为使得 WTO 日常工作和监督功能更为有效,该部分现代化的长期目标是保证成员方贸易措施的透明度、诉前解决特定的贸易问题以及必要时逐步调整 WTO 规则。

② 最有影响的是,欧盟委员会于 2018 年 9 月提出的概念性文件《WTO 现代化》、加拿大于 2018 年 9 月提出的《WTO 强化与现代化:讨论稿》(Strengthening and Modernizing the WTO: Discussion Paper)和澳大利亚等 13 个 WTO 成员于 2018 年 10 月 25 日发布的《渥太华部长会议关于 WTO 改革的联合公报》(Joint Communiqué of the Ottawa Ministerial on WTO Reform)。

话题。美国对上诉机构几大罪状的指责,大多数不过是掩盖其霸权控制意图的技术性借口而已,因而,回避美国核心的利益诉求而只着眼于规则层面的方案无疑是隔靴搔痒,实难奏效。基于此,有关 DSM 改革,本书不再过多论及上诉机构僵局这一改革的"微观"问题,而主要着眼于"宏观"和"中观"两个角度的论证。就宏观角度,从国际经济法律体制的演进逻辑来论证 WTO 改革的方向性思路;就中观角度,则通过司法正当性问题来论证 DSB 应有的裁判定位与理性选择。

第二节 多边法律体制的演进逻辑与 WTO 变革方向

美国不断升级的单边主义政策和一系列"弃约"行为对"二战"后形成的、体现人类文明智慧的多边经济体制及其法治原则构成越来越严重的威胁,WTO 眼下所面临的危机无疑是这种威胁所带来的最直接,甚至被视为具有颠覆性的效应。但是,回溯国际经济法律体制的建构基础、演进规律可知,由国际秩序的规范性内涵和"无政府"国际社会的平权政治结构所决定,塑造、调整及维护国际秩序的法治化过程从来就不是一蹴而就和一帆风顺的,建构与解构国际秩序的正负两种力量始终并存且处于博弈、对抗之中。当今世界正处百年未有之大变局,国际体系基础正在发生变化,国际秩序面临重构,国际经济法律体制因应国际政治现实、经济发展需求之重大变革已经成为当下最重要的时代命题;而如何把握变革方向,特别是面对逆全球化思潮和保护主义日益蔓延的严峻挑战,构建更加公正合理、稳定有序的国际秩序,则是国际社会回应这一重大变革需要面对的首要问题。

一、国际法律体制:国际秩序的规范塑造

(一)秩序的意涵及其构造

对于"秩序",虽然于不同认知角度有不同的解释,但就其基本语意而言,"秩序",或称"有序"(order),是与"无序"(disorder)相对称的概念。《辞海》称:"秩,常也;秩序,常度也,指人或事物所在的位置,含有整齐守

规则之意。”[①]《牛津英语词典》的解释为：“the way in which people or things are placed or arranged in relation to each other”或“the state of being carefully and neatly arranged.”[②]秩序的语词之义已在社会学、法学、经济学等多个学科领域得以广泛应用。例如，康德认为，秩序乃“常规性整合”；[③]博登海默有关“秩序是自然进程和社会进程中都存在的某种程度的一致性、连续性和确定性”[④]的界定与哈耶克关于秩序“可预见”“一贯性和恒常性”[⑤]的描述异曲同工。

概括起来，笔者认为，秩序在内涵上，是指人与人、物与物或人与物之间按照一定规则所形成的某种位序安排或状态。据此，“秩序”的意涵属性及其构造可分为三个层次：

1. 秩序指向的是“关系”范畴，即特定范围内的两个或两个以上的事物之间——“谁与谁”或“什么与什么”的状态；各个事物的所谓“位置”，都是相对于其他参照事物而言的。站在这个角度上，秩序的指向具有关联性和相对性；各该特定事物彼此之间，既可以是社会关系，也可以是自然关系，但这些关系都只是秩序的对象，而非秩序本身，即秩序≠关系。

2. 秩序表征的是“结果”状态，即已经形成并且呈现有规律、可预见、和谐稳定的格局。[⑥] 因此，秩序是具有一定程度确定性的实然情势，不能与其形成过程相混淆。基于此，布坎南将秩序界定为“产生它的过程的结果”。[⑦] 因而，秩序是结果而非过程。

3. 决定秩序的因素是规则及其作用。换言之，秩序揭示了“因果”变

---

① 辞海编辑委员会编：《辞海》，上海辞书出版社 1979 年版，第 1867 页。

② ［英］霍恩比：《牛津高级英汉双解词典》（第 7 版），王玉章译，商务印书馆和牛津大学出版社 2009 年版，第 1404 页。

③ ［德］康德：《法的形而上学原理——权利的科学》，庞景仁译，商务印书馆 1978 年版，第 21 页。

④ ［美］E. 博登海默：《法理学：法律哲学与法律方法》，邓正来译，中国政法大学出版社 1999 年版，第 219 页。

⑤ ［英］弗里德里希·奥古斯特·冯·哈耶克：《自由秩序原理》（上），邓正来译，北京三联出版社 1997 年版，第 89 页。

⑥ 纪宝成主编：《转型经济条件下的市场秩序研究》，中国人民大学出版社 2003 年版，第 13 页。

⑦ ［美］詹姆斯·M. 布坎南：《自由、市场与国家》，平新乔等译，上海三联出版社 1989 年版，第 105 页。

迁:规则及其作用是达致有序状态的根本动因;秩序的可预见性、确定性均缘于规则的一致与恒常。可以说,有规则,才有秩序,规则决定了秩序,即所谓"规则秩序"或"规范秩序"。但同时应当强调,其一,决定秩序的"规则"是狭义的,指那些直接作用并内化于秩序的规则;其二,决定秩序的"规则"包括了静态规则与其动态遵行的双重作用。正因如此,既有秩序的解构与重构发生于两种情形:作为秩序内核的规则本身发生了实质性改变,或者,规则虽未改变但因不被遵守而丧失其应有功效。

(二)国际秩序的规范内涵

于国际社会,赫德利·布尔(Hedley Bull)有关国际秩序的界定与上述"秩序"的基本内涵最为吻合,因而受到国际政治、经济理论和实务界的广泛推崇和接受,即国际秩序是指"追求国家社会或国际社会的基本或主要目标的行为格局"。[①] 在布尔看来,国际秩序是国家间的秩序,其决定因素,一是"共同利益观念",反映国际秩序建构的主观动因或要素。其所追求的"基本或主要目标"是指维持国家体系和国际社会本身的生存、维护国家的独立或外部主权、维护和平,以及限制暴力、信守承诺和所有权稳定等。[②] 实际上,作为"存在着某种程度的一致性、连续性和确定性"的指称,"秩序性"构成"社会性",特别是文明社会的基础和重要标志。因而,在社会发展进程中,无论是国内社会还是国际社会,秩序始终是人类行为追求的价值或目标(尽管并非最高或唯一价值),建立与维护秩序本身就是实现更高价值与目标的过程。二是规定"行为格局"的规则和使这些规则发挥作用的制度。一方面,人类事务中的秩序并不是自动生效的,它的生成与维系固然存在植根于人的心理需求因素,[③]但却更有赖于规则化、制度化的有效手段;另一方面,共同利益观念本身并不能明确地告诉我们,哪些行为符

① 在本文特定化的秩序语境下,国际关系与国际秩序不是一个概念。虽然国际关系理论也论及国际秩序,但其着眼点并不相同。笔者认为,立足于秩序意涵对国际秩序加以界定,并作详细阐述的只有赫德利·布尔。

② 参见[英]赫德利·布尔:《无政府社会——世界政治中的秩序研究》(第4版),张小明译,上海人民出版社2015年版,第11~20页。

③ 参见[美]E.博登海默:《法理学:法律哲学与法律方法》,邓正来译,中国政法大学出版社2004年版,第226~230页。

合其基本目标，而这正是规则所具有的功能。换言之，秩序是追求社会生活基本目标的共同利益观念、旨在帮助实现这些目标的行为规则以及有助于使这些规则具有效力的制度所导致的结果。① 就此而言，规则与制度作为国际秩序得以维持的客观动因，是国际秩序得以产生的必要与充分条件之一。②

基于国际秩序内涵的因果结构，衡量国际秩序及其变动之“果”，需要从其成因着手。与此同时，就上述动因而言，既鉴于主观因素所具有的模糊与不确定性，也鉴于国际社会尊重国家主权并共同认可、追求共处与合作之共同利益的事实前提，笔者认为，国际秩序的本质就是国际社会“规则下的秩序”，即所谓“规范秩序”，立足于国际秩序形成的客观角度——规范性内核，才能更好地洞悉并把握当今国际秩序及其变动的本质和走向。

（三）国际法与国际秩序的良性互动

法律规则和体系的产生源自人类社会在其演化过程中固有的对秩序的需求和追逐。古罗马有格言“只要有社会就会有法律”（*ubi societas，ibi ius*）。历史表明，凡是在人类建立了政治或社会组织单位的地方，都曾试图确立某种适于生存的秩序形式，这种确立社会生活有序化的倾向，深深地根植于作为自然一部分的人类社会之中。③ 从个体对人际关系连续、稳定、可预见的心理需求到作为一种社会控制力量的存在，法律规范自始至终都是秩序建构的关键性要素之一。然而，正如许多法哲学流派所分析的那样，规范自身的形式和结构无法始终确保制度的正义。法律之下的秩序总是包含一定的价值选择，立法和司法活动不可能完全排除政治、社会等因素的影响，“纯粹”法律制度通过权利和义务的分配来确立和维护一定的秩序，并捍卫秩序背后所包含着的价值。当然，立法者所憧憬的“秩序”，经由实践，在各种因素的作用下也会先于法律而发生变化，刺激既有制度不断调适，甚

---

① 参见［英］赫德利·布尔：《无政府社会——世界政治中的秩序研究》（第4版），张小明译，上海人民出版社2015年版，第59～66页。

② 参见［英］赫德利·布尔：《无政府社会——世界政治中的秩序研究》（第4版），张小明译，上海人民出版社2015年版，第60～66页。

③ 参见［美］E. 博登海默：《法理学——法律哲学与法律方法》，邓正来译，中国政法大学出版社2004年版，第228页。

至变革,从而又促成新的制度产生,确立和维护新的秩序,捍卫新的价值。

尽管国际关系理论中一直有着“权力”(或称“均势”)秩序观与“规范”秩序观的不同认知,[①]但通过考察国际社会实践可知,由主权国家所构成的国际(社会)体系中,从形成相互依赖到制定社会性契约,再到形成国际制度,是一个连续的过程,同时,也是一个等级递增的过程。通过这样的等级递增,国际社会的秩序性得到不断加强。即国家间的相互依赖确立了最低等级的国际秩序,社会性契约的订立次之,国际制度的建立则形成了最高等级的国际秩序。很多社会性契约及国际制度,都以国际法的形式表现出来,而国际法的出现则是国际社会秩序性确立的一个重要标志。[②] 第二次世界大战后在联合国体系内形成并发展起来的当今国际秩序,在很大程度上即表现为“国际法律(规范)秩序”:于国际政治,是基于雅尔塔体系以《联合国宪章》为制度核心而建立的国际政治秩序;于国际经济,是以自由贸易和自由市场为基本理念,以布雷顿森林体系确立的 IMF、世界银行及后来产生的 GATT 三大组织协定为制度核心构成的国际经济法律体制及其所确立的国际经济秩序。

现有国际法律体制及所确立的规范秩序体系自形成以来,虽然国际社会权力结构、力量对比关系发生了重大改变,经济全球化和世界多极化浪潮不断提出新的挑战,但“规则导向”的制度内核——“力图通过一整套国际法律和组织结构抑制世界的无序性,旨在促进自由贸易和稳定的国际金融体系,确立可以接受的解决国际争端的原则,并在一旦爆发战争时对交战行为施加一定的限制”[③]——不仅没有改变,而且在其渐进式演变中,法律体制的规范性范围和约束性功能均有显著提升。国际贸易体制下,临时适用的 GATT 向 WTO 制度化、组织化的发展就是一个最典型的例证。由此也表明,当今国际秩序是由国际法律体制规范塑造形成的、国际社会成员间的一种相对稳定的关系模式和状态。

---

① 西方国际关系理论有关“均势”秩序观和“国际规范”秩序观的阐述,参见罗杰宇:《西方国际关系理论秩序观演变与世界秩序重构》,载《学理论》2016 年第 9 期。

② 参见王毅:《国家间权力妥协:概念、历史和作用》,华中师范大学 2008 年博士学位论文,第 90 页。

③ 参见[美]亨利·基辛格:《世界秩序》,胡利平等译,中信出版集团 2015 年版,第 XIV ~ XV 页。

二、国际经济法律体制的动态变迁:建构发展与解构挑战

(一)体制建构与作用

布雷顿森林体系构建了以外汇、资本和贸易自由化为主要内容的经济法律体制,多边体系的机制和理念也得到了初步的锤炼;该体系除成立 IMF 和世界银行这样体现一定公共管理机制、具有多边属性的货币与金融管理机构外,还曾计划成立 ITO,但由于美国国会的反对而流产,但其部分功能却被 GATT 所取代,并临时适用近 50 年之久。GATT 延续了多边主义精神,其贸易自由化的理念和原则、统一标准和成员自我管制权之间的协调等与 IMF、IBRD 秉持的促进自由化、国际协作等原则是基本一致的。由此,布雷顿森林体系下控制与协调战后世界经济,集"货币—金融—贸易"三方面调控于一体的、兼具规范性与功能性的现行国际经济法律体制得以确立,并开始发挥积极作用:GATT 拟定了贸易领域关税管制措施规制的基本制度;IMF 确立了促进国家间货币合作和成员短期收支平衡,以缓解国际收支危机的制度;IBRD 则通过向发展中国家融通资金,引导投资方向,促进了发展中国家经济的长期稳定增长。

但不可否认,随着国际政治、经济的发展,既有世界经济格局不断被打破和重新调整转换,相应地,国际经济法律体制也始终处于建构发展与解构挑战的博弈之中。尤其是进入 20 世纪八九十年代以来,随着全球化①势

① 关于全球化的分析存在多重视角。托马斯・弗里德曼在其颇有影响的《世界是平的:21 世纪简史》一书中,将全球化分为三个阶段:第一个阶段从 1492 年哥伦布远航开启新旧世界之间的贸易开始到 1800 年左右,称为全球化 1.0 版本。这一阶段主要是由国家及其实力应用的形式决定着全球化的进程,通过暴力推倒壁垒,合并了世界的一些部分。第二阶段从 1800 年左右近代工业化的大生产到 2000 年左右,被经济大萧条和两次世界大战所打断,这一时期是全球化的 2.0 版本,主要是到处寻找市场的跨国公司推动了全球化的进程。第三个阶段是自 2000 年以来,技术的发展使个人能够在全球进行合作,称为全球化的 3.0 版本。但是,也有学者指出,弗里德曼关于全球化的分析有技术决定论之嫌,全球经济转型时期,事实上政府也在重组,世界其实是圆的。参见约翰・格雷:《世界是圆的——评〈世界是平的:21 世纪简史〉》,张达文译,载《国外社会科学文摘》2005 年第 9 期。还有的学者认为三次全球化浪潮大致的时间段是大航海、19 世纪末西方世界融合、20 世纪 80 年代以来。参见 Jan Aart Scholte, *Globalization: A Critical Introduction* (2nd ed.), Palgrave Macmillan, 2005, pp. 85 – 118。

力的不断扩张，现行国际经济法律体制迎来了新一轮严峻挑战并在“全球化”与“逆全球化”一对全球治理对弈模式两股势力的交织和对抗中，正经受着前所未有的冲击；越来越多、越来越强烈的变革诉求亦层出不穷，并在“碎片化”与“体系化”并存、“权力导向”与“规则导向”交织的曲折变迁中，真实地反映出世界各国的希望与期待，同时也反映出挫折与失望。①

（二）全球化的作用与反作用

全球化，尤其是经济活动全球化的蓬勃发展，不断放大并加剧了国际社会利益的多极化、差异化、复杂化及变动性特点，也由此给现行国际经济法律体制提出一系列崭新课题，有规范层面的，更有触及现有体制实质的结构性问题。就前者而言，主要表现为因生产要素的全球流动夹杂着技术和信息的流动，催生出国际经济许多新兴领域与产业，比如知识产权、政府采购、信息技术产品贸易、电子商务、极地与外层空间的保护和商业开发等，所涉及的新关系和新问题已经超出现有国际经济法律的规制范围或约束能力，因而需要在立法的规范补足或修正层面上予以回应。就后者而言，集中表现为，其一，全球经济活动及其彼此间越来越深入的相互依赖关系，作为国际法主体的国家必须正视跨境经济活动的合法性边界以及主权在多大范围与程度上的自我限制问题；其二，诸多经济活动主体的竞争和利益交织带来了更多样更复杂的经济法律关系，单个国家无法有效应对，需要打破国家间传统的狭隘合作领域和单一合作模式，建立更多元、更广泛和更紧密的新型国际合作体制；其三，经济全球化所带来的不平衡发展，以及随着技术发展和作为国际法重要主体的国家之间相对实力状况的变化（非实质和非根本性的变化），不仅进一步加深了发达国家与发展中国家之间的既有矛盾，而且，发达国家、发展中国家群体传统的内部关系也在发生改变，由此产生新的体制性问题：传统的为实现群体实质公平而设立的特殊优惠待遇，其适用遭到一定程度的质疑；②此外，面对数字鸿沟、产

---

① 参见［日］村濑信也：《国际立法——国际法的法源论》，秦一禾译，中国人民公安大学出版社 2012 年版，第 1 页。

② 参见徐崇利：《新兴国家崛起与构建国际经济新秩序——以中国的路径选择为视角》，载《中国社会科学》2012 年第 10 期。

业链固化、经济外部依赖度过高等一系列关系各国经济基础和长久发展的问题,都构成了对现行国际经济法律体制的权力基础与利益结构的严峻挑战。

"逆全球化"始终与全球化如影随形,并在全球化副作用不断积淀中持续升级,从个别群体的个体主张①逐渐演变成为主权国家,特别是世界大国的国家战略和积极作为。最集中的表现是,2008 年金融危机使世界经济长期处于持续性和结构性低迷状态,②一些重要金融机构破产,大多数经济体增长速度下降,有的甚至出现负增长,并伴生失业增加、需求不足、产能过剩、企业利润下降等问题,引发了对全球化的普遍质疑,不少国家出台了贸易救济措施甚至保护主义措施,民粹主义、孤立主义、贸易保护主义以及与之相互裹挟的新一轮"逆全球化"思潮甚嚣尘上。2016 年以来,英国公投脱欧、美国大选特朗普上台、中美贸易摩擦等一系列重大国际政治、经济事件显示,大国的政治经济政策处于剧烈变动期,国家、国际组织、跨国公司等国际经济活动重要主体从意识到行为都开始发生重大变化。事实上,特朗普上台后,美国作为世界头号大国成为"逆全球化"的主要推动者。美国抛弃了自己过去 70 年的外交政策和多边价值观念,逆全球趋势而动,宣布退出或威胁退出一系列重要的国际性或区域性条约(协定)和组织,高调推行保护主义在全球发动贸易大战,还一再阻挠启动 DSB 上诉机构成员的选任致其面临瘫痪,由此彻底破

---

①　比较典型的此类事件是 WTO 贸易谈判中曾遭遇国内外团体的激烈反对。例如,在 1999 年 WTO 西雅图第三次部长级会议期间,来自欧洲、美国、澳大利亚等国家(地区)的环保主义者举行过游行示威,反对 WTO 及其规则,劳工组织也抱怨 WTO 忽视其利益等。2004 年 12 月 20 日,为反对 WTO 新一轮多边贸易谈判的农业自由化谈判,韩国农民协会所属的 1000 多名农民采取奇袭的方式一度占领了流经首都首尔汉江上的四座大桥以及市内的其他地方,导致首尔市场市内交通大堵塞。参见[美]约翰·H. 巴顿、朱迪思·L. 戈尔斯坦、蒂莫西·E. 乔思林、理查德·R. 斯坦伯格:《贸易体制的演进——GATT 与 WTO 体制中的政治学、法学和经济学》,廖诗平译,北京大学出版社 2013 年版,第 1 ~ 2 页;中国新闻网:《韩国农民奇袭汉江大桥反对世贸农业自由化谈判》,载 http://news. 163. com/41220/2/18312D9H0001121S. html,2004 - 12 - 20,最后访问日期:2019 年 1 月 20 日。

②　关于世界经济的持续性与结构性低迷状态,参见朱民:《持续低迷和结构性变化主导世界经济》,《第一财经》2017 - 2 - 19,http://www. yicai. com/news/5228874. html,最后访问日期:2017 年 6 月 24 日。

坏了经济全球化所倡导的市场自由、开放、公平原则和世界银行在当前国际社会形势下所提出的包容性增长原则,使国际经济法律体制处于风雨飘摇之中。由此可见,虽然以往"反全球化"的个别事件时有发生,但并不危及国际经济法律体制的根基,而当这些非国家主体的主张开始转变为大国战略并付诸实施时,才是对以"规则导向"为核心的多边法律秩序最大的破坏,国际经济法律体制也由此面临着自确立以来最严重的危机。恰如 IMF 代理总裁大卫・利普顿 2019 年在布雷顿森林体系 75 周年纪念会议上致辞所说:"我们的世界正在经历一系列更广泛的变革,这导致了信任和社会凝聚力的瓦解,尤其是在发达经济体之间。贸易和全球化——以及技术——重塑了经济版图,其最重要的结果在美国和欧洲体现为:愤怒情绪加剧、政治极化和民粹主义。我们正面临着'布雷顿森林体系倒退时刻'的风险。"①

毋庸置疑,经济全球化有利于促进世界范围内的商品和资本流动、科技和文明进步以及各国人民之间的交往,是社会生产力发展的客观要求和科技进步的必然趋势,虽然会带来发展不平衡等负面影响,但可以在多边体制的规范与约束之下得到最大限度的克服与矫正,是符合全球公共利益的;而"逆全球化"自身优先、以邻为壑的单边保护主义,只会不断加大、加深国家之间的矛盾和摩擦,进而将世界引入歧途。现行多边国际经济法律体制的确立,也正是世界各国基于单边主义盛行造成彼此间对抗、世界分裂乃至两次世界大战的惨痛历史教训所做的理性选择。恰如世界体系理论的主要创始人伊曼纽尔・沃勒斯坦所言:"世界体系的生命力由冲突的各种力量构成,这些冲突的力量由于压力的作用把世界体系结合在一起,而当每个集团不断地试图把它改造得有利于自身时,又使这个世界体系分裂了。"②

---

① Keynote speech by IMF Acting Managing Director David Lipton at the Bretton Woods: 75 Years Later-Thinking about the Next 75 Conference, "The Future of Bretton Woods", https://www.imf.org/zh/News/Articles/2019/07/12/sp071619 – the-future-of-bretton-woods,最后访问日期:2019 年 7 月 25 日。

② [美]伊曼纽尔・沃勒斯坦:《现代世界体系(第 1 卷):16 世纪的资本主义农业与欧洲世界经济体的起源》,郭方、刘新成、张文刚译,高等教育出版社 1998 年版,第 460 页。

三、国际经济法律体制演进中的固有制约:国际政治现实之映射

现行国际经济法律体制是在主权国家之间的权力博弈中建构起来的,国际社会政治现实中的权力结构——法律上之"平权"构造和事实上的大国作用,毫无疑问将奠定并制约着经济法律体制运行的基本构架和逻辑。

(一)法律上的"平权"构造

"无政府状态"之国际社会的基本权力构造是其主体权利——国家主权平等,并构成所有国际法律体制的权威性来源与正当性基础。因为不存在类似国内法体系中的强制性权威机构,一方面,基本的国际秩序及其价值的确立与维护,需要通过国际法律规范约束其成员的主权行为来实现;而另一方面,与以"相对集权化的"国家强制性机制为保证的国内法相比,国际法作为"相对分权化的法律规则",①其规范形成、实施及变革则必然更多地受制于无地位高下之分且代表多元、差异利益需求的权力抗衡,并由此形成一些天然的局限。

1. 正当性基础及效力分歧

因为存在"主权"这样极具争议的问题,以此为基础的国际法规范基础及效力依据上也同样存在不同的解说,理论上大致可分为自然法和实在法两大类。② 前者如狄骥的"社会连带关系"学说,认为"社会事实"表现的社会连带关系是国际法的效力根据;又如凯尔森的国家基本权利说,认为每个国家作为国际大家庭的成员,都有一些基本权利,这些基本权利规范即是国际法的最后根据和渊源。后者如耶利内克的"自我限制"学说,认为国际法的效力源自国家的自我限制,没有国家自己意志的表现,国际法对国家没有任何拘束力;又如奥本海的"各国共同意志"说,认为国际法效力的根据来自各国明示和默示的共同意志;再如安齐洛蒂的"约定必须遵守"说,认为国际法的效力可以追溯到约定必须遵守这一最高的基本原则

---

① 有关国内法属于"相对集权化的法律规则",国际法属于"相对分权化的法律规则"的论述,参见[英]赫德利·布尔:《无政府社会——世界政治中的秩序研究》(第 4 版),张小明译,上海人民出版社 2015 年版,第 113 页。

② 参见王铁崖:《国际法引论》,北京大学出版社 1998 年版,第 25 ~ 36 页。

或规范。至于为什么会有人反对国际法规则的有效性(虽然是隐藏的或暗含的),原因恰可归结于国家主权的传统概念,国际法在一定程度上约束了国家及其领导人和政府官员的权力。① 国际法规则的有效性经常得不到清晰的解说本身,就隐含着其坚实基础的欠缺。

2. 有限的确定性

受制于多元、复杂的国际政治的形势,国际经济法律制度往往具有更大的不确定性。国际经济活动中任何的经济政策和行为都"嵌在"一定的国内政治和社会结构之中。② 法律与政治的相互作用在世界事务中更加复杂并且难以厘清。③ 一定意义上,法律与政治之分只是部分正确,法律是政治力量的结果。④ 正因如此,包括国际经济法律规范在内的国际法规范呈现较大的灵活性和相对有限的确定性特征,从古老的战争与和平法到当下的国际经济法律体制,概莫如此。如果国际法规范缺乏灵活性,其将无法涵盖多样的国际社会实践,况且其还要顾及社会本身固有的,譬如法系之间的差异性;如果国际法规范没有足够的灵活性也就无法就矛盾重重的主权问题实现逻辑和现实上的双重周延,但与此同时,灵活性也必然意味着法律体制应有规范的确定和约束功能有限,并由此给国际法主体自我管制权,尤其是国家主权及其可能的滥用留下了极大的弹性空间。

3. 体系缺失的"碎片化"

多极化、不平衡的国际政治和经济利益现实造就了国际经济法律不成体系的"碎片化"现象。虽然,就法律制度的共性而言,由于法律所规定的某种关系经常发生在不断变动位置的各点之间,"融合适当的比例是任何时代都会面临的难题",⑤但就国际法而言,国际社会的利益更加多元、变

---

① 参见[美]约翰·H. 杰克逊:《世界贸易体制——国际经济关系的法律与政策》,张乃根译,复旦大学出版社 2001 年版,第 118 ~ 119 页。

② 参见[美]罗伯特·基欧汉:《霸权之后:世界政治经济中的合作与纷争》,苏长和等译,上海人民出版社 2001 年版,第 25 页。

③ 参见[英]马尔科姆·N. 肖:《国际法》,白桂梅等译,北京大学出版社 2011 年版,第 10 页。

④ 参见[美]路易斯·亨金:《国际法:政治与价值》,张乃根等译,中国政法大学出版社 2005 版,第 5 页。

⑤ [美]本杰明·N. 卡多佐:《法律的成长:法律科学的悖论》,董炯、彭冰译,中国法制出版社 2002 年版,第 4 页。

动及均衡更为复杂，尤其是处于新旧秩序变革、交替的时代，随着国际立法活动的日益活跃，法律规范越来越多，各种规范之间的冲突加剧，其体系内部的各种要素之间缺乏有机联系和统一性的“碎片化”现象也越来越突出。这种现象损害了国际法的权威性和可预见性，也给国际关系增加了不稳定的因素。[①] 为此，联合国国际法委员会，作为当今联合国体系内以促进国际法的逐渐发展和编纂为宗旨的重要组织，专门就国际法“碎片化”问题发布研究报告并指出，国际法向新领域的扩张和多样化的发展，确实给国际法体系的一致性带来了诸多挑战，特别是各种不同属性、内容及效力范围的规则和体系之间的重叠和冲突造成了对以《联合国宪章》为基础的现行国际法体系的冲击。[②]

(二)事实上的大国作用

大国问题始终是国际法上的重大问题。法律上的主权平等并不能替代或掩盖国际社会成员之间大小、强弱的现实差距。现实主义国际政治观认为，国际体制很大程度上由追求自身利益的那些最有力的成员所设计；在其运行中，最强大行为者的偏好具有最大的影响力。[③] 事实也是如此，国际经济法律体制的确立、运行与变革，都离不开大国的主导甚或决定性作用。当然，大国作用具有两面性。

1. 积极作用

世界经济运作的方式取决于市场和国家政策，特别是强大国家的政策。[④] 其积极意义在于：

首先，一定的政治框架是经济活动有序进行的前提。大国在相互角逐

---

① 参见古祖雪：《现代国际法的多样化、碎片化和有序化》，载《法学研究》2007 年第 1 期。

② International Law Commission Fifty-eighth session, Geneva, Fragmentation of International Law: Difficulties Arising from The Diversification and Expansion of International Law, 1 May – 9 June and 3 July – 11 August 2006, A/CN. 4/L. 702, paras, 9 – 14, Official document of the United Nations, available at http://legal. un. org/docs/?symbol = A/CN. 4/L. 702.

③ 参见[美]罗伯特·基欧汉：《霸权之后：世界政治经济中的合作与纷争》，苏长和等译，上海人民出版社 2001 年版，第 62、72 页。

④ 参见[美]罗伯特·吉尔平：《全球政治经济学——解读国际经济秩序》，杨宇光、杨炯译，上海人民出版社 2003 年版，第 21 页。

之间,包括它们在合作方面的努力,确立了市场和经济力量在其中运作的关系框架。[①] 第二次世界大战后主要国家间签署的停战协定及若干条约,奠定了战后国际社会的基本政治框架。此后,才有若干国际组织机制及秩序之构建。如果没有《波茨坦公告》《雅尔塔协定》等对日本、德国的战争问题及相关问题的定性、基本处理方案的铺垫,之后联合国及其安理会等一系列制度构架将无法推行。在战后整个国际秩序(包括但不限于国际经济秩序)的建构中,美国、英国等大国都是主要的领导者。[②]

其次,大国有其功能和资源优势,能够引领、激发较大范围内国际经济法律关系的变动,从而形成一定的机制和秩序。在 GATT、WTO 以及重要的金融监管合作机制等体制的建构和谈判中,大国都发挥了重要的作用。例如,作为当今世界银行业监管标杆的“巴塞尔委员会”,最初由英、美、法等 10 国筹建。其中,英、美、法大国自身拥有遍布世界的发达的银行系统,相关领域的实践经验与教训迅速成为巴塞尔协议历次修订的内容,为稳定全球金融秩序,保障贸易与投资活动的顺利进行发挥了重要作用。[③] “二战”后美国提议成立 ITO 时,其国务院备忘录这样表述:“美国是唯一能够采取行动、发起一场促进世界范围内减少贸易壁垒运动的国家。因为其相对较强的经济实力、有利的国际收支状况、其国内市场对其他国家富裕的重要性,以及美国对于世界贸易政策的影响,远远超过任何其他国家。虽然,英国的合作是成功减少贸易壁垒必不可少的,但是就战后英国的地位而言,只有在美国发挥了强有力的领导作用的前提下,与英国的合作才有意义。”[④]后续整个国际经济法律体制的发展进程印证了美国所述的合理性。

---

① [美]罗伯特·吉尔平:《全球政治经济学——解读国际经济秩序》,杨宇光、杨炯译,上海人民出版社 2003 年版,第 21 页。

② See John O’Brien, *International Law*, Cavendish Publishing Limited, 2001, p. 45.

③ 详见国际结算银行(Bank for International Settlements, BIS)——旨在加强各国中央银行及国际金融机构合作的国际组织的官网介绍, See https://www.bis.org/about/history.htm?m=1%7C4,最后访问日期:2019 年 1 月 20 日。

④ 转引自[美] J. E. 斯贝茹:《国际经济关系学》,储祥银、李同忠、谢岷译,对外贸易教育出版社 1989 年版,第 93 页。

最后,由大国国内、国际所积累的治理经验和制度优势所决定,无论是对于国际经济法律体制新领域的拓展,还是既有机制的构建与变革,大国更有能力提出先导性的系统方案,能够较为充分地考虑事务多样性、复杂性和利益诉求的糅合问题。相较而言,弱小国家或经济体明显能力不足,受制于较低经济水平与单一社会结构,其方案和诉求往往只能折射某些方面的问题,难以成为普遍性国际组织中能够糅合若干利益的重要代言人,多边体系的历次谈判都足以说明这一点。例如,在多哈回合的农业谈判中,大国和大的经济体可以各自为政,而相对弱小的发展中国家则不得不参加多个小组,特别是有大国支撑的谈判组,才能主张并维护自身利益。不仅如此,大国由于经济规模、经济总量、市场等资源存量具有谈判优势,可用作利益交换的范围和回旋余地均相对较大,因而也有利于取得谈判成效。

2. 消极作用

在国际经济法律体制大国主导的客观现实下,如果其恃强凌弱、滥用或破坏规则,则所造成的阻碍或破坏性作用也是致命的。历史上,借助"霸权"超越法治、破坏国际秩序稳定,成为"法外"或"法上"之国亦不乏其例。由此反映出国际法律秩序中的主权,形式平等但实质不平等的本质,即"大国制定法律,中等国家签署最终条约。同时,小国不予考虑"。①

现行国际经济法律体制对于广大发展中国家利益平等保护的缺失,很大程度上就是由于这种实质的不平等所致:诸多规则的形成取决于大国(们)所能接受的方案,而不是理想状态下集中所有成员的利益集体考量之下的公平结果,弱小国家的利益往往被忽视。就 GATT 而言,23 个缔约方中属于发展中国家的有 8 个,而 GATT 1947 条款中反映发展中国家利益的,只有第 18 条"对经济发展的政府援助"一个条款。该条款虽然给予发展中国家以限制外国进口的较宽松标准,但其程序烦琐,②实效性欠缺。

---

① [澳]杰里·辛普森:《大国与法外国家——国际法律秩序中不平等的主权》,朱利江译,北京大学出版社 2008 年版,第 132 页。

② 参见赵维田:《中国入世议定书条款解读》,湖南科学技术出版社 2006 年版,第 128 页。

《TRIPs 协定》也是如此。乌拉圭回合将 TRIPs 纳入谈判本就是发达国家用“胡萝卜加大棒”的手法迫使发展中国家同意提升知识产权保护水平,①其有关发展中国家药品可及性的问题在最初的文本中并没有得到充分考虑,直到后续 TRIPs 第 31 条修正案的出台才些许缓解了制度不合理给发展中国家造成的公共健康困境。

大国“霸权”在国际经济法律体制运行过程中也有相同表现。现实中,公然违反规则、不执行司法裁决的往往是大国。以 WTO 争端解决为例,自 1995 年 1 月 1 日至 2013 年年底,美国在 33 个仅涉及行政机关行为的贸易救济案件中执行较好,但在 16 个涉及国会立法、行政立法或做法的案件中执行不理想,特别是在涉及国会立法的 9 个案件中执行较差;欧盟对于荷尔蒙案根本就未曾执行,双方通过提供补偿暂时解决争议;②至 2019 年 12 月底,因被诉方不执行或不完全执行 WTO 争端机构裁决而被请求授权报复的 8 起案件中,美国占了其中的 6 起,加拿大、欧盟各 1 起。③2019 年 7 月,WTO 发布中国诉美国反补贴措施案件执行之诉上诉机构报告,裁决美国涉案 11 项反补贴措施违反 WTO 规则。④ 此外,如前所述,近年来美国持续阻挠 WTO 争端解决上诉机构成员连任或选任,致使目前上诉机构成员缺位,在直接威胁 DSB 裁判的独立性和公正性的同时,也严重阻碍了多边贸易体制争端解决功能的发挥。美国的做法引发各界对其“霸权主义”干预甚至摧毁多边机制的担忧。⑤

---

① 在乌拉圭回合谈判中,美国等发达国家以开放农产品和纺织品市场为诱饵,迫使发展中国家同意将知识产权问题加入贸易谈判并提升保护水平,以特殊 301 条款和普惠制单边措施为工具,迫使一些发展中国家放弃抵抗知识产权议题的立场。参见古祖雪:《从体制转换到体制协调:TRIPs 的矫正之路——以发展中国家的视角》,载《法学家》2012 年第 1 期。

② 参见胡建国:《美欧执行 WTO 裁决的比较分析——以国际法遵守为视角》,载《欧洲研究》2014 年第 1 期。

③ 载 https://www.wto.org/english/tratop_e/dispu_e/dispu_current_status_e.htm,最后访问日期:2020 年 5 月 8 日。

④ 本案原审专家组和上诉机构均已裁定美国涉案反补贴措施违反 WTO 规则,要求美国纠正违规措施;但美国在执行中继续使用违规措施,执行的上诉机构裁决再次认定其违反 WTO 规则。*US—Countervailing Measures* (*China*)(DS437)。

⑤ 参见新华社:《美国反对韩裁判官连任,被批以大欺小破坏 WTO 公正性》,载 http://korea.xinhuanet.com/2016-05/31/c_135400935.htm,2016-05-30,最后访问日期:2018 年 4 月 18 日。

四、国际经济法律体制的变革思路：大变局下的应然选择

值当下现实主义强权政治高调回归，于世界政治经济格局的大盘，或者说一系列支撑当今世界格局的硬件——世界政治秩序及其政治基础、全球经济秩序及其主导力量结构，并没有发生实质性和根本性变动的情况下，主导世界经济政治秩序的一系列软件——政治意识、经济主张和主要价值，却在发生重大甚或是根本性的变化，全球治理也由此进入国家主义与全球主义之争的徘徊和艰难跋涉之中，[①]相应地，国际经济法律体制又一次处于历史性变革的关键隘口，如何回应全球经济与地缘政治环境中发生的急剧转型，是国际社会和国际法理论与实践共同面临的重大问题。

（一）坚守多边主义立场，克服周期性问题

国际经济法律体制的变革既取决于国际社会权力结构的变化，以及由此引发的国际政治、经济整体情势的客观变化，也与现行体制中国际法主体主观上追求的目标与价值息息相关。

首先，尊重、保护、捍卫多边主义的立场应为国际社会所坚守。第二次世界大战后集体安全、合作共赢理念下所确立的多边法律机制，是国际社会成员在经历长期对抗、分裂的挫折之后作出的理性追求和共同选择。IMF 于 1944 年布雷顿森林会议召开时仅有 44 个国家代表团参加，迄今已有 189 个成员国，几乎包括了整个世界经济；GATT 由最初的 23 个缔约方，发展到 1995 年 WTO 成立时的 76 个成员，再到目前的 164 个成员，占全球总贸易额的 98%；依据《华盛顿公约》而建立的世界上第一个专门解决国际投资争议的仲裁机构 ICSID，1966 年生效时仅有 20 个成员，目前已发展到 163 个。如此众多成员的加入，在很大程度上应归功于多边体制“规则导向”的法治化进程及其功能的发挥，特别是 DSM 的有效运行。迄今为止，ICSID 共受理 776 起案件。[②] DSB 迄今共受理 595 起争端，2018

---

① 参见刘贞晔：《世界格局变迁与全球治理的未来》，载光明网：http://theory.gmw.cn/2016-11/29/content_23137053.htm，最后访问日期：2018 年 3 月 31 日。

② See https://icsid.worldbank.org/en/Pages/cases/AdvancedSearch.aspx，最后访问日期：2020 年 5 月 8 日。

年在其上诉机构成员缺位的情况下，仍受案 39 起；2019 年也共受理 19 起；即使是美国，在指责并阻挠上诉机构正常运转的同时，作为申诉方仅 2018 一年就提起了 8 起。[①] 因而，加强和改进多边法律体制，而不是破坏它才是未来变革必须坚持的唯一正确方向。

首先，单边主义、保护主义与多边体制之间的冲突属事实上的常态，并不是什么新的现象和问题。IMF、WTO、世界银行等所有多边体制的生成、发展及变革无一不是与单边主义、保护主义抗衡、博弈的过程。据此而论，多边主义立场与国际秩序单边的现实倾向之间的冲突不可避免，并在"逆全球化"风潮中愈演愈烈，这不过是制度变迁周期性规律的又一次体现而已。多边体制对于国际社会的发展与秩序维护的有效性既是理论共识，也经由实践反复证明。经济全球化所产生的相互间复合性依赖关系，恰恰需要以普遍性的多边合作及权力制衡来取代传统体制下少数大国的权力控制，并有效克服成员政治决策中的"囚徒困境"。尽管议题的多样性和缔约方数量的增长增加了谈判的难度，但从决策过程的角度考虑，也提供了更多互相联系的渠道、更多需要明确区别的问题以及更多的形成帕累托最优方案的可能。面对少数大国滥用其权利，枉顾作为多边体系一员的责任，挥霍其影响力，造成"冷战"之严重后果，[②]其他成员更加需要坚持多边，同时选择合适路径继续推动多边机制的发展与实施。因为唯有在多边体系之内，才能实现对于无序单边主义的制度化约束与制衡。虽然在现实条件下，多边体制无法在所有领域都具强实效性，但仍是最大限度确保国际经济法律秩序稳定、健康发展的最有效路径。

其次，多边体制运行过程中的暂时性休克、停摆提示了现实问题的多样、复杂与制度供给的严重不足，是制度创新的最好契机而非体制意义的丧失。若置于国际社会自威斯特伐利亚时代以来的变迁过程和国际法的发展史来看，周期性的制度繁荣、调节乏力、停滞到再行突破、发展，既是基

---

① See https://www.wto.org/english/tratop_e/dispu_e/find_dispu_cases_e.htm，最后访问日期：2020 年 5 月 8 日。

② See Michael Lind, "America vs. Russia and China: Welcome to Cold War Ⅱ", *The National Interest*, 2018, Vol. May-June.

本运行规律,也是大势所趋。就“二战”后的国际经济法律体制而言,既有的结构和制度设计是基于谈判当时各成员,尤其是大国成员已有的政治经济状况和彼时对未来之期许而设定的。一方面,出于历史的原因,布雷顿森林体系的三根支柱从未完全实现战后规划者的目标,也没有达成一致的政策或是有效地进行职责分配。WTO、IMF 以及世界银行的总体结构和内部机制不完全一致,在某些方面甚至存在十分明显的差异,而这些制度结构、决策制定程序、文化上的差异不可避免地损害了它们之间协同一致、兼容合作的能力。另一方面,随着国际社会整体的政治力量结构、经济状况的不断变化,这些国际机制的先天与后天不足也越来越明显地得以暴露。譬如,DSM 运行 20 多年,其实际功能早已大大超出初始预设;成员数量增加,不同经济体制、不同发展水平的成员,特别是发展中国家、新兴经济体越来越多地参与并开始熟稔规则和机制,从而在体制内逐渐形成了各种相互抗衡的力量。由此,无论是各成员加入时对于该体制的主观预设,还是体制运行过程中所面临的现实问题,都处于不断的变化之中。而且,就 WTO 规则而言,每一项权利和义务的变化都要满足 160 多个成员的利益需求,这对于覆盖面甚广的条约来说也是相当困难的,往往只有少数成员才真正具有“互惠”的实力。① 在变化了的情势之下若要仍然使机制保持有效运转,积极回应是必需的;而从各国积极提出破解当下机制困境的诸多方案来看,变革而非抛弃多边体制仍是普遍共识。

最后,克服多边法律体制的周期性问题,要受到内外各种因素,特别是特定时期重大国际政治、经济环境的影响,因而应当甄别问题的不同属性、权重并予区别对待。例如,就前述 WTO 改革来说,应区分一般的规则性问题与体制性问题,并采取不同的策略方法应对。对于前者,如有关案件审理期限、上诉机构工作程序等问题,可以根据各成员的具体议案作技术性协调;对于后者,如有关不同经济体制的包容与协调、发展中国家成员的身份认定问题,因涉及成员方重大且差异性的利益诉求,则需因势利导,由

① See Harlan Grant Cohen, “Multilateralism’s Life Cycle”, 112(1) *The American Society of International Law*, 64(2018).

具有一定变革欲望和能力的成员或成员团体通过多种途径和方法培育、塑造、充分利用有益的政治、经济环境因素，分层次、分阶段地促成问题的缓解直至最终解决。因而，在 WTO 谈判机制无法有效运行的现实情况下，政治磋商、斡旋和多种形式的经济性互动也至关重要。

（二）坚持规则导向，发挥国际法的约束和矫正功能

国际经济法律体制的变革必须特别重视国际法约束和矫正功能的发挥。

1. 规则之治的显著作用

国际经济秩序本就充满着诸多不确定因素，在当前美国作为世界第一大经济体单边行动的烈度屡屡加剧之下，不确定性进一步增加，因而更加需要国际社会多数成员，尤其是具有较强影响力的大国，进一步推进基于“规则导向”的国际法治建设，从而最大限度地约束、矫正破坏多边体制的单边行为及可能的严重后果。事实上，即便是美国，在其国际事务的实践中也需要且非常重视国际法的规制作用：尽管美国对规则的理解常常和其他成员的理解不一致，形成诸多“特例”，但是，国际法确实是美国主宰世界时期国家间交流和谈判的主要媒介，通过国际法美国增强了对其他国家政策和法律选择的影响力。[①] 争端解决机制是国际法治化进程所取得的最重要成果之一，并使传统国际法的“软法”属性发生了一定程度的改变：成员间的争端通过国际法律机制解决，基于机制本身的规则，并非严格要求当事方同意。这种非同意基础上的制度（non-consensual institution），[②] 是法律约束与矫正功能的实质性体现，也为多边成员提供了抗衡单边行动的法律途径。目前，该体制内成员的增多、相对实力状况的变化，以及机制运作多年的惯性等，均是约束单边霸权行径的有利因素。

2. 兼顾程序规范与实体规范的更新

多边法律体制约束和矫正功能的发挥，以及在推进国际社会“规则之

---

① See Shirley V. Scott, *International Law, US power: The United States' Quest for Legal Security*, Cambridge University Press, 2012, pp. 15 – 16.

② See Nico Krisch, "The Decay of Consent: International Law In An Age of Global Public Goods", 108(1) *The American Journal of International Law*, 1 – 40(2014).

治”的过程中，兼顾程序规范和实体规范的双重并进是十分必要的。以往对于国际经济法律体系“规则导向”的理解和实践，往往较偏重于程序性问题，对相关的非经济问题也关涉较少。譬如，WTO 许多协定中对于公共政策例外条款的适用，更多的是从程序意义上关注目的和方法之间是否符合比例原则的问题，并未形成较多实体性标准。但是，当前的一些实践表明，实体正义问题，尤其是非经济问题在国际经济活动中的正义考量问题正逐渐凸显，而且有的已经对多边体系造成了严重的发展障碍。比如公共健康政策与知识产权保护问题、劳工保护、环境保护与投资政策问题等，均亟待成员提供可操作性强的具体解决方案。如果说乌拉圭回合是史无前例地推出了一系列新的实体性和程序性条款，那么，突破当下 WTO 多边体制困境则有赖于规则更新，尤其是需要形成更多的实体性规则，仅限于程序上的约束和矫正已远远不能适应变化了的国际经济状况。恰如有学者所指出的，国际经济法正在从“国家间的法”转变为“融合之法”“宪政之法”，应当在国际经济法律制度的建构中寻求“正义”“人权”之体现。① 例如，现实国际经济活动所涉及的粮食问题、贫困问题、公共健康问题，乃至数据权利等一系列新兴技术领域问题的缓解或解决，均需要新的实体规则以防止重蹈以邻为壑的旧辙。当然，这些包含非经济问题考虑的实体规则的导入本身也具有两面性，在发挥对国际经济关系及其相关非经济问题的调整作用的同时，如设计、使用不当，也易成为经济干涉的工具。因而需结合其他领域的法律制度综合考虑国际经济法律体制中的这些条款，通过国际法的约束和矫正功能协调好经济问题与非经济关注问题，保障国际经济活动的顺利进行。

3. 辩证看待和克服国际法律体制的局限性

在国际经济法律体制的变革进程中，对国际政治现实产生的制约影响

---

① See Ernst-Ulrich Petersmann, “Justice in International Economic Law? From the ‘International Law among States’ to ‘International Integration law’ and ‘Constitutional Law’”, *European University Institute Working Paper*, *LAW* No. 2006/46; Ernst-Ulrich Petersmann, “Human Rights and International Economic Law: Common Constitutional Challenges and Changing Structures”, *European University Institute Working Paper*, Law No. 2012/07.

应当客观、辩证地看待。首先，虽然有关国际法的效力根据存在这样或那样的分歧，但客观上，国际法制度及其所维护的国际秩序已经得到了国际社会的普遍承认，几乎所有的国际法规则事实上也都得到了遵守。作为全球经济治理体系支柱之一的 WTO，其 DSB 裁决高达 90% 左右的执行率[①]表明，其规范体制不仅是重要的，更是有效的；而且，即使是诸如领土争端、条约的缔结与履行等传统上政治色彩浓厚的活动也能受到很大程度的约束。由此可见，有关主权问题的争议并未事实上阻碍国际法规范和秩序的形成与发展；相反，主权及其相关问题揭示了构建国际法制度和秩序的主要问题点和着力点，现行国际法律体制恰恰是国家作为国际法主体在长期的冲突与合作中经谈判博弈而形成的主权安排方式之一。

其次，在国际法律规范的确定性问题上，尽管由于其调整对象——国际经济活动——本身与国内经济活动相比，受到更多不确定因素的影响，由此导致在法律解释等法律适用环节表现出更多的抽象、不确定倾向，但其效力和意义并没有因此而被否定。事实上，当领土等政治色彩浓厚的问题也能通过条约施加直接或间接的约束，形成阶段性的稳定秩序时，经济问题的共同性和可规制性就更加显而易见；而且，确定性在很大程度上是通过规则适用及解释等司法技术加以体现的，而司法本身即受制于规则约束和限制。例如，《国际法院规约》第 38. 1. 2 条所述的“国际习惯，作为通例之证明而经接受为法律者”，就是“一个令人迷惑的公式”，[②]但司法机构在适用时必须进行各种合乎法律逻辑的解释，而且要努力表现出一致性，而非抛弃规则的肆意妄为。

最后，虽然由于各主权国家差别化的地位、利益和法律制度，也由于国际法主体——国家的有关同意和客观实践困难良多，国际法总是比较“不成体系”的，但是，按照事物发展的规律，“碎片化”属于“一致性”和最终“体系化”的必经阶段，而且，由于利益关系错综复杂、“碎片化”过程长久持续，乃至阶

---

① 参见凤凰网：《世贸组织总干事：为什么我们比以往更需要 WTO?》，载 http://news.ifeng.com/a/20180812/59769248_0.shtml，2018 - 08 - 12，最后访问日期：2019 年 2 月 20 日。

② 参见［荷兰］范·霍夫（Van Hoof），转引自王铁崖：《国际法引论》，北京大学出版社 1998 年版，第 71 页。

段性倒退均属正常，并不必然影响规则体制统一、体系的发展趋势。WTO 多边贸易体制“一揽子”约束的“自洽”系统就是一个最好的例证。

（三）正视大国霸权的合法性问题，平衡多极诉求

鉴于大国对于国际经济法律体制的影响和作用，理论和现实层面均存在“大国霸权”合法化问题的激烈争论。

一方面，现存国际经济法律体制本身，譬如联合国安理会常任理事国及其否决权的设置、IMF 由几种主要货币按份额构成的特别提款权制度、IMF 投票权与成员认捐额之间的密切联系等，似乎都在证明“霸权”既具有制度上的合法性，事实上也在合法地运行。有学者指出，安理会从来没有说明美国在使用武力的权利方面是否存在问题，这一直是个困扰国际法学家的话题。[①] 而且，按照国际政治领域结构现实主义的观点，如果霸权国能不断加强自己的实力地位，甚至维持一种单极结构的局面，那么其他大国联合起来要求变革现存国际制度体系的可能性就小得多。[②] 由此，“霸权”之形成与维持似乎于国际社会有利，赋予大国法律上的特权也似乎兼具理论和现实层面的正当性。

另一方面，对于大国霸权合法化质疑的声音经久不衰。其一，大国“霸权”之下形成的秩序多数以服从霸权国利益为出发点，往往并不符合国际社会整体的发展利益。其二，大国地位、相对实力的状况始终是在动态变化之中，如果赋权于少数大国，为巩固其特权地位，会出于本能和私利不断关注自身在体系中的相对位置来维持实力差距，并通过各种各样的办法削弱、遏制其他竞争者，因而不仅会抑制国际社会真实的发展需求，而且会产生不受约束的破坏性力量，于秩序和发展无益，并使整个法律体系的稳定性和调节国际经济关系的作用受到严重影响。其三，随着全球化的深入推进，特别是发展中国家权利意识的加强和新兴大国的崛起，绝对霸权已经失去其长久存续的政治、经济基础。

---

① 参见［澳］杰里·辛普森：《大国与法外国家——国际法律秩序中不平等的主权》，朱利江译，北京大学出版社 2008 年版，第 386～387 页。

② 参见宋伟：《捍卫霸权利益——美国地区一体化战略的演变（1945～2005）》，北京大学出版社 2014 年版，第 91 页。

上述争议充分体现了国际局势的发展状况,一方面,大国主导仍然具有国际法律体制和秩序架构的现实基础;另一方面,“二战”后从美国独霸到美苏争霸,再到苏联解体及之后国际关系的演变历史表明,两极格局终结后,国际社会发展的一个突出特点是走向多极化而非转向单极格局,这是对主要政治力量在全球实力分布状态的动态反映。多极化格局有利于国际社会形成彼此依赖、相互制衡的良性关系,是推动国际关系民主化、遏制霸权主义和强权政治、推动建立公正、合理国际政治经济新秩序的进步标志,理应成为国际经济法律体制变革所遵循的方向。

就现行国际经济法律机制及其变革而言,完全剔除大国霸权的因子既不可行,也不合理;而且,客观地看,由于国际法公共产品功能的存在,实际上也为数量众多的小国形成合力从而与大国折冲樽俎提供了重要机制。[①] 以 WTO 体制为例,GATT 第四部分“贸易与发展”内容的增加、1979 年东京回合有关给予发展中国家普惠制的决议、“一员一票”“协商一致”的决策机制,以及 DSM 及其运行[②]等都是多边体制为弱小成员抗衡大国强权提供法治平台的成果体现。正是国际法机制所具有的此种制度张力,使其能够内生出变革的巨大动力和空间,并发挥重要的平衡作用。因此,规则体系基于大国经济规模、贸易量、影响和被影响的程度大等事实因素,出于稳定基本秩序的考虑,在给予其某些特殊权利的同时,应当补足或建立起脱离基本法治约束的防范机制。也就是说,基于“规则导向”和国际法治的要求,应当为那些因事实因素而享有某些优势或特权的大国设定相对应的义务和责任,以保证特殊的优势或权利不被滥用。当然,大国也应该充分意识到,国际法客观上对自身也是有利的,强有力的国际制度可以帮助其分担行动成本、提供公共产品,从而减轻其国际负担。[③]

---

① 参见蔡从燕:《国际法上的大国问题》,载《法学研究》2012 年第 6 期。

② 例如,DSM 运行以来,截至 2020 年 5 月 8 日,世界头号大国美国作为被诉方的案件共有 155 件,居所有成员的首位。

③ 参见宋伟:《捍卫霸权利益——美国地区一体化战略的演变(1945 ~ 2005)》,北京大学出版社 2014 年版,第 94 页。

（四）强化多边体制与区域安排的互补、互动

区域体制与多边体制是国家作为国际法主体，在国际经济法律体制建构方面可兹选择的两种并行不悖的可行路径。“二战”后迄今，多边体制在取得长足进步与突出成就的同时，也暴露出效率低下、调节不力与灵活性欠佳等缺陷，需要与区域安排互补、互动。事实上，各种区域安排同样也是国际经济法律体制变革中的重要影响因素。它们究竟是“绊脚石”还是“垫脚石”，主要取决于缔约方的立场选择、具体的制度安排以及多边体制自身对于区域安排的约束效果。

首先，区域安排具有机制相对灵活、谈判成本相对较低、地缘政治与经济因素较容易糅合等优势，对于国际法主体而言，可以构成多边体制的重要补充力量。在多边体制正常运作之时，区域安排可以有效补充多边体制之缺漏，减少多边机制运转中的摩擦损耗；在多边遭遇困境之时，区域安排不仅可以在化解国际经济间冲突方面发挥作用，而且也是重回多边唯一可行的路径。国际社会成员通过合适的区域战略以及制度安排，可以筹建“试验田”，构筑“垫脚石”，以缓解碎片化对多边体制的冲击，并缩短从阶段性的碎片化到形成新的具有较大实效性的多边制度的发展进程。

其次，应当恪守区域安排“补充力量”的定位，在汲取已有经验与教训的基础上建构与多边体制目标同向一致而非背道而驰的区域规范和制度。多边体制长期发展的经历证明，与既有实践严重不符的谈判标准只会击碎来之不易的“共识性”成果，而不是形成更多的叠加。而且，国际社会政治、经济的复杂性和多变性决定了创设新的规则远比变革既有制度更为困难，只以少数成员的水平为标准，过分超出多数成员现实的区域安排只会给现有秩序带来更多震荡甚至是破坏。事实上，当下多边体制陷入困境，一方面固然与多边谈判及执行中的单边霸权主义行为有关，另一方面也与各种区域安排急于冒进，超越乃至背离多边规则有关。无论是美国曾经主导的《跨太平洋伙伴关系协定》（Trans-Pacific Partnership Agreement, TPP），还是当下日本主导的《全面与进步跨太平洋伙伴关系协定》（Comprehensive Progressive Trans-Pacific Partnership, CPTPP），以及美墨加

协定(U. S. -Mexico-Canada Agreement,USMCA),其谈判内容无不折射出部分国家意图改变目前多边体制下相关制度和成员出价的意愿,其多数条款都远远超出现有多边体制的保护水平。

最后,保证并加强多边体制对区域安排的约束机制。现有约束机制主要包含两方面内容:一是 GATT 1994 第 24 条有关关税同盟和自由贸易区的规定,以及 GATS 第 5 条对于“经济一体化”的规定;二是有关 RTAs 透明度机制的建设。对于前一方面而言,重点是现有条文的解释与有效实施问题。譬如,GATT 1994 第 24.4 条规定的“自由贸易区的目的应为便利成员领土之间的贸易,而非增加其他缔约方与此类领土直接的贸易壁垒”;第 5 款(a)项中“总体上不得高于或严于在形成此种同盟或通过临时协定之前,各成员领土实施的关税和贸易法规的总体影响范围”,都包含了一些模糊性表述。这些条文的具体适用方法、具体内涵都有待进一步澄清。对于后一方面而言,虽然 WTO 区域贸易委员会(Committee of Regional Trade Agreement,CRTA)2006 年所作的《关于〈区域贸易协定透明度机制〉的决议》(Decision on the Transparency Mechanism for Regional Trade Agreements)①对其作了较之从前更为具体的规定,但尚无法满足实践需求,特别是有关通报的时间、内容等都需要更进一步的完善。

第三节　司法正当性与 WTO 裁判策略的理性选择

WTO 陷入困境,除可直接归因于其自身规则缺陷和制度供给不足外,尚可于国际组织司法权威与其成员权利——国家主权,特别是大国的权力之间的博弈探寻根源,其本质是伴随国际法治发展始终的“规范与权力”之间内在矛盾的现实转化。由此所决定,笔者认为,WTO 改革必将是一个宏大的系统性工程,是经济全球化及全球治理背景下对于“国际法治向何

① WT/L/671,18 December 2006.

处去”的再追问。对此，上一节已有较翔实的论证，这里笔者拟从司法正当性角度，立足于当今国际社会的基本格局与政治现实，论证具有司法属性的 DSM 需要在裁判权力与成员权利之间保持应有的平衡，当 DSB 司法精英追求其美好法治理想及正义价值时，对于权力作出适度妥协也是十分必要的。毕竟“如果法律作为社会控制的一种方式，具有强力的全部力量，那么它也具有依赖强力的一切弱点”。①

一、WTO 上诉机构危机再反思：“越权”质疑

美国阻挠 WTO 上诉机构成员选任的一个重要理由，是质疑上诉机构成员裁判“越权”。诚如前述，早在 WTO 设立之初 DSU 的改革议题中，美国已提出加强成员控制争端解决程序的问题。实际上，随着越来越多 DSB 裁决的推出，时有成员（包括但不限于美国）提出裁决中的“僭越”倾向，并由此引发司法正当性疑虑。

DSU 规定，“DSB 的建议和裁决不能增加或减少适用协定所规定的权利和义务”；目的是“在依照 DSU 和涵盖协定项下的权利和义务，实现问题的满意解决”；对于“根据涵盖协定的磋商和争端解决规定正式提出的事项的所有解决办法，包括仲裁裁决，均与这些协定相一致，且不得使任何成员根据这些协定获得的利益丧失或减损，也不得妨碍这些涵盖协定任何目标的实现”。② 由此，DSB 作为争端解决机构，其权限是适用 WTO 规则作出裁判而不是通过裁判创造规则，但事实表明，上诉机构裁判的确存在造法性实践。

美国阻却韩国籍上诉机构成员张胜和连任的主要理由，是该成员逾越其裁判者应有的角色定位。美国认为，根据 DSU 第 2.4 条，DSM 的目的是求得争端的正面解决（positive solution），但张法官所参加的报告与上诉机构的角色不符。美国列举了 4 个相关报告以及张法官在听证会上的表现予以说明，如表 6－2 所示。

---

① ［美］罗斯科·庞德：《通过法律的社会控制》，沈宗灵译，楼邦彦校，商务印书馆 2010 年版，第 12 页。

② 参见 DSU 第 3.2 条、第 3.4 条、第 3.5 条。

表 6-2 美国对张法官的"越权"批评①

案号及听证会	"越权"表现
DS453	上诉机构报告中 2/3 的分析是法律问题的咨询意见,其目的不是解决争端,而是造法
DS430	上诉机构作了冗长的抽象讨论却未将其与上诉问题相联系,或者转移话题,将资源用于没有提交的、且无助于争端解决的事项
DS453	上诉机构报告的意见明显地偏离了 DSU 的规定以及许多以前的报告所持的观点,这表明上诉机构在进行独立调查并应用新的法律标准
DS453	上诉机构的报告采取了一个非常有问题、错误的做法,即上诉机构根据成员方的国内法审查其国内措施是否合法
听证会	在听证会上张法官花费了大量时间用于考虑与上诉无关的问题,或者未集中用于争端方之间问题的解决

此外,美国还对上诉机构在一些具体案件中的造法做法加以详述并表示不满,示例如表 6-3 所示。

表 6-3 美国对上诉机构造法行为的声明示例②

案名/案号	所涉问题	美国的批评及其来源	所涉协定
美国外国销售公司案/DS108	财政资助;反补贴措施	美国认为:"上诉机构似乎无理地扩大了可能采取的行动范围。……至少,上诉机构混淆了第九条下的权威解释和第十条下的修正案的区别,这对 WTO 制度没有帮助。"(WT/DSB/M/77,17 April 2000,at 56)	反补贴协定
美国小麦面筋案/DS166	上诉机构谴责成员的能力	美国认为:"专家组和上诉机构无论以任何理妄称其有权责难特定成员都是越界。"(WT/DSB/M/97,27 February 2001,at 5)	DSU

① 资料来源:See Dispute Settlement Body,Minutes of Meeting on 23 May 2016,WT/DSB/M/379,29 August 2016,paras. 6.3 - 6.6;see Dispute Settlement Body,Minutes of Meeting on 23 May 2016,WT/DSB/M/379,29 August 2016,para. 6.7.

② 资料来源:see Terence P. Stewart,Patrick J. McDonough,Jennifer M. Smith & Sandra K. Jorgensen,"The Increasing Recognition of Problems with WTO Appellate Body Decision-Making:Will the Message Be Heard?"8 *Global Trade and Customs Journal* 390,393 - 394(2013).

续表

案名/案号	所涉问题	美国的批评及其来源	所涉协定
美国拨款法案第 211 节案/DS176	上诉审查的范围	美国认为："上诉机构报告没有充分区分专家组作出的事实和法律认定，因此有可能侵犯专家组的事实认定的作用。"（WT/DSB/M/119，6 March 2002，at 27）	TRIPs 协定
美国羊肉案/DS177/178	不可预见的发展	美国认为："上诉机构的认定……近乎是对 WTO 协定的解释，尽管这样的解释只能由成员方作出……这是一项新的义务，不能在 WTO 协定中找到。"（WT/DSB/M/105，19 June 2001，at 42）	保障措施协定
美国热轧钢案/DS184	审查标准	美国认为："美国关注到上诉机构对《反倾销协定》第 17.6 条的讨论并没有充分强调协定中审查的鲜明性质。"（WT/DSB/M/108，2 October 2001，at 69）	反倾销协定
美国管道案/DS202	不可预见的发展；平行性；非归因分析；审查标准	美国认为："在许多情况下，上诉机构的报告忽略了涵盖协定的语言，并用自己设计的标准来评估对美国的申诉。……最需要关注的事……是上诉机构不断增长创造其自己规则的习惯。"（WT/DSB/M/121，3 April 2002，at 35）	保障措施协定
美国某些欧盟产品反补贴措施案/DS212	私有	美国认为："上诉机构的做法取决于上诉机构所作的某些一般的、无支持的主张。"（WT/DSB/M/140，6 February 2003，at 9）	反补贴协定
美国补偿法案（伯德修正案）案/DS217/234	具体行为；确定一个成员是否没有善意地行为的上诉机构管辖权	美国认为："上诉机构创造了一个新的禁止补贴类别，这个类别既没有经过 WTO 成员的谈判也没有得到其同意。……成员方没有'善意'行为的认定将清楚而明确地超出专家组和上诉机构的权限。"（WT/DSB/M/142，6 March 2003，at 55－57）	反补贴协定
美国钢铁保障措施案/DS248/249/251/252/253/254/258/259	明确的发现	美国认为："这种形式重于实质的做法应受到所有成员的关注。"（WT/DSB/M/160，27 January 2004，at 32）	保障措施协定

美国的指责当然有其私利考量，甚至带有明显的“欲加之罪”色彩，但其中有关司法裁判边界问题的提出值得高度重视。

事实上，关涉当事成员重大利益并具有或隐含较强政治属性的争端（以下简称“政治性贸易争端”）最易引发司法裁判边界及其合法性质疑。当下，又有一大批“政治性贸易争端”提交DSB并有待裁决。其中，除因美国发动全球贸易战涉及“报复性关税”及其相应“反制”所引发的一系列最新案件尚处磋商外，大多已经进入专家组审理阶段。由于此类案件涉及敏感的政治议题并触及各相关当事方重大争端事项（如围绕美国“232措施”的争端触及国家安全），因而如有不慎，必将给已经十分脆弱的DSM沉重一击。由此，笔者认为，由“政治性贸易争端”的敏感性、重要性所决定，探讨DSB于此类争端解决应当恪守的裁判边界，不仅于维护WTO法律体制权威、保有其长久生命力角度具有典型价值，而且无论是回应当下的上诉机构合法性危机，还是从DSM改革所应遵从的策略角度也都具有重要意义。

二、国际争端的可裁决性（justiciability）问题

（一）政治争端与法律争端的理论界分：未有共识

区分法律争端和政治争端的意义通常认为是据此判断争端是否具有可裁判性：法律争端具有可裁判性，政治争端不具有可裁判性。这种观念认为，政治争端可以由政治机构解决，但不可以由法院解决，因为法院不能提供政治解决方案。

劳特派特（Hersch Lauterpacht）指出，早在1758年瓦特尔（Vattel）已对国家间的争端作了区分，将其分为基本权利的争端和次要权利的争端，并相应地采取不同处理方式。[1] 戈尔德施密特（Goldschmidt）则于1873年第一次权威性地区分了法律争端和政治争端，认为：“法律争端是应通过法律

① See Hersch Lauterpacht, *the Function of Law in the International Law*, Clarendon Press, 1933, pp. 8 – 9.

原则的适用予以解决的争端”,而“政治争端性质复杂,涉及国籍、平等和最高权力等问题。这些问题本质上是权力问题,而不是法律问题,因而不适合仲裁解决”。[①] 在此意义上,传统上对法律争端可从两个方面理解:第一,法律争端是能够用现行国际法规则解决的争端;第二,在能够用法律规则解决的情况下,法律争端不能影响国家的核心利益,如对外独立,对内主权或者领土完整。[②] 相应地,政治争端也包括两种情况:第一,现行国际法规则不能解决的争端,即存在法律空白;第二,涉及国家基本利益或核心利益的争端。

然而,这种传统区分方法并未能获得共识,由争端方的意愿决定争端是法律争端还是政治争端的方法得到了越来越多的认可。1899 年和 1907 年《和平解决国际争端海牙公约》分别在第 16 条和第 38 条规定:“在法律性质问题上,特别是在解释或适用国际公约的问题上,对于外交未能解决的争端,仲裁被缔约方认为是最有效、同时也是最平等的解决争端的方式。”这两个条款的言下之意为,对于外交未能解决的争端,可通过战争和仲裁两种方式解决。两者相比较,仲裁方式因有效和平等而成为战争方式的替代方式。可见,争端是通过仲裁方式还是战争方式解决由争端方决定。换言之,在争端方决定采取仲裁方式的情况下,争端即为法律争端;在采取战争方式的情况下,即为政治争端。与此同时,这两个海牙公约都在各自的第 9 条规定了仲裁方式的例外,即涉及“名誉、核心利益以及就事实产生意见分歧的争端”不可仲裁。由于“名誉、核心利益以及因就事实产生意见分歧”轻易就可满足,这些例外的设置为争端方保留了是否将争端提交仲裁的控制权,也就是说,争端方的意图决定着争端是法律争端还是政治争端。在此意义上,所有的争端都可以是政治争端。相应地,如果有足够的政治意愿,所有的政治争端都可以转化为法律争端。

---

① Hersch Lauterpacht, “The Doctrine of Non-Justiciable Disputes in International Law”, 24 *Economica* 277, 281 (1928).

② See Vera Gowlland-Debbas, “The Relationship Between the International Court of Justice and the Security Council in Light of the Lockerbie Case”, 88 *American Journal of International Law* 643, 649 (1994).

事实上，诸如此类的关于区分政治争端和法律争端的条款在诸多法律文件中均有所体现。[①]《联合国宪章》第36.3条规定，安全理事会应建议“具有法律性质之争端”提交ICJ；《国际法院规约》第36.2条则规定，当事国应承认ICJ对“法律争端”的管辖权。由此引发的问题是：什么是法律争端，什么是非法律争端？然而，这两个文件都未对法律争端作出定义。

对此，凯尔森(Hans Kelsen)认为，“一项争端的法律性或政治性，并不像传统学说似乎所认为的那样，取决于该争端的性质。也就是说，并不取决于争端所涉及的事项，而是取决于解决争端时所适用的规范的性质。一项争端是法律争端，如果它是以适用法律规范即适用现行法律加以解决的。它是政治——这就意味着非法律——争端，如果它是以适用其他规范，如公平、正义的原则等，加以解决的。”[②]在此，凯尔森以案件是否适用现有国际法规则予以解决对法律争端和政治争端作了区分。同时，凯尔森认识到，适用公平、正义原则解决争端的国际机构包括国际法庭和其他机构，在法庭根据条约的授权适用公平、正义原则解决的情况下，法律争端和政治争端的区别将不再清晰。在这种情况下，“法律争端和政治争端之间的区别只是依据原有国际法来解决的争端与依据该法庭为了解决这项争端而创造的国际法来解决的争端之间的区别”。[③] 但即便如此，凯尔森也坚持认为这种争端不是法律争端，[④]而是政治争端。很显然，凯尔森的区分方法乃是结果导向，其对争端性质的判断依据是争端是否通过适用现有法律予以解决。在适用依据明确并得到解决之前，争端是法律争端还是政治争端处于不明状态。这种结果导向的方法并不能为解决争端发生后直至裁决结果出来之前各方围绕法律争端与政治争端所发生的争议提供帮助。

由于政治争端和法律争端的之间的区分界限迄今尚未取得共识，在涉

---

① 例如，1903年《大不列颠与法国仲裁协议》第1条以及1928年《一般为和平解决国际争端》第39条等。

② [美]汉斯·凯尔森：《国际法原理》，王铁涯译，华夏出版社1989年版，第319页。

③ [美]汉斯·凯尔森：《国际法原理》，王铁涯译，华夏出版社1989年版，第320页。

④ 参见[美]汉斯·凯尔森：《国际法原理》，王铁涯译，华夏出版社1989年版，第323页。

及国家基本利益或核心利益的争端发生后,争端的政治性总是作为争端不具有可裁判性的理由被争端方、国际律师以及评论者提起,从而使二者之界分从理论层面转化为实践中的具体判断。

(二)政治性争端司法管辖的实践分歧:莫衷一是

可裁判性是一个难以捉摸的概念,但一般指法院裁判案件的能力与合法性问题,[①]即案件是否适合法院裁判。争端适合法院裁判的则具有可裁判性,不适合的则不具有可裁判性。但适合与否则因判断者的不同而变化,因而导致可裁判性在不同的场合具有不同的理解。对于同一争端,争端方可能从案件的政治重要性角度判断不适合法院裁判,因而是不可裁判的;法院法庭则可能从法律适用角度判断认为适合裁判,具有可裁判性。对争端的可裁判性因不同理解而导致的争议历时已久,至今尚存。

可裁判性的争议可能体现于管辖权争议。可裁判性原则(doctrine of justiciability)作为一种排除机制,允许法院对于其认为不适合裁决的案件锁起大门。[②] 因此,可裁判性与管辖权联系紧密,有时候甚至可以互换使用。[③] 在国际法庭无强制管辖的情况下,一方同意将争端提交国际法庭管辖,但另一方可能以争端是政治争端为由拒绝接受管辖,进而主张争端的不可裁判性。在洛克比空难案中,英国和美国认为,其与利比亚之间的争端不应仅被看作事关条约解释的法律争端。这一事件本质上是关于恐怖主义的政治争端。[④] 在对尼加拉瓜进行军事和准军事行动案(以下简称尼加拉瓜案)中,法官小田(Oda)认为,该争端不是法律争端,因而 ICJ 错误地实施了管辖。法院应宣告此案不具有可裁判性。[⑤]

---

① The Rule of Law and the Justiciability of Prerogative Powers: A Comment on Black v. Chrétien,47(2) McGill Law Journal,447(2002).

② See Orna Ben-Naftali & Keren R. Michaeli,"A Critique of the Alleged Non-Justiciability of Israel's Policy of Targeted Killings",1(2) *Journal of International Criminal Justice*,373(2003).

③ See Dominic McGoldrick, "the Boundaries of Justiciability", 59 *International and Comparative Law Quarterly* 981,983 (2010).

④ Submission of Counsel for United States,I. C. J. Verbatim Record CR 92/4,at 10 (1992).

⑤ Military and Paramilitary Activities in and against Nicaragua (*Nicaragua v. US*) (*Merits*),I. C. J. Report,1986,p. 210,para. 17 (Judge Oda,dissenting).

然而,ICJ 却将争端的政治性与管辖权相分离。在边界和跨界武装行动案中,法院意识到,“任何法律纠纷都可能涉及政治方面”。[①] 在爱琴海大陆架案中,法院指出,争端的政治性不应成为法院管辖的障碍,因为所有的国家间争端在某种程度上都是政治性的。[②] 在驻德黑兰的美国外交和领事人员案中,法院认为,“根据争端的性质,被认为是主权国家之间的法律争端的一些争议,通常发生在政治环境中,并只构成国家间更广范围内和更长事件内的政治争端的一个因素。然而,在此之前从未有人提出过这样的意见:因为提交法院的法律纠纷只是政治纠纷的一个方面,法院应拒绝为当事人解决双方之间的法律问题”。[③] 因而,一项争端可能是围绕或涉及法律问题的非法律争端,但这不能阻止法院解决争端中的法律问题。除非争端方不将争端提交法院,否则,争端的政治性不构成法院管辖与否的理由。

事实上,高度政治敏感性的案件更易引起管辖权争议。高度政治敏感性争端一般涉及基本利益或核心利益,争端的处理结果可能对国家产生重要影响,因而受到国家的特别重视。在尼加拉瓜案中,小田法官认为,使用武力的争端在本质上和最初就是一个最适合由政治机构,如安理会,解决的争端,但未必是一个在司法机关的职责内可裁判的争端。[④] 但在洛克比空难案中的科艾曼斯(Kooijmans)法官强调,尽管洛克比空难案是一个高度政治敏感案件,但争端具有政治性的弦外之音不应成为法院管辖的障碍,即便安理会也同时在处理此案。[⑤] 国家间的争端涉及根据《联合国宪章》第七章安理会所作决议的合法性问题时,通常具有高度政治性。但驻

---

① Border and Transborder Armed Actions (*Nicaragua v. Honduras*), Jurisdiction and Admissibility, Judgment, I. C. J. Reports 1988, p. 91, para. 52.

② Aegean Sea Continental Shelf (*Greece v. Turkey*), Jurisdiction, I. C. J. Reports (1978) 3, at 13.

③ United States Diplomatic and Consular Staff in Tehran (*United States of America v. Iran*), I. C. J. Reports 1988, p. 20, para. 37.

④ Military and Paramilitary Activities in and against Nicaragua (*Nicaragua v. US*) (Merits), I. C. J. Report, 1986, pp. 229 – 230, para. 58 (Judge Oda, dissenting).

⑤ Questions of Interpretation and Application of the 1971 Montreal Convention Arising from the Aerial Incident at Lockerbie (*Libyan Arab Jamahiriya v. United Kingdom*), Preliminary Objections, Judgment of 27 February 1998. Separate Opinion of Judge Kooijmans, at para. 2.

德黑兰的美国外交和领事人员案、尼加拉瓜案以及洛克比空难案等案件的审理表明，可裁判性原则并不能阻止 ICJ 对安理会决议进行司法审查。对于法院而言，任何被诉至法庭的争端都是可裁判的，不管其政治性如何。[①]

对此，凯尔森认为，按照争端所涉事项决定案件是法律争端还是政治争端，进而决定是否属于可裁判性，是错误的。[②] 劳特派特早已指出，“司法解决的可能性没有固定的限度。国际政治领域的一切冲突都可以沦为法律性质的争辩。争端可裁判性的唯一决定性的考验是争端方将争端提交法律裁决的意愿”。[③] 然而，在尼加拉瓜案中，拉克斯（Lachs）法官却认为，尽管几乎所有的国家间争端同时引起了法律和政治问题，政治机构也有义务遵守国际法，但这并不意味着由此引起的所有争端都适合裁判解决。[④] 鉴于有些争端所涉事项的性质和所设想的措施，一些争端只能通过谈判解决，没有其他替代办法。[⑤]

（三）裁判策略考量：介入程度与强度——克制 vs 能动

按照前述劳特派特所指的意愿，在将拉克斯所言的不适合裁判解决的争端提交国际法庭的情况下，裁判者应如何对待就是一个无可回避的现实问题。管辖权之争是一方面，重点在于司法权介入与否；而介入之后的司法审查是另一方面，重点在于介入的程度和强度，其本质是裁判的策略考量问题。

从争端方角度看，将高度敏感性案件提交国际法庭，或者是借助法院对法律的解释和适用，或者是借助法院裁判的胜负压力和国际社会道德评价的力量，维护其自身利益。例如，20 世纪 70 年代法国之所以停止其在

---

① See Bernd Martenczuk, “the Security Council, the International Court and Judicial Review: What Lessons from Lockerbie?”, 10(3) *EJIL*, 529 (1999).

② ［美］汉斯·凯尔森：《国际法原理》，王铁涯译，华夏出版社 1989 年版，第 322 页。

③ Hersch Lauterpacht, *the Function of Law in the International Law*, Clarendon Press, 1933, p. 172.

④ Military and Paramilitary Activities in and against Nicaragua (*Nicaragua v. US*) (*Merits*), I. C. J. Report, 1986, p. 158 (Separate Opinion of Judge Lachs).

⑤ Military and Paramilitary Activities in and against Nicaragua (*Nicaragua v. US*) (*Merits*), I. C. J. Report, 1986, p. 160 (Separate Opinion of Judge Lachs).

玻利尼西亚的大气层核试验,部分原因是澳大利亚和新西兰将其诉至ICJ。[①] 由于法律因素只是高度政治敏感性事件诸多构成因素之一,法律澄清也将只是争端方所求目的之一。

然而,将法律澄清到何种程度则是法院的问题。实际上,争端中的政治与法律总是相伴而生,即便争端的政治性不再与管辖权挂钩,法院对法律的审查也不能完全无视案件的政治性。特别是在一些高度政治敏感性案件中,法院总是在个案的基础上,高度微妙地将争端的法律因素和政治因素作为争端事实的两个要点,实用主义地判断是否对其实施管辖以及是否审查实体法律问题。[②]

对于高度政治性敏感性案件,ICJ 在审理中有时候秉持司法能动主义。例如,在尼加拉瓜案、驻德黑兰的美国外交和领事人员案以及洛克比空难案等案件中,法院积极地作出判决。然而,在执行阶段,驻德黑兰的美国外交和领事人员案以及洛克比空难案的双方达成和解,并未执行法院就实质问题所作的判决。尼加拉瓜案的双方则未能就赔偿问题达成协议。后经双方同意,案件终止。但至今美国也未承认法院强制管辖的合法性。

更多的时候,法院在政治性较高的案件审理中采取保守主义立场,[③] 对问题进行回避。[④] 回避的理由则分为两类,一类是纯法律理由,另一类则是非法律理由。关于前者,例如,在货币黄金案中,尽管意大利和三个被告国已赋予法院管辖权,但法院以第三方阿尔巴利亚缺席为由,拒绝行使

---

① See Andrew Coleman, "the International Court of Justice and Highly Political Matters", 4 *Melbourne Journal of International Law* 29, 67 (2003).

② Edward McWhinney, Judicial Settlement of International Disputes: Jurisdiction, Justiciability and Judicial Law-Making on the Contemporary International Court, Springer Science + Business Media Dordrecht, 1991, p. 135.

③ 参见禾木:《国际裁判中的法律争端与政治争端》,载《中外法学》2013 年第 6 期。

④ ICJ 除了在诉讼程序中进行回避,在发表咨询意见中也进行回避。例如,在"核武器合法性"案中回避了自卫中使用核武器是否合法问题;在科索沃法律地位案中未正面回应民族自决问题;参见禾木:《国际裁判中的法律争端与政治争端》,载《中外法学》2013 年第 6 期。在费用案中,ICJ 回避了对条约功能进行解释的要求。See Certain Expenses of the United Nations (Article 17, paragraph 2, of the Charter), I. C. J. Reports, 1962, para. 155.

管辖权。[1] 在北喀麦隆案中，诉讼程序掩盖了争端的真正当事方。事实上，英国是联合国大会的代理人，诉讼的当事方应当是联合国大会和喀麦隆，而非案件中的英国和喀麦隆。为避免因裁判而引起更大争议，法院拒绝作出裁判。[2] 在免税区案中，国际常设法院认为，法院裁判的有效性依赖于争端方达成友好协定的假定，因而以不确定为由拒绝作出裁判。[3] 关于后者，如在免税区案中，法院认为，在司法领域内法院可以通过法律的适用帮助争端方解决争端，但该案中取决于"经济利益相互影响"的事项超出了司法领域。[4] 在此，法院似乎只考虑纯粹的法律问题，而对于诸如经济政策等其他社会目标则不予考虑。在哈亚拉托雷（Haya de la Torre）案中，争端方希望 ICJ 在各种可能终止庇护的方式之间作出选择，但法院认为，选择的作出不能基于法律上的考虑，只能从实用性或政治权宜性角度考虑，因而，作出这种选择超出法院的司法职能。[5]

劳特派特呼吁，区分可裁判性和不可裁判性或者法律争端和政治争端的传统教条已经失去了其原有的实用性，并成为法律进步的障碍，因此迫切需要抛弃。[6] 晚近 ICJ 的实践表明，在抛却政治争端和法律争端二分法的基础上，可裁判性问题已演变为法官个案基础上的经验判断问题，即判断是否应当介入并适用相同标准对争端进行实质性审查。在司法克制和司法能动的矛盾语境下，ICJ 通过不断试验，有时候甚至采取试错法，在判例的基础上已经发展出自己的操作指引。[7]

---

① Monetary Gold Removed from Rome in 1943 (*Italy v. France, United Kingdom of Great Britain and Northern Ireland and United States of America*), I. C. J. Report, 1954, pp. 18 – 19.

② Northern Cameroons (*Cameroon v. United Kingdom*), I. C. J. Report, 1961, p. 27.

③ Free Zones of Upper Savoy and District of Gex (*Fr. v. Switz.*), 1932 P. C. I. J. (ser. A/B) No. 46 (June 7), para. 161.

④ Free Zones of Upper Savoy and District of Gex (*Fr. v. Switz.*), 1932 P. C. I. J. (ser. A/B) No. 46 (June 7), para. 202.

⑤ Haya de la Torre (*Colombia v. Peru*), I. C. J. Report, 1951, p. 12.

⑥ See Hersch Lauterpacht, *the Function of Law in the International Law*, Clarendon Press, 1933, pp. 442 – 443.

⑦ Edward McWhinney, Judicial Settlement of International Disputes: Jurisdiction, Justiciability and Judicial Law-Making on the Contemporary International Court, Springer Science + Business Media Dordrecht, 1991, p. 136.

例如,ICJ 在涉及原告适格(standing)、法律利益(legal interest)、无审判价值(mootness)以及用尽当地救济(exhaustion of available remedies)等诸多方面都逐步发展了案件的可裁判性边界。关于原告资格,在巴塞罗那机车案中,一个加拿大籍公司的比利时股东因西班牙政府的行为受损,比利时因而行使外交保护将西班牙诉至 ICJ,ICJ 裁定比利时不具有代表加拿大公司的比利时股东起诉西班牙的身份资格;①关于法律利益,在西南非洲案中,法院认为原告埃塞俄比亚和利比里亚没有其诉请中所主张的法律利益,因而驳回了其请求;②关于无审判价值,在核试验案中,澳大利亚试图阻止法国在南太平洋进行进一步的核试验,在诉讼过程中,法国政府(包括法国总统和国防部长)宣布法国 1974 年的核试验将是最后一次,以后将无条件停止空中核试验,ICJ 发现澳大利亚的诉求不再有任何目标,因此 ICJ 不必就此作出裁决;③关于用尽当地救济,ICJ 通常要求起诉方在起诉之前已经用尽当地一切救济手段。④

三、WTO 政治性贸易争端的可裁判性及其效果

(一)WTO 政治性贸易争端的可裁判性:克制与能动之间

WTO 作为一个准国际司法机构,尽管同样会遇到争端的政治性质和可裁判性问题,但在反向协商一致所确立的强制管辖下,使其从成立之初即绕开将争端的政治性质与管辖权挂钩问题。对 WTO 而言,可裁判性问题即是争端可裁判的程度和强度问题。

根据国际贸易争端所涉事项对争端方影响的大小,可分为一般贸易争端和政治性贸易争端。前者的败诉对败诉国的经济影响优先,后者则可能损害败诉国的重大经济、社会和政治利益。⑤ 一旦政治性争端被诉至

① Barcelona Traction, Light and Power Company, Limited, Judgment, I. C. J. Reports 1970, p. 3.

② South West Africa, Second Phase, Judgment, I. C. J. Reports 1966, p. 6.

③ Nuclear Tests (*Australia v. France*), Judgment, I. C. J. Reports 1974, p. 253.

④ Elettronica Sicula S. P. A. (ELSI), Judgment, I. C. J. Reports 1989, pp. 15, 42 – 48; Interhandel, Judgment, ICJ Reports 1959, pp. 6, 26 – 29.

⑤ 参见徐崇利:《"政治性国际贸易争端"的裁判解决》,载《法商研究》2009 年第 3 期。

DSB,争端的可裁判性问题将进入公众视野。DSB 则常常摇摆于司法能动和司法克制之间。

美国贸易法第 301 节案是典型的体现 DSB 司法能动案件。美国《1974 年贸易法》第 301 ~310 节统称为 301 条款,是美国贸易单边主义的重要政治工具。多米尼加和圣卢西亚认为,鉴于美国的经济和政治实力,301 条款犹如悬在各成员方头上的“达摩克利斯之剑”。① 在该案中,美国认为“欧共体提出了一个寻求法律理由的政治案件”。② 专家组也认为“本案的政治敏感性不言自明”。③ 专家组一方面裁定 301 条款并未与 DSU 第 23 条不符,另一方面却表示上述结论是建立在美国的承诺基础之上。未来如果美国的承诺发生变化,则该结论也将不再有效。④ 这个貌似奇怪的结论却解决了争议,双方均未对此结论提出上诉。然而,结论的含糊和似是而非却体现了一定程度的司法克制。就双方所争议的问题,专家组回避作出终局性的是非判断,这给未来留下了隐患。于是,随着特朗普总统对美国贸易政策的改变,301 条款问题在当前重燃战火。

土耳其纺织品案(*Turkey—Textiles*,DS34)涉及 WTO 法与 RTAs 之间的冲突问题,DSB 在此案的处理上体现了司法克制。WTO 法与 RTAs 之间的冲突问题是 WTO 中的一个重要的体制性问题,关系到成员方整体,⑤ 因而具有重要的政治意义,该案也被视为政治争端。该案的专家组以“司法经济”为由,假定土耳其与欧盟之间的关税同盟与 GATT 1994 第 24 条相符;⑥在上诉机构阶段,由于专家组的假定未被提起上诉,上诉机构因为

---

① Panel Report, *US—Section* 301 *Trade Act*, WT/DS152/R, adopted 22 December 1999, para. 5.108.

② Panel Report, *US—Section* 301 *Trade Act*, WT/DS152/R, adopted 22 December 1999, para. 7.9.

③ Panel Report, *US—Section* 301 *Trade Act*, WT/DS152/R, adopted 22 December 1999, para. 7.11.

④ Panel Report, *US—Section* 301 *Trade Act*, WT/DS152/R, adopted 22 December 1999, para. 8.1.

⑤ Panel Report, *Turkey—Textiles*, WT/DS34/R, adopted 31 May 1999, para. 9.52.

⑥ Panel Report, *Turkey—Textiles*, WT/DS34/R, adopted 31 May 1999, paras. 9.54 – 9.55.

审查范围的限制，未就该问题进行审查。[①] 此后，巴西翻新轮胎案（*Brazil—Retreaded Tyres*，DS332）、[②]墨西哥软饮料税案（*Mexico—Tax on Soft Drinks*，DS308）[③]以及秘鲁农产品案（*Peru—Agricultural Products*，DS457）[④]等案件中对该体制问题都有涉及，但这些案件的裁决者都谨慎地回避了对 GATT 1994 第 24 条含义作出进一步明确。[⑤]

可见，DSB 对待政治性贸易争端总体采取了个案基础上的务实态度，并力求取得良好效果：澄清法律，[⑥]去政治化，[⑦]促进了国际社会对 WTO 体制的信任。但与此同时，上诉机构通过澄清模糊规则和解释漏洞等方式所进行的司法造化活动，也引起了正当性质疑。[⑧] 支持者认为，一方面，国际法原则允许司法机构通过澄清模糊规则和解释漏洞的方式进行造法，另一方面，上诉机构通过司法造法可保持 WTO 法律体系的完整性、准确性、连贯性和活力性。[⑨]

---

① Appellate Body Report, *Turkey—Textiles*, WT/DS34/AB/R, adopted 22 October 1999, paras. 60, 65.

② Panel Report, *Brazil—Retreaded Tyres*, WT/DS332/R, adopted 12 June 2007, paras. 7. 287 – 7. 288, 7. 355; Appellate Body Report, *Brazil—Retreaded Tyres*, WT/DS332/AB/R, adopted 3 December 2007, paras. 227 – 230.

③ Panel Report, *Mexico—Tax on Soft Drinks*, WT/DS308/R, adopted 7 October 2005, para. 7. 1; Appellate Body Report, *Mexico—Tax on Soft Drinks*, WT/DS308/AB/R, adopted 6 March 2006, para. 44.

④ Panel Report, *Peru—Agricultural Products*, WT/DS457/R, adopted 27 November 2014, para. 7. 508 – 7. 510, 7. 526; Appellate Body Report, *Peru—Agricultural Products*, WT/DS457/AB/R, adopted 20 July 2015, paras. 5. 91, 5. 101 – 5. 105.

⑤ 参见冯雪薇：《回顾历史，解剖现实：WTO 体制的瑕疵与漏洞应予重视及修补》，载《国际经济法学刊》2015 年第 3 期。

⑥ 必须注意的是，不管政治上有什么问题，法律的澄清总是有价值的。它不是无效的，毫无意义的或无关紧要的。See Nuclear Weapons Opinion, I. C. J. Reports, 1996, p. 226, para. 328 (Dissenting Opinion of Judge Weeramantry).

⑦ 例如，在中国出版物及音像产品案中，中国认为，"作为身份、价值和意义的载体，文化产品文化商品在社会特征、价值观、生活方式、伦理道德和行为等要素的演变和定义中起着至关重要的作用"。See Panel Report, *China—Publications and Audiovisual Products*, WT/DS363/R, adopted 12 August 2009, para. 751. 对中国而言，该案是一件高度政治敏感性案件。中国最终败诉并执行了 DSB 裁决。可见，DSB 裁决剥离了文化产品的政治属性。

⑧ See Robert Howse, "the World Trade Organization 20 Years On: Global Governance by Judiciary", 27(1) *The European Journal of International Law*, 25 (2016).

⑨ 参见[美]约翰·H. 巴顿、朱迪思·L. 戈尔斯坦、蒂莫西·E. 乔思林、理查德·R. 斯坦伯格：《贸易体制的演进——GATT 与 WTO 体制中的政治学、法学和经济学》，廖诗平译，北京大学出版社 2013 年版，第 84 页。

反对者则认为,一方面,任何试图只采用某种特定方法澄清模糊规则或解释漏洞的努力都有可能违背国家意愿,从而动摇当代国际公法的基础;另一方面,任何试图只采用某种解释方法的做法都有可能承担违反国家意愿、违反国内法规定或者违反 WTO 中实力较强成员行为方式的风险,或者破坏 WTO 协定中微妙的权利义务平衡。[①] 由于 WTO 是一个成员驱动的组织,DSB 的裁决也最终由成员方遵守和执行,反对者从国家主权角度提出的反对挑战了 WTO 赖以存在的组织基础。

(二)积极介入之消极效果:成员驱动→司法中心主义

面对争议较大的政治性贸易问题,DSB 可以通过两种方式积极介入。一种是机械地适用现有规则——也许是并不适当的规则对案件作出一个从 WTO 法理角度看似正确的裁决;另一种是能动地开发出一些新的测试要素或规则进行裁决。但无论采取哪种方式,DSB 积极介入政治性争端的结果都将引起争议。前者因为未给予重大政治利益足够的权重而遭到抵制;后者则因为无 WTO 条约文本支持而产生 DSM"重新政治化"之批评。可见,两者都将付出高昂的制度成本。[②] 事实上,随着 DSM"刚性"的不断强化,DSB 的积极性与能动性也在不断加强,"成员驱动"逐渐向"司法中心主义"演化,并最终陷入危机。如前所述,导致这一结果的原因是多方面的,既有制度设计本身的问题,也有因谈判停滞而制度供给不足的因素,但与此同时,无可否认,也有 DSB"进取型"定位下介入过度的策略问题。客观上,对于关系成员方重大利益的政治性贸易争端的过度介入必然带来一系列负面效应。

1. 司法正当性质疑

DSM 不同于 GATT 相应制度的一个重要方面是建立了强制性第三方裁决制度。这一制度因为具有更有力的强制而广受欢迎。但任何事物都有其两面性,"强硬性"意味着争端解决制度灵活性的丧失,并因而可能减损其自身的正当性。

---

① 参见[美]约翰·H. 巴顿、朱迪思·L. 戈尔斯坦、蒂莫西·E. 乔思林、理查德·R. 斯坦伯格:《贸易体制的演进——GATT 与 WTO 体制中的政治学、法学和经济学》,廖诗平译,北京大学出版社 2013 年版,第 83 页。

② See Jeffrey L. Dunoff, "The Death of the Trade Regime", 10 *EJIL* 733, 757 (1999).

GATT 时期争端解决机制建立在协商一致基础之上。专家组的建立、专家组报告的通过以及胜诉方在对方不执行报告情况下所采取的对策等均需通过 GATT 全体缔约方协商一致通过。缔约方因而充分享有政治干预的机会。由此,围绕 GATT 争端解决机构的角色定位问题,即其应当是尊重法律和规则的机制还是更灵活的外交机制,长期存在争议。由于缔约方的政治干预引发了对该机制的信任危机,争端解决机制从而成为乌拉圭回合谈判的一个中心议题。WTO 成立后,争端解决机构的角色定位得以明确,即 DSB 不是一个通过政治性手段解决贸易争端的平台,而是一个通过适用法律解决争端的准司法机构。

客观地说,适用规则解决争端过程中,许多规则的模糊之处需要澄清,许多规则漏洞需要填补。这些模糊之处和漏洞为上诉机构提供了较大的解释空间,[①]也给司法造法留出了战略空间。以法庭之友的参与为例,WTO 协定并没有明确规定专家组和上诉机构可以考虑法庭之友的意见。根据 DSU 第 13 条,"专家组有权向其认为适当的任何个人或实体寻求信息和技术帮助"。此处"寻求信息和技术帮助"的主体是专家组而非上诉机构。此处的实体通常认为是非国家行为体。WTO 成立初期的案例中,[②]法庭之友的意见尽管被提交至专家组,但专家组一直延续 GATT 时期的实践对其拒绝予以考虑。[③] 事实上,南北双方对是否允许接受法庭之友意见的问题争执数年,几乎所有的发展中国家都不同意 DSB 接受法庭之友的意见。[④] 然而,在美国虾案中,上诉机构裁定可以考虑以非国家行为体身份提交的法庭之友意见。[⑤] 此后,上诉机构作了进一步突破。在美

---

① See Robert Z. Lawrence, "The United States and the WTO Dispute Settlement System", 25 *CSR*, 17(2007).

② See Panel Report, *US—Gasoline*, WT/DS2/R, adopted 29 January 1996; also see Panel Report, *EC—Hormones*, WT/DS26/R, adopted 18 August 1997.

③ 参见陈咏梅:《"法庭之友"参与 WTO 争端解决程序历史考察述评》,载《武大国际法评论》2014 年第 2 期。

④ 参见[美]约翰·H. 巴顿、朱迪思·L. 戈尔斯坦、蒂莫西·E. 乔思林、理查德·R. 斯坦伯格:《贸易体制的演进——GATT 与 WTO 体制中的政治学、法学和经济学》,廖诗平译,北京大学出版社 2013 年版,第 78 页。

⑤ See Appellate Body Report, *US—Shrimp*, WT/DS58/AB/R, adopted 12 October 1998, paras. 108 - 110.

国铅铋Ⅱ案(*US—Lead and Bismuth* Ⅱ,DS138)中,上诉机构认为其有权决定是否考虑和接受其认为上诉中相关的和有用的信息;①在欧共体石棉案中,上诉机构采用附加程序的方式为法庭之友的意见进入上诉程序敞开了大门。② 更有甚者,在欧共体沙丁鱼案(*EC—Sardines*,DS231)中,上诉机构允许成员方摩洛哥以非第三方身份提交意见。③ 事实上,上诉机构在此的每一次突破都随着成员方的激烈争议。这些争议涉及诸多法律、政治和现实问题,④但更深层的问题则涉及上诉机构是否越权,或者争端解决的功能是否代替了立法功能等疑问。

再如,在 WTO 成立初期发生的日本含酒精饮料案Ⅱ中,上诉机构认为 GATT 1994 第 3.1 条文本存在省略(omission),而这里的"省略必定有其意义",并进而对"意义"进行了解释。⑤ 在美国碳钢案中,上诉机构援引了日本含酒精饮料案Ⅱ的裁决,认为特定的条约条款在具体问题上保持"沉默"的事实"必定有其意义"。"就一个条约条款的具体要求而言,一旦确定文本对该要求是沉默的,确定该要求的意义的任务则并未结束。这种沉默并不排除这样的可能性,即该要求被意图暗含其内。"⑥

此外,上诉机构的司法造法并不非常重视谈判史的地位。上诉机构前成员埃勒曼(Claus-Dieter Ehlermann)认为谈判史的价值较低,因为《维也纳条约法公约》将其归于第二等级、可靠记录的缺乏,以及谈判方既有矛盾陈述或声明所造成的歧义。⑦ 如果上诉机构发现涵盖协定的起草历史是

---

① See Appellate Body Report, *US—Lead and Bismuth* Ⅱ, WT/DS138/AB/R, adopted 10 May 2000, para. 39.

② See Appellate Body Report, *EC—Asbestos*, WT/DS135/9, adopted 8 November 2000.

③ See Appellate Body Report, *EC—Sardines*, WT/DS231/AB/R, adopted 26 September 2002, para 161.

④ 参见陈咏梅:《"法庭之友"参与 WTO 争端解决程序历史考察述评》,载《武大国际法评论》2014 年第 2 期。

⑤ See Appellate Body Report, *Japan—Alcoholic Beverages* Ⅱ, WT/DS8/AB/R, WT/DS10/AB/R, WT/DS11/AB/R, adopted 4 October 1994, p. 18.

⑥ See Appellate Body Report, *US—Carbon Steel*, WT/DS213/AB/R, adopted 28 November 2002, para. 65.

⑦ See Claus-Dieter Ehlermann, "Reflection on the Appellate Body of the WTO", 6 *Journal of International Economic Law* 695, 700 (2003).

(1)非决定的,[①](2)不必要的,因为文本并不含糊或晦涩,(3)有偏见,因为它只代表了某些谈判者的观点,或(4)无关的,因为它是过时的,那么,上诉机构对于这些谈判史则可以不予理会或束之高阁。[②]

一方面,应当承认,上诉机构的这些造法活动具有积极意义,规则澄清与漏洞填补使 WTO 法律体系的完整性、准确性、连贯性和动态性得以保证。正因如此,上诉机构对于国际贸易法发展的重要意义得到了国际社会的普遍承认。[③] 另一方面,基于反向一致机制,除非包括获胜方在内的所有成员方反对,否则上诉机构裁决都会被通过——事实上具有了自动通过和终局性的约束力。随着 WTO 新的利益格局的形成以及多哈谈判政治僵局的发生,WTO 成员方很难在对上诉机构施压方面发挥更大的作用;换言之,对于上诉机构的裁决,实际上已经没有任何政治性过滤空间,成员方对于上诉机构裁判权也丧失了有效监督或控制力。上诉机构已成为一个独立的、半自治的司法机构,并与 WTO 其他的政治和外交机构保持相当远的距离。[④]

在一国内部,如果最高法院的判决含有不能接受的法律或政治因素,立法机关可能会通过颁布一项新的法律推翻它。但于 WTO 现实运行中,立法机关本身运行不畅。正是因为 WTO 立法谈判功能受阻,WTO 作为一个政府间国际组织机构在政治和外交层面上失灵,进而催发上诉机构司法功能在重压之下的不断强化。换言之,WTO 在政治和外交层面上的失灵与其司法功能过分增长的此消彼长关系,使 WTO 从成员方驱动型向司法中心主义演变,WTO 也因此开始遭受越来越多的正当性、合法性质疑。

---

① See Appellate Body Report, *US—Section* 211 *Appropriations Act*, WT/DS176/AB/R, adopted 2 January 2002, para. 339.

② See Appellate Body Report, *US—Stainless Steel* (*Mexico*), WT/DS344/AB/R, adopted 30 April 2008, paras. 128, 130 – 132.

③ See Peter Van den Bossche, "From Afterthought to Centerpiece: The WTO Appellate Body and its Rise to Prominence in the World Trading System", 1 *Maastricht Faculty of Law Working Paper*, 37(2015).

④ See Robert Howse, "the World Trade Organization 20 Years On: Global Governance by Judiciary", 27 *The European Journal of International Law* 9, 5(2016).

2. 争端解决制度目标的减损

DSU 第 3.4 条将 DSB 所追求的价值设定为满意地解决争端(achieving a satisfactory settlement)。何为满意,本质上是争端双方对裁决结果的认同程度问题。然而,鉴于政治性贸易争端中的法律和政治之间的紧张关系,对于败诉方而言,无论 DSB 如何平衡,都很难让其满意。

一方面,申诉方不满意其败诉。统计显示,在 WTO 争端解决中,申诉方的总体胜诉率超过了 80%。其中,申诉方的胜诉率为 81.9%,在专家组的裁决中,在上诉机构的裁决中则为 78.4%。[①] 争端双方胜诉率差距如此之大,形成 DSB 偏向申诉方的现象。对此,有学者从立法角度认为这是 WTO 规则偏见使然,[②]有学者则从司法角度认为这是专家组和上诉机构进行法律解释的申诉方利益取向造成的。[③] 在如此之高的胜诉率背景下,一旦在政治性贸易争端中败诉,申诉方不可避免地将其归咎于其中的政治因素。另一方面,被诉方不满意其败诉。由于政治性贸易争端中被诉方的重大政治利益关切,败诉将对其造成重大利益的损害。败诉方不仅不满意于裁决对其重大利益的损害,还将产生上文所说的对裁决本身正当性的质疑。

事实上,决定争端解决的,不是 DSB 的法律裁决,不是道义压力,而是成员自己的贸易利益需要。[④] 考虑到长远的贸易利益需要,诸多案件的败诉方通过容忍个案的败诉以换取其他成员方对各自败诉裁决的遵守。换言之,并不是所有的案件败诉方都对裁决不满。引起不满的通常是夹杂贸易要素之外的其他要素的案件。例如,政治要素的加入。

3. 裁决遵守的困难

由于政治性贸易争端中政治要素的介入,使裁决结果的满意度降低,并经常导致争端不能得到真正的解决。措施的政治性导致的争端本质上的极端性,即便在条文规定清楚明确的情况下,也难以真正地解决争端。

---

① See John Matonand Carolyn Maton, "Independence under Fire: Extra-Legal Pressures and Coalition Building in WTO Dispute Settlement", 10 *J. INT' L ECON. L.* 317, 328 (2007).

② See Juscelino F. Colares, "A Theory of WTO Adjudication: From Empirical Analysis to Biased Rule Development", 42 *Vanderbilt Journal of Transnational Law* 383, 2009.

③ 参见陈儒丹:《WTO 法律解释的申诉方利益取向》,载《现代法学》2013 年第 5 期。

④ 参见韩立余:《既往不咎——WTO 争端解决机制研究》,北京大学出版社 2009 年版,第 46 页。

从对已决案件裁决的遵守和执行情况看,虽然大部分裁决都得到了较好的遵守和执行,但也有案件受到了抵触。例如,美国在补偿法案(伯德修正案)中败诉后,拒不遵守和执行 DSB 的裁决结果,仍然维持被诉措施。[①]还有一些案件,案件似乎通过裁决得以终结,但问题依然存在。例如,DSB 尽管对 301 条款案作出了裁决,但 301 条款问题依然存在,并在当前死灰复燃。然而,DSB 受到制度抑制,只能从 WTO 法律层面寻求解决之道。就政治性贸易争端而言,由于争端本质的极端性,无论对条文的解释如何巧妙,或者 DSB 报告的推理如何正确以及如何合乎逻辑,机械地适用法律并不能真正地解决争端,并会因此导致不遵守裁决风险的加剧。

四、DSM 改革:现实主义的理性回归

(一)DSB:崇尚司法克制

笔者认为,对于政治性贸易争端,DSB 应当保持足够的裁判理性,尽量秉持克制态度而避免积极介入,从而最大限度地维系 WTO 规则所体现并追求的利益平衡。

1. 秉持消极美德的裁判策略

毕克尔认为,以始终作出裁决的某种义务为前提而提出的解决办法,或者导致操纵性过程,其公正性的内在缺乏会引起自身的问题;或者导致放弃原则,让法院卷入对权宜之计的判断中,成为事后评论者;或者更为常见的是,导致上述两者兼而有之。[②] 然而,这种积极作出裁定的前提义务在毕克尔看来是不正确的。相应地,在法院面临重大利益衡量,特别是政治性争端时,毕克尔提出了一种既存的、却又常常被忽略的司法策略,即消

① Panel Report, *United States—Continued Dumping and Subsidy Offset Act of 2000—Communication from European Union*, WT/DS217/R, WT/DS234/R, adopted 16 September 2002; Appellate Body Report, WT/DS217/AB/R, WT/DS234/AB/R, adopted 16 January 2003; Arbitrator Award, WT/DS217/14, WT/DS234/22, adopted 13 June 2003; Arbitrator Decision, WT/DS217/ARB/BRA, WT/DS217/ARB/CHL, WT/DS217/ARB/EEC, WT/DS217/ARB/IND, WT/DS217/ARB/JPN, WT/DS217/ARB/KOR, adopted 31 August 2004.

② 参见[美]亚历山大·M. 毕克尔:《最小危险部门——政治法庭上的最高法院》(第 2 版),姚中秋译,北京大学出版社 2007 年版,第 200 页。

极美德意义上司法权的行使。

毕克尔所说的消极美德意指在一项裁决对国家而言不够谨慎的时候，就不做出裁决的技巧。[①] 虽然毕克尔是以美国最高法院为对象讨论消极美德的，但这对 DSB 颇具有启发意义。

毕克尔关注到一个经常被忽略的重要事实，即法院行使了三种职能。它可以推翻一项与原则不一致的立法；它可以使与原则相一致的立法合法化；或者它可以这两者都不做。而后者正是它在原则和权宜（expediency）的张力之间维持自己能力的奥秘所在。[②] 基于这种观察，毕克尔敦促法院战略性地使用无为（not doing）的调解技巧，即法院可以不采取任何行动的种种技巧。[③] 通过采取这些技巧，如原告适格、案件成熟度（ripeness）等，法院可以避免或推迟对政府部门就有争议问题所作的决定进行裁判。

不过，毕克尔认为法院所行使的上述三种职能之间存在差异，需要进一步分析。法院无为是一种克制，但什么都不做即意味着做了别的什么。在此意义上，无为，或者说消极美德，只是相对的。相较于第一种职能，即推翻一项立法，无为策略在现实意义上属于次要的裁决；相较于第二种职能，即赋予一项决定合法化，无为的裁决也无关紧要。然而，这并不意味着无为策略不重要。同样属于司法权的行使，重要还是次要应根据其是否可以替代进行判断。实际上，不同职能的行使都处于司法权连续体上的不同点，不同的裁决所产生的分量、影响范围和约束性也不同，其中的一些裁决更接近消极的一端。因此，消极美德，或者说是无为的策略，并非不重要。[④]

司法机关之所以选择无为策略，是因为其缺乏民主正当性（democratic

---

① 参见哈利·威灵顿：《前言》，载［美］亚历山大·M. 毕克尔：《最小危险部门——政治法庭上的最高法院》（第 2 版），姚中秋译，北京大学出版社 2007 年版，《前言》第 2 页。

② 参见［美］亚历山大·M. 毕克尔：《最小危险部门——政治法庭上的最高法院》（第 2 版），姚中秋译，北京大学出版社 2007 年版，第 72 页。

③ ［美］亚历山大·M. 毕克尔：《最小危险部门——政治法庭上的最高法院》（第 2 版），姚中秋译，北京大学出版社 2007 年版，第 73、119 页。

④ ［美］亚历山大·M. 毕克尔：《最小危险部门——政治法庭上的最高法院》（第 2 版），姚中秋译，北京大学出版社 2007 年版，第 217～218、224～225 页。

legitimacy)。司法审查不可回避的一个根本性难题是司法审查本身是体制中的一股反多数主义(counter-majoritarian)的力量。例如,当最高法院宣布立法机构通过的一部法案或选举产生的总统的某些行动违宪的时候,它妨碍了真实的、此时此地的人民所选出的代表们的意志;它行使了控制权,但却不是为了占据优势的多数的利益,而是与之唱对台戏。[①] 相比于立法机关和行政机关,司法机关缺乏民主正当性,因而其必须战略性地部署并节俭地使用其有限的政治资本,在解决高度有争议的、政治化的问题时保持司法谨慎。此外,消极美德和无为策略的运用,不仅能够使司法机关保存其稀缺的政治资本,更有助于维持司法机关自身的正当性和影响力。

类似地,在 WTO 背景下,专家组和上诉机构作为准司法机构同样缺乏民主正当性。因而,在解决高度有争议的、政治化的问题时应保持司法谨慎。事实上,DSB 的能动性裁决早已,并一直随着正当性质疑。因此,对于争议较大的、极端性的政治性贸易争端,WTO 专家组和上诉机构应秉持消极美德,采用无为策略谨慎地解决,以此增强其裁判的正当性和有效性。对于如何运用消极美德问题,毕克尔提出法院应重视回避技术。在 WTO 的争端解决实践中,毕克尔所描述的一些回避技术已得到运用。

2. 避免政治性的是非判断

对于一些争议太大或者似乎不必要、不恰当作出判决的案件,法院通常采用回避技术。在英美法系国家,司法的回避技术通常与测试和限制案件的可裁判边界相关。例如,在英国法院,外交事务与国际公法相关的主张便事关案件的可裁判性,这些主张涉及政治决定、外国的国家行为和交易、公然违反国际法基本规则、国际法的解释、外交和国际关系、国防以及国家安全。[②] WTO 中也存在这样一些问题,即提交于 DSB 的措施不宜由司法类的机构作出评价,可谓是“不可裁判的”,或者无论对文本作何种解

---

① 参见[美]亚历山大 · M. 毕克尔:《最小危险部门——政治法庭上的最高法院》(第 2 版),姚中秋译,北京大学出版社 2007 年版,第 17 页。

② See Dominic McGoldrick, “The Boundaries of Justiciability”, 59 *International and Comparative Law Quarterly* 981,990 – 1014 (2010).

释,都有可能产生大量难以解决的政治或外交后果。[①] 实际上,一些回避技术在 WTO 成案中已有所涉及。

例如,在程序上,申诉方适格或者法律利益的要求是国内法院和 ICJ 法庭经常采用的一种回避技巧。但在 WTO 争端解决实践中,专家组和上诉机构拒绝采用这种回避技巧。在欧共体香蕉Ⅲ案中,欧共体认为,由于美国与欧共体之间没有进行香蕉贸易,因而与香蕉的货物贸易相关的美国主张不具有法律利益,专家组应该拒绝就此作出裁决。[②] 专家组指出,DSU 并没有明确要求成员方提起申诉必须以具有法律利益作为先决条件。专家组还指出,美国的确生产香蕉。即使美国没有潜在的出口利益,其国内香蕉市场也可能受到欧共体香蕉制度国际供应和价格的影响。在专家组看来,在确保其他成员方遵守 WTO 义务问题上所有成员方都有法律利益。因此,潜在的贸易利益以及成员方根据不同的 WTO 协定确定其权利和义务的利益都足以满足申诉方适格或者法律利益的要求。与此案类似,在韩国乳制品案中,韩国认为申诉方欧共体就该案具有很少或没有经济利益,所以不应成立专家组。[③] 专家组援引了欧共体香蕉Ⅲ案中上诉机构的认定,即成员方申诉无须具有“法律利益”,并认为 DSU 并不要求申诉方必须具有“经济利益”。[④] 此处的援引表明,申诉方具有法律利益就具有提起申诉的资格,不需具备经济利益。然而,尽管 DSU 并未将申诉方适格或者法律利益的要求纳入其中,已有的案件也不支持这种回避技巧,但欧共体香蕉Ⅲ案的上诉机构在认定美国是适格的申诉方之后评论认为,上诉机构在该案中所考虑的与申诉方适格或者法律利益相关的一个或多个要素在其他案件中必然是消极的。[⑤] 这意味着申诉方适格或者法律利益的要求对未来案件仍然是开放的。

---

① 参见[美]约翰·H. 杰克逊:《国家主权与 WTO:变化中的国际法基础》,赵龙跃等译,社会科学文献出版社 2009 年版,第 202 页。

② Panel Report, *EC—Bananas* Ⅲ, WT/DS27/R/USA, adopted 22 May 1997, para. 2. 21.

③ Panel Report, *Korea—Dairy*, WT/DS98/R, adopted 21 June 1999, paras. 4. 1 – 4. 2.

④ Panel Report, *Korea—Dairy*, WT/DS98/R, adopted 21 June 1999, para. 7. 13.

⑤ Appellate Body Report, *EC—Bananas* Ⅲ, WT/DS27/AB/R/USA, adopted 9 September 1997, para. 138.

对于实质问题的审查,在申诉方提出一项措施违反了多个涵盖协定条款的情况下,司法经济经常作为一个回避争议的技术被专家组采用。在这种情况下,专家组一般只对解决问题所必需的问题作出裁决。如果一项措施被发现违反了涵盖协定的某项规定,专家组通常将不再考虑其是否违反了其他规定。美国羊毛衫案(*US—Wool Shirts and Blouses*,DS33)的专家组就采取了这种司法经济技术,并得到了上诉机构的认可。[①] 在美国铅铋Ⅱ案中,上诉机构认为,司法经济原则允许专家组对进一步的主张拒绝进行裁决。[②] 加拿大汽车案(*Canada—Autos*,DS139、DS142)的上诉机构则为透明和公平起见,要求专家组适用司法经济原则作出拒绝时必须明确。[③] 此外,专家组适用司法经济原则并非一种绝对的自由裁量,其适用必须与 DSU 第 3. 7 条所规定的 DSM 的目标相一致,即"确保争端的积极解决"。因此,澳大利亚三文鱼案的上诉机构警告说,只解决部分问题将是对司法经济的错误适用。专家组必须处理所有有必要作出裁决的诉请,以便 DSB 能够作出足够精确的建议。[④]

然而,DSB 对于一些回避技术的使用在不同的案件中并不一致,如无审判价值原则,即法院不得对没有审判意义和价值的案件进行审查。如果一项法令已被废除,对该法令的挑战即被认为无审判价值。在美国汽油案中,巴西和委内瑞拉提出美国汽油措施中的"75% 规则"违反 GATT 1994 第 1 条。美国回应指出,该规则在其规定期限内并没有适用于任何一个进口商。委内瑞拉认为,"75% 规则"的存在本身就可能对商业和投资决策产生抑制作用,其未来应用的可能性足以构成对第 1 条的违反。巴西补充提出,对"75% 规则"作出明确裁决是必要的,这是因为该规则将阻碍各国

---

① Appellate Body Report, *US—Wool Shirts and Blouses*, WT/DS33/AB/R, adopted 25 April 1997, pp. 17 – 18.

② Appellate Body Report, *US—Lead and Bismuth* Ⅱ, WT/DS138/AB/R, adopted 10 May 2000, para. 71.

③ Appellate Body Report, *Canada—Autos*, WT/DS139/AB/R, WT/DS142/AB/R, adopted 31 May 2000, para. 117.

④ Appellate Body Report, *Australia—Salmon*, WT/DS18/AB/R, adopted 20 October 1998, para. 223.

对未来标准的设计。因此,申诉方认为规则未适用之事实并不能阻止专家组对它的裁决。[①] 专家组则拒绝考虑巴西和委内瑞拉的主张,理由是"75%规则"已经过了有效期,也没有迹象表明有可能被更新。[②] 然而,在后来的美国羊毛衫案中,在美国宣布将撤销受到挑战的保障措施的情况下,印度要求专家组继续工作并完成综合报告,专家组最终还是发布了报告。[③] 在阿根廷纺织品和服装案中,在专家组报告发布后、上诉机构报告发布前,阿根廷修改了其被挑战的税收措施,将统计税从3%降至0.5%,但上诉机构并未考虑有无审判价值问题,并对该措施作出裁定。[④] 此后,在印尼汽车案中,印度尼西亚要求专家组不要对其申明废止的措施进行裁决。但申诉方质疑其是否有效废止,专家组最终决定对这项措施进行裁决。[⑤] 可见,在被挑战措施修改或被撤销之后,对于是否适用无审判价值原则驳回案件问题,专家组和上诉机构在这些案件中的处理并不一致。

除了以上回避技术外,威廉·戴维教授认为,WTO所涉及的回避技术还包括案件成熟度、穷尽救济、政治和司法平衡、真伪不明、职权范围以及审查范围等。[⑥] 具体分为四类:一是对申诉方的限制,包括申诉方适格或者法律利益的要求;二是诉讼时限的限制,包括无审判价值以及案件成熟度;三是不适合司法审议的诉讼分类,包括政治问题以及案情不清(non liquet);四是司法经济的适用。例如,职权范围的严格解释,仅解决必要的问题等。[⑦]

---

① Panel Report, *US—Gasoline*, adopted 29 January 1996, paras. 3. 8 – 3. 10.

② Panel Report, *US—Gasoline*, adopted 29 January 1996, paras. 6. 18 – 6. 19.

③ Appellate Body Report, *US—Wool Shirts and Blouses*, WT/DS33/AB/R, adopted 25 April 1997, p. 2.

④ Appellate Body Report, *Argentina—Textiles and Apparel*, WT/DS56/AB/R, adopted 27 March 1998, para. 64, fn. 49.

⑤ Panel Report, *Indonesia—Autos*, WT/DS54/R, WT/DS55/R, WT/DS59/R, WT/DS64/R, adopted 2 July 1998, para. 14. 9.

⑥ 参见[美]约翰·H. 杰克逊:《国家主权与WTO:变化中的国际法基础》,赵龙跃等译,社会科学文献出版社2009年版,第202页。

⑦ William J. Davey, Has the WTO Dispute Settlement System Exceeded Its Authority? A Consideration of Deference Shown by the System to Member Government Decisions and Its Use of Issue-Avoidance Techniques, 4 *JIEL* 79, 96 – 110 (2001).

(二)政治性争端中回避技术的适用

为了防止争端不能友好地解决,争端方将争端提交仲裁。[①] 就政治性贸易争端而言,鉴于 WTO 的强制管辖,争端方将其诉诸 WTO 的结果则是在 DSB 与争端双方之间形成了一种直接而积极的关系。在不得不处理的情况下,DSB 应当在守住仅对贸易问题作出判断的权力边界的同时,秉持消极美德,避免深度卷入争端而作出可能影响政治问题的判断,不踏入政治的灌木丛中。[②]

1. 成案适用示例

WTO 法与 RTAs 之间的冲突问题,如前所述,不仅是 WTO 中的一个重要的体制性问题,也被视为是一起政治性贸易争端。在土耳其纺织品案中,这一问题具化为土耳其与欧盟之间的关税同盟是否与 GATT 1994 第 24 条相符之问题。专家组指出,WTO 区域贸易协定委员会成立的一个目的就是评估成员方缔结的 RTAs 与 GATT/WTO 的兼容性。兼容性问题涉及对每一个诸如此类的 RTAs 的多边评估,即是一个涉及 WTO 成员整体的问题,因此它本身是一个一般性地属于区域贸易协定委员会要解决的问题。[③] 进而,专家组认为关税同盟与 WTO 的相符性问题不是该案中必须要解决的问题,从而适用了司法经济原则。上诉机构则认为,判断土耳其和欧盟之间的协议是否是 GATT 1994 第 24 条意义上的关税同盟是分析的第一步,[④]但专家组在此适用了司法经济原则,这一问题也没有被提起上诉,因而上诉机构也不予讨论。可见,对于该兼容性问题解决的必要性,上诉机构与专家组存有分歧。

问题是,专家组对于此问题是否有权解决,即专家组之所以作出此无必要之认定,是否因为专家组无权解决。尽管专家组认为,该兼容性

---

① See Hersch Lauterpacht, *the Function of Law in the International Law*, Clarendon Press, 1933, p. 8.

② 参见[美]亚历山大·M. 毕克尔:《最小危险部门——政治法庭上的最高法院》(第2版),姚中秋译,北京大学出版社 2007 年版,第 207 页。

③ Panel Report, *Turkey—Textiles*, WT/DS34/R, adopted 31 May 1999, paras. 9. 52.

④ Appellate Body Report, *Turkey—Textiles*, WT/DS34/AB/R, adopted 22 October 1999, paras. 46, 59.

问题“一般性”地属于区域贸易协定委员会要解决的问题,但在具体案件中,这并不意味着专家组就无权解决。《关于解释 1994 年关税与贸易总协定第 24 条的谅解》关于争端解决的第 12 段规定,因适用第 24 条有关关税同盟的规定而产生的“任何事项”,DSB 都有权审查。据此,在此具体案件中,专家组有权解决该兼容性问题。可见,专家组以其与区域贸易协定委员职权不同为由而对该问题不予考虑,并不能得到文本的支持。

此外,这种职权不同论在印度数量限制案中被上诉机构予以否定。在该案中,印度认为,该案专家组的裁决没有尊重 WTO 协定的相关条款所反映的机构平衡(institutional balance)。也就是说,在国际收支平衡问题上,作为政治机构的 WTO 收支平衡委员会和总理事会与作为裁判机构的专家组各司其职,印度认为专家组超出了其 GATT 1994 第 18(B)条所赋予的权限。[①] 该案专家组认为,其裁决已经考虑到专家组和收支平衡委员会具有不同的功能,它既没有代替收支委员,也没有忽视收支委员会和总理事会的决定。[②]《1994 年关税与贸易总协定关于国际收支条款的谅解》注释 1 规定:“以国际收支平衡为目的实施的限制性进口措施所产生的任何事项”,可援引 DSU 的相关规定。印度注意到该条注释中的“实施”一词,认为专家组可以审查一项具体的国际收支平衡措施是否以与 WTO 协定相符的方式“实施”,但其无权审查根据 GATT 1994 第 18(B)条所取得的总体“证成性”(justification),[③]后者应当是收支委员和总理事会的职权。但上诉机构否定了印度对注释 1 所作的上述解释,认为专家组有权裁决注释 1 中所说的“任何事项”,包括“实施”问题和“证成性”问题。[④] 在

---

① Appellate Body Report, *India—Quantitative Restrictions*, adopted 23 August 1999, WT/DS90/AB/R, para. 80.

② Panel Report, *India—Quantitative Restrictions*, adopted 6April 1999, WT/DS90/R, para. 5. 114.

③ Appellate Body Report, *India—Quantitative Restrictions*, adopted 23 August 1999, WT/DS90/AB/R, para. 89.

④ Appellate Body Report, *India—Quantitative Restrictions*, adopted 23 August 1999, WT/DS90/AB/R, paras. 90 – 109.

审查“证成性”问题时,专家组应考虑收支平衡委员会的审议和结论,二者的职权并不冲突。[①]

综上可见,在专家组和上诉机构与 WTO 其他政治机构具有不同的职权已是共识的前提下,印度数量限制案的专家组和上诉机构确认其有职权处理《1994 年关税与贸易总协定关于国际收支条款的谅解》注释 1 所规定的“任何事项”,但土耳其纺织品案的专家组却无视《关于解释 1994 年关税与贸易总协定第 24 条的谅解》第 12 段关于“任何事项”的规定,对该案上诉机构看来有必要第一步就应解决的问题推诿而不予裁判。有权解决却推诿不予解决,这实际上是专家组对棘手的政治问题采取了无为策略,作出了回避决定。但此处的回避在方法论上具有重要意义:在策略选择上,专家组秉持消极美德,采取了无为策略;在技术手段上,回避对复杂的、争议较大的问题作出判断,通过解决其他相对简单的问题来解决争端;在基本目标上,确保成员方遵守其 WTO 义务,从而使争端得以解决。

上述两个案件的处理并没有不适当的限制涉案成员方政府的自由裁量权,[②]较好地解决了争端。正如美国羊毛衫案中上诉机构所指出,争端解决的目的不是造法,而是解决争端。[③] 在此意义上,对于政治性贸易争端,专家组和上诉机构应秉持消极美德,采取无为策略,适用回避技术予以解决。在具体的技术处理上,土耳其纺织品案的专家组回避重大争议问题的处理方式可供后来案件参考。

2. 在审争端的可能适用

由于 WTO 对成员方之间的争端具有强制管辖权,WTO 规则体现了“全方位影响”(all-affecting)的特征,这意味着即使是在贸易方面的影响相对有限的争端也可以提交至 WTO,如在贸易方面产生相对影响的人权

---

① Appellate Body Report, *India—Quantitative Restrictions*, adopted 23 August 1999, WT/DS90/AB/R, para. 103.

② William J. Davey, Has the WTO Dispute Settlement System Exceeded Its Authority? A Consideration of Deference Shown by the System to Member Government Decisions and Its Use of Issue-Avoidance Techniques, 4 *JIEL* 79, 88(2001).

③ Appellate Body Report, *US—Wool Shirts and Blouses*, WT/DS33/AB/R, adopted 25 April 1997, p. 19.

争端、公海捕鱼争端或领土边界争端等。[1] 当前发生的“卡塔尔经济封锁案”以及“中国市场经济地位案”就是因为对贸易产生了限制，即便本质上乃是因为政治问题所引起，仍然被诉至 WTO。

（1）“卡塔尔经济封锁案”

卡塔尔申诉案之所以发生，乃是因为断绝外交关系这一种典型的政治争端引发了贸易限制。巴林、沙特阿拉伯以及阿联酋所实施的关闭边境的经济孤立行为，尽管是为了配合政治争端而采取的手段，但对卡塔尔的货物和服务贸易产生了限制，便具备了可被诉至 WTO 的要素。

这种因政治争端而被诉至 WTO 的案件之前也曾发生过。1986 年 8 月洪都拉斯和哥伦比亚签署了《加勒比海海洋划界条约》，2000 年 2 月尼加拉瓜通知 WTO，认为该条约侵犯了尼加拉瓜在加勒比海的主权，因此援引 GATT 和 GATS 的安全例外条款对来自两国的产品采取限制措施。[2] 在此之前，尼加拉瓜于 1999 年已将洪都拉斯诉至 ICJ，请求 ICJ 对双方之间的领土和海洋争端作出裁决，ICJ 则于 2007 年作出了裁决。[3] 可见，尼加拉瓜所采取的贸易限制措施乃是为实现其涉及领土边界政治目的而采取的手段。但因为该手段产生了限制贸易的效果，哥伦比亚和洪都拉斯先后在 DSB 向尼加拉瓜提出磋商请求。[4] 值得注意的是，洪都拉斯一边将案件诉至 WTO，一边却在 WTO 争端解决会议上申明，这种海事限制不属于 WTO 的职权范围，应当由 ICJ 这样的机构处理。[5] 尽管该案的专家组没有设立，但此案的发生和发展以及洪都拉斯在此案中的言行传达了这样一些信息：第一，与贸易限制有关的政治争端可诉至 WTO，WTO 将行使强制管

---

① See Joost Pauwelyn, "The Role of Public International Law in the WTO: How Far Can We Go?", 95 *The American Journal of International Law* 535, 553 (2001).

② Notification from Nicaragua, Notification Pursuant to Article XXI of the GATT 1994 and Article XIV bis of the GATS, S/C/N/115; G/C/4, 21 February 2000.

③ Territorial and Maritime Dispute between Nicaragua and Honduras in the Caribbean Sea (*Nicaragua v. Honduras*), Judgment, I. C. J. Reports 2007, pp. 659 – 764.

④ Request for Consultations by Colombia, Nicaragua-Measures Affecting Imports from Honduras and Colombia, WT/DS188/1, 20 January 2000; Request for Consultations by Honduras, WT/DS201/1; G/L/387; S/L/85, 13 June 2000.

⑤ Dispute Settlement Body, Minutes of Meeting, WT/DSB/M/78, 12 May 2000, para. 61.

辖权;第二,这类案件本身可能并不适合WTO审查;第三,即便申诉方认识到第二点,但仍然认为有必要诉诸WTO;第四,案件没有进入裁决阶段为将来类似案件的进入提供了丰富的空间。

"卡塔尔经济封锁案"就是这样的后来者。尽管该案可能并不适合WTO审查,但卡塔尔仍然认为有必要诉诸WTO。尽管这类争端本质上是政治争端,但DSB却不能以政治为由直接拒绝审查,因其不能实现争端解决的基本目标,即为多边贸易系统提供安全和可预见性。

在不得不审查的情况下,专家组和上诉机构应秉持消极美德,适用无为战略,目的是"不踏入政治的灌木丛中"。在具体处理上,考虑到被诉方将援引GATT 1994与GATS的安全例外条款作为抗辩理由,专家组和上诉机构可对相关例外条款第1(b)条中的"其认为"赋予更多的权重,即被诉三国认为必要的措施即是符合安全例外条款的措施。通过对"其认为"的解释,给予被诉三国援引安全例外以相当大的自由裁量权,DSB遵从了被诉三国的决定,可避免卷入政治旋涡之中。需要注意的是,对"其认为"的解释要适用标准的条约解释方法,以防止滥用。①

(2)有关中国"市场经济地位"问题

中国《宪法》总纲第15条第1款规定:"国家实行社会主义市场经济。"像中国这样在宪法中规定经济体制的国家在世界范围内并不少见。有学者对129个国家的宪法规定作了统计,发现约30%规定了经济体制,其中,亚洲45国的36%、欧洲44国的43%以及美洲35国的34%都作了规定。② 作为政治文件的宪法,政治性是其本体性的重要体现,③在此意义上,经济体制对于这些国家而言无不属于政治问题。

争议较大的问题可能在于第15条中"社会主义"之规定。美国和欧盟之所以不承认中国实行的是市场经济,即在于中国的市场经济是"社会主

① William J. Davey, Has the WTO Dispute Settlement System Exceeded Its Authority? A Consideration of Deference Shown by the System to Member Government Decisions and Its Use of Issue-Avoidance Techniques, 4 *JIEL* 79, 105 (2001).

② 参见李响:《我国宪法经济制度规定的重新审视》,载《法学家》2016年第2期。

③ 参见范进学、张玉洁:《宪法本体性:政治性、规范性抑或解释性?》,载《苏州大学学报》(哲学社会科学版)2011年第3期。

义”的,而非美欧的市场经济标准。这种以意识形态划界、以自身的标准为标准衡量他国的做法本身就无国际法基础。更重要的是,意识形态之争本身就是一个显著的政治问题。

如果上述分析是正确的,对 DSB 而言,判断中国是否实行市场经济问题便是一个政治问题,因而应尽力回避。但回避的技术应不同于“卡塔尔经济封锁案”的方法,即不能以遵从被申诉方的决定为导向。两案的不同在于,“卡塔尔经济封锁案”被诉措施本身是贸易措施,其政治性在于它是外交争端的制裁手段,而“中国市场经济地位案”的被诉措施本身即是政治问题与贸易手段的混合,即美欧所采取的反倾销计算方法乃是基于视中国为非市场经济这一政治判断。鉴于二者之不同,如果 DSB 采取“卡塔尔经济封锁案”的遵从式回避方法,结果则是认可中国是非市场经济这一基础判断,从而踏入了“政治的灌木丛中”,这与回避的初衷相悖。

一种可行的裁判策略是回避这一争议较大的政治问题,通过解决其他相对简单的问题来解决争端,如前述土耳其纺织品案专家组的做法。再如欧洲法院在爱尔兰未出生儿童保护协会诉格罗根等案中的处理方法。在该案中,欧洲法院认为爱尔兰是否能够管理堕胎的问题超出了其权限,而只对爱尔兰是否能够阻止安尔兰公民前往欧盟其他成员国堕胎这一更狭隘的问题作出裁决。① 欧洲法院在考虑这一有争议问题时明显地进行了克制。② 无论是 WTO 还是欧洲法院的这些裁定,都有效地解决了争端,并且也没有因此而给自身带来损害。故而,如果未来美国有关价格比较方法措施案需要作出裁决,则 WTO 裁决机构应当采取这种策略。

此外,关于“卡塔尔经济封锁案”和“中国市场经济地位案”的回避技术,除了前述所提及的以外,其他回避技术同样可以在适当的情况下予以适用。例如,在被诉方修改措施的情况下可以适用无审判价值原则,也可以如土耳其纺织品案的专家组那样适用司法经济原则。

---

① Case C－159/90, Society for the Protection of Unborn Children Ireland v. Grogan and Others, E. C. J. Judgment, 4 October 1991, pp. I－4741.

② See Laurence R. Helfer & Anne－Marie Slaughter, “Toward a Theory of Effective Supranational Adjudication”, 107 *Yale Law Journal* 273, 316 (1997).

综上所述,尽管法律争端和政治争端已不再是 ICJ 法庭区分案件可裁判性的标准,但这一区分仍适用于在国家间的政治交往中,并对 ICJ 法庭的案件裁决产生影响。对于政治性争端的处理,无论是 DSB,还是其他 ICJ 法庭,都应秉持消极美德,采取无为策略,适用合适的回避技术。

(三)成员方:降低对于裁决的过高期待

DSM 是一个解决贸易争端的机制,成员方期待其能对贸易纠纷提供高度专业化的解决方案本无可厚非。作为"皇冠上的明珠",DSB 为成员方的贸易提供安全性和可预测性作出了重要贡献,其裁判权威因而也被广为接受。由此导致成员方对其解决争端贸易纠纷的功能超乎寻常的依赖。之所以说超乎寻常,是因为没有一个解决国家间争端的国际法院、法庭能做到像 DSB 一样,在短短 20 多年中管辖了 590 多起案件,这些案件又有如此众多的成员参与,不仅当事方,还有第三方;同时,参与各方希望由 DSB 对这些涉及主权国家之间的重大政策、法律、道德,乃至人权等方方面面的是非曲直予以裁断。

过度期待使 DSB 不堪重负。例如,案件多和资源少的矛盾所导致的审限超期问题已成为一个迫切需要解决的历史顽疾。但更重要的是,一些成员方将其他领域难以解决或解决不了的问题提交至 DSB,意图通过贸易法庭解决其他诸如政治、环境、人权以及文化等与贸易冲突的其他价值问题。例如,前述的卡塔尔案就是一起在外交场合未能解决的政治争端提交至 DSB 的政治性贸易争端。这种期望通过贸易法庭帮助解决政治争端的做法,体现了成员方对 DSB 的过分期许。

因此,对于 WTO 成员来说,客观评估 DSM 的作用,当某一争端发生时,成员方首先确定这个争端能否通过 DSM 得到解决;[①]或在程序过程中,更多利用磋商、和解等平和方式解决;或至少减少对 DSB 不适当的要求和指责,才是维护多边体制的负责态度。

---

① WTO,WTO Sets up Panel to Review UAE Measures on Goods, Services, IP Rights, WTO News, 22 November 2017, available at https://www.wto.org/english/news_e/news17_e/dsb_22nov17_e.htm.

第四节　中国的战略定位与务实选择

中国已经深刻地融入国际社会和国际经济法律体制,作为发展中的新兴大国,在国际秩序深刻调整和国际体制重大变革的关键时期,其作为无论是对于自身还是整个国际社会都具有极其重要的意义。

一、合作、包容的战略定位

如前所述,经济问题与政治问题在国际层面常常交织在一起,国际经济法律体制的构建需要以合适的政治战略目标为基础。当前,中美两国作为国际社会具有相当影响力的成员存在战略定位的显著差异:美国定位于自身优先的战略立场,退出或威胁退出了一系列重要的国际组织或条约,在全球范围大打贸易战;针对中国,更是不断升级经济体制和意识形态的直接对抗。例如,美与欧日接连发布 7 项联合声明剑指“非市场经济”问题,特朗普在第 73 届联合国大会讲话上强调“抵制社会主义和共产主义”,[①]USMCA 中“毒丸条款”的置入,[②]以及滥用国家力量对华为等中国科技企业进行全方位打压等,充分暴露了美国利益至上的霸权逻辑和继续沿袭东西分裂的斗争

---

① 参见美国驻华大使馆和领事馆:《特朗普总统在第 73 届联合国大会发表讲话》。载 https://china. usembassy-china. org. cn/zh/remarks-by-president-trump-to-the – 73rd-session-of-the-united-nations-general-assembly-new-york-ny/?from = timeline&isappinstalled = 0,最后访问日期:2018 年 10 月 13 日。

② 该协定是重启《北美自由贸易协定》(NAFTA)谈判的成果,于 2018 年 9 月 30 日最终达成。其中第 32 章“例外与一般条款”之第 10 条“非市场经济国家自由贸易协定”,规定任一缔约方与非市场经济国家谈判自贸协定,应提交通知并将条文提交其他缔约方,其他缔约方可以在 6 个月内自由退出现有协定。美国商务部长罗斯在新闻发布会上称,这是旨在阻止与中国达成贸易协定的“毒丸”(poison pill)条款,将在未来美国与诸如日本、欧盟等国家或地区达成的贸易协定中被复制。参见路透中文国际新闻组编译:《独家新闻:美国商务部长罗斯称美墨加贸易协定中的反华条款可能被复制》,载 http://www. jintiankansha. me/t/tzfSJVqtz6,最后访问日期:2018 年 10 月 7 日。根据 USTR 4 月 24 日的发布,UCMCA 将在美国完成国内最后程序后于 2020 年 7 月 1 日生效,载 https://ustr. gov/about-us/policy-offices/press-office/press-releases/2020/april/usmca-enter-force-july – 1 – after-united-states-takes-final-procedural-steps-implementation,最后访问日期:2020 年 5 月 8 日。

思维。与之不同,中国提出了构建“人类命运共同体”的重要思想,并将其作为推动全球治理体系变革、构建新型国际关系和国际新秩序的共同价值规范;[①]党的十九大报告提出的“共商共建共享的全球治理观”是中国积极参与国际经济法律体制变革和建设的基本理念和主张,而“一带一路”倡议、亚投行建设等一系列创新、务实举措,都彰显出中国作为多边合作与国际法治建设的维护者、支持者和践行者,为构建更加公平、合理与包容的国际社会的坚定立场。

二、积极、有效的话语表达

就国际经济大背景而言,国际经济法律体制中的成员结构正在发生显著变化,由此引发全球治理模式和内容的变革,中国应当结合自身的政治战略,在其中发挥更大的话语作用。就处于风口浪尖中的 WTO 改革来说,体制性问题是重点和难点,中国除应秉承 WTO 自由贸易、规则导向的核心价值、发展中国家的正当合法权益和协商一致精神这些基本立场[②]外,还应当在改革的具体内容和实施方法上更积极参与并提出自己的方案。笔者认为,可以从应急事项到规则、体制革新等几方面确定具体内容。

1. 应急事项处理:启动上诉机构成员遴选与 DSU 程序规则修正同步实施

毫无疑问,启动上诉机构成员遴选是当下最急迫的事项,也是 WTO 能否起死回生的关键。根据现有协商一致规则,似乎没有美国的首肯就是不可行的,但危机时刻反常态思路和勇气尤显重要。鉴于上诉机构对于整个 WTO 体制的重要性,也鉴于除美国外的其他成员的共识和愿望,中国可联合其他成员一起设立由最大数量成员加入的临时上诉机制作为现有上诉机构之替代,此种方式已有各方面的理论论证。[③] 如前所述,中国、欧

① 参见习近平总书记在中国共产党第十九次全国代表大会上所作报告的第十二部分“坚持和平发展道路,推动构建人类命运共同体”。

② 参见《王毅谈国际贸易体系改革:应坚持三个“不能丢”》,载 https://baijiahao.baidu.com/s?id=1611588938106442052&wfr=spider&for=pc,最后访问日期:2019 年 6 月 30 日。

③ 参见石静霞:《世界贸易组织上诉机构的危机与改革》,载《法商研究》2019 年第 3 期。

盟和加拿大等 WTO 成员方共同建立的 MPIA 已开始生效运行。参与方将根据 DSU 第 25 条以及依据该条款商定的上诉仲裁程序规则,处理在上诉机构停摆期间,参与方之间提起的上诉争端案件。同时,考虑到相关复杂因素,发起及推进多边方式时应与回应美国关切、DSM 运行相关规则、程序修正同步实施。

2. 从规则到体制的逐步推进

WTO 存在的问题,既有国际组织及体制的共性特点,又有其自身的个性表现;既有规范性瑕疵,又有结构性矛盾,因而其改革绝非一日之功。

就规则层面而言,先程序、后实体。其一,程序规则的补充与修正为增强 WTO 现有各项机制可操作性所必需;其二,程序先行可以有效弥补或解决实体规范不足产生的问题——为实体空白或彼此间冲突提供修正与救济途径,从而最大限度地解决当下及未来可能的制度供给不足问题;其三,相较于实体问题,程序事项的技术性明显且利益指向不太直接,易于达成。

就体制层面而言,变局时期,作为众多国际组织中的一个,WTO 所面临的既有与其他国际组织相似的有效性、正当性和问责性挑战,又有在管理架构、规则制定程序方面不足于其他国际组织的机制缺陷。例如,它没有一个执行机构或管理委员会;没有拥有实权、能确定立法优先事项、倡议新的规则的总干事或是秘书长;没有一个行使职责的立法机构;没有与利益攸关方以及市民社会进行互动的正式机制。在许多方面,它是国际组织中"最不成熟"的。[①] 当下,这种结构性缺陷暴露无遗:其法治功能作用的三个支点——谈判机制(规则制定)、政策评审机制(规则实施及监督)和 DSM(规则适用)——存在严重的结构性、功能性失衡。谈判停滞、监督不足使体制运作压力越来越多地传导并集中于 DSM,直至面临瘫痪。于 WTO"规则导向"体制链中,谈判机制是源头,其规则制定是制度供给的主要来源;政策评审机制则承担着保障体制运转的常态化功能;而争端解决着眼于非常态的争端之救济,即所谓"最后防线",因而位于体制末端。由

---

① 参见[加拿大]黛布拉·斯蒂格:《WTO 制度的改革何以必要》,载[加拿大]黛布拉·斯蒂格主编:《世界贸易组织的制度再设计》,汤蓓译,上海人民出版社 2011 年版,第 8 ~9 页。

此,如果 WTO 改革不立足于源头和常态机制,而简单地等同于 DSM 改革,则无疑本末倒置,注定不会成功。

三、理性、务实地对待"中国问题"

理论与实践中,有一种普遍观点认为,由于中国具有的特殊法律文化和经济模式,其参与国际经济秩序与大多数其他国家存在实质性的差别,因而带来了是否使国际经济秩序发展方向和范式改变的诸多疑虑。① 当前由美国等西方国家挑起且不断升级的有关国际经济法律体制中结构性问题的争议,大部分直接甚至专门指向中国,诸如 WTO 体制下的"非市场经济"所涉特定规则及其适用、"发展中国家身份"的认定标准与待遇等。近期最典型和最直接表明矛盾逐步激化的事件,关于"非市场经济",一是美欧与中国在 WTO 争端案件(DS515、DS516)中有关《中国加入议定书》第 15 条的解释和 WTO 反倾销规则如何适用于所谓"非市场经济"成员问题的争议;二是美欧日在短短一年多时间内,发布了 7 个联合声明,首先就提出"非市场导向的政策和做法"是导致严重产能过剩、造成不公平竞争、阻碍发展和使用创新技术、削弱国际贸易正常运转以及现行规则无效的根源,意图共同研究并推出所谓具备"市场导向条件"的标准,其中有关"国有企业""产业补贴"大部分剑指中国,并将该问题从 WTO 规则层面倾销价格计算的技术性问题上升到多边贸易体制下不同经济制度成员方之间的系统性、结构性冲突。② 关于"发展中国家"身份,除 WTO 相关成员在各种会议或公开场合表达各自不同的主张外,美国 2019 年 1 月 15 日向 WTO 提交了题为《一个无差别的 WTO:自我认定的发展地位威胁体制的有效性》文件,正式就 WTO 长期奉行的允许发展中成员地位自我认定的做法发起挑战,其提出的总理事会决定草案要求取消一大批发展中成员享

---

① See Lisa Toohey et al. , *China in the International Economic Order: New Directions and Changing Paradigms*, Cambridge University Press, 2015, pp. 1 – 76.

② See Lisa Toohey et al. , *China in the International Economic Order: New Directions and Changing Paradigms*, Cambridge University Press, 2015, p. 65.

受 SDT 的权利。[①] 2 月 15 日,中国、印度、南非和委内瑞拉联合向 WTO 提交了针锋相对的《持续支持有关发展中成员的特殊和差别待遇以促进发展和确保包容》的文件,明确提出 SDT 条款是多边贸易体制的重要组成部分,发展中成员地位的自我认定是 WTO 的一项基本规则,已被证明是 WTO 最合适的分类标准,任何其他成员都无权干涉这种自我认定的权利。[②] 2019 年 7 月 26 日,白宫官网发布了《改革 WTO 中发展中国家地位的总统备忘录》,声称美国将投入所有必要的资源并采用一切可能的手段,和其他志同道合的成员一起推进 WTO 改变其发展中成员地位的自我认定及利用该身份享受灵活待遇的做法;如果在该备忘录签署之日起 90 天内未能取得实质性进展,对于其认为缺乏适当经济指标支持的国家,美国则单方面采取诸如拒绝承认其发展中国家地位、纳入黑名单、美国国家安全委员会和国际经济委员会协商采取措施,或不承认在经合组织中的成员资格。[③] 备忘录仍以大量篇幅点名指责中国,而其中的威胁清单,不仅是美国无视多边规则奉行单边主义的又一次明证,更是将 WTO 成员分类这一极具特殊性的具体问题无限上纲到国家安全、WTO 存废等高度。在 USTR 发布的《2020 年贸易政策议程和 2019 年年度报告》中,有关 WTO 改革美国提出的第三项就是发展中国家地位和 SDT 问题。美国认为如果新规则只适用于少数成员,而其他成员根据自称的发展状态获得不必要的 SDT 从而避开这些新规则,那么世界贸易体系将是不可持续的。在先进的经济体作出全面的承诺以前,没有希望就解决这一挑战和促进 WTO 的谈判功能获得进展。[④]

---

① An Undifferentiated WTO: Self-Declared Development Status Risks Institutional Irrelevance, Communication from United States, WT/GC/W/757.

② The Continued Relevance of Special and Differential Treatment in Favour of Developing Members to Promote Development and Ensure Inclusiveness, Communication from China, India, South Africa and The Bolivarian Republic of Venezuela, WT/GC/W/765.

③ Presidential Memoranda, Memorandum on Reforming Developing Country Status in the WTO, https://www.whitehouse.gov/presidential-actions/memorandum-reforming-developing-country-status-world-trade-organization/, 26 July 2019, 最后访问日期:2019 年 8 月 2 日。

④ See Office of the United States Trade Representative, The World Trade Organization at Twenty-Five and U. S. Interests, in 2020 Trade Policy Agenda and 2019 Annual Report of the President of the United States on the Trade Agreements Program.

很显然，上述主张无疑就是美国对于包括 WTO 在内的相关国际经济体制改革的核心要价和主导方案。由此，对于中国而言，无论自身是否愿意，都已经处在当下国际经贸摩擦及体制性危机的焦点地带，其中所涉"中国问题"更是国际经济法律体制变革无法回避且亟待解决的问题，应予理性、务实对待。例如，就 WTO 中的发展中国家身份问题，一方面，WTO 中找不到现成的概念界定，也没有明确、统一的识别标准，因而"迄今为止在国际贸易规则方面，仍属于自我认定的"范畴。[①] 而"自称"或"自选"——由寻求"发展中"地位的国家自己予以主张，是经 77 国集团推动、由联合国贸易与发展委员会通过的普惠制架构下所采用的原则，也受到很多国家及其学者的追捧。这是因为，在理论上，该原则具有正当的假设前提：除非具有善意基础，否则任何国家都不会声称自己为发展中国家；而且，这些善意基础一旦不复存在，此种声称就会被放弃；在实践中，亦有不少国家将该原则纳入国内立法或在双边及多边交往中适用，并由此使发展中国家名录范围逐渐统一。[②] 但同样不可否认的是，"自称"或"自选"带有较大的随意性，[③]也是美国质疑并寻求改变的主要理据。另一方面，笔者认为，在多边贸易体制下，无论是"自称"还是"自选"，都只具有确定主体身份的初始而非最终意义。换言之，成员方有关"发展中国家"身份的自我认定，仅仅构成确立此特殊主体地位的前提条件，并不必然与其能够享有的特殊权利义务——更少的义务与更多的优惠——相等同。中国的情况正是如此。中国加入 WTO 时，"一些工作组成员指出，由于中国经济的巨大规模、快速增长和过渡性质，在确定中国援用发展中国家可使用的过渡期和《建立 WTO 协定》中其他特殊规定的需要方面，应采取务实的方式，应认真考虑和具体处理每个协定和中国的情况。在这方面要强调的是，需要对这种务实的方式进

---

① 参见世界贸易组织秘书处编：《乌拉圭回合协议导读》，索必成、胡盈之译，法律出版社 2001 年版，第 310 页。

② See Kele Onyejekwe, "GATT, Agriculture, and Developing Countries", *Hamline Law Review Fall*, 1993, p. 98.

③ 参见张克文：《关税与贸易总协定及其最惠国待遇制度》，武汉大学出版社 1992 年版，第 197 页。

行调整，以便适应少数几个领域中国加入的特定情况……”[①]因此，在WTO 中，中国的身份地位并不完全是以发展中国家与发达国家的区分标准来对待的，落实到《中国加入议定书》和 WTO 涵盖协定的相关内容即可发现，中国所享受的、属于发展中成员的 SDT 极其有限，相反，却承担了许多前所未有的超 WTO 义务，[②]其义务标准普遍高于其他成员方——既包括发展中成员，也包括发达成员。基于此，中国坚持发展中国家合法权益不能丢的立场不宜与中国自身的主体地位及权利义务标准相混同。

回顾历史，每一种国际秩序都存在自身的内在一致性：在国际秩序形成之初，或许有许多的抉择，但是，任何一种选择均会挤压其他选项的空间；由于愈复杂，愈难保持弹性，因此最初的抉择尤为重要。[③] 在国际经济秩序面临深刻变局的十字路口，就中国当下而言，在应对“与邻为壑”行径的过程中，应当努力寻找人类命运共同体的政治理念与多边主义结合的恰当表达方式，汇合国际社会更多的力量，积极推进既往国际经济法律体制积淀的“规则导向”的国际法治化目标，努力维护多边经济法律体制的价值和制度，为国际经济法律体制摆脱周期性危机并达致新的共识和“一致性”贡献中国智慧与方案。

---

① 参见《中国加入工作组报告》第 9 段。

② 参见秦娅：《“超 WTO 义务”及其对 WTO 法律制度的影响——中国入世议定书评析》，载《国际经济法研究》2006 年第 1 卷。

③ 参见［美］亨利·基辛格：《大外交》，顾淑馨、林添贵译，海南出版社 2012 年版，第 12 页。

参考文献

（一）中文著作

1. 中华人民共和国国务院新闻办公室:《中国与世界贸易组织》,人民出版社2018年版。

2. 黄海东:《世界贸易组织争端解决机制与中国的战略对策》,对外经济贸易大学出版社2016年版。

3. 许崇德主编:《宪法学》,中国人民大学出版社2014年版。

4. 中国人民大学知识产权教学与研究中心、中国人民大学知识产权学院:《十二国专利法》,清华大学出版社2013年版。

5. 曲延英、张磊、冯陆炜:《WTO贸易政策审议机制:功能与运行》,法律出版社2012年版。

6. 石广生主编:《中国加入世界贸易组织知识读本(四)——中国加入世界贸易组织谈判历程》,人民出版社2011年版。

7. 宋和平主编:《多哈回合反倾销和反补贴规则谈判研究》,法律出版社2011年版。

8. 贺小勇等:《WTO法专题研究》,北京大学出版社2010年版。

9. 杨向东:《WTO体制下的国民待遇原则研究》,中国政法大学出版社2008年版。

10. 周鲠生:《国际法》,武汉大学出版社2007年版。

11. 陈力:《国际贸易救济法律制度中的非市场经济规则:以美国欧盟为视角》,上海人民出版社 2007 年版。

12. 彭岳:《贸易补贴的法律规制》,法律出版社 2007 年版。

13. 赵维田、刘敬东:《WTO:解释条约的习惯规则》,湖南科学技术出版社 2006 年版。

14. 赵维田编著:《中国入世议定书条款解读》,湖南科学技术出版社 2006 年版。

15. 屠新泉:《中国在 WTO 中的定位、作用和策略》,对外经贸大学出版社 2005 年版。

16. 纪文华、姜丽勇:《WTO 争端解决规则与中国的实践》,北京大学出版社 2005 年版。

17. 李浩培:《条约法概论》,法律出版社 2003 年版。

18. 贺其治:《国家责任法及案例浅析》,法律出版社 2003 年版。

19. 对外经贸经济合作部进出口公平贸易局:《国外对中国产品反倾销、反补贴、保障措施案例集——美国卷》(第 1 册),中国对外经济贸易出版社 2002 年版。

20. 对外经济贸易合作部国际经贸关系司译:《乌拉圭回合多边贸易谈判结果法律文本》,法律出版社 2000 年版。

21. 李惠宗:《宪法要义》,元照出版有限公司 2001 年版。

22. 赵维田:《世贸组织(WTO)的法律制度》,吉林人民出版社 2000 年版。

23. 汤宗舜:《知识产权的国际保护》,人民法院出版社 1999 年版。

24. 卓泽渊:《法的价值论》,法律出版社 1999 年版。

25. 程燎原、王人博:《权利及其救济》,山东人民出版社 1995 年版。

26. [美]约翰 · H. 巴顿等:《贸易体制的演进:GATT 与 WTO 体制中的政治学、法学和经济学》,廖诗评译,北京大学出版社 2013 年版。

27. [英]J. G. 梅里尔斯:《国际争端解决》(第 5 版),韩秀丽、李燕纹、林蔚等译,法律出版社 2013 年版。

28. 中野刚志:《TPP 亡国论》,孙炳焱译,台北允晨文化实业 2012

年版。

29. [美]约翰·H. 杰克逊:《国家主权与 WTO:变化中的国际法基础》,赵龙跃、左海聪、盛建明译,社会科学文献出版社 2009 年版。

30. [美]塞缪尔·P. 亨廷顿:《变化社会中的政治秩序》,王冠华、刘为等译,上海人民出版社 2008 年版。

31. [美]亚历山大·M. 毕克尔:《最小危险部门——政治法庭上的最高法院》(第 2 版),姚中秋译,北京大学出版社 2007 年版。

32. 阿姆里塔·纳利卡:《权力、政治与 WTO》,陈泰峰、薛荣久译,外语教学与研究出版社 2007 年版。

33. [比]约斯特·鲍威林:《国际公法规则之冲突——WTO 法与其他国际法规则如何联系》,周忠海等译,法律出版社 2005 年版。

34. 彼得·萨瑟兰等:《WTO 的未来:阐释新千年中的体制性挑战》,刘敬东等译,中国财政经济出版社 2005 年版。

35. [美]E. 博登海默:《法理学:法律哲学与法律方法》,邓正来译,中国政法大学出版社 2004 年版。

36. [美]约翰·鲁杰主编:《多边主义》,苏长和等译,浙江人民出版社 2003 年版。

37. [英]霍布斯:《论公民》,应星等译,贵州人民出版社 2004 年版。

38. [美]理查德·A. 波斯纳:《法理学问题》,苏力译,中国政法大学出版社 2002 年版。

39. [日]富田彻男:《市场竞争中的知识产权》,廖正衡等译,商务印书馆 2000 年版。

40. [美]汉斯·凯尔森:《国际法原理》,王铁涯译,华夏出版社 1989 年版。

(二)中文论文

1. 易继明、初萌:《全球专利格局下的中国专利战略》,载《知识产权》2019 年第 8 期。

2. 马一德:《多边贸易、市场规则与技术标准定价》,载《中国社会科学》2019 年第 6 期。

3. 唐世平:《国际秩序变迁与中国的选项》,载《中国社会科学》2019 年第 3 期。

4. 蒋璇芳:《欧盟贸易救济立法修改述评——以 WTO 改革为背景》,载《武大国际法评论》2019 年第 2 期。

5. 封丽霞:《大国变革时代的法治共识——在规则约束与实用导向之间》,载《环球法律评论》2019 年第 2 期。

6. 张向晨、徐清军、王金永:《WTO 改革应关注发展中成员的能力缺失问题》,载《国际经济评论》2019 年第 1 期。

7. 杨国华:《中国贸易反制的国际法依据》,载《经贸法律评论》2019 年第 1 期。

8. 廖诗评:《中美贸易摩擦背景下中国贸易反制措施的国际法依据》,载《经贸法律评论》2019 年第 1 期。

9. 彭岳:《中美贸易战中的安全例外问题》,载《武汉大学学报》(哲学社会科学版)2019 年第 1 期。

10. 彭岳:《一致性解释原则在国际贸易行政案件中的适用》,载《法学研究》2019 年第 1 期。

11. 漆彤、范睿:《WTO 改革背景下发展中国家待遇问题》,载《武汉大学国际法评论》2019 年第 1 期。

12. 周艳云:《美国"232 措施"的合法性问题研究》,东南大学 2019 年博士学位论文。

13. 邓安庆:《国家与正义——兼评霍耐特黑格尔法哲学"再现实化"路径》,载《中国社会科学》2018 年第 10 期。

14. 谭观福:《论美国 232 措施的 WTO 规则依据》,载《中国物价》2018 年第 9 期。

15. 韩逸畴:《中国遵守 WTO 不利裁决的策略及其对国家声誉的影响研究》,载《当代法学》2018 年第 6 期。

16. 彭德雷:《中美技术转让争端的国际法解决路径》,载《环球法律评论》2018 年第 6 期。

17. 彭德雷、周围欢、杨国华:《国际贸易中的"国家安全"审视——基于美国“232 调查”的考察》,载《国际经贸探索》2018 年第 5 期。

18. 朱榄叶:《美国的单边主义行动违反国际法》,载《国际经济法学刊》2018 年第 4 期。

19. 韩立余:《当代单边主义与多边主义的碰撞及其发展前景》,载《国际经济法学刊》2018 年第 4 期。

20. 彭岳:《贸易规制视域下数据隐私保护的冲突与解决》,载《比较法研究》2018 年第 4 期。

21. 王锴、刘犇昊:《宪法总纲条款的性质与效力》,载《法学论坛》2018 年第 3 期。

22. 白明:《“替代国”做法不是世贸组织反倾销规则的一般方法》,载《人民论坛 · 学术前沿》2018 年第 4 期。

23. 范笑迎:《WTO 法解释援引外部国际法的理论与实践批判》,载《安徽大学学报》(哲学社会科学版)2018 年第 2 期。

24. 于文婕:《“一带一路”倡议下中西亚 ISDS 机制解析:二元困境与现实选择》,载《河南师范大学学报》(哲学社会科学版)2018 年第 2 期。

25. 李彦彦:《欧委会反倾销法新提案与 WTO 规则的一致性分析》,载《国际经济法学刊》2018 年第 1 期。

26. 廖诗评:《黎明前的黑暗?——评杨国华教授〈反制措施采取国贸易反制的国际法依据〉》,2018 年国际经济法年会论文。

27. 潘隽吉:《自足的制度和反求诸一般国际法的方法——反制措施采取国对美贸易反措施的法律依据》,2018 年国际经济法年会论文。

28. 杲沈洁:《W - T 比较方法适用于“目标倾销”问题研究——以 WTO 争端解决案件为例》,东南大学 2018 年硕士学位论文。

29. 吴欢欢:《WTO 司法权边界的研究》,苏州大学 2018 年硕士学位论文。

30. 姚铸:《TPP 争端解决机制研究》,西南政法大学 2018 年博士学位论文。

31. 左海聪、林思思:《2016 年后反倾销领域中国(非)市场经济地位问题》,载《法学研究》2017 年第 1 期。

32. 杜明:《WTO 框架下公共道德例外条款的泛化解读及其体系性影响》,载《清华法学》2017 年第 6 期。

33. 雷达、杨连星:《现行国际经济秩序改革困境与全球治理理念的完善》,载《中国人民大学学报》2017 年第 4 期。

34. 肖军、李丹虹:《WTO 目标倾销规则视野下的归零法问题——评韩国洗衣机案》,载《武大国际法评论》2017 年第 4 期。

35. 陈卫东:《中美围绕国有企业的补贴提供者身份之争:以 WTO 相关案例为重点》,载《当代法学》2017 年第 3 期。

36. 赵利:《我国药品专利强制许可制度探析》,载《政法论坛》2017 年第 2 期。

37. 朱广东:《欧盟贸易救济从低征税规则对我国的启示——兼论贸易救济工具叠加使用的合法性》,载《现代经济探讨》2017 年第 1 期。

38. 李洁琼:《国际知识产权制度的当今发展及其对我国的影响》,载《知识产权》2016 年第 12 期。

39. 屠新泉、曹鸿宇:《"市场经济地位"问题与中国应对策略》,载《价格理论与实践》2016 年第 11 期。

40. 吕晓杰:《WTO 补贴制度中环保要素解读与演进式条约解释路径——〈加拿大可再生能源案〉的启示》,载《暨南学报》(哲学社会科学版)2016 年第 9 期。

41. 许多:《TPP 协定争端解决机制文本评析——以 WTO 争端解决机制改革为视角》,载《南京社会科学》2016 年第 8 期。

42. 张内、肖冰:《论〈中国加入 WTO 议定书〉第 15 条"自动终止条款"的法律效应》,载《现代法学》2016 年第 5 期。

43. 李思奇、姚远、屠新泉:《2016 年中国获得"市场经济地位"的前景:美国因素与中国策略》,载《国际贸易问题》2016 年第 3 期。

44. 李响:《我国宪法经济制度规定的重新审视》,载《法学家》2016 年第 2 期。

45. 赵宏:《论世界贸易组织的谈判机制》,载《国际贸易》2016 年第 12 期。

46. 彭岳:《亚洲基础设施投资银行贷款协议法律适用问题前瞻》,载《法商研究》2016 年第 1 期。

47. 徐韬:《论中国入世议定书在 WTO 法律体系中的地位——从“稀土案”展开》,苏州大学 2016 年硕士学位论文。

48. 彭德雷:《2016 年后的“非市场经济地位”——争论、探究与预判》,载《国际贸易问题》2015 年第 6 期。

49. 孙南翔:《论“发展的条约解释”及其在世贸组织争端解决中的适用》,载《环球法律评论》2015 年第 5 期。

50. 冯雪薇:《回顾历史,解剖现实:WTO 体制的瑕疵与漏洞应予重视及修补》,载《国际经济法学刊》2015 年第 3 期。

51. 彭岳:《美国对华产品适用反补贴法中的行政方法与司法方法》,载《北方法学》2015 年第 2 期。

52. 刘敬东:《“市场经济地位”之国际法辨析——〈加入议定书〉与中国“市场经济地位”》,载《国际经济法学刊》2015 年第 1 期。

53. 张乃根:《反思 WTO 法:二十年及未来——兼评“WTO 法是模范国际法”》,载《国际经济法学刊》2015 年第 3 期。

54. 陈咏梅:《“法庭之友”参与 WTO 争端解决程序历史考察述评》,载《武大国际法评论》2014 年第 2 期。

55. 陈咏梅:《国际知识产权协定之间的冲突与协调——以世贸组织和自由贸易区的知识产权协定条款为视角》,载《法商研究》2015 年第 1 期。

56. 刘瑛、杜蕾:《论〈中国入世议定书〉与 WTO 多边贸易协定的关系——从“中国稀土案”上诉机构报告切入》,载《华东政法大学学报》2015 年第 1 期。

57. 刘敬东:《论“加入议定书”在 WTO 法律体系中的定位》,载《国际法研究》2014 年第 2 期。

58. 韩秀丽:《论入世议定书的法律效力——以〈中国入世议定书〉为中心》,载《环球法律评论》2014 年第 2 期。

59. 刘勇:《条约缔结程序与入世议定书法律性质辨析》,载《环球法律评论》2014 年第 2 期。

60. 宋阳、左海聪:《药物专利 vs 公共健康:从冲突到共存》,载《知识产权》2013 年第 7 期。

61. 禾木:《国际裁判中的法律争端与政治争端》,载《中外法学》2013 年第 6 期。

62. 肖冰:《WTO 争端解决中的“中国现象”——中国涉案实证述评》,载《国际经济法学刊》2013 年第 3 期。

63. 彭岳:《论反补贴税适当金额的确定》,载《环球法律评论》2013 年第 4 期。

64. 张燕:《论中国“市场经济地位”之“自动取得”——兼谈〈中国入世议定书〉第 15 条之解读》,载《WTO 法与中国论丛》2013 年卷。

65. 曾晖、黄志雄:《“权力政治”下的“贸易法治”——对 WTO 法律体系的几点反思》,载《武汉大学学报》(哲学社会科学版)2013 年第 3 期。

66. 何隽:《鼓励自主创新是否违背国际规则?——对国民待遇原则的再思考》,载《知识产权》2013 年第 1 期。

67. 徐崇利:《新兴国家崛起与构建国际经济新秩序——以中国的路径选择为视角》,载《中国社会科学》2012 年第 10 期。

68. 白明:《关于美国的目标倾销制度与思考》,载《中国发展观察》2012 年第 10 期。

69. 朱丁普:《欧洲联盟反倾销法上非市场经济制度本质探究》,载《中外法学》2012 年第 5 期。

70. 胡加祥:《中国入世十年争端解决实证分析》,载《上海交通大学学报》(哲学社会科学版)2011 年第 5 期。

71. 房东:《对“文本”的扬弃:WTO 条约解释方法的一种修正——以服务贸易具体承诺表的解释为分析起点》,载《法律科学》(西南政法大学学报)2011 年第 3 期。

72. 范进学、张玉洁:《宪法本体性:政治性、规范性抑或解释性?》,载《苏州大学学报》(哲学社会科学版)2011 年第 3 期。

73. 李晓玲、陈雨松:《国际知识产权贸易谈判的新方略》,载《环球法律评论》2011 年第 1 期。

74. 肖冰:《WTO争端案件中的规则应用差异分析》,载《法学》2010年第9期。

75. 温树斌:《论国际法强制执行的法理基础》,载《法律科学》(西北政法大学学报)2010年第3期。

76. 肖冰:《论WTO成员方地位之界分——基于乌拉圭法律文本的分析》,载《国际经济法学刊》2010年第2期。

77. 余敏友:《中国参与WTO争端解决活动评述》,载《世界贸易组织动态与研究》2009年第5期。

78. 徐崇利:《"政治性国际贸易争端"的裁判解决》,载《法商研究》2009年第3期。

79. 龚柏华:《中国参与WTO争端解决机制实践的评述》,载《福建政法管理干部学院学报》2009年第1期。

80. 彭岳:《中、美、墨三国税收补贴争端的法律分析》,载《法商研究》2008年第2期。

81. 余敏友:《论世贸组织争端解决机制的强制执法措施》,载《暨南学报》(哲学社会科学版)2008年第1期。

82. 顾宾、俸妮雅:《"归零法"的终结者:"美国—归零法(日本)"案介评》,载《环球法律评论》2008年第1期。

83. 孙南申、彭岳:《中国补贴现状与面临反补贴措施的法律应对》,载《河北法学》2007年第6期。

84. 衣淑玲:《试论WTO法的正当性问题》,载《甘肃政法学院学报》2007年第2期。

85. 陈力:《美国反倾销法之"非市场经济"规则研究》,载《美国研究》2006年第3期。

86. 秦娅:《"超WTO义务"及对WTO法律体制的影响:评中国加入世贸组织议定书》,载《国际经济法研究》2006年第1卷。

87. 陈安:《十年来美国单边主义与WTO多边主义交锋的三大回合(上)——"201条款"争端之法理探源与展望》,载《世界贸易组织动态与研究》2005年第5期。

88. 童之伟:《修改宪法总纲中经济条款的设想》,载《政治与法律》2003 年第3 期。

（三）英文著作

1. Michael J. Mazarr, Timothy R. Heath and Astrid Stuth Cevallos, China and the International Order, RAND Corporation, 2018.

2. Liliana E. Popa, *Patterns of Treaty Interpretation as Anti-Fragmentation Tools: A Comparative Analysis with a Special Focus on the ECtHR, WTO and ICJ*, Springer International Publishing House AG, 2018.

3. Autar Krishen Koul, *Guide to WTO and GATT: Economics, Law and Politics*, 6th ed., Springer, 2018.

4. Christian Djeffal, *Static and Evolutive Treaty Interpretation*, Cambridge University Press, 2016.

5. Diane Desierto, *Public Policy in International Economic Law: The ICESCR in Trade, Finance, and Investment*, Oxford University Press, 2015.

6. Shirley V. Scott, *International Law, Us Power: The United States' Quest for Legal Security*, Cambridge University Press, 2012.

7. Kyle W. Bagwell, Petros C. Mavroidis, *Preferential Trade Agreements: A Law and Economics Analysis*, Cambridge University Press, 2011.

8. Antoni Estevadeordal, Kati Suominen & Robert, *The Regional Rules in the Global Trading System*, Cambridge University Press, 2009.

9. Esther Lam, *China and the WTO: A Long March towards the Rule of Law*, Kluwer Law International, 2009.

10. Isabelle Van Damme, *Treaty Interpretation by the WTO Appellate Body*, Oxford University Press, 2009.

11. Andrew T. Guzman, *How International Law Works: A Rational Choice Theory*, Oxford University Press, 2008.

12. Marion Panizzon, *Good Faith in the Jurisprudence of the WTO: The Protection of Legitimate Exceptions, Good Faith Interpretation and Fair Dispute Settlement*, Hart Publishing, 2006.

13. Henry Gao, Donald Lewis (eds.), China's Participation in the WTO, Cameron May, 2005.

14. Markus Burgstaller, *Theories of Compliance with International Law*, Martinus Nijhoff Publishers Leiden, 2005.

15. Rufus Yerxa, Bruce Wilson edi., *Key Issues in WTO Dispute Settlement: The First Ten Years*, Cambridge University Press, 2005.

16. Peter Sutherland et al., The Future of the WTO: Addressing institutional challenges in the new millennium. Report by the Consultative Board to the former Director-General Supachai Panitchpakdi, WTO, 2004.

17. Kumar Ratnesh, *WTO (World Trade Organization): Structure, Functions, Tasks, and Challenges*, New Delhi: Deep & Deep Publications Pvt. Ltd., 2000.

18. PetrosC. Mavroidis, *Guide to GATT Law and Practice: Analytical Index*, Maryland: Bernan Asscoc, 1995.

19. Edward McWhinney, Judicial Settlement of International Disputes: Jurisdiction, Justiciability and Judicial Law-Making on the Contemporary International Court, Springer Science + Business Media Dordrecht, 1991.

20. Robert E. Hudec, *The GATT Legal System and World Trade Diplomacy*, 2nd ed. Butteworth, 1990.

21. Hersch Lauterpacht, *The Function of Law in the International Law*, Clarendon Press, 1933.

(四)英文论文

1. Gabrielle Marceau, "Evolutive Interpretation by the WTO Adjudicator: Sophism or Necessity?", 21 *Journal of International Economic Law* 1 (2018).

2. Christopher Paul, "Resisting Protectionism in the Era of Trump: A Role for the Courts in Anti-Dumping and Countervailing Duty Law", 27 *Fed. Cir. B. J.* 123 (2017).

3. Jeffrey L. Dunoff, Mark A. Pollack, "the Judicial Trilemma", 111 *AJIL* 225 (2017).

4. Jennifer Hillman, "Independence at the Top of the Triangle: Best Resolution of the Judicial Trilemma?", 111 *AJIL* 364 (2017).

5. Claus-Dieter Ehlermann, "The Workload of the WTO Appellate Body: Problems and Remedies", 20(3) *Journal of International Economic Law* 705 (2017).

6. Johannesson, Louise & Mavroidis, Petros C, "The WTO Dispute Settlement System 1995 – 2016: A Data Set and Its Descriptive Statistics", 3 *Journal of World Trade* 51(2017).

7. Arie Reich, "The effectiveness of the WTO dispute settlement system: A statistical analysis", *EUI Working Paper Law* 2017/11, 2017.

8. Eva Nanopoulos & Rumiana Yotova, "'Repackaging' Plain Packaging in Europe: Strategic Litigation and Public Interest Considerations", 19(1) *Journal of International Economic Law* 175 (2016).

9. Richard Baldwin, "The World Trade Organization and the Future of Multilateralism", 30 *Journal of Economic Perspectives* 95 (2016).

10. Gracia Marín Durán, "Measures with Multiple Competing Purposes after EC—Seal Products: Avoiding a Conflict between GATT Article XX-Chapeau and Article 2.1 TBT Agreement", 19 *Journal of International Economic Law* 467 (2016).

11. Gregory Shaffer, Manfred Elsig & Sergio Puig, "The Extensive (but Fragile) Authority of the WTO Appellate Body", 79 *Law and Contemporary Problems* 237 (2016).

12. Robert Howse, "The World Trade Organization 20 Years On: Global Governance by Judiciary", 27 *The European Journal of International Law* 9 (2016).

13. Ernst-Ulrich Petersmann, "How to Reconcile Health Law and Economic Law with Human Rights? Administration of Justice in Tobacco Control Disputes", 10 *Asian J. WTO & Int'l Health L & Pol'y* 27 (2015).

14. Alexander V. Sverdlov, "Change is Coming: What to Expect from

the Recent Amendments to the Trade Remedy Laws",47 *GEO. J. INT'L L.* 161 (2015).

15. Caroline E. Foster, "Diminished Ambitions? Public International Legal Authority in the Transnational Economic Era", 17 (2) *Journal of International Economic Law* 355 (2014).

16. Gabrielle Marceau, "A Comment on the Appellate Body Report in EC-Seal Products in the Context of the Trade and Environment Debate", *Review of European*,23 *Comparative & International Environmental Law* 237 (2014).

17. Timothy Webster, "Paper Compliance: How China Implements WTO Decisions",35 *Mich. J. Int'l L.* 525 (2014).

18. Nora Neufeld, "The Long and Winding Road: How WTO Members Finally Reached a Trade Facilitation Agreement", *Staff Working Paper ERSD – 2014 – 06*, *Economic Research and Statistics Division of World Trade Organization*.

19. Rao Weijia, "China's Market Economy Status under WTO Antidumping Law after 2016",5 *Tsinghua China Law Review* 151 (2013).

20. Terence P. Stewart, Patrick J. McDonough, Jennifer M. Smith & Sandra K. Jorgensen, "The Increasing Recognition of Problems with WTO Appellate Body Decision-Making: Will the Message Be Heard?", 8 *Global Trade and Customs Journal* 390 (2013).

21. Don Moon, "Neither Reluctant nor Aggressive Legalism: East Asian Countries under the World Trade Organization Dispute Settlement Mechanism",28 *Pacific Focus* 62 (2013).

22. Eric Posner & Adrian Vermeule, "Inside or Outside the System?", 80 *U. Chi. L. Rev.* 1743 (2013).

23. Billy A. Melo Araujo, "Intellectual Property and the EU's Deep Trade Agenda",16(2) *Journal of International Economic Law* 439 (2013).

24. Chi Manjiao, "China's Participation in WTO Dispute Settlement over

the Past Decade: Experiences and Impacts", 15 *J. Int'l Eco. L.* 29 (2012).

25. Natalie P. Stoianoff, "The Influence of the WTO over China's Intellectual Property Regime", 34 *Sydney L. Rev.* 65 (2012).

26. Matthew Kennedy, "China's Role in WTO Dispute Settlement", 11 *J. World Trade* 555 (2012).

27. Kristie Thomas, "China and the WTO Dispute Settlement System: From Passive Observer to Active Participant?", 6 *Global Trade & Customs J.* 481 (2011).

28. Wenhua Ji, Cui Huang, "China's Experience in Dealing with WTO Dispute Settlement: A Chinese Perspective", 45 *J. World Trade* 1 (2011).

29. Nielsen, "Lynge Classification of Countries Based on Their Level of Development: How it is Done and How it Could be Done", *IMF Working Paper*, WP/11/31, February 2011.

30. Christian Tietje, Karsten Nowrot, "Myth or Reality? China's Market Economy Status under WTO Anti-Dumping Law after 2016", *Policy Papers on Transnational Economic Law, Transnational Economic Law Research Center*, No. 34, December 2011.

31. Robert Jennings, Arthur Watts (eds.), "Oppenheim's Interpretation" (s), 21 *EJIL* 684 (2010).

32. Dominic McGoldrick, "The Boundaries of Justiciability", 59 *International and Comparative Law Quarterly* 981 (2010).

33. Pasha L. Hsieh, "China's Development of International Economic Law and WTO Legal Capacity Building", 13 *J. Int'l Eco. L.* 997 (2010).

34. Marcia Don Harpaz, "Sense and Sensibilities of China and WTO Dispute Settlement", 44 *J. World Trade* 1155 (2010).

35. Rafael Leal-Arcas, "China's Attitude to Multilateralism in International Economic Law and Governance: Challenges for the World Trading System", 11 *J. World Invest. & Trade*, 259 (2010).

36. Arunabha Ghosh, "Developing Countries in the WTO Trade Policy

Review Mechanism",9 *World Trade Review* 443 (2010).

37. Ling-Ling He, Razeen Sappideen, "Reflections on China's WTO Accession Commitments and Their Observance", 43 *J. World Trade* 847 (2009).

38. Michelle Q. Zang, "The WTO Contingent Trade Instruments against China: What does Accession Bring?", 58 *Int'l & Comp. L. Quart.* 321 (2009).

39. Raj Bhala, "Resurrecting the Doha Round: Devilish Details, Grand Themes, and China too", *Texas Int'l L. J.* 1 (2009).

40. Donald P. Harris, "The Honeymoon is over: The U. S. – China WTO Intellectual Property Complaint",32 *Fordham Int'l L. J.* 96 (2008).

41. John H. Jackson, "The Case of the World Trade Organization",84 *Int'l Aff.* 437 (2008).

42. Fan Cui, "Who are the Developing Countries in the WTO?", 1(1) *The Law and Development Review* (2008).

43. Donald McRae, "Measuring the Effectiveness of the WTO Dispute Settlement System",3 *Asian Journal WTO & International Health & Policy* 1 (2008).

44. Julien Chaisse & Debashis Chakraborty, "Implementing WTO Rules through Negotiations and Sanctions: The Role of Trade Policy Review Mechanism and Dispute Settlement System",28 *U. Pa. J. Int'l Econ. L.* 153 (2007).

45. Henry Gao, "China's Participation in the WTO: A Lawyer's Perspective",11 *Singapore Y. B. Int'l L.* 1 (2007).

46. Julia Ya Qin, "Trade, Investment and Beyond: The Impact of WTO Accession on China's Legal System",191 *China Quart.* 720 (2007).

47. Pitman B. Potter, "China and the International Legal System: Challenges of Participation",191 *China Quart.* 699 (2007).

48. Robert Z. Lawrence, "The United States and the WTO Dispute

Settlement System", *CSR* No. 25, March 2007.

49. Bruno Simma & Dirk Pulkowski, "Planets and the Universe: Self-contained Regimes in International Law", 17(3) *EJIL*, 490 (2006).

50. Andrew Mitchell, "Good Faith in WTO Dispute Settlement", 7 *Melb J Intl L*, 346 (2006).

51. Chad P. Bown, "Participation in WTO Dispute Settlement: Complainants, Interested Parties, and Free Riders", 19 *World Bank Eco. Rev.*, 287 (2005).

52. Peter Van den Bossche, "From Afterthought to Centerpiece: The WTO Appellate Body and its Rise to Prominence in the World Trading System", *Maastricht Faculty of Law Working Paper* 2005/1, October 2005.

53. Karen Halverson, "China's WTO Accession: Economic, Legal, and Political Implications", 27 *B. C. Int'l & Comp. L. Rev.*, 319 (2004).

54. M. Ulric Killion, "Post-WTO China and Independent Judicial Review", 26 *Hous. J. Int'l L.*, 507 (2004).

55. Veron Mei-Ying Hung, "China's WTO Commitment on Independent Judicial Review: Impact on Legal and Political Reform", 52 *Am. J. Comp. L.*, 77 (2004).

56. Julia Ya Qin, "'WTO-Plus' Obligations and Their Implications for the World Trade Organization Legal System", 37(3) *J. WORLD TRADE*, 483 (2003).

57. Andrew Coleman, "the International Court of Justice and Highly Political Matters", 4 *Melbourne Journal of International Law*, 29 (2003).

58. Claus-Dieter Ehlermann, "Reflections on the Appellate Body of the WTO", 97 *Proceedings of the Annual Meeting*, 77 (2003).

59. Orna Ben-Naftali & Keren R. Michaeli, "A Critique of the Alleged Non-Justiciability of Israel's Policy of Targeted Killings", 1 *Journal of International Criminal Justice*, 368 (2003).

60. Donald C. Clarke, "China's Legal System and the WTO: Prospects

for Compliance",2 *Wash. U. Global Stud. L. Rev.* ,97 (2003).

61. Peter K. Yu, Gordon G. Chang, Jerome A. Cohen, Elizabeth C. Economy, "China and the WTO: Progress, Perils, and Prospects", 17 *Colum. J. Asian L.* 1 (2003).

62. Ann Kent, "China's International Socialization: The Role of International Organizations",8 *Global Governance*, 343 (2002).

63. Lorne Sossin, "the Rule of Law and the Justiciability of Prerogative Powers: A Comment on Black v. Chrétien", 47 *McGill Law Journal* 435 (2002).

64. Youngjin Jung, "China's Aggressive Legalism: China's First Safeguard Measure",36 *J. World Trade* 1037 (2002).

65. William J. Davey, "Has the WTO Dispute Settlement System Exceeded Its Authority? A Consideration of Deference Shown by the System to Member Government Decisions and Its Use of Issue-Avoidance Techniques",4 *JIEL* 79 (2001).

66. Ramona L. Taylor, "Tearing Down the Great Wall: China's Road to WTO Accession",41 *IDEA* 151 (2001).

67. Saadia M. Pekkanen, "Aggressive Legalism: The Rules of the WTO and Japan's Emerging Trade Strategy",24 *The World Economy* 707 (2001).

68. John H. Jackson, "The Role and Effectiveness of the WTO Dispute Settlement Mechanism",2000 *Broking Trade Forum* 179 (2000).

69. Marc L. Busch and Eric Reinhardt, "Bargaining in the Shadow of the Law: Early Settlement in GATT/WTO Disputes",24 *Fordham Int'l L. J.* 158 (2000).

70. Raj Bhala, "Eneter the Dragon: An Essay on China's WTO Accession Saga",15 *Am. U. Int'l L. Rev.* 1469 (2000).

71. Bernd Martenczuk, "The Security Council, the International Court and Judicial Review: What Lessons from Lockerbie?", 10 *EJIL* 517 (1999).

72. Sam Laird, "The WTO's Trade Policy Review Mechanism-From

through the Looking Glass",6 *The World Economy* 22 (1999).

73. John H. Jackson,"The Great 1994 Sovereignty Debate:United States Acceptance and Implementation of the Uruguay Round Results",36(1 &2) *Columbia Journal of Transnational Law* (1998).

74. Armin Von Bogdamdy, "The Non-Violation Procedure of Article XXIII:2,GATT:Its Operation and Rationale",29 *Journal of World Trade* 95 (1995).

75. James V. Feinerman, "Chinese Participation in the International Legal Order: Rogue Elephant or Team Player?", 141 *China Quart.* 186 (1995).

76. Vera Gowlland-Debbas,"The Relationship between the International Court of Justice and the Security Council in Light of the Lockerbie Case",88 *American Journal of International Law* 643 (1994).

77. Samuel P. Huntington,"The Clash of Civilizations?", 72 *Foreign Aff.* 22 (1993).

78. William J. Davey,"Dispute Settlement in GATT",11 *Fordham Int'l L. J.* 51 (1987).

79. Gary N. Horlick,Shannon S. Shuman,"Non-market Economy Trade and U. S. Antidumping/Countervailing Duty Laws", 18 *The International Lawyer* 807 (1984).

80. Hersch Lauterpacht, "the Doctrine of Non-Justiciable Disputes in International Law",24 *Economica* 277 (1928).

(五)GATT/WTO 争端解决报告

1. GATT Panel Report,Uruguayan Recourse to Article XXIII,L/1923 - 11S/95,adopted 16 November 1962.

2. GATT Panel Report,United States—Taxes on Petroleum and Certain Imported Substances,L/6175 - 34S/136,adopted on 17 June 1987.

3. Panel Report, United States—Standards for Reformulated and Conventional Gasoline,WT/DS2/R,adopted 29 January 1996.

4. Panel Report, European Communities—Measures Concerning Meat and Meat Products, WT/DS26/R, adopted 18 August 1997.

5. Panel Report, European Communities—Regime for the Importation, Sale and Distribution of Bananas, WT/DS27/R/USA, adopted 22 May 1997; Appellate Body Report, WT/DS27/AB/R/USA, adopted 9 September 1997.

6. Panel Report, Indonesia—Certain Measures Affecting the Automobile Industry, WT/DS54/R, WT/DS55/R, WT/DS59/R, WT/DS64/R, adopted 2 July 1998.

7. Panel Report, Turkey—Restrictions on Imports of Textile and Clothing Products, WT/DS34/R, adopted 21 May 1999; Appellate Body Report, Appellate Body Report, WT/DS34/AB/R, adopted 22 October 1999.

8. Panel Report, Korea—Definitive Safeguard Measure on Imports of Certain Dairy Products, WT/DS98/R, adopted 21 June 1999; Appellate Body Report, WT/DS98/AB/R, adopted 14 December 1999.

9. Panel Report, United States—Sections 301 - 310 of the Trade Act of 1974, WT/DS152/R, adopted 22 December 1999.

10. Panel Report, United States—Import Measures on Certain Products from the European Communities, WT/DS165/R, adopted 17 July 2000; Appellate Body Report, WT/DS165/AB/R, adopted 11 December 2000.

11. Panel Report, EC—Bed Linen, WT/DS141/R, 30 October 2000; Appellate Body Report, EC—Bed Linen, WT/DS141/AB/R, 1 March 2001.

12. Panel Report, EC—Tube and Pipe Fittings, WT/DS219/R, 7 March 2003.

13. Panel Report, US—Zeroing (EC), WT/DS294/R, 31 October 2005.

14. Panel Report, US—Zeroing (Japan), WT/DS322/R, 20 September 2006.

15. Panel Report, Mexico Tax Measures on Soft Drinks and Other Beverages, WT/DS308/R, adopted 7 October 2005; Appellate Body Report, WT/DS308/AB/R, adopted 6 March 2006.

16. Panel Report, Brazil—Measures Affecting Imports of Retreaded

Tyres, WT/DS332/R, adopted 12 June 2007; Appellate Body Report, WT/DS332/AB/R, adopted 3 December 2007.

17. Panel Report, China—Measures Affecting Trading Rights and Distribution Services for Certain Publications and Audiovisual Entertainment Products, WT/DS363/R, adopted 12 August 2009; Appellate Body Report, WT/DS363/AB/R, adopted 21 December 2009.

18. Panel Report, US—Anti-Dumping and Countervailing Duties (China), WT/DS379/R, 22 October 2010.

19. Panel Reports, European Communities—Measures Prohibiting the Importation and Marketing of Seal Products, WT/DS400/R, WT/DS401/R, 25 November 2013; Appellate Body Reports, WT/DS400/AB/R, WT/DS401/AB/R, adopted 22 May 2014.

20. Panel Report, US—Countervailing Measures (China), WT/DS437/R, 14 July 2014.

21. Panel Report, Peru—Additional Duty on Imports of Certain Agricultural Products, WT/DS457/R, adopted 27 November 2014; Appellate Body Report, WT/DS457/AB/R, adopted 20 July 2015.

22. Panel Report, US—Washing Machines, WT/DS464/R, 11 March 2016; Appellate Body Report, US—Washing Machines, WT/DS464/AB/R, 7 September 2016.

23. Panel Report, US—Anti-Dumping Methodologies (China), WT/DS471/R, 19 October 2016.

24. Appellate Body Report, Japan—Taxes on Alcoholic Beverages, WT/DS8/AB/R, WT/DS10/AB/R, WT/DS11/AB/R, adopted 4 October 1994.

25. Appellate Body Report, United States—Measures Affecting Imports of Woven Wool Shirts and Blouses from India, WT/DS33/AB/R, adopted 25 April 1997.

26. Appellate Body Report, United States—Standards for Reformulated and Conventional Gasoline, WT/DS2/AB/R, adopted 29 April 1996.

27. Appellate Body Report, Canada—Certain Measures Concerning Periodicals, WT/DS31/AB/R, adopted 30 June 1997.

28. Appellate Body Report, United States—Import Prohibition of Certain Shrimp and Shrimp Products, WT/DS58/AB/R, adopted 12 October 1998.

29. Appellate Body Report, Australia—Measures Affecting Importation of Salmon, WT/DS18/AB/R, adopted 20 October 1998.

30. Appellate Body Report, EC Measures Concerning Meat and Meat Products (Hormones), WT/DS26/AB/R, WT/DS48/AB/R, adopted 16 January 1998.

31. Appellate Body Report, Argentina—Measures Affecting Imports of Footwear, Textiles, Apparel and other Items, WT/DS56/AB/R, adopted 27 March 1998.

32. Appellate Body Report, European Communities—Measures Affecting Importation of Certain Poultry Products, WT/DS69/AB/R, adopted 23 July 1998.

33. Appellate Body Report, Chile—Taxes on Alcoholic Beverages, WT/DS87/AB/R, WT/DS110/AB/R, 13 December 1999.

34. Appellate Body Report, Canada—Measures Affecting the Importation of Milk and the Exportation of Dairy Products, WT/DS103/AB/R, WT/DS113/AB/R, adopted 13 October 1999.

35. Appellate Body Report, United States—Imposition of Countervailing Duties on Certain Hot-Rolled Lead and Bismuth Carbon Steel Products Originating in the United Kingdom, WT/DS138/AB/R, adopted 10 May 2000.

36. Appellate Body Report, Canada—Certain Measures Affecting the Automotive Industry, WT/DS139/AB/R, WT/DS142/AB/R, adopted 31 May 2000.

37. Appellate Body Report, European Communities—Measures Affecting Asbestos and Asbestos-Containing Products, WT/DS135/9, adopted 8

November 2000.

38. Appellate Body Reports, US—Lamb, WT/DS177/AB/R, WT/DS178/AB/R, 1 May 2001.

39. Appellate Body Report, Mexico—Anti-Dumping Investigation of High Fructose Corn Syrup (HFCS) from the United States-Recourse to Article 21.5 of the DSU by the United States, WT/DS132/AB/RW, adopted 22 October 2001.

40. Appellate Body Report, US—Section 211 Omnibus Appropriations Act of 1998, WT/DS176/AB/R, adopted 2 January 2002.

41. Appellate Body Report, European Communities—Trade Description of Sardines, WT/DS231/AB/R, adopted 26 September 2002.

42. Appellate Body Report, United States—Countervailing Duties on Certain Corrosion-Resistant Carbon Steel Flat Products from Germany, WT/DS213/AB/R, adopted 28 November 2002.

43. Appellate Body Report, United States—Definitive Safeguard Measures on Imports of Certain Steel Products, WT/DS248/AB/R, WT/DS249/AB/R, WT/DS251/AB/R, WT/DS252/AB/R, WT/DS253/AB/R, WT/DS254/AB/R; WT/DS258/AB/R, WT/DS259/AB/R, adopted 10 November 2003.

44. Appellate Body Report, European Communities—Customs Classification of Frozen Boneless Chicken Cuts, WT/DS269/AB/R, WT/DS286/AB/R, adopted 12 September 2005.

45. Appellate Body Report, United States—Final Anti-Dumping Measures on Stainless Steel from Mexico, WT/DS344/AB/R, adopted 30 April 2008.

46. Appellate Body Report, United States—Measures Relating to Shrimp from Thailand, WT/DS343/AB/R, adopted 16 July 2008.

47. Appellate Body Report, United States—Customs Bond Directive for Merchandise Subject to Anti-Dumping/Countervailing Duties, WT/DS345/

AB/R, adopted 16 July 2008.

48. Appellate Body Report, United States—Continued Suspension of Obligations in the EC—Hormones Dispute, WT/DS320/AB/R, adopted 16 October 2008.

49. Appellate Body Report, China—Measures Affecting Imports of Automobile Parts, WT/DS339/AB/R, WT/DS340/AB/R, WT/DS342/AB/R, adopted 15 December 2008.

50. Appellate Body Report, EC and Certain Member States—Large Civil Aircraft, WT/DS316/AB/R, adopted 18 May 2011.

51. Appellate Body Report, United States—Measures Affecting the Production and Sale of Clove Cigarettes, WT/DS406/AB/R, adopted 4 April 2012.

52. Appellate Body Report, China—Raw Materials, WT/DS394/AB/R, WT/DS395/AB/R, WT/DS398/AB/R, 30 January 2012.

53. Appellate Body Report, United States—Measures Concerning the Importation, Marketing and Sale of Tuna and Tuna Products, WT/DS381/AB/R, adopted 16 May 2012.

54. Appellate Body Report, United States—Certain Country of Origin Labelling (Cool) Requirements, WT/DS384/AB/R, WT/DS386/AB/R, adopted 29 June 2012.

55. Appellate Body Report, EU—Biodiesel, WT/DS473/AB/R, 6 October 2016.

56. Appellate Body Report, India—Certain Measures Relating to Solar Cells and Solar Modules, WT/DS456/AB/R, adopted 16 September 2016.

57. Panel Report, US—Differential Pricing Methodology, WT/DS534/R, 9 April 2019.

(六)ICJ 裁决报告

1. Free Zones of Upper Savoy and District of Gex (Fr. v. Switz.), P.C.I.J. (ser. A/B) No. 46 1932.

2. Haya de la Torre (Colombia v. Peru), I. C. J. Report, 1951.

3. Monetary Gold Removed from Rome in 1943 (Italy v. France, United Kingdom of Great Britain and Northern Ireland and United States of America), I. C. J. Report, 1954.

4. Northern Cameroons (Cameroon v. United Kingdom), I. C. J. Report, 1961.

5. Certain Expenses of the United Nations (Article 17, paragraph 2, of the Charter), I. C. J. Reports, 1962.

6. South West Africa, Second Phase, Judgment, I. C. J. Reports 1966.

7. Barcelona Traction, Light and Power Company, Limited, Judgment, I. C. J. Reports 1970.

8. Nuclear Tests (Australia v. France), Judgment, I. C. J. Reports 1974.

9. Aegean Sea Continental Shelf (Greece v. Turkey), Jurisdiction, I. C. J. Reports 1978.

10. Military and Paramilitary Activities in and against Nicaragua (Nicaragua v. US) (Merits), I. C. J. Report, 1986.

11. Submission of Counsel for United States, I. C. J. Verbatim Record CR 92/4, 1992. 112. Military and Paramilitary Activities in and against Nicaragua (Nicaragua v. US) (Merits), I. C. J. Report 1986.

12. Military and Paramilitary Activities in and against Nicaragua (Nicaragua v. US) (Merits), I. C. J. Report, 1986.

13. Border and Transborder Armed Actions (Nicaragua v. Honduras), Jurisdiction and Admissibility, Judgment, I. C. J. Reports 1988.

14. United States Diplomatic and Consular Staff in Tehran (United States of America v. Iran), I. C. J. Reports 1988.

15. Elettronica Sicula S. P. A. (ELSI), Judgment, I. C. J. Reports 1989.

16. Nuclear Weapons Opinion, I. C. J. Reports, 1996.

17. Questions of Interpretation and Application of the 1971 Montreal Convention Arising from the Aerial Incident at Lockerbie (Libyan Arab

Jamahiriya v. United Kingdom), Preliminary Objections, Judgment of 27 February 1998.

18. Territorial and Maritime Dispute between Nicaragua and Honduras in the Caribbean Sea (Nicaragua v. Honduras), Judgment, I. C. J. Reports 2007.

(七)国际组织文件

1. Working Party Report, Netherlands Action under Article XXIII:2 to Suspend Obligations to the United States, L/61, adopted 8 November 1952.

2. GATT, Understanding Regarding Notifcation, Consultation, Dispute Settlement and Surveillance, adopted on 28 November 1979, L/4907, 3 December 1979.

3. Punta del Este Draft Ministerial Declaration on the Uruguay Round, MIN(86)/W/19, 20 September 1986.

4. Improvements to the GATT Dispute Settlement Rules and Procedures-Decision of 12 April 1989, L/6489, 13 April 1989.

5. Donald B. Keesing, Improving Trade Policy Reviews in the World Trade Organization, Washington, Institute for International Economics, May 1998.

6. Ministerial Conference of WTO, Appraisal of the Operation of the Trade Policy Review Mechanism, WT/MIN(99)/2, 8 October 1999.

7. Notification from Nicaragua, Notification Pursuant to Article XXI of the GATT 1994 and Article XIV bis of the GATS, S/C/N/115; G/C/4, 21 February 2000.

8. Dispute Settlement Body, Minutes of Meeting, WT/DSB/M/78, 12 May 2000.

9. Request for Consultations by Colombia, Nicaragua-Measures Affecting Imports from Honduras and Colombia, WT/DS188/1, 20 January 2000; Request for Consultations by Honduras, WT/DS201/1; G/L/387; S/L/85, 13 June 2000.

10. Dispute Settlement Body, Contribution of the European Communities

and its Member States to the Improvement of the WTO Dispute Settlement Understanding: Communication from the European Communities, TN/DS/W/1, 13 March 2002.

11. Dispute Settlement Body, Negotiations on the Dispute Settlement Understanding-Proposal by the African Group, TN/DS/W/15, 25 September 2002.

12. Dispute Settlement Body, Negotiations on the Dispute Settlement Understanding-Proposal by Cuba, Honduras, India, Malaysia, Pakistan, Sri Lanka, Tanzania and Zimbabwe, TN/DS/W/18, 7 October 2002.

13. Dispute Settlement Body, Negotiations on the Dispute Settlement Understanding-Proposal by the LDC Group, TN/DS/W/17, 9 October 2002.

14. Proposal by Cuba, Honduras, India, Jamaica, Pakistan, Malaysia, Sri Lanka, Tanzania, and Zimbabwe, TN/DS/W/18 and Add. 1, 7 October 2002.

15. DSB meeting, TN/DS/W/22, 28 October 2002.

16. Dispute Settlement Body, Negotiations on Improvements and Clarifications of the Dispute Settlement Understanding-Proposal by Mexico, TN/DS/W/23, 4 November 2002.

17. Dispute Settlement Body, Negotiations on Improvements and Clarifications of the Dispute Settlement Understanding on Improving Flexibility and Member Control in WTO Dispute Settlement—Contribution by Chile and the United States, TN/DS/W/28, 23 December 2002.

18. Proposal to Review Article 17. 1 of the Understanding on Rules and Procedures Governing the Settlement of Disputes, Communication from Thailand, TN/DS/W/30, 22 January 2003.

19. Dispute Settlement Understanding Proposals: Legal Text, Communication from India on behalf of Cuba, Dominican Republic, Egypt, Honduras, Jamaica, and Malaysia, TN/DS/W/47, 11 February 2003.

20. DSB meeting, TN/DS/M/5, 27 February 2003.

21. Dispute Settlement Body, Report by the Chairman, Ambassador Péter

Balás, to the Trade Negotiations Committee, TN/DS/9, 6 June 2003.

22. Dispute Settlement Body, Contribution by the United States, TN/DS/W/74, 15 March 2005.

23. Trade Policy Review Body, Trade Policy Review Mechanism-Report of the Trade Policy Review Body for 2009, WT/TPR/249, 29October 2009.

24. Special Session of the Dispute Settlement Body, Report by the Chairman, Report by the Chairman, Ambassador Ronald Saborío Soto, to the Trade Negotiations Committee, TN/DS/25, 21 April 2011.

25. Communication from the Appellate Body, The Workload of the Appellate Body, Annex 1 to Appellate Body Annual Report, WT/AB/20, 14 March 2014.

26. Dispute Settlement Body, Minutes of Meeting on 26 September 2014, WT/DSB/M/350, 21 November 2014.

27. Dispute Settlement Body, Minutes of Meeting of 31 August 2015, WT/DSB/M/367, 30 October 2015.

28. Dispute Settlement Body, Minutes of meeting on 28 October 2015, WT/DSB/M/369, 20 January 2016.

29. Dispute Settlement Body, Minutes of meeting on 25 November 2015, WT/DSB/M/370, 12February 2016.

30. Dispute Settlement Body, Minutes of meeting on 23 May 2016, WT/DSB/M/379, 29/08/2016.

31. Trade Policy Review Body of WTO, Sixth Appraisal of the Operation of the Trade Policy Review Mechanism, WT/TPR/389, 22 December 2016.

32. Dispute Settlement Body, Minutes of Meeting on 23 November, WT/DSB/M/389, 23 January 2017.

33. Dispute Settlement Body, Minutes of Meeting on 25 January 2017, WT/DSB/M/391, 27February 2017.

34. Appellate Body, Annual Report for 2016, WT/AB/27, 16 May 2017.

35. Dispute Settlement Body, Resignation of Appellate Body Member,

WT/DSB/73,1 August 2017.

36. Qatar Seeks WTO Panel Review of UAE Measures on Goods, Services,IP Rights,WTO News,23 October 2017.

37. Request for Consultations by Qatar, United Arab Emirates-Measures Relating to Trade in Goods and Services, and Trade-Related Aspects of Intellectual Property Rights, G/L/1180; IP/D/35; S/L/415; WT/DS526/1,2017.

38. Request for Consultations by Qatar, Bahrain-Measures Relating to Trade in Goods and Services, and Trade-Related Aspects of Intellectual Property Rights,G/L/1181;IP/D/36;S/L/416;WT/DS527/1,2017.

39. Request for Consultations by Qatar, Saudi Arabia-Measures Relating to Trade in Goods and Services, and Trade-Related Aspects of Intellectual Property Rights,G/L/1182;IP/D/37;S/L/417;WT/DS528/1,2017.

40. Dispute Settlement Body, Minutes of Meeting on 31 August 2017, WT/DSB/M/400,31October 2017.

41. White House, National Security Strategy of the United States of America,December 2017.

42. United Nations, World Economic Situation and Prospects Report 2018.

43. Dispute Settlement Body, Minutes of Meeting on 28 February 2018, WT/DSB/M/409, 26 June 2018, para. 7.34; Dispute Settlement Body, Minutes of Meeting on 27 March 2018,WT/DSB/M/410,26 June 2018.

44. Dispute Settlement Body, Minutes of Meeting on 27 April 2018, WT/DSB/M/412,1 August 2018.

45. Dispute Settlement Body, Minutes of Meeting on 27 April 2018, WT/DSB/M/412,1 August 2018.

(八)网络资料

1. 黄安年:《发达国家违反世贸组织条款说明了什么?》,2016 年 12 月 11 日,http://blog.sciencenet.cn/blog-415-1019969.html。

2. David Unterhaler, Farewell speech of Appellate Body Member, Jan. 22, 2014, http://www.wto.org/english/tratop_e/dispu_e/unterhalterspeech_e.htm.

3. Ministry of Economy, Trade and Industry of Japan, 2014 Report on Compliance by Major Trading Partners with Trade Agreements-WTO, EPA/FTA and IIA, http://www.meti.go.jp/english/report/downloadfiles/2014WTO/02_18.pdf.

4. WTO Sets up Panel to Review UAE Measures on Goods, Services, IP Rights, WTO News, 22 November 2017, https://www.wto.org/english/news_e/news17_e/dsb_22nov17_e.htm.

5. WTO, WTO Sets up Panel to Review UAE Measures on Goods, Services, IP Rights, WTO News, 22 November 2017, https://www.wto.org/english/news_e/news17_e/dsb_22nov17_e.htm.

6. WTO, Korean Request for Retaliation Against US in Washers Dispute Referred to Arbitration, WTO News, 22 January 2018, https://www.wto.org/english/news_e/news18_e/dsb_22jan18_e.htm.

7. Bernard O' Connor, Market-economy Status for China is not Automatic, in Yale Global Online, 8 December 2011, http://www.Voxeu.Org/article/china-market-economy.

8. Henry Gao, If You Don't Believe in the 2012 Myth, Do You Believe in the 2016 Myth? 19 July 2012, http://wto and china. Blogspot. Com/30.

附录一　本书所涉缩略语(中英文)对照表

缩略语	中英文全称
CPTPP	Comprehensive Progressive Trans-Pacific Partnership
	《全面与进步跨太平洋伙伴关系协定》
CRTA	Committee of Regional Trade Agreement
	区域贸易委员会
DDA	Doha Development Agenda
	多哈发展议程
DSB	Dispute Settlement Body
	争端解决机构
DSM	Dispute Settlement Mechanism
	争端解决机制
DSU	Understanding on Rules and Procedures Governing the Settlement of Disputes
	《关于争端解决规则与程序的谅解》
ECOSOC	United Nations Economic and Social Council
	联合国经社理事会
GATS	General Agreement on Trade in Services
	《服务贸易总协定》
GATT	General Agreement on Tariffs and Trade
	关税与贸易总协定
IBRD	International Bank for Reconstruction and Development
	国际复兴开发银行

续表

缩略语	中英文全称
IC	inuit or indigenous communities
	因纽特人或土著族群
ICJ	International Court of Justice
	国际法院
ICSID	The International Center for Settlement of Investment Disputes
	国际投资争端解决中心
IMF	International Monetary Fund
	国际货币基金组织
ITO	International Trade Orgnization
	国际贸易组织
MRM	marine resource management
	海洋资源管理
PPMs	Process and Production Methods
	生产过程与生产方法
RAMs	Recently-acceded Members
	新加入成员
RTAs	Regional Trade Agreements
	区域贸易协定
R&D	research and development
	科学研究与试验发展
SDT	Special and Differential Treatment
	特殊与差别待遇
SPS	Sanitary and Phytosanitary Measures
	动植物卫生检疫措施
TBT	Technical Barriers to Trade
	技术性贸易壁垒

续表

缩略语	中英文全称
TFA	Trade Facilitation Agreement
	《贸易便利化协定》
TPP	Trans-Pacific Partnership Agreement
	《跨太平洋伙伴关系协定》
TPRM	Trade Policy Review Mechanism
	贸易政策审议机制
TRIMs	Trade-Related Investment Measures
	与贸易有关的投资措施
TRIPs	Trade-Related Aspects of Intellectual Property Rights
	与贸易有关的知识产权
UNCLOS	United Nations Convention on the Law of the Sea
	《联合国海洋法公约》
USMCA	U. S. – Mexico-Canada Agreement
	美墨加协定
USTR	United States Trade Representative
	美国贸易代表办公室
WIPO	World Intellectual Property Organization
	世界知识产权组织
WTO	World Trade Organization
	世界贸易组织
WTO Agreement	Marrakesh Agreement Establishing the World Trade Organization
	《马拉喀什建立世界贸易组织协定》,简称《建立 WTO 协定》

附录二　本书所涉 WTO 争端解决案件名称(中英文)

WTO 争端解决案件名称

序号	案号	案件名称(英文)	案件名称(中文)
1	DS56	Argentina—Textiles and Apparel	阿根廷纺织品和服装案
2	DS121	Argentina—Footwear (EC)	阿根廷鞋案(欧共体诉)
3	DS123	Argentina—Safeguard Measures on Imports of Footwear (Indonesia)	阿根廷鞋案(印度尼西亚诉)
4	DS164	Argentina—Footwear (US)	阿根廷鞋案(美国诉)
5	DS441、DS435、DS467、DS434、DS458	Australia—Tobacco Plain Packaging	澳大利亚白板包装案
6	DS453	Argentina—Financial Services	阿根廷金融服务案
7	DS18	Australia—Salmon	澳大利亚三文鱼案
8	DS46	Brazil—Aircraft	巴西飞机案
9	DS332	Brazil—Retreaded Tyres	巴西翻新轮胎案
10	DS31	Canada—Periodicals	加拿大期刊案
11	DS103、DS113	Canada—Dairy	加拿大乳制品案
12	DS114	Canada—Pharmaceutical Patents	加拿大药品专利案

续表

序号	案号	案件名称(英文)	案件名称(中文)
13	DS142、DS139	Canada—Autos	加拿大汽车案
14	DS309	China—Value-Added Tax on Integrated Circuits	中国集成电路增值税案
15	DS339、DS340、DS342	China—Auto Parts	中国汽车零部件案
16	DS362	China—Intellectual Property Rights	中国知识产权案
17	DS363	China—Publications and Audiovisual Products	中国出版物及音像产品案
18	DS394、DS395、DS398	China—Raw Materials	中国原材料案
19	DS413	China—Electronic Payment Services	中国电子支付服务案
20	DS378、DS373、DS372	China—Measures Affecting Financial Information Services and Foreign Financial Information Suppliers	中国影响金融信息服务和外国金融信息供应商措施案
21	DS419	China—Measures concerning wind power equipment	中国风电设备案
22	DS431、DS432、DS433	China—Rare Earths	中国稀土案
23	DS451	China—Measures Relating to the Production and Exportation of Apparel and Textile Products	中国服装和纺织品案
24	DS489	China—Demonstration Bases	中国示范基地项目和公共服务平台项目案
25	DS519	China—Subsidies to Producers of Primary Aluminium	中国原铝生产商补贴案
26	DS542	China—Intellectual Property Rights Ⅱ	中国知识产权Ⅱ案

续表

序号	案号	案件名称(英文)	案件名称(中文)
27	DS549	China—Certain Measures on the Transfer of Technology	中国技术转让措施案
28	DS568	China—Certain Measures Concerning Imports of Sugar	中国食糖案
29	DS26、DS48	EC—Hormones	欧共体荷尔蒙案
30	DS27	EC—Banana Ⅲ	欧共体香蕉案Ⅲ案
31	DS69	EC—Poultry	欧共体禽肉案
32	DS135	EC—Asbestos	欧共体石棉案
33	DS141	EC—Bed Linen	欧共体床上用品案
34	DS174、DS290	EC—Trademarks and Geographical Indications	欧共体商标和地理标志案
35	DS219	EC—Tube and Pipe Fittings	欧共体管子和套件案
36	DS231	EC—Sardines	欧共体沙丁鱼案
37	DS269、DS286	EC—Chicken Cuts	欧共体鸡块案
38	DS397	EC—Fasteners (China)	欧共体紧固件案(中国诉)
39	DS400、DS401	EC—Seal Products	欧盟海豹案
40	DS405	EU—Footwear (China)	欧盟鞋案(中国诉)
41	DS452	European Union and certain Member States—Certain Measures Affecting the Renewable Energy Generation Sector	欧盟可再生能源补贴
42	DS492	European Union—Measures Affecting Tariff Concessions on Certain Poultry Meat Products	欧盟禽肉关税减让
43	DS516	EU—Measures Related to Price Comparison Methodologies	欧盟价格比较方法相关措施案
44	DS90	India—Quantitative Restrictions	印度数量限制案

续表

序号	案号	案件名称(英文)	案件名称(中文)
45	DS146、DS175	India—Autos	印度汽车案
46	DS430	India—Agricultural Products	印度农产品案
47	DS456	India—Solar Cells	印度太阳能元件案
48	DS8、DS10、DS11	Japan—Alcoholic Beverages Ⅱ	日本含酒精饮料Ⅱ案
49	DS98	Korea—Dairy	韩国乳制品案
50	DS273	Korea—Commercial Vessels	韩国商业船舶案
51	DS132	Mexico—Corn Syrup	墨西哥玉米糖浆案
52	DS308	Mexico—Tax on Soft Drinks	墨西哥软饮料税案
53	DS457	Peru—Agricultural Products	秘鲁农产品案
54	DS512	Russia—Traffic in Transit	俄罗斯交通转运案
55	DS34	Turkey—Textiles	土耳其纺织品案
56	DS2	US—Gasoline	美国汽油案
57	DS33	US—Wool Shirts and Blouses	美国羊毛衫案
58	DS58	US—Shrimp	美国虾案
59	DS108	US—FSC	美国外国销售公司案
60	DS138	US—Lead and Bismuth Ⅱ	美国铅铋Ⅱ案
61	DS152	US—Section 301 Trade Act	美国贸易法第 301 节案
62	DS160	US—Section 110(5) of Copyright Act	美国版权法第 110(5)节案
63	DS165	US—Certain EC Products	美国特定欧共体产品案
64	DS166	US—Wheat Gluten	美国小麦面筋案
65	DS176	US—Section 211 Appropriations Act	美国拨款法案第 211 节案
66	DS177、DS178	US—Lamb	美国羊肉案
67	DS184	US—Hot-Rolled Steel	美国热轧钢案
68	DS202	US—Line Pipe	美国管道案

续表

序号	案号	案件名称(英文)	案件名称(中文)
69	DS212	US—Countervailing Measures on Certain EC Products	美国某些欧盟产品反补贴措施案
70	DS213	US—Carbon Steel	美国碳钢案
71	DS214	US—Wire Rod and Line Pipe	美国线材和管材案
72	DS217、DS234	US—Continued Dumping and Subsidy Offset Act of 2000	美国补偿法案(伯德修正案)案
73	DS244	US—Resistant Steel Sunset Review	美国不锈钢日落复审案
74	DS257	US—Softwood Lumber Ⅳ	美国针叶木材Ⅳ案
75	DS264	US—Softwood Lumber Ⅴ	美国针叶木材Ⅴ案
76	DS264	US—Softwood Lumber Ⅴ(Article 21.5)	美国针叶木材Ⅴ案(第21.5条)
77	DS268	US—Oil Country Tubular Goods Sunset Review	美国石油管复审案
78	DS274、DS259、DS258、DS254、DS253、DS252、DS251、DS249、DS512	US—Steel Safeguards	美国钢铁保障措施案
79	DS285	US—Gambling	美国博彩案
80	DS294	US—Zeroing (EC)	美国归零案(欧共体诉)
81	DS320	US—Continued Suspension	美国持续中止案
82	DS322	US—Zeroing (Japan)	美国归零案(日本诉)
83	DS322	US—Zeroing (Japan) (Article 21.5)	美国归零案(日本诉)(第21.5条)
84	DS335	US—Shrimp(Ecuador)	美国虾案(厄尔多瓜)
85	DS343	US—Shrimp(Thailand)	美国虾案(泰国诉)
86	DS344	US—Stainless Steel(Mexico)	美国不锈钢案(墨西哥诉)
87	DS345	US—Customs Bond Directive	美国海关保税指令案

续表

序号	案号	案件名称(英文)	案件名称(中文)
88	DS350	US—Continued Zeroing	美国继续归零案
89	DS379	US—Anti-Dumping and Countervailing Duties (China)	美国反倾销和反补贴税案(中国诉)
90	DS382	US—Orange Juice (Brazil) (Article 21.5)	美国橙汁案(巴西诉)(第21.5条)
91	DS383	US—Anti-Dumping Measures on PET Bags	美国 PET 袋反倾销措施案
92	DS392	EC—Poultry(China)	美国禽肉案(中国诉)
93	DS399	US—Tyres (China)	美国轮胎案(中国诉)
94	DS402	US—Zeroing (Korea)	美国归零案(韩国诉)
95	DS404	US—Shrimp(Viet Nam)	美国虾案(越南诉)
96	DS406	US—Clove Cigarettes	美国丁香香烟案
97	DS422	US—Shrimp and Sawblades	美国虾和锯片案
98	DS429	US—Shrimp Ⅱ (Viet Nam)	美国虾Ⅱ案(越南诉)
99	DS437	US—Countervailing Measures (China)	美国反补贴措施案(中国诉)
100	DS449	US—Countervailing and Anti-Dumping Measures(China)	中美 GPX 案
101	DS464	US—Washing Machines	美国洗衣机案
102	DS471	US—Anti-Dumping and Countervailing Duties (China)	美国反倾销方法案(中国诉)
103	DS515	US—Measures Related to Price Comparison Methodologies	美国有关价格比较方法措施案
104	DS534	US—Differential Pricing Methodology	美国差别定价方法案
105	DS544、DS547、DS548、DS550、DS551、DS552、DS554、DS556、DS564	US—Steel and Aluminium Products	美国钢铁和铝措施案

续表

序号	案号	案件名称(英文)	案件名称(中文)
106	DS562	US—Safeguard Measure on PV Products	美国光伏产品保障措施案
107	DS528	Saudi Arabia, Kingdom of—Measures Relating to Trade in Goods and Services, and Trade-Related Aspects of Intellectual Property Rights	卡塔尔经济封锁案
108	DS527	Bahrain, Kingdom of—Measures Relating to Trade in Goods and Services, and Trade-Related Aspects of Intellectual Property Rights	
109	DS526	United Arab Emirates—Measures Relating to Trade in Goods and Services, and Trade-Related Aspects of Intellectual Property Rights	
110	DS567	Saudia Arabia—Measures concerning the Protection of Intellectual Property Rights	沙特阿拉伯保护知识产权案

图书在版编目(CIP)数据

WTO争端解决中的中国现象与中国问题研究 / 肖冰等著. -- 北京 : 法律出版社, 2020
ISBN 978-7-5197-4907-1

Ⅰ. ①W… Ⅱ. ①肖… Ⅲ. ①世界贸易组织-贸易法-研究 Ⅳ. ①D996.1
中国版本图书馆CIP数据核字(2020)第165607号

东南大学法学学术文库	**WTO争端解决中的中国现象与中国问题研究** **WTO ZHENGDUAN JIEJUE ZHONG DE ZHONGGUO XIANXIANG YU ZHONGGUO WENTI YANJIU**	肖　冰 等著	责任编辑 黄琳佳 装帧设计 鲍龙卉

出版 法律出版社
总发行 中国法律图书有限公司
经销 新华书店
印刷 三河市龙大印装有限公司
责任校对 晁明慧
责任印制 陶　松

编辑统筹 学术·对外出版分社
开本 710毫米×1000毫米　1/16
印张 46.5
字数 639千
版本 2020年11月第1版
印次 2020年11月第1次印刷

法律出版社/北京市丰台区莲花池西里7号(100073)
网址/www.lawpress.com.cn
投稿邮箱/info@lawpress.com.cn
举报维权邮箱/jbwq@lawpress.com.cn
销售热线/400-660-8393
咨询电话/010-63939796

中国法律图书有限公司/北京市丰台区莲花池西里7号(100073)
全国各地中法图分、子公司销售电话:
统一销售客服/400-660-8393/6393
第一法律书店/010-83938432/8433　西安分公司/029-85330678　重庆分公司/023-67453036
上海分公司/021-62071639/1636　深圳分公司/0755-83072995

书号:ISBN 978-7-5197-4907-1　**定价**:128.00元